Commentaires

Le *magnum opus* d'Anne Baring, vingt ans de gestation, est l'un des événements éditoriaux de l'année: brillant, profond et magistral dans son ampleur. Elle y aborde les véritables racines culturelles de notre crise aux multiples facettes — spirituelle, psychologique, écologique, sociale, politique et économique. Depuis 2008, une grande attention a été portée aux symptômes économiques qui se traduisent désormais par un malaise social généralisé, mais peu de commentateurs ont sondé les profondeurs comme le fait ce livre et ont appelé à une perspectives radicalement nouvelles. Pendant trop longtemps, l'âme et le principe féminin ont été marginalisés et supprimés, mais l'expérience de vie et la passion d'Anne Baring engagement lui ont permis de comprendre et d'articuler le déséquilibre de notre culture occidentale et de montrer comment il peut être surmonté. Le livre est un symbole d'espoir et de renaissance — une lecture essentielle pour quiconque souhaite comprendre les modèles de l'histoire culturelle occidentale et les potentiels de son développement futur.

David Lorimer,   The Scientific and Medical Network

Anne Baring a consacré sa vie à la récupération par l'humanité de l'anima mundi — l'âme du monde, et en fait sa propre âme. *Le Rêve du Cosmos* est le point culminant de cette quête, le fruit d'une vie de réflexion et de sentiment, d'apprentissage et de vision. C'est l'histoire d'un parcours personnel dramatique, mais aussi une tentative d'affronter les plus grands problèmes auxquels notre époque est confrontée. Chaque page respire sa passion morale, son amour de la beauté, son aspiration spirituelle, son profond souci de la Terre. Surtout, Anne Baring appelle à une transformation fondamentale de la façon dont les êtres humains vivent sur cette Terre et entre eux. Il ne serait pas exagéré de dire que ce livre est un cri de cœur d'un lieu profond de la psyché collective qui porte non seulement notre passé mais notre avenir. *Le Rêve du Cosmos* vibre de la féroce tendresse et de la grave urgence de l'amour pour un nouvel être infiniment précieux qui lutte pour naître.

Richard Tarnas, auteur de *The Passion of the Western Mind* et *Cosmos and Psyche*

Anne Baring est auteur lyrique. Pourquoi? Parce qu'elle est capable non seulement d'amasser un vaste corpus d'érudition, puis de l'ordonner et de produire une clarté lucide; mais vient ensuite son vrai génie. Son vrai génie est de voir la lumière qui veut passer — à travers les volumes, à travers les siècles, à travers l'histoire, les mythes et les légendes. Et sa capacité à donner un sens à l'expérience humaine et à l'exprimer comme lyriquement comme elle le fait, jette une lumière essentielle sur notre condition actuelle. C'est la politique contemporaine telle qu'elle devrait être appliquée par les dirigeants. C'est l'histoire telle qu'elle devrait être enseignée dans les écoles, pour libérer l'âme imaginative des enfants. C'est une perspicacité et une inspiration pour ouvrir l'esprit et le cœur des adultes du XXIe siècle. Ce livre changera votre point de vue sur ce que c'est que d'être humain et vous permettra de voir l'opportunité que nous, les humains, avons maintenant d'évoluer. Lisez simplement l'introduction et vous verrez. Ce livre est une mine d'or.

Scilla Elworthy,
founder of the Oxford Research Group (1982) and Peace Direct (2002) was awarded the Niwano Peace Prize in 2003. She is a Councillor of the World Future Council and a member of the steering Committee of PAX, a service to help prevent wars and genocide.

›~·❀·~‹

Comme l'écrit Anne Baring dans son introduction, ce livre est une vocation. C'est l'opus magnum à produire dont on pourrait dire, sans exagération, qu'Anne s'est incarnée dans cette vie pour le bien du plus grand nombre. *Le Rêve du Cosmos* est, en même temps, une autobiographie visionnaire qui comprend de nombreux rêves d'Anne et une histoire archétypale complète de la constellation, de la séparation et de la résurrection du féminin. Dans cet ouvrage de sagesse, il y a des aperçus profonds des origines de la misogynie ainsi que des revendications sentimentales de l'instinct et de ses ombres dangereuses, qui s'expriment dans la violence et l'oppression. Anne nous guide dans un voyage extraordinaire pour comprendre les racines de notre souffrance actuelle et la voie à suivre pour embrasser une nouvelle et nécessaire vision sacrée de la réalité — soutenue par les nouvelles sciences — qui inclut l'ensemble de la nature et du cosmos. Si vous deviez lire un seul livre au cours de la prochaine décennie, ce volume encyclopédique est celui que vous devriez lire.

Veronica Goodchild,
auteure de *Songlines of the Soul: Pathways to a New Vision for a New Century*

›~·❀·~‹

Anne Baring est l'une des grandes pionnières du Divin Féminin de notre temps. Son travail est un merveilleux mélange de connaissances profondes, d'expérience mystique profonde et mature et du don d'une communication vivante et immédiate. Son dernier livre, *Le Rêve du Cosmos*, est l'aboutissement du travail de toute une vie, le fruit de vingt années de travail. C'est un chef-d'œuvre qui durera longtemps et mérite d'être lu par tous les chercheurs et tous ceux qui s'intéressent à la naissance d'une nouvelle civilisation hors du chaos de notre époque.

Andrew Harvey, auteur de *Return of the Mother* et *Radical Passion*

"Une vérité dès lors qu'elle a été vue une seule fois, fûtce par un seul esprit, finit toujours par s'imposer à la totalité de la conscience humaine et par embraser le monde."

— Pierre Teilhard de Chardin

Anne Baring (1931-) MA Oxon, PhD (hons) Ubiquity University, est une analyste jungienne — auteure et coauteure de sept livres, dont *The Myth of the Goddess: Evolution of an Image* avec Jules Cashford (1992). Son récent livre *Soul Power* en collaboration avec le Dr. Scilla Elworthy, présente un programme pour une humanité consciente. Tout son travail se consacre à faire reconnaitre que nous vivons dans un monde doté d'une âme, et à restaurer le sentiment perdu de notre communion avec la dimension invisible du Cosmos, qui est la source, le socle, de ce que nous nommons 'vie'. Son site web affirme cette nouvelle vision de la réalité et expose les choix de cette époque cruciale.

www.annebaring.com

Le Rêve du Cosmos
une Quête de l'Âme

Une Prière pour le Nouveau Millénaire
© Anne Baring

Au seuil de ce nouveau millénaire puisse l'Esprit Saint de Sagesse nous éveiller à un sentiment plus profond de notre relation avec la Terre, les uns avec les autres, et avec les dimensions cachées de la vie encore dissimulées à notre vue.

Puisse Sa Lumière et Son Amour irradier en nos cœurs et illuminer nos esprits. Puisse-t-Elle nous aider à percevoir l'unité et la sainteté de la vie et à veiller sur notre prochain comme sur nous-mêmes.

Puisse-t-Elle nous encourager à être les protecteurs plutôt que les destructeurs de la vie. Puisse-t-Elle nous pardonner le sacrifice inhumain de millions de vies d'hommes, de femmes et d'enfants et puisse leur âme être libérée de la terreur, du chagrin, de la solitude et du désespoir dans lesquels ils se trouvaient en mourant.

Puisse-t-Elle nous aider à reconnaître et à transformer le mal et à réagir à la tourmente de tous les persécutés comme si elle était la nôtre. Puisse-t-Elle nous aider à voir que le mal est la volonté même d'infliger terreur, douleur, humiliation, torture et mort à autrui.

Puisse-t-Elle guérir ceux qui sont incapables d'aimer et qui souffrent d'une blessure profonde causée par des sévices intolérables dans l'enfance. Puissent-ils être libérés de la compulsion d'infliger douleur et souffrance à autrui.

Puisse-t-Elle nous libérer de l'asservissement au fanatisme politique et religieux dont nous constatons à présent le legs délétère. Puisse-t-Elle nous guider dans nos/le choix de dirigeants qui serviront les besoins authentiques des peuples et de toutes les espèces terrestres.

Puisse-t-Elle nous aider à trouver le courage et la détermination de brider l'avidité qui détruit l'écosystème de la Terre et exploite ses ressources au seul profit de notre espèce. Puisse-t-Elle nous encourager à mettre nos vies au service du grand maillage relationnel du vivant qu'est Sa Vie et la vie du cosmos.

Puisse-t-Elle nous accorder humilité, sagesse, force et compassion dans l'accomplissement du Grand Œuvre de transmutation de notre nature de vil métal en or.

✺

Le Rêve du Cosmos
une Quête de l'Âme

Anne Baring

traduit de l'Anglais par
Françoise Capelle-Messelier

Illustrations
Robin Baring

ARCHIVE
publishing

2022

Publié pour la première fois sous le titre original
The Dream of the Cosmos en 2013 en Grande Bretagne par
Archive Publishing
Shaftesbury, Dorset, England

Designed at Archive Publishing by Ian Thorp MA

Une notice CIP pour ce livre est disponible auprès de
The British Cataloguing in Publication data office.
ISBN 978 1 906289 23 2 (Hardback)
ISBN 978 1 906289 24 9 (Paperback)

Reprinted 2015
Reprinted 2017

Traduction française imprimée en 2022

ISBN 978 1 906289 54 6 (Paperback)

Les dessins sont reproduits avec l'autorisation de l'artiste,
Robin Baring, Alresford, Hampshire.
www.robinbaring.com

The Pleiades: deep-space photographic image created by
Greg Parker, New Forest Observatory, UK and Noel Carboni, Florida, USA

www.archivepublishing.co.uk

Remerciements

Je tiens à exprimer toute ma reconnaissance à mon mari, pour son amour et son soutien au cours de nos cinquante années de mariage. De même qu'avec ma famille proche, ma fille et mon petit-fils, des connexions d'âme à âme se sont établies avec quelques personnes dont la confiance, les encouragements et la précieuse amitié ont aidé à la réalisation de ce livre — en particulier, Jules Cashford, Scilla Elworthy, Veronica Goodchild, Belinda Hunt, Betty Kovács, Kimberley Saavedra, Paul Hague, Douglas Hamilton, Andrew Harvey, David Lorimer et Richar Tarnas. Je remercie tout particulièrement Joy Parker dont les talents de correctrice ont permis l'édition de ce livre. Ma gratitude va aussi aux auteurs dont les livres ont contribué à ma compréhension, et à leurs éditeurs. Je n'aurais jamais pu finir ce livre ni tous mes autres ouvrages sans l'aide inestimable de Kit Constable-Maxwell qui a créé mon site web et m'a appris à l'animer. *Last but not least*, je veux remercier mon éditeur, Ian Thorp, qui a aidé ce livre à voir le jour.

Dédicace

Ce livre est dédié à mon mari Robin,
ma fille Francesca, mon petit-fils Hamish.

The human heart can go the length of God,
Dark and cold we may be, but this
Is no winter now. The frozen misery
Of centuries breaks, cracks, begins to move;
The thunder is the thunder of the floes,
The thaw, the upstart Spring.
Thank God our time is now when wrong
Comes up to face us everywhere.
Never to leave us till we take
The longest stride of soul men ever took.
Affairs are now soul size,
The enterprise
Is exploration into God.
Where are you making for? It takes
So many thousand years to wake
But will you wake for pity's sake?

— Christopher Fry
A Sleep of Prisoners 1945

Contenu

Prologue

CIVILISATION

William Anderson

Toutes les civilisations ont à leurs débuts une caractéristique commune: elles présentent une nouvelle image de l'Homme. Dans chaque instance, l'image et le mode de sa manifestation varient selon les ressources et les besoins de l'époque. Dans l'Athènes de Périclès, le nouvel idéal de l'homme était présenté sous forme dramatique, en public dans les tragédies des grands auteurs et en privé dans les dialogues de Platon. Les débuts de l'ère chrétienne, avec les Évangiles, offrent au monde une conception de l'homme totalement nouvelle, un homme qui pardonne et aime ses ennemis et est un avec son Père. Dans d'autres religions, telles l'hindouisme ou le bouddhisme, nous pouvons déceler au cours de leurs différents stades les nombreuses étapes du renouvellement de l'idéal de l'homme accompli, par exemple dans les *Upanishads* et dans la *Bhagavad-Gîtâ*, ou dans les représentations peintes et sculptées des Bodhisattvas.

Dans chaque cas, nous voyons que l'image nouvelle s'élève dans le but de transcender les conflits de l'époque et résoudre les dualismes, grâce à un nouveau concept de l'unité de l'homme avec son Créateur et le monde naturel. Tout se passe comme si la plus profonde force en l'âme de l'humanité, débordante de compassion et d'inquiétude pour les combats et les divisions des hommes, surgissait avec une vision de tout ce qui a été perdu ou ignoré — toutes les infinies possibilités de pensées et d'émotions, et de réalisations qui pourraient être atteintes — ainsi qu'avec de nouvelles directions et vocations auxquelles les hommes pourraient aspirer.

Les moyens par lesquels chaque civilisation a pu s'épanouir et laisser son empreinte dépendaient de quelques hommes et femmes éprouvant la nécessité de se tourner vers la source de conscience et de créativité qu'ils partagent au plus profond avec toute l'humanité. Ce sont les interprètes des rêves de leurs semblables, les énonciateurs visionnaires de symboles-maîtres, d'archétypes de pouvoir, dont l'énergie brute doit être purifiée et canalisée par les prières et les exercices contemplatifs des saints, par le courage et l'habileté expressive des poètes et des artistes et par la rationalité et le génie spéculatif des philosophes et des scientifiques.

La civilisation a pour but de conquérir la barbarie, qui est de vivre dans la peur. Une grande civilisation permet, à l'échelle des nations, l'expression de l'amour, la sécurité, le partage d'un certain vécu, et l'espoir pour cette vie et la prochaine. Elle permet le développement de talents qui autrement végéteraient dans de petites sociétés fermées, seulement préoccupées par leur auto-préservation. 'Humanitas' est le nom donné par Cicéron à la plus haute poursuite de la civilisation, un terme familier aux érudits du Moyen-Age, et un terme qui centre les études et les talents sur l'expression complète de la nature de l'homme.

La civilisation peut se comprendre comme l'application de la volonté consciente aux énergies amorphes de la psyché humaine, détournant ces énergies de leur dissipation en peur et en guerre vers des fins pacifiques et fructueuses. La technologie de la civilisation s'est toujours employée à développer des méthodes d'attaque et de défense pour la préservation de la société, autrement dit pour procurer sécurité face à la peur physique, mais la vraie civilisation traite la peur au niveau le plus profond de l'esprit. 'Technologie', vue sous cet angle, relève avant tout de l'esprit. Derrière les forces sociales, politiques, et économiques qui dictent la vie de l'homme, se trouvent les forces archétypales infiniment plus puissantes de la psyché, et C'est en tirant ces forces à la lumière de la conscience et en les canalisant, que l'artiste, le penseur, l'homme de religion, nous libèrent de la superstition, de la peur et des préjugés qui domineraient notre vie.

La période gothique est le résultat d'hommes travaillant ensemble dans un même esprit où leur religion, leur art, leur philosophie, leur science et leur technique étaient en harmonie. Dans notre siècle présent, l'effet contraire est produit par la collaboration internationale de physiciens qui, libérés d'une religion désuète, négligeant les arts, ne prenant dans la philosophie que sa rigueur intellectuelle et logique mais non son intention spéculative et morale, ont fabriqué, avec leur science et ses applications, une arme d'investigation et de transformation du monde naturel si puissante que leur recherche a suscité l'intérêt des gouvernements et de l'industrie. Dépourvus du soutien des autres formes supérieures de la connaissance qu'ils avaient rejetées comme d'inutiles superstitions, ne connaissant aucun impératif moral hors la poursuite de leurs sciences, ils se sont vendus en échange du soutien du gouvernement et de ses forces barbares.

Le grand art des maîtres du gothique vit sous la même menace que l'homme moderne: la menace d'une destruction si totale que, dussent certains de ces chefs d'œuvre perdurer à l'état de ruines aussi belles et envoûtantes que celles de Rivaulx et St-Jean-des-Vignes à Soissons, les hommes et les femmes qui pourraient survivre sombreraient dans la barbarie si totale que dans leur combat pour la survie, il n'y aurait pas de place pour apprendre à sauvegarder l'histoire, pas de temps pour méditer le message de leurs vestiges. Et pourtant, pour nous aider à éviter une telle catastrophe, ces magnifiques monuments, les plus grands chefs d'œuvre de notre civilisation occidentale, peuvent encore nous inciter à transformer la haine et la barbarie en amour et en civilisation telle que l'ont fondée nos ancêtres; ils nous disent: "Nous avons été faits pour notre époque, images de l'homme dans sa plénitude, sa beauté, l'identité de son être véritable avec son créateur. Quelle image de l'homme construirez-vous qui sera l'appel d'une nouvelle civilisation, apportant l'harmonie au dualisme matérialiste et aux nécessités de l'âme, transformant la peur et la haine en amour, et rendant à l'art la spontanéité de la joie ?"

— *The Rise of the Gothic* (1985) Hutchinson, London, pp. 85, 9, 22, 199

Dans un autre de ses ouvrages *The Face of Glory: Creativity, Consciousness and Civilization* se trouve le très beau passage ci-après. L'auteur mourut peu de temps après avoir laissé ces mots en héritage:

> La création commence et continue par un unique son. Ce son contient toutes les idées, tous les sens et toutes les expressions du sens et toutes les langues possibles. C'est la Conscience Universelle se révélant en tant que Verbe. Ce son contient en lui-même tous les rythmes, toutes les mélodies, tous les accords et toutes les musiques possibles. C'est la Conscience Universelle se révélant en tant que chant.
>
> Ce son résonne dans l'éternité et sa résonance crée le vide et l'espace et la diversité d'expériences du temps; l'expérience du temps d'une galaxie, d'un arbre, d'un homme, d'un éphémère. Il contient en lui-même toutes les lumières, toutes les obscurités et toutes les gammes de couleurs. Il contient toutes les lois naturelles et les principes de vie intelligente. Il crée des êtres eux-mêmes doués de conscience, qui sont spectateurs et auditeurs de sa création. C'est la Conscience Universelle qui se révèle en tant que splendeur.
>
> Nous, l'espèce humaine, sommes la création de ce son; de même que sa lumière et son désir nous rendent conscients, de même nous partageons sa créativité. Quand nous pensons que nous inventons, en fait nous découvrons; quand nous pensons que nous sommes à l'origine, en fait nous sommes nourris par les vraies origines. Au cœur de notre essence ultime, notre véritable individualité, nous sommes ce son et par notre existence, nous sommes oreilles pour entendre ce son et bouches pour émettre ce son

The Face of Glory: Creativity, Consciousness and Civilization (1996) Bloomsbury, London

Introduction

L'Heure Mythique du Choix

L'humanité tuera-t-elle la Terre Mère ou la sauvera-t-elle?

— Arnold Toynbee, *Mankind and Mother Earth*

Sans une révolution globale dans la sphère de la conscience humaine, rien ne changera pour le meilleur dans la sphère de notre condition humaine, et la catastrophe vers laquelle nous nous dirigeons — écologique, sociale, démographique, ou un effondrement général de la civilisation — sera inévitable.

— Václav Havel, indirizzato al Congresso degli USA

Ce jour, et ce pourrait être n'importe quel jour, je suis assise dans ma pièce, j'écoute le Concerto pour flûte, harpe et orchestre (K.299) de Mozart. Dehors, le jardin s'éveille au chant des oiseaux, les arbres reverdissent en réponse à la douceur du soleil. Je regarde autour de moi les objets tant aimés, façonnés par des artisans qui respectaient la matière entre leurs mains — des objets venant de nombreux pays, vieux de plusieurs siècles, que j'ai collectés au fil des ans et qui révèlent leur âme. Sur les murs se trouvent les tableaux de mon mari: des peintures d'une grande beauté et d'une superbe exécution technique, qu'on ne rencontre plus que rarement de nos jours dans ce qui se nomme art. Je suis entourée de livres, de l'Orient et de l'Occident, qui offrent les fruits de l'humanité en quête de compréhension du mystère et du merveilleux de la vie.

L'exquise musique s'écoule dans la pièce et ouvre mon cœur à l'intensité poignante de notre existence, à la valeur infiniment précieuse des échanges avec autrui, au très court temps alloué dans lequel nous pourrions tant apprendre, tant comprendre, tant aimer, à la compassion pour ceux qui n'ont pas le choix et dont la vie est sacrifiée aux problèmes que nous, en tant qu'espèce, reconnaissons mais avons tant de mal à résoudre: la faim, la misère, l'oppression, l'addiction guerrière. La musique me parle comme depuis une autre dimension, disant qu'il en a toujours été ainsi et il en sera ainsi tant que nous ne nous éveillerons pas à la conscience de notre unité et à la sacralité de la vie. Ces notes justes et harmonieuses sécrètent un amour infini qui embrasse toutes créatures de tout temps — passé, présent et futur: un amour si intense, si total que l'écoute de sa voix nous fait toucher à la quintessence de l'être.

La saga de l'espèce humaine trace une marque telle la queue d'une comète à travers l'obscurité des âges. Notre évolution a pris tant de temps à l'échelle humaine, et pourtant la vie de notre espèce est enchâssée dans les quatre milliards d'années de vie de cette planète, et au-delà, dans les éons inimaginables des centaines de milliards de galaxies de l'univers. Nous sommes une manifestation de vie très récente sur cette planète et pourtant notre origine se trouve dans le cosmos stellaire. Nous sommes tellement plus que ce qui a jamais été imaginé. Au fil de ces éons de temps, tel que nous le comprenons, la vie sur cette planète a évolué d'une conscience indifférenciée à la conscience de soi de notre espèce. Une vague grandissante de conscience s'est exprimée à travers des matrices de plus en plus complexes, et des systèmes nerveux de plus en plus sensibles et élaborés ont conduit l'évolution des espèces, culminant en la nôtre.

Mais il y a toujours plus à parcourir, en ce sens qu'un gland a du chemin à faire avant de devenir un chêne. Je suis sûre que notre conscience évolue vers un état d'éveil atteint par les mystiques et les êtres éveillés d'antan. Cet état d'éveil est potentiellement en nous — un potentiel dont seul un petit nombre fait l'expérience. Au fur et à mesure de notre évolution, nous devenons plus intelligibles à nous-mêmes; comme nous grandissons vers notre plein potentiel de conscience, nous devenons plus aptes à reconnaître la véritable nature du réel. Toute vérité est relative jusqu'à ce que l'état adéquat soit atteint.

Il y a peu, un tertre funéraire contenant une tombe a été découvert en Italie. La tombe détenait le squelette d'un homme. Une fine feuille d'or martelé avait été repliée et placée près de sa tête. Sur la feuille se trouvaient ces mots — des mots dont nous savons qu'ils étaient prononcés par les participants aux Mystères d'Orphée en Grèce, il y a 2500 ans: "Je suis enfant de la terre et du ciel étoilé mais ma race est seulement du ciel ". Je trouve ces mots venus d'un passé lointain très émouvants. Je pense qu'ils sont aussi pertinents maintenant qu'ils l'étaient alors. Ils suggèrent que nous appartenons à deux dimensions du réel: l'une visible et l'autre invisible; et C'est une chose que nous avons à apprendre de toute urgence.

La Quête du Trésor Inestimable

La tâche spirituelle suprême d'une civilisation est symbolisée dans les mythes par la quête du trésor inestimable. De la quête de l'Herbe d'Immortalité par Gilgamesh à la quête de l'Éveil du Bouddha, de la parabole de la Perle de Grand Prix à la quête médiévale du Saint Graal, ce thème est constant depuis 4000 ans. Une civilisation est inspirée et dure un certain temps grâce à ses mythes, et finalement le dynamisme originel qu'ils ont apporté s'émousse. Le trésor n'est plus compris comme étant la création d'une relation vivante avec la source transcendante de l'être mais se trouve projeté dans de moindres buts. Le grand historien des civilisations, Arnold Toynbee (1889-1975) l'a clairement souligné: à moins d'un renouveau fondé sur un nouvel énoncé de la quête spirituelle, qui prêterait une valeur et un sens plus profonds à nos vies, le déclin s'installe, menant ultimement à l'atrophie et à la mort.[1]

Ce que nous appelons civilisation est la réponse exprimée par l'humanité à l'inspiration qui lui est insufflée par le mythe – celui qui nous donne courage, espoir et sens en instaurant une relation entre nous-mêmes, la Terre et le Cosmos. Un grand mythe émerge de la dimension intérieure de l'âme nourrie par la vie exemplaire d'un individu exceptionnel, puis il cristallise en croyance, religion et dogme. La relation vivante avec l'âme peut être perdue en cas de contrainte d'adhésion collective à un système de croyances donné. Tôt ou tard, un état d'atrophie psychique s'installe: nous perdons le contact avec l'âme, l'énergie créative vitale se retourne contre elle-même, rendant tout renouveau ou régénération impossibles. Dans le grand mythe de la Quête du Graal, ceci est exprimé par les Terres Arides: un pays ou un royaume désolé et stérile, un vieux roi chancelant et impuissant à régénérer son royaume déchiré par les factions guerrières. Il n'y a pas si longtemps, le sentiment du caractère sacré de la vie et de notre relation avec la Terre et le Cosmos relevait d'un instinct profond, partagé par toute l'humanité. Puis, de façon imperceptible et pour différentes raisons que ce livre va explorer, cela s'est perdu.

Que nous arrive-t-il quand nous existons sans lien avec quoi que ce soit au-delà de notre propre conscience? Nous sommes privés de toute relation avec le Cosmos. L'énergie psychique, qui ne sait où aller, implose, minant l'ordre social. Quand le consensus portant sur ce qui est la valeur suprême se délite, toutes les institutions et les structures sociétales sont affaiblies; la conduite morale est à l'appréciation de chacun. Ne reconnaissant rien au-delà de nous-mêmes, nous sommes à la fois victimes d'inflation et amoindris: victimes d'inflation car nous agissons avec divine omnipotence, amoindris car nous sommes emprisonnés dans une représentation du réel qui, telle la fameuse grotte de Platon, limite et gêne notre croissance.

Quand nous sombrons collectivement dans une ennuyeuse uniformité, l'imagination n'est plus nourrie. La puissance créatrice se dissipe en fantasmes malins de mort, torture et destruction qui s'extériorisent dans les situations de crimes, conflits, guerres, débauches et scènes similaires sur nos écrans. L'agressivité et les tendances à l'auto-destruction sont activées dans une âme déracinée et en détresse profonde, ignorante de la cause de sa détresse. T.S. Eliott capture l'essence de cet état dans son poème 'Ash Wednesday':

> *Where shall the word be found, where will the word*
> *Resound? Not here, there is not enough silence*
> *Not on the sea or on the islands, not*
> *On the mainland, in the desert or the rain land,*
> *For those who walk in darkness*
> *Both in the day time and in the night time*
> *The right time and the right place are not here*
> *No place of grace for those who avoid the face*
> *No time to rejoice for those who walk among noise and deny the voice.*

Notre Présente Situation

La Terre est notre 'chez nous' dans le Cosmos. Nous sommes face à deux immenses problèmes: le problème de notre surnombre et le problème de la diminution des ressources pour nourrir ce surnombre. Derrière la réussite technologique de notre culture et son addiction prométhéenne à la croissance économique, se trouve le viol toujours accéléré des ressources de la planète dans le but de servir nos besoins industriels et économiques toujours grandissants. Les nations bataillent entre elles pour le pouvoir et la suprématie: développement et stockage d'armes de destruction massive, missiles guidés pour détruire l'ennemi, torture, viol, meurtre des opposants politiques. Tandis que tout cela s'amplifie, reste sans solution la souffrance indicible de milliards de gens en situation de survie désespérée. Dans les zones de conflits en Afrique, la famine et le viol des femmes et des enfants sont endémiques. Même dans les sociétés à bon niveau de vie, on trouve dépression, diverses dépendances, violence, crime, espoirs floués et gaspillage du potentiel de millions d'enfants, angoisse des parents et des grands-parents qui voient leurs enfants sacrifiés à la terrible profanation de la guerre. Au sein des gigantesques mégapoles, on trouve des affamés, des enfants abandonnés et exploités qui fouillent les poubelles avec les rats – des enfants corrompus par des dealers, ou kidnappés et réduits en esclavage ou tout simplement violés et tués. Des milliers de jeunes femmes sont réduites en esclavage sexuel. Tout cela peut être décrit par le terme 'malignité'.

Qu'est-ce qui a suscité l'émergence de cette pathologie ? Se pourrait-il qu'une chose absolument fondamentale manque à nos traditions religieuses et puisse expliquer comment tout ceci est advenu et comment nous en sommes venus à traiter les gens avec une telle cruauté abyssale et tant de mépris ? L'effort héroïque et la souffrance des multiples générations passées nous ont-ils menés à cette impasse ? Nous sommes certainement appelés à évoluer encore, non seulement pour créer une technologie qui facilite les voyages dans l'espace, mais pour faire naître une conscience qui puisse dépasser les conflits tribaux et s'ouvrir à la perception de notre appartenance à une vie plus vaste: la vie de cette planète et au-delà, la vie du Cosmos.

Supposons que l'univers essaye de pénétrer l'épais brouillard de notre conscience. Supposons que derrière les 4% qui nous sont visibles se trouvent des dimensions inexplorées et des multitudes d'êtres habitant ces dimensions. Supposons que nous ne mourons pas à la mort du corps mais continuons à vivre et à grandir dans ces dimensions, de sorte qu'il existe une continuité entre ce qui arrive ici et ce qui arrive là. Comme tant d'autres, je me languis de dépasser la solitude de la condition humaine, de savoir que la mort n'existe pas, que ceux qui sont séparés de nous ne sont pas pour toujours perdus, qu'il y a un sens à notre existence éphémère. Je me languis de m'agrandir en un état d'être plus complet dont je pressens l'existence. Keats l'énonce avec éloquence: "Je ressens de plus en plus chaque jour, au fur et à mesure que mon imagination se fortifie, que je ne vis pas que dans ce monde mais dans des milliers de mondes''. Comme une parturiente dans les dernières contractions de la naissance, je ressens le besoin de re-pousser la constriction de cet intolérable état d'ignorance.

Le désir de liberté s'élève actuellement dans les âmes de millions d'êtres:se libérer de l'oppression et de la persécution des régimes autocratiques, se libérer de la faim et de la peur, de la torture et de l'incarcération, se libérer des croyances et des habitudes qui bloquent notre évolution, notre développement en tant qu'êtres humains éveillés. Mais la liberté dont nous avons le plus besoin est celle qui nous affranchira d'une vision du monde qui nous enferme dans une prison par nous-mêmes érigée. Pouvons-nous accueillir la véritablement immense transformation de conscience nécessaire pour nous libérer de cette vision du monde défectueuse, et pour forger une compréhension autre de la vie, ainsi qu'un avenir viable sur cette planète pour les générations futures ?

Découvrir une Nouvelle Narration

Nous vivons une époque de changements évolutifs immenses. Les découvertes scientifiques de ces cent dernières années – l'expansion captivante de nos connaissances de l'univers, du monde subatomique, de la formation géologique de la terre et de l'évolution biologique – ont fracassé les fondations sur lesquelles notre culture reposait; de la même façon que les découvertes de Kepler et Copernic avaient fracassé la perception médiévale de la réalité.

Notre conscience est l'infinitésimale étincelle de lumière cosmique qui est à présent suffisamment développée pour se révéler à nous par le biais des instruments remarquables de la science. Comme en réponse à une pulsion innée, la conscience latente ou présente dans la nature et la matière devient consciente d'elle-même. Cette matrice de vie croissante de plus en plus complexe embrasse non seulement toute l'expérience évolutive de la vie de l'univers, mais aussi toute l'expérience de la vie telle qu'elle a évolué sur cette planète; non seulement l'expérience de notre organisme physique mais aussi l'expérience de nos instincts, pensées, sentiments, imagination — tout ce que nous nommons conscience. Nous découvrons nos origines cosmiques et le fait qu'en notre essence nous sommes littéralement vie stellaire, énergie stellaire, matière stellaire dans chacune des cellules de notre être.

Le psychiatre Carl Jung soulignait que sans cette étincelle de conscience, sans cette capacité à observer, imaginer, explorer, découvrir et réfléchir, d'innombrables ères auraient pu se dérouler sans que rien, ni personne sur cette planète, ne soit témoin de cette vie. Grâce à cette étincelle de conscience, nous pouvons commencer à comprendre la stupéfiante créativité du processus de vie, au sein duquel nos vies se lovent.

Tout aussi merveilleuse est la découverte que tout ce que nous observons, tout ce que nous sommes, s'élève depuis un océan de l'être invisible qui est le profond substrat cosmique du monde phénoménal, et de notre propre conscience. Sous cet angle, toutes les divisions et les polarités du monde se réduisent à l'insignifiance. Il semblerait que nous soyons immergés dans un océan, ou un champ, ou un maillage d'énergie coextensive avec l'immensité de l'univers visible et avec les plus minuscules particules de matière. Le monde dont nous faisons l'expérience est comme une minuscule excitation à la surface de cet infini océan cosmique. Les découvertes renversantes de la physique quantique nous disent que nous baignons littéralement dans un océan de lumière, invisible à nos yeux, et qui pourtant imprègne chacune de nos cellules et chaque atome de matière. Au niveau quantique, toutes les divisions apparentes sont interconnectées dans une totalité invisible et indivisible. Nous, en tant qu'observateurs, sommes inséparables de ce que nous observons. Toute vie à son niveau profond est essentiellement Une. William James l'écrivait il y a plus de cent ans: "Nous sommes en surface comme des îlots, mais connectés dans les profondeurs".

La réalisation naissante de notre participation à une réalité cosmique qui est la source et le socle de nos vies, défie la croyance présentée par une certaine science, selon laquelle nous existons sur une petite planète, dans un univers inerte et qu'il n'y a pas de vie au-delà de la mort. Il se pourrait que l'univers ait attendu des éons que nous atteignions le point où plus qu'une simple poignée d'individus s'éveillent à la perception du champ invisible qui anime et soutient la totalité de notre existence.

Comme le gigantesque ovni du film *Rencontre du Troisième Type*, un champ de conscience immense et invisible se présente à nous, nous demande de le reconnaître et de l'accueillir. Nous pourrions l'appeler l'Âme du Cosmos.

Si le Cosmos est vivant, intelligent et le substrat de notre propre conscience, alors que pourrait être son rêve ? Qu'il nous appartient d'être les protecteurs plutôt que les exploiteurs de la vie sur cette planète et de nous éveiller à l'intelligence de cette mystérieuse énergie qui anime et soutient chaque élément du monde phénoménal. Et que pourrait être notre plus ardent désir, notre plus grand souhait ? Savoir que nos vies possèdent sens et valeur en relation avec une dimension du réel qui se révèle doucement à nous, au fur et à mesure de nos nouvelles découvertes.

Note:

1. Toynbee, Arnold (1934 –1961) *A Study of History* in 12 volumes, OUP.
    Edition in one volume OUP & Thames and Hudson Ltd., 1972
2. Keats, John, Letter, 18th October, 1818.

Préface

Réinstaurer la sacralité du Cosmos — et de la planète Terre en particulier — est le principal défi spirituel de notre temps.

— Diarmuid O'Murchu, *Quantum Theology*

J'ai commencé à écrire ce livre il y a plus de vingt ans, mais l'appel à m'y remettre m'est venu dans un rêve à l'été 1998.

> *Je suis chez ma grand-mère dans le sud de la France, en promenade avec deux amis — une femme et mon mari — près du fond d'une vallée. Tout d'un coup, sur ma droite, nous voyons un serpent. Il mesure à peu près 1m50, rouge rubis magnifique et éclatant sur sa moitié inférieure et doré sur sa moitié supérieure. Il a de petites ailes mais ni griffes ni pattes. Sa tête n'est pas plate comme celle d'un cobra mais légèrement plus grande que son corps. Sur le dessus de sa tête se trouve une marque noire en forme de 'V'. C'est, sans doute possible, un serpent ailé ou une salamandre plutôt qu'un dragon. Ses écailles rouges et or rutilent comme des émaux. Nous le regardons avec crainte et je dis: "J'espère qu'il ne vas pas nous mordre". Nous traversons un champ d'oliviers et atteignons la limite de la propriété. Le serpent est soudainement là, sur notre droite. Il vient vers moi et me mord la main droite, à la base du pouce. Sa morsure inscrit un cercle de petits points rouges.*

Connecter 'right' (droite) et 'write' (écrire) me prit quelques jours, mais je sus alors qu'il me fallait reprendre le travail commencé plusieurs années auparavant. Réfléchissant à la forme que le livre pourrait prendre, et aux difficultés à transmettre des idées si étrangères à l'esprit séculaire de notre époque, je me souvins des paroles de Carl Jung dans son dernier livre *L'Homme et ses Symboles*:

> Le changement, quel qu'il soit, doit commencer quelque part, et C'est l'individu, seul, qui en fera l'expérience et le transmettra. Le changement ne peut commencer qu'avec un individu; il peut être l'un de nous. Personne ne peut se permettre de chercher et d'attendre que quelqu'un d'autre fasse ce que lui-même répugne à faire. Mais comme personne ne semble savoir ce qu'il faut faire, il serait bon de nous demander si, par hasard, notre inconscient ne saurait pas une chose qui pourrait nous aider.[1]

Le *Rêve du Cosmos* est le récit d'une quête à multiples facettes pour comprendre les causes de la souffrance humaine, et pour nous reconnecter à une réalité plus profonde que celle de l'expérience de la dimension physique que nous habitons. Il cherche les réponses aux questions: "Qui sommes-nous ?" et "Pourquoi sommes-nous ici, sur cette planète?". Il s'offre à toute personne qui cherche au-delà des valeurs superficielles de notre culture, qui est peut-être déçue par les systèmes actuels de croyances religieuses et séculières et qui questionnent les valeurs politiques engluées dans la poursuite du pouvoir. Il est écrit à deux voix: une voix est celle de la quête personnelle et l'autre voix explore les causes historiques et psychologiques qui ont engendré notre conception présente du réel.

Je cherche à recouvrer une très ancienne image de l'âme, une image depuis longtemps perdue. L'âme fut conçue, à une époque, comme un maillage cosmique embrassant toute vie, pas tant comme quelque chose qui nous appartiendrait, mais comme quelque chose à quoi nous appartenons, dans la vie infinie de laquelle nous vivons. Le monde réclame ces valeurs primordiales, elles ont toujours été associées à l'âme dans son sens le plus large: sagesse, compassion, justice, interrelations — des valeurs que je définirai plus avant dans ce livre.

Quel est le récit de l'âme? Pourquoi s'est-elle perdue et pourquoi la retrouver nous est-il si vital? Je veux partager mon expérience de la façon dont l'âme s'exprime et comment elle nous attire à elle et tente de retenir notre attention. Forte de mon expérience, mon intention est de montrer l'importance des rêves et des visions, de la connaissance, de la vue pénétrante et du vécu, pour nous ouvrir à la perception de l'ordre caché du réel, dont l'âme est l'une des plus anciennes et des plus constantes représentations.

Au cours des nombreux siècles, nous avons développé un formidable intellect, une formidable science, une formidable technologie. Mais quid de l'âme, source de nos plus profonds instincts et sentiments ? Quid de notre besoin de relation avec cette dimension ignorée du réel? Quid de nos visions, de nos rêves et de nos espérances ? de ces plaies ouvertes et de cette souffrance, provoquées par notre manque de compassion envers autrui? Le besoin pressant de reconnaissance de l'âme nous a amené à cette heure du choix. C'est comme si un danger mortel nous forçait à faire le grand saut évolutif que nous n'aurions peut-être pas fait si nous n'y étions contraints par des circonstances que nous avons nous-mêmes créées. Les fondations qui paraissaient si fermes se désintègrent: les structures anciennes et les croyances s'effondrent; de nouvelles idées, de nouvelles réponses naissent. Le génie créatif de notre espèce est sollicité comme jamais pour répondre aux grands défis de notre temps.

Dans une des légendes médiévales du Graal, Perceval aborde la question de la plaie du Roi: "Quelle est ta souffrance, Père?". Il serait approprié de nous poser cette même question à propos de notre culture. Notre vision du monde actuelle repose sur les prémisses de notre séparation et de notre domination de la nature; la nature est traitée en objet dont nous serions les maîtres. Cette croyance prend racine dans un passé lointain — dans la Genèse et le Mythe de la Chute qui influencent en profondeur le développement de la civilisation occidentale. C'est là que nous trouvons le récit de l'expulsion du paradis terrestre et celui de notre chute dans ce bas-monde: une Chute provoquée par une femme, Ève, qui désobéit au commandement de Dieu et précipite sur nous la mort, le péché et la souffrance. La croyance que toute l'humanité est corrompue par le péché originel — croyance que nous examinerons au cours de plusieurs chapitres — découle de ce mythe. Et pourtant, ce ne fut jamais plus qu'une simple croyance, bien qu'elle fût présentée et acceptée comme une divine révélation de la vérité.

Il y a un second héritage problématique: l'image de Dieu que se partagent les trois religions abrahamiques — les trois religions patriarcales. Dieu est défini comme créateur transcendant, séparé et distinct de l'ordre créé. La civilisation occidentale, en dépit de ses réalisations prodigieuses, s'est construite sur le présupposé de la division fondamentale de l'esprit et de la nature, du créateur et de la création, et sur la croyance en notre séparation de Dieu. Ce n'est que maintenant que nous nous trouvons confrontés aux effets désastreux de cette division.

À cause de l'influence de ce concept d'un Dieu transcendant et de la puissante influence du mythe de la Chute, nous en sommes venus à considérer la nature comme séparée de nous — une chose que nous pouvons dominer, contrôler et manipuler pour le seul profit de notre espèce, puisque, C'est ce que nous voulons croire, la domination de la Terre nous a été confiée. C'est un choc de découvrir que nos vies sont étroitement liées au fragile organisme de la vie de la planète et interdépendantes avec celles de toutes les espèces. Si nous détruisons notre habitat, par inadvertance ou délibérément en continuant sur notre trajectoire, nous risquons de nous autodétruire.

La menace du réchauffement climatique, l'urgence de nous libérer de notre dépendance aux énergies fossiles et la crise financière actuelle pourraient servir de catalyseur et nous offrir l'occasion de changer nos valeurs, d'abandonner un vieux récit et d'en définir un nouveau. Au lieu de traiter notre planète en pourvoyeuse de nos besoins, sans considération pour ses besoins à elle, nous devons réévaluer les croyances et les comportements qui ont dicté notre attitude depuis des millénaires: croyances et comportements profondément enracinés dans les traditions religieuses et les croyances séculières de la science moderne.

De nouveau, comme au cours des premiers siècles de l'ère chrétienne, il semblerait que des outres neuves soient nécessaires pour contenir le vin d'une nouvelle révélation, d'une nouvelle représentation du réel ou d'une nouvelle vision du monde. Quelle vision émergente pourrait se proposer en modèle d'une humanité consciente et éveillée? Je crois que ce doit être une vision qui nous entraîne au-delà de nos paradigmes désuets, ceux qui nous retiennent prisonniers de croyances et de comportements liés à la race, la nation, la religion et le genre et qui nous ont conduits à exclure et dévaloriser tout ce qui est différent de nous, et à négliger notre relation avec la Terre, notre maison. C'est une vision qui nous entraîne au-delà de notre représentation désuète de la divinité; elle nous présente un concept inédit de l'esprit, non plus comme un créateur transcendant mais comme un champ cosmique unifié — un océan d'être infini — comme une conscience créative et comme une intelligence organisatrice au sein de ce champ; elle nous présente aussi un nouveau concept de nous-mêmes, comme appartenant et participant à cette conscience cosmique incandescente.

C'est une vision qui reconnaît la sacralité et l'indissoluble unité de cet immense champ cosmique et nous impose l'obligation d'éveiller notre sensibilité aux effets de nos décisions et de nos actes. Elle nous invite à reconnaître les besoins de la planète et de la vie que celle-ci maintient, comme primordiaux, et nous-mêmes, comme les humbles serviteurs de ses besoins. Elle nous invite, de même qu'Einstein nous y invitait, à élargir le champ de notre compassion: considérer chaque enfant comme notre enfant, chaque femme comme notre fille, sœur, mère, chaque homme comme notre père, frère, fils, le bien-être de chaque créature comme notre responsabilité. Mais surtout, C'est une vision qui nous réclame de renoncer à notre addiction aux armes, à la guerre et à la poursuite du pouvoir, qui nous réclame de reconnaître l'ombre très sombre projetée par cette addiction, qui nous menace de toujours plus de barbarie, de bains de sang, et de souffrances — et de la possible extinction de notre espèce.

De ce point de vue, la crise contemporaine n'est pas seulement une crise écologique et politique mais une crise morale et spirituelle. Les solutions ne peuvent pas venir de la conscience limitée qui contrôle le monde, mais elles pourraient surgir d'une compréhension plus vaste, fruit de l'union de l'intellect et de l'âme, qui nous aiderait à voir que toute vie est une, que chacun de nous participe à la vie de cette entité cosmique de dimension incommensurable. Nous avons le besoin urgent d'intégrer cette intelligence profonde et cette sagesse; elles pourraient nous aider à recouvrer un sens de la vie qui s'est progressivement perdu jusqu'à disparaître – sans que nous le remarquions — en effet, nous ne reconnaissons plus l'existence d'aucune dimension du réel hors les paramètres établis par notre intellect humain. C'est une époque dangereuse car elle implique la transformation de systèmes de croyances incrustés et de comportements de survie répétitifs et archaïques qui s'enracinent dans la peur, l'avidité, la soif de pouvoir, tous nés d'habitudes issues de la peur. Mais C'est aussi une époque d'opportunités immenses en terme d'évolution, si seulement nous arrivons à comprendre ce qui s'offre à cette heure du choix.

Après tant de milliards d'années d'évolution cosmique, il est juste inacceptable que les beautés et les merveilles de la Terre puissent être dévastées par notre insatiable voracité, par le pouvoir de destruction de notre armement et par le dévoiement de notre science et de ses applications techniques. Il est inconcevable que l'extraordinaire espèce que nous sommes, qui a demandé tant de milliards d'années pour développer une perception consciente, puisse s'autodétruire et ravager la Terre, par ignorance de la divinité au sein de laquelle nous résidons et qui réside en nous. Le vrai défi de notre temps offre le choix entre continuer à suivre les schémas du passé ou en créer de nouveaux, vivre et agir différemment en relation à la vie, et nous engager à fournir l'immense effort de conscience pour comprendre et servir son mystère.

Note:

1. Jung, C.G. (1964) *Man and His Symbols*, Aldus Books, London

Ange Portant un Enfant
Robin Baring 1973

Première Partie

Ma Quête Commence

Paysage et Coupe
Robin Baring 1976

Chapitre Un

Ma Quête Commence

L'esprit vivant grandit et même dépasse ses premières formes d'expression; il choisit librement les hommes et les femmes en qui il vit et qui se font ses hérauts. Cet esprit vivant est éternellement renouvelé et il poursuit ses buts de multiples façons inconcevables au fil de la saga de l'espèce humaine. À son échelle, les noms et les formes que les hommes lui ont donnés sont insignifiants; ils ne sont que changement de feuilles et de floraisons sur la tige de l'arbre éternel.

— C. G. Jung, *L'Homme à la découverte de son âme*

Qui peut mesurer l'orbite de sa propre âme?

— Oscar Wilde, *Reading Gaol*

Mon récit débute en 1942 par une chaude journée, J'avais onze ans. On m'avait dit de faire une sieste après le repas. Étendue sur le lit, somnolente du fait de la chaleur, je perçus soudainement une intense lumière violette baignant toute la pièce et je me sentis m'abandonner à une puissance irrésistible. Et alors, brutalement et sans sommation, le lit s'ouvre sous moi, comme découpé par un couteau. Je suis poussée dans une crevasse et le lit se referme sur moi. Terrorisée, j'essaie de crier à l'aide, de bouger bras et jambes, d'ouvrir mes yeux, mais mon corps refuse d'obéir. Un bruit de grondement comme une cascade tumultueuse m'encercle et rugit dans mes oreilles et tout autour de moi. Je suis propulsée dans un étroit tunnel et catapultée dans une noirceur vaste et silencieuse. Je peux voir que je suis toujours rattachée à mon corps par une fine corde.

J'attendais la suite, terrorisée et désorientée par le choc de ma perte de contact avec la seule vie que je connaissais. Alors que j'attendais dans cette sombre immensité, j'entendis deux mots: 'JE SUIS'. Je ne sais pas, et ne saurai jamais, si d'autres mots devaient suivre ou si c'était tout ce qui devait se dire. Envahie par la terreur d'être seule dans l'espace avec cette voix désincarnée, je me suis retrouvée à ré-entrer dans le tunnel, à replonger dans ce vortex de bruit rugissant et assourdissant. J'en ressortis pour me retrouver étendue sur mon lit, étonnamment vivante dans un monde familier.

Cette expérience a initié la quête d'une vie. Je devais savoir pourquoi j'avais quitté mon corps pour cette mystérieuse rencontre. Je devais découvrir le sens de cette expérience, pourquoi elle m'était arrivée, ce qu'elle attendait de moi. C'était si puissant, si épouvantablement différent de toutes autres expériences connues, que je me sentis contrainte de suivre un chemin de recherche, intégrant progressivement à ma vie ce qui me serait révélé étape par étape. J'ai tant regretté mon manque de courage à rester dans cet espace d'immobilité absolue pour écouter cette voix m'en dire plus.

Le Rêve de L'Eau

Peu de temps après cette expérience, ma mère me parla des messages que sa sœur, sa belle-sœur et une amie recevaient par 'channelling' quand elle se rencontraient à New York, où nous habitions à l'époque. Un après-midi de 1943, au cœur de la deuxième guerre mondiale, elles s'étaient retrouvées pour parler de cette lutte sans merci qui déchirait l'Europe. Brusquement, alors que les fenêtres étaient fermées à cause du froid, elles entendirent un rugissement comme un coup de tonnerre et une fenêtre s'ouvrit sous le souffle puissant d'un courant d'air. Les lumières dans la pièce clignotèrent bien qu'il n'y eu aucune tempête. Elles crièrent de terreur et se levèrent pour fermer la fenêtre. Elles perçurent alors une formidable présence dans la pièce et, tombant à genoux, elles furent frappées d'un sens du merveilleux.

En larmes, elles demandèrent quelle aide apporter au monde. La réponse leur vint par écrit: "Suivez votre cœur. Ce n'est qu'en faisant de l'espace dans vos vies pour écouter la guidance qui tente de vous parvenir depuis une autre dimension du réel que vous arriverez à une meilleure compréhension de la façon dont vous pourrez aider le monde efficacement". Le message alertait sur une catastrophe à venir pour la Terre et l'humanité si le comportement des hommes ne changeait pas; ce message devait être transmis à quiconque accepterait d'écouter. Si suffisamment de personnes pouvaient s'éveiller au danger et être réceptives à la guidance qui cherche à les atteindre, le plein impact de cette catastrophe pourrait être amorti ou même annulé. Le message se poursuivait ainsi:

> Certaines périodes semblent durer pour toujours. Ce sont des périodes d'incubation; tout est en attente. L'humanité a vécu deux mille ans en adolescence. Maintenant elle doit devenir adulte ou alors elle sombrera dans la criminalité généralisée qui apportera chaos, confusion et finalement, destruction. Si l'hu-

manité fait le choix de devenir adulte et d'être responsable face à la vie, elle aura un millénaire de paix et de bonheur et la Terre rejoindra le cercle des planètes qui ont déjà complété leur évolution. Des Êtres avancés, depuis des dimensions distantes de l'univers, visitent votre pauvre planète éprouvée pour vous aider à renverser la tyrannie du mal, de sorte que plus jamais il ne domine le monde. C'est seulement quand L'homme apprendra à ne plus verser le sang de ses semblables que la Maison de Dieu sera bâtie sur ses véritables fondations.

L'effondrement des églises établies n'est plus qu'une question de temps, et viendra en partie de leur incapacité à satisfaire les besoins spirituels de l'homme, et en partie des athées qui joueront un rôle de plus en plus grand dans les affaires du monde. L'harmonie doit se trouver à tous les niveaux car il y a danger d'insanité collective. L'homme ne peut plus survivre à la désintégration de sa psyché, conséquence de sa propre civilisation destructrice. Seulement ceux qui auront réalisé l'harmonie intérieure entre leurs connaissances et leur intuition, leurs pensées et leurs actes, ceux qui pourront écouter et accepter la guidance de leur cœur, recevront la force et le savoir capables d'aider leurs semblables. Chaque acte humain doit être évalué à L'aune de ces questions: offense-t-il la Nature? offense-t-il Dieu? blesse-t-il la Vie?

Profondément affectées par ces mots, et d'autres à venir, elles demandèrent si elles devaient prier dans une église; il leur fut répondu: "Votre âme immortelle est votre église".

Ma mère et ses amies continuèrent à se réunir en Europe pendant encore une vingtaine d'années après la fin de la guerre. Lors de messages ultérieurs (en 1944), elle furent averties des dangers de la scission de l'atome et de la transgression des lois de la nature, à cause de leurs effets de désintégration sur la psyché humaine. Il leur fut aussi recommandé d'étudier les débuts de l'histoire du christianisme, les XIIe et XIIIe siècles et la Réforme. Elles devaient, en particulier, voir comment les enseignements du Christ avaient été pervertis et obscurcis par l'Église fondée en Son nom. Maintes et maintes fois, elles furent exhortées à suivre le conseil qui devait les mener à une chose nommée 'Rêve de L'Eau', et à trouver leur chemin vers la 'Montagne Sacrée'. Elles devaient aussi chercher une pierre mystérieuse 'enfouie au pied de l'Arbre'.

Ma mère et ses amies prirent tout d'abord ces images littéralement, et elles cherchèrent un endroit où s'abriter de la catastrophe à venir (dont la date ne fut jamais précisée), elles consacrèrent même plusieurs années à rechercher une montagne sacrée, et un arbre sous lequel une pierre serait enterrée. Petit à petit, il leur apparut que ces images étaient à comprendre comme des métaphores d'un état de conscience à développer en elles-mêmes.

Dans les années 40 et 50, il n'y avait personne avec qui partager ces expériences, ce qui m'emplissait d'un sentiment de grande solitude et d'isolement. Au sein de ma famille, seule ma mère américaine était un pont vers l'invisible 'autre monde'. Je ne pouvais jamais parler de ces choses secrètes avec mon père. Le mariage de mes parents a souffert de ce manque de communication et de leur impossibilité à partager ce qui était de la plus grande importance pour ma mère. Ma mère était une poétesse et une artiste; mon père un soldat et un rationaliste, issu d'une longue lignée de guerriers qui avaient servi leur patrie. Il ne pouvait comprendre ce dont ma mère parlait et il a construit un rempart contre elle, qui s'extériorisait par une compulsion inconsciente — faite de critiques et de sarcasmes — à miner la confiance qu'elle avait en elle-même.

Des années plus tard, je pus comprendre que le contrôle qu'il exerçait sur ma mère était le seul moyen pour lui de se sentir émotionnellement en sécurité, car il avait perdu sa propre mère très jeune. Sa vie fut rongée par l'anxiété chronique, son état serait plus tard reconnu comme dépressif. Tout ce qui pouvait faire allusion au non-rationnel était une menace à son sens de sécurité et amplifiait son besoin de contrôle. Ma mère s'est pliée à cette tyrannie car sa génération n'avait aucune compréhension des causes psychologiques du comportement humain. Sans qualification pour gagner leurs vies, les femmes de son milieu et de son éducation étaient conditionnées à rester dans un mariage malheureux, à tolérer et à se soumettre aux besoins de contrôle absolu du mari, et à dévouer leurs vies aux soins et au bien-être des autres, croyant que cette vie de sacrifice trouverait grâce auprès de Dieu. Tout sentiment négatif se trouvait réprimé par peur de punition divine et de désapprobation sociale.

La famille rentra en Angleterre à la fin de la guerre. Les années suivantes furent assombries par la relation destructive de mes parents et par le harcèlement scolaire que je subis. Je me tournai donc vers Dieu mais ne trouvai aucun réconfort dans les services de l'église protestante que l'école nous faisait suivre. Je détestais l'odeur humide des églises, le froid glacial, l'écrasant sentiment de péché et de culpabilité, les hymnes sinistres et les sermons condamnatoires, tous dépourvus de joie et de communion avec le divin. Si Dieu avait racheté les péchés du monde, pourquoi donc y avait-il encore guerres et souffrances, et pourquoi étais-je une 'misérable pécheresse'? Ça ne faisait aucun sens pour moi. Je redoutais les dimanches et me sentais souvent si mal et faible que je devais quitter l'église. Tout me paraissait faux, mais je ne savais pas pourquoi. Dieu semblait lointain, répressif, implacable et rancunier.

Le Jardin d'Éden

Il y avait néanmoins un lieu où j'aimais être. Je passais, avant guerre, toutes mes vacances d'été chez ma grand-mère, dans le sud de la France. Je me languissais de retrouver cette terre baignée de soleil, la luminosité vibrante du paysage, le ciel empli d'étoiles, le chant des cigales, le coassement nocturne des grenouilles, la senteur délicieuse du thym, de la lavande, des pins et des cyprès. Il fut à nouveau possible, à la fin de la guerre, de séjourner dans ce paradis d'enfance.

La maison de ma grand-mère s'élevait au sommet d'une colline, sur le site d'un ancien temple de Minerve. Le lieu était nommé 'Malbosquet', les gens pensaient qu'il était hanté par les esprits et L'évitaient. C'était un lieu d'une beauté remarquable, un jardin d'Éden: le rose et le blanc des lauriers-roses, les cyprès sombres et élancés exsudant une délicieuse senteur après la pluie, la fontaine dans laquelle s'épanouissaient d'énormes fleurs de lotus roses, les orangers remplissant l'air de l'exquise fragrance de leur floraison au printemps, la riche terre rouge plantée de vignes généreuses, et partout des fleurs. Je me souviens en particulier des anémones qui tapissaient le sol au printemps et qui remplissaient la maison, car ma grand-mère était artiste-peintre et aimait les croquer. Dans le patio, d'énormes pots contenaient des camélias et des géraniums carmin. À l'horizon vers l'ouest, s'étageaient une succession de collines mauves; vers L'est, se détachaient les sommets neigeux des Alpes. Au sud, au-delà d'une pinède et d'une oliveraie, la mer Méditerranée scintillait dans le soleil.

Je me réveillais à l'aube, emplissant mes poumons de la vivifiante senteur de l'herbe couverte de rosée, mon cœur éclatant de la joie d'accueillir la naissance d'un jour nouveau. J'aimais marcher à l'aube dans l'herbe humide, rien que pour sentir la fraîcheur de la rosée sur mes pieds nus. Plus tard dans la journée, j'irais m'asseoir dans un jardin d'oliviers qui dominait une gorge ombragée, plongeant en contre-bas dans une rivière tumultueuse. La nuit, à la douce lumière d'une pleine lune, les lieux s'animaient comme par magie de présences invisibles. Ces souvenirs d'enfance sont si précieux car j'avais le temps d'être et de m'émerveiller. C'est là que je suis tombée amoureuse des beautés du monde naturel.

Les arbres de cette oliveraie auraient pu être témoins des secrets des siècles, et des grandes civilisations qui ont rayonné autour du bassin méditerranéen: l'Égypte, la Crète, la Phénicie, la Grèce, l'Étrurie, Rome. Pendant des millénaires, les chouettes ont construit leurs nids dans les creux de ces arbres noueux et ridés. Je m'asseyais au milieu d'eux pendant des heures, heureuse en leur compagnie et attentive au changement de la lumière solaire que leurs feuilles vert argent filtraient. La guerre m'avait séparé pendant six ans de cet endroit aimé, mais j'y retournais constamment en imagination. C'était le pays de mon âme.

L'Appel du Beau

À la fin des années 40, il redevint possible de voyager librement. L'Europe était à nouveau ouverte, lieu de soleil et de lumière où je pouvais fuir la déprimante austérité de l'Angleterre. J'avais seize ans en 1947, ma grand-mère m'emmena en Espagne; nous avons conduit le long de la côte est jusqu'à Grenade et Cordoue, alors libres de touristes. J'ai approché, pour la première fois, la culture mauresque à la grande mosquée de Cordoue. J'ai pu m'asseoir seule dans le silence de L'aube et du crépuscule et goûter la grâce exquise des cours intérieures de l'Alhambra, décrivant dans mon journal son exaltante beauté.

Plus tard, ma mère et moi avons exploré la Toscane et l'Ombrie; nous voyagions en bus avec les gens du pays, ravies de leurs joyeux bavardages, leurs poulets caquetants et leurs montagnes de provisions. Je contemplais, fascinée, le Baptistère à Florence, le Duomo, le campanile en forme de lys de Giotto; les fresques de l'église inférieure d'Assise; les Madones à Sienne; le Printemps et la Naissance de Vénus de Botticelli. Tout brille dans ma mémoire comme la splendeur d'un lever de soleil à qui le verrait pour la première fois.

J'ai traversé l'Italie dans un perpétuel souffle d'émerveillement. Chaque destination se faisait pèlerinage. À Borgo San Sepolcro, le tableau de Piero della Francesca 'La résurrection' a surgi à ma conscience comme peignant la vision saisissante d'un homme éveillé et éclairé — aux antipodes de l'image du crucifié impuissant et souffrant qui pend au-dessus des autels de tant d'églises. Je me demandais pourquoi il y avait tant de représentations de la crucifixion et si peu du Christ ressuscité.

Je suis tombée passionnément amoureuse des peintres du début de la Renaissance — surtout Sasetta et Fra Angelico — et tous ces artistes pour qui les rochers, la terre, le ciel, l'homme, les anges étaient transparents au fondement divin qui soutient et irrigue le monde physique.

J'ai vu dans ces peintures la prière, l'amour, l'attente, la communion, le moyen de découvrir Dieu. Saint François d'Assise m'attirait tout particulièrement, certains des messages à ma mère provenaient de lui, et je le considérais comme mon guide spirituel. Je le rencontrais, dans nombres des peintures de ses contemporains, accompagné de l'ange rouge qui lui était apparu et semblait planer encore dans le ciel de l'Ombrie. Je visitais près d'Assise le petit ermitage où le Christ avait demandé à St François de rebâtir Son église. Ici, à Borgo San Sepolcro, se trouvait une autre icône lumineuse du Christ, ni crucifié ni souffrant. Je me souvenais des messages qui recommandaient à ma mère et à ses amies d'étudier l'histoire des débuts du christianisme et la façon dont les enseignements avaient été pervertis. Je ressentis le besoin d'en savoir plus et priai St François pour son aide.

C'est en Italie que je devins pour la première fois consciente d'une autre sorte de spiritualité: non pas imprégnée d'un sens du péché et de culpabilité si répandu dans les églises protestantes de mon enfance, mais profondément enracinée dans l'ancestral sentiment populaire de connexion avec la terre, les villes, les ermitages où les saints avaient vécu et enseigné.

Je fus touchée par l'incroyable beauté du paysage italien et éprouvai un fort sens de continuité vitale entre le passé et le présent. J'absorbai les proportions parfaites et l'échelle humaine des bâtiments, et le climat de révélation dont l'air même semblait imprégné. J'étais stupéfiée par le génie des architectes, des sculpteurs, des maçons qui, travaillant ensemble, avaient pu imaginer et réaliser ces merveilles, telles les façades de marbre du Duomo à Orvieto.

Lors d'un second séjour l'année suivante, je grimpai une colline par un matin étoilé pour assister à la messe et recevoir la bénédiction d'un moine italien renégat, Padre Pio (canonisé par la suite) et je pus sentir le fort parfum de violettes qui émanait de lui. Le chauffeur de taxi qui me reconduisait à la gare insista pour que je me rende au sanctuaire de l'Archange St Michel à Monte Gargano, où les croisés avaient reçu une bénédiction avant d'embarquer pour la Terre Sainte. Tête baissée et tenant son chapeau dans ses mains noueuses, il me fit descendre des marches en gros blocs de pierre menant, dans les entrailles de la montagne, aux murs noirs brillants de la grotte qui abritait le sanctuaire de l'Archange. Au-dessus de l'entrée figuraient ces mots: "Ici est la demeure de Dieu, la Porte du Paradis". Je savais que St François avait hésité à pénétrer dans la grotte, disant "Seigneur, je ne suis pas digne de pénétrer dans ton sanctuaire"; il s'était ensuite embarqué pour son voyage depuis le port proche de Bari, à la rencontre du chef mahométan Saladin. En conséquence de leurs échanges, Saladin avait par deux fois autorisé les Chrétiens à entrer pacifiquement dans Jérusalem mais par deux fois, ceux-ci avaient refusé, préférant la prendre par la force.

Il n'y avait personne dans la grotte, sauf une vieille femme qui balayait le sol. M'agenouillant pour prier, j'éclatai en sanglots, submergée par la tristesse et la souffrance du monde. Je demandai la guidance et l'aide de l'Archange pour moi-même et le monde. Cela semblait la chose évidente à faire dans ce lieu saint.

Me Préparant pour le Monde

Ma mère était déterminée à m'envoyer à l'université, puisqu'elle-même ne l'avait pu. Oxford a posé les bases de L'avenir, m'offrant L'occasion de développer mon intellect et d'étendre ma connaissance du passé. Je choisis d'étudier le Moyen Âge et d'apprendre l'italien pour accéder à la Renaissance italienne et renouveler ma connexion à l'art. La mode en philosophie à l'époque (début des années 50) était au Positivisme Logique. C'était ma première rencontre avec une approche purement séculière de la vie et ça n'avait pour moi aucun sens. Je fis le vœu qu'un jour je trouverais les réponses aux questions qui m'intriguaient; des questions auxquelles la philosophie moderne ne pouvait répondre et qu'en fait elle ne posait même pas. Je m'attelais à la recherche d'un cheminement spirituel qui me mènerait à une compréhension plus profonde de la vie.

Je m'apprêtais à quitter Oxford (1951) et tombai amoureuse et me fiançai à un homme charmant, intelligent et sensible à l'art. Je pensais avoir trouvé le mari idéal. Il fut arrêté quelques semaines plus tard et accusé d'abus sexuel sur des boy-scouts. L'homosexualité était passée sous silence à cette époque et le sujet était un tabou social, mais les détails du procès atteignirent les médias. Je restai loyale à mon fiancé et m'accrochai à ma croyance en son innocence. Le procès suscita un vif intérêt et l'appui du public; finalement, la loi fut amendée afin que l'homosexualité ne fût plus criminalisée. Mon fiancé fut néanmoins jugé coupable et condamné à un an de prison.

Je rompis mes fiançailles et trouvai un job à New York; un psychiatre autrichien (le Dr Manfred Sakel) avait mis au point un traitement de la schizophrénie par l'insuline, traitement alternatif aux électrochocs, et il cherchait une personne pour relire et corriger le livre qu'il avait écrit à ce propos. La rupture des fiançailles fut une expérience qui m'avait profondément affectée car, juste sur le point d'émerger de ma vie universitaire cloîtrée et de m'ouvrir au monde, ma confiance en moi avait été totalement détruite. Cet hiver de 1951-52 fut la nuit noire de mon âme. C'était ma première rencontre avec la psychologie et la maladie mentale, et je sombrai dans une grave dépression, incapable de me venir en aide ou d'appeler à l'aide. J'oubliai dans ma détresse les mots et les images du Rêve de l'Eau. La Pierre au pied de l'Arbre s'effaça de ma mémoire.

≈≈≈

La Révélation de L'Inde et de L'Asie

De retour en Angleterre, j'occupai des postes de secrétaires qui ne menèrent à rien. Mais en 1956, ma vie s'ouvrit dans une direction inédite et contre toute attente, on m'offrit l'opportunité de visiter l'Inde et l'Extrême Orient. Ce voyage transforma le cours de ma vie car il m'amena à la rencontre de cultures et de traditions religieuses aux antipodes de ma culture européenne, et il repoussa considérablement les limites de mon horizon. L'Inde symbolise, pour moi, la destination mythique de tout explorateur — territoire inconnu, mystérieux, fabuleux. La première fois que j'ai aperçu la chaîne de l'Himalaya, masse brillante dominant la grande plaine de l'Inde du nord, je me suis sentie telle Christophe Colomb découvrant l'Amérique. J'étais extatiquement engagée dans la découverte de ce nouveau monde et je ne ressentis aucune peur.

J'ai découvert en Inde la grâce ravissante des hommes et des femmes portant turbans et saris de couleurs éblouissantes, jaune, vert anis, violet, fuchsia, etc... ainsi que les dimensions vertigineuses et la beauté d'un paysage si totalement différent de ce que j'avais déjà vu ou pu imaginer. Partout où j'allais, je pouvais sentir la présence d'une très ancienne civilisation et l'étendue extraordinaire de l'imagination humaine et du génie artistique exprimés en peinture, en architecture, en poésie, en littérature, en musique et dans la création de toutes les beautés possibles, depuis les sculptures remarquables dans les temples jusqu'aux délicats motifs des tissus aux étals des marchés.

J'étais frappée par une impression de 'hors du temps' — peu de choses avaient changé en plusieurs dizaines de milliers d'années. C'était une période exaltante; aucune responsabilité, aucun lien, aucune peur. Il me suffisait de suivre les désirs de mon cœur; il pénétrait l'âme de l'Inde comme mes pieds touchaient avec révérence la poussière de ce sol ancien. Voyageant seule, je faisais une expérience de la vie plus enrichissante, plus profonde et intense que ce que j'aurais pu trouver dans mon pays ou ma culture. Je savais qu'il me faudrait revenir car il y avait tant à assimiler et à découvrir.

Par une chance inouïe et grâce à des contacts à Rome, on me confia l'année suivante la mission de rassembler des photographies d'œuvres d'art en Inde et en Extrême Orient pour une encyclopédie italienne d'art. Je devais voyager dans de multiples pays, visiter les sites sacrés et les musées d'Inde, de Birmanie, de Thaïlande, Cambodge, Japon, Taïwan, et Indonésie. Il me fallait aussi assimiler rapidement non seulement l'histoire de chaque culture mais aussi sa sensibilité religieuse, exprimée dans l'art, car dans ces cultures, l'art est inséparable du religieux. Cette extraordinaire mission m'emmena au cœur de chaque culture. Ce fut un voyage de découverte inimaginable dans mes rêves les plus fous, et il changea le cours de ma vie.

Les splendeurs de l'art, la sculpture et l'architecture des temples en Inde et en Asie ont déclenché ma forte attirance vers l'hindouisme, le bouddhisme et le taoïsme. Ce n'est que plus tard que j'approfondis cette attirance par l'étude des textes sacrés. Je vis mes premiers tableaux taoïstes de la dynastie Song, et fis ma première rencontre avec l'art chinois dans les recoins obscurs d'une gigantesque grotte à Taïwan, où la moitié du Trésor Impérial, retiré de Pékin par Tchang Kaï-chek, était entreposé en sécurité. Je fus frappée par sa différence flagrante d'avec l'art indien et occidental, mais aussi par sa différente qualité d'âme.

Visitant Angkor au Cambodge, Borobodur à Java, de nombreux sites en Inde, en Thaïlande et en Birmanie, ainsi que les musées de leurs capitales, je me sentis pénétrer au cœur des sculptures hindoues et bouddhistes, envoûtée par le pouvoir des sculpteurs à évoquer dans la pierre la présence immanente de l'esprit. En Inde, les dieux et déesses — si totalement différents de la conception chrétienne monothéiste de Dieu — n'étaient pas juste présents dans leurs représentations mais étaient mystérieusement immanents et intégrés à la vie quotidienne; ils étaient toujours, après des milliers d'années, vibrants de vie dans l'imagination des gens. Des centaines de personnes, de toute évidence émotionnellement impliquées dans les rituels, se massaient dans les temples pour déposer leurs offrandes devant les déesses et les dieux.

Jeune femme voyageant seule en 1957, je ne fus jamais agressée ni volée et je fus accueillie partout avec curiosité et chaleur. C'était avant le temps des drogues et des hippies. Je ressentis souvent ma solitude mais je n'eus jamais peur. Tant de personnes m'aidèrent et me recommandèrent à leurs amis dans d'autres pays ou à leurs contacts dans les musées. Ce n'est qu'au Japon que ma condition de femme me barra temporairement l'accès aux archives du musée. À Tokyo, personne ne parlait anglais et les responsables du musée ne pouvaient croire (et paraissaient insultés) qu'une jeune femme ait été chargée d'une telle mission. J'obtins néanmoins mes photos.

Tout au long de ce voyage, je tombai partout sur des sculptures du Mont Meru, la 'montagne sacrée' des mythologies indienne, persane et bouddhique. Au Cambodge, je découvris que nombre de temples d'Angkor, à moitié ensevelis par la jungle, évoquaient cette image, car chaque temple représente la montagne sacrée, centre sacré de l'univers autant que présence divine cachée au cœur de chaque être. Enfin j'avais ici trouvé la 'montagne sacrée' des messages de ma mère, quelque seize années après en avoir entendu parler pour la première fois. Ma quête m'avait conduite à la découverte de cette image taillée dans la pierre et enchâssée dans la mythologie encore si vivante de l'Inde et de l'Asie.

Allant de pays en pays, j'étais émue au plus profond par la magnifique beauté des paysages et par la chaleur et la grâce des gens. La magnificence et les couleurs de l'Inde, l'étendue et la portée de sa culture, étaient renversantes. J'étais frappée par les foules qui se pressaient partout et qui, bien que pauvres au-delà du concept européen de pauvreté, possédaient dignité, beauté et grâce.

À Tiruvannamalai dans le sud de l'Inde, je visitai, peu de temps après sa mort, l'ashram du grand sage Sri Ramana, et marchai les quinze kilomètres autour de

Arunachala, la montagne sacrée, symbole de la même montagne sanctifiée — cœur caché du cosmos.

Je reçus son enseignement de toujours se poser la question 'Qui Suis-je?'. Cette question me pressa à aller toujours plus loin, à regarder toujours plus en profondeur. Je n'avais jamais pensé découvrir une réalité invisible plus immense que le monde extérieur familier de mon expérience. Je commençai à relier cette question à la voix qui avait énoncé plusieurs années auparavant 'Je Suis'.

En Thaïlande, l'abbé d'un monastère m'invita à séjourner et à éprouver l'approche bouddhique de l'éveil mais je déclinai, ne voulant pas m'engager dans une seule voie, ni laisser ma famille et ma vie en Occident. Et pourtant, je me réjouissais de la compréhension autre du sens et du but de la vie que J'acquérais en voyageant. La limitation claustrophobe de la conception occidentale d'une vie unique s'ouvrait sur un vaste panorama de vies passées et futures, et je côtoyais des concepts tels la loi du karma, la croyance que les expériences de notre vie présente sont le résultat des actions et des expériences des vies passées, que nos actions présentes affectent nos vies futures, la notion de réincarnation un nombre de fois incalculable dans des corps différents, gagnant ainsi en perspicacité spirituelle et nous rapprochant de notre réunion avec le divin. Sri Ramana transmettait avec d'autres mots — dont je devais me souvenir longtemps après mon départ d'Inde — L'idée de cette réunion: "La réalisation de vous-même est le plus grand service que vous pouvez rendre au monde".

Dans tous ces lieux et à toutes les époques, d'innombrables humains pendant d'innombrables millénaires ont créé un riche et fertile humus: artistes, poètes, mystiques, astronomes, musiciens, architectes, philosophes, mathématiciens, scientifiques, et une poignée d'hommes sages tels l'empereur moghol Akbar, tous ont enrichi le profond substrat culturel. Mais il y a aussi les millions de personnes si pauvres qu'elles peuvent à peine survivre, et pourtant capables de façonner tant de beauté avec leurs mains: tisser, teindre, imprimer des motifs anciens aux couleurs vives sur des tissus de coton et de soie. Se transmettant depuis des générations le talent et la technique de la gravure sur bois et de la sculpture de la pierre, les artisans ont établi en Inde et en Asie une tradition ancestrale.

Ces périples m'ont apporté une perspective sur la vie qui ne peut s'acquérir qu'en voyageant physiquement dans ces lieux lointains. La découverte de l'hindouisme, du bouddhisme et du taoïsme m'a libérée de la prison du christianisme que je vivais comme claustrophobe, tyrannique et répressif. Je ne trouve pas dans ces traditions la notion chrétienne du péché, si culpabilisante, mais la croyance que l'ignorance est la cause de la souffrance, que l'humanité est inconsciente ou encore non éveillée plutôt qu'entachée du péché originel.

De retour en Angleterre, je couchai tout ce qui avait envoûté mon regard et enflammé mon cœur dans mon premier livre *The One Work: a Journey Towards the Self* — récit de ces deux voyages en Orient en 1956 et 1957, de ma quête pour comprendre le message fondamental de l'hindouisme et du bouddhisme et mes réflexions pour l'associer à une meilleure compréhension du christianisme. L'approche du livre cible un concept autre de l'esprit — conçu en tant que socle invisible soutenant toutes les formes de vie plutôt que créateur distant de sa création. À nouveau, comme pendant mon enfance, je me sentis attirée par la quête spirituelle. Ce désir s'était défini et affirmé pendant mes voyages.

Ma vie gagna en sens, sa perspective dépassa le stade de réaction aveugle aux événements ou de limite à une seule vie, même bien remplie. J'appréciais que ni l'hindouisme ni le bouddhisme ne soient prosélytes. Bien que tous deux se soient répandus au-delà de l'Inde, aucun n'avait tenté de conquérir ou de convertir par l'épée, au contraire du christianisme et de l'islam.

Au cours de ces voyages en Orient, je réalisai l'incroyable différence de vie des peuples de l'Occident et de l'Orient: nous avons le privilège d'être libérés du besoin et de recevoir une bonne éducation, et celui d'être libérés des abjectes pauvreté, misère et maladies que je vis en Inde, où il semble n'y avoir aucun espoir d'un changement pour le meilleur dans les vies de dizaines de millions de personnes, particulièrement les infortunés des castes inférieures qui sont traités avec un mépris et une cruauté terribles par les autres castes.

Je me sentis appelée à composer une approche du réel inconnue en Occident chrétien et qui apporterait ce qui me semblait manquant, sans que je puisse le définir avec précision. Je fus d'abord attirée par certains mythes et œuvres d'art, puis par les textes des traditions védiques, bouddhistes et taoïstes — surtout ceux concernant le concept d'éveil. J'appris que l'éveil était une immense expansion de conscience et qu'elle permettait de faire l'expérience directe du mystère de la vie et de sa propre essence.

Commença alors une phase plus consciente de mon chemin de découverte. Pour développer une compréhension plus pénétrante de la vie, je fus attirée par l'étude de l'héritage artistique et spirituel des grandes civilisations de l'Inde et de la Chine. Avoir une vision globale et adjoindre ce savoir ancien à ma propre culture prit des années. Je n'aurais pu écrire ce livre sans faire l'expérience de ces différentes facettes du cheminement que j'ai décrit et vais continuer à décrire dans les prochains chapitres.

Mariage et Maternité

Malgré ma satisfaction à écrire sur mes pérégrinations en Orient, le retour en Angleterre en 1957 fut un rappel brutal à la réalité. À cette époque, il ne semblait y avoir pour les femmes, sauf pour celles qui s'étaient, avec détermination, engagées dans la carrière médicale ou scientifique, que trois options professionnelles: secrétaire, professeure ou infirmière. L'alternative était le mariage et la maternité. Dans les années 50, il existait un fossé culturel entre la femme mariée et la femme professionnelle, qui était perçue comme une menace par la société patriarcale. L'immense panorama de vie que mes voyages m'avaient permis d'entrevoir rendait difficile mon insertion dans une vie restreinte et restrictive. Les enseignements des sages hindous et bouddhistes m'avaient appris que l'immersion dans les affaires du monde retardait l'éveil spirituel, il m'était donc très difficile de me concentrer sur une recherche d'emploi, sur le mariage et l'adaptation à la routine domestique. Appel de l'esprit et vie du corps semblaient antinomiques et irréconciliables.

Néanmoins, pendant que J'écrivais mon livre, un ami me présenta un homme en qui je pus avoir confiance, un artiste dont J'admirais L'œuvre. Ma famille était ravie, ayant cessé de croire que je pourrais encore trouver un mari: vingt-huit ans était alors un âge tardif pour se marier. Ma mère et ma grand-mère étaient heureuses qu'il fût artiste-peintre. Nous nous mariâmes en 1960 et commença alors une nouvelle phase de ma vie, une phase d'initiation à L'expérience du lien étroit avec un autre être et au plaisir de la découverte d'une personne qui devint un ami vrai et un compagnon bienveillant et attentionné, avec qui partager mon intense amour de L'art et du beau. Il me fallut d'abord apprendre à tenir une maison et à faire la cuisine – des talents que J'avais négligés car, avec la prétention de quelqu'un qui s'immerge dans la recherche spirituelle et intellectuelle, je ne les considérais ni importants, ni essentiels à une vie de couple harmonieuse.

Après deux fausses-couches, nous eûmes une fille que J'aimai tendrement mais je n'avais pas la moindre idée de comment m'en occuper. J'avais vécu ma vie dans le mental, négligé le corps, et je ne reçus aucun conseil quant aux soins à apporter à un bébé. J'étais terrifiée et cette terreur fut aggravée par le fait qu'elle était un bébé souffrant de sténose du pylore: elle vomissait en jets violents tout le lait qu'elle venait d'ingérer. Âgée de trois semaines, elle perdit rapidement du poids et dut être opérée immédiatement. Les mères ne pouvaient pas rester à L'hôpital avec leurs enfants; je fus dévastée par cette séparation, d'autant plus qu'on m'interdit de la voir pendant vingt-quatre heures. Elle put rentrer à la maison au bout de trois jours, mais J'avais alors sombré dans une dépression post-natale (non reconnue alors en tant qu'affection pouvant survenir après une naissance), et fut incapable de faire face.

Les années de tension et de désarroi à regarder ma mère être détruite par mon père, ma totale incapacité à la protéger, m'avaient conduite, à partir de l'âge de douze ans, à souffrir de dépression suicidaire, état qui pouvait durer des jours, quelquefois des mois. Cette condition ne fit jamais l'objet d'un diagnostic médical ni ne fut traitée, car à cette époque la dépression n'était pas reconnue comme maladie. Il était en fait honteux d'admettre une telle condition, à cause du stigmate d'instabilité mentale et même de folie qui lui était attaché. Je m'étais souvent approchée du suicide pendant l'adolescence et les débuts de l'âge adulte, mais n'étais jamais passée à l'acte. Maintenant j'étais mariée, et je réalisai qu'il me fallait remédier à cette situation. Je craignis que la dépression ne détruise ma relation avec mon mari — celle de mon père avait détruit sa relation avec ma mère et moi-même — et qu'elle n'impacte négativement la vie et les chances de bonheur de notre fille. Je ne voulais pas que ce scénario affecte une autre génération. Mon mari m'apporta tout son soutien mais ma constante tristesse et ma léthargie le laissaient perplexe. Mon état dépressif persistant m'obligea à agir. Je rencontrai par hasard une femme qui avait surmonté sa dépression et elle me recommanda son psychiatre, qui était également un analyste jungien. Et ainsi débuta une autre phase de ma vie: mon introduction à la psychothérapie et à l'œuvre de Carl Jung, et mon éveil à un mystérieux et (pour moi) inconnu aspect de la psyché, nommé inconscient.

Rencontre avec L'Inconscient

La confiance en mon analyste bâtit graduellement la confiance en moi et me mena au désir passionné de créer du beau; le même désir qui avait été éveillé par les couleurs et les motifs des saris en Inde et par la beauté des vêtements féminins dans les peintures des artistes italiens et flamands de la Renaissance. J'éprouvais un plaisir sensuel à regarder et toucher les tissus et ressentis le désir de dessiner des vêtements. Je suivis un cours de couture par correspondance avec le London County Council. L'idée de fabriquer des robes du soir et de les vendre s'empara de moi; je pourrais utiliser des tissus magnifiques et dessiner mes propres modèles. Au début des années 60, les femmes de mon milieu vivant à Londres portaient des robes longues au théâtre, à l'opéra ou lors de réceptions.

Je découvris avec étonnement et plaisir que je pouvais créer des robes que les femmes aimaient porter car elles les rendaient belles. Très vite, J'eus trop de robes pour les garder chez moi et en 1964, je louai sur les conseils d'une amie une petite boutique à Knightsbridge sur Beauchamp Place, à Londres. Ma belle-sœur me suggéra le nom de Troubadour. J'aimais les associations romantiques de ce nom. Je vendis trois robes dès le premier jour, ce qui couvrit toutes les dépenses de la semaine, et à partir de là, de semaine en semaine, d'année en année, mon affaire s'accrut jusqu'à ce que je réalise que je gagnais beaucoup d'argent. Deux couturières très compétentes m'épaulaient: l'une était une polonaise remarquable qui avait survécu au camp de concentration; l'autre était espagnole et avait travaillé avec Balenciaga à Madrid. Par un incroyable coup de chance, j'héritai de tout un atelier de couturières polonaises, du fait de la fermeture d'un atelier voisin, et ces femmes cousaient les robes que j'imaginais. Chacune de ces femmes courageuses avait un récit de survie à conter — sous l'occupation allemande puis russe — et je m'attachais à elles toutes.

Deux fois par an, j'étalais sur mon plan de travail, en prélude à la création des robes du soir que j'aimais tant, inspirées par les tableaux flamands et italiens, les échantillons des plus belles soies — velours, gaze et organza — et tissus d'Inde. En novembre, je me rendais à Francfort pour sa grande foire annuelle où, arpentant les trois vastes halls d'exposition, je me procurais les tissus, broderies et passementeries nécessaires. Cette expérience m'enracina dans le quotidien, me permit de gagner ma vie, m'apprit à gérer une affaire florissante et à faire le bonheur des femmes travaillant à mes côtés.

En parallèle, grâce à l'analyse jungienne, j'appris l'importance de mes rêves et je les transcrivais avec soin. Je rêvais de grands entrepôts emplis du sol au plafond des plus précieux et somptueux tissus, de robes au-delà de ma capacité de création, de rayons d'habits d'un design merveilleux et magnifique. Ces rêves m'inspiraient pour créer des robes encore plus belles, s'approchant de celles que je voyais en rêve. Mais mes créations ne pourraient jamais atteindre, par la complexité de leur coupe ou par la finesse et la splendeur des tissus, celles de mes rêves. Qui était donc le couturier de mes rêves? Qui était donc le tisseur de ces étoffes? Je savais que l'inconscient m'envoyait ces images si éloignées de ma capacité créatrice, mais qui et quoi et où était L'inconscient?

Je rêvai, une nuit, d'une toute petite femme à tête de lévrier qui présidait une assemblée d'une centaine de couturières assises devant leurs machines à coudre ronronnantes. Chacune s'affairait à coudre ensemble le haut et le bas d'une robe. Le sens de ce rêve ne m'apparut que plusieurs années plus tard, quand je rencontrais les recherches de femmes qui écrivaient et parlaient de la déesse et du principe féminin, connectant le connu historique à l'inconnu jusqu'à ce jour, le conscient à l'inconscient, le visible à l'invisible, le haut au bas.

Au plus haut de l'inflation et de la récession économiques de la décennie 70, causées par l'augmentation du prix du pétrole, le temps était venu, après douze années, de fermer la boutique. Le coût des salaires et des tissus avait flambé et les longues robes du soir n'étaient plus à la mode, du fait du couturier français Courrèges. Je sus que cette phase de ma vie se terminait.

Mon analyse avait continué durant tout ce temps, et mon analyste suggéra que je suive la formation pour devenir moi-même analyste. Il pensait que le Dr Gerhard Adler, qui était le traducteur et l'un des deux relecteurs de l'*Œuvre Complète* de Jung, accepterait les demandes de formation. Je posai ma candidature et je fis ce rêve:

> *Je voyage dans une fusée vers la lune et à l'alunissage je vois une énorme structure de fer rouillé en forme de tour Eiffel, si immense qu'elle domine le sol de très haut. La lune est une planète morte: toute la végétation est déshydratée et fanée. Ni êtres humains ni animaux — aucune vie. Je traverse la surface de la lune en train, et je regarde par la fenêtre ce paysage désolé qui semble avoir été ravagé par une bombe nucléaire ou ratatiné par une épouvantable sécheresse. À la fin du rêve, je suis poussée dans une piscine.*

Je parlai du rêve avec mon analyste mais, inexplicablement, il ne put en sonder le sens. Lors de mon entretien avec le Dr Adler, à sa demande je lui relatai le rêve, précisant que je ne le comprenais pas. Il pensait que le rêve voulait attirer l'attention sur l'état d'abandon du principe ou archétype féminin — la lune étant l'une des représentations primordiales de cet archétype. Il suggéra que ce rêve me montrait la détresse du féminin, qui était aussi celle de l'âme, dans ma propre vie et dans le monde entier. La structure en fer rouillé était, dans les deux cas, une chose imposée sur les couches les plus profondes de la psyché par le contrôle rigide du mental conscient ou ego. L'eau de la piscine suggérait l'eau de l'âme, l'eau du féminin dans laquelle je devais m'immerger. Avec tact, il me fit comprendre que je devais poursuivre mon analyse avant d'être acceptée en formation. Je devais démanteler cette structure de fer massive et régénérer la surface de la lune. Malgré mes années d'analyse qui m'avaient permis de sauver mon mariage, gagner ma vie, et ouvrir un canal à mon désir de créer du beau, le rêve suggérait que je devais maintenant aller plus en profondeur dans la psyché. Je commençai le travail avec la femme du Dr Adler, Hella, qui avait travaillé avec la femme de Jung, Emma, et était à même de m'initier à une compréhension plus profonde du principe féminin. Après un an en analyse avec elle, on me convia à rejoindre les cinq années de formation pour devenir analyste.

Une dépression invalidante m'avait guidé vers la psychologie des profondeurs. Par mon analyse, j'appris que la dépression peut être non seulement un héritage génétique et la présence de souvenirs traumatiques ou refoulés, mais est aussi un appel des profondeurs inconnues de la psyché à entrer en contact avec ces mêmes profondeurs. L'occasion de répondre à cet appel fut le deuxième facteur majeur qui changea le cours de ma vie, car il me donna la perspicacité de reconnaître que tant de nos souffrances et de nos malheurs sont causés par l'ignorance de notre nature véritable.

Outre le fait de m'aider à développer la connaissance de ma propre psyché, l'expérience de la psychologie des profondeurs, comme était alors appelée la psychologie jungienne, libéra graduellement ma capacité à écrire et me procura de fascinants sujets. Elle me permit d'agrandir mes connaissances en histoire, en psychologie, en philosophie, en histoire des religions et me donna une perspective inédite sur ces sujets.

Tandis que les sciences faisaient d'extraordinaires découvertes en physique, cosmologie et biologie, la psychologie des profondeurs explorait la vaste et inconnue dimension de l'inconscient. Les découvertes de Jung sur la nature de L'inconscient dépassent de beaucoup celles de Freud, car elles reconnaissent la dimension transcendante et spirituelle de la psyché. Plus j'apprenais et plus je réalisais qu'elles contribuaient de façon significative à notre compréhension de la vie, autant que les découvertes des sciences, et pourtant, incompréhensiblement, elles étaient ridiculisées et rejetées comme 'mystiques' par la culture séculière dominante, tout particulièrement par la psychologie clinique et comportementaliste. La contribution de Jung est majeure et significative car alors, à ma connaissance, depuis Plotin (IIIè siècle de notre ère) et Marsile Ficin dans l'Italie de la Renaissance, personne n'avait exploré l'âme en tant qu'entité cosmique vivante, mais seulement en tant que concept abstrait.

Je savais que la science croyait que la conscience s'origine au cerveau physique, dont elle dépend. Du fait de ma rencontre avec la philosophie de l'Orient, je ne pouvais accepter cette hypothèse. Ce fut donc un soulagement immense, presque une joie, de constater que les importantes découvertes, générées par les recherches de Jung sur la psyché, indiquent que ce que nous appelons l'esprit conscient repose sur une immense matrice, ou champ psychique, de l'expérience immémoriale de notre espèce, et qu'il nomma Inconscient Collectif. L'émergence hors de cette matrice insondable de l'inconscient par l'esprit conscient et notre capacité d'auto-reconnaissance ont demandé d'incalculables millénaires.

J'appris que Jung avait repéré un processus de développement intérieur qu'il nommait individuation, et qui pouvait être activé et développé par l'analyse. Grâce à sa pratique, son expérience et sa vue pénétrante du sens et des symboles du rêve, il put établir une relation avec cet immense champ de conscience, et cette mise en relation peut transformer radicalement notre compréhension de la vie, lui prêter un sens et une valeur plus larges, et guérir la scission profonde entre les deux aspects de notre nature.

L'Appel de la Rose

Au cours de ces années à explorer la psyché et à me former en tant qu'analyste, je continuai à voyager, principalement en Grèce continentale et sur les îles, car les grandes civilisations du monde méditerranéen m'ont toujours prodigieusement fascinée. Lors d'un de ces séjours dans le Péloponnèse, je me souviens très bien d'être entrée avec mon mari dans une chapelle de rite grec orthodoxe; L'artiste qui restaurait les fresques murales nous la fit visiter. Il invita mon mari à le suivre dans le sanctuaire derrière L'écran. Je leur emboîtai le pas quand il m'arrêta avec sa main, disant: "Les femmes ne sont pas tolérées ici". Je fus trop sidérée pour protester, d'autant plus que je pus apercevoir du coin de l'œil une splendide fresque de la Vierge Marie. Pourquoi me serait-il interdit de contempler l'une des plus sacrées représentations de mon sexe? Pourquoi l'endroit le plus sacré de l'église, sanctifié par l'image de la Mère de Dieu, serait territoire interdit à la femme et non à l'homme? L'implication en était que moi, en tant que femme, souillerais ce sanctuaire. Quel processus historique sous-tendant l'attitude chrétienne envers les femmes se trouvait reflété par le geste de rejet de cet artiste? Comme lors des services de mon enfance, une fois de plus je sentis que quelque chose dans le christianisme clochait terriblement.

Me revenaient souvent les vers d'un poème de Walter de la Mare que J'avais découvert pendant mes années à Oxford, cités dans un livre d'Helen Waddell, *The Wandering Scholars*:

> *Ô aucun homme ne connaît*
> *Par quels siècles sauvages*
> *Revient la rose errante*

> *Oh no man knows*
> *Through what wild centuries*
> *Roves back the rose*

L'image de la rose et les vers ci-dessus ont enflammé un tel désir d'en savoir plus, une telle envie d'atteindre à travers ces siècles sauvages quelques découvertes à peine effleurées qui m'attendaient à la racine du temps, que le souvenir du jour où je croisais ces vers, persiste à cinquante ans de distance. Je ne savais à cette époque quasiment rien de la Déesse, archétype du féminin, de l'âme; rien sur le symbolisme de la rose dans la mystique soufie et rien sur la connexion de la rose avec la Vierge et avec la tradition perdue de la Sagesse Divine; rien sur ses connexions avec le schéma complexe formé par L'orbite de la planète Vénus. Et pourtant l'image — et même le parfum — de la rose était pour moi extraordinairement numineuse et mon jardin déborde de roses, envoûtée que je suis par leurs noms anciens.

Galvanisée par mon expérience dans la chapelle grecque, je débutai une nouvelle phase de mon cheminement — une phase qui devait me mener à une compréhension approfondie de l'âme ainsi qu'à l'exploration des racines de notre civilisation et de la perte de l'image féminine du divin.

Je fus entraînée vers un retour aux sources de notre culture, aux temps où l'image de la Grande Mère dominait la vie de l'humanité. C'est dans ces temps anciens, si distants de nous à tous points de vue, que nous devons chercher la genèse des idées et des symboles qui devinrent des systèmes religieux et philosophiques, ainsi que la genèse de tous les systèmes d'interprétation d'un réel qui transcende notre pouvoir de compréhension, et qui pourtant nous attire à lui, inéluctablement.

Planète Verte
Robin Baring 1973

Chapitre Deux

LE RÊVE D'ÉVEIL

Partout et de tous temps, dans toutes les cultures et parmi tous les peuples dont nous avons souvenir, quand le plus grand sens et la plus haute valeur de vie que L'homme nomme les dieux ou Dieu avaient besoin d'être renouvelés et renforcés, le processus de renouvellement commençait par un rêve.

— C. G. Jung,[1]

Je me penchais souvent sur le rêve de l'immense tour phallique en fer, posée sur la surface de la lune. Le Talmud nous dit qu'un rêve non interprété est comme une lettre non lue. Le mieux à faire est de lire le message qui nous vient des profondeurs de l'âme et de méditer sur son sens. Après plusieurs années à méditer sur son sens, je réalisai que ce rêve était l'appel au secours de mon âme. Mais il semblait aller au-delà du message personnel et sonnait l'alarme pour l'humanité. Il avertissait sur ce qui pourrait arriver à notre planète: elle pourrait devenir aussi stérile et sans vie que la lune. Je me souvins qu'un des premiers messages reçus par ma mère avertissait que la terre pourrait devenir 'une orpheline errant dans l'espace' si l'humanité ne changeait pas de trajectoire.

Mon rêve me conviait à explorer le déséquilibre entre les principes masculin et féminin dans notre culture occidentale et à en voir les conséquences sur chacun de nous. Plus j'y pensais, plus je voyais que la structure phallique était l'illustration de ce que la technologie de l'homme avait imposé à la nature: elle reflétait l'orgueil démesuré de l'homme moderne qui pense pouvoir contrôler et exploiter les ressources de la nature, et de la planète, à son seul profit. Le rêve montrait les conséquences possibles quand la conscience humaine se coupe de la matrice ou des profondeurs d'où elle a émergé — profondeurs symbolisées par la lune, ancien symbole du Féminin. Je commençai à entrevoir comment cette perte de contact d'avec ces profondeurs affectaient inévitablement nos valeurs: l'éducation de nos enfants, la pratique des sciences, de la médecine et de la psychologie, la conduite des gouvernements, la détermination de nos buts et de nos intentions, et toutes nos interactions avec le monde. Mais surtout, la perte de contact d'avec les profondeurs conditionne notre vision du réel et la façon dont nous menons personnellement nos vies. Je commençai à comprendre que nombre de nos problèmes actuels dans le domaine des relations entre nations et cultures, autant qu'entre hommes et femmes, étaient créés par des idées et des croyances façonnées il y a des siècles, et même des millénaires, et dont L'influence n'avaient jamais été ni reconnue ni confrontée. Je devais trouver quelles influences historiques avaient mené à L'érection de cette tour de fer et pourquoi cela était arrivé; je ne savais par où commencer, mais heureusement mes rêves me montrèrent la direction.

Trois rêves très puissants fondèrent la deuxième partie de ma vie. Dans le premier, je retourne sur les lieux de la maison de ma grand-mère dans le sud de la France:

> *Je m'approche des bords de la gorge profonde et regarde au fond la rivière dévaler depuis les montagnes jusqu'à la mer. S'élevant des profondeurs ombragées de la gorge, je vois la forme d'un énorme serpent-cobra à sept têtes. Il continue à s'élever jusqu'à ce que ses têtes, déployées comme une grande capuche, se trouvent au niveau de la corniche où je me tiens. Je suis si terrifiée que J'en tremble et couvre mes yeux. Quand enfin j'ose regarder, je vois que le serpent veut communiquer avec moi. Je lui fais signe que j'écoute. Il m'offre le choix entre rester là où je suis ou gravir une échelle, que je découvre derrière moi. Avec une profonde révérence en signe d'obéissance, je lui signale que je choisis de gravir l'échelle.*

Je reconnus ce serpent à sept têtes comme l'image du serpent Mucalinda qui avait protégé le Bouddha lors de sa longue méditation d'avant son éveil. Les nombreuses sculptures que j'avais vues, en Thaïlande et ailleurs, représentaient le Bouddha assis sur les anneaux gigantesques du cobra, dont les sept capuchons se déployaient en un mouvement de protection et de bénédiction.

Ce rêve me fit prendre conscience que l'instinct est l'expression première de l'âme. Ce que j'avais appris en psychologie analytique me permit de comprendre que ce serpent personnifie la puissance et la sagesse de L'instinct, ainsi que la puissance et la sagesse de la Nature. Si je n'avais pas vu ce serpent archétypal effectivement s'élever de la gorge, je ne pense pas que j'eusse pu comprendre que l'instinct est à la racine de la vie, qu'il tisse l'étoffe de la vie. Je n'aurais pas pu intégrer qu'il est, peut-être, l'intermédiaire mystérieux par lequel chacun de nous est relié à la vie de la planète et, au-delà, à la vie du Cosmos.

Le rêve me fit prendre conscience que ce serpent personnifiait l'intelligence instinctive, active, et innée au cœur de tout le processus d'évolution sur cette planète et du schéma archétypal, ou champ, qui engendre les formes spécifiques et la séquence ADN des différentes espèces et, ultimement, l'évolution de la conscience de notre espèce. Plus personnellement, il représente l'intelligence profonde inscrite dans les cellules du corps, et particulièrement celles du cœur. De plus, je vis très clairement que ce formidable serpent voulait communiquer et attendait quelque chose de moi.

Les cultures shamaniques auraient parfaitement compris L'apparition du serpent dans le sens que je viens d'exprimer, bien qu'elles eussent pu utiliser d'autres mots. Le type de conscience qui était la leur, appelée participation mystique par l'anthropologue Lucien Lévy-Brühl, donnait à ces cultures un sens de filiation avec toute la création. C'était un instinct relationnel et de connexion plutôt qu'un concept ou une idée. Les peuples des cultures shamaniques savaient que les entités-esprits rencontrées en rêve et en vision manifestaient et exprimaient la plus profonde sagesse de la Nature. Les serpents leur parlaient dans les rêves, les alertant d'un danger ou leur servant de guides dans le monde des esprits, et les renseignant sur les vertus curatives des plantes et des arbres.

Je compris ce rêve comme un appel à gravir l'échelle de la conscience, à accroître ma compréhension de l'âme et à devenir consciente du pouvoir de l'instinct à me guider dans cette entreprise. Je n'avais jamais auparavant reçu une image si limpide des forces créatrices de la vie, présence vivante dans toutes les formes et toutes les espèces de la Nature, présence aussi au niveau le plus archaïque de mon âme. J'aurais pu étudier, pendant des années, les écrits de Jung sur l'inconscient et ne jamais saisir la réalité de cette énergie primordiale, si ce rêve, par le biais d'une illustration d'une puissance bouleversante, ne m'avait offert tout ce que J'avais besoin de savoir. Quand je vis dans ce rêve visionnaire ce gigantesque serpent archétypal s'élever de la gorge, je réalisai dans un choc que l'instinct est puissant et incroyablement réel. Ce n'est pas une idée abstraite que je pourrais sonder à distance, mais une Présence vivante, numineuse, telle que les sculpteurs de l'Inde, de Thaïlande et du Cambodge l'avaient saisie.

Lors d'un second rêve, quelques années plus tard:

Je m'approche d'une tour encerclée par un fossé étroit rempli d'eau. Je traverse le pont et pénètre dans la tour. Tout l'intérieur de la pièce circulaire est rempli, du sol au plafond, de livres magnifiques de vélin blanc et brun, écrits en lettres rouges et or. La tour a deux étages. Je monte timidement au deuxième étage par un escalier en spirale. En haut des marches, se tient Marie-Louise von Franz, l'une des plus proches collaboratrices et amies de Jung, me tendant les bras pour m'accueillir.

J'interprétai la tour comme l'image de la totalité de la psyché, l'âme. Ses trésors m'étaient offerts par une femme qui avait été une proche collaboratrice de Jung et avait écrit nombre de livres sur le principe féminin, livres que j'avais lus au cours de mon analyse et de ma formation, et qui m'étaient précieux. Je me souvins d'un poème de Rilke qui pourrait commenter ce rêve:

> *Je tourne autour de Dieu, autour de L'ancienne tour,*
> *Et je tourne depuis des milliers d'années,*
> *Et je ne sais toujours pas si je suis un faucon, ou une tempête,*
> *Ou un noble chant.*

(trans. Robert Bly)

Le Rêve d'Éveil

Le troisième rêve fut le plus extraordinaire de ma vie, le véritable éveilleur de mon âme:

> *Je rêve que je contourne le côté d'un énorme dolmen et pénètre dans un autre monde, un paysage totalement étrange et désert. Il est éclairé par la brillante luminosité de la lune. Je cherche quelqu'un que j'aime et mon désir de lui est si intense que je me suis embarquée dans ce voyage à sa recherche. Le paysage se transforme de désert en étendue de champs de blé vert vif. La luminosité de la lune est si brillante qu'il fait comme en plein jour et le blé est la couleur d'une émeraude. Je flotte pendant des kilomètres au-dessus de cette mer émeraude, mes pieds nus effleurant la surface des blés, jusqu'à ce que j'atteigne le sommet d'une colline et là j'hésite, me demandant si je dois continuer. Je décide d'y aller et je me retrouve dans une vallée, sur l'autre versant.*
>
> *Tout d'un coup, deux hommes énormes m'attrapent dans leur filet gigantesque qui s'étend sur toute la largeur de la vallée et ils me tirent en présence d'une chose terriblement puissante et numineuse. J'ai peur, mais je suis fascinée. Je suis étendue sur le dos, au sol, captive dans le filet et je regarde vers le haut, à moitié terrorisée, à moitié émerveillée. Je découvre une femme me dominant de sa silhouette, elle emplit tout l'espace entre la terre et le ciel. Elle est nue, la peau blanche, les cheveux blonds, et très belle, comme Aphrodite. Elle n'est pas jeune, mais sans âge. Au centre de son ventre se trouve une immense roue en rotation, qui est aussi une rose et un labyrinthe, comme celui de la cathédrale de Chartres. Frappée de stupeur, je la regarde puis regarde mon propre corps qui est exactement comme le sien, seulement plus petit en comparaison. Moi aussi, J'ai une roue en rotation mais la mienne n'est pas centrée, elle est trop à gauche. Elle ne me parle pas mais m'indique que je dois centrer ma roue comme la sienne.*

Les rêves visionnaires, tels celui-ci, ne peuvent être interprétés en suivant une grille établie. On doit les garder dans son cœur et les laisser vivre, de façon à ce qu'au fil des ans ils puissent agir comme levain de l'âme. Dans une autre culture plus ancienne, j'aurais révéré cette image de la déesse et peut-être lui aurais-je élevé un temple ou un sanctuaire, mais de nos jours, croyance et culte ne pouvaient me satisfaire. Je voulais contacter la pertinence de ce rêve pour toute l'humanité, pas juste pour moi-même. Je devais savoir pourquoi cette vision m'avait été donnée. Quelle était son intention? Je sentis qu'il valait mieux n'en parler à personne, même pas à mon mari. J'en parlai néanmoins à mon analyste, pensant qu'elle m'en donnerait une interprétation. À ma surprise, elle ne voulut pas le commenter mais le laissa en l'état, m'expliquant que le danger, avec ce type de rêves, venait d'une identification possible avec l'archétype et de la formidable inflation qui en découlerait. Plus tard, j'en viendrais à le comprendre et à intégrer son sens à ma vie.

Pendant des années, je me suis demandée qui elle était. Était-elle Aphrodite? Déméter? Isis? Était-elle une créature angélique? Était-elle la personnification de la Nature, du Cosmos? Était-ce une vision que des gens, appartenant à une époque plus réceptive aux expériences visionnaires, auraient pu avoir? Je savais qu'à la période helléniste, au IIè siècle de notre ère, un Égyptien du nom d'Apulée avait eu une vision de la déesse Isis et avait consigné les paroles qu'elle lui avait adressées, prêtant l'action au personnage de Lucius, héros de son livre *L'Âne d'Or*: 'Je suis Nature, Mère Universelle, maîtresse des éléments, enfant primordial du temps, souveraine de toutes choses spirituelles, reine des morts, reine des immortels, l'unique manifestation de tous les dieux et de toutes les déesses'. [2]

Je connaissais aussi la vision fameuse du philosophe Boethius (480-524 EC); la Sagesse Divine — Sophia — lui était apparu dans sa cellule à Pavie et l'avait réconforté alors qu'il attendait sa terrible mise à mort sur ordre de l'empereur barbare Théodoric. [3]

Nue et belle, ni jeune ni vieille, la déesse qui m'était apparue était trop païenne pour être la chrétienne Marie, et pourtant elle n'était pas non plus comme Aphrodite ou quelques déesses grecques qui m'étaient familières. Je finis par me demander si elle ne pourrait pas être une manifestation de l'image néo-platonique de l'*Anima Mundi* – l'Âme du monde ou l'Âme du Cosmos, mentionnée pour la première fois par Platon dans le *Timée* et plus tard par Plotin dans les *Ennéades*.

Je retournai à elle encore et encore, et me demandai comment centrer ma roue. Qu'attendait-elle de moi avec cette vision? Pourquoi ma roue était-elle trop à gauche ? Inspirée par sa numineuse image, je commençai à explorer les représentations de déesses et à développer mes réflexions sur le principe féminin. En ce qui concerne le filet, je savais qu'il existait, dans la mythologie indienne, un filet cosmique connecté au dieu Indra, mais dans le contexte de mon rêve, je pensai qu'il pourrait signifier le filet de la réalité matérielle dans laquelle j'étais captive comme un poisson. Quant aux deux gigantesques personnages masculins, ils pouvaient représenter le pouvoir de l'inconscient qui me tirait en présence de l'être cosmique. Quelle que fût leur identité, ils me forçaient à regarder vers le haut, vers le Cosmos.

La Déesse

Plusieurs années plus tard, au cours de ma formation d'analyste, je devins amie avec Jules Cashford, qui elle-même suivait la formation à Londres, au sein de l'Association des Analystes Jungiens. Je me sentis de manière instinctive attirée par elle, et un soir j'eus l'envie soudaine de l'inviter à dîner. Elle sembla, tout d'abord, douter de pouvoir se libérer mais elle fit un rêve d'un jardin à l'abandon qui devait être cultivé, et le rêve lui disait de venir me voir. Elle me relata ce rêve et nous discutâmes du jardin en tant qu'image du jardin délaissé de L'âme autant qu'image de l'archétype délaissé du féminin, dont nous savions si peu dans notre culture. Tout ceci nous mena à la possibilité de co-écrire un livre sur la déesse — au départ, sur les déesses grecques — en tant qu'image primordiale de l'archétype du féminin. En élaborant les grandes lignes du livre, nous réalisâmes que nous devions remonter bien en amont, jusqu'aux représentations sacrées du féminin les plus anciennes des ères néolithique et même paléolithique, pour découvrir les origines des déesses égyptiennes et grecques, plus tardives — et même celles de la Vierge Marie. La recherche nous mena toujours plus loin aux origines de l'image sacrée de la déesse, ouvrant des pistes que nous ne pouvions entrevoir au départ.

Nous étions très influencées par le livre d'un analyste jungien Erich Neumann [4], *The Great Mother*, mais aussi par le livre *Saving the Appearances: A Study in Idolatry* d'Owen Barfield, un philosophe anglais. Il divisait l'évolution de la conscience humaine en trois parties: 1 — Participation Originelle; 2 — Séparation; 3 — Participation Finale [5]. Cette division nous procura le cadre tripartite de notre livre. Nous étions attirées par les tout débuts de la culture pour découvrir la genèse des idées et des symboles qui seraient développés plus tard dans les divers mythes et représentations, par lesquels les peuples décriraient la réalité numineuse qui transcendait le cadre 'normal' de leur expérience.

Travaillant de concert, Jules et moi réalisâmes qu'en explorant L'histoire des déesses et des dieux, nous explorions également l'évolution et le développement de la conscience à travers ces images sacrées. Grâce à cette compréhension, le sujet et le titre du livre se précisèrent.

Le Passage de la Mythologie Lunaire à la Mythologie Solaire

Un autre livre remarquable *The Roots of Civilization* d'Alexander Marshack, qui décrit les notations des cycles de la lune en Afrique — remontant à 40 000 AEC — nous éveilla à l'importance de la lune dans la culture au paléolithique. [6] En étudiant la mythologie et l'histoire des anciennes cultures de la Méditerranée et du Proche Orient, nous découvrîmes un glissement sensible d'une représentation lunaire à une représentation solaire, en Égypte et en Mésopotamie, aux alentours de 2000 AEC et quelque 1500 ans plus tard en Grèce. Ce changement d'orientation dans la mythologie s'accompagnait d'un glissement des déités féminines aux déités masculines, pour résulter en la suprématie d'une unique déité mâle: le Dieu-Père monothéiste transcendant du Judaïsme, du Christianisme et de l'Islam. Nous comprîmes que cette réorientation avait affecté en profondeur le développement de la civilisation occidentale et signait une phase spécifique de lévolution de la conscience humaine: la 'Phase de Séparation' d'Owen Barfield. Nous comprîmes que la représentation du féminin divin avait été réprimée et exclue des trois religions d'Abraham et que cette répression était clairement corrélée au glissement de la représentation de la déité de Grande Mère à Père Tout Puissant.

Petit à petit, comme une rose s'épanouit, Jules et moi comprîmes que derrière L'image de la rose se trouvait Marie, et derrière elle, Sophia ou Hokhmah, L'Esprit Saint de Sagesse qui s'exprime avec tant d'éloquence dans le *Livre des Proverbes*, et dans le livre apocryphe de Ben Sira, *Ecclésiastique*. Nous dévorâmes le livre révolutionnaire de la théologienne américaine Elaine Pagels, *The Gnostic Gospels*, qui décrit la vivacité et l'influence de l'image féminine de Dieu parmi les groupes gnostiques des premiers Chrétiens. [7] Plus tard, nous pûmes lire les textes gnostiques découverts en Égypte, à Nag Hammadi. [8]

Mais, nous nous demandions si l'imagerie gnostique et la mythologie associée au féminin divin avait surgi sui generis, ou si elles s'étaient développées à partir des représentations plus anciennes des déesses de l'Âge du Bronze, en Égypte et en Mésopotamie, et même au-delà, à la Grand Mère du Néolithique.

Les Représentations Perdues du Féminin

Pendant des années, nous nous sommes senties comme des archéologues mettant à jour des mosaïques longtemps enterrées, rassemblant des fragments d'images et de mythologies enfouis sous les strates de cultures multiples vieilles de milliers d'années. Nous ne pouvions au départ avoir une vue d'ensemble. Nous nous sentions simplement attirées vers diverses images et idées. Les recherches de Jung et d'Erich Newmann avaient déjà réuni nombre de représentations perdues de l'archétype féminin. Et pourtant, les recherches extraordinaires de L'archéologue Marija Gimbutas, dont les premières publications remontent à 1974, identifièrent de nombreuses images inédites de la déesse, au cœur d'une civilisation inconnue et remarquable qu'elle nomma Civilisation de la Vieille Europe, et qu'elle datait du septième millénaire AEC. [9] Les travaux magistraux du mythologue Joseph Campbell et de l'historien des religions Mircea Eliade étendirent notre compréhension de la mythologie et de son influence sur la formation et le développement de la civilisation. [10] Les pièces de cette mosaïque commençant à s'agencer, un thème de grandes beauté et complexité se dévoilait à nous, mais aussi un récit de perte, de répression et de distorsion d'un précieux héritage du passé. Articulant les fragments d'images et de textes, le processus de découverte devint immensément stimulant, et même numineux.

Nous voulions retrouver les toutes premières images qui avaient été d'une importance considérable pour l'humanité. Quand, aidées du livre de Joseph Campbell *The Way of Animal Powers*, nous trouvâmes l'image de la Grande Mère du paléolithique dispersée sur un immense territoire allant des Pyrénées à l'Ouest au Lac Baïkal à l'Est, nous sûmes que nous tenions notre commencement. [11] Retraçant l'évolution et les multiples transformations de cette image de 25.000 AEC à nos jours, nous commençâmes à comprendre que cette image du féminin, sous toutes ses formes multiples, incarnait une vision de la vie absolument autre, une vision perdue, enterrée, cachée pendant des millénaires. Au cours de nos recherches, nous décelions tant de similarités surprenantes dans les mythes de la déesse — d'époques et de cultures apparemment sans relation entre elles — que nous en conclûmes que l'image s'était transmise de façon ininterrompue pendant 25.000 ans ou plus (voir note [11]).

Cette continuité était si frappante que nous nous sommes autorisées à parler de 'Mythe de la Déesse', puisque la vision sous-jacente exprimée dans L'éventail d'images de la déesse était constante: la vision de la totalité de la vie comme unité vivante. Qui plus est, nous perçûmes que l'image de la Déesse Mère inspirait et concentrait une conception de l'univers en tant que totalité organique, sacrée et indivisible, à laquelle l'humanité, la Terre et toutes vies sur Terre, participaient en tant que 'ses enfants'. Tout était tissé ensemble en un vaste maillage cosmique; tous les ordres de vie manifeste et non manifeste étaient liés, car ils partageaient tous la sacralité de la source originelle. Dans notre culture moderne séculière, cette image mythique de l'unité indivisible de la Terre et du Cosmos a subi une éclipse. Il était clair pour moi à ce point de nos recherches que la conception du Cosmos comme entité consciente, dotée d'âme, en laquelle toutes vies participent, découlait directement de l'image de la Grande Mère.

Qu'est-il arrivé à l'image de la déesse ? Quand et pourquoi a-t-elle commencé à disparaître, et comment pourrions-nous comprendre les implications de cette perte ? Puisque les images mythiques font partie d'une méta-narration qui gouverne implicitement une culture, qu'est-ce que cela nous dit sur une culture — telle notre culture occidentale moderne — qui n'a pas, ou ne reconnaît pas L'image mythique du féminin divin ? Que notre culture séculière moderne soit l'une qui, plus que toute autre, désacralise et exploite la Nature, ne semble pas être une coïncidence. La Terre n'est plus vécue comme une entité vivante et sacrée; ce n'est plus un 'Tu' mais un 'ça'. Nous pouvons l'exploiter, la profaner, la polluer sans aucun sens de responsabilité, de regret ou de culpabilité. Et nous réalisâmes que nous vivons à une époque où tout le corps de la Terre est menacé par une seule espèce — la nôtre — comme jamais auparavant dans toute L'histoire de la planète.

Il nous devint évident qu'à partir de la mythologie babylonienne (autour de 2000 AEC), la déesse fut presque exclusivement associée à la Nature en tant que force chaotique devant être dominée, tandis que le dieu prenait le rôle de créateur et d'ordonnateur de la Nature depuis une 'place' qui lui était extérieure ou au-delà. Bien que qualifié parfois d'omniprésent, l'esprit fut graduellement défini comme quelque chose au-delà du monde, distant, transcendant; de plus, il fut qualifié de mâle et paternel. Tout ce que l'image de la Grande Mère avait englobé dans les cultures précédentes — dans les communautés au Néolithique et les civilisations méditerranéennes, moyen-orientales, indiennes et chinoises de —'âge du bronze — fut perdu, ainsi que le sentiment vital de participation à la vie cosmique d'une entité invisible, imaginée comme maternelle, protectrice et tisseuse du lien.

Séparation d'avec la Nature

Puisque cette séparation entre nature et esprit et entre déités masculine et féminine ne s'était jamais produite auparavant, nous pensâmes qu'elle pouvait être étudiée dans le contexte de l'évolution de la conscience humaine, qui nécessite un retrait progressif du sentiment de participation à la vie de la Nature. Le résultat en fut une autonomie plus grande de la conscience, mais aussi un sens croissant de séparation d'avec le monde naturel et la conviction que l'homme a le droit de dominer et de contrôler la Nature pour son seul profit. D'où la croyance, sanctuarisée dans la Genèse, que l'homme a reçu le droit divin de 'soumettre la Terre' (Gen 2). Dans notre livre *Le Mythe de la Déesse*, nous résumions ainsi ce changement de conscience initial: "Si la relation à la Nature en tant que Mère est une relation d'identité, et la relation à la Nature en tant que Père est une relation de dissociation, alors le déplacement de Mère à Père symbolise la séparation toujours croissante du sentiment d'être contenu dans la Nature, vécue non plus comme nourricière mais comme suffocante". [12]

Notre collaboration s'affirmant, Jules et moi devînmes 'un esprit à deux accès',

32

comme je décrivais en plaisantant notre relation. Souvent nous nous téléphonions pour nous faire part d'un détail important que l'une de nous venait de trouver, pour découvrir que l'autre avait eu la même idée ou la même information quasiment au même moment. Un exemple se détache particulièrement: nous avions trouvé le même jour que les Grecs avaient une métaphore pour décrire comment l'âme individuelle, qu'ils nommaient *bios*, pendait au grand collier de l'Être, qu'ils nommaient *Zoé*. Presque au même moment, nous essayâmes de nous appeler pour communiquer à l'autre l'enthousiasme provoqué par cette découverte.

Ce que nous trouvions grâce à nos recherches était une révélation pour nous: la continuité de l'image et de la mythologie de la déesse à travers les siècles et les civilisations. Nous avions le sentiment de ré-assembler les morceaux d'un corps démembré qui pourrait être ramené à la vie, telle Isis, dans le grand mythe égyptien de l'âge du bronze, qui avait réuni les fragments dispersés du corps d'Osiris, et l'avait ranimé. Ce que la déesse avait accompli pour l'archétype masculin, nous l'accomplissions pour le féminin. Nous savions que la déesse incarnait une vision de la vie perdue — la vision d'un Cosmos vivant, intelligent, conscient, dans lequel tous les aspects de la vie sont reliés les uns aux autres.

Une Vision Perdue de la Réalité

En travaillant nous nous sentions soutenues par quelque chose — presque Quelqu'une — au-delà de nous. Comme d'autres femmes qui découvraient au même moment ce qui avait été perdu, nous ressentions l'urgence de relater ce récit d'abandon de la déesse et d'expliquer pourquoi la culture patriarcale ne lui avait accordé que si maigre place. Nous voulions savoir pourquoi et quand la Nature avait été si vidée d'esprit qu'un grand fossé s'était creusé entre eux; pourquoi la dimension féminine du divin manque dans la représentation chrétienne de Dieu; pourquoi la déité dans les religions patriarcales est exprimée par l'image du Père plutôt que de la Mère et du Père et finalement, pourquoi le Saint Esprit, le troisième aspect de la Trinité dans la doctrine chrétienne, est défini comme mâle, alors que dans les superbes passage des *Apocryphes*, il est évident que l'Esprit Saint de Sagesse parle avec une voix féminine. Nous sentions qu'il était impératif de découvrir pourquoi une chose si cruciale à l'équilibre de la civilisation occidentale avait été perdue, délaissée et supplantée pendant des siècles. Et plus important encore, nous sentions que l'image de la déesse était porteuse d'une vision de la réalité qui devait être recouvrée: une vision qui nous avait mis en relation avec la vie de la Terre et la vie du Cosmos.

Pourquoi pensions-nous que cette quête de la dimension féminine perdue était d'une telle importance ? Parce que nous sentions qu'elle pouvait expliquer comment notre culture actuelle en était arrivée à considérer la Nature comme une chose exploitable et manipulable à merci, sans aucune conscience des conséquences d'une telle attitude sur l'équilibre de la vie en général et sur l'organisme vivant de la planète. Elle nous aiderait aussi à comprendre les racines de l'assujettissement de la femme: pourquoi sa voix a été rayée de l'histoire occidentale et mondiale; pourquoi elle subit une telle oppression, depuis tant de siècles, dans les cultures patriarcales. La description biblique du rôle d'Ève dans le mythe de la Chute, et l'influence des écrits de Platon et des premiers Pères de l'Église, provoquèrent un enchaînement d'idées misogynes que nous ne soupçonnions pas au départ.

Dix années de recherche et de rédaction aboutirent à la publication, en 1991, du *Myth of the Goddess: Evolution of an Image*. Le livre avait pris tant de temps à écrire car nous étions tout d'abord en formation, et ensuite installées comme analystes, et disposions de peu de temps libre. Ce travail scella une amitié profonde et durable, comme si nous avions été appelées l'une vers l'autre pour accomplir cette tâche qu'aucune n'aurait pu faire seule. Nous étions déterminées à ce que le livre contiennent les illustrations des déesses ainsi que leurs nombreux mythes et récits; nous avions réuni 450 illustrations et avions insisté auprès de l'éditeur pour qu'elles soient placées face aux textes qui les décrivaient — ce qui fut, par bonheur, accepté.

Le *Mythe de la Déesse* raconte comment, sur une période de quelques 20.000 ans, l'image de la déité change graduellement de déesse à dieu, et comment le dieu en vient à être identifié à l'esprit et au mental, et la déesse à la Nature, à la matière et au corps. La déesse est alors crainte et rejetée et avec elle la femme, ainsi que tout aspect de vie identifié au féminin, l'âme, la nature, et la matière. En même temps que, personnifié par la déesse, le principe féminin se trouve rejeté et dévalorisé par rapport au principe masculin, personnifié par le dieu, l'esprit et la nature sont séparés. Ce processus conflictuel s'intensifiant, le mental conscient et l'âme instinctive, la tête et le cœur, sont de plus en plus polarisés dans la conscience humaine; jusqu'à nous mener à la crise spirituelle, politique, écologique actuelle.

Nous sentions que notre livre était porteur d'un message pour notre temps car il montre comment la perte de la dimension féminine du divin a conduit à la triple perte du respect de la nature, de la matière et de la femme, et comment la crise écologique contemporaine peut être directement reliée au dénigrement du féminin par la philosophie, la théologie, et la mythologie des quatre derniers millénaires. La dernière partie du livre est consacrée à la présentation du mariage sacré de l'esprit et de la nature — plaidant pour que ce qui a été séparé au cours des millénaires soit à nouveau réuni.

Les Observations des autres Femmes

Tandis que nous écrivions notre livre, d'autres femmes aux USA et au Canada poursuivaient des recherches similaires, et publiaient les découvertes de leur quête: qu'était-il arrivé à la déesse, à quoi ressemblaient les cultures sur lesquelles elle présidait, et quels sens et importance sa représentation détenait-elle pour la femme contemporaine ? De nombreux livres firent surface, les plus importants sont celui d'Elaine Pagels *Les Évangiles gnostiques*[13] et celui de Riane Eisler *Le Calice et L'Épée*.[14] Le livre de Pagels restitue les représentations chrétiennes perdues du Féminin, qui étaient honorées par les premières communautés gnostiques, et ont été miraculeusement restaurées grâce aux découvertes faites à Nag Hammadi, en Égypte; le livre d'Eisler, publié peu de temps avant le nôtre, est une sévère critique de la culture patriarcale et un endossement du nécessaire changement de conscience. Certaines écrivaines, Pagels et Rosemary Ruether, sont théologiennes. D'autres, Jean Shinoda Bolen et Marion Woodman, sont des analystes jungiennes. L'image de la Vierge Noire détient une qualité numineuse pour certaines, particulièrement pour Woodman, analyste à Toronto. Je ne mentionne ici que quelques livres de quelques femmes, mais il y a quantité d'autres livres que J'ai lus avec intérêt et gratitude, car chacun, à sa manière, a consolidé et affirmé ma propre quête d'une compréhension approfondie du Féminin. Le livre de Sylvia Brinton Perera, *Descent to the Goddess*, publié en 1981, souligne la nécessité pour la femme contemporaine d'entreprendre la descente dans le monde souterrain de L'âme, pour y faire l'expérience des puissants instincts dont l'expression a été interdite pendant tant de siècles dans la culture patriarcale, et les honorer. Elle écrit en introduction ces mots marquants:

> Le retour à la déesse, régénération aux sources originelles d'une spiritualité féminine, est d'une importance vitale pour la femme moderne en quête de sa pleine identité. Nous, les femmes qui avons réussi dans la vie, sommes les 'filles du père' — bien adaptées aux demandes d'une société d'orientation masculine — et nous avons répudié nos impulsions et énergies proprement féminines, de même que notre culture les a blessées et dénigrées. Il nous faut retrouver et réhabiliter ce que le patriarcat a traité en dangereuse menace et nommé mère terrible, dragon ou sorcière... Cette reconnexion intime est une initiation essentielle pour la femme actuelle dans le monde occidental; sans elle nous sommes incomplètes. Ce processus requiert le sacrifice de notre identité de fille spirituelle du patriarcat et la descente au cœur de l'essence spirituelle de la déesse, car une part conséquente de la puissance et de la passion du principe féminin est dormante dans les profondeurs — en exil depuis cinq mille ans.[15]

Se Tourner vers le Monde

Alors que je sentais l'importance de ce mouvement de restauration du féminin, mon attention était également retenue par les événements du monde et par ma sensibilisation à la souffrance des personnes coincées dans le conflit yougoslave, en 1992. Très affectée par leurs souffrances insolubles, j'écrivis un livre pour enfants inspiré du thème de *La Conférence des Oiseaux*, poème soufi très connu, écrit au XIIe siècle par le mystique perse Farid ud-Din Attar. J'avais toujours aimé ce récit, et bien qu'il fût écrit pour des personnes engagées dans un cheminement spirituel, il me paraissait possible de le raconter à des enfants et de le placer dans le contexte de la nécessaire refondation de notre rapport à la Terre, si nous voulions nous donner une chance de dépasser les conflits dévastateurs, et devenir conscients de notre identité de citoyens de la planète, plutôt que groupe national, religieux ou ethnique. Ce livre présenterait une nouvelle image de la spiritualité, il fut publié en 1993 sous le titre *The Birds Who Flew Beyond Time*.

C'est alors que mon amitié avec Andrew Harvey, dont j'admire les écrits, m'attira vers un autre projet. [16] L'éditeur Godsfield Press nous demanda d'écrire ensemble deux livres: *The Mystic Vision* (1995) et *The Divine Feminine* (1996). J'étais à nouveau immergée dans un sujet que je connaissais et aimais depuis des années, revisitant la littérature mystique de l'hindouisme, du bouddhisme et du taoïsme — et y ajoutant les expériences des mystiques chrétiens et soufis. Nous fîmes ensemble la sélection des passages extraits des traditions mystiques de toutes les cultures, y compris des paroles de sagesse des peuples indigènes de culture shamanique, indiens d'Amérique et Kogis de Colombie.

Je m'immergeai dans ces écrits, mes propres pensées s'éclaircissant tandis que je bataillais pour extraire l'essence de ce que les mystiques avaient voulu nous transmettre. Les mystiques et les sages de toutes époques et cultures ont tenté de nous révéler ce qu'ils ont découvert; leur message, il me semble, peut se résumer ainsi: nous sommes dans la Sphère Divine comme un poisson dans l'eau, un oiseau dans les airs; ils ont tenté de nous aider à dissoudre l'illusion de notre séparation pour que nous puissions faire l'expérience, ici et maintenant, dans cette dimension, de qui nous sommes vraiment: des Êtres Divins.

> The mystics and sages of all times and cultures have tried to reveal to us what they have discovered: that we are in the Divine ground like a fish in the sea, or a bird in the air; and have tried to help us dissolve the illusion of our separate existence so that we would experience ourselves here and now, in this dimension, as what we truly are — Divine Being.

Le Féminin Divin

Le second livre, *The Divine Feminine*, me plongea dans la littérature sacrée et la représentation de l'aspect féminin du divin des diverses traditions religieuses.

J'avais beaucoup appris au cours de mes recherches pour *The Myth of the Goddess*, mais je devais maintenant élargir mes explorations à d'autres cultures. Je commençais à saisir l'archétype ou principe du féminin dans sa profondeur, non comme la seule déesse mais pour ce qu'elle personnifiait: une immense matrice ou champ de relations cachées, par lesquelles l'esprit et la nature, les dimensions invisibles et visibles de la vie du Cosmos, sont interconnectées. Je commençais à voir que les enseignements religieux avaient perdu une chose absolument essentielle: le concept de la dimension cosmique de l'âme en tant qu'ordre du réel méconnu qui lie ensemble tous les aspects du vivant, visible et invisible. Je vis aussi que cette perte désastreuse dans la sphère des religions s'était transmise aux sciences qui ne reconnaissent pas l'unité et l'interconnexion de tous les aspects du vivant qu'elles étudient, encore moins leur caractère sacré.

En 1995, pendant mes recherches pour *The Divine Feminine*, je fis un rêve à première vue insignifiant:

> *Je me rends en voiture à l'Université d'Oxford pour assister à un concert des* Vêpres de la Vierge *de Monteverdi. Sur le siège arrière se trouve une valise en cuir marron, passée de mode et cabossée — qu'on appelait autrefois 'revelation suitcase' car elle se déployait en une plus grande capacité que ce qui était tout d'abord apparent.*

Je le notai, mais ne fis guère plus attention à ce rêve prémonitoire. Néanmoins, peu de temps après, en rédigeant un chapitre sur l'image de la Shekinah dans la tradition mystique de la Kabbale, j'eus la soudaine compréhension de ce que la déesse de ma vision représentait dans cette tradition. Elle personnifie ce que les kabbalistes nomment la face féminine de Dieu: la sagesse, la splendeur et L'immanence irradiante de la dimension divine, cachée sous et dans toutes formes de vie. Shekinah veut littéralement dire 'Présence de Dieu dans le Monde'. C'est alors que je me souvins du rêve de la 'revelation suitcase' (valise à révélation) sur le siège arrière de ma voiture.

J'avais évoqué la Shekinah dans *The Myth of the Goddess*, m'inspirant de la compréhension de Gershom Scholem, grand érudit juif, mais je n'avais pas alors saisi toutes les implications de son identité. Maintenant, je réalisai dans une étincelle d'illumination que la Shekinah présente l'image la plus complète de l'aspect spirituel du féminin qui a survécu depuis le passé reculé. Elle rétablit la cosmologie d'inter-connectivité de l'âme manquante aux trois religions patriarcales principales qui, à cause de leur négation de la dimension féminine du divin, l'ont perdue.

J'entrevis que L'être féminin qui s'était révélé à moi dans toute la puissance de sa présence personnifiait l'âme en tant qu'entité cosmique autant que dimension invisible du réel. J'accueillis cette réalisation comme une révélation; c'était comme trouver de l'eau dans le désert. Tant de fragments de connaissance, tant de textes sacrés de multiples cultures, commençaient à s'articuler, et malgré toutes les recherches que j'avais effectuées pour *The Myth of the Goddess*, c'est alors que je me mis à approfondir la relation entre la représentation de la déesse et le concept de Cosmos en tant qu'âme.

Le sens élargi, cosmique, du terme 'âme' devint intensément réel, intensément vivant. Je réalisai pourquoi, de ce point de vue inédit, la vie est éminemment sacrée. Je réalisai que la Shekinah personnifie le réseau ou le champ de relations qui est le maillage invisible de tout ce que nous nommons la vie. La science étudie sous diverses appellations, cosmologie, biologie, micro-physique, les aspects visibles de ce champ du vivant, mais une image, telle la Shekinah, unifie cette diversité et surtout, elle convie à entrer en relation avec une chose vivante, consciente, qui est le sol même de notre propre conscience. L'image de la Vierge Marie a joué, dans une certaine mesure, pendant les siècles, le même rôle pour des millions de chrétiens catholiques et orthodoxes, mais elle n'est pas un aspect du dieu et ne pourra donc jamais représenter la divinité innée et l'interconnexion de la vie. Elle ne pourra pas non plus représenter la dimension cachée du champ cosmique de la vie ni la sacralité de la nature. À présent je comprenais pourquoi le sage indien Sri Aurobindo avait écrit dans son œuvre maîtresse *La Vie Divine*: "S'il est vrai que l'Esprit est en la Matière et que la Nature est secrètement Dieu, alors la manifestation du divin en lui-même et la réalisation de Dieu, intérieur et extérieur, sont les plus hauts et les plus légitimes des buts de la vie d'un homme sur terre". [17]

Je me souvins alors d'une très belle citation du rabbin hassidique Nachman de Bratislava, que j'avais trouvée lors de ma compilation pour *The Mystic Vision*: "De même que la main posée devant les yeux cache la plus grande des montagnes, la petite vie terrestre cache au regard les lumières puissantes et les mystères dont le monde regorge. Et qui peut L'ôter de devant ses yeux comme une main contemple le grand soleil des mondes intérieurs". [18]

Je sus alors que mon rêve visionnaire et ma longue quête pour honorer le souvenir des messages transmis m'avaient menée à découvrir la divinité ignorée de la vie sur cette planète, autant que l'existence d'un monde invisible, ou dimension du réel, auquel toute vie participe; un cosmos d'interrelations; un magnifique, merveilleux maillage de vie.

La découverte de l'image de la Shekinah fut d'une grande portée — presque une révélation — car en elle, aussi clair que du cristal, se tenait l'image perdue du féminin de Dieu et de l'Esprit Saint. Que la tradition de la Kabbale associe l'aspect féminin du dieu à la Sagesse Divine et à l'Esprit Saint me montra à quel point le christianisme, par sa définition du Saint Esprit en tant que troisième personne de la Trinité mâle, avait perdu l'ancienne mythologie relative à l'esprit en tant qu'immense champ d'inter-connectivité de la vie, et surtout, avait perdu la conscience que le divin est présent en chaque brin d'herbe, chaque cellule du corps; qu'il est chaque brin d'herbe et chaque cellule du corps. Cette compréhension, intrinsèque aux enseignements de la Kabbale et des visionnaires védiques, est ce que nous avons perdu et devons recouvrer.

Âme et Esprit comme Fondement Divin

J'eus l'impression qu'on m'avait offert un aperçu du grand soleil des mondes intérieurs, mondes normalement cachés à notre vue. Je sus que je redécouvrais une chose qui m'était familière, une chose formidablement prometteuse, contrepartie métaphysique des découvertes scientifiques les plus progressives de notre époque. Sous la forme de cette image puissante et numineuse, il m'était révélé pourquoi, pour citer Blake, 'Tout ce qui Vit est Sacré'. Je compris que la tradition mystique de la Kabbale nous offre les chaînons manquants entre l'expérience de participation des grandes cultures lunaires de l'âge du bronze et notre époque, dont j'exposerai les différences dans les chapitres à venir.

Ce que nous avons perdu et ce que cette extraordinaire tradition a préservé est l'image d'une Terre sacrée et du réseau invisible des relations connectant la vie de notre planète à la vie du Cosmos. Il m'était évident que notre âme, notre conscience, est à cette vie élargie comme l'enfant est au parent. Ma compréhension de l'âme fit une volte-face quand je réalisai que l'âme n'est pas en nous. Nous sommes en l'âme.

Mais plus encore: nous sommes de même nature et substance que l'âme, de même nature et substance que l'esprit. Il me semble que l'esprit et l'âme, dans leur sens le plus large, ne sont pas vraiment différents en substance, mais deux noms ou deux facettes — l'une masculine, l'autre féminine — de la même dimension invisible qui est le champ, la racine, la source du monde physique, et dont la vie irrigue, anime et soutient tout le Cosmos. Cette vie n'est pas seulement innée en chaque atome de notre être mais nous participons à sa vie, même si nous sommes inconscients de ce fait. Soudainement, l'âme devint intensément réelle, intensément vivante en moi. Je ressentis l'être féminin apparu dans mon rêve comme une présence vivante avec laquelle je pouvais communiquer, à laquelle je pouvais m'identifier. Allongée à ses pieds, la regardant au-dessus de moi, je réalisai que j'étais microcosme en relation à elle en tant que macrocosme.

Je compris alors que cet être prodigieux de mon rêve était en vérité Elle que Platon et Plotin dans leur concept de ψυχή του κόσμου (psuche tou kosmou) et Anima Mundi avaient nommée Âme du Cosmos ou Âme du Monde. C'était Elle qui, en Égypte à l'époque hellénique, était apparue à Apulée en tant que déesse Isis, et plus tard à l'époque chrétienne à Boethius, en tant que Sophia ou Sagesse Divine, comme nous l'écrivions dans *The Myth of the Goddess* (pp 634-5). Attendant sa mise à mort, il rédigea sa célèbre *Consolation de la Philosophie*, immortalisant les mots qu'elle avait prononcés, mots qui, plusieurs siècles plus tard, inspirèrent Charlemagne.[19]

Cette même présence ou Âme Cosmique peut être assimilée à la voix de la Sagesse Divine, et à l'Esprit Saint qui parle avec tant d'éloquence dans le Livre des Proverbes et dans les Livres de Sagesse des *Apocryphes*, ainsi que dans les textes gnostiques découverts à Nag Hammadi en Égypte. À mon avis, la Shekinah offre une description de L'Âme du Cosmos remarquablement complète.

Notes:

1. Jung, C. G.: CW14, *Mysterium Coniunctionis*, Routledge and Kegan Paul Ltd., 1963 Londra, par. 488
2. Apuleio: *L'asino d'oro*, BUR Milano, 2005.
3. Boezio, Severino: *La consolazione della filosofia*, Einaudi Torino, 2010.
4. Neumann, Erich: *La grande madre. Fenomenologia delle configurazioni femminili dell'inconscio*, Casa Editrice Astrolabio Roma, 1981.
5. Barfield, Owen: *Salvare le apparenze. Uno studio sull'idolatria.* Marietti Genova 2010.
6. Marshack, Alexander: *The Roots of Civilization*, Weidenfeld & Nicolson Ltd., Londra 1972.
7. Pagels, Elaine: *I vangeli gnostici*, Mondadori, Milano 2011.
8. Nag Hammadi Library, ed. James M. Robinson, E.J. Brill, Leiden 1977.
9. Gimbutas, Marija: *Le dee e gli dei dell'antica Europa*. Miti e immagini del culto, Stampa Alternativa, Viterbo 2016; *Il linguaggio della Dea*, Venexia, Roma 2008. Una mostra intitolata *The Civilization of Old Europe* (2010) a New York, Zurigo e Oxford ha mostrato molti dei magnifici artefatti descritti da Gimbutas, sopravvissuti dal 5000–3500 aC e ora ospitati nei musei di Romania e Bulgaria.
10. Campbell, Joseph: *Le maschere di Dio*, Bompiani, 1962
11. Campbell, Joseph: *The Way of the Animal Powers*, Times Books Ltd., Londra 1984. Nel 2008, in una caverna in Germania fu trovata l'esile figura di una donna, la più antica scultura di figura umana mai conosciuta, datata 35–40.000 aC
12. *Il mito della Dea, evoluzione di un'immagine* Venexia, 2017, pag. 866.
13. Elaine Pagels, *I Vangeli gnostici*, Mondadori, 2011.
14. Riane Eisler, *Il calice e la spada*, Forum edizioni, 2011.
15. Perera, Sylvia Brinton: *Descent to the Goddess*, inner City Books, Toronto 1981.
16. Harvey, Andrew: *Hidden Journey*, Bloomsbury Publishing Ltd., Londra, 1991.
17. Aurobindo, Sri: *La Vita divina*, Ed. Mediterranee, Roma 1998, p. 4.
18. Rabbi Nachman di Bratslav, da Edward Hoffmann, *The Way of Splendor: Jewish Mysticism and Modern Psychology*, Shambala, Boulder, Colorado, 1981, p.117.
19. Boezio: *La consolazione della filosofia*.

Le Bouddha

Le Bouddha pendant sa méditation – assis sur les anneaux du Naga et protégé par son capuchon à sept-têtes – 17° siècle, Musée National de Bangkok.

Chapitre Trois

L'ARBRE DE VIE

Je l'aime plus que santé et beauté, et je choisis de l'avoir elle plutôt que la lumière car la lumière qui émane d'elle jamais ne s'éteint....

— La Sagesse de Salomon

Mon rêve visionnaire de la femme cosmique m'avait conduite à la tradition mystique juive de la Kabbale. Le mot Kabbale signifie 'recevoir'. La légende relate que lors de l'expulsion d'Adam et d'Ève du Jardin d'Éden, l'ange Raziel leur remit un livre pour leur permettre d'y revenir. De la bouche même d'un kabbaliste moderne, Z'ev ben Shimon Halevi (Warren Kenton), "La Kabbale est L'aspect intérieur et mystique du judaïsme. C'est L'Enseignement Pérenne sur les Attributs du Divin, la nature de L'univers et la destinée humaine." [1]

Une lignée vénérable d'enseignants se transmet oralement la tradition de la Kabbale depuis quelque quatre mille ans — depuis ses origines lointaines à Babylone et en Égypte et ce jusqu'au XIIIè siècle quand le *Zohar* ou *Livre de la Splendeur* fut rédigé en Espagne, peut-être à Gérone, qui était alors le grand centre d'études kabbalistes. Plusieurs siècles auparavant, elle s'était répandue dans l'Alexandrie hellénistique où de nombreux juifs avaient trouvé refuge, fuyant leur captivité à Babylone (586-539 AEC), puis à nouveau en 70 EC à la chute de Jérusalem, quand un nouveau flux de réfugiés rejoignit la communauté déjà établie. Par la suite, elle traversa la Méditerranée et atteignit l'Espagne. Suite à l'expulsion brutale des Juifs d'Espagne au XVè siècle, la Kabbale s'établit à Safed en Palestine, où l'un de ses plus grands maîtres, Moïse Cordovero (1522-1570), vécut et rédigea son célèbre ouvrage *Le Verger des Grenadiers* (*Pardes Rimonim*), dans lequel il détaille les treize portes menant vers une conscience supérieure. Isaac Luria (1534-1572) était un autre kabbaliste d'importance; il vécut au Caire avant de s'établir à Safed, où il étudia brièvement avec Cordovero avant la mort de ce dernier. La Kabbale atteignit aussi l'Europe du nord, notamment l'Angleterre (Shakespeare sans aucun doute en avait quelques connaissances), la Pologne et la Bohème. Elle s'épanouit brièvement dans l'Italie de la Renaissance, où l'illustre Pic de la Mirandole — de concert avec Marsile Ficin — espérait amalgamer la Kabbale et le christianisme; sa mort précoce (meurtre possiblement incité par la papauté) coupa court à cette possibilité.

J'appris que l'une des plus anciennes et des plus importantes images de la Kabbale est l'Arbre de Vie. Mon rêve visionnaire m'avait menée à cette tradition à laquelle les premiers messages semblaient faire référence: 'Trouve la Pierre au pied de l'Arbre', disaient-ils. Plus J'en apprenais sur cette tradition, plus il me semblait que l'Arbre de Vie était un modèle clair et magnifique pour décrire le réseau de relations qui connecte l'esprit invisible au tissu vivant de notre monde. Le divin non manifeste et inconnaissable est au cœur le plus intime du réel et sa manifestation extérieure est la forme physique que nous appelons nature, corps et matière. Relier les deux est le schéma archétypal de L'Arbre de Vie — un arbre inversé — dont les branches poussent à partir de ses racines dans le sol divin et s'étendent à travers les mondes invisibles, ou dimensions de L'être, jusqu'au nôtre. Dans ce schéma, la nature et les propriétés des diverses dimensions, niveaux de réalité et leurs interactions, sont décrites et qualifiées. Tous les aspects de la création, visibles et invisibles, s'imbriquent les uns dans les autres. Tout est une vie, une symphonie cosmique, un ensemble intégré. Nous participons à la vie divine qui informe tous ces mystérieux niveaux de réalité. Nos vies sont inséparables de la vie intime du Cosmos.

J'ai trouvé une phrase dans le livre de William Gray *The Ladder of Lights* qui décrit l'Arbre de Vie en tant que "représentation symbolique des relations qui existeraient entre la Divinité la plus abstraite et l'humanité la plus concrète...un arbre généalogique reliant Dieu et l'Homme et les Anges et les autres Êtres, en tant que création consciente totale". [2] Cette tradition contemplative m'attira, elle met en relief le chemin à Dieu comme un processus d'éveil par illumination graduelle et expérience directe plutôt que par adhésion à une croyance ou à une foi. J'apprécie aussi qu'elle ne soit pas prosélyte, elle attend que la personne aille à sa recherche et découvre ses trésors. Son accent porte sur l'expansion de la vue pénétrante et de la sagesse grâce à la contemplation et à l'approfondissement de la relation avec la dimension du divin, sans pour autant négliger la vie et les relations humaines dans notre dimension de réalité. Je trouve remarquable et significatif qu'elle ne succombe pas au dualisme qui sépare matière et esprit. Elle ne rejette pas le corps ni n'est obnubilée par la notion de péché.

Imaginez en Europe une culture musulmane qui accueillerait Chrétiens et Juifs, où ni l'infidèle ni l'apostat ne serait condamné, comme de nos jours en Iran et autres pays islamiques. Une telle culture évoluée et tolérante s'est épanouie en Espagne mauresque et dans le sud-ouest de la France, du IXè au XIIè siècle. De Cordoue, Séville et Grenade au sud, à Tolède, Gérone, Toulouse et Narbonne plus au nord, dans les patios parfumés de jasmin résonnant du son cristallin des fontaines, les érudits et les philosophes des trois traditions religieuses se retrouvent pour échanger leurs perceptions, explorer les mystères, et transmettre leurs connaissances et expériences aux générations à venir. C'est l'âge d'or de l'Islam, quand les sciences, les mathématiques et la philosophie s'épanouissent, et l'illustre homme de sciences arabe Averroes Ibn Rushd enseigne à Cordoue et rédige un nombre incalculable de traités sur Aristote.

Ce climat propice produit, aux XIIè et XIIIè siècles, un extraordinaire foisonnement culturel, pas seulement islamique mais aussi chrétien et juif, et ce foisonnement coïncide avec la diffusion des légendes du Graal et la propagation des chants des troubadours. Les gens viennent de toute l'Europe dans les centres de renom, tel Tolède, pour apprendre auprès des érudits musulmans et juifs. La combinaison d'érudition et de génie artistique dans l'Espagne mauresque, dont la sublime beauté de l'Alhambra témoigne, initie un renouveau culturel puissant qui, porté par un petit nombre d'individus, couvre un vaste territoire en Europe, mais touche tout particulièrement et magistralement la culture hautement sophistiquée du sud-ouest de la France.

Puis, de façon brutale et tragique, en moins de trois siècles, la relation harmonieuse entre musulmans, chrétiens et juifs sera ruinée par le fanatisme chrétien. Ce fanatisme a trois branches. Une branche est la croisade contre les musulmans qui occupent Jérusalem (la première croisade partit de France en 1095). La deuxième branche est la croisade contre les Albigeois; initiée par le pape Innocent III en 1208, elle lâche sur l'Occitanie une armée de soudards conduite par Simon de Montfort, qui détruira avec la violence d'un tsunami sa florissante culture de tolérance. La troisième branche, à la fin du XVè siècle, est la décision des monarques catholiques Ferdinand et Isabelle d'expulser d'Espagne les Juifs et les Maures — la persécution des Maures avait commencé avant car L'Espagne chrétienne cherchait à reprendre leurs territoires. En 1474, une proclamation du pape Sixte IV instaure l'inquisition en Espagne et, pendant les dix ans à venir, des milliers de juifs seront brûlés lors des infâmes autodafés. En 1492, sous peine de mort, tous les juifs doivent quitter l'Espagne; leur communauté y était installée depuis 600 ans et était totalement intégrée à la culture chrétienne et maure. C'est à cette époque que beaucoup fuient en Palestine et s'établissent à Safed.

Voilà quels sont les trois éléments fatidiques et fatals qui ont donné naissance à tous ces siècles de méfiance, d'inimitié et de persécutions entre chrétiens, juifs et musulmans, et ont conduit aux événements tragiques que nous connaissons de nos jours.

Des centaines de milliers de juifs et de musulmans furent brutalement expulsés, tués, expropriés. Des milliers de manuscrits et d'œuvres d'art furent détruits — comme à Sarajevo durant la guerre en Bosnie. La splendide mosquée de Cordoue eut son cœur arraché et remplacé par un autel chrétien. L'histoire de la culture européenne et les relations entre les trois traditions religieuses auraient pu être tellement différentes si une chrétienté tolérante plutôt que fanatique et dominatrice avait primée en Espagne. Les chrétiens n'ont jamais questionné la justesse de leurs actes, accomplis au nom de Dieu. Leur foi justifiait toute l'abominable cruauté et la terrible oppression que plus tard ils infligeront au Nouveau Monde — au nom du Christ.

L'Enseignement de la Kabbale

L'enseignement fondamental de la Kabbale est la doctrine de l'émanation et, de ce fait, l'unicité ou l'unité de toutes les dimensions cosmiques du réel. L'Esprit Créateur Divin, nommé comme la divinité non manifeste, Ain Soph ou Ain Soph Aur — Lumière sans Limite — est tenu pour non seulement totalement transcendant et inconnaissable, mais aussi, présent par émanation dans chaque particule du monde créé visible et dans chaque particule des dimensions intermédiaires du réel, voilées à notre vue.

Le chemin en zigzag que parcourt l'Émanation Divine de haut en bas de l'Arbre de Vie est appelé étincelle de lumière. Le but des kabbalistes est d'unifier les deux mondes: le Haut avec le Bas, le monde divin invisible avec le monde manifeste. Contrairement aux autres traditions religieuses, la Kabbale ne rejette pas ce monde comme déchu (christianisme) ou illusoire (hindouisme) mais le voit comme à la fois soutenu par — et imprégné de — la lumière de la matrice divine. Elle enseigne que toutes nos actions en ce monde affectent les dimensions invisibles et réciproquement, car tout, visible et invisible, est lié. L'âme s'éveille au cours de plusieurs vies, tout d'abord par attirance, puis par contemplation et finalement communion avec les mondes invisibles. Moïse de Léon, kabbaliste de renom vivant en Espagne au XIIIè siècle, écrivit:

> Le but de l'âme prenant corps est de déployer ses pouvoirs et ses actions dans ce monde, car un instrument lui est nécessaire. En descendant dans ce monde, elle augmente sa puissance à guider l'être humain dans le monde. De ce fait, elle s'améliore en haut et en bas, atteignant un état plus élevé car elle se réalise dans toutes les dimensions. Si elle ne se réalise pas à la fois en haut et en bas, elle n'est pas complète. Avant de descendre dans ce monde, l'âme émane du mystère au plus haut niveau. Pendant qu'elle est dans ce monde, elle est complétée et comblée par ce bas monde. Quand elle quitte ce monde, elle est

emplie de la plénitude de tous les mondes, le monde d'en haut et le monde d'en bas. Dans un premier temps, avant de descendre dans ce monde, l'âme est imparfaite; il lui manque quelque chose. En descendant dans ce monde, elle est rendue parfaite dans chacune des dimensions.[3]

Telle une personne émergeant d'une cave sombre, nous ne supportons pas d'un seul coup la lumière de la dimension divine. Quand notre relation avec le divin s'approfondit, notre conscience s'élargit jusqu'à inclure la perception des dimensions invisibles de l'être, et nous commençons à irradier la lumière et l'amour de cette dimension cachée. Il me semble que cette tradition a influencé la vision de l'ascension de l'âme vers les sphères célestes chez Dante, ainsi que le Château intérieur de St Thérèse d'Avila, bien qu'aucun n'eût pu reconnaître une influence si hérétique.

Les mondes dans les Mondes

Plutôt que l'image d'une descente hiérarchique de l'invisible vers le visible, la Kabbale présente l'image de mondes s'emboîtant dans d'autres mondes, de dimensions au sein d'autres dimensions se manifestant de l'intérieur vers l'extérieur. Je pense que c'est une présentation très éclairante de l'écheveau relationnel qui relie l'esprit invisible au tissu visible de notre monde matériel. Au niveau le plus intime se trouve la source inconnaissable et au niveau le plus extérieur les formes physiques de la matière. Tout est une toile de vie unifiée: une vie, une énergie, une seule entité cosmique. Je découvris que nous sommes, chacun de nous, cette vie, cette énergie, cette entité cosmique. 'Quintessentiellement', il n'y a qu'une seule vie. Nous participons tous à la vie du Cosmos, nous sommes des atomes dans l'Être et le Corps de Dieu. En essence, nous sommes un.

Je compris que les niveaux ou dimensions cachés du Cosmos étaient ce que Jésus entendait par royaume de Dieu — des mondes ou des dimensions invisibles à nos yeux qui pourtant sous-tendent et pénètrent le monde physique et qui — si seulement nous pouvions les voir — se déploient devant nous. Ces dimensions peuvent, graduellement, se rendre accessibles à notre conscience limitée quand celle-ci se développe et s'élargit. Je compris que Jésus, et tous les grands maîtres, enseignaient depuis leurs connaissances et expériences de ces mondes. J'entrevis que la représentation de cette dimension invisible du réel sous-tend les images de la quête, tout particulièrement la quête médiévale du Saint Graal — image de la source nourricière intarissable. Mon rêve visionnaire, avec plus de force et d'immédiateté et moins de peur que mon expérience faite à onze ans, m'avait ouvert à l'existence de la dimension cachée du réel qui embrasse la nôtre.

Warren Kenton écrit:

> Avoir connaissance de la Kabbale est une chose, mais s'engager dans son Œuvre en est tout à fait une autre.... seuls ceux qui réalisent l'Œuvre comme une fin en soi sont initiés. Seul l'individu qui désire rendre manifeste ce que la Kabbale révèle peut être un initié. Ce processus n'implique rien de moins que l'intégration du corps, de l'âme et de l'esprit, et ainsi l'initié devient un instrument raffiné qui permet aux mondes intérieurs et extérieurs d'entrer en communion.... Chaque fois que ceci se réalise, l'Univers se détermine de plus en plus en tant que miroir de l'Absolu. [4]

La Kabbale est une tradition vivante, dans un processus évolutif nourri de l'expérience des individus qui s'y engagent. Elle offre à l'initié une tradition et une voie directe pour entrer en communion avec la dimension divine — par l'intermédiaire d'un enseignant qui transmet une tradition orale remontant sans doute à l'expérience shamanique et enrichie, pendant des millénaires, par une lignée de contemplatifs. Cette tradition m'attire car elle honore la relation indissoluble des aspects féminins et masculins du divin, que les trois religions patriarcales rejettent ou ignorent depuis des siècles. Dans cette tradition — de même que le mariage sacré du dieu et de la déesse des civilisations de l'âge du bronze, le mariage de Shiva et Shakti dans la tradition hindoue, et la relation du yin et du yang dans la tradition taoïste — nous trouvons l'image de la relation et de l'union entre les aspects féminins et masculins du réel. Pour comprendre les racines profondes de notre crise écologique et spirituelle actuelle, nous devons prendre en compte la perte de trois éléments d'importance: l'image féminine de l'esprit, le chemin shamanique direct de communion avec l'esprit grâce à l'expérience mystique et visionnaire, telle que vécue par les contemplatifs de toutes les traditions, et le mariage sacré des aspects masculins et féminins du divin.

La Shekinah et L'Immanence Divine

La Shekinah est l'image du Féminin Divin ou le Visage Féminin de Dieu, tel qu'il est conçu par la tradition mystique du judaïsme, qui trouve peut-être son origine dans les écoles rabbiniques de Babylone, et se transmit oralement jusqu'à sa rédaction par les kabbalistes juifs de l'Occitanie et de l'Espagne médiévales, et de Palestine plus tard au XVIè siècle. Nous trouvons, dans la représentation et la mythologie de la Shekinah, la description la plus complète de l'âme cosmique et de l'indissoluble relation entre les deux aspects premiers du divin, perdus ou cachés depuis des siècles.

La répression de l'image de la Grande Mère ou Grande Déesse est la raison principale de la perte de la notion que la nature est animée par l'esprit, et donc sacrée. C'est l'extirpation de l'esprit hors du monde naturel et la peur de l'animisme qui, au cours des millénaires de religion patriarcale, ont arraché aux hommes leur sens immémorial de participation à un Ordre Cosmique Sacré.

Pourquoi trouvais-je l'image de la Shekinah de la Kabbale si puissante dans sa portée évocatrice et révélatrice, si significative, si nourrissante pour mon âme ? Car elle me présentait une image autre de l'esprit: une image du divin qui est le véritable socle du monde phénoménal, qui a généré ce monde et vit en lui. La Shekinah en tant qu' Esprit Saint de Sagesse — divinité présente et agissante dans le monde — procure la représentation manquante de l'immanence divine, perdue ou obscurcie dans les traditions orthodoxes du judaïsme, du christianisme et de l'islam. Et cette tradition relie le ciel et la terre, le divin et l'humain, dans une vision cohérente et sans faille de leur unité essentielle.

Tandis que l'Ancien Testament est la tradition écrite du judaïsme, la Kabbale est la tradition orale cachée, magnifiquement nommée 'Voix de la Colombe', et 'Joyaux de l'Épouse Céleste'. La représentation de la Grande Déesse de l'âge du bronze revient à la vie dans les descriptions d'une extraordinaire beauté de la Shekinah, et dans les terminaisons de genre des noms qui inscrivent la dimension féminine du divin. Le Féminin Divin, intermédiaire entre la divinité inconnaissable et la vie dans notre dimension, est qualifié de 'vivant et illimité réseau de relations', 'Âme invisible du Cosmos'. La Shekinah relie le ciel et la terre, les dimensions invisibles et visibles du réel, en une vision magnifique de leur relation essentielle et de leur union.

La Shekinah qualifie l'aspect féminin du divin de 'Mère', 'Aimée', 'Sœur' et 'Épouse' — description perdue ou occultée dans le judaïsme, le christianisme et l'islam et qui, si elle était retrouvée et honorée, pourrait transformer notre perception de la Nature et de Dieu, et de nous-mêmes. La Shekinah redonne à la femme ce qui lui manque depuis les derniers deux mille ans de civilisation occidentale: une image du Féminin Divin qui, au niveau humain, est réfléchie en elle-même. La Shekinah est Maternité Divine, nommée 'Mère de Toute Vie' — titre qui avait été donné à Ève dans la Genèse. Je pouvais voir encore plus clairement que lorsque j'écrivais *The Myth of the Goddess* que le récit de la Chute dans la Genèse était le fait du clergé de cette époque pour dé-mythologiser l'aspect féminin de la déité et pour bannir Asherah, la déesse cananéenne détestée, en la rétrogradant en la figure d'Ève. Et pourtant, l'ancienne tradition du Féminin Divin a réussi à survivre dans la tradition mystique du judaïsme. Gershom Scholem écrit que l'introduction du concept de l'élément féminin en Dieu "était l'une des plus importantes et durables innovations de la Kabbale. Qu'elle puisse être acceptée en dépit de la difficulté évidente de la réconcilier avec le concept de l'unité absolue de Dieu, plus le fait qu'aucun autre élément de la Kabbale n'ait obtenu un tel degré d'approbation populaire, est la preuve que cela répond à un profond besoin religieux". [5]

Le *Zohar* ou *Livre de la Splendeur*, apparu en Espagne en 1290, est l'œuvre médiévale maîtresse de la Kabbale — travail de plusieurs personnes mais signé du nom de Moïse de Laon. Il parle de la Shekinah comme de la Voix ou Verbe de Dieu, Sagesse de Dieu, Gloire de Dieu, Compassion de Dieu, Présence Active de Dieu, intermédiaire entre le mystère de la source inconnaissable et ce monde de la manifestation ultime. La mythologie de la Shekinah en tant que Sagesse de Dieu et Saint Esprit présente les plus ardentes, puissantes et vivantes descriptions de l'immanence du divin en notre dimension. Elle transmute toute création, y compris l'apparente insignifiance et banalité du quotidien, en quelque chose à aimer, étreindre, honorer, et célébrer — car l'intelligence et l'amour divin l'ont générée et résident cachés en son sein.

L'Imagerie du Mariage Sacré et la Transmission de la Lumière

La cosmologie très sophistiquée de cette tradition préserve l'image du mariage sacré de l'âge du bronze, exprimé par l'union des Père et Mère Divins au sein de l'Être. Il n'y a pas un Dieu le père mais une Mère-Père qui sont un dans leur éternelle étreinte, un en leur essence, un en leur émanation, un en leur acte de création extatique et continuel, dans toutes les dimensions qu'ils génèrent et imprègnent. Du point de vue de l'immanence divine, il n'y a pas de séparation essentielle entre l'esprit et la nature. Aucune autre tradition n'offre, en une imagerie d'une exquise poésie, la même vision époustouflante de l'union des énergies féminines et masculines de l'Un qui est les deux. Le Cantique des Cantiques, soutien de leur contemplation du mystère de cette union divine, est le texte le plus lu par les cabalistes.

Le *Zohar* médite le mystère de la relation entre les aspects féminins et masculins de l'Esprit Divin exprimés par la Mère et le Père, et de leur émanation dans toutes les dimensions de la création en tant que Fille et Fils. Le concept essentiel de cette tradition mystique s'exprime par L'image des mondes dans les mondes plutôt qu'une hiérarchie descendante. L'Esprit Divin (Ain Soph ou Ain Soph Aur) au-delà de la forme, ou de la conception, est Lumière ineffable à la source de l'Être. Se révélant en tant que Son (le Verbe), Lumière, Intelligence et Amour, elle crée les sphères, domaines, ou dimensions appelées voiles ou robes qui recouvrent et cachent la source, et en même temps transmettent sa lumière irradiante.

La transmission de cette Lumière ineffable depuis la source au niveau extérieur manifeste prend la forme, comme mentionné plus haut, d'un arbre inversé. J'assimilai ces images et reconnus leur ressemblance avec certains textes gnostiques découverts à Nag Hammadi. La similarité entre l'imagerie de la lumière en tant que socle divin de l'être et le concept tibétain de la luminosité du Vide me frappa également.

Le centre premier ou racine est la lumière la plus intime, d'une inimaginable luminosité nitescente, totalement différente de la lumière de notre monde. Ce centre se déploie et se sème en rayons de lumière dans ce que certains textes décrivent comme une mer de gloire, et d'autres comme un palais ou une matrice, enceinte ou réceptacle de cette lumière. De là, elle jaillit en cascade radieuse, fontaine d'eau vive, déversant sa lumière pour créer, imprégner et nourrir toutes les dimensions qu'elle génère. Toute vie sur terre, toute conscience, est cette lumière et est donc hautement sacrée. Le *Zohar* parle de la nature comme du vêtement de Dieu. Cette cascade de lumière coule à travers sept Vases, Puissances et Attributs du Divin, nommés *Sefiroth*, qui sont reliés à l'Arbre de Vie par 22 chemins. Le premier Vase (*Kether*) est en parfait équilibre et contient tout ce qui était, est, et sera. Le désir divin d'émanation pousse l'énergie à s'étendre du premier Vase au second, puis au troisième. Ce processus d'expansion et de confinement se répète trois fois jusqu'à ce que l'Arbre soit comblé et l'énergie d'émanation en équilibre. Le processus d'émanation alors se répand aux autres mondes, et les lois ou archétypes qui gouvernent chaque monde ou niveau de création se manifestent jusqu'au nôtre.

Le Féminin Divin

La Shekinah ou face féminine de dieu est nommée Matrice Cosmique, Palais, Enclos, Fontaine, Verger, et Jardin d'Éden Mystique. Elle est aussi l'architecte des mondes, la source ou la fondation de notre monde, la Radiance, le Verbe ou la Gloire de l'inconnaissable déité. Les textes utilisent des métaphores sexuelles et l'image de la lumière pour décrire comment les rayons qui émanent de la source inconnaissable pénètrent la matrice — la Vaste Mer de Lumière — de la Mère Céleste et comment elle génère les énergies créatives féminine et masculine qui, en tant que deux branches de l'Arbre de Vie, sont symboliquement Roi et Reine, Fils et Fille. Une troisième branche de l'Arbre descend directement en son centre, unifiant et connectant les énergies latérales. Tous les éléments ou aspects de l'Arbre de Vie sont reliés par vingt deux chemins.

La Shekinah est nommée Épouse Divine, séjour de l'Esprit Saint, guide divin et présence immanente qui délivre le monde de l'asservissement des croyances qui le sépare de la source, le rétablissant ultimement dans son union avec le divin. Elle génère toutes les sphères ou dimensions de la manifestation qui sont animées et nourries par la source ineffable, jusqu'au monde que nous connaissons, et elle y séjournera tant que la création dans sa totalité ne sera pas à nouveau enveloppée dans sa source. Une fois de plus la ressemblance entre la Shekinah et la tibétaine Tara me frappa. Je me demandai si ces deux traditions, la Kabbale et le Bouddhisme Mahayana, ne se seraient pas rencontrés dans l'Alexandrie hellénistique, carrefour de l'Orient et de l'Occident; ou alors serait-ce la même image archétypale du Féminin se manifestant dans diverses cultures?

La Kabbale nomme la dixième et dernière sphère *Malkuth*, le Royaume, où l'image de la divine Mère-Père s'exprime dans les mâles et femelles de toutes les espèces. L'humanité, femelle et mâle, est donc l'expression de la dualité-en-l'unité de la déité. La Shekinah est pour toujours unie à son Époux dans le cœur de l'être et c'est leur union en la déité qui maintient la vie dans un état de création continue. Elle est également présente ici, avec nous, dans la réalité matérielle de notre monde. L'attirance sexuelle entre un homme et une femme et l'expression entre eux de l'amour véritable est le miroir, à notre niveau de réalité, de l'étreinte divine proclamée dans le Cantique des Cantiques: "Je suis à mon bien-aimé est et mon bien-aimé est à moi" (6:3). La relation sexuelle humaine, accomplie dans l'amour, le respect mutuel et la joie, est un rituel sacré qui entretient l'union extatique du couple divin.

Du fait que tous les mondes qu'elle crée sont ses voiles ou ses robes, et que par sa présence divine elle séjourne en eux, rien n'est hors l'esprit. Tout est connecté à tout dans le rayonnement de la lumière invisible de la mer cosmique. Qui plus est, la Shekinah est dévouée à sa création, comme une mère au bien-être de son enfant. Toute vie sur terre, tous les niveaux de conscience, toutes les formes visibles que nous nommons 'matière' sont la création de la fontaine de lumière primordiale et sont donc d'expression divine.

Le bleu et l'or sont les couleurs qui lui sont associées. En tant qu'âme cosmique, Elle est le 'corps de lumière' de l'âme humaine: en même temps, son socle le plus profond et essentiel, son vêtement extérieur ou corps physique et son esprit animé ou conscience. Elle est la sainte présence de la 'gloire de Dieu' en chacun de nous. Nous tous, évoluant depuis un stade d'inconscience ou d'ignorance de cette dimension radieuse vers une intuition et une relation avec elle, vivons en son sein et grandissons grâce à son pouvoir d'attraction jusqu'à être ré-unis à la source, découvrant enfin notre véritable essence — fils et filles de Dieu, expressions vivantes de l'esprit divin.

Il existe différentes écoles au sein de la Kabbale. Certaines voient la Shekinah comme séparée de la divinité, en exil volontaire sur la terre, Fille séparée de sa Mère, ou Veuve, jusqu'à ce que, ayant rassemblé en elle tous les éléments ou étincelles (*scintillae*) de son être qui s'étaient éparpillés au cours du processus d'émanation, elle puisse retrouver la dimension du divin. D'autres mettent L'accent sur le mariage de Tipareth, sixième *Sefiroth*, et de la Shekinah en son lieu d'exil, Malkuth, dixième *Sefiroth*: un mariage que nous pouvons aider à advenir en nous, car L'Arbre de Vie est un modèle de la vie intime de notre âme. Le noir de la robe de la Shekinah — comparable au noir de la robe d'Isis, qui était appelée 'la Veuve' pendant sa quête d'Osiris — signifie l'obscurité du mystère qui cache la gloire de sa Lumière.

Je fus surprise d'apprendre que la Shekinah était appelée 'La Pierre Précieuse' et 'La Pierre d'ExiL', ce qui la relie directement à l'image du Graal, décrit à la fois comme calice — source nourricière intarissable — et pierre. Elle était aussi appelée 'Perle' et 'Charbon Ardent'. Elle apparaissait à mon imagination comme l'or éclatant du trésor caché au cœur de la vie, l'arc-en-ciel de lumière jeté entre les mondes divin et humain, la plénitude indivise qui unit le visible à l'invisible. Enfin, je trouvai la pièce manquante du puzzle que je cherchais depuis cinquante ans. Les messages nous avaient conseillé de chercher la 'Pierre au pied de L'Arbre'. J'étais bouleversée par cette réalisation, cependant je savais qu'il était important de ne pas s'accrocher à l'image littérale mais de regarder au-delà, au cœur de la symbolique de l'enseignement et de considérer son importance pour notre culture tant privée de l'image du Féminin Divin.

Il m'est apparu tout à coup que l'imagerie de la Kabbale imprègne nombre de nos contes populaires. Dans Cendrillon, par exemple, la forme cachée de la Shekinah (ou image oubliée de la Grande Mère) transparaît dans la fée-marraine qui préside à la transformation de sa filleule, de souillon en épouse royale. Harold Bailey, auteur d'un ouvrage remarquable *The Lost Language of Symbolism*, m'a permis de voir que le personnage de Cendrillon peut se comprendre comme une représentation de l'âme passant de la misère à la richesse.[6] Les trois superbes robes de Cendrillon, que l'on peut comparer à la 'robe de gloire' de certains textes kabbalistes et gnostiques, sont les fourreaux lumineux de l'âme — ou corps subtils — aussi éclatants que la lumière de la lune, du soleil et des étoiles. De même que la souillon du conte revêt ses trois robes pour révéler sa véritable identité, l'âme humaine revêt ses 'robes de gloire' en passant de l'obscurité de l'ignorance à la révélation de sa nature authentique et de sa filiation.

Pour me reconnecter à la tradition du Féminin Divin qui a été fragmentée, obscurcie, et presque perdue depuis quelque deux mille cinq cents ans, je me tournai vers les magnifiques passages du Livre des Proverbes, de l'Ecclésiastique et du Livre de la Sagesse. [7] Si ma mère ne m'avait offert, quand j'avais dix ans, une Bible qui contenait les *Apocryphes*, je n'aurais pas connu leur existence, car les *Apocryphes* ne sont pas inclus dans la Bible protestante. J'avais, à cet âge, été hospitalisée neuf longs mois qui m'ont permis de lire la Bible de la première à la dernière page, ne comprenant que très peu mais absorbant tous les récits et toute l'imagerie.

Je trouvai dans certains passages des *Apocryphes* les traces d'un être féminin, identifié à la Sagesse Divine et à l'Esprit Saint. Dans le livre de Ben Sirach, l'Ecclésiastique, la Sagesse nous informe qu'elle est immanente à notre monde; avec nous dans les rues de nos villes; nous appelant à nous éveiller à sa présence, à obéir à ses lois, à écouter sa sagesse; promettant sa bénédiction si seulement nous voulions entendre sa voix et suivre ses enseignements. Dans le Livre des Proverbes, la Sagesse nous informe qu'elle est l'Aimée de Dieu, avec Lui depuis le commencement, depuis la fondation du monde. Elle parle depuis la source de vie en tant qu'Artisane de la création et loi cachée qui l'ordonne.

Ces passages, de par leur imagerie pénétrante, transforment notre idée de L'Esprit Saint — Sagesse Divine — d'idée abstraite en Présence Vivante. Elle parle comme si elle était à nos côtés dans cette dimension, au centre de son royaume, accessible à ceux qui la cherchent. Elle est inconnue et méconnue, et pourtant agissante depuis les profondeurs de la vie, s'efforçant de nous rendre réceptifs à la réalité divine de son être, la sacralité de sa création, sa justice, sa sagesse, son amour et sa vérité.

C'est le langage de l'immanence du Féminin Divin dans le monde. Qui est l'auteur de ces versets splendides? Était-ce un grand prêtre du Premier Temple dont les paroles ont été secrètement préservées et emportées à Alexandrie par les Juifs qui y ont trouvé refuge? A-t-il entendu une voix ou a-t-il eu une vision d'un être féminin, tel Apulée la déesse Isis, et moi-même dans mon rêve visionnaire? Les versets révèlent la Présence féminine — Sagesse Divine et Esprit Saint — comme Âme ou intelligence du Cosmos, implantée dans l'arbre, la vigne, la terre et l'eau et active dans les maisons des hommes. Elle est le principe de justice qui inspire les lois humaines. Elle est l'esprit invisible qui guide la conscience humaine — présence cachée désirant être reconnue, appelant le monde à entrer en relation avec elle; Sagesse Divine guidant tous ceux qui, tel Salomon, la valorise plus que les rubis.

La Sagesse a toujours été associée à la déesse dans le monde pré-chrétien, Inanna à Sumer, Maat et Isis en Égypte et Athéna en Grèce. Mais une réorientation profonde de l'imagerie archétypale se produit à l'ère chrétienne, la Sagesse est alors associée au Christ en tant que Logos, Verbe Divin, et elle perd toute connexion au Principe Féminin. L'image chrétienne de la déité en tant que trinité du Père, du Fils et du Saint Esprit, est totalement identifiée à l'archétype masculin (peut-être à cause de sa traduction de l'hébreu en grec, puis en latin). Quelle qu'en soit la cause, la connexion avec l'ancienne imagerie du Féminin Divin est irrévocablement perdue.

L'Imagerie Gnostique de la Mère Divine

Un élément supplémentaire nourrissant cet extraordinaire récit est l'imagerie gnostique de la Mère Divine, qui était connue des premiers chrétiens des deux premiers siècles de notre ère. Margaret Barker, dans son livre *The Revelation of Jesus Christ*, décrit les trois vagues migratoires de Juifs fuyant Jérusalem et établissant une communauté florissante à Alexandrie. [8] Le premier groupe fuit suite à l'attaque par les Assyriens de la Samarie en 721 AEC; dix des douze tribus d'Israël furent déportées. Le culte de la Reine du Ciel et de la déesse Asherah, dont la statue s'élevait dans le Temple, fut rendu responsable de cette catastrophe. La moindre trace de son culte fut éradiquée et ses vergers sacrés furent détruits. La deuxième vague fait suite à la destruction du Premier Temple par les Babyloniens en 597 AEC, des milliers de juifs sont forcés à l'exil à Babylone et certains rejoignent la communauté déjà établie en Égypte. La troisième vague de réfugiés — composée de Juifs chrétiens — quitte Alexandrie après la destruction du Second Temple par les Romains en 70 EC. Barker pense que ces groupes ont sauvegardé les anciens rituels pratiqués dans le Premier Temple de Jérusalem et qui sont associés à la Reine du Ciel, qu'ils nommaient Sagesse Divine et Esprit Saint. Sans la découverte en 1945 des textes de Nag Hammadi, qui prouvent le culte en Égypte d'une divinité féminine ou de L'aspect féminin de Dieu, cette tranche d'histoire aurait été perdue, peut-être pour toujours.

Elaine Pagels écrit au chapitre III de son livre *The Gnostic Gospels* que dès l'an 200 "Tous les textes secrets que les groupes gnostiques vénéraient furent omis du corpus canonique, et déclarés hérétiques par ceux qui s'autoproclamaient Chrétiens orthodoxes. À la fin de ce processus de tri des divers écrits... quasiment toute l'imagerie du féminin avait disparu de la tradition chrétienne orthodoxe." [9] Jusqu'à la sortie de son livre et la publication en 1977 des textes découverts à Nag Hammadi, personne ne savait que des groupes de premiers Chrétiens vénéraient une représentation de la Mère Divine, qu'ils nommaient 'l'Invisible au sein du Tout'. Certains textes nous apprennent comment, en tant que Silence Éternel, la

Mère Divine reçut de la source ineffable la graine de Lumière et comment, de sa matrice, elle donna naissance à toutes les émanations de lumière, classées par pair d'entités, ou énergies, féminines et masculines. Ils la décrivent comme matrice de vie, pas seulement de la vie humaine, mais de la vie de tout le Cosmos. Ils connaissaient cette Mère Divine en tant qu'Esprit Saint et la colombe était son émissaire. La cosmologie gnostique est très similaire aux descriptions de l'émanation de Lumière dans la Kabbale, elles pourraient toutes deux avoir été élaborées par la communauté juive installée à Alexandrie.

Dans l'Évangile des Hébreux, évangile détruit pendant cette époque de suppression et de persécution et connu seulement par quelques citations dans les écrits des premiers Pères, Origène et Jérôme, le Saint Esprit est décrit comme la mère de Jésus qui lui parla à son baptême et lui dit: "Mon Fils, entre tous les prophètes, je T'attendais".

Le Professeur Gilles Quispel, qui fait autorité en études gnostiques, écrit: "Nous atteignons à ce point une conclusion très simple: de même qu'une naissance nécessite une mère, de même une renaissance nécessite une mère spirituelle. À l'origine, le terme chrétien de 'renaissance' a donc été associé au concept d'esprit comme hypostase féminine". [10]

Je trouve fascinant que l'imagerie et la mythologie de la Mère Divine en tant qu'Esprit Saint soient si semblables, dans le gnosticisme, à l'imagerie de la Shekinah dans la Kabbale, au point qu'elles paraissent appartenir à la même tradition. Certains textes la nomment Mère de l'Univers mais ils parlent aussi de l'androgynie de la source divine avec des métaphores que l'on trouve dans les textes kabbalistes plus tardifs. Dans le texte gnostique *Trimorphic Protennoia* [11] l'oratrice se décrit comme Matrice intangible qui donne forme au Tout, la vie qui anime chaque être:

> *Je suis la voix qui parle avec douceur.*
> *J'existe depuis le commencement.*
> *Je réside au sein du silence,*
> *Au sein du Silence incommensurable.*
> *Je descends au cœur du monde souterrain*
> *Et j'illumine l'obscurité.*
> *C'est moi qui ai fait jaillir l'Eau.*
> *Je suis la cachée au sein des Eaux Radieuses...*
> *Je suis l'Image de l'Esprit Invisible.*
> *Je suis la Matrice qui donne forme au Tout*
> *En donnant naissance à la Lumière qui brille en splendeur.*

Qui s'est fait gardien de cette tradition et l'a sauvegardée pour les générations à venir? Qui a emporté la tradition de la Sagesse Divine en tant qu'Esprit Saint, guide de l'évolution humaine, d'Alexandrie en Espagne puis dans la France médiévale et le reste de L'Europe? Se peut-il que cette tradition ait inspiré l'image du Saint Graal et l'ait maintenue vivante jusqu'à nos jours, quand le monde réclame le recouvrement de son âme ?

L'Esprit Saint de Nos Jours

Comment pourrions-nous imaginer l'Esprit Saint de nos jours ? Peut-être comme la lumière qui se manifeste sous deux formes — onde et particule, ou comme le vaste espace cosmique inexploré et ses particules de lumière invisible qui sont le substrat de la réalité physique — structure complexe et schéma d'énergie que nous nommons matière (dont l'étymologie est *mater*, latin pour mère). Après des milliards d'années, l'énergie de la vie a modelé une forme, la planète terre, et une conscience, la nôtre, qui lentement s'achemine vers la reconnaissance de son essence et de sa source. Et pourtant, à cause de la perte de la tradition du Féminin Divin, nous ne savons pas que ce que les physiciens, cosmologistes, et biologistes étudient au niveau de plus en plus infinitésimal de la matière est ce que les explorateurs de l'Arbre de Vie nommaient la Face et la Gloire de Dieu; nous ne savons pas que l'univers que nous scrutons avec le télescope Hubble est la couche externe ou voile d'un vaste Cosmos invisible et de son réseau subtil d'interrelations. Si seulement nous pouvions nous réapproprier l'image de la Shekinah, notre perception de la matière en serait transformée et nous la traiterions alors avec respect.

Quels pourraient-être ses commentaires sur les conséquences pathologiques de notre ignorance: la pollution de sa terre, de ses mers, de son air, le sacrifice massif et injustifié des animaux et la contamination chimique de la nourriture et de l'eau, qui sont ses cadeaux de vie pour nous? Et que dire de l'industrie et du commerce des armes — ainsi que des stocks d'armes nucléaires, biologiques et chimiques — de la torture, du viol comme arme de guerre, de l'usage de mines anti-personnelles pour détruire les chairs et les os, de la mort lente d'enfants orphelins, affamés ou mutilés? Pour entendre sa réponse, nous aurions à nous sensibiliser à son être. Nous aurions à entendre, avec son écoute, la voix de la souffrance que nous créons par ignorance de l'unité et de la divinité de la vie. Nous aurions à changer du tout au tout notre comportement, et à devenir conscients que la souffrance que nous infligeons à autrui est une souffrance que nous infligeons au 'corps' de l'esprit, et que l'esprit souffre de notre aveuglement, de notre ignorance et de notre cruauté sans nom.

Si nous pouvions nous éveiller à la sacralité et à la divinité de la vie, nous commencerions à voir la matière et notre propre corps sous un éclairage autre; nous les traiterions avec un plus grand respect. Si nous pouvions nous éveiller à Sa Présence, nous unirions matière et esprit, corps et âme, cicatrisant ainsi la blessure profonde infligée par les croyances et les concepts qui les ont séparés. Dans le même temps, nous serions les transmetteurs de la lumière et de l'amour de l'Esprit Saint, se déversant en nous et sur toute la création.

Tandis que j'écrivais sur la Shekinah, ces images m'apparurent:

Je me tiens sur les rives du monde et contemple la mer d'étoiles, leurs configurations se déploient devant moi. Je vois un navire — en forme d'arc, sa proue recourbée comme les ailes d'un grand oiseau — s'approcher. Tissant son chemin entre les constellations, il devient de plus en plus grand en se rapprochant. Je vois qu'il est translucide, comme fait de verre, qu'il a l'iridescence d'une opale. Il est richement décoré de joyaux qui sont aussi des étoiles. Se rapprochant toujours plus, je vois que le navire projette une lueur sur la mer d'espace et me montre que cette mer est un grand filet fait de délicats filaments de lumière; ils scintillent de leurs joyaux comme une toile d'araignée au soleil. Aux points sertis de joyaux où ces filaments se croisent, il y des tourbillons d'énergie. Je perçois la toile comme un être de dimension incommensurable; elle me parle:

"Je suis ceci. Ceci est la gloire cachée de Mon Être. Ceci est la vie à laquelle vous appartenez. La Mer de Mon Être est à la fois 'plus grande que le grand' et 'plus petite que le petit', inhérente aux plus vastes galaxies de l'espace cosmique et aux plus minuscules particules de matière. Mon nom fut, par le passé, Âme ou Esprit ou Conscience Cosmique ou Grande Mère-Père — réalité plus vaste à laquelle votre vie appartient et dont vous êtes, pour la plupart, tragiquement ignorants. Les gens, par le passé, ont pu imaginer vivre en Mon Être. Puis je devins distante, retirée, oubliée. À présent, je suis perdue pour beaucoup. Ceci me peine, je suis en exil. Pour nous deux, ceci cause souffrance et solitude. Mon rêve, le Rêve du Cosmos, est que vous Me connaissiez à nouveau, que vous réalisiez que vous vivez dans Mon Être, Ma Lumière et Mon Amour".

Notes:

1. Halevi, Z'ev ben Shimon (Warren Kenton)
2. Gray, William G. (1968) *The Ladder of Lights*, Helios Book Service Ltd., Cheltenham
3. Matt, Daniel (1995) *The Essential Kabbalah: The Heart of Jewish Mysticism*, Harper SanFrancisco, p. 148
4. Halevi (1986) *The Work of the Kabbalist*, preface. Samuel Weiser Inc., Maine
5. Scholem, Gershom (1954 & 1961) *Major Trends in Jewish Mysticism*, Schocken Books Inc., New York, p. 229
6. Bayley, Harold (1912) *The Lost Language of Symbolism*, Vol.1, Williams and Norgate, London
7. Proverbs 8: 23-31; Ben Sirach (Ecclesiasticus) 24: 3-6, 9-11, 13-21, 28-34; Wisdom of Solomon 7: 7, 10, 21-7, 29; 8:1-2
8. Barker, Margaret (2000) *The Revelation of Jesus Christ*, T & T Clark, Edinburgh, pp. 109-112, 200-212, 279-301
9. Pagels, Elaine (1980) *The Gnostic Gospels*, Weidenfeld and Nicolson Ltd., London, p. 57
10. Professeur Gilles Quispel, dans un essai qu'il me donna, intitulé '*The Birth of a Child*', p. 23
11. *The Trimorphic Protennoia*, The Nag Hammadi Library, Ed. James M. Robinson, E.J. Brill, Leiden, 1977, pp. 462-470 (extraits uniquement)

J'ai découvert l'Évangile essénien de la Paix alors que je finissais d'écrire ce livre et je souhaite en parler ici, car il contient des informations pertinentes dans une langue d'une beauté sublime, honorant la Mère Divine et le Père Divin et correspondant aux enseignements originaux de Jésus.

http://www.thenazareneway.com:80/essene_gospel_of_peace_book1.htm

Edmond Bordeaux Szekely publia en 1928, sa traduction — depuis l'araméen — du Livre Un de L'Évangile essénien de la Paix, manuscrit ancien qu'il avait découvert dans les Archives secrètes du Vatican, résultat de sa patience sans limite, de son érudition irréprochable, et de son intuition infaillible. Le récit est relaté dans son livre *La Découverte de L'Évangile essénien de la Paix*. La version anglaise du Livre Un est sortie en 1937; depuis le petit livre a fait le tour du monde, traduit en plusieurs langues, gagnant toujours plus de lecteurs; sans aucune publicité, plus d'un million de copies se sont vendues aux USA. Cinquante ans après la première traduction en français, le Livre Deux et le Livre Trois reçurent le même accueil enthousiaste.

Le livre Quatre 'Jésus L'Essénien', sera publié en 1981, après sa mort selon ses souhaits; il représente un autre fragment du manuscrit complet en araméen, gardé dans les Archives secrètes du Vatican et du manuscrit en vieux-slave gardé à la Bibliothèque Royale des Habsbourg (propriété de l'état autrichien).

Le style poétique du traducteur redonne vie aux paroles de Jésus et des Anciens de la Fraternité Essénienne. Certains chapitres sont intitulés les Communions des Esséniens, la Paix Septuple, les Saints Courants de Vie, Lumière, et Son, le Don de l'Herbe Humble.

Deuxième Partie

L'Ère de la Lune

Participation Originelle

4. La Grande Mère: participation à L'Âme Cosmique
5. La Vision Shamanique: Filiation avec toute la Création

Artémis d'Éphès

Chapitre Quatre

L'Ère Lunaire et la Grande Mère
Participation à l'Âme Cosmique

Mon cœur aspire à une connaissance oubliée, déchue de L'esprit des hommes….

poème sanskrit — Fleurs de Souci noires [1]

La Déesse dans toutes ses manifestations était le symbole de L'unité de toutes vies de la Nature…. D'où la perception holistique et mythopoéique de la sacralité et du mystère de tout ce qui se trouve sur la Terre.

— Marija Gimbutas, *The Language of the Goddess*

Les trois chapitres précédents ont décrit le cheminement d'une vie en quête de l'image perdue d'une réalité qui, telle une précieuse mosaïque, se trouve enfouie sous des millénaires de strates culturelles. Le rêve de la tour de fer rouillé à la surface de la lune et le rêve visionnaire de la femme cosmique me servirent de talisman dans cette quête. Ces rêves me firent remonter le temps à la recherche d'une façon d'appréhender la vie qui a précédé la culture industrielle moderne, et la vision contemporaine qui tient la nature pour exploitable. Ils me conduisirent à écrire *The Myth of the Goddess* avec Jules Cashford, retraçant l'imagerie du Féminin Divin de l'ère paléolithique à nos jours. Ils me menèrent aussi à la tradition mystique de la Kabbale et à la révélation qui m'advint au cours de l'étude de l'image de la Shekinah et du modèle de réalité cosmique connu sous le nom d'Arbre de Vie. Les prochains six chapitres vont détailler ce que j'ai découvert et pourquoi nous, en tant qu'espèce humaine, avons perdu le sens de notre participation à un Ordre Cosmique Sacré.

Il devint rapidement apparent, au cours de cette quête, que les grands mythes nés de notre observation et de notre contemplation de la lune et du soleil ont façonné des époques entières. À cause de leur influence et de la fascination qu'ils provoquèrent en nous, deux méta-narrations ou visions du monde se sont développées au cours de milliers d'années, et ont modelé en profondeur notre façon de penser et de nous comporter. Je nomme ces visions du monde lunaire et solaire, à cause de l'influence de leurs mythologies très différentes dont l'épicentre était la lune et le soleil.

La conscience humaine s'est développée infiniment lentement. Le potentiel de conscience humaine est resté latent dans la nature pendant d'innombrables millénaires, comme une graine enfouie en terre. La conscience a alors commencé à se différencier de la nature très progressivement. Toute l'expérience de la vie sur cette planète est stockée dans notre mémoire: la vie est en évolution depuis sa formation il y a 4.5 milliards d'années; vie sous forme d'hydrogène, oxygène et carbone; vie sous forme de la plus minuscule particule atomique; vie sous forme d'eau, feu, air et terre; vie sous forme de rocher, sol, plante, insecte, oiseau, mammifère; vie sous forme humaine, femme et homme, résultat de cette expérience d'éons. Le point fut finalement atteint où la vie sur la planète développa une neurophysiologie complexe et un cerveau qui nous permirent de parler, de penser et de communiquer avec un langage, de prêter un sens aux sons, et d'inventer l'écriture pour noter et transmettre nos pensées. Au cours de ces milliards d'années, la vie de la planète a évolué d'une perception indifférenciée à l'auto-conscience de notre espèce. Tout ceci peut se décrire comme un processus instinctif, chaque phase se fondant imperceptiblement dans la suivante, gagnant en complexité et apportant un plus.

L'auto-conscience et la conscience introspective que nous connaissons maintenant sont très récentes, cependant la conscience en tant que schéma génétique est présente dans différentes formes — végétale, animale et humaine — et fait partie du système du cerveau reptilien et mammalien qui a évolué sur des millions d'années. C'est de là que vient notre conscience hautement différenciée, à savoir notre conscience auto-réflexive et notre mental rationnel. La possibilité de penser, de raisonner, de réfléchir, d'analyser, d'archiver des informations et de les retrouver grâce à la mémoire, est un développement avancé du système neurologique archaïque avec lequel elle interagit, mais notre perception consciente est centrée dans les évolutions plus récentes et est déconnectée de ses racines. Nous sommes à présent dangereusement désalignés d'avec l'Ordre Sacré dans lequel nous nous sentions contenus à une certaine époque.

Nous avons créé toutes sortes de mythes pour expliquer notre condition humaine et pour nous reconnecter avec la totalité dont nous sommes séparés. Nous pouvons plus facilement comprendre cette évolution en prenant la vie d'un enfant qui, en se séparant de sa mère, récapitule l'immense avancée évolutive qu'est la prise de conscience, d'abord en tant qu'espèce différenciée des autres formes de vie, puis en tant qu'individu différencié de la vie collective tribale, pour enfin aboutir à l'atout inestimable qu'est la conscience de soi.

La Grande Mère

Quand la conscience a commencé à se différencier de la matrice de la nature, l'image sacrée faisait office de cordon ombilical nous reliant au substrat profond de la vie. Pendant quelque 25.000 ans, et peut-être plus, l'image de la Grande Mère présida sur des ères reculées qui ne nous sont que récemment devenues accessibles: le Paléolithique, le Néolithique et l'âge du bronze. [2] Les représentations les plus anciennes de la Grande Mère que nous connaissions, sont les petites — et pour certaines très raffinées — figurines de la déesse taillées dans la pierre, l'os et l'ivoire, il y a 25.000 ans (déesses de Lespugue, Laussel, Willendorf).

Il y a longtemps et pour nombre de cultures diverses, la totalité du Cosmos était vue comme un être maternel et notre monde comme la manifestation d'une source invisible qui lui insufflait la vie, l'animait et le nourrissait. Le monde spirituel invisible s'imbriquait avec le monde phénoménal et les deux était vécus comme une unité. L'air lui-même était un "mystère extraordinaire unissant les mondes humain et extra-humain". [3]

De même que les étoiles émergeaient de l'obscurité de la nuit, l'univers visible naissait du mystère obscur de la matrice invisible de la Grande Mère. Elle était le Cosmos étoilé, elle était la Terre et toute sa vie et elle était la dimension invisible du monde spirituel qui sous-tendait le monde visible. Les peuples se sentaient en connexion avec elle en tant que grand être cosmique. Tout était imprégné du divin car chaque élément était une partie de ce maillage pulsant de vie: plantes, animaux, hommes et femmes — tous étaient ses 'enfants'. Les animaux peints sur les parois des grottes au Paléolithique naissaient dans sa matrice et y retournaient pour renaître. [4] Subjugués par l'immensité et la majesté de la nature, et sentant dans ses formes la présence de la dimension spirituelle invisible, les peuples savaient qu'ils vivaient au sein d'un Ordre Sacré, nonobstant les difficiles conditions de vie et la brièveté de leur existence.

Que ce soit dans l'Europe du Néolithique, en Inde ou en Chine, ou chez n'importe quel peuple ayant gardé ses anciennes traditions comme les Indiens Kogis, nous trouvons un Cosmos imaginé comme une Mère, la matrice et l'origine de tout, porteuse de vie et mort, contenant en elle-même les trois dimensions du ciel, de la terre et du monde souterrain. C'est sa présence qui se transmet aux grandes déesses de l'âge du bronze en Égypte, en Mésopotamie, en Perse et en Anatolie. Plus à l'est, nous rencontrons en Chine la déesse Kwan Yin, Tara la Mère Divine au

Tibet, Kali en Inde. Cette image de Mère Primordiale émerge à différentes époques et dans différentes cultures et perdurent diversement, elle est vénérée par de multiples rituels, mais il est possible d'affirmer que la Grande Mère est l'expérience première de l'esprit, de même que la mère est l'expérience première de la vie pour un petit enfant.

Nous pouvons nous demander pourquoi l'image de la Grande mère revêt une telle importance. Pour pouvoir répondre, nous n'avons pas à chercher plus loin que notre expérience de naissance en ce monde. Tout d'abord, l'expérience d'embryon et de fœtus dans l'utérus, l'expérience d'union et de confinement dans la matrice liquide et nourricière. Puis suite à l'expulsion violente de la matrice lors de l'expérience traumatique de la naissance, la prolongation du sentiment d'intimité, de sécurité et de confiance est absolument vitale. Sans les soins attentifs d'une mère aimante dans la petite enfance, l'enfant n'a aucune confiance en lui, aucune force innée pour surmonter les épreuves de la vie, aucun modèle pour apprendre à prendre soin de lui-même et par la suite, prendre soin de ses propres enfants. Sa réponse réflexe à la vie est l'anxiété et la peur. Il est comme un arbre sans racine, facilement emporté par une tempête car ses instincts sont blessés. Avec l'amour d'une mère et sa présence sécurisante, l'enfant grandit en force et en confiance en lui-même et en la vie. Sa réponse réflexe est la confiance. Si nous extrapolons cette observation aux petits groupes isolés éparpillés sur terre et luttant pour survivre, il devient alors facile de comprendre pourquoi l'image de la Mère est si importante à leur survie.

L'aspect 'terrible' de la Grande Mère est présente dans quasiment toutes les mythologies fondatrices. L'impuissance de l'humanité face au terrifiant pouvoir de destruction de la nature est profondément inscrit dans la mémoire de notre espèce, le souvenir le plus craint est celui du Déluge, quand le changement de climat a causé la montée des océans, et noyé les colonies côtières. L'image de la 'Mère Terrible' qui abandonne et détruit ses enfants englobe tout ce qui détruit la vie en un instant — les éruptions volcaniques, les tsunamis, les inondations. Le Destin a toujours été imaginé comme une déesse.

Je pense qu'il est possible de dire que l'idée du Cosmos comme entité dotée d'une conscience et d'une âme, dont chaque aspect de vie est en interrelation, s'est développée depuis la mythologie relative à l'image de la Grande Mère et que celle-ci est l'origine de l'image de la Shekinah que nous avons explorée au précédent chapitre. La Grande Mère est le premier nom attribué à l'entité cosmique incommensurable qui fut imaginée d'une façon qui nous est, à présent, incompréhensible. La vie est alors vécue dans la dimension de la Mère, par participation et en accord avec les rythmes cosmiques de son être, ce qui permet aux peuples d'être à l'écoute de leurs instincts et pose les fondements de leur fragile confiance en la vie. Nous avons perdu la perception que nous vivons dans une plus vaste dimension cosmique, qui, telle la Grande Mère, file et tisse l'extraordinaire toile de vie qui nous relie les uns aux autres à toutes vies sur terre et toutes vies cosmiques.

L'expérience primordiale de la Grande Mère est le fondement des cultures ultérieures de par le monde. Elle est telle un arbre immense dont les racines se trouvent au-delà de la perception de notre conscience, dont les branches sont toutes les formes de vie que nous connaissons, et dont la floraison est un potentiel en nous, potentiel que seule une petite poignée d'humains réalise. De même qu'un petit enfant vit dans le champ de conscience de sa mère et en nourrit sa vie, de même nous, à cette époque, sommes gardés dans le champ de la Grande Mère qui rassemble tous les ordres de la vie dans une toile sans accroc: tout est relié car tout partage la primauté de la source originelle. Elle est l'arrangement invisible des ordres de la vie — le prochain chapitre explorera leurs relations. Elle est vécue comme Loi immuable réfléchie et obéie par toute la vie, du mouvement de rotation des étoiles au comportement du plus minuscule insecte. L'image de la Grande Mère est le miroir d'un sentiment profond — le sentiment que la source de création se préoccupe de la vie qu'elle a créée.

Entre 25.000 et 3000 AEC, l'image de la Grande Mère se différencie progressivement en trois formes spécifiques liées au ciel, à la terre et au monde souterrain. Comme Déesse-Oiseau, elle est le Ciel et l'eau dispensatrice de vie qui coule de ses seins, les nuages. Elle est Déesse de la Terre et de son corps naissent les plantes qui sustentent la vie qu'elle a créée. Elle est Déesse du Monde Chthonien et les eaux surgissent de la terre en sources, en lacs et en rivières. Son symbole comme maîtresse chthonienne est le serpent, image de son pouvoir pérenne à régénérer la vie. Elle est aussi la mer sur laquelle les explorateurs, au Néolithique, s'aventurent dans leurs fragiles embarcations vers l'inconnu. Que nous considérions les figures des déesses de la vieille Europe, ou plus à l'est, celles de Mésopotamie et de la vallée de l'Indus, la trame mythologique est la même. Elle garde ses mêmes contours, mais en plus affirmés et spécifiques à l'âge du bronze (à partir de 3500 AEC) ainsi que sa mythologie complexe de 'Mère de Tout Ce Qui Vit' — titre qui sera un jour attribué à la Shekinah et à Ève, dans le livre de la Genèse.

L'image de la Grande Mère apparaît dans de nombreuses formes. Le pot en argile, en particulier, est le symbole de son corps et est décoré de lignes, de zigzags et autres motifs qui font référence aux différents aspects de sa vie. Certaines formes, le cercle, l'ovoïde, la ligne sinueuse, le méandre et la spirale sont depuis le Néolithique les marques de sa 'signature'. Ces symboles — en particulier la double et la triple spirale — sont gravés sur les pierres et les dolmens, les couloirs de tombes et les temples des cultures mégalithiques, tels Newgrange en Irlande, les couloirs du cairn de Gavrinis en Bretagne, et les nombreux temples de Malte, pour certains immergés. Plus à l'est, nous trouvons son image dans la grande civilisation de la vallée de l'Indus et dans la culture pré-dynastique de Mésopotamie. Le labyrinthe et la spirale deviennent dès cette époque symboles du chemin reliant ce monde à la dimension cachée de sa matrice cosmique, qui ne peut être atteinte qu'en empruntant le sentier labyrinthique qui mène de ce monde au monde-source de la Grande Mère. Ces formes primordiales, si familières aux peuples anciens, se transmettent aux civilisations occidentales et orientales subséquentes. Le mandala, ou forme circulaire, est une image universelle de la matrice de l'être et il symbolise l'unité et la totalité de la vie.

Marija Gimbutas a identifié des sculptures fascinantes en provenance de la culture Vadastra de la vallée du Danube, 5500 AEC, qu'elle classe comme appartenant à la Civilisation de la Vieille Europe.[5] Parmi les pièces récemment exposées en Europe se trouvaient de petits sanctuaires en forme de déesse, un méandre ou un labyrinthe engravé sur son corps et une porte en son centre, peut-être marquant l'entrée de sa matrice invisible. Vingt et une petites figurines, dont treize assises sur un trône, datées entre 4900 et 4750 AEC, étaient rituellement disposées en cercle. De nombreux bols et vases magnifiques portaient une forme spiralée de grande beauté.[6] Il n'y a pas trace de conflit, ou d'armes ou d'une culture guerrière dans cette civilisation des premiers âges.

L'image de la Grande Mère est numineuse et omnipotente relativement à la conscience humaine de l'époque. C'est une phase de l'évolution qui élabore des rituels pour maintenir la relation du groupe en harmonie avec Sa vie: il se concilie ses faveurs par des offrandes, reçoit protection et abondance, et conjure Son pouvoir de destruction. Les gens apprennent à déchiffrer les signes et les événements, à regarder et à écouter au-delà de la perception routinière du quotidien. Ils remarquent les correspondances et formulent des analogies, ils suivent leur intuition et respectent leur imagination. Les grottes-matrices, les ballons montagneux en forme de sein, les vergers en haut des collines, les abîmes de la terre d'où l'eau surgit sont tous sacrés, révérés en tant que signes et manifestations de la Grande Mère. Ils deviennent points focaux des rituels shamaniques par lesquels le shaman introduit le clan ou la tribu à la dimension invisible du monde spirituel. Notre culture a congédié ces rituels comme des superstitions primitives, sans comprendre qu'ils contiennent la sagesse et les connaissances rassemblées par des millénaires d'observation. Il existe encore de par le monde des sites sacrés, lieux de pèlerinage. Nous sommes porteurs du souvenir profondément enfoui dans notre psyché de la sacralité de la Terre, et de la Terre comme notre Mère.

À l'âge du bronze tardif, l'une des trois dimensions de la Grande Mère reste le monde chthonien, symboliquement la grotte, la tombe, le royaume des ancêtres. Un gardien se tient à l'entrée de cette dimension — un lion, ou un serpent, ou un oiseau à tête de lion garde l'entrée de ses temples. À Knossos en Crète, le trône est gardé par deux superbes griffons (partie lion, oiseau et serpent) qui symbolisent la terre, le ciel et le monde chthonien, royaume tripartite de la déesse. Dans cette salle du trône, la prêtresse préside les rituels célébrant Sa présence. Les animaux, les oiseaux, les serpents sont tous, au Néolithique et à l'âge du bronze, des épiphanies de la Grande Mère, une expression de sa vie. Elle est la 'Déesse des Animaux' ou la 'Dame des Bêtes'. Trois animaux en particulier — le lion, la vache et le serpent — signent sa présence et sa puissance. Les déesses Hathor et Isis en Égypte, Ninhursag et Inanna à Sumer, sont appelées 'Grande Vache'. Les temples de la déesse à Sumer sont décorés d'énormes cornes, peut-être par analogie avec les cornes du croissant de la lune. Ishtar à Babylone et Durga en Inde se tiennent sur un lion. Cybèle, grande déesse en Anatolie et plus tard à Rome, se tient sur un chariot tiré par des lions. Les myriades d'oiseaux sacrés pour la déesse des cultures du néolithique — la cigogne, le cygne, L'oie, le canard, la chouette, le plongeon huard, le vautour, la colombe, l'hirondelle — sont de même importance. Ils se retrouvent tous dans les mythologies plus tardives et finalement dans les contes qui nous relatent la guidance magique des cygnes et des colombes, ou de la huppe dans le conte soufi *La Conférence des Oiseaux*. Le papillon et l'abeille appartiennent aussi à la mythologie de la Grande Mère, elle est la 'reine abeille' qui préside sur la grande ruche de la nature. Les alvéoles de la ruche qui recèlent le miel sont une image du féminin divin qui protège le trésor de sagesse 'plus doux aussi que le miel ou le nectar'. Quantité d'autres animaux, le cochon, la biche, l'humble hérisson, lui sont sacrés. Nombre lui sont sacrés à cause de leur fertilité ou du soin maternel, tel l'ours, qu'ils prodiguent à leurs petits — reflet du rôle de la Grande Mère.

De L'ère du néolithique, nous avons hérité toutes ces images de la Grande Mère en tant que courant d'énergie invisible qui manifeste la vie, la maintient et la transforme, puis se retire dans la dimension cachée en vue de se régénérer et de renaître. Le rythme, signifié par l'idéogramme de la ligne sinueuse, est une des caractéristiques dominantes de la Grande Mère. Le mouvement de la lune, du soleil et des étoiles, des saisons, et de l'eau, tous reflètent le rythme sous-jacent de la vie. Tous ont leur rythme spécifique qui affecte le rythme de notre propre vie: à chaque instant, nous inspirons et nous expirons, la nuit nous nous retirons dans le noir afin de nous régénérer pour le jour suivant. Notre naissance et notre mort reflètent ce même rythme. Nous reconnaissons le rythme de la rotation de la Terre autour du soleil et le rythme de la mer en réponse à la lune. L'astronomie trace le rythme de la rotation des planètes dans le système solaire, mais qu'en est-il du rythme des galaxies qui viennent d'être récemment découvertes ou le rythme des galaxies de particules subatomiques?

La Lune

La plus importante et peut-être la plus ancienne image associée à la Grande Mère du néolithique et aux Grandes Déesses de l'âge du bronze est la lune. La lune naissant de l'obscurité en fin croissant est imaginée comme une jeune fille. Elle grossit comme une femme enceinte et décline vers l'obscurité comme une vieille femme. Ces trois phases lunaires sont associées à la Triple Déesse des cultures plus tardives et aussi très probablement à la triple spirale gravée sur nombre de pierres et de sculptures. La lune nous offre un modèle de vie constante et pourtant toujours changeante et un modèle cyclique de mort et de régénération qui gouverne tous les aspects de la vie.

La vie de la Grande Mère est éternelle, comme la lune: la vie de la végétation et notre vie humaine croissent et décroissent comme les phases de la lune. Cette analogie nourrit l'imagination créative, nous apprend à observer et à nous émerveiller, nous aide à pénétrer le mystère de la relation entre le Haut (le monde invisible associé au cosmos étoilé) et le Bas (notre monde) — un thème qui, des millénaires plus tard, se retrouve dans la philosophie hermétique, la Kabbale et l'Alchimie.

Jules Cashford explore magnifiquement la lune et les cultures lunaires de par le monde dans *The Moon: Myth and Image*; elle y étudie l'âge immémorial, la sphère d'influence et l'importance historique de la culture lunaire. Elle explique:

> Le mythe essentiel de la lune est le mythe de transformation. Les peuples premiers perçoivent le mouvement croissant et décroissant de la lune comme un cycle de croissance et de mort d'un être céleste, dont la mort est suivie par sa résurrection, telle la nouvelle lune. Le spectacle perpétuel des phases de la Lune devient un modèle reflétant le schéma de vie humaine, animale et végétale, et de vie au-delà de la mort. Il semblerait que la Lune soit porteuse de l'idée d'éternité et de temporalité pour les peuples anciens. [7]

La lune gouverne le monde nocturne plutôt que diurne. C'est la lumière brillant dans le noir, la lumière à jamais changeante et pourtant à jamais la même. La lune est le symbole des processus instinctifs qui se déroulent dans le secret de l'obscurité, derrière l'apparence de la vie, sous la surface de la conscience. La vie organique de notre planète est fortement influencée par l'attraction lunaire, elle contrôle les marées, affecte la croissance des plantes, est corrélée aux dix mois lunaires de la gestation utérine, et fut même à une époque associée aux menstrues.

L'apparition du croissant de lune après les trois jours d'obscurité nous donne l'image d'un monde visible émergeant de l'invisible, un monde temporel émergeant de l'éternité, chacun intimement connecté à l'autre. La lune nous donne l'image d'une loi immuable et d'un schéma cyclique de mort et de régénération qui gouverne tous les aspects de la vie. Du fait de la régularité de ses quatre phases, la lune est porteuse d'une image de totalité, de complétude autant que d'ordre séquentiel.

Qui plus est, son rythme pérenne de croissance et de décroissance nous apprend à percevoir la lumière et l'obscurité en relation l'une à l'autre. Cette perception les place en équilibre plutôt qu'en opposition car la totalité du cycle lunaire englobe et les phases d'obscurité et les phases de lumière, et donc symboliquement et la vie et la mort. Lumière et obscurité, vie et mort, ne sont pas polarisées comme elles vont le devenir dans la culture solaire plus tardive, mais sont des moments de la totalité du cycle, et ainsi l'image d'une totalité unificatrice englobant les polarités est omniprésente. Toute cette perception se trouve incorporée à la mythologie de la Grande Mère.

De nos jours, lorsque nous contemplons le ciel nocturne, nous nous relions aux innombrables générations qui ont observé la rotation circumpolaire des étoiles et le parcours changeant et pourtant constant de la lune. Nous avons, pendant des dizaines de milliers d'années, observé la relation entre le rythme cyclique des quatre phases de la lune et le rythme de croissance, de maturation, de mort et de régénération de la vie sur Terre — puis avec le développement de l'agriculture au Néolithique, de la vie des cultures.

Les phases de notre propre vie nous sont apparues comme tissées dans le rythme et la toile d'une vie plus grande autant que dans la vie de la Terre. Au cours d' incommensurables millénaires, nous avons appris à faire confiance à la réapparition de la lune et à percevoir l'obscurité comme une période de transition entre une ancienne et une nouvelle phase de la vie. Nous avons étendu cette intuition à nous-mêmes et élaboré la croyance qu'avec la mort, nous sommes repris dans la matrice de la Grande Mère pour renaître, tel le croissant de lune. Et c'est ainsi que le retour perpétuel de la lune après les trois nuits d'obscurité a scellé notre confiance en la survie de l'âme et au renouveau de la vie après une mort apparente. Ce pourrait également être l'inspiration originelle de la croyance en la réincarnation. La vie de la lune est éternelle, la vie de la Terre et de toutes les créatures et plantes croît et décroît, telles les phases de la lune.

Au Néolithique, avec le développement de l'agriculture et de l'élevage, les cycles de la lune sont mis en relation avec le cycle des cultures; les phases de lumière et d'obscurité de la lune sont mises en parallèle avec les phases de fertilité et de stérilité des saisons. La graine invisible déposée dans l'obscurité de la matrice de la Terre devient visible sous forme de pousse verte puis comme céréale, récoltée et transformée en nourriture grâce au labeur des femmes et des hommes. Tout ce qui est de la Terre — rocher et source, arbre et fruit, graine et herbe — est sacré car expression de la vie de la Grande Mère qui s'offre en nourriture à ses enfants. Les femmes à l'ère lunaire sont étroitement associées aux rythmes des semailles et des récoltes car elles participent au processus mystérieux par lequel une vie grandit dans l'obscurité de l'utérus et naît enfant; elles se voient attribuer le pouvoir magique d'aider à la fertilité des cultures, des arbres et des animaux. Elles sont guérisseuses, expertes en l'usage des plantes et des onguents et en l'art de la poterie. Une symbolique complexe lie le mystère de la régénération constante de la lune au pouvoir de la vie à se régénérer par l'enfant porté dans le corps de la femme. La femme détient une charge numineuse puisque, jusqu'à ce que le rôle de l'homme dans la conception d'un enfant soit connu, elle semble donner seule la vie.

La répétition de ce rythme lunaire sur des éons stimule notre imagination, et donne naissance aux grands mythes lunaires qui vont perdurer plusieurs millénaires. Nous commençons à percevoir la naissance et la mort comme un rite de passage de l'âme dans son périple entre les dimensions visibles et invisibles de la Grande Mère, un périple qui suit le chemin labyrinthique de la Voie Lactée. Les ancêtres ne sont pas à jamais perdus mais vivent très près des vivants, disponibles pour prodiguer aides et conseils par médiation shamanique. Il n'y a pas, dans la culture lunaire, une frontière définitive entre la vie et la mort et entre la mort et la renaissance. Mourir est un rite de passage menant à renaître. Grâce à l'influence de l'image de la Grande Mère, la culture lunaire est avant tout féminine dans ses caractéristiques; l'accent porte sur l'interrelation et la connexion avec le grand maillage invisible de la vie, et le confinement en son sein.

Cette expérience a permis le développement de nos capacités à observer, à remarquer les correspondances, les relations et les analogies, à imaginer, à sentir, à réfléchir, à créer des objets et à élever des monuments à la fois utiles et beaux, intégrés au paysage. La mythologie, l'astronomie, les mathématiques, l'architecture et le concept de loi divine qui gouverne tous les aspects et les formes de vie, qui ont atteint leur apogée au cours des grandes civilisations de l'âge du bronze et ont perduré jusqu'à la fin du Moyen Âge en Europe — atteignant leur plus éclatante expression en la cathédrale de Chartres — pourraient s'originer dans l'observation primordiale de la lune.

La Mer

Du fait des effets de la lune sur les marées, la mer depuis les temps les plus anciens est associée à la Grande Mère et à l'océan invisible de l'être d'où a émergé le monde phénoménal. Dans la mythologie sumérienne et indienne de l'âge du bronze, la Grande Mère est imaginée comme océan cosmique, abysse aqueuse primordiale, ou mer, et est personnifiée par un grand serpent. La déesse Nammu à Sumer, dont l'idéogramme est la mer, est décrite comme 'mère qui donne la vie au ciel et à la terre'. On trouve cette ancienne association de la Mère primordiale à l'océan cosmique de l'être dans les *Apocrypha* de Ben Sirach (24:28-9) où la Sagesse énonce magnifiquement: 'Elle dont les pensées sont plus que la mer et dont les conseils sont plus profonds que les Grands fonds'. En français mer et mère sont presque identiques et l'allemand 'meere' est aussi du genre féminin. Kwan Yin en Extrême-Orient, comme la Vierge Marie en Occident, est déesse de la mer et protège les marins. Aphrodite est née de l'écume de la mer, Isis et Marie sont appelées Stella Maris (étoile de la mer). L'association mer, eau, Grande Mère et mer cosmique invisible de l'être est très ancienne.

Les Rituels Sacrificatoires

Du fait de L'importance majeure de la lune dans les cultures shamaniques, il se peut que l'idée de sacrifice — face sombre du récit lunaire — trouve son origine dans le besoin de s'assurer de son retour. La décroissance de la lune et sa disparition dans l'obscurité peut avoir conduit certaines communautés à croire qu'un sacrifice serait nécessaire pour assurer son retour, soit pour l'aider à renaître soit pour se concilier les faveurs de la déité, de l'obscurité ou du dragon/monstre qui l'aurait avalée ou dévorée. Rejouant littéralement la phase sombre de la lune, la pratique tribale serait de tuer et de démembrer la victime ou de sacrifier une partie de son corps — le prépuce ou une phalange — et ce pourrait être l'origine de la circoncision. Puisque la lune réapparaît toujours après un tel sacrifice, il se peut que l'amalgame ait été fait entre le sacrifice d'une partie du corps, ou la mort de la victime, et la renaissance de la lune. Le sacrifice rituel était peut-être tenu pour capable de ramener la lune et l'ordre sacré de l'éternelle régénération de la vie. Un tel rituel fut ranimé par *Le Sacre du Printemps* de Stravinsky, exécuté en 1913, à la veille du gigantesque sacrifice collectif de la Première Guerre mondiale.

Pour continuer avec cette analogie, il aurait aussi été naturel de penser qu'un sacrifice serait nécessaire pour s'assurer la régénération des cultures ou le recouvrement de la santé si la survie de la communauté était menacée par la famine ou la maladie. Ce fut peut-être pratiqué dans les zones exposées aux séismes dans le but d'écarter le désastre. Certaines sociétés élaborèrent alors des rituels où un homme ou une femme, un enfant ou un animal lunaire, comme le taureau, était sacrifié et/ou démembré à la lune noire.

Que le sacrifice humain ait été pratiqué à l'origine pour s'assurer le retour de la lune après les trois nuits d'obscurité ou la régénération de la Terre au printemps, il y eut aussi de tout temps (et encore de nos jours), des shamans qui pratiquèrent la 'magie noire' pour prendre le pouvoir et soumettre par la terreur.[8] Les Aztèques en sont un exemple, ils vénéraient des dieux terribles qui réclamaient des holocaustes de victimes sacrificielles en échange de leur protection divine. Ces cultures certes ont existé mais n'étaient pas majoritaires. Pourtant la pratique lunaire du sacrifice se transmet à la culture solaire chaque fois que le sacrifice humain est décrété, au nom de Dieu, nécessaire au devoir religieux, ou chaque fois que, comme les massacres de masse d'Auschwitz à Srebrenica l'illustrent, le sacrifice humain sert l'idéologie de domination d'une nation, d'un groupe tribal ou ethnique. Ce sombre héritage inconscient de l'ère lunaire se manifeste de nos jours dans la puissance de notre armement, capable de sacrifier la vie à une échelle encore jamais vue, et dans les incessantes guerres et conflits qui infligent des souffrances intolérables à des civils impuissants.

L'Âge du Bronze

Les ères paléolithiques et néolithiques nous présentent les plus anciennes images de la Grande Mère, mais sans les mots. C'est à l'âge du bronze que nous commençons à entendre la voix — pour la première fois nous pouvons entendre les hymnes adressés aux Grandes Déesses dans leur temple à Sumer et en Égypte. La voix du Féminin Divin s'éveille et nous parle avec les mots inscrits en hiéroglyphes sur les murs des temples, tel le temple d'Isis à Philae.[9] Ils nous révèlent une mythologie du féminin divin foisonnante et déjà vieille de plusieurs millénaires.

C'est au cours de l'âge du bronze que le sentiment de la sacralité de la vie s'exprime clairement en mots: un sentiment décrit dans les hymnes et les prières à la Déesse et dans Ses propres arétalogies que l'Égypte et la Grèce hellénistique[10] et les textes gnostiques de Nag Hammadi nous transmettent. Elle s'y proclame source, substrat ou matrice de toutes formes de vie, utérus fertile qui éternellement régénère les plantes, les animaux et les humains, force vitale qui attire le mâle à la femelle; puissance qui crée, détruit et régénère toutes formes d'elle-même. Elle parle en tant que source et incarnation de tous les processus instinctifs. Elle est la force vitale nourricière, compatissante, bienveillante, mais aussi la terrible et implacable force de destruction qui se manifeste dans les éruptions volcaniques, les tremblements de terre, les inondations, les sécheresses et les épidémies.

Aux alentours de 4500 AEC, l'image d'un jeune dieu fait son apparition, il personnifie la vie de la végétation, des cultures et des arbres fruitiers. Un mythe essentiel, le concernant lui et son rapport à la Déesse, prend forme. Leur mariage unit la terre et le ciel et régénère la vie de la Terre. Le mythe égyptien d'Isis partant à la recherche des fragments éparpillés du corps d'Osiris, le mythe sumérien de la descente de la déesse lunaire Inanna dans le Monde Chthonien, le mythe babylonien de la descente de la déesse Ishtar pour retrouver son fils Tammuz endormi dans le Monde Chthonien, sont tous des variations du thème lunaire. Au retour du fils ou du consort, les blés germent, les arbres fleurissent et la fertilité est rendue à la terre. Le mythe grec de Déméter à la recherche de sa fille Perséphone, célébré au cours des Mystères d'Éleusis, et plus tard le mythe chrétien de la naissance, crucifixion et résurrection du Christ, sont tous deux porteurs du même thème lunaire de mort, de descente dans le monde souterrain et de renaissance ou régénération.

Les sept thèmes majeurs de la mythologie lunaire de l'âge du bronze qui se sont transmis aux cultures successives sont:

> Le thème de la vie et de la mort
> Le thème de la descente dans le monde chthonien et le retour
> Le thème du combat avec un adversaire surnaturel
> Le thème du voyage et de la quête du trésor inestimable
> Le thème de la transformation
> Le thème du mariage sacré
> Le thème de la naissance de L'enfant divin

L'image de l'Homme Vert, présent dans les églises et les cathédrales partout en Europe, est le descendant des dieux morts et ressuscités de la mythologie lunaire. Il personnifie l'esprit présent dans les forces de la nature, la vie s'auto-renouvelant éternellement. [11] Bien que l'Homme Vert soit présent sur tous les chapiteaux et chaires des cathédrales chrétiennes, le mythe chrétien n'a su conserver ni la connexion d'âge immémorial aux cycles de vie de la terre et de la lune qui constituait l'expérience première, ni la croyance en la présence de l'esprit dans la nature qui en est l'épiphanie et est donc sacrée.

Le mariage sacré, union symbolique du ciel et de la terre, de la lune et du soleil, de la mère-épouse et du fils-amant, est la plus importante des cérémonies de l'année, en Égypte et en Mésopotamie à L'âge du bronze. Lors de magnifiques rituels, la déesse et le dieu s'unissent sexuellement — la déesse représentée par la grande prêtresse et le dieu par le roi ou le grand prêtre. Ce mariage unit symboliquement la vie invisible du Cosmos et la vie visible de la Terre, et régénère la vie. La poésie extatique et l'imagerie sexuelle des hymnes matrimoniaux égyptiens et sumériens se sont transmis à la culture cananéenne et par conséquent à la culture hébraïque. [12] L'exquise poésie du Cantique des Cantiques nous vient des rituels matrimoniaux, quand l'épousée était mère et sœur de l'époux, et lui-même fils et frère de son épouse, d'où ces mots: 'Tu as ravi mon cœur, ma sœur, mon épouse'. L'événement qui, de nos jours, traduirait le mieux l'importance de cette cérémonie pour les peuples de ces temps lointains, est l'enthousiasme et le sentiment d'unité provoqués par un mariage royal, qui encore aujourd'hui peut signifier renouvellement culturel et nouveau départ.

L'Égypte

Jeremy Naydler a effectué une étude en profondeur de la culture égyptienne initiale et il écrit dans son livre *The Future of the Ancient World: Essays on the History of Consciousness* que les anciens Égyptiens concevaient le monde visible comme perméable au fondement invisible qui l'illumine de sa divine radiance:

> Les dieux étaient encore présents sur la terre d'Égypte, car la nature était encore transparente, pas encore solide et opaque. La nature transmettait les énergies divines que les gens percevaient car ils 'voyaient à travers' le monde phénoménal les présences numineuses au-delà des apparences.... Les Égyptiens étaient éveillés aux mondes invisibles qui interpénètrent le monde physique, car ils percevaient les puissances qui agissent derrière la façade de l'existence sensitive. Et plus encore, ils comprenaient que le monde réel n'était pas solide, et que leur quête des fondements spirituels de leur vie nécessitait de développer une conscience qui pouvait traverser le monde littéral et voyager vers le monde symbolique, le monde de l'imagination sacrée. [13]

La voix du Féminin Divin, lumineuse, nourricière et prodigieuse, parle depuis le cœur de la culture égyptienne, transmettant l'image issue du Néolithique d'unité divine de la vie. Ce sont les Grandes Déesses qui transmettent ce sentiment de l'unité de la vie et ce sont elles qui transmettent cette ancienne image de l'âme. Elles sont l'Arbre de Vie — le palmier et le sycomore à la sève laiteuse — et sont souvent représentées debout dans l'arbre, versant l'eau de vie éternelle et offrant la nourriture à l'âme en transition de cette dimension à l'autre. L'image de l'Arbre de Vie s'est transmise des temples d'Égypte, de Mésopotamie et de Cana de l'âge du bronze, à la tradition mystique juive de la Kabbale et au mythe de la Chute de l'homme dans la Genèse, où l'arbre se tient dans le jardin d'Éden.

Quatre Grandes Déesses égyptiennes relaient l'image de la Grande Mère première et le sentiment que chaque chose est imbue de présence divine. Maat, qui porte sur sa tête la plume d'autruche — celle-ci sera déposée sur un des plateaux de la balance de justice pour peser le cœur humain après la mort. Du fait de L'influence de la mythologie égyptienne sur les cultures voisines, Maat, car elle personnifie l'équilibre et l'harmonie du Cosmos intrinsèques à toutes les formes de vie — y compris les notes de la gamme musicale — pourrait être à l'origine de la figure de la Sagesse Divine de l'Ancien Testament.

Quelques uns des plus beaux hymnes et prières d'Ancienne Égypte qui nous sont parvenus étaient adressés à la déesse Nout, Mère de l'âme des morts, Mystérieux Fondement de la vie et de l'âme. Nout est la voûte étoilée des cieux, son corps abrite toutes les étoiles. Chaque nuit, lors de sa descente nocturne dans le monde souterrain, le soleil 'meurt' dans son corps pour renaître à l'aube du nouveau jour. L'image de Nout est peinte sur la face interne du couvercle des cercueils et parfois aussi sur le fond, comme pour envelopper dans une étreinte cosmique l'âme qui lui est confiée. Sur un fragment de pierre gardé au Louvre (c.1100 AEC), j'ai découvert il y a longtemps cette très émouvante inscription:

> *Ô ma mère Nout, étend tes ailes sur moi*
> *Fais que je devienne comme les étoiles impérissables,*
> *Comme les étoiles infatigables.*
> *Ô Grand Être qui est dans le monde des Morts,*
> *A tes pieds est l'éternité, en tes mains est le Toujours*
> *Ô Grande Âme Divine Aimée*
> *Qui séjourne en l'abysse mystérieuse*
> *Viens à moi.*

Hathor — souvent interchangeable avec Isis — est la plus ancienne déesse égyptienne, nommée Mère nourricière de l'univers et de l'impulsion créatrice qui s'écoule de sa matrice cosmique. Hathor est la rivière étoilée de la Voie Lactée qui, aussi bien dans la culture égyptienne que dans d'autres cultures shamaniques, orientales et occidentales, est considérée non seulement comme pont étoilé que l'âme emprunte pour entrer et quitter ce monde, mais est aussi en tant que Grande Mère, source cosmique du Tout.

Hathor — comme tous les dieux et toutes les déesses égyptiennes — est également immanente, présente sur terre dans ses statues élevées dans les temples. Hathor, en tant que Mère Divine, accueille l'âme des morts à l'entrée de sa montagne sacrée, située derrière le splendide temple que la reine Hatshepsout (1505-1484 AEC) fit construire, à Deir-el-Barhi, pour abriter et honorer la déesse. Dans la très belle tombe de la reine Nefertari, épouse chérie de Ramsès II, et dans le petit temple d'Abou Simbel qui lui est dédié, la déesse accompagne, main dans la main, la reine devant Osiris, juge des morts.

Similaire au rituel mésopotamien, c'est la Déesse qui confère à Pharaon le pouvoir divin de diriger l'Égypte et de nombreuses sculptures le montrent assis sur les genoux d'Hathor, se nourrissant à son sein. Héritant de l'imagerie de l'oiseau et du serpent de la Grande Mère du Néolithique, Hathor — et Isis — sont à la fois Nekhbet, la déesse-mère vautour de Haute-Égypte et Ouadjet, la déesse-mère cobra de Basse-Égypte. La coiffe d'Hathor se pare du disque solaire placé entre les cornes du croissant lunaire et porte l'uræus au front, symbole de sa puissance créatrice et destructrice qu'elle transmet à son fils, Pharaon, souverain d'Égypte. [14] Le Sept est son chiffre sacré.

Hathor est aimée et vénérée en tant qu'énergie vitale d'attraction et d'abondance: énergie sexuelle qui attire les humains et les animaux et se manifeste dans la fertilité de la Terre. Elle est décrite comme belle et rayonnante comme le soleil, mais elle est aussi crainte, car sous sa forme de Sekhmet, la déesse à tête de lionne dont le nom signifie 'La Puissante', elle peut provoquer sécheresse et famine. Capable de destruction, elle peut néanmoins défaire ou contrôler ses actes, et elle est toujours montrée avec le collier sacré guérisseur appelé 'ménat' et le sistre, gravé de son visage, qui bannit les forces négatives. [15] Une fois par an, un grand festival fête le mariage sacré d'Hathor avec son consort, le dieu solaire Horus, et sa statue est transportée de son temple de Dendera à celui d'Horus à Edfu; elle est accompagnée sur le Nil par une magnifique procession de barques décorées. [16]

C'est cependant Isis qui est la plus grande déesse d'Égypte ainsi que la plus aimée. Sœur et épouse d'Osiris, mère du dieu à tête de faucon Horus, Isis est vénérée pendant plus de trois mille ans, de l'époque pré-dynastique (avant 3000 AEC) jusqu'à l'époque romaine qui lui érige des temples dans tout l'empire. Plutarque la décrit comme l'Âme de la Nature. Avec l'arrivée du christianisme, les sanctuaires qui lui étaient consacrés en tant que Mère d'Horus sont dédiés à la Vierge Marie, dont le fils est assis sur ses genoux comme Horus sur les genoux d'Isis. Mais Isis a une envergure que la Vierge n'a pas.

Une série d'hymnes superbes adressés à Isis à l'époque d'un des derniers souverains d'Égypte, Ptolémée II (284-246 AEC), est gravée sur les murs de son temple de Philae, en Haute-Égypte. Récemment traduits, ils présentent la vision que les Égyptiens avaient d'elle, car la prêtresse ou le prêtre qui les rédigea puisa le cœur des hymnes dans un fond ancien. Isis, 'Dame de la Vie' et 'Dame de Haute-Égypte et de Basse-Égypte', regroupe tous les rôles, tous les attributs et toutes les fonctions de toutes les autres déesses d'Égypte. Elle est la Mère, résidant dans la dimension cosmique du divin, et néanmoins numineusement présente sur terre au quotidien dans ses sanctuaires. Sa statue, recouverte de feuilles d'or et doucement éclairée par deux puits étroits, luit dans la lumière tamisée du naos qui semble 'empli d'or, tel l'horizon portant le disque solaire'. Sa statue est chaque jour ointe de fragrance, d'huile parfumée et de myrrhe, et le lotus bleu sacré est déposé à ses pieds.

Les hymnes la célèbrent comme Déesse-Mère universelle, unique créatrice du monde, l'Une qui crée le multiple, mère bienfaisante de l'humanité et déesse des Profondeurs. [17] Louis V. Zabkar a réalisé une compilation *Hymns to Isis in Her Temple at Philae* où il écrit: 'Tous les attributs, rôles, et fonctions qui avaient été auparavant assignés aux autres dieux et déesses lui sont à présent transférés, pour témoigner de sa souveraineté et de sa position unique au sein des déités à Philae.' [18]

Voyez la description de la vision de la Déesse Isis relatée dans *L'Âne d'Or* écrit par Apulée, un initié aux Mystères d'Isis qui vivait au IIe siècle:

Des profondeurs de la mer s'élève une femme dont le visage est si agréable que les dieux-mêmes tomberaient en adoration. Tout d'abord, la tête puis le corps tout entier resplendissant, émerge graduellement et se tient devant moi à la surface des vagues.... Une longue et épaisse chevelure ondule sur son cou gracile, couronnée d'une natte tressée de toutes sortes de fleurs. Sur son front brille un disque comme un miroir, ou comme la face lumineuse de la lune, et je sus alors qui elle était. Des serpents encadrent son visage et supportent ce disque, des épis de blé se dressent à leurs côtés. Ses robes multicolores sont tissées du lin le plus fin, blanc lumineux, jaune safran, rouge éclatant, et tout ourlées de fleurs et de fruits elles ondulent à la brise. C'est son manteau d'un noir profond et brillant qui retint le plus mon regard. Elle le porte jeté sur son corps, de sa hanche droite à son épaule gauche, il cascade en un superbe drapé et est retenu par un nœud telle la bosse d'un bouclier; une partie pend en plis innombrables, les franges en forme de gland frémissent. Tout le manteau et l'ourlet sont brodés d'étoiles scintillantes et en son centre rayonne une lune pleine et ardente.... Ses pieds divins sont chaussés de mules faites de feuilles de palmier, emblème de la victoire. [19]

Écoutez les mots qu'elle lui dit:

Je viens à toi, Lucius, en réponse à tes prières. Je suis la Nature, la Mère Universelle, maîtresse de tous les éléments, principe primordial, souveraine de toutes choses spirituelles, reine des morts, reine des immortels, unique manifestation de tous les dieux et déesses. Ma volonté ordonne l'altière Voûte étoilée, les vents marins salubres, le silence désolant du monde souterrain. On me vénère sous de nombreux aspects, sous d'innombrables noms, on me rend d'innombrables cultes, tous les peuples de la Terre m'adorent. [20]

Isis arbore parfois les ailes de la Grande Mère du Néolithique et son hiéroglyphe représente un trône. Elle est le trône sur lequel Pharaon, roi d'Égypte, s'assoit en tant que son 'fils' et c'est elle (comme Hathor) qui lui confère les qualités divines du pouvoir royal et le droit de diriger. Elle est aussi L'uræus, puissance ardente du dieu solaire Ré. Se tenant à la proue du bateau solaire alors qu'il descend chaque nuit dans le monde chthonien, elle détruit instantanément L'ennemi, le grand serpent Apophis, grâce à sa puissance ardente et ainsi la barque solaire peut continuer son voyage nocturne et renaître comme le soleil au matin.

L'image d'Isis est porteuse d'une gamme très large de pensées et de sentiments et ses multiples noms et titres ne peuvent arriver à traduire l'amour, et l'immense besoin, et la profonde confiance que le peuple avait en elle en tant que Mère, ni ne peuvent arriver à traduire l'influence considérable qu'elle exerça sur la civilisation égyptienne, puis grecque, et enfin romaine pendant plus de trois mille ans. Personne ne l'a mieux cernée que l'égyptologue Wallis Budge; il pense qu'Isis tenait une place dans le cœur des Égyptiens absolument unique et totalement différente de celle des autres déesses. Elle est la plus proche de la Grande Mère du Néolithique, gouvernant les Cieux, la Terre et le Monde Chthonien que les Égyptiens nomment le Douat. 'Isis' écrit-il…

> est la grande bienfaitrice, déesse et mère, dont l'influence et l'amour pénètrent tout le ciel, la terre et le séjour des morts, et elle est la personnification du grand pouvoir créateur féminin qui conçoit et fait naître chaque créature vivante et chaque chose, depuis les dieux au ciel jusqu'à l'homme sur terre, et l'insecte au sol; elle protège ce qu'elle fait naître, et s'en occupe et le soutient et le nourrit; elle s'emploie à user de ses pouvoirs avec grâce et succès, non seulement pour manifester de nouvelles vies, mais pour rétablir les morts. [21]

Le principe féminin reflété dans l'image de la Grande Déesse est clairement défini à la fin de l'âge du Bronze. Elle englobe les trois dimensions, ciel, terre et monde chthonien, dans son être; elle personnifie la vaste matrice d'interrelations par laquelle tous les aspects et formes de vie sont reliés. Bien qu'elle ne soit pas nommée avec notre terminologie d'âme cosmique ou universelle, c'est ce qu'elle représente dans les faits. De plus, elle personnifie le principe de justice, de sagesse et de compassion ainsi que le pouvoir de détruire et de rétablir la vie.

L'Âge du Fer (à partir de 1200 AEC)

Avec L'âge du fer, qui débute aux alentours de 1200 AEC et voit l'essor de la religion patriarcale, le récit de la déesse devient difficile à suivre car le dieu prend sa place en tant que pouvoir suprême du ciel, de la terre et du monde souterrain. La Grèce est à la jonction de deux phases culturelles: la culture lunaire centrée sur la déesse et la culture solaire centrée sur le dieu. Le sentiment ancien d'appartenance à une Terre et à un Cosmos sacrés commence à s'émousser alors qu'une nouvelle phase d'évolution de la conscience pointe: une conscience dont le pouvoir du mental et la pensée rationnelle se retirent de la sphère maternelle d'une nature dotée d'âme.

En Grèce, les pouvoirs de la Grande Mère du Néolithique sont réparties entre des déesses qui se font chacune porteuses d'un de ses aspects, mais la Déesse-Mère suprême, telle Isis ou Hathor, n'est plus. L'influence de la culture patriarcale solaire émergente est démontrée par la filiation d'Athéna, Aphrodite, Artémis et Perséphone — toutes filles de Zeus par différentes déesses; celui-ci est maintenant père suprême des dieux. La 'mainmise' par Zeus et ses frères, Hadès et Poséidon, des dimensions du ciel, du monde souterrain et de la mer, donne à sentir le changement culturel de conscience; la Grande Mère, qui auparavant englobait ces trois dimensions en son être, en perd deux à leur profit. Gaïa demeure déesse de la Terre et, avec sa fille Déméter, transmet à la culture grecque un pâle reflet de la Grande

Mère qui était la vie du ciel, de la terre et du monde chthonien. Alors que nous nous éveillons actuellement au lien profond qui nous unit à notre planète-maison, le nom de Gaïa, Déesse de la Terre, nous revient mystérieusement. [22]

Plusieurs déesses grecques héritent de l'imagerie des déesses de l'âge du bronze: le lion, l'oiseau, le serpent. Athéna est déesse de la Sagesse et Grande Déesse. Son don à son peuple est l'olivier — L'Arbre de Vie grec — dont l'huile est symbole de Sa sagesse divine. Issue de l'ancienne culture crétoise de l'âge du bronze, Athéna devient mentor et inspiratrice de l'étonnant épanouissement artistique et intellectuel de la Grèce. Elle est décrite dans l'Odyssée comme une belle et grande femme aux yeux brillants et au regard perçant portant robe blanche, cape en peau de chèvre, et arborant l'égide ornée de la tête sectionnée d'une Gorgone. Sur les vases peints et dans la statuaire, elle se meut en jeune guerrière casquée, intrépide protectrice de sa cité, Athènes. Mais une superbe sculpture datée 525 AEC et trouvée dans son ancien temple sur l'Acropole nous montre une Athéna beaucoup plus ancienne: sa tête couronnée de serpents, sa cape frangée d'une masse de serpents entremêlés tombant sur ses épaules, elle en soulève un dans sa main gauche. L'imagerie du serpent, qui signifie le pouvoir de la déesse à régénérer la vie, démontre sa filiation directe avec la Grande Déesse d'antan et plus particulièrement avec la déesse crétoise. L'Odyssée, dans maints récits, nous raconte comment Athéna apparaît à Ulysse sous forme d'une hirondelle ou d'un aigle marin et le guide dans son voyage de retour vers Pénélope. La chouette lui est tout particulièrement consacrée.

Artémis hérite du rôle de déesse des animaux. Mais il existe une autre Artémis, Grande Déesse d'Éphèse, dont le nom anatolien est Cybèle et dont la statue, très bien restaurée, se trouve maintenant au musée archéologique de Naples. Elle se tenait autrefois dans le splendide temple d'Éphèse. Nous percevons ce que l'Ordre Sacré qu'elle représente évoque encore aussi tardivement qu'en 400 EC. Posé sur ses nombreux seins, au-dessus d'un cercle de minuscules glands, le croissant lunaire l'identifie comme Déesse de la Lune. Divers animaux se trouvent sur son corps, des lions, des taureaux et des abeilles mais aussi des êtres angéliques et des prêtresses de son temple. C'est une déclaration étonnamment complète de l'unité du grand maillage de vie signifié par l'image de la déesse en tant que Grande Mère.

En Perséphone et son mythe, nous trouvons L'une des rares déesses qui, telle Inanna à Sumer et Isis en Égypte, se meut entre le monde solaire lumineux et le monde lunaire souterrain et sombre, et les maintient en relation. Dans la culture grecque plus tardive, particulièrement en Italie du sud et en Sicile, Perséphone personnifie le domaine invisible du monde chthonien. Ses mystères sont ceux de la mort et de la régénération.

Comme à l'âge du bronze, ces déesses personnifient l'harmonie divine, l'ordre et la beauté de la vie. Les *Thesmophories*, festival en l'honneur de Déméter, et les rites secrets pratiqués dans son temple d'Éleusis, procurent à ceux qui y participent un sentiment profond de confiance en la survie de l'âme et en la réunion avec les êtres chers après la mort. Ces rituels anciens sont les plus puissants jamais élaborés pour maintenir vivace le sentiment de la relation avec le fondement éternel de la vie.

Toutes ces associations, et bien d'autres que je ne peux développer dans ce chapitre, dérivent d'une époque antérieure, quand il n'y avait pas de séparation entre la Grande Mère comme Source et les formes manifestes de sa vie. Il n'y a pas de créateur au-delà de la création. Le créateur est à la fois la vie de la nature et les puissances cachées du Cosmos, personnifiées par les nombreuses déesses et dieux. Le voile entre les deux dimensions est alors moins opaque que ce qu'il allait devenir; les rencontres avec les déesses et les dieux dans *L'Iliade* et *L'Odyssée* d'Homère en témoignent. Les représentations des déesses et leur mythologie nous disent pourquoi la vie est ressentie et vécue comme sacrée. Toutes les déesses transmettent le sentiment d'une époque antérieure, le sentiment que la déesse peut être appelée pour venir en aide, pour guider et pour inspirer les hommes autant que les femmes.

Leur image donne aux gens la conscience qu'ils marchent sur un sol sacré, qu'ils vivent au sein d'un Ordre Sacré où tout ce qu'ils sont et tout ce qu'ils vivent est enraciné dans ce sol. Des êtres invisibles, les intermédiaires entre la terre et le ciel, connectent la dimension du monde physique à la dimension invisible qui l'anime. Aucune démarcation rigide n'existe entre ce qui est imagination et ce qui est réalité car ce qui est imaginé est réalité. L'âme humaine fait partie de la grande Âme du Cosmos qui pulse de vie avec ces êtres invisibles et leurs pouvoirs divers. Les plus profondes expériences des êtres humains — leurs plus profonds sentiments et émotions — sont comprises comme étant les expressions de schémas archétypaux présents dans le Cosmos et spécifiquement représentés par les dieux et les déesses.

Nous tournant vers une période plus tardive, nous constatons qu'en Occident l'héritage de la Grande Mère et de la mythologie qui s'est déployée autour d'elle se retrouve dans les grandes thèmes mythologiques de la Quête qui nous oriente vers les racines de la conscience, la source ou le sol de l'être: Ulysse retrouvant Pénélope à Ithaque, guidé par la déesse Athéna, Thésée suivant le fil d'Ariane dans le labyrinthe crétois, Dante descendant aux enfers guidé par Béatrice; la quête médiévale du Saint Graal. Tous ces merveilleux récits définissent le Féminin comme présence immanente, guide et objectif transcendant.

Plus à l'est, en Inde, les sages védiques expriment avec grande clarté — dans la sublime imagerie poétique des *Védas* et des *Upanishads* — leur intuition de l'omniprésence du substrat divin. Les poètes, dont la tradition appartient à une culture bien antérieure aux invasions ariennes, chantent leur dévotion passionnelle à la déesse, et au nord, les populations montagnardes nomment les sommets en son honneur et la vénèrent en tant que dynamisme du principe créateur, dans l'extase d'une éternelle étreinte avec son consort.

Encore plus à l'est, les sages de la tradition taoïste n'ont jamais oublié la réalisation shamanique selon laquelle la relation avec la Nature est la clef pour rester au contact de la source de vie. Ils n'ont jamais suivi les pratiques ascétiques des religions qui sacrifient le corps sous prétexte de quête spirituelle. Ils ne sont ni pressés d'atteindre le but de l'union avec le divin ni de renoncer au monde en échange de l'éveil. Parmi toutes les traditions religieuses, à l'exception des traditions des Peuples Premiers, seuls les Taoïstes ne séparent pas la nature de son socle invisible, et de ce fait n'ont jamais perdu le contact avec l'âme. Ils ne se sont jamais perdus dans le labyrinthe de l'intellect et de ses constructions métaphysiques, mais avec patience et dévotion, ils réalisent la difficile alchimie qui consiste à entrer en harmonie avec la profonde harmonie de la nature. Ils n'ont jamais perdu de vue l'Un.

J'ai ciblé dans ce chapitre l'image de la Grande Mère du Néolithique et des déesses de l'âge du bronze car elles posent les fondements pour comprendre le concept d'âme et de mondes invisibles au-delà du nôtre, que nous allons explorer dans les chapitres à venir. Cette expérience lunaire de participation et l'image unificatrice de la Grande Mère et des Grandes Déesses qui personnifient le vaste maillage de la vie, sont la base à mon avis de l'idée plus tardive d'Âme Cosmique ou *Anima Mundi* exposée par la philosophie platonicienne et néo-platonicienne, et par la Shekinah de la Kabbale. Pendant l'ère lunaire, elles sont image de fascination et de bouleversante numinosité autant pour les hommes que pour les femmes, sans doute plus encore pour les femmes — un certain nombre d'entre elles officiant comme prêtresses dans leurs temples.

Ces Grandes Déesses sont révérées comme source de vie: une vie se manifestant comme vie de tout un chacun. La sexualité en est l'expression vitale: impulsion sacrée et extatique reflétant l'impulsion créatrice de la vie même qui se renouvelle éternellement. Tout naît de la matrice de la Grande Mère et trouve son sens grâce à son lien avec elle. Et ainsi les échanges relationnels et l'empathie devinrent qualités essentielles du Féminin.

Dans la psyché, les éléments nouvellement émergents de la conscience gardent le contact avec les couches instinctuelles plus anciennes grâce à l'image de la Déesse et grâce aux rituels qui connectent les gens aux rythmes du Cosmos et de la vie de la Terre. La cosmologie lunaire ne sépare pas la vie humaine de sa participation à l'Ordre Sacré Cosmique, au contraire elle l'enracine dans l'intuition que, des millénaires plus tard, Blake connaîtra: 'Tout ce qui vit est sacré'. Nous portons enfouie en nous cette conscience intuitive et nous la redécouvrirons à présent car l'ancienne image de l'âme revient vers nous.

82

Notes:

1. Extrait du *Chaura-panchasika* 1er siècle AC (1944)
2. *The Myth of the Goddess* explore en profondeur tous les aspects de la Grande Mère
3. Abram, David (1996) *The Spell of the Sensuous*, Vintage Books, New York, p. 250
4. Voir *The magnificent Chauvet Cave* (1996) Thames and Hudson, London.
   et le DVD de Werner Herzog.
5. Gimbutas, Marija, (1974, 1982) *The Goddesses and Gods of Old Europe 6500–3500 BC*, Thames and Hudson Ltd., London, 1974; *The Civilization of the Goddess: The World of Old Europe*, HarperSanFrancisco, 1991
6. *The Lost World of Old Europe, 5000-3500 BC* (2010) publié par David W. Anthony, Princeton University Press, p. 90
7. Cashford, Jules (2003) *The Moon: Myth and Image*, Cassell Illustrated, London, p. 8
8. Des cas récents se sont produits au Nigeria et à Londres de jeunes femmes et d'enfants battus, torturés ou même tués afin d'exorciser le démon accusé de causer des troubles au sein de la famille ou de la communauté – ces cas représentent un amalgame toxique de croyances et de pratiques archaïques et de croyances chrétiennes.
9. Zabkar, Louis V. (1989) *Hymns to Isis in Her Temple at Philae*, Brandeis University Press, University Press of New England
10. Zabkar, pp. 137-146, arétalogies de l'époque hélénistique: the aretalogy of Kyme (Cyme); the aretalogy of Maronea (côte sud de la Thrace) et deux extraits de Apuleius' *Metamorphoses*, Book XI, chapters 5 & 25.
11. Anderson, William and Hicks, Clive (1990) *Green Man: The Archetype of our Oneness with the Earth*, HarperCollins, London and San Francisco
12. Voir *The Myth of the Goddess* pour les hymnes matrimoniaux sumériens
13. Naydler, Jeremy (2009) *The Future of the Ancient World: Essays on the History of Consciousness*, Inner Traditions, Vermont, pp. 90-91. Voir aussi (1996) *Temple of the Cosmos: Ancient Egyptian Experience of the Sacred*, Inner Traditions
14. Roberts, Alison (1995 and 2000) *Hathor Rising: The Serpent Power of Ancient Egypt, and My Heart, My Mother*, Northgate Press, Devon
15. ibid
16. Lamy, Lucy (1981) *Egyptian Mysteries*, Thames and Hudson Ltd., London
17. Zabkar
18. ibid, p. 132
19. Apuleius Lucius, *The Golden Ass*, traduit par Robert Graves, Penguin Books Ltd, Harmondworth, London, 1950, pp 227-8
20. Apuleius, p 228
21. Budge, Wallis E.A. (1969) *The Gods of the Egyptians*, Dover Publications, New York, 1969, pp 203-4
22. Grâce aux livres de James Lovelock, *Gaia, A New Look at Life on Earth*, Oxford OUP, 1979; *The Revenge of Gaia*, Penguin Books Ltd, 2006; *The Vanishing Face of Gaia: A Final Warning*, Penguin Books Ltd, 2010

Chapitre Cinq

L'Ère Lunaire
La Vision Shamanique: Filiation avec toute la Création

Je suis le frère de la forêt et je dois la défendre

— David Kopenawa Yanomami, shaman amazonien contemporain

Qui, dans notre soi-disant civilisation de progrès, est capable de comprendre le langage des rochers et des arbres?

— Jean Charon, physicien

C'est, pour notre mental rationnel moderne, un défi considérable de pénétrer la conscience de l'ère lunaire, époque où les gens vivaient en petites communautés, et en lien étroit avec leur territoire pendant des millénaires. Les exodes massifs de populations vers les grandes villes, où nous sommes coupés de tout contact physique avec la terre, nous ont rendu étrangers à l'âme de la nature. Nous vivons dans une culture séculière et plus aucun mythe ne nous relie à un Cosmos vivant: nous ne considérons plus la Terre comme notre Mère. Mircea Eliade notait que 'la désacralisation imprègne nos sociétés modernes et toute la perception de l'homme sans religion'. [1] De ce fait, il nous est malaisé de comprendre l'âme de l'homme des sociétés shamaniques et d'être réceptifs à sa perception fondamentale que la vie du Cosmos, la vie de la Terre et la vie humaine sont une seule vie, imprégnée et informée par l'esprit vivant. Pendant plusieurs millénaires avant l'apparition de la religion telle que nous la connaissons, et encore jusqu'à nos jours, les peuples des cultures shamaniques alignent leurs communautés sur une dimension invisible du réel. Leurs vies possèdent sens et valeurs car ils la perçoivent comme appartenant à un ordre cosmique sacré où l'Esprit, bien qu'invisible, n'est pas désinvesti de la nature. La nature est animée par l'esprit. Ce sentiment d'être contenu dans un ordre sacré commence à se dissiper avec l'essor des religions patriarcales, bien qu'il perdure en Europe, plus ou moins jusqu'à la fin du Moyen Âge. Je crois que cette perte est imputable au concept d'un Dieu créateur séparé et distinct de Sa création, qui ne porte pas le monde en son être et n'est pas présent en chaque feuille et chaque créature. Elle est aussi imputable au mythe de la Chute (voir chapitre sept) qui relate notre expulsion du Monde Divin, en châtiment de notre désobéissance aux commandements de Dieu, et notre exil dans ce monde de souffrance, de péché et de mort.

La civilisation occidentale est profondément déterminée par ces croyances et s'est bâtie sur un dualisme fondamental: une scission entre esprit et nature, créateur et créature. Cette scission détruisit l'ancienne expérience shamanique d'une nature dotée d'âme et elle ouvrit la brèche à sa virulente exploitation. Notre actuelle vision du monde repose sur la prémisse de notre séparation et de notre domination sur la nature; celle-ci est assujettie à la volonté et aux supposés besoins de notre espèce.

Et pourtant notre psyché est dépositaire de l'héritage de deux différents courants de conscience, de deux différents moyens de connaître. Le premier est un chemin de connaissance par participation 'lunaire' — décrit dans ce chapitre et dans le précédent — relayé par le sentiment instinctif, par la puissante pensée analogique, par l'intuition hautement développée et par les techniques shamaniques de connexion avec la dimension invisible du réel. Cette dimension n'a jamais été pensée comme séparée de la nature, mais plutôt comme son fondement invisible, diversement nommé le Monde Spirituel ou l'Autre Monde, et par les Grecs, le Royaume Immortel. Le second, plus récent, est un chemin de connaissance 'solaire' qui s'est développé grâce à la diffusion de l'écriture, qui favorise l'essor de l'intellect, du mental rationnel, et mène à notre culture actuelle, d'orientation scientifique et technologique, causant une désarticulation fondamentale entre nous-mêmes et le monde naturel. Au cours de milliers d'années, le second chemin de connaissance a supplanté le premier — bien qu'ils aient coexisté plusieurs siècles dans certaines régions du monde. Pour comprendre les nécessités de notre époque, nous devons nous intéresser à ces deux grandes méta-narrations, ces deux différentes sortes de conscience et aussi aux circonstances de la disparition de l'une et de son remplacement par l'autre. Il est utile de les considérer comme les représentantes de différentes phases d'évolution de la conscience.

Le principal signe distinctif du chemin de connaissance shamanique, nommé 'Participation Originelle' par Owen Barfield, est un sentiment d'interrelation avec la Terre et le Cosmos animés et un sentiment de filiation avec toute la création. [2]

Personne ne décrit mieux cet état de conscience que Richard Tarnas dans son livre *Cosmos and Psyche*:

> L'être humain originel perçoit le monde naturel qui l'entoure comme doté de sens, sens dont l'importance est autant humaine que cosmique. Des esprits sont perçus dans la forêt, des présences sont ressenties dans le vent et les océans, les rivières et les montagnes.... Le monde originel est doté d'âme.... Il est porteur de signes et de symboles, d'implications et d'intentions.... Le monde intérieur de l'homme se prolonge au monde extérieur.... L'être humain est un microcosme au sein du macrocosme du monde, il participe à sa réalité intérieure et il est uni au tout de façon à la fois tangible et invisible.... La psyché humaine s'inscrit dans la psyché du monde.... Dans cet état de conscience relativement indifférencié, les êtres humains se perçoivent — émotionnellement, mystiquement et corrélativement — comme des participants directs à la vie intime du monde naturel et du cosmos. Plus précisément, cette participation mystique engage, grâce aux rituels et aux forces divines du monde, un sens complexe de participation intérieure directe, non seulement avec les autres êtres humains mais aussi avec les puissances divines, du fait de leurs présences immanentes et transformatrices. [3]

Cette conscience primordiale de participation survit de nos jours au sein des cultures indigènes, telles les Indiens Kogis de Colombie, les Mayas, les Indiens d'Amérique du nord et d'Amazonie, les peuples de la Mongolie extérieure, certaines ethnies d'Afrique et les Aborigènes d'Australie et de Nouvelle Zélande. Tous ces peuples étaient et sont encore de culture shamanique. Mais cette conscience est aussi le fait des anciennes civilisations hautement sophistiquées, telles l'Égypte, l'Inde et la Chine. Elle se retrouve dans le *Corpus Hermeticum* de l'Égypte ancienne, les sublimes textes des *Védas* et des *Upanishads*, les textes taoïstes et la tradition mystique de la Kabbale, décrite au chapitre trois. Aucun dualisme dans aucune de ces traditions: la nature n'est pas séparée de l'esprit. Les deux sont un, par essence: le monde phénoménal est la forme manifeste et la demeure de l'esprit invisible. Le *Bhagavad-Gîtâ* proclame 'Tout est l'être divin' (V11.19). L'intuition pénétrante la plus précieuse de ces cultures shamaniques nous décrit l'esprit comme ubiquitaire, présent en chaque aspect du monde phénoménal, et nous rappelle que l'homme ne détient pas une position de domination sur la nature. Les cultures shamaniques vivent au sein d'un ordre sacré. Nous n'acceptons pas l'existence d'un tel ordre et c'est pourquoi l'âme collective de l'humanité s'est déconnectée de ses racines et c'est pourquoi notre culture est dysfonctionnelle et incapable de répondre à nos besoins essentiels.

En quoi est-ce si important? Si nous ignorons les anciennes influences mythologiques qui ont façonné notre façon de penser, nous ne pourrons pas accéder à la connaissance nécessaire pour transformer nos croyances et modifier notre comportement, nous ne pourrons pas non plus nous reconnecter à la dimension silencieuse et pourtant vivante de notre psyché dont nous avons interdit l'accès à notre conscient depuis trop longtemps. Nous ne pourrons pas accéder à notre intégrité.

Du fait de la considérable amélioration de nos conditions de vie matérielles apportée par les sciences et ses applications techniques hautement développées, nous considérons l'histoire de la civilisation comme une sortie de l'obscurité, de la superstition et de l'ignorance, une évolution ascensionnelle vers des lendemains qui chantent, hors d'un passé primitif et heureusement dépassé. Ce point de vue n'est plus tenable à la lumière des découvertes archéologiques et anthropologiques, et des quantités de données considérables réunies au cours du siècle dernier à propos des cultures shamaniques, passées et présentes, de par le monde.

Richard Rudgely a étudié de manière exhaustive la culture préhistorique, il écrit dans son livre *Lost Civilisations of the Stone Age*: "À la lumière du corpus de preuves réunies dans ce livre, il est maintenant tout à fait clair qu'une réévaluation fondamentale de la contribution de la préhistoire à la civilisation est nécessaire. Chacun des éléments qui forme la civilisation était hautement développé déjà avant l'essor de l'Égypte Ancienne et de la Mésopotamie.... La civilisation n'est pas soudainement apparue il y a 5000 ans". [4]

Nous regardons peut-être ce passé lointain avec quelque arrogance, nous félicitant d'en avoir fini avec cette approche 'magique' de la vie. Nous ne réalisons pas que notre conscience actuelle a évolué depuis cette matrice de l'approche cognitive ancienne et intuitive, caractérisée par la perception de l'interrelation entre les ordres du réel, visible et invisible. Nous pourrons néanmoins, en fournissant un effort conscient considérable, recouvrer et intégrer à notre mental rationnel et à notre façon de penser le réel, cet ancien chemin d'accès à la connaissance.

Géographie Sacrée et Cosmos Vivant

Vivre dans un Ordre Sacré, c'est percevoir l'univers comme un être vivant, savoir que la vie cosmique et la vie terrestre sont intimement liées, et observer non seulement les aspects de l'environnement immédiat mais aussi la position et la course de la lune, des étoiles et des constellations, dans le but d'harmoniser la vie de la communauté avec les rythmes et la vie du Cosmos. Tout — plantes, arbres, animaux, oiseaux, lune, soleil, étoiles — est sacré, sensible et vivant, imprégné du divin car chacun est une partie du maillage vivant, reliant et communicant qu'est la vie. Cette perception instinctive de l'unité et de la sacralité de la vie informe la psyché humaine depuis infiniment plus longtemps que les religions ou que la science de notre époque, qui ne reconnaissent ni la sacralité de la nature ni le caractère vivant de la matière. Le paysage lui-même est vécu comme sacré et vivant par les cultures shamaniques qui reconnaissent certains lieux comme des portes vers le monde invisible, peuplé par les puissances occultes de la nature, par les esprits des animaux et par les ancêtres. Une caractéristique du paysage est déclarée sacrée quand elle signale un point de contact entre les dimensions visible et invisible. Paul Devereux a étudié les usages des sociétés shamaniques, il écrit dans son livre *Sacred Geography*: *Deciphering Hidden Codes in the Landscape*:

> "La Géographie Sacrée est au point de rencontre entre le monde physique et les mondes de l'esprit et de l'âme. Les communautés anciennes instillent du sens à leur environnement de multiples façons: en identifiant une caractéristique du paysage comme sacrée; en transformant des lieux naturels en temples ou en monuments; en traçant sur de vastes surfaces des motifs, des images ou des sentiers vers d'autres mondes, surimposant une géographie virtuelle à une topographie matérielle. D'autres géographies sacrées dépendent de l'odorat, du toucher ou du son — l'écho, le murmure de l'eau et les rochers chantants signent la présence des dieux ou des esprits... la Géographie Sacrée *mythologise* le paysage et le dote de sens". [5]

Ces mots décrivent une expérience essentiellement sensorielle et participative, enracinée dans la vie de la nature. Certains lieux sont restés sacrés pendant des milliers d'années et beaucoup le sont encore de nos jours. L'Inde compte 150 lieux de pèlerinage, tels Bénarès et les sources du Gange, qui attirent chaque année jusqu'à vingt millions de pèlerins. [6] La Chine redécouvre ses anciens sites de pèlerinage situés sur les montagnes sacrées. Le mont Kailash au Tibet, sacré pour les Hindous depuis des temps immémoriaux car il connecte la terre aux cieux, attire des milliers de pèlerins, hindous et bouddhistes, qui en font la circumambulation. Des millions de musulmans se rendent à la Mecque et tournent autour de sa Kaaba au moins une fois dans leur vie, et en Europe, des milliers de gens visitent Lourdes, où la Vierge serait apparue, et les sanctuaires de la Vierge Noire.

Il y a au sein des cultures shamaniques un lieu qui, tel le mont Kailash, est vu comme le centre du monde, un axis mundi associé, selon les diverses zones du globe, à l'image d'un pont-arc-en-ciel, ou à une échelle ou à un escalier en spirale, ou à une corde tressée montant au ciel, image très similaire au caducée entouré de deux serpents entrelacés et à la double hélice d'ADN. Ce centre du monde est un portail vers les étoiles, ouvrant au shaman l'accès cosmique vers le monde spirituel. Les trois dimensions unifiées du ciel, de la terre et du monde chthonien (qui furent les domaines de la Grande Mère) sont reliées par cet axe central. De nos jours, la cathédrale de Chartres est en Europe le lieu le plus sacré, un axis mundi depuis bien avant l'époque de sa construction — une passerelle reliant les mondes.

Jeremy Narby explore en détail L'omniprésence de cette ancienne cosmologie dans son livre *Le Serpent Cosmique*. Le fameux songe de L'échelle de Jacob, s'élevant de la terre au ciel et parcourue de haut en bas et de bas en haut par des anges, est une vision shamanique du mystérieux pont à double spirale reliant deux mondes ou dimensions du réel. [7]

Jeremy Naydler écrit "Dans diverses cultures shamaniques, nous rencontrons encore et encore l'idée que l'étoile polaire signale une petite ouverture — un espace, une fenêtre ou un passage — qui mène hors du monde physique perceptible de l'espace et du temps vers le monde invisible de l'esprit". [8] L'endroit sur terre qui marque l'axe du monde ou le portail d'accès au monde spirituel peut être une grotte, une montagne sacrée, ou une montagne recréée telle les ziggourats du Yucatán. Ce peut être la forme ou la couleur ou l'emplacement singulier d'une pierre, ou la source jaillissante d'un fleuve comme le Gange, qui attire des millions de pèlerins pour accomplir certains rituels. Ce peut être une chute d'eau spectaculaire, une fissure ou une crevasse profonde d'un rocher, ou un vénérable arbre noueux. Les grands fleuves sont perçus comme des points de passage entre ce monde et le monde spirituel. Il existe des voies sacrées, telles les larges avenues pavées dans la culture Maya ou les lignes Nazca au Pérou, parcourues par les dévots lors de certains rituels. Les Indiens Kogis de Colombie pensent que ces chemins sacrés sont les répliques de routes sacrées parcourues, dans l'autre dimension, par les esprits. Encore de nos jours les shamans Kogis, appelés Mamas, parcourent ces routes pavées sacrées. [9] Les shamans sont guidés le long de ces chemins spirituels par leurs rêves, leurs visions et les drogues hallucinogènes. Les rêves et les visions peuvent aussi leur dévoiler l'orientation et la forme des temples à élever et leur désigner le point de connexion entre les mondes. De nos jours, nous pouvons reconnaître les superbes et très sophistiqués 'crop circles' qui apparaissent dans les champs, comme des points de connexion entre notre monde et le monde invisible, dont l'existence n'est pas validée par notre culture.

Les Bâtisseurs de Mégalithes

Quelques temples et cromlechs remarquables élevés au Néolithique comme lieux de connexion avec le monde spirituel jonchent toute l'Europe. Stonehenge, Avebury, Silbury Hill dans le sud de l'Angleterre, Newgrange, Knowth et Carrowkeel en Irlande, Skara Brae sur les îles Orkneys, Carnac en Bretagne, les temples mégalithiques monumentaux de Malte et Gozo, sont parmi les sites les plus sacrés de ces temps anciens — leur signification et leur construction sont encore mal comprises.

La datation au radiocarbone permet d'affirmer que plusieurs de ces sites, y compris les temples de Malte, ont été élevés avant les pyramides de Gizeh. Il se pourrait que les temples de Malte appartiennent à la Civilisation de la Vieille Europe, 5000 AEC, décrite par l'archéologue Marija Gimbutas. Les plus anciens cercles de pierres à Stonehenge sont datés 3000 AEC et ont sans doute été un temple lunaire avant de devenir un temple solaire. Vers 2000 AEC, Stonehenge est un centre de soins et de guérison très renommé, les gens y viennent de toute l'Europe. Lors des grandes célébrations annuelles du solstice d'hiver, axé sur le soleil couchant, les dévots parcourent en procession les larges avenues pour porter les cendres des morts en ce lieu sacré de connexion avec le monde spirituel et assurer ainsi à L'âme des morts une bonne transition.

Le soleil levant du 21 décembre à Newgrange brille directement à travers une imposte située au-dessus de L'entrée de la tombe et illumine la chambre pendant dix-sept minutes. Les rayons longent le couloir d'entrée pour atteindre une pierre gravée de la triple spirale — nous signifiant peut-être que la vie est sans début ni fin, un processus éternel de régénération, et pointant les trois mondes interconnectés de la Grande Mère: le ciel, la terre, et le monde chthonien.

L'étroite entrée, en forme de V inversé, menant aux chambres intérieures de la tombe à couloir de Knowth a pu signifier, aux gens de l'époque, l'entrée de la matrice de la Grande Mère en laquelle toute vie retourne pour en renaître.

Silbury Hill est le plus grand tumulus préhistorique d'Europe, il s'élève à proximité d'un monumental ensemble sacré de pierres levées, en forme de serpent gigantesque contenant 'deux œufs' dans son ventre. Ce temple serpentin — dessiné en 1740 par Sir Thomas Stukeley, et quasiment disparu si ce n'est quelques pierres massives autour d'Avebury — révèle l'étonnante connaissance en astronomie, en mathématiques et en ingénierie de ces bâtisseurs de l'âge de pierre. Il est évident que ces maître-bâtisseurs accordent beaucoup d'importance et de sens à l'astronomie et à la numérologie afin d'aligner leurs constructions — et la vie de leur communauté — sur l'ordre cosmique.

Les recherches de John Michell, qu'il décrit dans son livre *City of Revelation*, montre que les sociétés anciennes possèdent, dès leur fondement, un code de lois ou canon sacré qui leur est révélé par les 'dieux'. Une cosmologie complète, qui inclut la science des nombres et des harmonies musicales et leurs relations avec l'ordre cosmique et la hiérarchie des forces créatrices, forme l'essence de ce code de droit canonique. Ce canon — avec ses nombres sacrés — connu des bâtisseurs du temple de Stonehenge, est utilisé pour la construction des temples de l'époque mégalithique. Michell nous dit que ce canon est l'instrument parfait d'une gouvernance avisée et est connu et utilisé dans tout l'ancien monde, y compris en Égypte et en Grèce. [10]

Il est stupéfiant que la construction de ces gigantesques temples de pierre et de leurs chaussées ait sans doute demandé la coopération de milliers de personnes travaillant à une tâche sacrée commune, comparable à la construction de la cathédrale de Chartres des millénaires plus tard. Des architectes, des astronomes et des ingénieurs compétents conçoivent et construisent ces temples de pierre comme lieux de rassemblement pour l'accomplissement de rituels de régénération de la fertilité de la Terre et l'harmonisation de la communauté humaine avec l'Ordre Sacré du Cosmos. La confiance en la survie de l'âme des ancêtres étant totale, il se pourrait que la peur de la mort fût alors moins prédominante que de nos jours. Ces rituels, conduits par les prêtres-astronomes et liés aux rythmes du soleil, de la lune et de certaines étoiles et planètes majeures — en particulier Vénus — ont dû être incroyablement numineux, surtout au lever et au coucher du soleil, ou à la pleine lune, ou lors d'une éclipse. Toute la communauté y prend part. Des gens qui auraient été en conflit permanent avec leurs voisins n'auraient jamais pu élever de tels monuments.

Le Shaman

Il est nécessaire de définir deux 'types' d'expérience shamanique. L'une est la capacité à communiquer avec les esprits des rochers, des arbres et des plantes, et à ouvrir un canal de connexion avec le monde spirituel grâce à une forme ou une qualité particulière du paysage, tel l'axis mundi mentionné plus haut. L'autre est la capacité à quitter le corps physique et à voyager dans les autres dimensions du monde spirituel. Certaines techniques transmises de shaman à shaman ainsi que l'usage de drogues hallucinogènes facilitent ces expériences. Mircea Eliade décrit le deuxième type quand, en 1964, il réalise la toute première étude approfondie et authentique du shamanisme de Sibérie et d'Asie centrale. Il définit le shaman comme un maître de l'extase et le shamanisme comme une technique d'extase. Il écrit: "Il est impossible d'imaginer une période où l'homme n'aurait pas rêvé ou rêvassé et ne serait pas entré en 'transe' — une perte de conscience interprétée comme le voyage de l'âme dans l'au-delà." [11]

Les pratiques shamaniques existent depuis les temps les plus reculés et dans diverses parties du monde. La grotte de Lascaux contient une scène particulièrement spectaculaire peinte sur une des parois d'un puits profond, et datée 14.500 AEC; les peintures sont malheureusement contaminées par des moisissures et pourraient disparaître à jamais. Cette scène, qui n'est pas reproduite dans la réplique, montre un bison transpercé d'une flèche; à ses côtés se tient un shaman à tête d'oiseau, allongé au sol, bras tendus et pénis en érection comme en transe. Son bâton de commandement surmonté d'un oiseau suggère que, à l'instar des shamans de Sibérie et d'Asie Centrale, il s'envole vers le monde spirituel tel l'oiseau.

Les occidentaux partent maintenant dans la forêt amazonienne pour prendre part à des pratiques shamaniques qui leur permettraient de dépasser les étroites limites de la conscience de notre culture et s'ouvrir à l'extraordinaire expansion de conscience provoquée par la prise de drogues et le voyage dans un monde multidimensionnel. Cette expérience peut être terrifiante et dangereuse pour certaines personnes, et très probante pour d'autres: un couple a récemment emmené avec succès son enfant perturbé en Mongolie extérieure consulter un shaman d'un peuple éleveur de rennes. (*The Horse Boy*, Rupert Isaacson). Le concept d'expansion de conscience semble étranger, et même menaçant pour notre conscience actuelle, il est pourtant essentiel d'en reconnaître l'existence car il suggère que nous avons perdu une capacité qui s'est atrophiée faute d'usage.

Une technique contemporaine pour entrer dans ces états de conscience insolites a été développée par le psychiatre tchèque Stanislav Grof, l'un des pionniers des explorations de ces états. Il apparaît qu'en état de conscience élargie, des champs de mémoire et d'expérience anciennes appartenant au passé de l'humanité et à celui d'autres espèces deviennent accessibles à la conscience. [12] Un trésor d'expériences du passé vit et est accessible en deçà et au-delà du seuil de conscience ordinaire.

L'Essence de L'Expérience Shamanique

Au cours de milliers d'années, les mythes et les rituels shamaniques de connexion maintiennent la perception de l'existence du monde spirituel invisible ou monde de l'âme, dont le symbole a pu initialement être la phase de lune noire. Le croissant renaît sans cesse — associé symboliquement avec la régénération de la vie de la Terre, et dans la tradition védique avec la régénération des cycles cosmiques, chacun durant des centaines de milliers d'années. Les poètes, les artistes, les devins et les musiciens reçoivent leur inspiration et leur vocation du cosmos étoilé, qui leur est aussi réel que ce monde-ci.

Les cultures shamaniques savent que la mort n'existe pas. Elles sont en contact avec les ancêtres. Elles savent voyager dans les autres dimensions. La Grèce avait les mystères d'Éleusis qui donnaient aux gens confiance en leur survie. Bien avant la Grèce, l'Égypte de l'âge du bronze avait élaboré une description détaillée du voyage de l'âme après la mort. Cette civilisation extraordinaire était autant consciente du monde spirituel que de ce monde-ci. Les anciens Égyptiens vivaient dans la conscience de la présence du monde spirituel et des déesses et des dieux descendaient quotidiennement dans leurs temples depuis le cosmos étoilé. Loin de concevoir la mort comme une extinction, ils considéraient la mort comme un voyage d'éveil à la vie cosmique.

Les gens ne croient pas tant aux dieux et aux déesses qu'ils ne les rencontrent — les vivantes descriptions dans l'*Iliade* et l'*Odyssée* en témoignent. Il se peut qu'ils voient ces êtres et les entendent leur parler ou qu'ils reçoivent leurs conseils de sagesse en rêve. La nette distinction que nous faisons entre le monde intérieur et extérieur n'existe pas alors, les gens sentent que leur vie se déroule dans un Ordre Sacré, la psyché de cette époque vit en communion avec cet Ordre.

Les mots parlés, la musique entendue, les rêves et les visions ne viennent pas du 'dedans' mais de l'âme du Cosmos, des êtres surnaturels, déesses et dieux, esprits des animaux, des arbres, des montagnes et des rivières, et aussi des ancêtres qui ne sont pas morts mais forment une lignée continue en connexion avec les vivants. Les oracles font part du désir de ces êtres et les gens savent qu'ils ne sont pas seuls au monde mais peuvent être guidés et influencés, mais aussi menacés, par ces entités invisibles. Les oiseaux sont les messagers du monde invisible, sans doute parce que les gens les ont vus en rêve tenir ce rôle ou les ont entendus leur parler. Les légendes les plus anciennes relatives au chêne de Dodone dans le nord de la Grèce, nous content que le chêne lui-même énonce les oracles et que lorsqu'un oiseau se pose sur une de ses branches, il parle alors d'une voix humaine.[13] L'oracle de Delphes — *delphus* veut dire utérus en grec (NdT) — était le centre du monde grec; la Pythie rend l'oracle et est consultée par des envoyés venus de tout l'empire grec. Elle détient le titre de 'Abeille de Delphes' et est la plus haute autorité de ce monde, intermédiaire entre le pèlerin et le dieu Apollon.

Une sensibilité intuitive hautement développée et un intense pouvoir d'observation mis à l'écoute des esprits des plantes, des arbres et des animaux, ont appris aux gens à cueillir, écraser et distiller certaines herbes et plantes ou écorces à des fins médicinales. Les rêves et les visions sont très importants pour établir le diagnostic et soigner le malade. Les méthodes de divination avisent de la marche à suivre. De tout L'empire grec, les gens parcourent de grandes distances pour être soignés dans les nombreux sanctuaires de guérison du dieu Asclépios — les plus renommés sont Épidaure, Kos et Pergame (maintenant en Turquie). Aussi bien en Grèce qu'en Égypte et en Crète, le rêve — parfois un rêve visionnaire du dieu lui-même — est vecteur de diagnostic. Un homme guéri de sa maladie chronique témoigne avec des mots qui surgissent d'un passé oublié: "On écoutait et on entendait des choses, parfois en rêve, parfois en vieille. Les cheveux se dressaient sur la tête; on pleurait, on se sentait heureux; le cœur se gonflait, mais non pas d'orgueil. Quel humain pourrait trouver les mots pour décrire cette expérience? Mais quiconque a vécu cela partagera mon expérience et reconnaîtra mon état d'esprit."[14]

Les rites d'incubation, les voyages dans le monde spirituel et les soins se pratiquent, partout dans le monde antique, dans les grottes et les lieux sacrés. À l'instar des prêtres-astronomes d'Égypte qui communiquent avec les étoiles, des sages taoïstes en Chine, ou des devins védiques en Inde, retirés dans la solitude des montagnes et des forêts, les shamans-visionnaires s'entraînent à entrer dans un état de totale immobilité, et à écouter pour retransmettre à leur communauté ce qu'ils ont entendu dans cet état de conscience élargie.

Au niveau de conscience exacerbée qui caractérise la conscience de participation de ces cultures, tout devient capable de communiquer – une pierre autant qu'une étoile, un animal autant qu'un arbre ou une source jaillissant d'une fente dans un rocher. Ce que nous nommons maintenant 'synchronicité' fait alors intrinsèquement partie du vécu des gens de cette époque car ils possèdent une capacité intuitive à remarquer les choses qui est beaucoup plus aiguisée que de nos jours. L'âme invisible de la nature peut se dévoiler dans le vol d'un oiseau, le bruissement d'une feuille de chêne, l'ondulation à la surface d'un lac. La nature est reconnue comme animée, consciente et capable de communiquer avec les hommes. Le sentiment de 'filiation' qui caractérise la culture lunaire — filiation de l'homme avec toute la création — est proclamé par le Chef Seattle dans son célèbre discours:

> Chaque parcelle de cette Terre est sacrée pour mon peuple.... Nous faisons partie de la Terre et elle fait partie de nous. Les fleurs odorantes sont nos sœurs. L'ours, le cerf, le grand aigle sont nos frères.... L'eau scintillante qui coule dans nos rêves et nos rivières n'est pas juste de l'eau, mais le sang de nos ancêtres... Le murmure de l'eau est la voix du père de mon père. Les fleuves sont nos frères. Ils étanchent notre soif. Ils portent nos canoës et nourrissent nos enfants.... Souvenez-vous que l'air nous est précieux, que l'air partage son esprit avec toute la vie qu'il soutient. Le vent qui a donné à notre grand-père son premier souffle a aussi reçu son dernier soupir. Le vent donne aussi à nos enfants l'esprit de la vie.... Apprendrez-vous à vos enfants ce que nous avons enseigné aux nôtres? Que la Terre est notre mère? Que ce qui arrive à la Terre arrive aux enfants de la Terre. Nous savons ceci: la Terre n'appartient pas à l'homme, l'homme appartient à la Terre. Tout est connecté comme le sang qui nous unit tous. L'homme n'a pas tissé la trame de la vie, il n'en est qu'un fil. Tout ce qu'il inflige à la trame, il se l'inflige à lui-même.

Les paroles de David Kopenawa Yanomami, shaman amazonien et chef de tribu contemporain, dénonçant la destruction catastrophique de la forêt amazonienne, témoignent de cette même conscience de filiation: "Je suis le frère de la forêt et je dois la défendre."

Le récit qui suit provient d'une autre partie du monde et illustre comment ces facultés depuis longtemps atrophiées nous reliaient alors à l'âme de la nature. Le temple de Lukhang 'Temple des Esprits du Serpent' se situe à proximité du palais du Potala à Lhassa et le Dalaï-lama le décrit comme le joyau caché de la civilisation tibétaine. Ce temple était l'espace privé des Dalaï-lamas, le lieu où ils se retiraient pour méditer. Par miracle, il n'a pas été détruit lors de l'invasion chinoise du Tibet. Les murs de l'étage supérieur sont décorés d'extraordinaires peintures illustrant la pratique tantrique du Dzogchen, voie directe de l'éveil pratiquée par les Dalaï-lamas. Ce sont les seules peintures murales illustrant une pratique qui ne se transmet qu'oralement et est poétiquement dénommée 'la lignée chuchotée'.

Avant l'invasion et l'occupation du Tibet par la Chine, le Lukhang était ouvert, un jour par an, aux pèlerins qui franchissaient le lac pour faire leurs offrandes et demander la bénédiction des esprits de l'eau. Ce rituel remontait à la construction du palais du Potala: pour extraire le mortier nécessaire à l'édification des murs, il fallut réaliser une excavation profonde. La légende raconte qu'un esprit féminin de l'eau ou *Naga* s'approcha du Cinquième Dalaï-lama (1617-1682) au cours d'une de ses méditations et l'informa que les travaux en cours détruisaient la résidence ancestrale des Nagas. Le Dalaï-lama lui promit de construire et de dédier un temple aux esprits du lac qui s'était formé sur cette partie de terre profanée et ainsi leur présence serait reconnue et honorée. [15]

De nos jours, les contes de fées comme 'La Belle au Bois Dormant' pourraient être les fragments résiduels de notre expérience participative oubliée, quand les forêts étaient habitées par des êtres qui nous aidaient ou nous empêchaient, quand les esprits des arbres et des montagnes, des rivières et des sources nous parlaient et nous confiaient le secret des plantes médicinales et des eaux, quand l'ours et le crapaud pouvaient être des esprits déguisés. Les shamans ou les ermites, les vieilles femmes ou hommes qui vivent au plus profond de la forêt ou dans les grottes peuvent nous offrir de sages conseils, les oiseaux peuvent se faire messagers, nous avertissant des dangers et se faisant nos guides. Nombres de contes, issus des traditions orales, décrivent comment le héros ou l'héroïne, en suivant les conseils avisés des animaux ou en les aidant alors que d'autres les avaient ignorés, se voit gratifié du trésor ou du mariage royal. Ces contes sont les créations d'une conscience autre qui cultive, honore et encourage l'imagination mytho-poétique et qui valorise le conteur, souvent un visionnaire tenu en haute estime par sa communauté.

Les peuples des îles polynésiennes chantent encore pour convier les requins à s'approcher des bateaux de pêche et leur demandent la permission de les tuer pour pouvoir se nourrir. Un chuchoteur de baleine officie dans les eaux de la République Dominicaine. Les shamans Maori de Nouvelle Zélande croient que chaque chose possède sa propre force de vie: la pierre a la force de vie de la terre, l'os la force de vie de toutes choses vivantes, le coquillage la force de vie de la mer. En engravant ces objets avec les motifs qu'ils observent dans la nature, ils les chargent du pouvoir de guérir le porteur et sa communauté. La 'vie' de l'os, de la pierre et du coquillage n'est jamais perdue. Son énergie continue à vivre dans le porteur et se transmet aussi à l'observateur.

Les mythes, de par le monde, sont issus de cette relation profonde des peuples autochtones avec leur terre et ses créatures. Dans son livre *Beyond Geography: The Western Spirit Against the Wilderness*, Frederick Turner l'exprime très bien: "Le mythe vivant doit inclure et exprimer les cycles intriqués de la vie animée et végétale, de la vie de l'eau, du soleil et même des pierres, qui ont leurs propres histoires. Il doit embrasser sans distinction le phénoménal et le numineux". [16] C'est ce que nous avons oublié, et c'est pourquoi nous n'avons, de nos jours, aucun mythe vivant.

L'Expérience Shamanique en Grèce Présocratique

Nous trouvons la trace de cette ancienne transmission shamanique en Égypte, source de la civilisation européenne. Les Égyptiens, dont l'enseignement a influencé les plus grands philosophes grecs, savent que les nombreux dieux et déesses qu'ils vénèrent personnifient les puissances cachées qui sont les éléments ou les agents de l'Ordre divin du Cosmos. Nous ne savons toujours pas comment les Égyptiens ont acquis leur connaissance des principes géométriques et mathématiques qui gouvernent un Cosmos intelligent et sensible, ni comment ils ont incorporé cette connaissance à la construction de leurs monuments.

En Grèce, les rituels des Mystères d'Orphée et d'Éleusis, qui maintiennent vivante l'essence de l'expérience participative lunaire, consolident ce sentiment de participer à un réel occulte et procurent à l'initié l'expérience directe de l'immortalité et de l'omniprésence de l'âme. Le poète Pindare disait: "Bénis ceux qui ont vu ces choses. Ils connaissent la fin de la vie et ils connaissent les débuts reçus de Dieu". Outre les Mystères, quelques philosophes grecs pré-socratiques du sixième siècle AEC transmettent aussi l'héritage de l'expérience lunaire. Les paroles d'Héraclite, qui suggèrent que les profondeurs de l'âme sont insondables, retiennent l'essence de cette ancienne perception. Thalès de Milet parle du 'Tout' comme d'un être vivant empli de daïmôns qui sont les agents de cette unique substance-âme. Anaximène dit que l'humain et la nature sont fondamentalement inséparables car ils participent l'un et l'autre de la même 'substance' sous-jacente qu'il nomme âme. [17] Pythagore (569-475 AEC) exilé de Grèce à Crotone en Calabre, ayant passé quarante années dans les temples en Égypte et à Babylone auprès des prêtres-astronomes, définit les lois mathématiques qui englobent l'intelligence, la sagesse et l'harmonie de l'ordre divin du Cosmos. Il nous laisse ces mots stimulants: "Prends courage, la race des hommes est divine."

L'éminent érudit de Lettres Classiques, le Dr Peter Kingsley, décrit dans son livre *In the Dark Places of Wisdom* les trésors de sagesse légués à l'Occident par Parménide (vers 515-450 AEC), qui est né à Velia (Ascea) au sud de l'Italie, ville consacrée à la déesse Perséphone. Parménide est un des plus grands philosophes présocratiques — des fragments de ses enseignements nous sont parvenus grâce à Platon et à quelques commentaires plus tardifs. Il a néanmoins laissé un poème extraordinaire composé en métrique incantatoire qui permettait d'accéder à un état de conscience autre — 'poésie créée', écrit Kingsley, 'sous inspiration divine, révélant ce que les humains par eux-mêmes ne peuvent ni voir ni savoir, décrivant le mondes des dieux et le monde des humains et les réunions entre les humains et les dieux. [18] Ce poème est capital pour comprendre l'expérience shamanique à cette époque. Parménide, comme Pythagore, est maître en la pratique de l'incubation — la personne qui souhaite contacter une autre dimension du réel, ou requiert une vision ou une visitation d'un dieu ou d'une déesse, se retire dans la solitude d'une grotte ou d'une pièce souterraine pendant le temps requis, parfois plusieurs jours. Parménide aura utilisé des techniques de chant et de contrôle de la respiration pour s'ouvrir à une dimension transcendante du réel. Kingsley affirme la continuité, clairement démontrée par les découvertes d'objets et d'inscriptions, de ces traditions et pratiques shamaniques, s'étendant de la Grèce jusqu'en Asie, en Inde, au Tibet, au Népal et aussi loin que la Mongolie.

Le poème de Parménide décrit un voyage shamanique dans cette autre dimension du réel; il voyage dans un chariot tiré par des juments, guidé par des jeunes femmes — filles du soleil — à travers d'immenses portes qui s'élèvent depuis la terre jusqu'au ciel et qui, pivotant sur des charnières huilées, ouvrent sur l'abîme infranchissable du Monde Chthonien. Il relate sa rencontre avec une personne qu'il appelle très simplement 'La Déesse', bien que nous la connaissions sous le nom de Perséphone. Kingsley écrit: "Chaque personnage que Parménide rencontre est une femme ou une jeune fille. Mêmes les animaux sont femelles. L'univers qu'il décrit est un univers féminin." [19] Le poème débute ainsi:

> *Les juments qui m'emportent aussi loin que va mon désir*
> *me conduisent, elles sont venues me chercher pour la route légendaire*
> *de la divinité qui mène l'homme de savoir*
> *à travers l'immense et sombre inconnu....*

Le poème de Parménide révèle qu'il est maître en l'art du voyage shamanique, qui L'emporte 'aussi loin que va [son] désir' dans l'obscurité et le mystère du Royaume Immortel, et que ses écrits sur la Vérité, la Justice et l'Ordre Juste de l'existence humaine dérivent de son expérience directe de cette autre dimension du réel et de ses rencontres avec la déesse. Il suggère aussi que la grande séparation qui existe dans notre culture entre le rationnel et le non-rationnel n'existe pas à son époque et n'a aucune raison d'exister à la nôtre. C'est une barrière créée par notre peur de l'inconnu et notre penchant à nier l'existence des dimensions du réel dont nous n'avons plus ni la connaissance ni l'expérience.

Les noms de shamans-guérisseurs de la lignée directe de Parménide, et couvrant quelques cinq cents ans, ont été découverts récemment à Velia (Ascea), gravés sur une large pierre. Ces hommes étaient très attentifs à leurs rêves — les leurs et ceux des pèlerins cherchant la guérison du corps ou de L'esprit, et cette tradition du rêve guérisseur est pratiquée en Grèce dans les 300 sanctuaires d'Asclépios. Trois titres décrivent ces initiés-guérisseurs: le titre *Iatromantis* décrit un guérisseur qui peut pénétrer la dimension du réel qui se situe au-delà de la veille et du rêve et est pourtant présente dans les deux. Le titre *Pholarchos* signifie 'Seigneur de L'Antre' ou maître de la technique d'incubation qui lui confère les pouvoirs de guérir et de légiférer. Le titre *Ouliades* signifie 'prêtre d'Apollon' — un Apollon qui n'est pas le dieu familier de la lumière et de la raison, mais un dieu associé à la guérison, au monde chthonien et à ce qui se trouve au-delà du seuil de la mort. En tant que Seigneur de l'Antre, Apollon gouverne les grottes où les rites d'incubation se déroulent à la nuit noire; ces rites trouvent leur origine sur la côte ouest de l'Anatolie et sont issus de sa très ancienne tradition shamanique. Les rites d'incubation et les voyages dans l'autre monde ont transmis à Parménide et à ses prédécesseurs et successeurs les enseignements sur la Vérité, la Justice et les Lois nécessaires à l'ordonnancement juste de la société.[20] Ces enseignements et leurs techniques shamaniques se sont perdus du fait de la priorité accordée à l'intellect rationnel et dérivée des interprétations tardives des écrits de Platon. À cause de la très grande influence de Platon, les perceptions intuitives et l'expérience de Parménide sont perdues pour la civilisation occidentale.

Platon et la Perte de la Transmission Shamanique

C'est l'héritage de Platon (429-347 AED), plutôt que celui de Parménide, qui fonde la civilisation occidentale et il est difficile d'établir pourquoi Platon abandonne la tradition shamanique, pourtant connue de l'homme qui fut son maître et mentor. Platon se situe à la croisée des ères lunaires et solaires, que nous reconnaissons à présent comme deux phases d'évolution de la conscience: l'une s'enracine dans une relation de participation intime avec la nature et l'ordre occulte du réel; l'autre s'écarte de la nature et met L'accent sur la raison et l'intellect rationnel. Du point de vue de l'évolution de la conscience en Occident, Platon initie un changement radical, changement peut-être déjà entériné au sein de l'élite culturelle d'Athènes. L'insistance de ses écrits prolifiques, couvrant une période de quelque quarante ans, ne porte pas sur l'expérience shamanique décrite par Parménide mais, utilisant la méthode socratique du dialogue, porte sur le développement de la rigueur intellectuelle que Socrate tient pour essentielle afin d'accéder aux réalités divines des Formes Éternelles, ces mêmes réalités que Parménide atteignait par une route autre. Le mot '*Nous*' utilisé par Platon n'évoque pas l'intellect rationnel ou le mental mais l'appréhension directe des Formes Divines, le monde des réalités archétypales.

Pourtant, on pourrait penser que Platon dérive son concept d'Âme du Monde — ψυχή του κόσμου (*psuché tou kosmou*) qu'il décrit comme 'créature vivante unique qui englobe toutes les créatures vivantes en son sein' — de l'expérience participative shamanique d'un monde doté d'âme. Il parle d'une grande chaîne de l'être comme d'une hiérarchie descendant du modèle pré-existant des Formes Éternelles aux formes du monde phénoménal. L'idée d'une hiérarchie est inédite. Nous perdons le concept du sentiment shamanique de relation avec l'autre monde et la capacité à y voyager, connu de Parménide, et nous abordons l'idée socratique qu'un intellect hautement aiguisé, entraîné au dialogue, à l'exercice de la logique et à la vérification d'hypothèses, est la clef pour permettre à la conscience humaine de recouvrer la mémoire perdue du monde transcendant des formes éternelles. Dans *The Future of the Ancient World*, le philosophe Jeremy Naydler observe que pour Platon,

> la source spirituelle du monde naturel et de nous-mêmes se trouve en s'élevant et en se détachant du corps et de toutes expériences sensorielles, et en 'voyageant' en état de conscience libre du corps, dans une dimension d'existence au-delà notre perception ordinaire. Cette dimension est le Monde des Formes purement spirituel, ou des Idées, d'où sont issues les formes du monde naturel et les pensées de notre esprit. Deuxièmement, selon Platon, le vraiment spirituel ne participe pas à la matière. Il n'est pas corrompu par immersion et implication dans la matière.[21]

Bien que le Monde archétypal des Formes Éternelles soit connecté au monde par une hiérarchie de relations, et bien que le Cosmos soit doté d'âme, la dimension des Formes Éternelles ne participe pas au monde matériel. Cette distinction est absolument cruciale pour comprendre la tradition philosophique occidentale issue de Platon. Elle est également cruciale pour comprendre les religions de l'ère axiale, qui débute vers 500 AEC et se détourne de la nature, du monde et de l'expérience sensorielle vers un concept de l'esprit monothéiste (les trois religions patriarcales) et transcendant. Naydler résume ainsi cette tendance à rejeter le monde et la perception des sens qui nous y rattache:

> Pour participer à la vraie Réalité dont dérive ce qui nous paraît réel, nous devons couper toute connexion avec le monde matériel et une conscience basée sur les sens. Nous ne pouvons pas vivre notre véritable identité sur terre: il est nécessaire de s'élever pour revenir en un mouvement de restauration de soi, mouvement qui transporte l'âme dans un état immaculé pré-terrestre de mémoire d'elle-même. Le message de Platon est de nature initiatique: nous devons apprendre à mourir à notre soi incarné, car la mort est le secret de la vie.[22]

La pensée de Platon est porteuse de l'idée que chaque âme individuelle contient la mémoire du monde divin mais, en pénétrant ce monde et en se trouvant emprisonnée dans le corps, elle oublie ce qu'elle a su. L'intention de la philosophie est de réveiller la conscience de l'âme à ses origines divines, la conscience du monde causal éternel grâce à la quête et à la connaissance du Vrai, du Bon et du Beau. Platon utilise l'allégorie de la caverne dans le livre VII de la République pour décrire la condition des humains condamnés à vivre comme des prisonniers et qui ne voient, projetées sur les murs, que les ombres des réalités qu'ils ne pourront découvrir qu'en quittant la caverne. Il écrit dans *Phèdre* ces mots révélateurs: "Pure était la lumière et purs nous étions, libres de la pollution de la sépulture mobile que nous nommons corps, à laquelle nous sommes enchaînés comme l'huître à sa coquille." Il est étrange que la caverne, lieu de révélation pour Parménide et les shamans-guérisseurs qui comme lui voyagent dans l'autre monde, devienne, pour Platon, prison du corps.

Son immensément influente définition de la réalité contient implicitement l'idée que la nature, bien qu'expression du divin, est 'inférieure' à l'esprit dans la chaîne hiérarchique de l'être, le corps 'inférieur' à l'esprit, les animaux et les plantes 'inférieurs' aux humains. Ceci s'écarte radicalement de l'expérience des cultures shamaniques où la nature est sacrée car demeure de l'esprit, et où l'accès au monde invisible sous-jacent au monde formel se découvre, dans un espace sacré du monde physique, grâce aux techniques shamaniques d'incubation, de connexion et de pénétration de l'autre monde — jamais par rejet du monde physique ou rejet de l'expérience sensorielle.

Qui plus est, la philosophie de Platon énonce que l'âme se divise en une partie rationnelle et une partie irrationnelle, la première ayant primauté sur la seconde. Les instincts, et les émotions qui en découlent, sont associés à l'âme irrationnelle ou animale et relégués à un niveau bien inférieur à celui de l'âme rationnelle, qui est associée à l'intellect. De ce moment, le témoignage de l'expérience sensorielle — l'expérience sensorielle instinctive du corps participant à la matrice de la nature — est tenu pour inférieur et trompeur en relation à l'intellect rationnel, et une scission radicale s'installe entre l'intellect et le corps. On pourrait dire que nature et corps sont dorénavant exclus de l'Ordre Sacré, exclus de la dimension de l'âme et de l'esprit. Il est possible que cette scission qui se développe entre nature et esprit, et est déjà clairement apparente dans les écrits de Platon, soit la conséquence directe de la séparation de l'ego d'avec la conscience instinctive de participation de l'ère lunaire.

La définition platonicienne de l'Âme Cosmique toute englobante et son insistance sur les vertus divines de Vérité, Bonté et Beauté, léguées à la civilisation occidentale, sont des concepts de grande importance. Pourtant, à cause de la séparation de ce monde matériel d'avec le monde des Formes Éternelles, il s'est produit un *effacement du sentiment de participation* à un monde doté d'âme, une désarticulation entre l'expérience spirituelle et l'expérience sensorielle, une insistance sur le discours rationnel au détriment de l'expérience du numineux qui caractérise les cultures shamaniques et qui, en Grèce, a atteint sa plus haute expression avec Pythagore et Parménide, et la lignée de shamans-guérisseurs qui les précèdent et leur succèdent. Le Dr Kingsley commente ainsi: "Cela fait à présent des milliers d'années que la philosophie occidentale a été systématiquement séparée et dissociée de pratiques que nous jugeons 'magiques'. Le processus a été long mais déterminé; il a presque réussi. Mais ces anciennes connexions demandent à nouveau à être reconnues."[23]

Bien que cette nouvelle philosophie reprenne l'existence du monde de l'esprit dans le concept de Formes Éternelles, de par son insistance à libérer l'âme de la prison du corps, elle ne retient pas la compréhension shamanique du monde visible et de son substrat éternel et invisible, et la compréhension que *ce monde existe au sein du monde éternel*. Une compréhension essentielle s'est perdue. La désarticulation fondamentale entre l'âme et le corps dans la pensée platonicienne s'est transmise à la théologie chrétienne qui a progressivement accentué la scission entre la matière et l'esprit, le corps et l'âme, l'expérience sensorielle et l'expérience spirituelle et considère le corps comme l'obstacle majeur à la vie spirituelle. Cette scission désastreuse a de graves conséquences pour la civilisation occidentale et les relations entre la femme et l'homme; ce dernier est identifié à l'esprit et à l'intellect rationnel et la femme à la nature et aux passions du corps.

Il peut paraître sacrilège de suggérer que la philosophie de Platon est le vecteur de cette scission. Je pense néanmoins que ses effets sur l'évolution de la psyché de la civilisation occidentale doivent être reconnus. Platon a élaboré une structure de pensée philosophique sophistiquée qui a pour conséquence un mouvement de retrait de la nature et de l'immanence de l'esprit au profit de l'idéalisation du monde archétypal des formes éternelles, et de la poursuite de la raison et de la connaissance rationnelle comme moyen d'accès vers ce monde spirituel transcendant. De par l'influence de Platon, mais ce n'était sans doute pas son intention, la civilisation occidentale ne pouvait que se construire sur les fondations de cette scission radicale entre esprit et nature, entre l'intellect apollinien exalté et les redoutées passions dionysiaques du corps, et cette scission est encore de nos jours inscrites dans notre façon de penser. Le christianisme a détourné les daïmôns en démons, ignorant superbement le conseil de Plutarque (vers 46-120 EC): "Quiconque nie les daïmôns rompt la chaîne qui relie les dieux aux hommes". [24]

Iain McGilchrist explore dans son livre remarquable *The Master and His Emissary: the Divided Brain and the Making of the Western World* la différence de perception des hémisphères droit et gauche du cerveau. Il observe que 'la séparation de l'absolu et de l'éternel — qui peuvent être connus par le logos (la raison) — du purement phénoménologique, qui est maintenant tenu pour inférieur, imprime une marque indélébile sur l'histoire de la philosophie occidentale depuis deux mille ans''. [25] Il est bon néanmoins de rappeler que Platon nous a légué certes l'idée de notre séparation, mais aussi de notre nécessaire réunion au monde divin, et cette idée vitale imprègne la littérature et la philosophie occidentales et resurgit à présent dans notre monde moderne.

Une autre facette d'importance concerne la philosophie d'Aristote (384-322 EC). Je m'en remets à nouveau à Jeremy Naydler pour comprendre Aristote, qui fut engagé par Philippe de Macédoine comme précepteur de son fils, le futur Alexandre le Grand. La philosophie aristotélicienne est radicalement différente de celle de Platon, elle conserve l'intuition shamanique de la nature en tant que manifestation de l'esprit et elle reconnaît que l'esprit est principe actif au sein de la matière. Platon prête allégeance à l'âme et Aristote à la matière.

Aristote jette les bases de l'exploration du monde naturel, de la recherche des lois occultes de la nature et des découvertes de la science contemporaine. Au contraire de Platon, il ne sépare pas l'expérience sensorielle de l'expérience spirituelle; il voit plutôt les principes archétypaux du Monde Éternel comme pleinement incorporés au monde de la matière.

> Sa philosophie sanctuarise une spiritualité qui ne requiert pas de monter aux cieux pour découvrir la source spirituelle du monde et de nous-mêmes, car l'Esprit est du monde et peut se découvrir partout dans la nature. Pour Aristote, la nature est une effusion d'esprit, principe actif et créatif de toutes choses…. Le monde perceptible aux sens n'est pas une copie ou une pâle imitation du monde transcendant des archétypes spirituels. Au contraire, ces archétypes sont incorporés au monde perceptible par les sens. L'esprit peut se connaître et se

reconnaître lui-même. Aristote aborde ce point dans son douzième livre de la Métaphysique, où il décrit l'acte méditatif par lequel une auto-conscience transcendante est atteinte sans voyager dans les étoiles, une auto-conscience par laquelle l'Esprit universel vient à se connaître lui-même dans et par la conscience humaine.[26]

Je pense que des milliers de personnes font de nos jours l'expérience de cette remarquable intuition: l'esprit s'éveille à la perception de lui-même au sein de la conscience humaine. Tout ceci advient non par le rejet du corps et de l'expérience des sens, mais grâce à un sentiment profond du déploiement de l'intention spirituelle relative à la nature et à l'existence humaine. Comme l'observe Naydler,

> une acceptation de notre incarnation, de notre appartenance à la terre, imprègne la philosophie d'Aristote, de même qu'un refus d'accepter la réalité de la vie incarnée imprègne les écrits de Platon. Pour Aristote, l'Esprit a élu domicile ici sur terre; l'Esprit a vocation à s'impliquer dans la matière. Esprit et matière ensemble composent le monde.

> Aristote aime trop le monde pour croire que le retrait du monde puisse être une voie spirituelle valable et son œuvre est empreinte de son intention de découvrir les rouages du divin au sein du monde naturel. Les deux priorités de sa philosophie portent à développer la connaissance de la nature, et à établir une éthique en rapport. Relativement à la première priorité, il recherche partout l'action du divin dans le monde naturel. Et relativement à la deuxième priorité, le fondement de l'action juste dépend de l'intuition spirituelle d'un agent humain libre et totalement responsable.[27]

Nous avons là non seulement une feuille de route pour la science mais une feuille de route pour la mise en place d'une relation éthique entre la communauté humaine et le monde naturel — de nombreuses communautés de par le monde s'y emploient bien que le monde des sciences et de la politique y soit encore peu réceptif.

> Aristote a compris que l'humanité a atteint un nouveau stade dans le déploiement du drame cosmologique, et que ce stade concerne l'infini se redécouvrant lui-même dans la sphère du fini. En termes de compréhension humaine, Aristote voit une activité cosmique et éternelle à l'œuvre dans la conscience humaine. La source de la pensée humaine est infinie, mais elle est confinée dans les limites de la finitude. Les êtres humains ont donc un rôle vital de médiateurs qui consiste à libérer l'infini de son intrication au fini, permettant ainsi au divin de se reconnaître en l'humain.[28]

Des siècles plus tard, le sauvetage et l'élargissement de l'esprit profondément enfoui dans la matière deviendra le thème majeur du Grand Œuvre de l'Alchimie.

Ce fait de la présence de l'esprit au sein de la nature est accepté par les peuples shamaniques de par le monde — pas au sens scientifique, mais instinctivement, intuitivement et par expérience directe — mais pour la culture chrétienne, c'est une hérésie de croire la nature animée de l'esprit. Cette intuition, qui a son origine dans les anciennes cultures shamaniques et précieusement transmise de génération en génération, a dû disparaître 'underground' pendant plusieurs siècles.

Il y a bien longtemps, l'âme se comprenait dans son sens le plus large en tant qu'ordre du réel occulte, substrat de ce monde, animant et la nature et le cosmos. C'était la matrice de l'être auquel nous appartenions, en la vie duquel nous vivions. L'âme était la vie occulte de la nature et du cosmos mais sa manifestation visible était le monde phénoménal qui n'était jamais vu comme inférieur ou séparé de l'esprit — ce qu'il allait devenir à l'ère solaire. Le monde était imprégné de l'esprit, irrigué par l'esprit, une épiphanie, une démonstration de l'esprit. Je revisite ce thème au chapitre Quinze.

Ces deux derniers chapitres ont décrit la relation symbiotique que nous avons entretenue avec la Terre et le Cosmos, à une certaine époque. Les peuples premiers de par le monde n'ont pas perdu ce lien et tentent désespérément de l'éveiller en nous. Tant du savoir relatif à la divinité et à la sacralité de la vie a été perdu. Pour recouvrer ces connaissances et transformer notre vision du réel, nous devons redécouvrir la vision lunaire et accorder son expression à notre époque; nous pourrons ainsi accéder à la phase qu'Owen Barfield nomme 'Participation Finale', une phase où les aspects lunaire et solaire de notre conscience sont réunis et franchissent un nouveau cap grâce à notre reconnexion à tout ce dont nous avons été séparés. Jung comprenait ce besoin quand il écrivait: "Rien à quoi la psyché appartient ou qui appartient à la psyché n'est jamais perdu. Pour vivre pleinement, nous devons ramener à la vie les plus profonds niveaux de la psyché dont notre conscience présente est issue". [29] Pour ce faire, nous devons comprendre l'ère solaire et saisir pourquoi sa vision du réel est si totalement différente de celle de l'ère lunaire — pourquoi et comment sommes-nous passés d'une vision de la nature animée et dotée d'âme à une vision de la nature inféodée à notre dominance et à notre contrôle.

104

Notes:

1. Eliade, Mircea (1959) *The Sacred and the Profane*, Harcourt, Brace & World Inc., p.13
2. Barfield, Owen (1988) *Saving the Appearances: A Study in Idolatry*, Second Edition, the Wesleyan University Press, Middletown, Conn. USA
3. Tarnas, Richard (2006) *Cosmos and Psyche: Intimations of a New World View*, Viking, New York, pp. 16-17
4. Rudgley, Richard (1998) *Lost Civilisations of the Stone Age*, Arrow Books, London, p. 291 and 9
5. Devereux, Paul (2010) *Sacred Geography: Deciphering Hidden Codes in the Lanscape*, Octopus Publishing Group, London,
6. ibid, p. 56
7. Narby, Jeremy (1998) *The Cosmic Serpent: DNA and the Origins of Knowledge*, Victor Gollancz, passim
8. Naydler, Jeremy (2009) *The Future of the Ancient World: Essays on the History of Consciousness*, Inner Traditions, Rochester, Vermont, p. 75
9. Devereux, p.78
10. Michell, John (1972) *City of Revelation*, Garnstone Press Ltd., London, p. 132
11. Eiade, Mircea (1964) *Shamanism: Archaic Techniques in Ecstasy*, Bollingen Foundation, Princeton, p.19
12. Grof, Stanislav and Hal Z. Bennett (1990), *The Holotropic Mind: Three levels of Human Consciousness and How They Shape Our Lives*, HarperCollins, New York
13. Skafte, Dianne (1997) *When Oracles Speak*, Thorsons, London
14. *Dreams: Visions of the Night*, Thames and Hudson Ltd., London, ed. Jill Purce, p. 18
15. Baker, Ian A. (2000) *The Dalai Lama's Secret Temple*, Thames and Hudson, London, pp.12-16
16. Turner, Frederick (1983 & 1982) *Beyond Geography: The Western Spirit Against the Wilderness*, Rutgers University Press, p.19
17. Levy, Gertrude (1958) *The Gate of Horn*, Faber & Faber, London, pp. 301-3,
18. Kingsley, Peter (1999) *In the Dark Places of Wisdom*, Golden Sufi Press, California, p. 49
19. ibid, p. 49
20. ibid, pp. 108-114
21. Naydler, p. 254
22. ibid, p. 254
23. Kingsley, p. 170
24. Plutarch, *De Defectu Oraculorum* 13
25. McGilchrist, Iain (2009) *The Master and His Emissary: The Divided Brain and the Making of the Western World*, Yale University Press, p. 286
26. Naydler, p. 256
27. ibid, p. 257
28. ibid, p. 258
29. C.G. Jung, source exacte inconnue

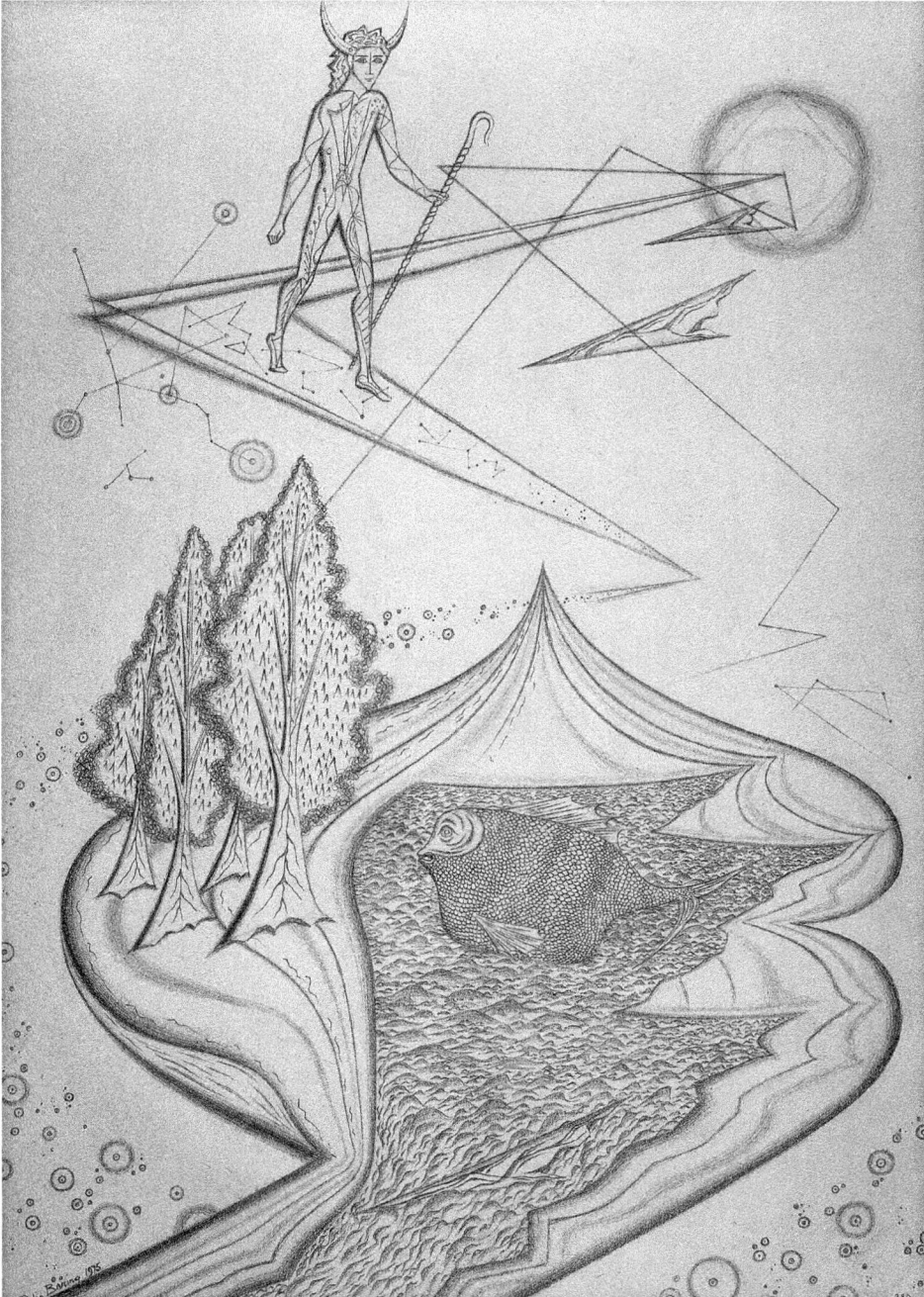

Paysage et un Dieu Cornu
Robin Baring 1977

Troisième Partie

La Psyché Dissociée

La Pathologie de la Séparation et de la Perte

L'Archétype du Féminin associé à la Nature,
à l'Âme et au Corps est désaccouplé de l'Esprit
La Nature est privée de son âme
La Nature et la Terre sont désacralisées

La femme est identifiée à la nature, l'Homme à l'Esprit
Femme et Nature sont assujetties à l'Homme

La Sexualité est un Péché
Le Corps est désaccouplé du Mental et le Mental de l'Âme

Chapitre Six

L'Ère Solaire:

La séparation de la Nature
et la Bataille entre le Bien et le Mal

L'histoire de l'esprit exilé de la Nature est l'histoire de l'homme occidental

— Ted Hughes

D ans le récit du développement de la civilisation occidentale, nous pouvons discerner, à partir de 2000 AEC, le commencement d'une nouvelle phase d'évolution de la conscience humaine et un changement d'axe d'une mythologie lunaire à une mythologie solaire. Cette ère, assimilée à la naissance de la civilisation, illustre en fait une éclipse totale de l'expérience de participation de l'ère lunaire; elle s'approprie les anciens mythes et récits lunaires et les replace dans un nouveau contexte solaire. Le corps céleste dominant est maintenant le soleil et non plus la lune et la mythologie dominante est solaire et non plus lunaire. Le processus cyclique de naissance, mort et régénération est le thème primordial de la mythologie lunaire; le thème primordial de la mythologie solaire est un grand combat entre la lumière et l'obscurité, le bien et le mal. Alors que la culture lunaire se concentre sur un cosmos doté d'âme et sur la participation mythique à la vie d'un Ordre Sacré, la culture solaire se concentre sur la conquête et la dominance de la nature, le développement de l'intellect rationnel, et la singularisation hors du groupe tribal de l'individu exceptionnel. C'est surtout l'ère de l'individu, et plus spécifiquement du guerrier dans le rôle du héros solaire.

Ce processus de solarisation s'installant de plus en plus, le temps linéaire remplace le temps cyclique, et une façon de penser linéaire, littérale et objective commence à supplanter l'ancien mode de connaissance participatif et sa façon de penser imaginale et associative. Nous considérons de façon routinière que cette nouvelle ère est un progrès ou une ascension pour l'humanité émergeant d'une ère ancienne plus primitive, marquée par des mœurs sauvages et une pensée magique. Je la vois comme une époque de réalisations culturelles et technologiques importantes mais aussi, à l'instar de D. H. Lawrence, comme une époque de perte du sens de participation à l'Ordre Sacré d'un monde doté d'âme. Lawrence, en désespoir, écrivait dans *Apocalypse and Other Writings* (1931): "Nous avons perdu le cosmos, en abandonnant notre connexion sensible avec lui, et ceci est notre principale tragédie…. Nous-mêmes et le cosmos sommes un. Le cosmos est un vaste corps vivant dont nous sommes une partie…. À quoi rime notre amour mesquin de la nature — Nature !! — en comparaison de l'ancienne magnificence de la vie avec le cosmos, et des honneurs dispensés par le cosmos !" [1]

L'un des caractères majeurs de l'ère solaire est le passage de l'image de la déité de Grande Mère à Grand Père, avec une phase de transition polythéiste — Égypte, Mésopotamie, Cana en Galilée, Grèce et Rome, parmi d'autres. La représentation de Dieu des trois religions abrahamiques le dépeint comme transcendant et séparé de la création. Dieu est le *faiseur* du ciel et de la terre, tandis que la Grande Mère *était* le ciel et la terre. L'identité essentielle du créateur et de sa création est nullifiée par ce déplacement, et une dualité fondamentale naît de cette séparation, la dualité que nous nommons esprit et nature.

L'effet à long terme de ce concept inédit de l'esprit élimine la présence du divin du monde naturel, le désacralise et ouvre la voie à son exploitation. Le mental conscient ou ego 'grandit' dans l'ombre de l'image d'une déité totalement différente de celle de la phase lunaire précédente. Le choc causé à la psyché est immense et elle ne s'est jamais remise du traumatisme imposé par les croyances qui se sont élevées sur les fondements de la scission entre l'esprit et la nature.

L'ère solaire nous arrache à la matrice de la nature et l'ego en développement perd le sens instinctif profond de sa connexion à la nature et au cosmos. Voilà pourquoi Owen Barfield peut appeler cette ère Phase de Séparation. Le mental conscient en vient à regarder le Cosmos, Dieu et finalement le monde de la Nature comme une chose séparée et différente de lui, une chose qui peut être observée mais dont il ne fait plus partie. Avec la séparation vient la peur car la mort ne mène plus à un renouvellement de la vie, comme dans l'ère lunaire; elle est finale et terrifiante, et ainsi se manifeste le besoin de puissance et de contrôle sur ce qui suscite la peur.

Ce changement reflète les frémissements d'une *perception de la vie totalement nouvelle*, la nature devient une chose qui peut être contrôlée et manipulée par l'ingéniosité humaine, et l'esprit se trouve projeté dans une déité distante au ciel et n'est plus vécu comme immanent dans les formes de la nature. Le danger de cette phase repose dans le fait que le mental humain, en se séparant de son substrat instinctuel et de sa source dans la nature et le cosmos, s'en dissocie de plus en plus et commence à s'approprier une puissance quasi-divine; il se sent engagé dans un combat magistral contre les puissances de la nature. Dans la Genèse, seuls les humains jouissent d'une relation privilégiée avec la déité et il leur est enjoint de dominer les autres espèces. Cette croyance aurait été impensable à la phase de participation. Il est impossible d'exagérer l'influence que cette croyance allait exercer sur les idéologies religieuses et sur l'attitude de la science relativement à la nature.

Le soleil devenant le nouveau focus de la conscience, le héros culturel n'est plus le shaman lunaire qui s'aventure dans l'Autre monde, se nourrit de ses mystères et en revient enrichi par les conseils thérapeutiques et trésors de sagesse qu'il dispense à sa communauté, le héros culturel est maintenant le héros solaire — un roi, un guerrier ou un individu exceptionnel — qui, identifié à la lumière, est admiré car il conquiert et soumet l'obscurité, une obscurité de plus en plus identifiée à l'ennemi. L'accent est mis sur le triomphe de la lumière, sur le rejet et l'élimination de qui ou quoi est identifié à l'obscurité. D'où les paroles de George W. Bush en Septembre 2011 "Notre responsabilité face à l'histoire est claire: répondre à ces attaques et débarrasser le monde du mal".

Mythe Solaire: le Combat Cosmique entre la Lumière et l'Obscurité

Un mythe puissant fonde l'ère solaire. Il nous vient de la mythologie mésopotamienne, perse et grecque. Ses thèmes: le combat du héros contre un redoutable dragon ou serpent et le combat cosmique entre la lumière et l'obscurité, le bien et le mal. Dès le début de l'ère solaire, nous rencontrons à Sumer avec l'*Épopée de Gilgamesh*, le premier mythe du combat du héros contre un dragon, un monstre ou un serpent. Ce mythe domine l'ère solaire, il infiltre les religions, les philosophies, et les innombrables conflits et conquêtes. Il contribue à creuser le gouffre béant entre la nature et l'esprit et entre le mental et le corps. Il fait naître la croyance que l'homme est engagé dans un combat magistral de conquête, de défaite et de contrôle de la nature, perdant ainsi toute conscience de participation de l'ère lunaire. Dans la psyché, il contribue, tout en la reflétant, à la scission du mental rationnel conscient et de l'âme instinctuelle. Il engendre finalement la conscience borgne de notre temps présent que je décrirai au Chapitre Neuf.

L'*Épopée de Gilgamesh*, datée c. 2300 AEC, est le premier récit connu du Déluge. Gilgamesh, roi de la cité sumérienne d'Ourouk, cité entourée de solides remparts, défie les dieux et part avec son compagnon Enkidou tuer Houmbaba, gardien de la forêt des cèdres de la déesse Ishtar. Les deux héros n'écoutent pas les appels désespérés à la clémence d'Houmbaba et ils le tuent. Puis ils abattent la forêt. Peu après, Enkidou tombe malade et meurt. Gilgamesh, fou de douleur, part à la recherche de l'Herbe d'Immortalité mais il s'endort sur le chemin du retour et un serpent, humant sa douce fragrance, monte d'un puits et s'en empare. Ce texte ancien est si formidable par ses descriptions que nous pouvons encore, en lisant les mots, ressentir le chagrin intense causé à Gilgamesh par cette perte: "Est-ce pour cela que j'ai besogné de mes mains, est-ce pour cela que j'ai tari le sang de mon cœur? Pour moi-même je n'ai rien gagné; pas moi, mais la bête du sol en jouit maintenant".[2]

Un mythe de création babylonien plus tardif (c. 1700 AEC), l'*Enuma Elish*, nous fait le récit d'un jeune dieu nommé Marduk qui, 'vêtu de la splendeur de dix dieux et d'une majesté qui inspire la peur', tue Tiamat, la grande mère dragonne, en tirant dans sa bouche ouverte une flèche qui lui déchire le ventre et arrache son cœur.

Marduk jette alors son cadavre au sol, le piétine et le coupe en deux comme un poisson; il crée le ciel avec une moitié de son corps démembré et la terre avec l'autre moitié. Puis il crée les planètes et les constellations. Après coup, il décide de créer l'humanité avec le sang du fils assassiné de Tiamat.

Ce mythe est récité tous les ans lors de l'équinoxe du printemps, époque où les eaux qui inondent la plaine de Babylone se retirent, le soleil réchauffe la terre et c'est le temps des semailles. La récitation du mythe est censée renforcer les puissances de la lumière contre les puissances des ténèbres lors de leur grand combat annuel, à fin de régénération de la vie au nouvel an. Un mythe s'est formé autour de cet évènement annuel — le mythe du héros solaire qui vainc les forces de l'obscurité et du mal, personnifiées par un dragon ou un monstre chthonien. Ce mythe s'est transmis aux autres cultures et est toujours bien vivant dans la nôtre.

Ce mythe de création babylonien, inédit et violent, est en contraste flagrant avec les mythes de création sumériens et égyptiens de l'âge du bronze, et il témoigne de la perte de la relation avec le monde naturel et d'une rupture brutale avec la façon de penser lunaire. Compris littéralement, c'est un mythe dangereux qui présente une image de violence et de meurtre en modèle de comportement divin, le validant comme modèle que les êtres humains doivent égaler. Marduk est l'idéal machiste — le modèle de tous les héros solaires présents et à venir. Ce mythe cristallise l'imagerie du conflit et de l'opposition de la lumière et de l'obscurité, du bien et du mal. À cette même époque, au cours des guerres, les massacres humains de masse deviennent courants, sont fêtés par le vainqueur et documentés dans les textes écrits, dans la statuaire et les bas-reliefs sur les murs des temples et des palais.

Le récit du combat du héros avec un dragon, largement répandu au Moyen-Orient et dans l'est méditerranéen, profondément inscrit dans la psyché de cette époque, fait mythologiquement le nid de la future polarisation nature/esprit, mental/corps — l'un divin et bon, l'autre 'déchu' et 'démoniaque'. Cette opposition divinement validée mène aussi au concept de guerre sainte, guerre des forces du bien contre les forces du mal, qui imprègne abondamment les textes sacrés des trois religions patriarcales, et dicte le traitement infligé à l'ennemi. La victoire éclatante de Marduk sur Tiamat, en exaltant une idéologie de pouvoir et de conquête, initie une nouvelle façon de vivre, un nouveau mode relationnel au divin. Le combat du héros-dieu et son triomphe sur le dragon/monstre des ténèbres, du chaos et du mal, devient le thème dominant de tous les mythes héroïques de l'ère solaire — de Marduk au mythe du héros de notre propre époque, qui se joue devant nous sur la scène mondiale.

Le concept d'opposition et de conflit entre la lumière et l'obscurité, le bien et le mal, est cristallisé, et cette mythologie solaire imprègne l'Ancien Testament et toutes les autres mythologies de l'âge du fer; celles d'Inde (le *Mahâbhârata*) et de Perse (le conflit entre Ormuzd et Ahriman); en Grèce, c'est le dieu-soleil Apollon tuant le dragon femelle Python, gardienne de la source sacrée à Delphes, Thésée tuant le Minotaure et Persée la Gorgone Méduse; dans l'Apocalypse, c'est la grande bataille livrée à la fin des temps entre St Michel et le Dragon.

Il est possible d'affirmer que la Terre, identifiée à la déesse vaincue et au dragon — qui représente les forces incontrôlables de la nature — n'est dorénavant plus sacrée. Il est choquant et consternant d'envisager qu'un mythe ait l'immense pouvoir de corrompre notre relation à la Terre et au Cosmos et de tenir l'humanité sous son emprise depuis quelque quatre mille ans.

Une Nouvelle Vision du Monde

L'importance de ce changement d'orientation pour la relation entre l'homme et la nature ne peut pas être surestimée. L'ère solaire reflète une perception totalement inédite de la vie et formule une méta-narration — ou vision du monde — ascendante, dont le combat cosmique de la lumière et de l'obscurité, du bien et du mal, est le thème. Le sentiment lunaire de participation à la régénération de la vie sur Terre et à la vie du Cosmos s'estompe progressivement avec la diffusion de la mythologie solaire, changement accentué par la naissance de l'écriture et l'invention des multiples applications de la technologie du bronze — surtout celles relatives à la guerre et aux armes. Le concept lunaire d'équilibre entre la lumière et l'obscurité est supplanté par le concept solaire de leur opposition. La nature va devenir pour les quatre mille ans à venir une chose à conquérir, à contrôler et à manipuler, par l'ingéniosité des hommes et à leur profit. Autrefois animée par l'esprit, elle est maintenant vidée de son âme. Le corps est déconnecté du mental et le mental de l'âme. Le Mythe de la chute dans la Genèse (voir chapitre Sept) décrit le processus d'aliénation, de séparation et de perte — cruel retournement de la sensibilité participative des cultures lunaires pré-écriture. Jules et moi-même écrivions dans *The Myth of the Goddess*: "La nature n'est plus ressentie comme source mais comme adversaire, et l'obscurité n'est plus un mode de l'être divin, comme cela était à l'époque lunaire, mais un mode d'être vide de divinité et activement hostile, engloutissant la lumière, la clarté et l'ordre".[3]

Si nous établissons un parallèle entre ce basculement de notre vison du monde et les circonstances de la psyché à cette époque, nous pouvons y lire le récit de l'ego/ héros solaire s'évertuant à se différencier de la matrice de la nature, et aspirant à maîtriser et contrôler ce dont il est issu. L'épopée de la quête solaire de la lumière, de l'illumination et de la victoire sur les ténèbres est l'épopée de notre propre quête héroïque de conscience et de notre peur de retomber en l'obscurité de l'inconscience, l'obscurité de 'l'état de nature'. Du point de vue de l'ego, l'obscurité doit être bannie et défaite pour que la lumière triomphe — une conception aux antipodes de la croyance lunaire où l'obscurité de l'Autre-Monde était un mystère à pénétrer et à explorer. l'accent porte maintenant sur l'archétype masculin car l'ego a besoin de s'identifier avec cet archétype afin de se différencier de la 'Mère' — la matrice de la nature et des instincts. Nous pouvons effectivement nous demander si la manière violente et conflictuelle était absolument nécessaire et si le processus n'est pas devenu pathologique du fait de l'influence de la mythologie dominante et des traumatismes subis par les guerres et les conflits permanents de cette époque.

Bouleversements Politiques et Sociétaux

Deux autres facteurs ont contribué au basculement de la mythologie lunaire à la mythologie solaire: l'un est politique, l'autre concerne l'impact de l'écriture. Vers 2200 AEC un bouleversement colossal, qui a dû être ressenti comme un coup de tonnerre dans un ciel bleu, impacte les communautés agricoles du Croissant Fertile. Toute la région est plongée dans la tourmente. Des peuples d'envahisseurs, honorant des dieux mâles — 'peuples dont l'assaut est tel une tornade' des mots mêmes d'un scribe — déferlent sur les vallées où la déesse est vénérée depuis des milliers d'années. Ils chevauchent et conduisent des chars de guerre. Certains viennent du nord via le passage entre la mer Noire et la mer Caspienne, d'autres arrivent de la péninsule Arabique et d'autres encore, connus sous le nom de peuples de la mer, arrivent par la Méditerranée. La guerre et ses conquêtes forment le thème de cet âge nouveau et terrifiant. Partout peur et massacres, partout clameurs de détresse et de terreur tandis que les populations sont massacrées ou réduites en esclavage, leurs cités et leurs maisons brûlées, leurs moyens de subsistance anéantis. La cruauté et les massacres qui accompagnent L'imposition de cet ordre nouveau sont triomphalement archivés dans les annales des Babyloniens et plus tard, dans celles des rois assyriens. Ce que la Syrie subit actuellement est tout à fait comparable. Le thème de cette nouvelle ère est 'conquête' — pas encore au nom de la religion, mais au nom de la possession et de l'agrandissement territorial, au nom de l'acquisition du pouvoir. Le roi Sargon d'Akkad (2300 AEC) est le premier à documenter ses vastes conquêtes d'un territoire entre les 'deux mers' — la Méditerranée et le golf Persique. Il sert d'exemple aux rois et empereurs qui vont lui succéder et construire les grands empires à venir: Babylone, Assyrie, Perse, Grèce et Rome.

Il est maintenant admis que le changement climatique, aux alentours de 2200 AEC, provoquant sécheresse et famine à grande échelle, a contraint les populations à abandonner leurs territoires et à migrer vers des zones où la nourriture est encore abondante. Quelles que soient les raisons de cette époque de turbulences — et la famine peut en être une — la guerre et la violence deviennent endémiques dans cette région de l'est de la Méditerranée, ainsi qu'en Turquie (alors l'Anatolie), et au Moyen-Orient (Irak moderne). À travers l'histoire égyptienne, babylonienne et assyrienne, nous suivons l'ascension des chefs de guerre, idéalisés et glorifiés pour leurs prouesses dans la bataille et leur victoire sur l'ennemi. Les palais assyriens et égyptiens et les murs des temples dépeignent leurs rois debout sur leurs chars de guerre, engagés au combat, leurs ennemis décapités ou enchaînés, en rang à leurs pieds. Le nettoyage ethnique par les Assyriens de dix des douze tribus d'Israël vers 720 AEC fait partie de cette sombre période. Le siège et le sac de Troyes nous donnent un aperçu graphique de cette narrative guerrière qui domine de plus en plus cette période.

Nous retrouvons ce schéma de conquête dans les empires perse, grec et romain et par la suite, dans toutes les luttes de pouvoir entre groupes tribaux et nations; luttes qui se sont déroulées sur le sol européen autant que sur les vastes territoires entre l'Europe et la Chine. Nous pouvons tout à fait imaginer les souffrances endurées par les milliers de gens massacrés, déplacés, laissés veufs ou orphelins. Cette époque est la scène des dislocations sociales massives et des bouleversements politiques, des migrations vers les cités et d'un accroissement démographique rapide, de l'essor des cités-états et des nations-états, de l'établissement de bureaucraties centralisées et d'un clergé de pouvoir, de l'asservissement des fermiers devenant des serfs, de la mise en esclavage des prisonniers de guerre, du nettoyage ethnique et des déplacements massifs de populations vaincues.

La mythologie solaire conduit finalement au concept de guerre sainte — la victoire des forces du bien sur les forces du mal — et à l'idée que le sacrifice humain est justifié et toléré par Dieu quand il a pour fonction d'éradiquer le mal, incarné par l'ennemi désigné; d'où les expéditions militaires au Moyen Âge de la Chrétienté contre l'Islam et les assauts de l'Église pour extirper le 'mal' hérétique. La victoire dispensée par Dieu est la récompense convoitée et Dieu est invoqué des deux côtés en soutien de la lutte du 'bien' contre le 'mal'.

Dès que nous entendons, de nos jours, les mots 'bien' et 'mal' prononcés dans un contexte de lutte entre des forces opposées, nous pouvons reconnaître le vieux mythe solaire de l'individu qui, revêtant le costume du héros solaire, mène son peuple à l'assaut de l'obscurité diabolique. Nous pouvons aussi y reconnaître le rituel de diabolisation de l'ennemi et toute la propagande qui accompagne la forme contemporaine de la lutte des forces opposées.

Le thème de conquête, qui débute au troisième millénaire avec les conquêtes du roi Sargon d'Akkad, est constant au cours des quatre millénaires jusqu'à nos jours avec Hiroshima et les terrifiantes armes nucléaires, biologiques et chimiques des guerres contemporaines. La Chrétienté et l'Islam se sont approprié cette mythologie de conquête avec leurs appels à la croisade et aux guerres saintes et son legs se retrouve à notre époque dans la croisade contre 'l'axe du mal' et le jihad islamiste; il traîne même dans le manifeste de Breivik, responsable de la tuerie de masse en Norvège (2011), dans lequel il se revendique chevalier croisé moderne, engagé dans la lutte du bien contre le mal, pour bouter les musulmans hors d'Europe.

Il peut sembler difficile d'admettre que ce thème de conquête, de guerre et de sacrifice qui définit la Phase de Séparation, soit pathologique. Du point de vue de la psychologie moderne, on pourrait dire qu'il affiche des symptômes pathologiques car son mode d'expression est dissocié de tout sentiment de culpabilité ou de regret relatif à la souffrance qu'il inflige. La défaite et l'humiliation de l'ennemi sont célébrées comme la preuve de la supériorité et de la puissance du vainqueur. Les vaincus sont massacrés, réduits en esclavage et déchus de leur droit. Ce schéma comportemental est profondément inconscient. Le christianisme n'apporta aucun changement car les chrétiens se réclamèrent rapidement 'soldats du Christ'. Malgré l'injonction de ne point tuer enchâssée dans les Dix Commandements, et l'injonction du Christ à ses disciples de pardonner aux ennemis, aucune prise de conscience, suggérant qu'infliger la mort et la souffrance à d'autres humains puisse être moralement répréhensible et contraire à l'ordre divin, ne semble poindre au plus fort de la bataille. Le potentiel d'empathie ne s'est déployé que lentement. Que nous prenions l'*Iliade*, l'Ancien Testament (Deutéronome 7), la mentalité de conquête des débuts de l'Islam ou l'impulsion aux croisades du Moyen Âge chrétien en Europe, la défaite de l'ennemi tribal est toujours réputée agréable aux dieux, et finalement à Dieu.

La Formation du Guerrier

De chasseur-cueilleur au Paléolithique et au Néolithique, l'homme devient guerrier à l'âge du bronze et pendant toute l'ère solaire. Il est évident que, depuis les temps les plus reculés, les garçons sont conditionnés dès l'enfance à développer leurs talents pour la chasse et le combat et à se regrouper entre hommes pour ravitailler en nourriture le clan ou la tribu et les défendre contre les attaques. Ce lien profond et archaïque — une véritable dévotion entre hommes — est encore ressenti par eux de nos jours lors des conflits dans lesquels ils s'engagent. La formation première d'un guerrier est l'obéissance au chef tribal. Les hommes à l'ère solaire sont inspirés par des mythes guerriers, par des modèles de guerriers héroïques qu'ils doivent égaler. Cette ère est dans un état de perpétuelle préparation à la guerre et chaque garçon est formé à considérer la bagarre comme une chose naturelle, noble, glorifiante et nécessaire, grâce à laquelle il peut prouver sa virilité. Le régime instauré à Sparte retire les garçons à leur famille dès l'âge de sept ans pour qu'ils suivent une formation militaire jusqu'à l'âge de dix huit ans; ils sont alors prêts pour la guerre. L'entraînement militaire transforme les garçons en guerriers qui participent à la construction des empires que leurs rois-guerriers se sentent poussés à conquérir. Pour être reçu dans la confrérie des guerriers il faut faire couler le sang. Éprouver de la peur ou faire preuve de faiblesse est un comportement de femme: faible, lâche et inutile.

Voilà l'idéologie de l'ère solaire qui endoctrine les hommes dès leur plus jeune âge. Les hommes ne sont pourtant ni agressifs de façon innée, ni attirés par la guerre; mais l'habitude guerrière de l'époque les conditionne à se conformer ou à souffrir la honte, le ridicule et le rejet de leur groupe tribal ou national — et ce jusqu'à la première guerre mondiale qui fusille les déserteurs et les lâches. Sam Keen partage, dans son livre *Fire in the Belly: on being a Man*, l'observation suivante: "Une culture qui est en guerre ou constamment sur le pied de guerre conspire à créer la perception, tout particulièrement chez ses citoyens mâles, que l'ennemi menace en permanence".[4] Il ajoute: "Le guerrier donne sens à sa vie en jouant un rôle dans le récit suprême du combat cosmique entre le bien et le mal…. L'œil et le mental du guerrier se fondent dans le stéréotype qui réduit l'ennemi à une entité qui peut être défaite et tuée sans remord. Dans le feu de l'action, l'option est tue ou sois tué".[5] Le guerrier face à l'ennemi redécouvre la force, la nécessité et le courage brut du combat primordial pour survivre, tel un animal peut en faire l'expérience quand il est confronté à un dangereux prédateur.

Pendant plus de 4000 ans, sous la puissante influence de la mythologie solaire, la victoire et les tributs de la victoire sont des trésors convoités, obtenus en se battant. Le courage dans la bataille est la vertu suprême du guerrier et l'image du guerrier est le modèle suprême de l'homme. Alexandre le Grand (356-323 AEC), guerrier parmi les guerriers, naît dans une culture guerrière, il est à la poursuite compulsive de la gloire de conquête, à l'image de son père Philippe de Macédoine, assassiné lors du banquet de mariage de sa fille. Tandis que les populations migrent vers les cités, que les cités deviennent des états, et que les états entrent en conflit les uns avec les autres, toujours plus de jeunes hommes rejoignent ou sont enrôlés dans les armées conduites par des rois guerriers — et certains ne reverront jamais leur pays natal.

L'archétype du héros solaire en tant que guerrier exerce encore une puissante fascination inconsciente sur la psyché de l'homme contemporain engagé sur le champ de bataille de la politique ou des entreprises, ou même dans le monde scientifique et académique: le but premier du mâle est de réussir, de gagner, et si nécessaire d'anéantir les autres mâles. L'idéal du guerrier est devenu une partie inconsciente de l'identité de chaque homme depuis sa plus tendre enfance.

La focalisation sur la guerre et la conquête de territoires va de pair avec le thème mythique du combat cosmique entre le bien et le mal et l'endoctrinement du guerrier. La guerre est endémique pendant les 4000 ans de l'ère solaire. La glorification de la guerre, la conquête et l'exaltation du guerrier sont le thème majeur de l'ère solaire — toujours présent comme en témoignent les mots de George W. Bush en 2005: "Nous n'accepterons aucune autre issue que la victoire". Cet appel à la victoire résonne au cours des siècles, précipitant les hécatombes de jeunes guerriers sacrifiés au dieu de la guerre, les innombrables millions de personnes conduites en captivité et réduites en esclavage, les innombrables femmes violées et les innombrables veuves laissées indigentes. Il valide une morale qui s'acharne à obtenir la victoire quel qu'en soit le prix en vies humaines, et encore de nos jours glorifie la guerre et admire le chef guerrier. Ce modèle archaïque de domination tribale et de conquête a infligé et inflige des souffrances indicibles à l'humanité, et menace jusqu'à notre survie.

Le combat cosmique de la lumière et de l'obscurité s'est trouvé de plus en plus projeté dans le monde et une fascination avec la conquête de territoires s'est emparé de l'imagination, conduisant à la création d'immenses empires. Tout se passe comme si l'ego humain héroïque, identifié au héros solaire, devait conquérir de nouveaux territoires, incarner le mythe littéralement, et ce faisant, canalisait les instincts primitifs territoriaux de la psyché vers une orgie dionysiaque débridée de conquêtes, de massacres et de destructions. Nous n'entendons jamais parler de la souffrance causée par ces conquêtes: les veuves éplorées, les mères perdant leurs fils, les orphelins, les réserves de céréales, les rythmes des semailles et les récoltes dévastées par le pillage des armées, les œuvres d'art détruites et dérobées. La destruction totale de la splendide cité de Persépolis par Alexandre le Grand est un des legs de cette dynamique solaire.

L'Esclavage

L'esclavage accompagne la création des empires, exemplifié par Babylone, l'Assyrie, l'Égypte et les Hittites et sert à subjuguer les peuples conquis. Nous connaissons le destin de milliers de femmes et d'enfants à partir de la description, dans l'*Iliade*, d'Andromaque qui voit son fils être précipité des remparts du palais du roi Priam et qui se lamente sur sa destinée et celle des Troyennes. Les hommes sont contraints à la servitude et les femmes à être concubines ou esclaves sexuelles. Leurs souffrances, qui incluent le viol des garçons et des fillettes, ne peuvent être qu'imaginées. L'histoire est la même en ce qui concerne les vastes empires de l'âge du fer: pouvoir, terres et richesses au vainqueur; mort, esclavage et destitution au vaincu.

L'Impact de l'Écriture

L'écriture est la seconde influence majeure de l'ère solaire. Le mot écrit remplace la tradition orale qui transmettait la sagesse et les connaissances de l'ancienne culture lunaire. Cette sagesse se trouvait peut-être inscrite sur les milliers de rouleaux de la Grande Bibliothèque d'Alexandrie. Or l'empereur Théodosius Ier ordonne en 391 la destruction de tous les temples païens — y compris ceux d'Éleusis et d'Éphèse. Le fameux incendie de la bibliothèque d'Alexandrie et de son trésor inestimable d'écrits conservant les connaissances du monde pré-chrétien peut avoir eu lieu autour de cette date. Le legs des cultures shamaniques — en particulier de celles issues de la formidable civilisation égyptienne — devient occulte, mais survit néanmoins dans la Tradition Hermétique, dans la Kabbale et l'Alchimie.

David Abram, dans son livre *The Spell of the Sensuous*, établit que l'essor de l'écriture contribue à la disparition de la conscience ancestrale de participation: "Ce n'est que lorsque l'écriture commence à parler que les voix de la forêt et des rivières commencent à se taire. Et seulement alors le langage dénoue son association ancestrale au souffle invisible, l'esprit se sépare du zéphyr, la psyché se dissocie de l'air ambiant".[6]

The Alphabet and the Goddess écrit par feu le Dr. Leonard Shlain, qui était chirurgien au California Medical Center de San Francisco, développe l'idée intéressante que l'alphabétisation favorise l'hémisphère gauche du cerveau au détriment de l'équilibre entre les hémisphères, qui aurait prévalu dans les cultures pré-écriture. Il explique que lorsque nous parlons, nous nous servons des deux hémisphères mais lorsque 'le mot écrit commence à supplanter le mot parlé, la dominance du cerveau gauche s'affirme nettement".[7] Il se pourrait que l'importance du prophète ou du sage diminue avec l'essor de l'écriture. Notons cette intéressante anecdote: Socrate aurait eu du mal à apprivoiser ce nouvel art d'écrire. Il ne le comprend pas et pense que c'est une invention dangereuse car elle ne permet pas aux idées de s'écouler librement comme dans une conversation. Il préfère se servir de la communication orale. Il s'inquiète de ce que l'écrit puisse faire passer les gens pour plus intelligents qu'ils ne le sont, donnant l'impression qu'ils savent alors qu'ils ne savent pas — sans doute la définition première du mot *com'*!

Au cours de cette période, l'hémisphère gauche du cerveau commence à occuper une position dominante en relation à l'hémisphère droit. Plus l'écriture se répand et plus cette tendance s'affirme. Shlain observe que:

> "L'écriture est un mouvement de proportion tectonique qui fissure la nature imbriquée de la... coopération des cerveaux. L'écriture rend le cerveau gauche, flanqué des cônes aiguisés de l'œil et de la main droite agressive, dominant sur le cerveau droit. La marche triomphante de l'écriture qui commence il y a cinq mille ans, conquiert les valeurs du cerveau droit et avec elles, la Déesse. Patriarchie et misogynie en sont l'inévitable résultat.... La main qui tient le crayon tient aussi l'épée". [8]

Peut-être est-ce parce que l'écriture nous a mis à distance de la nature et de notre relation d'empathie avec la Terre, que le récit de la création dans le Livre Sacré - dépositaire suprême du Verbe divin — est tenu pour vrai. L'attitude plus tolérante des Grecs et même des Romains, qui autorisent la pratique de divers cultes, fait place à une adhésion rigide au mot écrit — dépositaire suprême de la révélation. L'unité de la vie se brise sur l'idée d'un dieu entièrement transcendant, séparé et distinct de la nature. La terre n'est plus sacrée et elle est découpée en nations et en empires dirigés par de puissants rois. L'obéissance absolue au mot écrit remplace l'expérience shamanique du numineux. Les anciens rituels de connexion et de divination sont bannis. Les images des cultes païens sont proscrits sous peine de mort. Toute chose auparavant associée à la Grande Mère est, à cause de ce bouleversement de l'imagerie archétypale, déclassée en relation à l'autorité absolue du Grand Père. La voie de connaissance lunaire est subordonnée à la voie solaire et, sous l'influence de la mythologie solaire la Nature d'abord, puis finalement le Cosmos, sont dépouillés de leur âme.

De La Grande Mère au Grand Père

La représentation prédominante de l'esprit glisse de Grande Mère à Grand Père tandis que la psyché humaine, à l'ère solaire, se retire de plus en plus de la matrice de la nature. Plus le retrait de la nature est important et plus l'image de la déité gagne en transcendance et en éloignement. Dans *The Myth of the Goddess* nous résumions ainsi ce changement majeur de conscience: "Si la relation à la nature en tant que Mère est une relation d'identité, et que la relation à la nature par le Père est une relation de dissociation, alors le glissement de Mère à Père symbolise une séparation toujours plus grande de l'état d'inclusion dans la nature qui n'est plus vécue comme nourricière, mais comme frein à la croissance". [9] L'Ancien Testament, qui consigne les destructions répétées des sanctuaires et vergers de la Déesse, témoigne du combat sans merci entre les 'champions' de chacune des deux mythologies. "Mais vous renverserez leurs autels, vous briserez leurs idoles et abattrez leurs vergers. Tu ne te prosterneras point devant un autre dieu, car le seigneur, dont le nom est Jaloux, est un dieu jaloux" (Exode 34:13) Ceci est le premier exemple connu d'acte iconoclaste ou destruction des images. Toutes les images et toutes les références à la Déesse-Mère cananéenne Asherah sont éradiquées afin que la suprématie de Yaweh ne soit pas contestée. La statue d'Asherah et celle du serpent de bronze qui accompagne son culte sont à maintes reprises jetées hors du temple de Jérusalem.

L'immanence divine, autrefois associée à l'image de la Grande Mère et des Grandes Déesses de l'âge du bronze, est progressivement et définitivement perdue. La croyance collective remplace l'expérience shamanique directe de la dimension invisible de l'Autre monde, et oublie sa profonde relation avec les éléments sacrés du monde naturel qui donnaient accès à cette dimension mystérieuse. Le passage de la mythologie et culture lunaire à la mythologie et culture solaire prend des milliers d'années, passant par une phase où les dieux et les déesses président un monde dont chaque bosquet et source, chaque rivière et montagne abritent encore des esprits. Ils sont tous bannis et les rituels païens sont proscrits lors de la venue du judaïsme, du christianisme et de l'islam, les trois religions porteuses de l'image d'un dieu monothéiste et transcendant. Le monothéisme judaïque éradique le polythéisme et ses connexions aux esprits du sol et aux grands cycles de la nature. La terre de Palestine devient le don de Yahweh au peuple juif, découlant de Sa promesse à Abraham et semant les graines du conflit et de l'oppression qui flambent à notre époque, trois mille ans plus tard.

L'image de l'esprit qui gouverne les cultures patriarcales est majoritairement mâle — c'est peut-être, comme Freud l'a suggéré, la projection inconsciente du père patriarcal. Quelles que soient les raisons sociétales et politiques de l'émergence de cette puissante image de la déité mâle, la création est maintenant attribuée au verbe du Père, et non plus à la matrice de la Mère. Le créateur est à distance de sa création, il n'est plus immanent, contenu en elle. Ceci est d'une importance cruciale car ceci reflète le fait que l'unité de la vie est éclatée: la Nature est dissociée de l'Esprit. À cause de ce basculement de l'imagerie archétypale, toute chose associée à la Grande Mère se trouve dévalorisée en relation au masculin.

La Soumission des Femmes

Le caractère polarisateur de la mythologie solaire crée une fissure toujours plus large entre l'homme et la femme, menant à l'oppression et à la persécution de cette dernière. Au cours des trois millénaires, les prêtres, qui détiennent le pouvoir théologique, identifient de plus en plus l'aspect 'mâle' de la vie à l'esprit, à la lumière, à l'ordre et à l'intellect rationnel — qu'ils associent au bien — et identifient l'aspect 'femelle' de la vie à la nature, l'obscurité, le chaos, le corps, très souvent amalgamés au mal. Cette polarisation fondamentale est assimilée par les enseignements religieux, et intégrée aux mœurs et croyances tribales qui placent l'homme en position dominante sur la femme. La femme et son corps sont vus comme un danger, une menace, une tentation sexuelle pour l'homme. La nature, la femme et le corps sont étroitement amalgamés; c'est la raison pour laquelle tous doivent être assujettis à la volonté de l'homme. La femme, identifiée à la nature, est une création secondaire ou inférieure dans la Genèse et dans les écrits des philosophes grecs — croyance dont les conséquences seront explorées aux chapitres Sept et Huit.

Les enseignements des religions patriarcales de l'ère solaire, qu'ils concernent la maîtrise ascétique du corps, la méfiance de la sexualité ou la peur de la femme, sont porteurs de cette façon de penser polarisante. L'identification inconsciente de la femme à la nature est à l'origine de ces projections négatives intégrées aux mœurs et aux comportements sociaux, qui persistent encore de nos jours — en accord avec les croyances religieuses. Quelle est l'origine de l'attitude des talibans vis-à-vis des femmes si ce n'est cette directive du code de lois mésopotamien, vers 2350 AEC: "Si une femme devait parler en mal d'un homme, que sa bouche soit écrasée avec une brique chaude". [10]

Plus à l'est, en Chine, l'ancestrale vision taoïste d'une nature dotée d'âme recède peu à peu et est remplacée par l'insistance sur la minutie des usages en société, qui relèguent la femme à une position inférieure de quasi-esclavage. Les sages de l'Inde, sauf exception, se détournent du corps et de l'expérience des sens, et tiennent le monde phénoménal pour illusoire, leurs enseignements insistent sur l'éveil et la libération de la Roue des Renaissances. Là aussi, la femme est une distraction et un empêchement à la vie spirituelle. Le récit du bouddha quittant sa femme et son jeune fils et même son fidèle cheval, reflète l'influence de cette mythologie solaire qui met l'accent sur l'esprit par opposition au monde, à la femme et au corps.

Les Effets à Long Terme de la Mythologie solaire

La mythologie solaire promeut, au sein de notre civilisation occidentale, la quête prométhéenne de liberté, de justice et de connaissance, autant que la soif d'exploration et de conquêtes de nouveaux territoires. En tant qu'élan culturel, elle porte en elle le désir humain, la recherche humaine, de dépassement des contraintes et des limites. Le mot 'découverte' qualifie toute cette ère. Le thème majeur de la mythologie solaire dans la sphère du religieux, et de même chez Platon, porte sur la libération de l'asservissement au corps, et par association, la libération de l'asservissement à notre mortalité; en Orient, c'est la libération de la Roue des Renaissances. Cette mythologie est linéaire, essentiellement utopique et transcendante, elle ne nous met pas en relation avec la Terre. Son thème premier était et est encore le pouvoir, l'ascension, le progrès, la réussite, la conquête, retransmis à notre époque par cette célèbre série documentaire des années soixante — *The Ascent of Man* — qui se faisait fort d'exposer toute la gamme de découvertes et d'inventions qui prouvent que "l'homme a le pouvoir de contrôler la nature et non d'être contrôlé par elle".

La mythologie solaire donne tout pouvoir à l'individu talentueux et héroïque de se différencier du groupe tribal, conférant à l'humanité d'immenses bienfaits et permettant des découvertes aptes à transformer une culture. Grâce à ses combats pour la justice et la liberté, elle a permis d'établir des régimes démocratiques dans de nombreux pays. Mais elle a aussi encouragé la croyance que l'humanité elle-même serait le héros solaire, dominant toutes les autres espèces et détenant le droit d'exploiter les ressources de la Terre à son seul bénéfice, laissant les autres espèces sans défense face à L'assaut de ses supposés droits et besoins.

Cette croyance est enchâssée dans la Genèse 1:28, où Adam et Ève se voient attribuer domination sur toutes les créatures de la Terre. "Et Dieu les bénit, et Dieu leur dit: Soyez féconds, multipliez, remplissez la terre et assujettissez-la; et dominez sur les poissons de la mer et sur les oiseaux des cieux et sur tout animal qui se meut sur terre". Dans un autre passage fatidique, Noé et ses fils s'entendent dire "Soyez féconds, multipliez, et remplissez la terre. Vous serez un sujet de crainte et d'effroi pour tout animal de la terre, pour tout oiseau du ciel, pour tout ce qui rampe au sol, pour tous les poissons de la mer; entre vos mains je vous les livre" (Genèse 9:1-2). Nous sommes aujourd'hui confrontés aux conséquences de ces deux passages colossalement influents.

La mythologie solaire est le moteur de toutes les idéologies utopiques ainsi que du rêve de progrès scientifique et technologique. Elle est à prédominance mâle car la psyché masculine exerce l'influence dominante sur le monde au cours de l'ère solaire, et ce sont les réussites, les découvertes et les actions courageuses d'hommes exceptionnels qui inspirent et servent de modèles aux autres hommes. Un fort sens d'individualité et un ego déterminé — qui finirent par être assimilés à la conscience rationnelle — peuvent être considérés comme la réussite suprême de la psyché masculine au cours de l'ère solaire. Mais la voix des femmes, à qui sont interdits l'accès à l'éducation, à la prêtrise et aux professions de soignants au début de l'essor des sociétés patriarcales, est réduite au silence.

La Recherche continue du Pouvoir et de la Toute-Puissance

L'influence de la mythologie solaire dans le judaïsme, le christianisme et l'islam, alimente la soif de conquête et de soumission de territoires au nom de Yahweh, du Christ et d'Allah — avec les conséquences catastrophiques que l'on sait pour les peuples conquis par l'épée. Elle alimente finalement le désir de l'Occident de fonder de nouveaux empires et conduit à la création de l'Empire britannique qui, en 1900, gouverne le quart du monde, autant en terme de territoire que de population. Elle nourrit aussi les idéologies qui provoquent des souffrances indicibles et des millions de morts au vingtième siècle. La glorification de la conquête et de l'hégémonie apparaît au cours du troisième millénaire AEC en Mésopotamie, avec les conquêtes de Sargon d'Akkad, et des pharaons d'Égypte et se poursuit avec Hiroshima, le Vietnam, l'Irak, et la terrifiante technologie des armes nucléaires, chimiques et biologiques de la guerre moderne. La guerre provoque la peur et la peur provoque la guerre, activant et consolidant le schéma prédateur/proie du cerveau archaïque (voir chapitre Douze et Treize). Si ce système perdure suffisamment longtemps, il devient une habitude irrésistible. La litanie de conquête et de sacrifices humains, de jubilation dans la victoire et de soumission de l'ennemi mérite le terme d'ombre obscure de l'ère solaire.

Les comptes rendus impersonnels — tant de morts, tant de blessés, tant de sans-abris, tant de veuves, tant d'orphelins — de ces catastrophes ne nous laissent qu'imaginer les effets passés sous silence, puisque la lacération du cœur humain ne peut être quantifiée. Tel jadis, tel de nos jours: les corps sans vie des hommes, femmes et enfants, figés dans l'agonie de leur mort, sont abandonnés dans les rues des villes et villages dévastés et dans la poussière de la Terre désacralisée. Chacun a été l'enfant d'un parent qui a nourri cette vie depuis sa naissance, qui a chéri des espoirs et des rêves pour cet enfant si précieux. Ces vies sont détruites avec tant de nonchalance quand ces jeunes hommes sont sommés par les décideurs de servir leur nation ou leur religion, en s'entre-tuant. Le monde continue à tourner, de nou-velles générations naissent, seuls quelques uns se souviennent, seuls quelques uns ont le désir et la volonté de changer ce schéma de sacrifices rituels, seuls quelques uns éprouvent du remords pour les vies qu'ils ont supprimées en obéissant aux ordres, en défense de leur pays, de leur groupe tribal ou de leur religion. Les autres enterrent leur culpabilité.

Que deviennent les âmes de ces jeunes, morts dans la fleur de l'âge? Je ressens le poids de leur silence anxieux agir à travers les siècles: le poids des âmes des hommes, femmes et enfants arrachés à ce monde du fait de la cruauté et de la per-versité humaine. Les larmes et le chagrin de ceux qui les pleurent sont rapidement engloutis par la vague tonitruante de la vie. Avant d'être moi-même mère, je ne pensais pas à toutes ces générations de mères anonymes qui avaient pris soin de la vie qui animait leurs enfants, et les avaient chéris pour sa beauté, sa brièveté, et sa fragilité, espérant qu'ils survivraient, s'épanouiraient et auraient eux-mêmes des enfants. Maintenant, grâce à mon expérience de mère et de grand-mère, je peux imaginer la peur muette et l'angoisse de ces femmes, la chasse et l'abattage des proies humaines par les prédateurs humains, la terreur des personnes pourchassées, abattues et oubliées, au cours d'innombrables générations. Aucun monument aux holocaustes de victimes des âges passés. Aucune archive de femmes, violées par les armées en maraude, qui ont chéri et nourri leurs enfants jour après jour, mois après mois, années après années, pour que leurs vies finissent écrasées sous la botte sans pitié de la guerre.

Quand, de nos jours, nous rencontrons la tendance à l'omnipotence et au désir grandiose d'empire et de domination du monde, nous pouvons y voir l'influence de la mythologie solaire et l'inflation — hubris — du leader inconsciemment identifié au rôle mythique du dieu solaire, héros investi dans le combat à mort du dragon de l'obscurité et du mal.

La Mythologie Solaire et la Scission du Mental et de L'Âme

Grâce à la compréhension psychologique dont nous disposons depuis une centaine d'années, tout particulièrement grâce à la psychologie des profondeurs de Jung, nous pouvons cerner que cette phase solaire est le reflet d'une dissociation radicale de notre psyché entre la force ascendante de notre ego (le héros) et l'ancestrale puissance grandement crainte de l'instinct (le dragon), identifiée à la nature et aux 'passions animales' irrationnelles de l'homme. Tandis que cette dynamique dissociative s'intensifie, les sentiments d'inclusion dans l'entité cosmique et d'in-terrelation avec la nature et la dimension occulte du réel, ainsi que la conscience de participation de l'ère lunaire, s'effacent. Au cours de l'ère solaire, la conscience s'efforce de s'élever vers la lumière, craignant et bannissant l'obscurité par peur de régresser dans un 'état de nature' inconscient. La force est glorifiée comme seul moyen permettant la survie. l'héritage de l'insistance platonicienne sur la raison et l'intellect rationnel, de concert avec l'impact de l'écriture et le paradigme solaire de l'ascension de l'esprit, associé à une profonde méfiance de la femme et de la sexualité, précipite l'effondrement de la voie de connaissance lunaire et du sentiment ancestral de vivre au sein d'un Ordre Sacré.

L'accomplissement ultime de l'ère solaire est l'émergence d'un fort sens autonome d'individualité (ego conscient) hors de la matrice de l'instinct et du développement de l'intellect rationnel et réflectif grâce à l'éducation. Mais le prix à payer est lourd: tout d'abord, l'inflation ou hubris de l'ego tandis qu'il se retire de son substrat instinctuel et s'attribue un pouvoir quasi-divin; deuxièmement, l'asservissement et la répression de l'instinctuel, du non-rationnel et du féminin qui, objets d'amalgame, sont perçus comme des menaces à l'hégémonie de l'ego masculin. Keith Sagar, dans son livre *Literature and the Crime against Nature*, fait la chronique des critiques corrosives de la civilisation occidentale vue par ses plus grands poètes et écrivains, d'Homère aux tragédiens grecs jusqu'à Ted Hughes, et commente:

> "L'histoire de la civilisation occidentale est l'histoire des crimes de plus en plus dévastateurs de l'homme contre la Nature, Nature non seulement définie en tant que planète et ses formes de vie, ses puissances et ses processus, mais aussi en tant que femelle dans toutes ses manifestations, et en tant qu' 'homme naturel' au sein de la psyché individuelle. C'est l'histoire de la mutilation de la Nature par l'homme dans ses tentatives de la conformer au lit de Procuste de son mode de pensée patriarcal, anthropocentrique et rectiligne".[11]

Le Danger des Idéologies Utopiques: les Projections Négatives

Le mythe solaire continue, encore de nos jours, à nous captiver. Il se retrouve dans toutes les idéologies utopiques qui s'escriment à imposer les lumières d'un ordre nouveau mondial et qui rejettent l'obscurité et tout ce qui s'oppose à elles. Il se définit par ses projets grandioses. Il a infiltré non seulement les textes sacrés du judaïsme, du christianisme et de l'islam, mais plus significativement, notre comportement à l'égard du 'sombre' et des Peuples Indigènes Premiers, dénommés 'primitifs' (plus instinctifs), victimes de la course à l'empire des nations européennes. Le catalogue des horreurs infligées au cours de ces conquêtes et l'insistance à convertir ces 'primitifs'— que ce soit en Amérique centrale et du sud, en Afrique, en Inde ou plus à l'est — est largement documenté; et ces abus perdurent en Amazonie et en Indonésie où les intérêts commerciaux des multinationales détruisent les forêts tropicales, en ignorant les protestations des populations autochtones et en les exterminant si nécessaire.

La déportation, en 1971, de 1800 personnes de l'archipel des Chagos, est un cas d'école récent illustrant ce comportement; l'accord est passé entre le Royaume-Uni et les États-Unis, ces derniers louent l'île de Diego Garcia pour servir de base militaire en vue d'effectuer le lancement de missiles à longue-portée. Les termes utilisés dans ce contrat honteux décrivent tout l'archipel comme 'totalement désinfecté' et 'nettoyé' de toutes vies, y compris des chiens, qui sont gazés. Les populations déplacées n'ont toujours pas reçu l'autorisation de retourner sur leurs îles qui, en 2011, ont été classées sanctuaire marin.

Au fil du temps, les religions, en particulier le christianisme et l'islam sous influence du mythe solaire, s'engagent dans une lutte militante pour la suprématie. L'animosité mortelle ente les catholiques et les protestants au cours de l'histoire européenne, entre les chiites et les sunnites dans l'Islam, et entre les Israéliens juifs et les Palestiniens est attribuable à l'influence polarisante de cette mythologie et surtout, à la scission de notre psyché qui la sous-tend. Tant que nous ne serons pas conscients de cette fracture en nous-mêmes, et de notre éloignement catastrophique de notre âme instinctuelle, nous continuerons à être poussés à rechercher et à attaquer des objets sur lesquels nous projetons notre propre obscurité. Ce mécanisme inconscient de projection est à l'œuvre dans la sphère politico-religieuse comme l'illustrent les tensions persistantes entre les cultures chrétiennes occidentales et les cultures islamiques moyen-orientales.

Nous retrouvons la propension de la mythologie solaire à inviter les projections négatives sur autrui dans les idéologies séculaires totalitaires du siècle dernier qui séparèrent la race héroïque ou 'élue' de ceux qu'elles démonisèrent en tant qu'inférieurs ou dispensables. Nous voyons son influence polarisante à l'œuvre dans l'holocauste; Hitler et l'idéologie nazie exterminèrent des millions de Juifs et d'individus dont la race, la génétique ou l'intellect furent perçus comme inférieurs. Nous retrouvons la même influence polarisante dans le régime communiste de l'ex URSS, dans la Chine de Mao, qui causa 45 millions de morts [12], au Cambodge sous Pol Pot, en Bosnie sous Milosevic, en Syrie avec le régime d'Assad. Ces régimes justifient l'élimination de leurs ennemis raciaux, tribaux ou ethniques de la même façon que le christianisme et l'islam justifient l'élimination des hérétiques et des apostats. Tous étaient et sont en mesure de recruter des individus qui croient accomplir le 'bien' en obéissant aux ordres de massacrer leurs prochains. La Cour Internationale de La Hague confronte cette croyance en accusant ceux qui ont 'obéi aux ordres' de crime contre l'humanité.

La Survivance du Sentiment d'un Cosmos doté d'Âme

Bien que l'attention de la culture chrétienne se détourne de la terre et se porte vers le ciel, loin de la matière et vers l'esprit, le sentiment de vivre au sein d'un cosmos doté d'âme survit jusqu'à la fin du Moyen Âge en Europe. Les poètes et les artistes, les mystiques et les visionnaires de l'Occident chrétien, maintiennent vivante l'expérience shamanique ancestrale. St François d'Assise (1181-1226), la veille d'écrire son cantique de Frère Soleil, a la vision de la Terre comme d'un orbe d'or resplendissant. Dans ce cantique, de même que dans toute la philosophie du Moyen Âge, les principaux astres — la lune et le soleil — et la grande hiérarchie des anges et des archanges, et les animaux et les oiseaux, appartiennent tous à l'Ordre Sacré ou Ordre Divin Cosmique.

C'est en Europe le temps des grands pèlerinages aux sites consacrés à la Vierge Noire (souvent lieux de culte de la déesse Isis à l'époque romaine) et aussi le temps des constructions des cathédrales gothiques dans leur splendeur vertigineuse, qui sont dédiées à la Vierge Marie et concrétisent le concept pythagoricien de la parfaite harmonie mathématique du Cosmos divinement ordonné, dont ce monde est l'image. C'est aussi le temps de la large diffusion des légendes du Graal dans toute l'Europe. La cathédrale et le sanctuaire sont les lieux de la rencontre entre l'humain et le divin.

Après les terribles décennies de peste noire au XIVè siècle, le concept de monde doté d'âme trouve une nouvelle expression dans la Florence du Quattrocento; Cosme de Médicis fonde l'Académie néoplatonicienne et commissionne Marsile Ficin pour traduire les ouvrages de Platon, de Plotin et les textes de la Tradition Hermétique égyptienne. Le concept platonicien d'Âme du Monde et la triade Vérité-Beau-Bon sont redécouverts en Italie, et engendrent la splendeur de la Renaissance. Botticelli réinstaure Vénus, Déesse de l'Amour et de la Beauté, dans ses deux célèbres tableaux *Le Printemps* et *La Naissance de Vénus*. Le corps commence à être réhabilité car les peintres et sculpteurs de cette époque se reconnectent au passé païen pré-chrétien. Pic de la Mirandole écrit son célèbre *De la Dignité de L'Homme* en 1486. Richard Tarnas nous livre ses réflexions éclairées sur Pic de la Mirandole et cette nouvelle époque dans son livre *Passion of the Western Mind*:

> Une nouvelle vision de l'homme, de la nature et du divin accompagne l'apport de cette tradition. Le néoplatonisme, fondé sur la conception plotinienne du monde en tant qu'émanation de l'Un transcendant, définit la nature comme imprégnée de la divinité et expression noble de l'Âme du Monde. Les étoiles et les planètes, la lumière, les plantes, les pierres même, possèdent une dimension numineuse.... L'ancienne vision pythagoricienne d'un univers ordonné selon

les formes mathématiques transcendantes est accueillie avec un intérêt intense, car elle promet de révéler l'intelligence mystique imprégnant la nature, et dont le langage sont les nombres et la géométrie. Le jardin du monde est à nouveau enchanté par des puissances magiques et des significations transcendantes implicites dans chaque objet de la nature.[13]

Mais ce superbe nouvel élan, qui manqua de peu de réinstaurer l'ancienne conscience lunaire à un niveau inédit, s'étiole avec l'assaut des sombres réalités de la Réforme protestante. Nous pouvons suivre l'influence polarisante de la mythologie solaire à travers les siècles à venir, lorsque la nouvelle religion protestante cherche à éradiquer toute trace de la religion catholique et attaque ses images sacrées avec une fureur sauvage, laissant des milliers d'églises dépouillées de toutes représentations visuelles. En Angleterre, plus de 95% de l'héritage artistique du Moyen Âge est détruit aux XVè et XVIè siècle — la destruction des monastères commence sous Henry VIII — les peintures murales sont badigeonnées de blanc, et des milliers de superbes sculptures et peintures sur bois du Christ, de la Vierge et des saints sont défigurées, brûlées et réduites en miettes par des hommes qui s'enorgueillissent de leurs actes de vandalisme, sensés effacer toutes traces de 'superstition'. L'Angleterre ne s'est jamais relevée de ce viol de son âme et de la perte de ses artistes si talentueux. À cette même époque, le culte de la Vierge, pratiqué par les Anglais depuis des siècles, est proscrit. Les églises reçoivent pour instructions de 'ne plus chanter de louanges à Notre Dame, uniquement à Notre Seigneur'.

La vision d'une Terre et d'un Cosmos sacré s'efface, encouragée par la fascination grandissante pour les sciences, l'arrivée de la révolution industrielle et la valorisation de l'aptitude de l'homme à contrôler la nature et à façonner son destin. L'imagination visionnaire tant estimée par Coleridge, le sentiment d'une nature dotée d'âme redécouvert par les poètes romantiques de la fin du XVIIIè siècle et exprimé par la poésie de Wordsworth et par les mots de l'artiste William Blake 'Tout ce qui vit est sacré', sont petit à petit perdus.

Le Retour de L'Âme

Mystérieusement et fortuitement, à l'heure actuelle, le concept ancien d'âme et d'unité de la vie frémit sous la surface de notre culture. L'énormité des problèmes nous défiant nous force à questionner notre compréhension actuelle du réel et à amender ce modèle antagonique que la puissante influence de la mythologie solaire nous a légué. Un profond instinct humain tâche de rétablir notre équilibre et notre totalité en redécouvrant la valeur de l'ancienne voie de connaissance. Le mouvement pour l'environnement qui rétablit le respect de la planète en est un exemple. T.H. Watkins écrit dans L'introduction du livre de Frederick Turner que 'si le mouvement pour l'environnement réussit à réparer ne serait-ce qu'une partie des dégâts que notre histoire a causés, alors les générations futures viendront à le considérer comme le mouvement social le plus important de tous les temps'. [14]

Pour comprendre le présent nous devons connaître le passé — fondement de nos croyances et de nos comportements actuels. Grâce aux découvertes des quelque cent dernières années, nous savons que nous sommes ici sur une longue trajectoire de plusieurs millions d'années qui a permis la séparation graduelle — différentiation — de l'espèce humaine et du royaume animal, ainsi que le développement de la conscience de soi — que nous nommons individualité — d'un intellect hautement développé, d'une imagination fertile et de la capacité à se servir de cet intellect et de cette imagination pour formuler des buts et les atteindre — tout ce que nous nommons conscience humaine.

En dépit de ses réussites culturelles et technologiques, tout l'édifice de l'âge solaire repose sur le fondement de notre séparation de la nature, et la scission dans la psyché entre notre intellect conscient rationnel et notre âme instinctuelle nous a fait perdre notre sens de participation à un Cosmos sacré et vivant. Que cette scission soit une étape nécessaire à l'évolution de la conscience peut faire l'objet d'un débat. De toute façon c'est fait, et nous sommes seulement maintenant confrontés à cet héritage et avons peut-être assez de conscience pour le guérir.

Richard Tarnas décrit l'histoire de l'évolution de la conscience comme à la fois une ascension héroïque vers l'autonomie et une chute tragique hors de l'unité. Il voit l'histoire des deux mille cinq cents dernières années comme une série de naissances qui ont forgé la conscience et la civilisation occidentales. Mais il pense que nous entrons maintenant dans une nouvelle phase de notre évolution, une phase qui nous permettra de réunir tous ces aspects de notre nature, qui ont été fragmentés et perdus, avec tous ces éléments de la vie, que nous pensions étrangers à nous. Dans son épilogue de *The Passion of the Western Mind* il écrit:

> Nous sommes au seuil d'une révélation de la nature du réel qui pourrait faire éclater nos croyances les plus ancrées sur nous-mêmes et le monde. La sensation de crispation que nous ressentons fait partie de la dynamique de notre libération imminente. Car la passion la plus ardente du mental occidental est de se réunir au sol de son être. La raison d'être de la conscience masculine occidentale est sa quête, non seulement de se réaliser elle-même, de forger son autonomie, mais finalement aussi de recouvrer ses connexions à la totalité, de se réconcilier avec le grand principe féminin de la vie: s'en différencier pour pouvoir redécouvrir et s'unir au féminin, au mystère de la vie, de la nature et de l'âme. Et cette réunion peut se produire à un niveau original et totalement

différent de celui de l'unité inconsciente primordiale, car la longue évolution de la conscience humaine l'a préparée à accepter enfin d'étreindre le sol et la matrice de son propre être, librement et consciemment". [15]

Ce profond élan de l'âme gagnant en intensité, le 'mariage' de la conscience lunaire ré-émergente et de la conscience solaire dominante commence à transformer notre perception du réel. Cela donne de l'espoir pour l'avenir. Si nous réussissons à recouvrer les valeurs intrinsèques de l'ancestrale voie de connaissance participative sans perdre le magistral accomplissement évolutionnaire d'un ego fort et concentré, et de toutes les découvertes et de toutes les techniques que nous avons développées, nous pourrons alors guérir et la déchirure de notre âme et notre planète vandalisée et violée

Notes:

1. Lawrence, D.H. (1931) *Apocalypse and Other Writings*, Cambridge University Press, p. 78
2. Saunders, N.K. (1960) *The Epic of Gilgamesh*, Penguin Books Ltd. London, p. 117
3. *The Myth of the Goddess*, p. 298
4. Keen, Sam (1992) *Fire in the Belly: On Being a Man*, Bantam, p.41
5. ibid, p. 43
6. Abram, David (1996) *The Spell of the Sensuous*, Vintage Books, New York, p. 254
7. Shlain, Leonard, (1998) *The Alphabet Versus the Goddess*, Viking, New York, p. 40
8. ibid, p. 44
9. *The Myth of the Goddess* p. 661
10. cité dans Shlain, p. 45
11. Sagar, Keith (2005) *Literature and the Crime Against Nature: from Homer to Hughes*, Chaucer Press, London, p. 369
12. Diköter, Frank (2011) *Mao's Great Famine*, Bloomsbury Books Ltd., London
13. Tarnas, Richard (1991) *The Passion of the Western Mind*, Ballantine Books, New York pp. 213-214
14. Turner, Frederick (1983 & 1982) *Beyond Geography: The Western Spirit Against the Wilderness*, Rutgers University Press, p. xxiv
15. Tarnas, Epilogue

St Michel et le Dragon
Tympan de L'église de Saint-Michel-d'Entraygues, Angoulême 1140 EC

Chapitre Sept

LE MYTHE DE LA CHUTE
ET LA DOCTRINE DU PÉCHÉ ORIGINEL

La séparation chrétienne de la matière et de l'esprit, de la dynamique de la vie et du royaume de l'esprit, de la grâce naturelle et de la grâce surnaturelle, a en vérité castré la nature…. La véritable spiritualité, issue de l'union de la matière et de l'esprit, a été tuée.

— Joseph Campbell, *The Power of Myth*[1]

À la lumière du mythe solaire que nous avons exploré dans le chapitre précédent, je peux maintenant comprendre que le Mythe de la Chute de l'Homme est le mythe — ou méta-narration — le plus tragique et le plus influent de la Phase solaire de Séparation. Le livre de la Genèse raconte l'histoire de notre expulsion d'un monde divin et de notre chute dans ce monde, une chute initiée par une femme, Ève, qui désobéit au commandement de Dieu et fait naître la mort, le péché et la souffrance. La croyance que toute l'humanité est entachée du péché originel est issue de ce mythe; ce n'est pourtant guère plus qu'une croyance — un mythe — mais elle est présentée et acceptée comme la révélation d'une vérité divine.

Si nous nous positionnons du point de vue de l'évolution de la conscience, ce mythe qui raconte l'histoire de la tentation d'Ève par le serpent, de la désobéissance d'Adam et d'Ève et de leur expulsion du jardin d'Éden, peut se lire comme une métaphore qui décrit l'étape douloureuse de notre séparation de la matrice de la nature — le 'jardin d'Éden' — d'où nous avons évolué. L'expulsion du jardin est une métaphore exacte de la naissance de notre capacité à réfléchir et de notre conscience de soi, renonçant par là-même à l'état plus inconscient d'une vie purement instinctuelle. Comme lors de notre séparation d'avec notre mère à la naissance, un sentiment de dualité se forme inévitablement tandis que nous perdons le sentiment de participation à un Ordre Sacré primordial. Malheureusement, et même tragiquement, le mythe est compris littéralement, tenu comme révélation divine, et la psyché chrétienne est marquée de la croyance que la nature humaine est déchue, coupée de Dieu en punition du 'péché' d'Adam et d'Ève qui ont goûté au fruit de l'Arbre de la Connaissance, et ont donc été condamnés à l'exil sur terre. Depuis près de deux mille ans, les chrétiens apprennent et croient que leur seule chance de rédemption passe par les doctrines et les rituels de l'Église, et la grâce salvatrice de la mort sacrificielle du Fils de Dieu. Aucun salut hors la foi chrétienne.

Une seconde méta-narration, issue du mythe de la Chute, concerne la doctrine chrétienne du Péché Originel, promulguée par St Augustin à la fin du IVè siècle. Une désastreuse obsession du péché et de la culpabilité, une méfiance de la sexualité et du corps, et la peur de la punition divine s'enracinent alors dans l'âme. La projection de l'esprit sur une déité distante quelque part dans le ciel, et non plus perçue comme le sol invisible du monde phénoménal, provoque un changement de vue radical. Est-ce le poids accordé à ces deux croyances qui provoquent, en l'espace des quatre premiers siècles, la transformation de l'Église chrétienne de support de transmission de l'enseignement du Christ à puissance impériale au contrôle absolu sur des millions de sujets?

"Quelle est l'origine du mal, de la mort et de la souffrance?" Cette question intrigue les auteurs du Livre de la Genèse. Elle intrigue les formulateurs de la doctrine chrétienne quelques siècles plus tard et elle nous intrigue encore aujourd'hui. Ce chapitre et le suivant vont explorer l'influence de ces deux méta-narrations qui tentèrent de répondre à cette question. Ils vont se livrer à une analyse critique de ce que nous pouvons appeler l'aspect 'ombre' de la chrétienté car, en leur attribuant tant de poids, l'Église chrétienne a pu présenter aux croyants une vision de la vie négative, sinon fausse.

Le Mythe de la Chute naît avec le Livre de la Genèse mais son influence impacte les cultures juive, chrétienne et même islamique. Il est pendant très longtemps le mythe principal qui oriente l'enseignement religieux en Occident. Pour ne prendre qu'une seule religion, il y a actuellement près de 2 milliards de chrétiens de par le monde — près du tiers de la population mondiale — qui auront intégré l'idée qu'une femme, Ève, a précipité la mort, le péché et la souffrance dans ce bas-monde, et que toute l'humanité subit l'amère conséquence de la Chute. Je crois que ces deux croyances, d'une portée considérable, tellement imbriquées l'une dans l'autre, ont profondément meurtri l'âme chrétienne: elles ont meurtri la femme et l'image que l'homme a de la femme, et l'image que l'homme a de l'aspect féminin de sa propre nature. Je me demande, en vérité, s'il est possible d'exagérer les conséquences de cette blessure sur la psyché occidentale et la civilisation occidentale dans sa totalité. Je ne peux entendre les mots brutaux, punitifs, accusateurs attribués à Dieu dans le Livre de la Genèse, sans un sentiment de révulsion et aussi de compassion pour les âmes — surtout celles des enfants — qui ont été et seront plombés par ce message tyrannique. Dieu dit à Ève "J'augmenterai la souffrance de tes grossesses, tu enfanteras dans la douleur, et tes désirs se porteront vers ton mari et il dominera sur toi"(Gen 3:16) Et Dieu dit à Adam "Puisque tu as écouté la voix de ta femme, et que tu as mangé de l'arbre, le sol sera maudit à cause de toi; c'est à la sueur de ton front que tu en tireras ta nourriture tous les jours de ta vie" (Gen 3:17). Depuis deux mille ans, des millions d'êtres intègrent le message de cette image d'un Dieu cruel, rejetant et accusateur et portent le fardeau du péché originel. Ces versets sont lus à haute voix à Noël en introduction du récit de la nativité de Jésus, en manière d'explication de la nécessité d'être racheté par la naissance du Sauveur et sa mort sacrificielle.

L'Interprétation Littérale du Mythe

L'interprétation littérale du mythe et la croyance en sa révélation divine lèguent aux générations de Chrétiens un héritage de culpabilité sexuelle, de misogynie et de peur de la colère divine. Plus je lisais les textes des églises catholiques et protestantes qui renvoient à cette interprétation littérale, et plus je pouvais voir les immenses dégâts infligés à la relation homme-femme en Occident. De plus, elle est une cause majeure de la vision profondément négative de la vie et de son rejet du monde, et de l'agrandissement de la fracture de l'ère solaire entre la nature et l'esprit, l'intellect et le corps. Je pouvais voir que cette influence avait contribué à notre éloignement croissant de la nature et à notre exploitation brutale des ressources de la Terre. Puisque le mythe désigne la Terre comme un lieu d'exil, d'expiation et de souffrance, pourquoi devrions-nous la respecter? Puisque nous avons été bannis en ce lieu de souffrances, de misère, de labeur et de mort, pourquoi ne nous sentirions-nous pas justifiés à l'exploiter pour notre bénéfice? Et il est inévitable que dans nos relations avec les autres peuples, les autres religions, nous cherchions à décharger nos sentiments de culpabilité en les punissant, en les attaquant, en les condamnant, projetant sur eux notre intolérable camisole de culpabilité.

Je pense pouvoir dire que la plus grande maladie de la culture chrétienne est la peur de la sexualité, le dénigrement et le déni de la sensualité et de l'extase, ainsi que l'oppression et la subordination contrainte de la femme. On pourrait dire que la première erreur de l'enseignement chrétien est d'avoir dissocié le corps et la matière de l'esprit et de l'âme. La croyance qu'afin d'obtenir l'approbation de Dieu et de nous prémunir contre sa colère et autres châtiments, nous devions nier l'instinct sexuel, rejeter le corps et même lui infliger douleurs et souffrances, est sa seconde erreur. Au nom de la vie spirituelle, le corps fut contraint d'endurer toutes sortes de mortifications, y compris les pratiques sado-masochistes de dénutrition, de flagellation, du port du cilice, et autres instruments de souffrance. Je comprends comment cet enchaînement d'idées s'est produit, mais je me demande si, en séparant la nature de l'esprit, en vidant la nature de son âme et en corrompant les instincts par la culpabilité et la peur, l'enseignement chrétien — à l'instar de Marduk du mythe babylonien — n'aurait pas scindé la totalité de la vie et notre propre totalité en deux morceaux.

Poursuivons plus avant: l'enseignement attribue à Dieu tout le bien et tout le mal à l'homme, plaçant sur ses épaules un intolérable fardeau de culpabilité. L'étape suivante — conforme au paradigme de la mythologie solaire, qui conçoit un grand combat cosmique entre le bien et le mal — est d'attribuer à l'institution de l'Église tout le bien et tout le mal aux dieux païens ou aux groupes qui défient le pouvoir de l'Église, formulant à cette fin le concept de 'sauvé' et de 'damné' et promettant enfer et damnation aux hérétiques et aux 'incroyants'. Des propres mots de St Augustin, posant ainsi les prémisses de l'Inquisition, 'l'erreur n'a aucun droit'.

Je me demandais comment l'âme et les qualités de cœur avaient pu survivre et s'épanouir face à un système de croyance qui leur fait une telle violence. Les sempiternels pinaillages portant sur la doctrine négligent l'enseignement authentique du Christ. Le christianisme a-t-il pris le mauvais tournant en faisant reposer tout l'édifice de sa doctrine du salut, grâce à la mort sacrificielle du Fils de Dieu, sur les fondements du mythe de la Chute et de la doctrine du péché originel? Est-ce que le Christ l'aurait voulu ou aurait-il été consterné par l'enseignement donné en Son nom? Joseph Campbell remarque que:

> Notre histoire de la Chute dans le Jardin donne la vision d'une nature corrompue; et ce mythe rend corrompue à nos yeux la totalité du monde. Puisque la nature est considérée comme corrompue, tout acte spontané est entaché de péché et nous ne devons pas y succomber. Vous obtenez une civilisation différente et une façon de vivre différente selon que votre mythe vous présente une nature déchue ou une nature en elle-même manifestation de la divinité, et dont l'esprit est une révélation de cette divinité inhérente à la nature. [2]

Il est très difficile d'être conscient des postulats dérivés de ces mythes, et plus encore de les neutraliser, car ces mythes ou méta-narrations sont aux sources de notre héritage culturel. Quelle est leur pertinence pour nous? Les couches profondes de l'âme qui, au cours de dizaines de milliers d'années avaient connu une existence de participation à la vie de la Terre et du Cosmos grâce à la perception instinctive de l'unité et de la sacralité de la vie, sont abruptement privées de ce vécu. L'ancestrale mythologie lunaire où toute vie est imaginée comme la création de la Grande Mère, née de la matrice cosmique du grand réseau de relations et de connexions, est refoulée. Les diverses religions à mystères, qui s'épanouissaient chez les Grecs et les Romains, sont anathématisées. À la fin du quatrième siècle, les temples païens, tels le temple d'Artémis à Éphèse et le temple de Déméter à Éleusis, sont rasés par ordre de l'empereur Théodosius, et les rites païens sont interdits. En 529 EC, l'empereur Justinien ferme l'académie néo-platonicienne d'Athènes, qui avait succédé à l'Académie de Platon. Les maîtres, conviés par le roi de Perse à venir enseigner dans ses universités, emportèrent avec eux d'inestimables écrits des philosophes grecs. Bien que l'Église chrétienne préserve et intègre à ses rituels certains éléments appartenant aux anciens rites, elle n'en est pas moins l'acteur majeur qui porte le coup fatal à l'ordre ancien. Encore maintenant, aussi incroyable que cela puisse paraître, certains prêtres se font l'écho de ce vieux préjugé interdisant aux chrétiens la pratique du yoga car 'païen'.

Le mythe de la Chute, mis en avant par l'enseignement de St Paul et désastreusement réactualisé par St Augustin et les Pères de l'Église, s'enracine profondément dans la culture juive. Il illustre à la perfection le glissement de l'état de culture lunaire à culture solaire, d'unité de participation inconsciente à séparation, culpabilité, aliénation et exil. La totalité de l'Ordre Sacré est, pour ainsi dire, éclatée par le développement de la conscience de soi qui nous sépare de la nature et ceci éveille un sentiment inconscient de culpabilité. Dans sa fonction de mythe, il décrit de façon poignante notre sentiment d'isolement, d'exil et d'abandon causé par notre perte de contact avec la façon ancestrale de ressentir la vie et notre embarquement vers une nouvelle phase d'évolution de la conscience. Il n'existe pas d'image plus frappante de notre sentiment d'exil et de perte que celle de l'expulsion du jardin d'Éden, dont l'entrée est gardée par un ange armé d'une épée flamboyante pour empêcher notre retour. Voyons comment D.H. Lawrence concevait ce bouleversement considérable:

> 'Chute' et 'Rédemption' ne sont-ils pas des nouveaux concepts assez tardifs des religions et des mythes: vers l'époque d'Homère? Les paradis des vrais païens ne sont-ils pas... purs de toute idée de 'Salut', même s'ils ont l'idée de re-naissance? Et ne sont-ils pas purs de la 'chute', même s'ils ont l'idée de la descente de l'âme? Les deux concepts sont bien différents. Dans mon opinion, les grandes religions païennes de l'Égée, d'Égypte et de Babylone, ont conçu la 'descente' comme un immense triomphe, et chaque Pâques de l'incarnation comme une gloire suprême, et la Mère Lune qui nous donne notre corps comme la donatrice ultime d'un don inestimable, d'où l'ancienne Magna Mater. Cette 'chute' dans la Matière... cette 'mise au tombeau' dans 'l'enveloppe de chair' est une idée inédite et pernicieuse qui émerge vers 500 AEC parmi des consciences cultuelles distinctes, et est destinée à tuer enfin et pour toujours la grandeur des cieux. [3]

Ce passage peut être mis en parallèle avec une autre page de son livre *Last Poems*, où il décrit la conscience de participation encore vivante dans le mode de vie des Étrusques:

> Une religion de la vie sous-tend toute la vivacité des Étrusques... une vision sous-tend toutes leurs danses, et même une science de la vie, une conception de l'univers et de la place de l'homme dans cet univers qui permet à l'homme de vivre au mieux de son potentiel. Tout est vie pour les Étrusques, tout l'univers est vivant, et la vocation de l'homme est pour lui-même d'être vivant au sein de la vie. Il doit absorber la vie en lui, la tirer des immenses vitalités parcourant le monde. Le cosmos est vivant, comme une spacieuse créature.... La totalité est vivante, et possède une grande âme, ou anima: et en plus d'une grande âme, il y a aussi des myriades d'âmes vagabondes plus modestes; chaque homme, chaque créature et arbre et lac et montagne et ruisseau est animé et possède sa propre conscience singulière. [4]

Tandis que notre culture chrétienne s'affirme, cette vision lunaire de la vie et la conscience de participation afférente sont exclues de la tradition culturelle européenne. Elle survit au sein des communautés paysannes où les traditions et rituels anciens mettent en relation les hommes avec les cycles de la nature, et où le culte de la Grande Mère se reporte sur la Vierge Marie. Mais la répudiation de l'image de la déesse, et avec elle le sens et l'influence de la dimension féminine du divin, est désastreuse pour la sphère de la théologie chrétienne, car une connexion vitale avec le passé est rompue. Alors que les Déesses égyptiennes, sumériennes, grecques et romaines présentaient aux femmes et aux hommes des images clairement définies des divers aspects du Féminin auxquels ils pouvaient s'identifier, la culture chrétienne après le quatrième siècle n'offre que trois modèles du Féminin: la Vierge Marie, Ève, et Marie Madeleine. La scission entre l'âme personnifiée par la Vierge Marie concevant de façon immaculée — et elle-même conçue de façon immaculée, depuis l'édit du pape de 1854 — et le corps, représenté par la charnelle Ève et la femme 'déchue' Marie Madeleine, est fondamentale. Nous avons perdu, à cause de la considérable influence de ce mythe, la complétude de notre être et la conscience que le concept d'âme doit inclure l'instinct et la vie du corps.

Le Mythe de la Chute

- Il décrit l'expérience de la naissance de la conscience ou conscience de soi en tant que chute hors de l'unité et de l'harmonie.

- Il nomme Ève comme cause première du péché originel et explique la présence de la souffrance, de la mort et du mal dans le monde par sa désobéissance à Dieu et son influence sur Adam qu'elle mène à la faute, en succombant à la tentation du serpent, Satan..

- Il fournit le fondement scripturaire de la vision misogyne patriarcale de la femme.

- *Il reflète et consolide la scission dualiste esprit-nature, mental-corps, monde déchu-monde original 'parfait' non corrompu par le péché, que nous habitions et d'où nous avons été chassés par Dieu.*

- Il associe la sexualité au péché, à la honte et à la culpabilité – décrivant le corps, des mots mêmes de St Augustin, comme un 'brûlant chaudron de luxure'. (*Confessions*).

La Démythologisation de la Déesse

Le mythe de la Chute naît avec le Livre de la Genèse. La date exacte n'est pas connue mais pourrait se situer autour du huitième siècle AEC. Il se peut qu'il fût énoncé suite à une catastrophe advenue au peuple juif — peut-être le nettoyage ethnique vers 720 AEC par les Assyriens de toute la population de Samarie, province au nord d'Israël. Il se pourrait aussi que ce soit une tentative des prêtres de Yaweh pour jeter le discrédit et même éradiquer la religion cananéenne dont le culte de la déesse Asherah tient un rôle important dans la vie des femmes, qui s'en remettent à elle lors des accouchements. Le serpent de la mythologie cananéenne est inséparable du culte de la déesse. Ce mythe de la chute déclasse subtilement la déesse, blâmée pour la catastrophe qui frappe la Samarie. Sachant qu'un enfant qui subit une expérience traumatisante peut être convaincu de sa propre culpabilité, nous pouvons élargir cette compréhension à un groupe vivant à une certaine époque historique et ayant subi une grande catastrophe. En accord avec les croyances de l'époque, ces évènements furent interprétés en termes de punition envoyée par Dieu pour le péché de désobéissance et le culte de faux dieux. Le mythe peut être lu comme le récit de la démythologisation délibérée et efficace de la déesse honnie par le clergé de l'époque, et de sa rétrogradation de déesse à femme, Ève, accusée d'apporter la souffrance, la mort et le péché dans ce monde.

Le titre donné à Ève par Adam dans ce mythe est en fait le titre de la Grande Mère — 'Mère de Tous les Vivants' — un titre également attribué à la Shekinah dans la Kabbale. Il est étrange et vraiment significatif que le mythe de la Genèse se serve des images proclamant la vie, celles du Jardin, de l'Arbre de Vie et du Serpent, toutes indissociables de la Déesse dans la mythologie lunaire, et les tisse dans une histoire de désobéissance, de peur, de culpabilité, de punition et d'accusation. La Grande Mère, porteuse de vie et de mort, qui contenait les vivants et les morts en son être, devient maintenant — et c'est stupéfiant — telle Ève, la cause de l'apparition de la mort dans ce monde. Et le serpent, auparavant présent dans le Temple de Jérusalem en tant que grand Serpent Intrépide de la Déesse, se retrouve maintenant maudit par Dieu, condamné à marcher sur son ventre et à manger la poussière. (Gen. 3:14)

Quelles que soient les origines et les raisons de l'apparition de ce mythe, ce que nous entendons en décodant cette imagerie est un renversement complet de la mythologie lunaire de la culture de la Déesse. Inutile de chercher au-delà de ce mythe et de son interprétation par des générations de théologiens, prêtres et rabbins, pour trouver non seulement les concepts qui ont conduit à la perte de l'âme et de son sentiment de vivre au sein d'un Ordre Sacré, mais aussi pour découvrir la misogynie qui s'est propagée comme une contamination virale dans les trois religions abrahamiques. Jack Holland écrit dans son analyse magistrale des racines historiques de la misogynie :

> La haine des femmes nous affecte comme aucune autre haine ne le peut car elle nous frappe en notre for intérieur. Elle se situe au point d'intersection entre les mondes privé et public. L'historique de cette haine certes se penche sur ses conséquences publiques, mais elle nous permet aussi de spéculer quant au pourquoi, au niveau personnel, la relation complexe de l'homme à la femme a permis à la misogynie de prospérer. Au final, une telle spéculation nous permettra de voir comment l'égalité des sexes pourra éradiquer la misogynie et mettre fin à ce plus vieux préjugé du monde. [5]

Une Interprétation Alternative

Le mythe dit qu'Ève et Adam ont fait le mauvais choix avec des conséquences désastreuses pour l'humanité et que nous sommes punis pour cet acte de désobéissance à Dieu. Le mythe fut interprété littéralement et négativement, néanmoins, nous pouvons à notre époque le comprendre différemment. L'idée appréciable de libre arbitre et de responsabilité de nos choix est intrinsèque à ce mythe. Donc, bien que le mythe décrive une perte brutale de la conscience de participation, ou au sens platonicien, une chute depuis un état plus élevé de l'être, il peut aussi se comprendre comme l'aube d'une nouvelle phase d'évolution de la conscience humaine, la naissance de l'ego conscient et toutes les conséquences de cette difficile séparation de la matrice de l'instinct.

Dans l'interprétation courante du récit, c'est la réponse d'Ève au serpent qui précipite la transformation de l'unité et de l'harmonie du monde divin à un état de séparation et d'aliénation dans ce monde-ci. Et pourtant l'action d'Ève pourrait être comprise comme l'illustration d'un récit relatif à la réponse donnée à l'appel de l'instinct — dont le serpent est le premier représentant — d'évoluer vers une nouvelle phase, de s'éloigner de la conscience de participation ancestrale. De par mon expérience d'analyste jungienne, je sais que l'apparition de serpents dans les rêves peut signifier régénération, renouveau, naissance d'une nouvelle phase dans la vie ou une nouvelle attitude, tandis qu'un état d'inconscience antérieure est dépassé. Malheureusement, en conséquence de l'interprétation traditionnelle du mythe, les gens qui ont, au cours des siècles, rêvé de serpents, ont peut-être attribué à cette image un sens de séduction, tentation et mal — l'associant même à Satan et au diable.

La naissance de la conscience de soi implique la perte de participation inconsciente et instinctive de l'état originel d'unité. La séparation de la nature par nécessité crée la dualité: conscience de nous-mêmes comme séparés de l'environnement, conscience de la dualité reflétée dans les pairs d'opposés — et surtout, les opposés vie et mort. La perte de la conscience de participation de l'état ancien génère des sentiments de culpabilité et de désorientation, que ce mythe évoque très bien avec l'idée de mauvais choix. Nous n'avons pas fait le mauvais choix. Nous portons néanmoins le tragique fardeau de culpabilité engendrée par ce mythe, sans comprendre comment ni pourquoi cette culpabilité aurait surgi; nous n'avons pas non plus la possibilité de reconnaître l'acte de manger du fruit de l'Arbre de la Connaissance comme une métaphore de la naissance de la conscience de soi, et de la séparation de l'ego et de l'instinct. On peut débattre de la nécessité de cette scission radicale. Il se pourrait que le mythe lui-même ait contribué à cette scission et devienne le fondement des nombreuses erreurs à venir.

La Projection de la Culpabilité Inconsciente

Dans les profondeurs de l'inconscient moderne, et peu importe que notre société soit séculière, nous pouvons sentir l'influence de cette méta-narration chrétienne puisque, au niveau inconscient, les vieilles croyances et habitudes perdurent bien longtemps encore après que nous pensions nous en être débarrassées. Si au cours de nombreux siècles les gens sont endoctrinés à croire qu'ils sont imparfaits et souillés du péché, ils tenteront de se débarrasser de ce fardeau intolérable en projetant leurs sentiments inconscients de culpabilité sur d'autres groupes ou d'autres individus. Ces derniers sont alors étiquetés comme mauvais ou diaboliques et attaqués car ils doivent être punis ou éliminés. Comme la culpabilité et sa projection se tiennent à des niveaux profondément inconscients, aussi bien dans la psyché collective qu'individuelle, le résultat final est déconnecté de la mémoire de l'empreinte originelle. Appliquons ce raisonnement à la psyché collective chrétienne, et nous pouvons argumenter que 'l'ombre' de la chrétienté, exprimée dans la persécution des Juifs, des Musulmans, des païens et des hérétiques perçus comme une menace pour le pouvoir et l'enseignement de l'Église, peut être connectée au besoin de décharger cette culpabilité inconsciente imprimée sur la psyché par le mythe de la Chute. Le besoin de punir est inhérent à la culpabilité inconsciente.

L'attaque auto-destructrice des 'appétits de la chair' pratiquée par tant d'ascètes qui, pensant que la souffrance et la douleur infligées à leur corps les rapprocheraient de Dieu, essayaient de supprimer leurs désirs sexuels et d'écarter les attaques du diable – souvent manifesté sous la forme de femmes les invitant à la fornication – grâce à des privations effroyables et des austérités auto-infligées, vient s'ajouter à ce fardeau de culpabilité. La conviction que le corps doit être contrôlé, mortifié, supplicié à cause de ses désirs, et de façon plus générale assujetti au mental, est enracinée dans la psyché chrétienne. Un passage très représentatif se trouve dans Colossiens 3:5 'Mortifiez donc tout ce qui appartient à votre nature terrestre: fornication, souillure, lubricité, désirs mauvais, cupidité, qui est idolâtrie'. Il n'est jamais venu à l'idée de ces ascètes s'infligeant les rigueurs si sévères recommandées par de tels textes, que ces mêmes instincts reviendraient les attaquer sous forme de fantasmes obsédants, qui ont tant tourmenté les Pères du désert des débuts du christianisme. Nommer ces fantasmes 'assauts du diable' provoquait toujours plus de répression et d'austérité. Si le mal est un élément de l'ordre cosmique, son pouvoir est incommensurablement augmenté en réprimant la sexualité et tout ce qui découle de cette répression. Je fus frappée par ce passage du livre de Frederick Turner, *Beyond Geography: The Western Spirit Against the Wilderness*, qui explore avec beaucoup de sensibilité comment la psyché chrétienne occidentale, avec son zèle désastreux à conquérir et à convertir, s'est développée:

> Il me semble que l'agression contre le corps, contre le monde naturel, contre les primitifs, les hérétiques, tous les incroyants, et l'espoir persistant, vain, tragique, et pitoyable de pouvoir ainsi regagner le paradis perdu, sont à eux deux le terrible fardeau que l'histoire chrétienne doit porter. C'est la réaction classique de ceux qui ont perdu la foi authentique (ou en ont été dépouillés) et qui doivent s'échiner toujours plus à prouver qu'ils croient vraiment et qui y

obligent tous les autres aussi. Les psychosociologues l'ont montré, si l'individu sans foi authentique réussit à mettre le monde à son diapason, alors le doute intérieur qui le ronge pourra cesser et l'intolérable condition d'inanition spirituelle pourra s'apaiser. [6]

Nous constatons, encore maintenant dans notre société moderne, avec quelle facilité les projections négatives de l'ombre peuvent être activées contre n'importe quel ennemi désigné comme menace, ou démonisé. Nous voyons ce scénario se rejouer sur la scène politique — avec la présente polarisation du 'bien' et du 'mal' — où la conviction de supériorité morale est revendiquée par un parti et l'immoralité attribuée à l'autre. Nous le voyons chez les chrétiens fondamentalistes et chez les islamistes. Nous le voyons dans le comportement agressif et manichéen des partis politiques rivaux. Nous le voyons dans l'addiction compulsive aux armes de dissuasion toujours plus létales, sans que nous soyons conscients de notre propre contribution à la prolifération du mal, par le biais de la projection de notre agressivité inconsciente sur l'autre. Des milliers de jeunes gens sont envoyés à la mort ou portent toute leur vie les traumatismes de ces conflits causées par ces projections inconscientes.

Elles s'expriment aussi dans le combat sans relâche du courant évangéliste chrétien pour diaboliser l'homosexualité (puisque l'Ancien Testament la taxe de péché), et dans la réflexion d'une femme commentant en 2004 la possibilité d'un prêtre gay à être ordonné, 'Cet homme est un animal'.

Notre interprétation alternative du mythe permettrait de se débarrasser de la culpabilité et du besoin de projeter sur autrui cette culpabilité, imprimée dans la psyché chrétienne par l'interprétation des théologiens chrétiens, catholiques et protestants. C'est leur interprétation littérale, autant que le mythe lui-même, qui nous prive d'une vie de participation au plus profond de l'âme, et nous sépare de nos instincts et de la possibilité de reconnaître la sacralité de la vie de la nature. Ceci est à mon avis le symptôme premier de la pathologie de l'ère solaire qui a conduit l'homme à traiter la nature, la femme et le corps, comme des objets non régénérés, étrangers à lui, des objets à craindre et qui doivent passer sous son contrôle et sa domination.

Les Premiers Pères de l'Église: l'Obsession de la Sexualité, du Péché et de la Culpabilité

Je fus sidérée de découvrir l'effet de ce mythe sur Les Premiers Pères de l'Église — Origène, Tertullien, Clément, Chrysostome, Jérôme, Athanase, Augustin, et les autres. Leur obsession totale du péché de la Chute et de la culpabilité sexuelle se détache clairement de leurs écrits contenus dans les documents anciens de l'Église jusqu'au IVè siècle. Je lisais avec une incrédulité croissante leurs commentaires du mythe et me fis cette réflexion: 'Qu'est-ce qui cloche chez eux pour qu'ils s'intéressent plus à la culpabilité sexuelle qu'à l'enseignement du Christ? D'où vient leur névrose sexuelle?' Tous sont des hommes de talent, dotés d'un intellect brillant. Tous détiennent la conviction que l'instinct sexuel est un empêchement à la spiritualité et que leur sexualité doit être sacrifiée pour être accepté par Dieu. Tous ont une terreur phobique de ce qu'ils appellent 'le trou noir entre les fèces et l'urine', la 'malpropreté de l'utérus', et les 'parties honteuses'. Tous, après Platon, considèrent le corps comme une prison de l'âme et identifient l'homme au spirituel et au rationnel et la femme au charnel et à l'irrationnel de l'instinct animal. Origène (IIIè siècle) — sans doute l'auteur le plus remarquable et le plus prolifique entre tous — se serait castré, paraît-il. Nulle part ailleurs que dans les écrits et les débats théologiques sans fin sur la nature de Dieu, la dissociation pathologique entre l'âme et le corps des religions de l'ère solaire est-elle aussi clairement exposée.

St Augustin (354-430), un homme des plus sensibles aux talents remarquables et fortement attiré par les femmes, répudie après quinze ans de vie commune sa compagne, qu'il aime tendrement et dont il a un fils, pour contracter un mariage socialement acceptable et arrangé par sa mère: 'Ma maîtresse m'a été arrachée sous prétexte qu'elle nuirait à mon mariage, et mon cœur, qui est resté accroché à elle, est déchiré et saigne de sa blessure'.[7] Nous ne savons pas ce qui est arrivé à son cœur ni à celui de son fils, Adeodonatus — don de Dieu — qui est mort tragiquement à seize ans, peu après la séparation de ses parents. St Augustin perd sa compagne et son fils en l'espace d'un an. Il écrit ces lignes émouvantes et révélatrices peu après la mort de son fils:

> Dieu agit en bien en corrigeant les adultes quand il les punit par la souffrance et la mort des enfants qui leur sont chers. Pourquoi cela ne devrait-il pas être, puisqu'une fois la douleur passée, ce n'est plus rien pour ceux à qui c'est arrivé? Tandis que ceux, au bénéfice de qui cela est arrivé, seront des hommes meilleurs s'ils sont corrigés par leurs désastres temporels et décident de vivre une vie meilleure; autrement, ils n'auront aucune excuse quand ils seront condamnés au jugement prochain, s'ils refusent, aiguillonnés par les souffrances de cette vie, de rediriger leurs désirs vers la vie éternelle.[8]

Dans les deux ans suivant sa séparation de sa compagne, Augustin se convertit au christianisme et, après avoir quitté une autre maîtresse, il fait vœu de chasteté car il croit que cet état sera plus agréable à Dieu qu'un mariage arrangé. Sans doute sous l'influence de sa mère chrétienne qui se réjouit de cette conversion, il amalgame sexualité et péché. Se convertir au christianisme l'oblige à renoncer à sa sexualité. À partir de ce moment, pour l'âme chrétienne comme pour le corps, puisque l'âme ne peut se fier à l'expression sexuelle de sa vie ni s'en réjouir, la situation se détériore encore plus: la théorie du péché originel de St Augustin devient la doctrine de référence de l'Église catholique à partir du concile de Carthage en 418.

Jack Holland écrit que St Augustin 'établit l'édifice philosophique qui étaye la vision chrétienne du monde, y compris sa vision misogyne'.

> Augustin est une des personnalités les plus décisives de l'histoire. Il se tient à la jonction entre le monde de l'Antiquité classique (qui dure environ 1000 ans) et la civilisation chrétienne. Il est le premier de cette époque à nous dévoiler le tourment de son monde intérieur qu'il nous transmet dans son œuvre étonnante, *Les Confessions*.... Le combat entre le désir de la chair et l'effort de la volonté, le dualisme profond qu'Augustin injecte au cœur même du catholicisme en se servant du système philosophique de Platon, est au centre de sa recherche tourmentée de Dieu. Son cri d'angoisse fait écho à celui de St Paul, mais avec une puissance et une complexité que l'Apôtre ne saurait égaler. [9]

Ses émouvantes *Confessions*, débutées vers 400, quand il est âgé de quarante six ans, sont saturées de son rejet profond et de sa méfiance du corps. En termes psychologiques, la volonté de son mental conscient — dédié à Dieu — est imposée de force à ses instincts, avec des conséquences désastreuses pour lui-même et pour les générations de chrétiens. Sous l'influence des Grecs, et peut-être inconsciemment des idées manichéennes, il associe, comme Platon, le corps aux 'bas' instincts irrationnels, persuadé que la sexualité est en elle-même un péché mortel. Il projette le propre ressenti de sa condition de pécheur sur le corps infortuné de toute l'humanité qu'il sait être un amas de péchés, une '*massa peccati*' et il énonce que l'état de péché originel non seulement signifie que nous naissons en état de péché, mais que nous sommes incapables de ne pas pécher. Il voit l'humanité entière comme 'une multitude de damnés' du fait du péché originel. Seule la grâce de Dieu peut nous sauver de cet état misérable et encore seulement si nous sommes prédestinés à être sauvés. Il se démène pour comprendre d'où vient le mal et puisque qu'il croit que Dieu ne peut qu'être totalement bon et 'incorruptible', il conclut que le mal vient de l'homme, de son corps 'corruptible' et mortel.

St Augustin n'est pas l'inventeur du concept de péché originel. Il existe déjà dans la religion juive et est enseigné par St Paul. Augustin se réfère aux théologiens chrétiens qui l'ont déjà énoncé. Cependant la version augustinienne de cette théorie pose qu'Adam est l'origine de la chute de l'humanité et qu'en tant que progéniteur — qui porte en lui toutes les générations futures — il est le transmetteur de la graine contaminée par le péché. Il croit que chaque enfant né dans ce monde par relation sexuelle arrive en état de péché, transmis en héritage par le premier ancêtre. "Par une sorte de justice divine, l'humanité est mise sous contrôle du diable, car le péché du premier homme est transmis à la naissance de tout enfant issu de la relation des deux sexes, et la dette des premiers parents oblige toute leur postérité". [10]

Le désir sexuel se transmet donc par l'acte sexuel comme une maladie génétique. Le péché d'Adam corrompt la totalité de la nature et la rend mortelle mais toute cette terrible histoire est initiée par Ève. Dans *La Cité de Dieu* il écrit que dès l'instant de la Chute 'la chair incite à la luxure au détriment de l'esprit. Nous naissons avec cette rébellion, de même que nous sommes condamnés à mourir et à cause du péché originel, à porter en nos membres et en notre nature entachée, soit le combat contre la chair soit la défaite par la chair". [11] Ceci est mythologie solaire poussée à l'extrême dont les conséquences antagoniques sont grandement amplifiées par l'identification du corps avec le péché et le combat d'Augustin avec sa sexualité.

L'énoncé de la Doctrine du Péché Originel vient de la conviction d'Augustin de son propre péché sexuel et de sa culpabilité. L'amour de Dieu et l'obéissance à Dieu se trouvent en opposition à la vie du corps. L'acte de procréer perpétue la transmission du péché originel. Le célibat ou l'abstinence sexuelle pourraient rétablir l'unité primordiale perdue. "En vérité, grâce à la continence, nous sommes intègres et rendus à cette unité d'où nous avons été dispersés dans la pluralité". [12]

Il est facile d'imaginer l'effet de cette croyance chrétienne sur les relations sexuelles entre homme et femme. Même l'étreinte passionnée d'un homme et de sa femme est un péché car elle transmet le péché originel. Il n'est pas non plus difficile de comprendre que c'est la crucifixion sauvage par Augustin de son propre instinct sexuel et de sa nature passionnée qui cause sa vision déformée de la nature humaine et son interprétation de l'origine de la mort, du péché et du mal. La répudiation de sa sexualité est l'écho de la répudiation cruelle de sa compagne. Il ne lui vient évidemment pas à l'esprit que c'est précisément la blessure qu'il lui inflige, à elle et à leur fils, qui est de loin le plus grand péché.

St Augustin aggrave incommensurablement une situation tragique déjà bien instaurée par les premiers Pères de l'Église. Sa théorie du péché originel devient la pierre angulaire de la doctrine chrétienne et est encore actuelle. Il apporte toutefois à cette théorie une touche supplémentaire: la Grâce est nécessaire pour être sauvé, sans elle nous sommes condamnés à rester irrémédiablement en état de péché.

Sa théorie du péché originel, de la prédestination et de la nécessité de la grâce suscite quelque opposition. Elle est condamnée par Pélage (354-418) et quelques autres. Pélage est un prêtre de l'église celte qui devient par la suite un théologien respecté et un enseignant qui vit à Rome puis à Jérusalem. Il veut ôter à l'humanité le fardeau du péché et s'élève contre l'interprétation de St Augustin; seul Adam est affecté par le péché originel qui mène à la chute. Ses croyances peuvent s'énoncer brièvement ainsi:

- ♥ Le péché originel n'existe pas
- ♥ Les enfants naissent dans le même état d'innocence qu'Adam avant la chute
- ♥ L'homme ne dépend pas du Christ pour sa rédemption et la grâce divine n'est pas nécessaire à cette rédemption
- ♥ La rédemption s'acquiert en suivant l'exemple du Christ, elle n'est pas transmise par Sa mort sacrificielle
- ♥ L'homme dispose du libre arbitre et de l'aptitude à choisir, et de la responsabilité morale
- ♥ L'homme a en lui le potentiel de réalisation de l'élément divin, il peut devenir semblable au Christ

Il insiste sur le fait que la nature humaine est intrinsèquement bonne car elle est créée par Dieu et il rejette l'idée que le salut ne pourrait venir que grâce à l'appartenance à l'Église.

Pélage est une bouffée d'air frais qui souffle sur l'obsession morbide d'Augustin quant au péché. Le combat doctrinal d'ampleur qui les oppose convoque l'image de deux puissants cerfs s'affrontant. Pélage est déclaré hérétique en 417 et meurt un an plus tard et la doctrine pessimiste et culpabilisante d'Augustin est entérinée en 418.

Julien, évêque d'Eclane en Italie, prend fait et cause pour Pélage contre Augustin; il écrit une lettre à ce dernier où il lui expose ses fortes objections relatives aux enfants qui seraient entachés du péché:

> Les bébés, dites-vous, portent le fardeau du péché d'un autre, et non d'un péché qui leur serait propre.... Expliquez-moi alors qui est cette personne qui punit des innocents. Vous répondez Dieu.... Dieu, dites-vous, celui-là même qui nous donne son amour, qui nous aime et n'a pas épargné son fils mais nous l'a donné, nous juge ainsi; il persécute des nouveaux-nés; il jette des bébés dans les flammes éternelles.... Il serait juste et raisonnable de vous traiter comme un insensé: vous vous êtes tellement éloigné de tout sentiment religieux, de toute norme civilisationnelle, si loin de tout sens commun, que vous croyez que notre Seigneur serait capable de commettre les sortes de crimes que l'on ne trouve même pas chez les pires barbares.[13]

Des mots percutants. Si Pélage et le groupe d'évêques dissidents mené par Julien avaient pu remporter l'ardente bataille doctrinale contre St Augustin, l'histoire du christianisme aurait été très différente. Nous pouvons regretter, des siècles plus tard, que ce ne fût pas le cas. Nous nous serions épargné les virulentes batailles théologiques pour le pouvoir et les préoccupations névrotiques du péché et de la sexualité, et la méfiance à l'égard des femmes qui encore de nos jours injecte son venin au cœur de l'Église chrétienne. Nous nous serions épargné la division manichéenne de l'humanité entre les sauvés et les damnés — actuelle dans les croyances des chrétiens fondamentalistes relatives à l'Enlèvement à la Fin des Temps — quand Dieu élèvera au ciel tous les prédestinés et laissera les autres périr. Nous nous serions épargné les tortures et les exécutions qui accompagnèrent la croyance que l'Église devait, par volonté divine, rechercher et extirper le péché et l'hérésie partout où ils se cachaient, car l'hérésie est une rupture de l'ordre divin et peut attirer la colère divine sur toute l'humanité. Ce passage éclairé, extrait du livre de Charles Freeman *AD 381: Heretics, Pagans and the Christian State* mérite d'être cité in extenso:

> C'est dans sa justification des régimes autoritaires qui tiennent pour vertu l'ordre *per se*, plutôt que dans un idéal abstrait tel la justice ou la défense des droits humains, ou même dans les enseignements du Christ, que se trouve la contribution pérenne d'Augustin à la pensée politique. D'un seul trait d'un seul, Augustin évince des siècles de pensée grecque… qui concevait le gouvernement de la cité tout d'abord en terme de bien-être de ses citoyens. De plus, quand l'Église et l'état se prêtent main forte pour imposer l'ordre, alors la punition des hérétiques devient politique d'État. Ce sera la norme dans l'Europe médiévale…. Les prémisses sous-jacentes d'Augustin — une seule vérité qui ne peut être atteinte que grâce à la foi, les humains sont impuissants, Dieu est essentiellement punitif, prêt à jeter des bébés dans le feu éternel de l'enfer, c'est un droit et même un devoir de brûler les hérétiques — récusent toute l'éthique de la tradition intellectuelle grecque, qui tient la compétition entre les philosophies rivales comme intrinsèque au progrès…. La spéculation de l'individu libre n'a aucune place dans son système: il est terrifié par l'idée que d'autres que lui-même puissent contribuer à la vérité. Augustin lègue au christianisme une tradition de peur, peur que nos spéculations individuelles puissent être hérétiques et peur que, même si elles ne le sont pas, nous puissions quand même brûlés en enfer en punition du péché d'Adam. [14]

L'effet de la répression — et non le contrôle — de l'instinct sexuel chez un homme brillant, passionné et sensible fut tel, qu'il se manifesta dans un complexe suffisamment puissant pour diriger l'Église pendant des siècles, et conduire à la mort des milliers d'individus dont le seul 'péché' était l'accusation d'hérésie portée contre eux.

Le concept d'hérésie est introduit par l'empereur Théodose Ier en 381 quand il décrète que quiconque ne se conformera pas à l'obligation de croire en la doctrine du Père, du Fils et du Saint Esprit comme une seule et même substance, sera proclamé hérétique. La politique de Théodose a pour résultat la persécution non seulement des hérétiques mais aussi des religions païennes, et la destruction de leurs sanctuaires et de leurs temples splendides. C'est à la même période que l'idée de punition éternelle et d'enfer promis aux hérétiques et aux incroyants infiltre le christianisme. Augustin lui-même approuve de brûler vivant les hérétiques en juste punition de leur péché. À partir de ce moment, l'Église catholique, soutenue par l'empereur, instaure le contrôle et l'autorité absolue sur les vies de ses membres. L'Église se modèle sur l'absolutisme impérial qui est la politique impériale de l'État romain depuis le règne de Constantin (vers 272-337). Où donc trouver, dans ce règne de terreur, la compassion du Christ, mise en exergue dans Ses enseignements?

Il semblerait que se soit au cours de ce quatrième siècle d'importance cruciale que l'Église catholique se serait écartée de la voie vers Dieu enseignée par le Christ et l'Église primitive, et se serait fourvoyée dans la poursuite du pouvoir absolu. Le concept de péché originel et la croyance que l'Église catholique est la seule voie de salut, lui confèrent un pouvoir immense sur la vie de millions de croyants en qui elle instille la peur du purgatoire et du feu de l'enfer. Des représentations frappantes de ce qui attend le pécheur s'il transgresse les règles édictées par l'Église sont peintes sur les murs des églises du Moyen Âge et de la Renaissance.

Nous pouvons avancer que la poursuite du pouvoir et l'autoritarisme croissant de l'Église catholique du XIIIè au XVIIIè siècle, quand le pouvoir de l'inquisition est à son comble, forment le modèle direct des états totalitaires du siècle dernier. Le comportement de l'Église crée un précédent à ces horreurs, un précédent d'autant plus puissant qu'il est incarné par la plus haute autorité religieuse. Durant les cinq cents ans de persécution des hérétiques par ses soins, l'Église a démontré qu'une politique d'intimidation, de censure, de torture et de terreur, rigoureuse dans sa conception et sa mise en œuvre, peut offrir un modèle pour s'assurer la conformité des esprits de millions de gens. Rien ne témoigne mieux de la pathologie de cette emprise sur la psyché chrétienne d'alors que ces rituels sacrificiels exécutés au nom de Dieu.

L'Héritage Négatif de St Augustin

La Doctrine du Péché Originel inflige une blessure profonde à la psyché occidentale. C'est une catastrophe non seulement pour la sexualité en général mais pour la femme, considérée comme la porteuse principale des 'bas' instincts. Karen Armstrong écrit dans son livre, *The End of Silence: Women and the Priesthood*, qui retrace l'histoire de la misogynie dans l'Église chrétienne: "Péché, sexe et femme sont, dans l'imagination chrétienne occidentale, ficelés ensemble en une Trinité impie à cause de la théologie efficace de St Augustin". [15]

La relation sexuelle a pour objet la procréation, jamais le plaisir. La femme n'est pas la compagne chérie de l'homme mais une sorte de fonctionnaire utile — la porteuse de sa semence et la pourvoyeuse de ses repas. Autant que possible, le couple doit être chaste même dans le mariage. Du point de vue des Pères de l'Église, la seule façon pour une femme d'obtenir le respect des hommes est de rester vierge. Si l'homme choisit la voie spirituelle, il n'est pas autorisé à être 'avili' par la relation avec une femme. Aux IVè et Vè siècles 'la virginité est la vertu chrétienne par excellence'. [16]

Si l'enfant, puisque souillé par le péché originel transmis par ses parents dès sa conception, meurt sans avoir été baptisé, son âme ne pourra être sauvée et errera dans les limbes. On imagine l'effet de cette doctrine sur les parents qui perdent un enfant. De cette croyance déviante, l'Église catholique a conçu l'idée, encore jusqu'à récemment actuelle, qu'à choisir il vaut mieux sauver la vie de l'enfant non baptisé plutôt que celle de la mère, de façon à pouvoir dispenser le baptême à cet enfant. La souffrance générée par cette croyance est inimaginable et indéfendable. De la croyance en la nature pécheresse de la sexualité découle l'injonction de célibat au prêtre ou au diacre qui sert Dieu, et les multiples efforts de l'Église pour imposer le célibat à ses prêtres — souvent sans succès. La peur sous-jacente est générée par la croyance que le contact sexuel avec une femme profanerait les saints sacrements. Les premiers essais remontent au IVè siècle lors d'un Concile en Espagne, quand il fut recommandé aux prêtres d'éviter les relations avec leur femme. Le pape Grégoire le Grand (mort en 604) décrète qu'un prêtre ordonné doit 'aimer sa femme comme une sœur et la fuir comme un ennemi'. Le pape Grégoire VII au XIè siècle appelle à 'mettre fin aux relations sexuelles entre un prêtre et une femme sous peine d'excommunication éternelle'. Finalement en 1139, le pape Innocent II proclame qu'un prêtre ordonné ne peut se marier. Un siècle plus tard, le Concile de Trente (1545-63) barre la prêtrise aux hommes déjà mariés. [17]

Philip Sherrard, dans son livre *The Rape of Man and Nature*, nous présente sa réflexion mélancolique sur le legs de St Augustin. Je cite Sherrard assez longuement car il montre combien notre perception de nous-mêmes aurait pu être différente:

> C'est un des paradoxes, et sans doute aussi une des tragédies, de la tradition chrétienne occidentale que l'homme qui affirme le plus fortement la présence de Dieu au plus profond de lui-même... doive être responsable, en tant que théologien dogmatique et plus que tout autre rédacteur, d'avoir 'consacré' au sein du monde chrétien l'idée d'esclavage et d'impuissance de l'homme, du fait de la perversion radicale de la nature humaine par le péché originel. C'est la

théologie de St Augustin qui voile, jusqu'à nos jours, le lumineux rayonnement de la révélation chrétienne de la filiation divine — la révélation de l'identité essentielle de l'homme…. Il prive l'élément humain, dans la réalité du Dieu-homme, de sa qualité véritablement positive, et il vide ainsi le concept de filiation divine de son sens effectif.

À cause de la Chute, l'homme et l'ordre naturel sont privés de la participation, même extrinsèque, à la grâce qu'ils possédaient dans leur état pré-chute. La nature véritable et originale est maintenant viciée, totalement corrompue et vouée à la destruction…. En ce qui concerne la transmission de la grâce, qui seule peut sauver l'homme et le monde de sa déchéance, elle… est restreinte à l'église visible et dépend de l'exécution de certains rites, tels le baptême, la confirmation, l'ordination etc… qui font partie des privilèges de la hiérarchie ecclésiastique, qui seule peut les administrer à des laïcs soumis et obéissants.

L'ampleur superbe de la doctrine du Logos et de sa dimension 'cosmique' — l'idée que Dieu s'incarne dans tous les êtres et a créé la vie — est tacitement et radicalement réduite dans la pensée occidentale…. L'Église est la sphère unique de la manifestation de l'Esprit…. Toute chose hors les limites de l'Église est séculière, privée de la grâce, irrémédiablement corrompue et vouée à la déliquescence. [18]

La doctrine du Logos citée ci-dessus, issue de Platon, aurait pu actualiser la conscience de participation de l'ère lunaire et l'amener à un niveau inédit et conscient de sa relation au Cosmos, et à la reconnaissance que tout l'ordre de la réalité terrestre est intrinsèquement divin car il existe au sein de l'Être de Dieu. Il semble que la perte de cette perception soit une tragédie pour la chrétienté occidentale.

St Augustin mérite l'étiquette de contemplatif négateur-du-monde plutôt que contemplatif étreignant-le-monde. La position qu'il adopte contre ses propres désirs est déchirante pour lui et pour les générations de chrétiens. Et pourtant, son combat contre lui-même doit être restitué dans le contexte du monde de l'époque, déchiré par la scission croissante entre le mental conscient et l'âme instinctive. Je sais qu'il a infligé une blessure terriblement profonde à la psyché de la chrétienté mais je suis néanmoins toujours émue par ces mots exquis venant du cœur d'un amoureux de Dieu: 'Trop tard je suis venu à t'aimer, Ô Toi Beauté si ancienne et si fraîche, en vérité trop tard je suis venu à t'aimer. Et voici, tu étais en moi, et moi hors de moi-même où je te cherchais". [19]

La croyance que l'humanité est si entachée du péché et si dépravée que seul le sacrifice du Fils de Dieu peut la racheter, est au cœur de la foi chrétienne. Six siècles après St Augustin, St Anselme (1033-1109), prêtre italien qui devint l'archevêque de Canterbury, écrit dans ses *Méditations sur le Salut de l'Homme*: "Un homme apposé à la croix repousse la mort éternelle à laquelle l'humanité est vouée; un homme lié à la croix délie un monde apposé à une mort sans fin". Tout ceux qui n'appartiennent pas à l'Église sont destinés à cette mort sans fin.

Alors qu'on aurait pu espérer quelques changements grâce à la Réforme, Luther aussi bien que Calvin persistent dans l'enseignement de la doctrine du Péché Originel et donc de la nécessité du salut par la mort sacrificielle du Christ. L'un et l'autre réduisent le rôle de la femme à la maternité et à l'obéissance au mari. La phrase 'la place d'une femme est à la maison' vient de Luther. En fait, le sentiment de culpabilité et de péché est amplifié par Luther et Calvin et la subjugation d'une humanité pécheresse à la volonté d'un Dieu terrible, toujours vigilant et punitif, se maintient.

Calvin envoie au bûcher l'éminent homme de sciences, théologien et médecin, Michel Servet, le premier savant européen à découvrir la circulation pulmonaire. Servet avait osé défier Calvin et il rejetait son enseignement du péché originel et de la dépravation de l'humanité. Il semble que des hommes tels Calvin étaient si empreints de ces croyances qu'il est impossible de les en séparer. D.H. Lawrence écrit ces mots percutants dans *Lady Chatterley's Lover*: 'La religion chrétienne finalement perdit avec le protestantisme l'unité avec l'univers, l'unité avec le corps, le sexe, les émotions, les passions, avec la Terre et le soleil et les étoiles".

Des générations de théologiens et de prêtres, à cause de leur croyance littérale du mythe de la Chute, enseignent aux hommes et aux femmes que ce monde est déchu et qu'il ne peut être rédimé que par la mort sacrificielle du Fils de Dieu. De plus, ils conseillent aux hommes de se méfier des femmes et aux femmes de se méfier d'elles-mêmes. Matthew Fox remarque dans son livre *Original Blessing* que la doctrine du péché originel nous conduit au péché et surtout à la méfiance de la vie:

> Une religion ayant le péché originel comme fondement et construite uniquement autour du péché et de la rédemption n'enseigne pas la confiance, ceci est le corollaire tragique à la tradition chute/rédemption. Une telle religion n'apprend pas la confiance en la vie, ni en la société, ni au corps, ni en la créativité, ni au cosmos. Elle apprend inconsciemment et consciemment, verbalement et non-verbalement, la peur, peur de la damnation, peur de la nature — à commencer par la nôtre, peur des autres, peur du cosmos. En fait, elle enseigne la méfiance, en commençant par se méfier de notre propre vie, de notre propre originalité, et la méfiance de notre entrée glorieuse dans un monde de gloire et de douleur. [20]

Grâce à mon métier de thérapeute, je peux voir que la croyance au péché originel et le profond rejet de la femme, du corps et de la sexualité, accompagné d'un sentiment bien ancré de rejet de soi qui lui est intrinsèque, hantent toujours la psyché inconsciente de l'homme et de la femme occidentaux, qu'importe leur degré d'adhésion à la culture séculière. D'un point de vue jungien, l'*anima* de l'homme — l'image inconsciente de la femme internalisée dans la psyché — est imprimée de l'image d'Ève et de l'enseignement chrétien sur le péché originel. Ce qui peut l'amener à retomber dans ces vieilles croyances sur l'infériorité et la subordination de la femme dès qu'il se sent menacé dans ses relations avec elle. Ce qui peut aussi être la cause de la pauvre estime de soi qu'ont beaucoup de femmes et de leurs difficultés à s'établir dans des professions réservées aux hommes, ou à quitter des relations abusives. Ces vieilles croyances se manifestent dans l'avilissement et l'exploitation des femmes dans l'industrie pornographique et dans les paroles du rap, autant que dans le trafic sexuel révoltant des femmes et l'usage répandu du viol comme arme de guerre.

L'obsession actuelle du sexe, la promiscuité et la pornographie, qui sont intégrés à la culture moderne de l'occident, ne change en rien les strates de convictions misogynes héritées du passé. Au contraire, ils les perpétuent et les renforcent. La femme est toujours et encore avilie, exposée dans les tabloïds comme un objet sexuel gratifiant le désir sexuel des hommes et, dans des situations où ni elle-même, ni sa famille, ni la société ne la protègent, elle peut être victime de prédateurs. Vient maintenant s'ajouter le problème de la pédophilie organisée qui pointe aussi vers une compulsion sexuelle inconsciente. Tout ceci inflige une blessure terrible à la psyché chrétienne. C'est un complexe, ou structure de pensée agissante, qui n'est pas reconnu et n'est donc pas confronté et ne peut donc pas être transformé.

Partout où le christianisme évangélique, son enseignement sur le péché originel, et la théologie de la chute/rédemption qui l'accompagne, sont apportés, ils blessent les âmes de tous ceux qui s'y convertissent. Les sectes fondamentalistes en Amérique et en Afrique sont régressives, réactivant la vieille croyance en l'infériorité et en la servilité de la femme — juste quand il semblait que le christianisme moderne aurait pu se libérer de l'emprise de ce complexe. Le président Carter lors d'un discours récent (Juillet 2009) explique les raisons qui l'ont décidé à quitter l'Église baptiste. En voici un extrait:

> J'ai été un chrétien pratiquant toute ma vie, et un diacre et un enseignant de la Bible pendant de nombreuses années. Ma foi est ma source de force et de réconfort, de même que pour des centaines de milliers de gens de par le monde. Ma décision de rompre mes liens avec la Convention Baptiste du Sud, après soixante années, a été douloureuse et difficile. C'était néanmoins une déci-

sion inévitable lorsque les leaders de la convention — citant des versets de la Bible soigneusement choisis qui énoncent qu'Ève a été créée après Adam et est responsable du péché originel — ordonnèrent aux femmes d'être 'soumises' à leur mari et leur refusèrent le droit de servir en tant que diacres, pasteurs ou chapelains des armées…. Cette opinion que les femmes seraient inférieures aux hommes n'est pas confinée à une seule religion ou à une seule croyance. Les femmes sont empêchées de jouer un rôle pleinement égal dans beaucoup de religions. Et tragiquement, leur influence ne s'arrête pas à la porte des églises, mosquées, synagogues, ou temples. Cette discrimination, attribuée de façon injustifiable à une Très Haute Autorité, procure les raisons ou les excuses à la privation des droits de la femme de par le monde, et ce depuis des siècles.

Il n'est pas surprenant que tant de gens rejettent les excès dogmatiques des religions et se tournent avec soulagement vers la science et la vie dans une société séculière..

Notes:

1. Campbell, Joseph (1988) *The Power of Myth*, Doubleday, New York, p.197
2. ibid, p. 99
3. Letter to Frederick Carter 29 October 1929 in *The Letters of D. H. Lawrence*, vol. VII, eds. Keith Sagar and James T. Boulton, CUP 1993, pp. 544-5.
4. Lawrence, D. H. Last Poems, *The Complete Poems of D.H. Lawrence*, Vol 1, p. 17
5. Holland, Jack (2006) *Misogyny, The World's Oldest Prejudice*, Constable and Robinson Ltd. London, p.11
6. Turner, Frederick (1992) *Beyond Geography: The Western Spirit against the Wilderness*, fourth edition, Rutgers University Press, New Jersey, p. 73
7. St. Augustine, *Confessions*, Book VI.15
8. Bettenson, Henry ed. & trs. *The Later Christian Fathers*, OUP 1970 p. 202-3 from *de lib*. arb. 3. 23
9. Holland, p. 91
10. Bettenson, p. 220, *de trin*.16
11. *The City of God*, Image Books, 1958
12. *Confessions*, Book X. 40
13. Freeman, Charles (2003) *The Closing of the Western Mind*, Pimlico, London, 2003, p. 299, quoting from Christopher Kirwan, Augustine, 1989, p.134
14. Freeman (2008) *AD 381: Heretics, Pagans and the Christian State*, Pimlico, London, pp.171-172
15. Armstrong, Karen (1993) *The End of Silence: Women and the Priesthood*, Fourth Estate, London, p. 107
16. Ranke-Heinemann, Uta (1990) *Eunuchs for Heaven*, English translation André Deutsch Ltd., London, p. 45
17. ibid, pp. 85-89
18. Sherrard, Philip (1987) *The Rape of Man and Nature*, Golgonooza Press, Ipswich, Suffolk Philip Sherrard (1922-1995), est l'auteur de plusieurs livres sur des thèmes métaphysiques et littéraires. Il a traduit avec G.E.H. Palmer et Kallistos Ware, le Philokalia en 3 volumes, 1979, 1981 et 1984.
19. *Confessions*, Book X. 27
20. Fox, Matthew (1983) *Original Blessing*, Bear & Co. Santa Fe, p.82

Le Péché Originel (peccato originale)
Tapisserie flamande du XVIIè siècle
Reproduite avec l'aimable permission des Archives Alinari, Florence

Chapitre Huit

MISOGYNIE: L'ORIGINE ET LES CONSÉQUENCES DE L'OPPRESSION DE LA FEMME

Les femmes doivent être soumises aux hommes. L'ordre naturel pour l'humanité dicte que les femmes doivent servir les hommes, et les enfants leurs parents, car il est juste que le mineur serve le majeur.

— Gratian *Decretum*, XIIè siècle

La misogynie continue à bien se porter même dans le monde contemporain, et malgré leur émancipation sociale et politique dans de nombreux pays, les femmes sont toujours victimes de l'oppression. Elles sont tuées, violées, lapidées, victimes du trafic sexuel et de la violence domestique. Leur voix est marginalisée dans un monde où la moitié de la population est féminine. Les chapitres précédents ont démontré qu'il faut remonter loin dans le passé pour découvrir l'origine des croyances qui ont approuvé et entériné l'oppression et la souffrance des femmes et ont été enchâssées dans les coutumes religieuses et sociales. Ce chapitre se propose de détailler l'origine de ces croyances et de ces coutumes et d'exposer leurs conséquences sociétales. Karen Armstrong dans son livre *The End of Silence: Women and the Priesthood*, montre comment la peur des femmes continue à influencer le débat théologique eu égard à leur ordination ou à leur nomination au rang d'évêque.

L'attitude chrétienne vis à vis des femmes s'enracine dans des croyances plus anciennes héritées des exégèses juives sur le mythe de la Chute, qui fondent en partie les écrits des rédacteurs chrétiens. Nous trouvons dans l'Ancien Testament cette phrase clef: "De la femme vient le commencement du péché, et à cause d'elle nous sommes tous mortels" (Sirach 25:24)

Cette opinion négative de la femme se transmet à la culture chrétienne — non via les paroles et l'enseignement de Jésus mais via l'influence de St Paul, qui fut élevé dans la religion juive, et via les premiers Pères chrétiens. Dans ses lettres aux différentes églises, St Paul ordonne aux femmes de se couvrir la tête, de ne pas enseigner, de ne pas parler à l'église et d'être soumises en toute chose à leur mari "car l'homme n'est pas de la femme, mais la femme est de l'homme. Et l'homme ne fut pas créé pour la femme, mais la femme pour l'homme" (1 Tim 2:8-14, Eph. 5:22-4, 1 Cor 11:7-9, Cor. 14:34-5).

Ceci est l'une des racines de l'opinion négative sur les femmes dans le christianisme. Mais il en existe une autre, issue des idées sur les femmes prévalant dans le monde grec, dont la Théorie des Formes Intelligibles de Platon se fait le reflet. Jack Holland nous explique que dans cette théorie:

> L'acte de conception lui-même est vu comme un exil de la perfection de Dieu dans les abysses du monde des apparences, de la souffrance et de la mort.... Cette vision dualiste de la réalité dévalorise le monde des sens, le positionnant dans un combat éternel avec la perfection de la plus haute forme de connaissance: la connaissance de Dieu. Cette vision exerce une influence profonde sur l'attitude des penseurs chrétiens face aux femmes, qui incarnent littéralement et figurativement tout ce qui est méprisé comme versatile, variable et détestable. [1]

Il n'y a pas que les théories philosophiques mais aussi les coutumes sociétales. Karen Jo Torjesen nous montre dans son livre When Women were Priests que les Pères de l'Église ont modelé leur vues du rôle de la femme et de l'homme sur les coutumes sociétales de l'empire romain, elles-mêmes héritées de la culture grecque. L'opinion sur les femmes, qui encore de nos jours domine, remonte à ces cultures antiques. Torjesen écrit 'Lorsque les femmes sont méprisées comme irrationnelles et les hommes présumés logiques de façon innée, nous pouvons être certains que ces conclusions sont les chuchotements persistants à l'oreille de la société des philosophes grecs morts depuis longtemps". [2]

Torjesen explore les racines de ces croyances — car elles forment des convictions tenaces très influentes — et explique que la théorie grecque attribue deux aspects au soi humain:

> Un soi masculin, supérieur — rationnel, viril, magistral, et noble — et un soi inférieur féminin qui est irrationnel, sexuel, animal, et potentiellement dangereux. Les valeurs genrées d'honneur masculin et de honte féminine s'inscrivent dans cette théorie du soi. La masculinité, assimilée à la dominance sexuelle et politique, est qualifiée de 'rationnelle'. En désignant les aspects sexuels, sensuels, et 'dangereux' du soi comme irrationnels, les philosophes scindent les aspects 'incontrôlables' de la nature humaine et les projettent sur le 'soi inférieur féminin'. Par le fait de *genrer* le soi, le féminin devient le symbole de l'irrationnel et de l'incontrôlable. Dès lors, les femmes peuvent être étiquetées irrationnelles, sensuelles, et dangereuses à cause de la supposée dominance de leur nature femelle 'inférieure' et de la faiblesse de leur soi masculin 'supérieur'. [3]

Elle observe que ces croyances négatives sur la nature des femmes se sont transmises au christianisme:

> Au lieu de célébrer le féminin comme offrant une voie royale vers Dieu, ou de voir en lui une profonde expression du divin, le christianisme conserve le sens culturel traditionnel attribué au féminin et à la sexualité féminine. Le rationnel et le contrôle de soi retiennent leur moule masculin, et la passion, la sexualité et le corps restent des attributs féminins… Le corps de la femme, coupable d'être une proclamation crue de la sexualité, n'est pas à l'image de Dieu; il représente plutôt l'appel de ces forces qui éloignèrent l'humanité de Dieu. [4]

La convergence de l'héritage grec (et romain) et des croyances juives sur le péché de la Chute et la honte de la sexualité, forme un legs aux conséquences désastreuses pour la psyché de la femme et la vie des femmes au sein de la culture chrétienne.

Le Rôle des Femmes dans l'Église Primitive

Il est donc d'autant plus surprenant de découvrir qu'au cours des deux premiers siècles après la mort de Jésus, les femmes tiennent un rôle public estimable et estimé au sein de l'Église primitive. Le christianisme se répand grâce aux réunions de groupes chez des particuliers – dont beaucoup sont des femmes éduquées et riches, respectées par leur communauté. Quand elles se font baptiser, toute leur maisonnée, y compris les esclaves, sont baptisés. Les femmes prêchent, enseignent, baptisent, soignent, exorcisent au sein des premières communautés. Les femmes sont attirées par le christianisme car il leur offre la liberté et le respect que la culture ambiante leur refuse, qu'elle soit juive, grecque ou romaine. Pour la première fois, elles peuvent disposer de leur corps: elles peuvent refuser le mariage et rester vierges ou rester chastes dans le mariage et contrôler ainsi leurs grossesses. Le mariage est pour la vie; une femme ne peut pas être répudiée. L'infidélité de l'homme est autant un péché que celle de la femme. Toutes ces idées provocantes choquent la société de l'époque.

L'attitude de Jésus envers les femmes est réellement révolutionnaire car sa façon de les traiter est en rupture avec les mœurs juives et romaines. Ses disciples s'étonnent de son approche empathique avec les femmes, comme en témoigne l'épisode avec la femme samaritaine à qui il adresse la parole (Jean 4:27) et avec la femme adultère qu'il sauve de la lapidation (Jean 8:3-11). Les femmes entourent Jésus quand il enseigne, l'invitent chez elles et sont accueillies comme disciples et comme amies.

Jésus et Marie Madeleine

La femme la plus proche de lui pourrait être Marie Madeleine. Sa relation avec Jésus fascine la femme moderne, comme l'attestent les nombreux livres écrits à son sujet et le succès phénoménal du Da Vinci Code. Marie Madeleine est décrite par l'enseignement chrétien comme une 'prostituée repentie', sauvée par Jésus de son existence de pécheresse et exorcisée de sept démons. Mais les preuves de cette calomnie fomentée par une église misogyne, obsédée par le 'péché' de sexualité et déterminée à protéger Jésus de la souillure d'une relation physique intime avec une femme, s'amoncellent.

Rien ne révèle plus la scission entre l'âme et le corps que ce refus d'accepter que le Fils de Dieu puisse avoir des relations sexuelles avec une femme. L'amour divin doit exclure l'amour sexuel car l'amour sexuel est impur et transmet le péché de la Chute. Pour remplir son rôle de sauveur, le Sauveur doit être 'chaste' et 'non corrompu'. Il ne peut donc pas transmettre le péché originel par l'acte sexuel, ni être conçu par acte sexuel.

Cynthia Bourgeault, prêtre de l'église épiscopalienne, a publié en 2010 un livre des plus intéressants, *The Meaning of Mary Magdalene*; elle se livre à une minutieuse analyse du caractère insultant pour Marie Madeleine de cette calomnie et elle explore l'évangile gnostique de Marie, faisant une description limpide de l'extraordinaire profondeur spirituelle de la relation entre Jésus et Marie Madeleine, une relation qu'elle place au cœur du récit chrétien, 'un amour spirituel si raffiné et numineux qu'il est pratiquement inconnu en Occident de nos jours'.[5]

Le rôle de Marie Madeleine en tant que compagne spirituelle de Jésus n'a pas à exclure la possibilité d'une relation érotique. Ce passage souvent cité se trouve dans l'Évangile de Philippe: "Et la compagne du Sauveur est Marie Madeleine. Mais Christ l'aime plus que tous ses disciples et l'embrasse souvent sur la bouche". Les autres disciples s'en offusquent et se plaignent, dans cet Évangile ainsi que dans l'Évangile de Marie, que Jésus l'aime plus qu'eux.[6] Aucune raison autre que la conviction des Pères de l'Église relative à l'obligation de célibat du Fils de Dieu, ne justifie d'exclure la possibilité de Sa relation intime avec Marie Madeleine; de toute évidence, elle l'aime profondément et c'est elle, nous dit-on, qui se tient avec une autre femme, aussi nommée Marie, à l'entrée de son tombeau suite à Sa mise en terre (Mathieu 28:61). L'Évangile de Jean livre le récit limpide de son retour au tombeau et de comment, trouvant le tombeau ouvert, elle court chercher Pierre et un autre disciple; ils reviennent avec elle pour constater les faits. Tous les quatre Évangiles mentionnent que Marie est la première personne témoin de la résurrection, et la première à en informer les disciples.

Les Évangiles canoniques décrivent Marie Madeleine comme la première personne témoin de la résurrection, et Cynthia Bourgeault conclut que ce fait 'suggère que la stature de Marie Madeleine auprès des premiers chrétiens est de la plus grande envergure — plus que la Vierge Marie…. La place d'honneur de Marie Madeleine est tellement établie que même les fortes têtes et les mains lourdes de l'ecclésiologie machiste à venir ne peuvent la déloger'. [7]

Elle continue:

> La position élevée qu'elle détient auprès des disciples proches de Jésus est le plus explicitement démontrée dans les Évangiles gnostiques qui l'appellent 'première parmi les Apôtres'… pas parce qu'elle est la première sur la scène de la résurrection mais pour une raison plus fondamentale: parce qu'elle saisit le message. De tous les disciples, elle est la seule à comprendre totalement ce que Jésus enseigne et la seule à l'appliquer à sa vie. Sa position de leader est méritée et est validée par Jésus lui-même. [8]

Quel est donc cet enseignement? Bourgeault pense qu'il appartient à la tradition de 'transformation consciente de soi' qui est au cœur des trois évangiles gnostiques de Thomas, Philippe et Marie. Tandis que les évangiles canoniques portent sur la 'foi juste', les trois évangiles de sagesse portent sur la 'pratique juste'. De son point de vue et sans aucun doute, Jésus et Marie Madeleine enseignent l'un et l'autre la méthodologie de la 'pratique juste'. Cette pratique peut mener à l'ouverture de 'l'œil du cœur' — un organe de la perception spirituelle qui agit comme 'un vibrant champ de résonance' qui nous aligne avec la dimension profonde du réel, liant le fini et l'infini, et nous permet d'agir depuis le sol sous-jacent unitif 'cette espace d'unité avant que les opposés ne surgissent'. [9] Que Marie Madeleine soit la compagne et l'âme sœur de Jésus dans cette démarche partagée est, semble-t-il, confirmé par l'Évangile de Marie et aussi par le texte gnostique du Dialogue du Sauveur, qui décrit Marie Madeleine comme une femme 'qui connaît le Tout'. [10] C'est aussi confirmé par un texte du troisième siècle, *Pistis Sophia*, où Marie Madeleine est l'enseignante au cours d'un long dialogue avec Jésus. Là encore, comme dans l'Évangile de Marie, Pierre s'agace de l'intimité de Marie Madeleine et de Jésus et du fait qu'il dispense à Marie des enseignements qu'il ne dispense pas aux autres disciples.

La Contamination par le Péché Originel

La doctrine de l'Église s'affirmant, surtout après le concile d'Éphèse en 431 qui proclame la Vierge Marie '*Théotokos*' — qui a enfanté Dieu — il est décidé que Marie et son Fils ne peuvent pas être entachés du péché originel. Que Jésus ait eu des frères et des sœurs nés avant lui est supprimé des registres car Marie, Mère du Sauveur, doit être un réceptacle sexuellement pur de l'Esprit Saint. Car si sa mère avait été avilie par la relation sexuelle et Jésus né de façon normale, comme ses frères et sœurs, il aurait été entaché du péché originel et ne pourrait donc pas être le Fils de Dieu. La distinction sexuellement explicite entre Marie et les autres femmes est clairement énoncée. Elle doit rester vierge avant, pendant et après la naissance de son fils. Par décret papal de 1854, qui établit le dogme de l'Immaculée Conception, elle est réputée conçue de façon immaculée. Ce décret élève Marie au statut d'archétype, l'enlevant à la sphère de la femme terrestre. Ce processus est complété par les Bulles papales de 1950 et de 1954, qui établissent que Marie est montée au ciel, en corps et en esprit, et est nommée 'Reine des Cieux'.

Pour en revenir à la raison qui impose le célibat à Jésus, Cynthia Bourgeault écrit que c'est 'un choc de réaliser que pour la plus grande partie de ces deux millénaires, la théologie chrétienne a été écrite, pensée, formulée, et transmise par des célibataires parlant à d'autres célibataires.... Et de ce moule exclusivement célibataire émerge la seule image du Christ que notre tradition nous permet d'imaginer: un célibataire renonçant dont la pureté 'sans péché' impose nécessairement l'abstinence sexuelle'. [11] Les effets de cette manœuvre d'humiliation de l'instinct sexuel sont encore actifs de nos jours, elle explique:

> Puisque nous sommes programmés à croire que le célibat est la plus haute voie chrétienne et que l'amour conjugal est une voie de deuxième classe, ou pas une voie du tout... il n'est pas surprenant que notre anthropologie occidentale de la sexualité soit si indigente. La version séculière que notre culture nous assène sans relâche n'évoque que le plaisir, la performance et la gratification. Dans les chambres à coucher des fidèles, c'est plutôt devoir et honte: une dette accordée à contre-cœur aux futures générations, qui... est entachée du péché de chair. Mentionnez 'amour érotique' et les gens entendent tout de suite 'sexe', et dans la foulée 'sale'. L'idée qu'il puisse y avoir quelque chose de sacré dans ce type d'amour est trop étrange pour être concevable.... Nous sommes tous les enfants d'un courant culturel dont la vision de l'amour humain est modelée par le versant ombre de la spiritualité chaste. [12]

La Nature Défectueuse de la Femme

L'attitude envers les femmes se transforme sensiblement au cours des troisième et quatrième siècles lorsque des théologiens chrétiens — beaucoup d'eux sont légistes — s'opposent avec virulence à la fonction sacerdotale des femmes ou même à leur prise de parole lors de débats dans l'enceinte des églises, car à présent les églises sont construites pour accueillir de larges congrégations. Une fois de plus, comme dans la culture grecque et juive, les femmes sont reléguées à la maison et ne peuvent exercer une charge publique (à l'exception des femmes prêtresses des cultes grecs et romains). Leur rôle premier est de suivre l'exemple d'humilité de Marie et d'accepter la règle de chasteté, de silence et d'obéissance. Irénée (125-200), évêque de Lyon, l'énonce: 'Ève, à cause de sa désobéissance, a apporté la mort sur elle-même et sur l'humanité. Marie, grâce à son obéissance, a apporté le salut'. [13] L'homme, exerçant son pouvoir de contrôle sur la femme, n'a jamais à se justifier.

Tertullien (160-220), théologien et auteur prolifique ayant vécu en Afrique du Nord, est l'un des plus vociférants opposants à la fonction sacerdotale des femmes: 'Il n'est pas permis à une femme de parler à l'église, il ne lui est pas permis non plus d'enseigner, ou de baptiser, ou de donner l'eucharistie, ni de s'approprier une fonction masculine — et surtout pas une fonction sacerdotale''. [14] Tertullien s'adresse aux femmes directement dans une des plus virulentes diatribes misogynes qui nous soit parvenue de cette époque:

> …endeuillée et repentante la femme doit expier encore davantage ce qu'elle détient d'Ève — l'ignominie, je veux dire celle du premier péché, et l'odieux de la perdition de l'humanité…. Savez-vous que chacune d'entre vous est une Ève?... Vous êtes la porte d'entrée du diable; vous êtes les briseuses du sceau d'inviolabilité de l'arbre défendu; vous êtes les premières traîtresses à la loi divine; vous avez détruit avec nonchalance l'image de Dieu, l'homme. À cause de votre désertion — c'est-à-dire, la mort — même le fils de Dieu a dû mourir. [15]

De nos jours nous dirions qu'il est aux prises avec un complexe! Dans les Évangiles, Jésus n'amalgame pas sexualité et péché — au contraire, il empêche la lapidation de la femme adultère — malgré cela l'antagonisme entre les aspects nobles (âme et mental rationnel) et les aspects vils (le corps) de la nature humaine ainsi que la nature pécheresse de la sexualité deviennent, sous l'influence de St Augustin et de théologiens ultérieurs, l'un des thèmes majeurs de l'enseignement chrétien. Des générations d'ascètes chrétiens croient que le chemin vers Dieu passe par le renoncement à tout ce qui est relatif à la contamination par la femme car cette contamination profanerait les saints sacrements et interférerait avec la contemplation de Dieu. Après sa conversion, St Augustin interdit la porte de sa maison aux femmes, même à sa sœur aînée et à ses nièces qui étaient toutes des nonnes.[16] Il dit que le visage de la femme lui rappelle Ève.

Lors de nos recherches pour notre livre *The Myth of the Goddess*, en vue de la rédaction du chapitre 13, qui développe plus longuement les conséquences du mythe de la Chute, Jules et moi-même avons trouvé dans les écrits des théologiens, et répété à l'infini que la femme, puisqu'elle descend d'Ève, est une substance inférieure et parce qu'Ève est formée de la côte d'Adam, elle est une création secondaire; qu'elle est une alliée du serpent et du diable car Ève succombe en premier à la tentation; qu'elle est la porte d'entrée du diable à travers qui le diable ou Satan peut poursuivre ses desseins dans le monde, en l'incitant à tenter les hommes à avoir des relations sexuelles. Toutes ces idées sont les prémisses des procès en sorcellerie quelque 1000 ans plus tard, quand les femmes sont très spécifiquement accusées de frayer avec le diable et d'avoir des relations sexuelles avec lui.

Dans la Genèse, la description d'Ève comme création secondaire retirée du corps d'Adam plutôt que comme création première, conduit Gratien — un théologien du XIIè siècle qui conforte l'idée que les femmes doivent être placées sous le contrôle de leur mari et que la femme n'est pas faite à l'image de Dieu, car elle est une création secondaire retirée d'Adam — à commettre cette déclaration retorse:

> L'image de Dieu est en l'homme, et elle est unique. Les femmes sont retirées de l'homme, qui a la juridiction de Dieu comme s'il était le vicaire de Dieu, car il possède l'image de Dieu unique. Donc la femme n'est pas faite à l'image de Dieu…. Adam fut séduit par Ève et non elle par lui… Il est juste que celui que la femme a induit en erreur la mette sous son contrôle, ainsi elle ne chutera pas une deuxième fois à cause de son inconséquence féminine.[17]

En résultat final de ces projections négatives sur les femmes, Ève et toutes les femmes sont associées au corps, à la matière, au charnel et à la nature irrationnelle de l'homme. Adam, qui s'en sort plutôt bien en tant que création première et pécheur secondaire, est associé à l'âme rationnelle, en accord avec le concept grec de l'homme. "La femme", écrit Albert le Grand, mentor de Thomas d'Aquin, "est un homme imparfait et possède, comparée à lui, une nature défectueuse et déficiente. Elle est donc insécure en elle-même. Ce qu'elle-même ne peut recevoir, elle s'acharne à l'obtenir par des moyens mensongers et des tromperies diaboliques".[18] Il n'est plus étonnant que les femmes prêtres et évêques aient eu tant de mal à se faire accepter.

Voici deux déclarations sous la plume de St Thomas d'Aquin (1225-1274), qui était influencé non seulement par Albert le Grand mais aussi par l'opinion méprisante d'Aristote sur les femmes:

En ce qui concerne la nature individuelle, la femme est défectueuse et inconvenante, car la force active de la semence mâle tend à la production en parfaite conformité du sexe masculin; tandis que la production de la femme vient d'un défaut de la force active ou de quelque indisposition matérielle, ou même de quelque influence extérieure, comme le vent du sud par exemple, qui est humide.

L'image de Dieu, en son sens principal, à savoir la nature intellectuelle, peut se trouver en l'homme et en la femme… mais dans son sens secondaire, l'image de Dieu ne se trouve qu'en l'homme, et non en la femme: car l'homme est le commencement et la femme la fin; de même que Dieu est le commencement et la fin de chaque créature. [19]

En 1130, Bernard de Cluny, poète français renommé, oppose dans un de ses poèmes *De contemptu mundi*, la beauté, la lumière et la paix du monde céleste avec notre monde déchu corrompu par la femme. Pour lui, la femme est le symbole de la nature impermanente et corrompue, entraînant les hommes à la damnation. Sa force d'évocation et son talent à décrire une croyance largement partagée furent appréciés:

La femme sordide, perfide, déchue, pureté souillée, médite son impiété, corrompt la vie…. La femme est une bête sauvage, ses crimes sont comme le sable… la femme est une chose coupable, une chose de chair sans espoir, rien que chair, prompte à détruire, née pour tromper, et habile à tromper — dernier piège, pire que les vipères, pourriture superbe, chemin glissant, entrée publique, doux poison. Toute de ruse, capricieuse, impie, un vase de saletés, un vase vain…. Les péchés de l'homme sont plus pieux, plus acceptables au Seigneur que les bonnes actions de la femme. [20]

L'attitude misogyne qui domine dans la culture grecque et romaine s'enracine dans le dualisme de l'âge solaire où la lumière et l'obscurité, le bien et le mal sont fortement polarisés. La position de subordination de la femme dans ces cultures où l'éthique solaire prévaut, est la même que ce qu'elle sera dans les cultures chrétiennes et autres cultures patriarcales ultérieures. Elle prédomine non seulement au sein des cultures sémitiques du Proche et du Moyen-Orient, mais aussi au sein des cultures grecque et romaine et plus à l'est, de l'Inde et de la Chine, partout où un clergé mâle puissant, allié aux coutumes sociétales, assigne et impose à la femme une position subalterne. [21]

Ces idées, qui reflètent et affirment les idées transmises par la culture grecque, romaine et juive, pénètrent en force le courant dominant de l'enseignement chrétien et sont responsables de l'incommensurable souffrance des femmes, dont la nature inférieure et sexuelle est considérée comme l'obstacle majeur entre l'homme et Dieu. C'est comme si le mythe de la Chute avait jeté un mauvais sort à la psyché chrétienne. Torjesen résume ainsi la position de la femme:

> L'amalgame femme avec sexualité et corps… et l'exclusion hors du divin de la sexualité et de la passion, ont creusé un gouffre entre la femme et Dieu. Ce n'est qu'en répudiant son identité sexuelle et en renonçant à sa féminité que ce gouffre peut être franchi. L'association femme-sexualité signifie qu'elle est à la fois subordonnée à l'homme et exclue de Dieu. [22]

Les croyances et les coutumes sociales produites par ces projections justifient toutes les formes de persécutions des femmes, allant de l'interdiction qui lui est faite de posséder des biens propres et la rendant ainsi dépendante de son mari, jusqu'aux chasses aux sorcières du XVè au XVIIIè siècle où des milliers de femmes torturées pour leur faire avouer leurs relations coupables avec le diable (leur tête et leur sexe rasés pour que le diable ne puisse s'y dissimuler), périrent d'une mort atroce sur le bûcher. Le nombre exact varie selon les auteurs. Nombre de ces infortunées furent accusées par d'autres femmes de leur communauté.

En 1485, le pape Innocent VIII publie une Bulle, inaugurant ainsi les siècles de persécutions; elle est suivie en 1487 de la publication de l'infâme *Malleus Maleficarum* ou *Marteau des Sorcières*. Il devient le manuel de l'inquisition et conduit à la torture et à l'immolation par le feu et par pendaison de milliers de soi-disant sorcières, bien souvent des sages-femmes ayant la connaissance des plantes médicinales. Dans son *Histoire de la Psychologie Médicale*, Gregory Zilboorg écrit que 'Jamais, dans toute l'histoire de l'humanité, la femme ne fut autant humiliée. Elle paya pour la chute d'Ève au centuple, et la Loi se gonfla d'orgueil et d'auto-satisfaction et de la certitude délirante que la volonté du seigneur était accompli'. [23]

Porteuse au niveau de sa mémoire cellulaire de ces projections négatives profondes et de la terreur provoquée par ces persécutions, la femme a du mal à trouver sa voix et sa place véritable dans la société; et les hommes ont du mal à dépasser leur peur et leur méfiance, et pour certains leur mépris, de la femme.

La Misogynie: Un Héritage Durable

Cette opinion négative de la femme traverse tout le Moyen Âge qui la présente comme moralement et intellectuellement inférieure à l'homme, et le très renommé *Roman de la Rose*, très populaire au XIVè siècle, diffuse cette opinion. Nous pouvons entendre les protestations pleines de perplexité que Christine de Pizan, écrivaine éminemment érudite, couche dans son livre *La Cité des Dames*, au début du XVè siècle. Assise à son pupitre et parcourant un pamphlet plein de haine et de condamnations virulentes des femmes, "une pensée me vint qui me fit me demander pourquoi donc tant d'hommes avaient proféré et continuaient à proférer et à écrire de telles horreurs et condamnations accablantes sur les femmes et leurs manières. Ce n'est pas juste une poignée de rédacteurs…. Ce sont toutes sortes de philosophes, poètes, et orateurs, trop nombreux pour les nommer, qui tous parlent d'une seule voix et sont unanimes quant à leur opinion que la nature féminine est toute entière vouée au vice".

> Je m'attardais sur ces pensées si longtemps que c'était comme si j'étais entrée dans une transe profonde…. J'en conclus que Dieu avait certainement créé une chose vile quand Il créa la femme…. Cette pensée provoqua en moi une telle sensation de dégoût et de tristesse que je me mis à me mépriser moi-même et la totalité de mon sexe comme une aberration de la nature…. Plongée dans ces pensées malheureuses, ma tête baissée comme honteuse et mes yeux pleins de larmes, je restais avachie sur le bras de ma chaise, ma joue posée dans ma main. [24]

Christine reçoit alors une vision ou une visitation de trois femmes majestueuses qui lui disent qu'elles viennent pour l'encourager à écrire un livre qui offrirait un réconfort aux femmes, car 'Le sexe féminin est laissé sans défense depuis bien longtemps, comme un verger sans mur, et dépourvue d'un champion qui prendrait les armes pour le protéger". [25] Suite à cet encouragement, Christine nous dit qu'elle commença à écrire son livre.

La Misogynie et les Pratiques et Attitudes Médicales

Mis à part les contraintes sociétales qui pendant des siècles ont interdit aux femmes l'accès à l'éducation, à une profession et à un rôle politique, les attitudes misogynes affectent jusqu'au XIXè siècle le traitement médical des symptômes émotionnels et physiques des femmes. De l'opinion médicale en Europe au XIXè siècle, le clitoris est réputé être une cause majeure de maladie mentale et physique, ainsi que d'hystérie. La pratique courante est d'appliquer des sangsues sur la vulve et l'anus et de cautériser le clitoris. La fonction thérapeutique première des rayons X est l'irradiation et la destruction du clitoris chez ces femmes. On ne peut qu'imaginer les souffrances atroces endurées par ces femmes aux mains de ces médecins. Mais à partir de 1860, la mode de la clitoridectomie remplace ces assauts sur les parties génitales féminines; le Professeur John Studd, un gynécologue contemporain, nous expliqua au cours d'une conférence au Royal College of Obstetricians and Gynaecologists, donnée en Mai 2011:

> L'attitude médicale au XIXè siècle envers la sexualité normale des femmes est cruelle, gynécologues et psychiatres en tête, rivalisant de créativité dans des opérations censées soigner les très sérieux désordres contemporains que sont la masturbation et la nymphomanie. Le gynécologue Isaac Baker Brown (1811-1873) et le distingué endocrinologue Charles Brown-Séquard (1817-1894)

préconisent la clitoridectomie en prévention de la mélancolie masturbatoire, la paralysie, la perte totale de la vue et même la mort. Même après l'opprobre public de Baker Brown en 1866-7, l'opération reste valide et est largement pratiquée en Europe. Ce mépris médical du développement sexuel féminin normal se retrouve auprès du public et dans la littérature. Ou peut-être mena-t-il et encouragea-t-il l'opinion publique. Il n'existe aucun roman ou opéra au XIXè siècle où l'héroïne avec 'un passé' survive jusqu'à la fin. Ann Veronica d'H.G.Wells et Der Rosenkavalier de Richard Strauss, qui apparaissent tous deux en 1909, cassent le moule et marquent une étape importante. [26]

Nous sommes horrifiés par les pratiques de mutilation génitale répandues dans d'autres cultures, particulièrement en Afrique, mais il n'y a pas si longtemps encore en Europe, nous ne percevions pas la barbarie de ce qui passait pour pratiques médicales. Dans les années 80, l'école de médecine tropicale de Londres enseignait encore cette opération à ses étudiants!

La mutilation génitale féminine (MGF), jusqu'à ce que l'opinion publique s'y intéresse, était infligée au Royaume Uni aux fillettes d'origine étrangère. Jusqu'à 100.000 femmes vivants au R.U ont subi cette mutilation et 24.000 de plus risquent en 2012 de la subir. Cette pratique détestable est maintenant illégale pour les citoyens britanniques, qu'ils soient dans le pays ou à l'étranger, et entraîne des peines allant jusqu'à 14 ans d'emprisonnement.

Ailleurs, 140 millions de femmes de par le monde ont enduré, petites, cette torture et le risque infectieux attenant à cette mutilation, souvent pratiquée sans anesthésie par les mères ou les grands-mères. [27] Le traumatisme psychologique et physique infligé aux fillettes, contraintes à se soumettre à cette torture, est inimaginable. La mémoire de cette trahison, perpétrée à des fins de conformité sociétale, par des personnes qu'elles aimaient et dont elles pensaient être aimées, restera gravée dans leur psyché jusqu'à leur mort.

L'Oppression des Femmes dans les Sociétés Musulmanes

Les croyances développées au cours de l'ère solaire relatives à la sexualité menaçante des femmes sont si profondément incrustées dans la culture patriarcale, qu'on les retrouve encore de nos jours dans les cultures musulmanes qui relèguent les femmes à la maison, leur interdit de s'éduquer et de travailler. Ayaan Hirsi Ali, dans son livre Infidel and Nomad, raconte avec courage sa rébellion contre le rôle qui lui était assigné en tant que jeune femme en Somalie, et sa fuite loin de cette société tribale oppressive vers la liberté intellectuelle et sociétale de l'occident séculier et elle vit maintenant aux USA; elle doit toujours être protégée des individus qui la menacent de mort à cause de sa trahison de l'islam.

La persécution des femmes sous le régime des talibans en Afghanistan est connue, mais d'autres pays musulmans, comme le Pakistan et l'Arabie Saoudite et même la Turquie contemporaine, où ces habitudes sociétales prédominent et où les femmes sont réputées propriété de leur père, puis de leur mari, n'accordent que peu de droits, sinon aucun, aux femmes. Au Pakistan en 2011, quelque 1000 filles et femmes ont été tuées par leur père, mari ou frère dans des 'meurtres d'honneur', souvent couverts par la police, comme le rapporte Human Rights Watch. Entre 2002 et 2011, 4400 femmes ont été assassinées en Turquie et 42% des femmes subissent des abus sexuels et physiques. En 2011, ce pays est classé 122è sur 135 à l'Indice d'Inégalité de Genre des Nation Unis. Même au Royaume Uni, les jeunes filles d'origine pakistanaise sont mariées à de complets étrangers, ou à leurs cousins germains. L'honneur de la famille et le prix à payer pour l'avoir bafoué a mené aux meurtres de plusieurs jeunes filles des mains de leur père et de leurs frères; elles avaient osé épouser un mari contraire au choix familial. Un procès récent (Juillet 2012) condamna un père et une mère à la prison à perpétuité pour le meurtre de leur fille aînée qui avait déshonoré la famille. En Juin 2012, les mariages forcés devinrent illégaux et beaucoup de jeunes filles, emmenées au Pakistan contre leur gré et mariées de force à un homme choisi par la famille, purent être sauvées.

L'ignoble coutume de la lapidation des femmes pour adultère est attestée dans l'Ancien Testament et existe au temps de Jésus, le récit sur la femme adultère le démontre, mais la lapidation sous la Sharî'a est toujours actuelle en Arabie Saoudite, au Pakistan, au Soudan, en Iran, au Yémen et dans les EAU et certaines zones du Nigeria, ainsi qu'en Afghanistan et en Somalie. (28) Sakineh Mohammadi Ashtiani serait morte de cette façon si un monde horrifié n'était pas intervenu. Un de ses avocats est d'ailleurs toujours en prison. Une Afghane, récemment, a eu le nez et les oreilles sectionnés et a été laissée pour morte, exposée à des températures glaciales. Son crime? Elle avait osé quitter son mari violent (2010). Elle fut sauvée par des villageois et put partir aux USA où elle reçut une chirurgie reconstructive. Son père reçoit des menaces de mort car il a commis le crime impardonnable de permettre à sa fille de trouver refuge chez des 'incroyants' et a par là-même couvert sa communauté de honte.

Asia Bibi, une Pakistanaise chrétienne, est en prison (2011) et menacée de mort pour blasphème – elle osa demander à boire à la même cruche que les autres femmes du village, et questionna les bénéfices que l'islam pourrait apporter à des gens aussi pauvres qu'elle-même. Son cas a déjà mené à l'assassinat politique de deux hommes qui se sont levés contre les lois pakistanaises sur le blasphème, l'un d'eux était le Gouverneur du Penjab.

Les conflits récents en Irak et en Afghanistan auront au moins accompli une chose positive: ils ont révélé aux yeux du monde la souffrance consternante et l'oppression des femmes dans les sociétés islamiques, mais ils n'y ont pas mis fin. Ayaan Hirsi Ali nous offre le meilleur des témoignages sur les racines de cette oppression:

> La Virginité est une obsession, c'est la névrose de l'islam. Partout où se trouve une communauté musulmane, le mariage forcé, même de jeunes enfants, est commun, même dans les familles relativement éduquées. Comme la violence domestique, les gens trouvent cela normal. Les hommes sont les gardiens de leurs filles. Une fille est donc la propriété de son père, qui est en droit de transférer cette propriété au mari qu'il choisit. [29]

Elle compare la libération des femmes à une grande maison non achevée. L'aile ouest de la maison est plutôt en bon ordre et les femmes jouissent du droit de vote et peuvent se présenter aux élections, elles sont éduquées et peuvent choisir un grand nombre de professions. La violence domestique, le harcèlement sexuel, et le viol sont reconnus comme des crimes pour lesquels le responsable est jugé coupable et puni. Les femmes ont accès à la contraception et ont donc le contrôle de leurs droits reproductifs et sexuels.

Mais dans l'aile est, c'est une toute autre histoire. Les travaux ne sont pas finis, ils sont même abandonnés, et certains endroits tombent en ruine. Les femmes ont une vie dure. Elles peuvent être frappées et tuées par leurs familles et maris sans pouvoir recourir à la loi pour obtenir réparation. Elles ne peuvent pas sortir sans être accompagnées par un homme de leur famille. Des milliers de jeunes femmes meurent en couche car elles n'ont aucun accès à l'hygiène et aux soins médicaux les plus basiques. [30]

La libération de la femme de cette longue oppression multi-millénaire n'est pas encore achevée; la construction de l'aile est et les malfaçons de l'aile ouest peuvent encore prendre des siècles avant d'être résolues..

Le Décret de 2010 de l'Église Catholique

Même dans l'aile ouest, les travaux ne sont pas finis. Revenons au christianisme. Le dernier décret de l'Église Catholique relatif aux femmes (Juillet 2010) élève l'ordination des femmes au rang de crime parmi les plus graves du droit canon — donc aux yeux de l'Église au même niveau que les agressions pédophiles. C'est vraiment incroyable que quiconque ordonnerait une femme puisse être frappé d'excommunication par une institution responsable de l'Inquisition. Comment est-il possible qu'une offense si gravement injurieuse faite aux femmes soit entérinée par le droit canonique? Nous pouvons nous demander comment une telle chose est concevable à notre époque; alors que les femmes ont commencé à reconquérir leur véritable potentiel, en dépit de l'opposition virulente de l'Église et de l'État, l'Église catholique, gouvernée entièrement par des hommes célibataires, passe une loi si grotesque! Croire que 'Dieu' voudrait que les choses continuent inchangées, en marginalisant les femmes et en les empêchant d'exprimer leurs dons de compassion et d'empathie au service du sacré, c'est présumer que l'Église catholique disposerait d'un accès privilégié à Dieu — une attitude mégalomaniaque et absurde. Au sein de l'Église anglicane, un certain nombre de prêtres ont déclaré leur opposition aux femmes évêques et ont rejoint l'Église catholique. Karen Armstrong conclut son livre *The End of Silence: Women and the Priesthood* par ces mots: "Les comportements actuels dus à la misogynie et aux conflits non résolus doivent être portés sur la place publique, et la question de la souffrance infligée aux femmes par les Églises doit être abordée. La route sera longue et difficile, mais il n'y a pas d'alternative possible si nous voulons guérir les graves troubles et injustices du passé".

D'un point de vue jungien, cette peur phobique de la femme dans une culture patriarcale, reflète la peur de l'organe de la conscience en développement — l'ego — d'être englouti par l'unité primordiale indifférenciée, la gueule ou la matrice de la nature. La femme est inconsciemment identifiée à cette gueule dévorante: le péché d'Ève prouve sa non-fiabilité. Les hommes à la masculinité fragile, qui n'ont jamais eu de relation mature, et encore moins de relation sexuelle avec une femme — dont l'image intériorisée de la femme est à peine ébauchée, car la femme n'a pas de valeur intrinsèque, mais seulement la valeur du service qu'elle peut rendre à l'homme — pour un tel homme donc, une femme indépendante et éduquée, et Dieu nous préserve! une femme prêtre, représente une menace — inconsciemment la menace de castration et de mort.

Les Conséquences à Long Terme du Mythe de la Chute

Des générations de chrétiens, hommes et femmes, ont entendu à l'église le récit de la Chute, le recevant comme le verbe de Dieu et la vérité révélée. Avec quels effets pour eux? Comment ce récit a-t-il programmé l'attitude inconsciente des hommes envers les femmes, la sexualité en général et le regard des femmes sur elles-mêmes? Il est possible que les schémas violents de comportement sociétal, meurtre, viol, trafic, violence domestique, pornographie, abus sexuel des enfants, s'enracinent dans l'interprétation donnée à ce mythe.

Des statistiques récentes postées sur internet estiment que dans le monde et par an, de deux à quatre millions de femmes, de toutes races et classes sociales, sont battues par leur partenaire. Aux USA, chaque année plus d'un millier de femmes sont tuées par leur partenaire. La violence domestique représente, en 2012, 23% de tous les crimes violents et ce chiffre est en augmentation. Le traumatisme infligé aux enfants par la violence domestique ne peut être quantifié mais le nombre d'appels en 2011 à ChildLine (numéros d'urgence) avait augmenté d'un tiers en cinq ans. [31] Chaque année des milliers d'enfants fuguent ou sont placés. Beaucoup d'entre eux sont abandonnés à la prostitution dans les rues de nos cités. Le nombre des viols dans le cadre familial, dans les rues et en situation de guerre n'est pas connu mais est très élevé. Bien sûr, ces chiffres ne peuvent pas être exclusivement attribués à l'influence de l'endoctrinement religieux, mais je crois que ce dernier a, au fil des siècles, jeté les bases d'une violence intolérable et de l'avilissement des femmes.

Le destin tragique de millions de jeunes femmes victimes du trafic sexuel (4 millions dans le monde) est un autre aspect du mépris des femmes. Des millions de femmes des pays pauvres d'Europe de l'est, d'Asie, d'Afrique et d'Amérique du sud, sont contraintes à la prostitution et même à l'esclavage sexuel, car il y a un 'marché' pour le sexe parmi les hommes qui voient la femme comme un objet sexuel à exploiter et à soumettre, perpétuant ainsi le schéma de domination mâle. Dupées par les trafiquants qui leur font miroiter les possibilités d'une vie meilleure dans les pays riches, leur passeport confisqué, elles se retrouvent prisonnières, sans pouvoir s'évader.

Quelles croyances négatives inconscientes la femme, quelle que soit sa culture, entretient-elle sur elle-même, en conséquence de cette souffrance muette et des franches persécutions qu'elle endure depuis des millénaires? Quelles croyances misogynes inconscientes les hommes détiennent-ils encore qui les autorisent ainsi à blesser, violer et tuer des femmes? 50.000 femmes bosniaques, musulmanes pour la plupart, ont été violées pendant la guerre en Bosnie; 400.000 au Rwanda; un nombre inquantifiable au Darfour et en RDC. Le viol fait partie intrinsèque de la souffrance affreuse des civiles syriennes. Les femmes violées sont considérées comme souillées: marquées par la honte, elles sont ostracisées par leur communauté, rejetées par leurs mari et famille et traumatisées à vie. Juste une petite poignée d'hommes coupables de ces viols est puni car le viol est une arme de guerre tout à fait légitime.

Les Conséquences sur les Enfants

Une femme a désobéi à Dieu en succombant à la tentation du serpent, provoquant le péché, la souffrance et la mort et les souffrances et même la mort en couche sont une punition pour ce péché originel, cette idée a été inculquée à des générations d'enfants, aussi bien à l'église qu'en cours d'instruction religieuse. Ils ont aussi appris qu'Ève incita Adam à manger de la pomme de l'Arbre de la Connaissance et est donc coupable de sa chute et de sa malédiction. Comment ce mythe, me demandai-je, peut-il colorer la vision que l'enfant a de son père et de sa mère, et de sa propre sexualité? Supposons que sa mère soit morte en lui donnant naissance. Comment ce mythe affecte-t-il la mémoire qu'il a d'elle? Comment ce mythe affecte-t-il l'attitude des garçons envers les filles et l'estime des filles d'elles-mêmes? Il a certainement contribué au profondément intériorisé et inconscient sentiment d'infériorité des femmes. Aussi bien pour les filles que pour les garçons, ce mythe aura déclenché un conflit en eux, les rendant méfiants de leurs instincts et de leur sexualité, et les menant à croire que ce Dieu vindicatif, punitif, et colérique commande la répression, ou même le sacrifice de leur sexualité, en expiation de la souillure du péché originel dont ils ont hérité et comme une sorte de garantie de leurs aspirations spirituelles.

Et comment ce mythe affecte-t-il l'attitude chrétienne à l'égard des enfants? Des générations d'enfants ont été battues pour chasser le péché et le mal hors d'eux et par peur qu'ils ne tombent dans les griffes du diable. Il n'y a pas si longtemps la masturbation était un péché puni en conséquence. Des milliers d'enfants ont souffert de terribles traitements aux mains des prêtres et des nonnes. Les épouvantables récits de punitions sadiques infligées par ces serviteurs célibataires de Dieu commencent tout juste à faire surface, comme les rapports publiés en Irlande (les rapports Ryan and Murphy de 2009 et les rapports Cloyne de 2011) ainsi que les témoignages d'abus perpétrés par la congrégation des Frères et Sœurs chrétiens catholiques de la Miséricorde à des orphelins expédiés en Australie au début de la dernière guerre. En 1993, deux garçons de dix ans avaient torturé et tué un bambin (le procès Jamie Bulger); le journal *The Times* (R.U) reçut plusieurs courriers où il était argumenté que tous les enfants naissent en état de péché, et qu'il est donc normal qu'ils soient programmés à faire le mal.

Tout cela peut paraître révoltant mais est également tragique car tellement inutile. Cela se résume à un endoctrinement sur des centaines d'années. En tant que thérapeute et femme, je suis devenue très consciente de la misogynie de notre culture et de la culpabilité que les femmes portent, ainsi que de la peur inconsciente des hommes et de leur mépris des femmes, et de la peur et de la méfiance des femmes à l'égard des hommes et de leur impossibilité à aimer et respecter leur propre corps. Je vois clairement que tout cela s'enracine en partie dans l'héritage calamiteux des Pères de l'Église, et en partie dans celui de Luther et de Calvin qui ont perpétué nombre de ces concepts, disséminés aussi bien dans le protestantisme que dans le catholicisme. Ces écrits chrétiens transmettent une profonde impression de sado-masochisme: sadisme envers les femmes en général, et masochisme car cette préoccupation du péché et de la culpabilité sexuels a conduit les hommes et les femmes à cultiver un sentiment inutile, quasiment hystérique, de péché, culpabilité et auto-dénigrement. Il se peut que ce soit ce sentiment inconscient de culpabilité et d'auto-dénigrement qui empêche encore les femmes de quitter des partenaires abusifs et violents — et qui fait que les medias les présentent encore comme des objets sexuels qui ne sont plus d'aucun intérêt pour la société quand elles perdent leur attractivité sexuelle. La colère et la méfiance contenues dans les mémoires inconscientes contribuent sans doute aussi au conflit de pouvoir au sein du couple et la rupture subséquente des relations entre l'homme et la femme coûtent £44 milliards par an au Royaume Uni, et cause aux enfants une détresse immense.

La méta-narration du mythe de la Chute qui plonge ses racines dans l'âge solaire mine affreusement l'attitude chrétienne à l'égard de la vie dans ce monde. Au lieu d'aider à soulager la souffrance humaine, il l'a infiniment augmentée. Il a culturellement contribué au mépris de l'homme pour 'le caractère émotionnel et hystérique' de la femme, et il a renforcé le préjugé qui lui a interdit, pendant des siècles, d'étudier et de se faire une place dans le monde et de pratiquer des professions réservées aux hommes, y compris la prêtrise et la profession médicale. Jusqu'à récemment au Royaume Uni, ce mythe sous-tendait l'opinion judiciaire qu'une femme violée 'l'avait bien cherché'. Il a blessé l'image féminine intériorisée par l'homme et lui a procuré une bonne raison de se méfier et de se désolidariser de ses propres sentiments, tout en générant la nécessité compulsive de les contrôler.

Dans la sphère politique, nous nous confrontons à l'histoire violente du christianisme, en étrange opposition aux enseignements du Christ, qui enseignait l'amour, la compassion et notre filiation à Dieu — et même la divinité innée de toute l'humanité ('Vous êtes Dieu' Jean 10:34) — et la nécessité d'aimer et de pardonner à ceux qui nous font du mal. Nous n'avions vraiment besoin d'aucune autre règle que cette Règle d'or, 'Ne fais pas à autrui ce que tu n'aimerais pas qu'il te fasse' — la compassion doit être notre guide. Qu'est-il arrivé à cette valeur magnifique avec le traitement brutal des femmes, l'abus sexuel des enfants, la persécution des hérétiques, les conquêtes sanglantes au nom du christianisme, l'inquisition, les tortures, les bûchers, et la répression visant des groupes ou des individus suspectés d'être une menace à l'Église établie? Où donc se trouve-t-elle dans la croyance actuelle des chrétiens évangélistes au 'ravissement' des élus au ciel à la fin des temps et en la mort des autres — une idée qui a son origine dans la théorie augustinienne de la prédestination? La chrétienté est de nos jours éclatée par des schismes et des querelles amères relatives à l'ordination des femmes et à l'homosexualité. Les paroles de l'ancien testament, réputé transmettre la révélation divine, rédigées il y a plus de deux mille ans dans une culture totalement différente de la nôtre, sont invoquées en soutien de ces préjugés bien ancrés. Les enseignements du Christ relatifs à l'amour et au pardon semblent oubliés.

Nous ne pouvons ignorer la conviction injustifiée de supériorité morale et spirituelle des chrétiens à l'égard des autres religions, leur insistance à vouloir convertir à la 'vraie' religion et le contrôle omnipotent que l'Église exerce sur ses fidèles. Les peuples indigènes du Nouveau Monde ont été traités en primitifs inférieurs et 'proches de la nature' — donc soumis légitimement au pouvoir supérieur des conquérants européens blancs qui les convertissaient de force. Nous devons aussi reconnaître les conséquences à long terme de l'expulsion des Maures d'Espagne et des croisades contre les infidèles mahométans; ces tensions encore actuelles entre le christianisme et l'islam sont décelables sous la surface de la 'guerre contre la terreur'.

Nous devons aussi questionner les attitudes envers le corps et la sexualité, et la conviction qu'une vie consacrée à Dieu implique de sacrifier sa sexualité, et que ce sacrifice Lui serait agréable. Le concept de pénitence et de réparation du mal existe depuis longtemps dans les œuvres des tragédiens grecs, mais jamais aucun, jusqu'à la venue du christianisme, n'avait suggéré que la sexualité était en elle-même un péché que d'aucun devait expier. Il se peut que ce soit cette répression d'un instinct humain essentiel qui nous ait menés, au cours des siècles jusqu'à nos jours, non seulement à la violence des hommes contre les femmes mais aussi au fléau de la pornographie qui assujettit et viole le corps de la femme, et aux viols et abus sexuels de jeunes garçons et fillettes par des prêtres catholiques qui leur avaient été confiés. On peut se demander quels terribles traumatismes infligés aux enfants sont tus depuis des siècles, et commencent heureusement à faire surface maintenant.[32]

Personne n'est autorisé à défier les règles rigides de l'Église catholique sur la contraception. Il est étrange que, dans un monde où la surpopulation est un de nos problèmes majeurs, l'Église maintienne sa décision à ce sujet; en Afrique, où le sida ravage des millions de vies, elle s'entête à imposer l'abstinence plutôt qu'autoriser l'usage du préservatif, argumentant que le préservatif encouragerait la promiscuité. En Amérique du sud et dans des pays comme les Philippines, où la religion catholique est majoritaire, les femmes s'entendent dire qu'il est de leur devoir religieux de se priver de contraception; elles subissent donc des grossesses à répétition, bien au-delà de leurs forces et de leur capacité à prendre soin de tant d'enfants. Ces enfants, dix ou plus dans une famille, vivent dans les favelas ou les bidonvilles d'Amérique du sud (Brésil) et dans les quartiers les plus pauvres des Philippines, miséreux, sans éducation et sans accès aux soins, ils sont la proie des dealers et des proxénètes. Et à nouveau, à la racine de ces décisions, nous retrouvons le contrôle de la sexualité des femmes par des hommes célibataires. Quelle peur inconsciente et quel mépris de la femme se cachent derrière ce besoin de contrôle? Et pourquoi les femmes l'acceptent-elles, sinon par peur de la punition divine? Quelle est la contribution de cet absurde interdit de contraception à la croissance démographique?

Le docteur Uta Ranke-Heinemann, qui détient la chair d'histoire des religions à l'université d'Essen, a écrit le livre *Eunuchs for Heaven*, une critique éreintante de l'hostilité de l'Église envers la sexualité et les femmes. Dans son introduction, elle déplore qu'un long processus historique a

> transformé le christianisme de ce qu'il était ou aurait dû être — une religion fondée sur l'expérience personnelle de l'amour de Dieu universellement accessible, au sein de laquelle le corps a sa place naturelle et de droit divin — en un régime imposé par une oligarchie célibataire, à une majorité soumise et principalement mariée. Ceci a corrompu l'œuvre de celui dont les chrétiens tiennent leur nom. [33]

En contraste avec l'aspect ombre du christianisme décrit dans ces deux derniers chapitres, nous trouvons les actions de millions de chrétiens qui, depuis deux mille ans, font vivre le message essentiel du Christ par leurs innombrables actes de compassion, et par leurs défenses courageuses d'autrui souvent au péril de leur vie, par leurs recherches de justice pour les opprimés et les exclus; et toutes les œuvres de charité qui viennent en aide aux malheureux; et l'art sublime, l'architecture, les œuvres littéraires et la musique, inspirés par la vie du Christ et de Sa Mère, que ma quête m'a permis d'apprécier grandement.

Conclusion

Ces deux derniers chapitres ont montré comment les deux méta-narrations religieuses de l'ère solaire de la civilisation occidentale — le mythe de la Chute et la doctrine du Péché Originel — ont créé un système de croyances dualiste qui sépare la nature de l'esprit, le corps de l'âme et de l'intellect. Dans leur tentative d'explication de l'existence du péché, de la mort et du mal, des générations d'hommes et de femmes ont appris que ce monde est un lieu de souffrances, de péché et d'expiation, et que la vie spirituelle en commande le rejet. Ces deux chapitres ont exploré la pathologie inhérente à une religion pratiquée par deux milliards de personnes. La forme-pensée collective inconsciente ainsi constituée est extrêmement difficile à transformer et à guérir car elle est précisément si profondément inconsciente. De plus, ces méta-narrations sont toujours actuelles dans le discours chrétien, particulièrement en Afrique. Tout l'édifice de la croyance chrétienne s'est construit sur les piliers jumeaux de la croyance en la chute de l'homme et en la conséquente nécessité de notre rédemption par la mort sacrificielle du Christ.

Il se peut que depuis St Augustin le christianisme ait pris un chemin désastreux, envoûté par un mythe et la formulation d'une doctrine qui n'ont que peu en commun avec les enseignements du Christ, qui portaient sur la transformation de la conscience et non sur la foi comme voie de salut. Ce chemin a séparé l'homme de son âme instinctive, lui infligeant un fardeau de culpabilité au regard de son existence soi-disant dépravée. Il a retiré à l'homme son sens de responsabilité, son salut étant déjà accompli par la mort sacrificielle du Fils de Dieu, qui devient le bouc-émissaire ultime, mort pour les péchés de l'humanité.

Nous ne trouvons nulle part dans le mythe de la Chute la célébration de la nature sacrée de l'amour sexuel. Nous n'y trouvons pas non plus la reconnaissance de la nature en tant qu'Ordre Sacré du réel. Bien au contraire, l'expulsion du jardin d'Éden et la souffrance de l'homme et de la femme dans ce monde sont présentées comme la punition imposée par Dieu à Adam et à Ève pour leur rôle d'instigateurs de la Chute.

Nous nous demandons légitimement quels seraient les effets sur la chrétienté si la doctrine du péché originel, qui a fait tant de mal à l'âme, était expurgée du dogme chrétien et si le mythe de la Chute était interprété comme une métaphore de la naissance de la conscience plutôt que la raison de la nécessité du Sauveur; L'âme et le corps ne seraient-ils pas déchargés de ce lourd fardeau qu'ils portent depuis quelque mille six cents ans?

Notes:

1. Holland, Jack (2006) *Misogyny: The World's Oldest Prejudice*, Constable and Robinson Ltd., London, p. 31
2. Torjesen, Karen Jo (1995) *When Women Were Priests*, HarperSanFrancisco, p. 180
3. ibid, p. 181
4. ibid, p. 211
5. Bourgeault, Cynthia (2010) *The Meaning of Mary Magdalene*, Shambhala Publications Inc., Boston, p. x
6. *The Gospel of Philip*, Nag Hammadi Library, ed. James M. Robinson, E.J. Brill, Leiden, 1977, p. 138
7. Bourgeault, pp. 15-16
8. ibid, p. 41
9. ibid, pp. 51 & 55
10. *The Dialogue of the Savior*, Nag Hammadi Library, p. 235
11. Bourgeault, p. 87

12. Bourgeault, p. 88
13. Iraneus, *Adversus Haereses*,111. xxii. 4
14. Tertullian, *De cultu foeminarum*
15. Tertullian, *De cultu foeminarum*
16. Ranke-Heinemann, Uta (1990) *Eunuchs for Heaven*, English trs. André Deutsch Ltd., London p. 104
17. Gratian, *Decretum,*
18. Ranke-Heinemann, p. 157 citant *Quaestiones super de animalibus*, XV, q.11
19. Thomas Aquinas, *Summa Theologica*
20. *De contemptu mundi*. Hoskier 1929. traduction de S.M. Jackson, *The Source of Jerusalem the Golden*. Chicago 1919, pp.139-40. Cité dans William Anderson, *The Rise of the Gothic*, p. 126
21. French, Marilyn (2002) *From Eve to Dawn: A History of Women*, McArthur & Co., Toronto
22. Torjesen, p. 222
23. Zilboorg, Gregory (1941&1967) *A History of Medical Psychology*, W.W. Norton & Company, New York, p.162
24. Pizan, Christine de (1999) *The Book of the City of Ladies*, Penguin Books, London, p. 6-7
25. ibid, p.11
26. Professor John Studd FRCG, extrait de 'the annual Founder's Oration to the Royal College of Obstetricians and Gynaecologists May, 2011, intitulé *19th century attitudes to female sexuality as portrayed in medicine, literature, art and music.*
27. Le rapport 2010 de l'OMS estime que 100 à 140 millions de femmes et fillettes de par le monde (92 millions de fillettes au-dessus de 10 ans en Afrique) ont subi une mutilation génitale. Ceci concerne l'excision du clitoris, des lèvres et autres parties externes du vagin, et dans quelques instances, la béance du vagin est recousue, laissant seulement une ouverture étroite, pour s'assurer de la virginité de la femme au moment du mariage.
28. article du Times par Diana Quick, 26/10/2011. La commission des droits humains de l'ONU a déclaré illégales les mutilations génitales des femmes. 28/11/12.
29. Ali, Ayaan Hirsi (2010) *Nomad, From Islam to America: A Personal Journey through the Clash of Civilizations*, Simon and Schuster, London, p. 230
30. Ali, pp. 233-234
31. Statistiques en provenance d'un éventail de sources sur Google 2011
32. Des faits de viols d'enfants par des prêtres catholiques font surface en Amérique, en Irlande, en Autriche, en Allemagne, en Italie, en Espagne, en Suisse, en France, aux Pays-Bas, au Brésil. (2010–11)
33. Ranke-Heinemann, introduction p. x

Le mythe de la Chute fait l'objet d'une étude détaillée dans notre livre *The Myth of the Goddess* au chapitre Treize et dans le livre *Eve: The History of an Idea* de J.A. Phillips, publié en 1984 par Harper & Row, San Francisco. Je recommande le livre d'Uta Ranke-Heinemann et les livres de Charles Freeman aux lecteurs désireux d'approfondir leurs connaissances du IVè siècle, d'une importance si déterminante.

Méditation

J'aimerais offrir une méditation sur le corps, dans l'intention de lui rendre toute son inestimable valeur de temple et de manifestation physique de l'âme — l'intermédiaire vitale entre la matière et l'esprit.

Imaginez votre corps comme un réceptacle, il reçoit et transmet la lumière.

Imaginez un joyau étincelant au niveau de chacun des sept chakras: rubis, opale de feu, topaze, émeraude, saphir, améthyste et diamant.

Remerciez le corps pour tous les bienfaits qu'il apporte dans votre vie, par le passé et à présent.

Remerciez-le pour le miracle de son être.

Dites-lui que vous regrettez sincèrement ce qu'il a dû endurer par le passé, et que dorénavant vous en prendrez grand soin.

Imaginez votre cœur se remplir d'un flot d'amour et de lumière.

Reconnaissez votre corps comme le lien entre l'esprit invisible et votre environnement physique: la terre, les arbres, les plantes, les fleurs, la nourriture que vous absorbez, toutes choses que vous fabriquez et transformez avec votre créativité à partir de la matière première de la vie.

Voyez-le comme fait de la plus transparente des substances, comme du cristal ou un joyau superbe, comme un diamant. Voyez cette forme cristalline être irradiée de la lumière apaisante du cosmos qui la traverse et qui soutient toute la manifestation du monde.

Portrait de Femme
Robin Baring 1974

Chapitre Neuf

UNE VISION BORGNE

L'homme moderne parle de combat contre la nature, il oublie que, s'il venait à gagner ce combat, il se trouverait lui-même du côté des perdants.

— E. F. Schumacher

Notre conscience ordinaire de veille, que nous appelons conscience rationnelle, n'est qu'une seule forme spécifique de conscience, alors que séparées par le plus ténu des écrans, on trouve des formes potentielles de conscience totalement autres.... Aucune description de l'univers dans sa totalité ne peut être concluante si elle ne prend pas en compte toutes ces autres formes de conscience.

— William James *The Varieties of Religious Experience* [1]

Nous en arrivons au temps présent, où dans une culture séculière, le mental humain rationnel s'est établi en valeur suprême, maître de tout ce qu'il examine, ne reconnaissant aucun pouvoir, aucune conscience au-delà de lui-même. Il a perdu sa connexion à l'âme, non seulement âme au sens individuel mais âme en tant que champ ou matrice cosmique, à la vie de laquelle nous participons. Dans son orgueilleuse posture, le mental moderne est déconnecté de la matrice sous-jacente hors de laquelle il a évolué. Habité par la conviction ardente des iconoclastes qui ne tolèrent pas l'existence de ce qui menace leurs croyances, il dénigre et tourne en dérision tout ce qu'il perçoit comme non-rationnel, l'étiquetant 'mysticisme' ou 'superstition'.

Je pense que cette attitude me renvoie à mon rêve de la structure métallique érigée à la surface de la lune. Elle reflète la posture rigide du mental rationnel, ou ego, qui se comporte en tyran dressé contre la nature, dressé contre la Terre, dressé contre tout ce qu'il définit comme une menace à sa suprématie, à la réussite de ses entreprises séculières et à sa définition du progrès. Le champ négligé de l'âme est une friche aussi stérile que la surface de la lune. Ce bref passage en revue de l'ère solaire, qui, il est vrai, s'est concentré sur le côté sombre de cet âge, nous permet de voir que le système de croyances du matérialisme scientifique (réductionnisme) qui domine notre culture — et que ce chapitre et le chapitre Quatorze se proposent d'explorer — est le résultat de la longue dissociation de l'esprit et de la nature, du mental et de la matière, et surtout, de la fracture en nous-mêmes de la pensée et du sentiment, du mental rationnel et de l'âme instinctuelle — les aspects conscient et inconscient, solaire et lunaire de notre nature. Notre psyché et notre culture sont présentement en grand déséquilibre, les problèmes politiques, sociétaux, financiers et économiques en témoignent, et nous ne pourrons les résoudre si, comme Einstein le disait, nous ne changeons pas notre façon de penser.

À un moment de son livre *A Journey in Ladakh*, Andrew Harvey nous fait part des paroles d'un moine tibétain, Nawang Tsering. Nawang nomme le temps présent *Kali Yuga*, c'est-à-dire l'Âge de l'obscurité et de la destruction, et il affirme que le plus grand danger qui menace le monde actuellement est la perte de la vision spirituelle et notre devoir est de prêter vie à cette vision, de nous assurer qu'elle survive à cette période sombre. Il parle des puissances de l'amour, des pouvoirs de guérison et de lucidité latents en chacun de nous, et il nous encourage à les développer, aussi bien pour nous-mêmes que pour le bien de tous; il ajoute que nous devons nous harmoniser avec les plus profonds niveaux spirituels si nous voulons survivre à cette époque. [2]

Il semble évident que notre immaturité éthique et spirituelle menace la survie de notre espèce; l'état du monde et ses millions de gens en proie à une souffrance indicible, autant que notre course et notre addiction à l'armement, en témoignent. Plongés dans ce chaos, comment pouvons-nous invoquer les puissances de l'amour, les pouvoirs de guérison et de lucidité? Comment pouvons-nous devenir conscients de l'influence de ces croyances incrustées, que nous avons ébauchées aux chapitres précédents, et comprendre qu'elles nous contrôlent et contribuent à la souffrance de l'humanité?

Une Conscience Borgne

Certains mythes, concepts et systèmes de croyances deviennent des méta-narrations, des visions du monde ou paradigmes du réel, qui peuvent inspirer, structurer et influencer une culture pendant des centaines, voire des milliers d'années. Mais elles peuvent aussi bloquer notre développement grâce à de subtiles techniques de contrôle difficiles à reconnaître. En Occident, deux méta-narrations fondatrices exercent leur influence: d'une part la narration chrétienne d'un Dieu-Créateur transcendant et de la création déchue, et d'autre part la narration scientifique plus récente qui nous dit que nous existons au sein d'un univers inanimé, dépourvu de conscience, de sens, et d'intention.

L'artiste français Odilon Redon peignit au début du XXè siècle un tableau qu'il intitula Le Cyclope. Son œil unique observe une femme nue étendue dans un champ parsemé de fleurs et inondé de lumière. L'image du cyclope m'évoque la crispation et l'inflation de l'intellect humain qui, ignorant les multiples dimensions de la vie planétaire et cosmique sur lesquelles il se tient et d'où il provient, croit maîtriser la nature et lui-même. Il m'évoque l'aphorisme de Blake, 'Que Dieu nous garde de la pensée unique et du sommeil de Newton'. [3]

Ce tableau transmet aussi une terrible tristesse, la tristesse de la conscience borgne arrachée à son sol, sans relation avec l'âme et la nature personnifiées par la femme couchée sur le sol couvert de fleurs. Le rationnel ou l'œil séculaire se tient solitaire et dominateur, aliéné du paysage de l'âme.

Depuis le XVIè siècle, mais de façon plus systématique depuis les cinquante dernières années, une vision du monde séculière infiltre lentement tous les aspect du monde moderne, elle est dominante dans les médias, les arts, les sciences, la philosophie autant que dans les programmes économiques, politiques et éducatifs. C'est une conception de la vie toujours plus utilitaire et matérialiste, sans autre but pour l'humanité que la survie d'une population toujours croissante et l'amélioration de ses conditions matérielles grâce aux avancées scientifiques, médicales et technologiques. L'exclusion, le rejet et le mépris de tout ce qui est relatif aux grands accomplissements spirituels et culturels du passé et aux questions laissées sans réponse sur la condition humaine, limitent dramatiquement notre compréhension de nous-mêmes et de notre place dans l'univers. Cette vision tourne le dos au mystère de notre existence, aux grandes questions du 'qui sommes-nous' et du 'pourquoi sommes-nous ici' sur cette planète. Elle croit même que notre espèce a atteint le plus haut niveau de développement mental dont elle est capable. Elle omet de mentionner que notre niveau de développement moral est à la traîne de nos réalisations technologiques.

Cependant, il existe une autre sorte d'œil, qui s'appelle 'œil du cœur' ou 'œil de l'âme'. Les envolées de la vision poétique et les révélations des expériences shamaniques et mystiques de nombreuses cultures, au cours de milliers d'années, nous rappellent de façon salutaire que nous pouvons accéder à un autre mode de connaissance, à une autre qualité relationnelle avec ce que nous nommons réalité. Les grands sages de l'Inde, du Tibet, de la Chine et les grands mystiques de l'Occident, ont toujours su que nous sommes capables d'accéder à un état de conscience plus vaste, plus complet, plus éveillé que l'état ordinaire — une conscience qui s'harmonise avec le sol invisible de l'être.

Richard Maurice Bucke écrivit, il y a quelques cent ans de cela, le livre *Cosmic*

Consciousness qui décrit la vie d'individus faisant l'expérience de dimensions de conscience encore inimaginées par la plupart d'entre nous. Il pensait fermement que toute l'humanité atteindrait un jour cet état. [4]

Pourrions-nous tous atteindre cet état de connaissance et d'expérience élargies, et cette capacité à nous engager dans une relation plus intense avec la vie? Et cette autre qualité de connaissance nous permettrait-elle d'avoir l'expérience d'une dimension du réel dans laquelle nous sommes inscrits sans le savoir, une dimension que Platon nomme l'âme du cosmos, animée par des agents créateurs de vie cosmique — nommés selon les cultures déesses et dieux, génies, anges ou archanges? Notre propre conscience, qui inclut tout le spectre d'expériences, depuis l'instinct animal jusqu'au plus haut potentiel de l'imagination et de l'intellect, pourrait-elle à nouveau participer à cette grande âme planétaire et cosmique, dont notre culture a perdu toute perception?

Il est des fois où un simple livre peut faire la lumière sur une époque et les changements en préparation pour l'âge à venir. Au début des années 20, Pitirim Sorokin (1889-1968), professeur de sociologie à l'université de St Petersbourg, condamné à mort par les tsaristes et les bolcheviks, vit sa peine annulée en 1922, et banni, il trouva refuge aux USA où il obtint une chaire de sociologie à Harvard. C'est là qu'il écrivit *The Crisis of Our Age*, publié en 1941; il y décrit trois types de culture: l'Idéationnelle, l'Idéaliste, et la Sensorielle. Il considère tout le processus historique comme une alternance cyclique de phases spirituelles et de phases matérialistes, et notre période actuelle serait une transition des plus significatives et des plus cruciales dans l'histoire de l'humanité.

Il identifie la culture européenne des six cents dernières années (et tout particulièrement des quatre cents dernières années) comme une culture sensorielle, qui succède et remplace la culture idéationnelle du Moyen Age. La culture idéationnelle se concentre sur l'esprit; la culture sensorielle actuelle se concentre sur la matière et le monde phénoménal. Les valeurs spirituelles, et la croyance en une Déité transcendante omnisciente créatrice du monde et de l'homme, laisse graduellement place à des valeurs séculières et à la croyance que la réalité matérielle — et notre perception sensorielle et empirique de cette réalité — est le seul domaine d'étude valable et la seule réalité existante. Ces quatre cents dernières années, une culture sensorielle s'est imposée et a permis les avancées scientifiques phénoménales qui affectent chaque aspect de notre vie, écrivant — disent-ils — les pages les plus brillantes de l'histoire humaine. Cependant, aucun type, qu'il soit idéationnel ou sensoriel, ne saurait être éternel. Tôt ou tard, il finit par épuiser ses possibilités créatives. Quand ce moment se présente, il commence à s'étioler et à décliner. [5]

La culture idéationnelle du Moyen Age opère une scission entre d'une part l'esprit, et d'autre part la matière, le corps et la sexualité, qui sont considérés comme contaminés par le péché de la Chute; notre culture sensorielle actuelle donne le premier rôle à la matière, au corps et à la sexualité tandis que l'esprit est marginalisé et même éliminé. Une culture exclut le corps, l'autre exclut l'esprit. Dans chaque cas, un système de croyance est instauré et tenu pour infaillible. Cette tendance totalitaire, aussi bien dans le domaine religieux que scientifique, est clairement observable et représente un danger du fait de son caractère déséquilibré. À force de ridicule, de distorsion et de négligence, notre culture sensorielle a discrédité les valeurs spirituelles les plus hautes et les accomplissements de la phase idéationnelle. Sorokin pensait en rédigeant son livre (1941) que notre culture sensorielle était déjà décadente, avait épuisé son potentiel de créativité et avait entamé son processus de mort. Les guerres idéologiques du XXè siècle étaient pour lui le symptôme de cette décadence.

> La crise actuelle n'est pas ordinaire mais extraordinaire. Elle n'est pas une inadaptation économique ou politique, mais elle concerne dans leur totalité la culture et la société occidentales. C'est une crise des arts et des sciences, de la philosophie et de la religion, des lois et de la morale, des mœurs et des comportements — dans ses formes d'organisation politique, économique et sociale, y compris la nature de la famille et du mariage — en bref, c'est une crise impliquant tout le mode de vie, de pensée et de comportement de la société occidentale. Plus précisément, c'est une désintégration de la forme fondamentale de la culture et de la société occidentales qui domine depuis les quatre cents dernières années. [6]

Et pourtant, en définissant notre crise actuelle, il ne pensait pas qu'elle devait nécessairement conduire à l'effondrement de la civilisation occidentale; il pensait que nous nous trouvions à la difficile période de transition entre la mort de la culture sensorielle dominante et la naissance de la phase idéationnelle:

> Même si ce n'est pas l'extinction de la culture et de la société occidentales, ce n'en est pas moins la plus importante des révolutions possibles de notre culture et de notre vie sociale.... Nous avons le rare privilège de vivre, observer, penser et agir au sein de la conflagration de cette épreuve. Si nous ne pouvons l'arrêter, nous pouvons au moins comprendre sa nature, ses causes et ses conséquences. Nous pourrons ainsi, dans une certaine mesure, être à même de raccourcir cette période tragique et de modérer ses ravages. [7]

La Vision du Monde Séculière

Bertrand Russell (1872-1970) décrit la philosophie séculière de la culture sensorielle dans cet extrait de son essai *The Free Man's Worship*, publié en 1903 et considéré comme un jalon essentiel de la pensée des débuts du XXè siècle:

> Que l'homme soit le produit de causes qui n'avaient aucune prévision de leurs conséquences; que son origine, sa croissance, ses espoirs et ses peurs, ses amours et ses sentiments, soient le simple résultat de l'agglomération d'atomes; qu'aucun feu, héroïsme, intensité de pensées et de sentiments, ne puissent maintenir la vie individuelle au-delà de la tombe; que toutes les œuvres des siècles, toute la dévotion, toute l'inspiration, toute la brillance du génie humain à son zénith, soient vouées à l'extinction dans la mort grandiose du système solaire, et que tout le temple des accomplissements humains doive inévitablement être enseveli sous les débris de l'univers en ruine — toutes ces choses, non sans prêter à discussion, n'en sont pas moins si certaines, qu'aucune philosophie qui les rejetterait ne pourrait perdurer. Ce n'est qu'à l'intérieur de l'échafaudage de ces vérités, ce n'est que sur les fondements stables d'un désespoir inflexible, que la maison de l'âme peut se construire en toute sécurité. Comment, dans un monde si étranger et inhumain, une créature aussi faible que l'homme pourrait-elle préserver intactes ses aspirations? [8]

Comment, en vérité? Nous voyons comment cette philosophie s'est formée mais nous devons certainement questionner ses conclusions. Actuellement, la philosophie dominante de notre culture sensorielle est néo-darwinienne: la vie sur cette planète a évolué par sélection naturelle et survie du plus fort, nous sommes le produit de nos gènes biologiques, de nos interactions avec notre environnement et de forces sans conscience agissant sur une matière inanimée; les atomes sont des particules inertes, flottant dans un univers mort; la matière est la base d'où émerge l'esprit comme phénomène secondaire.

Cette philosophie matérialiste séculière, qui s'est répandue depuis l'Occident dans chaque région du monde moderne industrialisé, peut se résumer ainsi:

- La conscience est un épiphénomène du cerveau physique.

- La conscience ne survit pas à la mort car la mort du cerveau physique est la fin de la conscience.

- Dieu est une hypothèse non démontrée et le concept d'âme n'a aucune pertinence.

- L'univers s'est formé par hasard.

- L'univers que nous voyons, et la matière subatomique que la science étudie, sont inertes et 'morts'.

- Nos vies n'ont aucune intention ni aucun sens transcendants.

Francis Crick, le co-inventeur de l'ADN, décrit cela froidement, 'Vous, vos joies et vos peines, vos souvenirs et vos ambitions, votre sens d'identité personnelle et de libre arbitre, ne sont guère plus que le comportement d'un grand rassemblement de cellules nerveuses et de leurs molécules'. [9] Il est ainsi aisé d'en conclure que le corps n'est qu'une mécanique disponible à la manipulation et au contrôle du mental et de se dispenser du fondement des valeurs morales.

Cette hypothèse réductionniste élaborée sur les fondations newtonienne-cartésienne-darwiniste et présentée comme la 'vérité', vide toutes les tentatives humaines de leur sens, de leur intention et de leur valeur. Aucun axe vertical, rien qui pourrait nous mettre en relation avec un champ de conscience au-delà de notre expérience sensorielle immédiate. Je pense qu'il est juste de dire que cette science réductionniste et cette idéologie séculière, qui se sont imposées ces quatre dernières centaines d'années, ont libéré de larges proportions de l'humanité du contrôle absolu des institutions religieuses, mais il semblerait qu'un système de croyances rigide a succédé à un autre.

Le principal problème de cette philosophie est qu'elle pratique l'exclusion, sans possibilité de discussion et de validation, de ce qui n'entre pas dans le cadre de ses convictions, à l'instar de l'Église chrétienne et de sa persécution de Galilée au XVIè siècle, qui interdit les nouvelles découvertes scientifiques. Par des moyens malhonnêtes, elle supprime quantité de données qui pourraient être d'un intérêt considérable pour notre culture. Cette censure est en soi contre-scientifique. Les efforts répétés pour discréditer et invalider les approches médicales alternatives, telles l'homéopathie et l'acupuncture, en arguant qu'elles sont du charlatanisme puisque leur efficacité ne peut être prouvée, en est un exemple. Le paranormal aussi est exclu du champ de recherche, bien qu'Einstein ait énoncé que le paranormal d'aujourd'hui est le normal de demain.

La culture séculière moderne consacre l'homme comme l'agent suprême de son propre progrès scientifique et technologique triomphal mais elle le réduit dans le même temps au niveau de mécanique biologique, programmé par son héritage génétique. Elle a créé une société obsédée par les prouesses technologiques, fascinée par la révolution digitale et le pouvoir omniprésent de la science et de l'intellect humain. Elle s'est débarrassée du fondement éthique des valeurs et des actes comme si la technologie à elle seule pouvait venir à bout des problèmes, elle ignore notre totale dépendance aux ressources déclinantes de la planète. Elle ne questionne pas les prémisses qui dictent ses conclusions et elle ne voit pas les effets de ses croyances sur les enfants qui grandissent dans son contexte moralement défectueux. Nous pourrions dire que nous vivons dans une civilisation inconsciente; le philosophe canadien John Ralston Saul en parle en ces termes dans son livre *Unconscious Civilization*. [10]

Ce n'est cependant pas toute l'histoire. Ce qui se passe actuellement dans notre culture est des plus intéressant. Des éléments survivants de l'ancienne culture idéationnelle (christianisme, judaïsme et islam), en conflit avec les valeurs matérialistes dominantes de notre culture sensorielle séculière, entrent en collision comme deux plaques tectoniques. Dans le même temps, des individus qui souhaitent prendre leur distance avec la rigidité des croyances religieuses anciennes et des croyances séculières modernes, préparent la naissance d'une nouvelle culture idéationnelle. Ces individus sont motivés par leur conscience de la nécessité urgente de formuler des valeurs capables de transformer notre comportement actuel relatif à la planète, passant d'un comportement de domination et d'exploitation à un comportement de responsabilité et de service.

Le défi climatique, et ses effets potentiellement destructeurs de la vie de la planète, intensifie les tensions et pointe vers les valeurs et les questions ignorées aussi bien par l'ancienne culture idéationnelle que l'actuelle culture sensorielle, à savoir: respecter la Terre et reconnaître que nos vies et notre bien-être sont inséparablement liés à la vie de la planète. L'effondrement des marchés financiers (2008-12), la corruption du système bancaire, les pratiques de prêts à risque et la planche à billets, ont prouvé la fragilité d'un système que l'on pensait solide. Le complexe militaro-industriel des puissantes nations contribue également à cette situation périlleuse. Le gouffre s'agrandissant entre ceux qui manipulent et contrôlent les marchés et la masse de victimes démunies, la perspective d'un effondrement économique et sociétal dans diverses régions du monde se rapproche. Mais et surtout, le sujet est notre relation, ou manque de relation, à la Terre. Thomas Berry (1914-2009), théologien catholique, qui comme Schumacher, était un porte-parole des plus éclairés de la culture idéationnelle émergente, observe dans son livre *The Dream of the Earth*:

> Soudain nous nous éveillons à la dévastation qui résulte de tout le processus moderne…. Notre relation à la terre est autiste depuis des siècles. Ce n'est que maintenant que nous commençons à écouter avec quelque attention et montrons quelque bonne volonté face aux demandes de la terre de cesser notre assaut industriel, d'abandonner notre rage intérieure contre les conditions de notre existence terrestre, et de renouveler la participation de l'humanité à la grande liturgie de l'univers.[11]

La Grande Aventure de notre temps

Si nous délaissons l'idéologie séculière de la science et considérons ses découvertes, alors c'est une histoire totalement différente – elle ne raconte plus une vision nihiliste de l'existence humaine mais une trajectoire toujours plus intense de découvertes stupéfiantes qui suscitent notre émerveillement et notre admiration.

Telle la brillante comète de Hale-Bopp qui rayonna dans le ciel en 1997, une chose totalement inédite illumine l'horizon de la conscience: ces dernières décennies, la science a dévoilé un panorama du Cosmos immense et exaltant, nous permettant de comprendre le déploiement de son périple; un Cosmos dans lequel nos vies s'inscrivent. Les géologues et les biologistes assemblent les pièces de l'évolution planétaire, les cosmologistes cernent l'incroyable histoire de sa naissance, de son expansion et des dimensions de l'univers visible, continuellement revisitée au fur et à mesure des nouvelles découvertes. Les physiciens des particules pénètrent les mystères du monde subatomique, les généticiens appliquent la découverte du code génétique au domaine médical. Les neuroscientifiques font des découvertes phénoménales sur le cerveau qu'ils cartographient, repérant les zones activées par différentes actions. Ils découvrent, avec surprise, que les zones primitives 'émotionnelles' du cerveau jouent un rôle d'importance dans le développement des qualités d'empathie, de compassion, d'intuition et de tolérance mais ils n'avancent aucune explication quant à comment la neurochimie extrêmement complexe du cerveau génère la perception, l'imagination, les pensées et les sentiments, et établit une collaboration entre eux. Les scientifiques ne peuvent pas encore répondre à la question 'comment la conscience surgit de la matière': comment, quand, et surtout, pourquoi une matière apparemment 'inerte' peut donner la vie, et ultimement la conscience. Et ils ne peuvent répondre à ces deux questions: Qu'est-ce que la vie et qu'est-ce que la conscience?

C'est donc pour des millions d'entre nous une époque stupéfiante à vivre, nous pouvons prendre part à la grande aventure d'exploration du mystère de l'univers et du mystère de nous-mêmes. Le ciel de nuit est devenu numineux, aussi captivant qu'il l'était pour les anciens Sumériens et Égyptiens qui scrutaient et relevaient le mouvement des planètes et des constellations depuis le toit de leurs temples et de leurs maisons. Les reportages de la télévision sont rendus passionnants grâce à l'expertise et l'enthousiasme que les cosmologistes, les physiciens et les biologistes nous transmettent. L'immensité et l'âge de l'univers et la beauté renversante des galaxies nous font changer notre regard sur le réel; le télescope Hubble regarde aussi loin que onze milliards d'années dans le passé — deux milliards d'années après l'expansion initiale de l'univers — et découvre amas après amas de galaxies, aussi loin que son œil peut voir.

À présent, le nouveau télescope Herschel (lancé en Mai 2009) dépasse les limites atteintes par Hubble. Tout ceci est pure merveille offerte par la science. Qui dans ce vaste univers nous regarde tandis que nous regardons d'où nous venons dans ce passé si incroyablement distant?

Selon la théorie du Big Bang, il y a treize ou quatorze milliards d'années — échelle du temps tel que nous le comprenons dans notre monde tri-dimensionnel

— une explosion d'énergie cosmique produisit une expansion instantanée depuis une tête d'épingle plus minuscule qu'un atome. La première seconde renferme l'inconcevable énergie permettant d'alimenter non seulement la création de 170 milliards de galaxies parsemant les milliards d'années-lumière de son chemin d'expansion, mais aussi l'évolution de la vie sur notre planète. Des éons plus tard, l'espèce humaine naîtra de cette vie, puis finalement la conscience humaine — notre conscience.

L'histoire de l'évolution de notre espèce trace sa marque comme la queue d'une comète dans l'obscurité des âges qui nous sont dorénavant accessibles. La vie de notre espèce s'insère dans la vie inimaginablement ancienne de l'univers et, plus proche de nous, dans la vie de notre planète, et pourtant, à l'échelle de l'immensité de sa vie, l'âge de notre espèce est de l'épaisseur d'un cheveu. Une vie complexe s'est développée ici grâce à des séries d'évènements apparemment fortuits qui se révèlent maintenant aux scientifiques. Martin Rees, physicien et astronome, avance dans son livre *Just Six Numbers* que six chiffres déterminent la nature de notre univers et façonnent la réalité matérielle. L'univers est accordé 'juste comme il faut' pour l'arrivée de la vie. [12] Pourquoi en est-il ainsi?

La Voie Lactée fait partie d'un immense amas de galaxies — le superamas de la Vierge — qui est à une distance de 53 millions d'années-lumière. On estime, en 2012, que l'univers contient 170 milliards de galaxies et chacune contient 100 milliards d'étoiles. Notre soleil est une étoile parmi approximativement 200 milliards d'étoiles rien que dans notre galaxie (ces chiffres sont continuellement mis à jour). Y-a-t-il une vie sur d'autres planètes est une question qui fascine les cosmologistes. Existe-t-il sur ces planètes des formes d'intelligence plus complexe que la nôtre? Pourrions-nous communiquer avec elles? Disposeraient-elles d'une technologie plus avancée que la nôtre? Pourraient-elles voyager plus vite que la lumière et comment? Depuis 1995, la nouvelle génération d'observatoires — entre autres Kepler et les télescopes géants du désert d'Atacama dans les Andes — révèlent l'existence de centaines de planètes dans d'autres systèmes solaires. La NASA lance en 2009 le télescope Kepler, dans le but de découvrir des planètes de la Voie Lactée aptes à héberger la vie. En février 2011, la NASA annonce qu'une planète nommée Kepler-22b dans la constellation du Cygne semble présenter des conditions optimales au maintien de la vie, similaires à celles de notre planète. Les scientifiques pensent qu'il pourrait y avoir 10 milliards de planètes similaires à la nôtre, juste dans notre galaxie, aptes à maintenir la vie. Pourtant, la vie sur notre planète est si extraordinaire qu'il paraît peu vraisemblable que d'autres planètes aient une formation similaire. Là où les conditions sont réunies pour la vie, il pourrait exister des entités comme nous-mêmes avec des aptitudes et des pensées comme les nôtres, ou alors avec une conscience si différente que nous ne pouvons l'imaginer. Les lentilles de Kepler sont si puissantes qu'elles peuvent détecter depuis l'espace une lumière extérieure s'allumant la nuit sur notre planète.

Si des formes d'intelligence cosmique plus avancées observent la vie sur notre planète, et les dégâts que nous lui causons, comment voudraient-elles entrer en contact avec nous? Peut-être par le biais des superbes 'crop circles' qui apparaissent dans les champs depuis plusieurs années, ce qui laisse penser que nous avons encore beaucoup de choses à comprendre sur l'univers. Si, au-delà de tout doute possible, nous acceptions que ces schémas mathématiquement encodés, complexes et splendides sont le fait d'une intelligence autre que la nôtre, une transformation des plus radicales dans notre façon de penser pourrait s'opérer — aussi radicale que celle provoquée par la découverte de Copernic et sa théorie de l'héliocentrisme. Certains peuvent se recroqueviller de peur, voyant les extra-terrestres comme une menace, d'autres peuvent être exaltés de savoir qu'un phénomène totalement inattendu pourrait nous éveiller à une dimension du réel autre. (voir www. temporarytemples.co.uk)

Notre univers observable, vaste et encore peu cartographié, aurait un diamètre de 93 milliards d'années-lumière, mais il est impossible d'affirmer son envergure au-delà de la perception de nos instruments. En 2012, il était même annoncé qu'il pourrait être infini. Martin Rees suggère qu'il pourrait juste être une île dans une sorte d'archipel cosmique d'univers. [13] En 2011, les astronomes de l'université du Michigan annoncèrent la découverte d'un trou noir géant, d'une masse 21 milliards de fois plus grande que le soleil. Au centre de chaque trou noir qui s'effondre pourrait se trouver un univers en expansion, dont nous ne savons rien. Notre propre univers a pu naître d'un tel trou noir. Les tenants de la théorie des cordes émettent l'hypothèse de nombreux univers parallèles au nôtre et de multiples dimensions cachées. Seul 4% de l'univers est visible, certains disent 5%; 96% nous est invisible.

Les cosmologistes pensaient que l'univers aurait ralenti son expansion après ses milliards d'années d'existence. Ils arrivent à calculer sa vitesse d'expansion depuis des explosions de supernovae qui se sont déroulées il y a 10 milliards d'années, et ils trouvent que loin de ralentir, son rythme d'expansion s'accélère. Ils se demandent donc si une force s'oppose et contrarie la gravité. C'est alors qu'ils découvrent une chose qu'ils nomment 'énergie sombre' — une force (73% de la totalité de l'univers) suffisamment puissante pour contrecarrer et surmonter toute la gravité de la totalité de l'univers et l'inciter à se dilater toujours plus vite. Ils ne savent pas encore ce que c'est, ni comment cela fonctionne, mais ils savent que c'est une force active à l'échelle intergalactique et qui n'affecte apparemment pas notre terre ou notre système solaire.

Puisque l'énergie sombre provoque l'expansion de l'univers, nous ne verrons jamais certaines galaxies qui se trouvent au-delà de l'horizon cosmique, car elles sont trop lointaines pour que leur lumière puisse nous parvenir. Et pourtant, alliée à la 'matière sombre' également très mystérieuse et représentant 22.7% de l'univers, cette énergie est directement responsable de la genèse de notre existence. La matière sombre est un des grands mystères irrésolus de la cosmologie, une masse invisible et pourtant observable qui maintiendrait les galaxies ensemble, agissant en contre-force à l'énergie sombre qui semblerait les écarter. La matière sombre n'émet ni lumière ni radiation électro-magnétique et son existence est inférée par ses effets sur la matière visible. Il semblerait que tant que ces deux forces mystérieuses — énergie sombre et matière sombre — se contre-balancent, l'univers maintient son équilibre.

Tout ceci est stupéfiant; cependant la découverte la plus étonnante nous apprend que bien que nous nous trouvions éloignés de quelque 13 ou 14 milliards d'années du commencement apparent de l'univers, nous n'en existons pas moins en son centre. Chacune des cellules de notre corps, chacune des étoiles, chacune des galaxies, est l'endroit où l'univers surgit à l'existence depuis un vaste océan de l'être. Nous ne voyons pas le sol-source, seulement sa manifestation. Entendez ces mots du cosmologiste Brian Swimme, extraits de son livre *The Hidden Heart of the Cosmos*: "Même dans la région la plus sombre au-delà de la Grande Barrière de galaxies, même dans le vide entre les superamas, même dans les espaces entre les synapses des neurones du cerveau, un moussage incessant, une flamme clignotante, un rayonnement surgissant, et un ré-engloutissement jamais ne s'arrêtent".[14]

Nous ne sommes pas simplement dans l'univers; au cœur de notre être nous sommes des co-créateurs avec l'univers, nous participons, même inconsciemment, à ce processus créatif d'expansion continue. Encore plus sidérant, les atomes de notre corps existent depuis le commencement et sont connectés à chacun de ses aspects. Cela doit suffire à enflammer l'imagination, même si nous nous sentons insignifiants en relation à l'immensité inimaginable de l'univers visible.

C'est renversant de réaliser que la vie sur cette planète aura demandé des milliards d'années pour évoluer au point de développer une atmosphère et un environnement capables de soutenir notre organisme physique et finalement, faciliter la sorte de conscience dont nous disposons. Les quatre-vingt-douze types d'atomes issus des fourneaux stellaires vivent en nous. Les composés chimiques qui constituent toutes les formes de vie, la simple bactérie et la molécule, vivent au sein de l'organisme complexe que nous sommes. Chaque corps humain est formé de 10.000 milliards de milliards d'atomes, connectés et coopérant les uns avec les autres de façon complexe et remarquable, que la biologiste évolutionniste Elisabet Sahtouris décrit magnifiquement dans son livre *EarthDance*.[15] Que nous en soyons ou non conscients, nous portons en nous tout ce processus cosmique et planétaire d'évolution et ce tropisme de nos cellules à collaborer. Chaque cellule sait comment collaborer avec chacune des autres cellules afin de maintenir notre organisme corps-mental. Les cosmologistes nous montrent que nous sommes littéralement vie stellaire, énergie stellaire, matière stellaire dans chaque cellule de notre être. Nous sommes la seule espèce sur cette planète à en avoir conscience.

Donc, sommes-nous la création contingente d'un univers mécanique, sans intentionnalité, comme la philosophie du réductionnisme scientifique le revendique, ou participons-nous à la vie d'un univers vivant qui anime et organise son évolution depuis l'intérieur de ses propres processus cosmiques et planétaires? Comment répondre à cette question sans comprendre ce qu'est la nature de la conscience et le développement évolutionnaire de la conscience qui est la nôtre à présent? Nous pouvons vraiment comprendre notre histoire et nous-mêmes à travers la lentille de la conscience humaine. Cette lentille peut ne pas être en mesure de nous présenter un tableau complet, en dépit de nos connaissances scientifiques empiriques. Nous sommes la seule espèce sur cette planète à pouvoir parler, écrire, réfléchir, découvrir, créer et communiquer en mots et en gestes et exprimer notre imagination et notre talent dans des œuvres d'art, en musique et par des inventions technologiques brillantes, tel le télescope Hubble. Comment en sommes-nous venus à croire que tout ce panorama créatif est dépourvu de sens?

Nos Racines Planétaires

Au cours de ses 4 milliards d'années d'évolution, notre planète a survécu à cinq catastrophes massives qui auraient pu détruire toute vie sur terre; la plus connue est celle d'il y a 65 millions d'années, causée par une météorite dont l'impact anéantit les dinosaures. Mais 250 millions d'années auparavant, les courants océaniques profonds, ou 'tapis roulant' océanique, s'étaient figés pour des raisons encore mal comprises, provoquant un manque d'oxygène qui anéantit presque toute vie sur terre. Les océans devinrent stagnants et relâchèrent du sulfure d'hydrogène, un gaz létal redoutable. Plus de 90% de toute vie disparut, aussi bien sur terre que dans les mers. Ceci constitue la plus importante extinction de l'histoire de la terre. Et pourtant, et incroyablement, la vie a survécu à ces catastrophes et s'est régénérée. Il est extraordinaire que la conscience humaine finalement soit apparue de ces extinctions et régénérations successives. Et l'opinion du biologiste Sir David Attenborough est matière à réflexion; il énonce que si notre espèce continue sur sa trajectoire actuelle, elle sera et responsable et victime de la sixième extinction massive. Il est difficile d'absorber les énormes enjeux de ce sévère avertissement.

L'Évolution de la Conscience Humaine

Nous nous trouvons à présent à la fin d'une longue trajectoire — 5 millions d'années ou plus — qui a permis à notre espèce humaine sa séparation progressive, ou différentiation, de la matrice de la nature et le développement d'un sens de soi ou d'individualité, ainsi que le développement de l'intellect: tout ce que nous nommons conscience humaine. Mais nous avons perdu notre sens ancestral instinctif de vivre au sein d'un Ordre Sacré. L'organisme que nous sommes, le véhicule de conscience que nous possédons, est issu de la substance des étoiles et de la vie qui s'est développée sur notre planète. La vie dans toute sa complexité a évolué ici grâce à une extraordinaire série de développements évolutionnaires, que les découvertes de la science présentent maintenant à notre compréhension.

La conscience chez l'enfant émerge depuis les profondeurs de la vie psychique inconsciente, dans un premier temps sous forme d'îlots séparés qui s'agglomèrent pour former un continent – une masse de conscience continue. Est-ce aussi le cas pour l'homme primordial, sa capacité à l'auto-conscience a-t-elle évolué graduellement hors de la conscience animale purement instinctive? S'il en est ainsi, alors en l'espace de quelques mois ou années, l'enfant récapitule l'évolution phylogénétique de l'espèce, porteur de son héritage d'instincts purement humains, ainsi que d'instincts archaïques pré-datant largement l'arrivée de l'*homo sapiens sapiens* vers 40.000 AEC.

La faculté de reconnaissance et de perception que nous nommons conscience a évolué hors de la matrice instinctuelle pendant des millénaires, avant de s'épanouir en faculté d'auto-reconnaissance et d'introspection, en possibilité de se souvenir et d'imaginer, d'observer et d'interpréter, que notre espèce possède maintenant mais n'a pas toujours eue. Au cours de ces millénaires, les humains ont développé certaines aptitudes et en ont perdu d'autres, la perception sensorielle aiguë de l'animal, par exemple. La conscience — la capacité à exercer sa vigilance sur le monde intérieur des pensées et des sentiments autant qu'à observer et interpréter le monde extérieur — n'était pas il y a 50.000 ans ce qu'elle est de nos jours. L'orientation du mental moderne est très différente de celle du mental paléolithique d'il y a 50.000 ans ou de celle du mental de l'âge du bronze de 3000 AEC. Cependant les schémas instinctifs de réponse aux stimuli, schémas comportementaux de base qui naissent dans le cerveau archaïque (voir infra) que l'espèce humaine se transmet depuis les temps immémoriaux, et que nous partageons avec d'autres espèces, continuent à vivre en nous.

Il est très émouvant de méditer sur l'âge considérable de notre planète – au cours d'une marche d'une petite heure, si chaque enjambée représente dix millions d'années, notre espèce apparaît à la dernière seconde de cette marche, les cinq derniers centimètres de terre sous nos pieds. Et quid de la conscience humaine actuelle? Le dernier millimètre ou même un peu moins. Notre cerveau physique, le véhicule de notre conscience et de toutes les grandes découvertes que nous avons réalisées, a apparemment émergé de l'expérience évolutive de la Terre et de toutes les espèces, mais quelle intention évolutionnaire a programmé cette émergence?

Sans notre capacité à imaginer, mesurer, déduire, réfléchir, fabriquer des instruments pour étendre notre possibilité d'observation, nous ne saurions pas que tout ce que nous sommes, tout ce qui se trouve sur notre planète et dans notre système solaire, est formé d'éléments stellaires, venus s'implanter ici depuis des galaxies à des millions d'années-lumière de distance. Nous sommes littéralement lumière cosmique en notre essence, énergie cosmique en chaque cellule de notre être. La petite fraction de l'univers que nous voyons et la vie que nous sommes semblent émerger d'un océan invisible de lumière, qui est le substrat cosmique du monde phénoménal et de notre conscience. Au sein de cet océan de lumière, les formes changent mais l'énergie est éternelle, inhérente à la source. Grâce à cette étincelle infinitésimale qu'est notre conscience humaine, l'univers devient conscient de lui-même sur cette planète et par la médiation de cette même conscience, il nous révèle la complexité et la splendeur renversantes de son processus évolutif. J'en suis infiniment émue.

Nous savons beaucoup de choses sur l'évolution de la dimension physique de la vie, mais pratiquement rien sur la dimension intérieure de l'univers et de nous-mêmes — à savoir la dimension conscience; juste que notre espèce et notre aptitude à l'auto-reconnaissance sont très récentes au regard de l'âge de la Terre. Cette aptitude est en elle-même extraordinaire, car sans elle la vie de la nature et notre propre vie d'humains passeraient inaperçus — s'écoulant d'un passé inimaginé vers un futur inimaginé.

La conscience elle-même pourrait être une expression de la conscience cosmique, ce dont nous sommes encore ignorants. La conscience de notre espèce pourrait-elle encore évoluer? Pouvons-nous concevoir — les grands sages indiens et l'ancienne tradition de la Kabbale l'enseignent — que notre espèce en soit encore à un stade de pré-conscience ou de semi-conscience, son développement inachevé car encore non envisagé? Nous n'évaluons les choses qu'à l'aune du progrès technologique. Toute la gigantesque quantité de connaissances accumulées sert les desseins d'un mental humain qui n'est pas encore totalement développé et n'est pas consciemment en relation avec son plus profond sol cosmique.

Le Cerveau Triunique

Découvrir que nous avons non pas un mais trois cerveaux peut surprendre: le grand dôme frontal du néocortex — notre cerveau le plus récent — posé sur la racine primordiale de deux structures cérébrales plus anciennes qui interagissent en continu l'une avec l'autre et avec le beaucoup plus récent cerveau néo-mammalien, le néocortex, et ses lobes frontaux. Paul MacLean, auteur de cette théorie, explique dans son livre *The Triune Brain*:

> Une comparaison des cerveaux des vertébrés actuels, associée à un examen de la chronique de fossiles, indique que le néocortex humain a évolué et a grandi jusqu'à sa grande taille tout en gardant les caractères de trois formations évolutionnaires de base qui reflètent une familiarité ancestrale avec les reptiles, les premiers mammifères, et les mammifères récents. Radicalement différents par leur chimie et leur structure, et en termes d'évolution séparés par d'innombrables générations, les trois assemblages neuraux constituent une hiérarchie de trois-cerveaux-en-un, un cerveau triurne…. Autrement dit, les trois formations évolutionnaires peuvent s'imaginer comme trois ordinateurs biologiques interconnectés, chacun avec sa propre intelligence, sa propre subjectivité, son propre sens du temps et de l'espace, sa propre mémoire, son moteur, et autres fonctions. [16]

Ainsi nous sommes porteurs de la structure évolutionnaire de trois systèmes cervicaux distincts: le reptilien, le mammalien ou limbique, et le néo-cortex. L'incroyable complexité du mode d'interaction de ces trois cerveaux et de leur fonctionnement unitaire, est encore un mystère pour les neurosciences. Comment 100 milliards de neurones connectés à 100 milliards de milliards (10^{18}) de synapses peuvent-ils communiquer? Comment les processus cognitifs et comportementaux se forgent-ils et comment réorganiser ces processus et donc nos habitudes de comportement? À force d'efforts conscients et de pratique, nous pouvons percevoir quelle partie du cerveau prédomine dans une situation donnée. Par exemple, nous savons que le réflexe lutter/fuir (fight/flight) du cerveau reptilien archaïque entre en action en inondant l'organisme d'adrénaline quand nous sommes confrontés à un danger ou à un défi physique, et nous savons aussi que ces réflexes primordiaux contrôlent inconsciemment nombre de nos réponses au quotidien, même si aucun danger ne nous menace. Nous passons sans doute plus de temps à assurer notre sécurité (achats et/ou comportements alimentaires compulsifs) ou à anticiper des situations problématiques (armement et préparation à la guerre) que ce que les circonstances réelles ne commandent. Et nous savons que le cerveau archaïque exerce une plus grande influence sur le récent néocortex que ce dernier sur le premier. Les puissantes émotions primales, telles la peur, l'anxiété et la colère, arbitrées par le complexe amygdalien, influencent et submergent facilement le mental 'rationnel' néocortical. Nous savons aussi que des circonstances adverses durant l'enfance impriment négativement le système nerveux (cerveau archaïque) et inhibent le développement du néocortex. Un enfant ainsi marqué peut rester bloqué au niveau purement instinctif du cerveau archaïque, inapte à former la conscience de lui-même, une pensée structurée et réfléchie, et incapable de contenir et de contrôler ses puissantes émotions.

Les Deux Hémisphères du Cerveau

Nous savons que le lobe frontal droit, qui gouverne le côté gauche du corps, est le plus ancien des deux hémisphères du cerveau et le premier à se développer à partir des cellules du cœur de l'embryon. Il est déjà assez mature avant que le lobe gauche n'apparaisse. Il semblerait que la relation intime entre le cœur et l'hémisphère droit se maintienne toute la vie, et cet hémisphère est le siège de la cognition visuelle, de la perception spatiale et des sentiments, et l'hémisphère gauche celui du verbal, de l'analytique et de la cognition séquentielle. L'hémisphère droit, lié aux millions d'années d'évolution de la terre et de notre espèce, créateur d'images, holistique, non-verbal, est le siège du système connecté au cerveau ancestral mammalien. Cet hémisphère droit, qui peut être celui que les shamans et les mystiques sollicitent, nous permet d'avoir une autre perspective sur la vie, générée par un sens ancestral de relation empathique avec notre environnement. Les poètes, les mystiques, les musiciens et les scientifiques de génie reçoivent leur inspiration et leurs éclairs d'intuition via le cerveau droit. Les capacités verbales du cerveau gauche leur sont néanmoins nécessaires pour communiquer leur expérience. La musique s'écoulait de Mozart comme un torrent d'harmonies sublimes depuis ses quatre ans. La théorie de la relativité vint à Einstein alors qu'il était assis sur une colline, s'imaginant en train de chevaucher un rayon solaire allant jusqu'aux confins de l'univers et retournant au soleil. L'image est apparue en premier puis la théorie dans un deuxième temps. Einstein le dit lui-même, 'L'imagination est plus importante que le savoir: le savoir montre tout ce qui est; l'imagination montre tout ce qui sera'.[17] Il se pourrait que l'imagination, concentrée dans l'hémisphère droit, soit l'illuminatrice du réel, l'aptitude que Coleridge tenait pour le sol de notre conscience, de notre capacité à penser, à découvrir et à créer.

L'hémisphère gauche gouverne le côté droit du corps et ne jouit pas de la même connexion primordiale à notre lointain passé planétaire, car son évolution est relativement récente. L'hémisphère gauche nous permet de nous orienter, et de nous concentrer, d'analyser, de comparer des faits, et de diriger notre attention vers un but, il nous procure aussi l'aptitude vitale au langage et la transmission de sens. Du point de vue de notre survie, il nous est immensément avantageux, mais il pose un problème car il nous détache d'un état 'd'être' pour nous diriger vers une perception linéaire du passé-présent-futur. Lorsque cet hémisphère est trop dominant et dirigiste, les perceptions de l'hémisphère droit, son imagination et sa connexion essentielle au cœur et aux sentiments d'empathie issus de notre héritage mammalien, peuvent se trouver exclues.

Le psychiatre Iain McGilchrist dans son livre de 2009, mentionné au chapitre Cinq, visite en érudit les découvertes neurologiques, les fonctions de chaque hémisphère ainsi que leurs échanges.[18] Il explique comment chaque hémisphère, dans son processus d'évolution, a par nécessité développé non seulement des fonctions essentielles différentes, mais aussi des approches différentes dans la façon d'appréhender le monde et comment, ces derniers quatre siècles, l'hémisphère gauche a progressivement façonné et finalement dominé la vision séculière du réel, clamant que sa vision est la seule logique et défendable, et excluant toute autre vue. La perspective vaste, inclusive et multiforme de l'hémisphère droit a été réduite au silence:

> Dans mon opinion, les deux hémisphères et leurs 'versions' distinctives du monde ont chacune quelque chose à offrir, mais leur relation est grandement asymétrique. L'hémisphère droit à la fois enracine l'expérience au niveau le plus profond et lui attribue son sens global au niveau le plus élevé, tandis que l'hémisphère gauche procure un niveau de traitement intermédiaire, décortiquant l'implicite avant de le présenter à l'hémisphère droit qui l'intégrera à ce que nous savons déjà. Le problème vient du fait que le monde beaucoup plus simple de l'hémisphère gauche est auto-cohérent car toute complexité en a été écartée — et c'est ce qui rend l'hémisphère gauche si prompt à se croire omniscient, alors que c'est tout le contraire: il est ignorant de tout ce qui est le plus important. [19]

Un autre livre *My Stroke of Insight*, écrit par la neurobiologiste Jill Bolte Taylor, confirme la théorie de McGilchrist; elle y décrit l'hémorragie cérébrale massive qui invalida l'hémisphère gauche de son cerveau et lui permit de faire l'extraordinaire expérience d'une perception consciente totalement différente de la réalité, que l'hémisphère droit — libéré du contrôle dirigiste du gauche — lui révéla. Elle mit huit ans à recouvrer toutes les fonctions physiques et mentales relatives à l'hémisphère gauche, et elle découvrit grâce à sa propre expérience que le cerveau peut se réparer, remplacer et ré-entraîner ses circuits neuronaux. À force de pratique, elle put rester réceptive à la perception de l'hémisphère droit et résister aux tentatives de l'hémisphère gauche de ré-imposer sa domination et son contrôle. [20]

Cette expérience des plus extraordinaires nous invite à approfondir notre compréhension de la nature de la conscience. Tout le savoir que nous avons accumulé sur l'évolution de notre organisme physique et son versant conscience, n'intègre pas encore l'hypothèse que notre conception actuelle de la réalité puisse se limiter à la vision élaborée par notre seul hémisphère gauche pragmatique, négligeant et écartant la vision plus subtile et approfondie de l'hémisphère droit. Il n'intègre pas non plus la présence et l'influence de cet aspect de la psyché que Jung appelle 'racine et rhizome de l'âme' — toutes les mémoires stratifiées de l'expérience évolutionnaire dont nous sommes porteurs: mémoires de vie cellulaire, vie végétale, reptilienne, mammalienne et finalement vie humaine. [21] Cette structuration complexe de la conscience, de la mémoire ou information, et de la forme des espèces, dont l'expansion et l'augmentation graduelles ont demandé des milliers de millénaires, a contribué à l'évolution de la vie sur la planète, à l'évolution de notre espèce et finalement à l'évolution des trois systèmes cérébraux différents, les fonctions différenciées des deux hémisphères cérébraux et la conscience humaine elle-même.

Qu'est-ce que la Conscience?

La conscience est la capacité à observer et à interagir avec le monde visible grâce aux cinq sens et en même temps à percevoir le monde intérieur des images, des idées, des pensées et des sentiments. Elle est aussi apte à évaluer ces deux domaines d'expérience, à faire la distinction entre ce qui est important et ce qui ne l'est pas, ce qui est sécure et agréable et ce qui ne l'est pas. Le cerveau triurne génère de nombreuses couches intégrées ou niveaux de conscience issus des très archaïques instincts. Au cours des millénaires, le cerveau triurne évoluant, les lobes frontaux du néocortex s'ajoutant, l'amplification des instincts primordiaux fit apparaître la possibilité cognitive et la possibilité de conscience de soi, et l'extraordinaire puissance créatrice de l'imagination ainsi que les émotions plus ciblées, les sentiments d'empathie, les éclairs d'intuition et les associations. Sous la 'superstructure' de la conscience néocorticale, les rouages subconscients du système nerveux autonome maintiennent l'équilibre ou homéostasie de notre organisme physique, soutenant le dialogue neuronal incessant entre les différents organes du corps mais plus particulièrement entre le cœur et le cerveau.

Ce que nous nommons 'mental rationnel' n'est qu'un aspect de la totalité de notre conscience, alors que tout autour de nous, William James nous le faisait remarquer, gravitent d'autres états de conscience que nous ne percevons pas; parmi ceux-ci, l'état de rêve et la sphère de l'inconscient collectif. Notre compréhension de ce que la conscience comprend devra être continuellement mise à jour au fur et à mesure de nos découvertes. Par exemple, Candace Pert qui découvre en 1998 les 'molécules de l'émotion' qui connectent entre elles chacune des parties de notre organisme, révolutionna notre compréhension de l'interaction entre l'esprit et le corps et invalida la croyance longuement établie de leur séparation. Elle l'explique dans un article, suite à la publication de son livre *Molecules of Emotion*:

> La conscience n'est pas que dans la tête. Ce n'est pas non plus une question de mental supérieur au corps. Si l'on prend en compte l'ADN qui gouverne la danse des peptides, le corps est la manifestation externe du mental. La nouvelle science de la psycho-neuro-immunologie redéfinit le rapport entre le corps et le mental. Nous ne pouvons plus parler de corps et de mental comme deux systèmes ou entités séparés. Corpsmental — un seul mot, pas de trait d'union.

Corpsmental est un seul organisme fourmillant de neuropeptides qui circulent dans une boucle continuelle depuis le cerveau vers chaque cellule du corps, générant les émotions et répondant aux émotions. [22]

Les États de Conscience Élargie

Les recherches révolutionnaires du psychiatre tchèque Stanislav Grof ont démontré qu'en état de conscience élargie, d'anciennes mémoires ou d'anciennes expériences redeviennent accessibles à la conscience. Ses travaux, de même que les expériences des shamans contemporains, montrent qu'il est possible de visiter ces champs mémoriels.

Son expérience de ces quarante dernières années, autant avec les drogues psychédéliques qu'avec la respiration holotropique au cours de milliers de sessions, montre la similitude des phénomènes attribués à l'état psychotique et ceux provoqués par ces séances et l'expérience shamanique. Il écrit:

> Les phénomènes générés aux niveaux périnatal et trans-personnel de la psyché incluent des séquences de mort et de renaissance psychologiques, des rencontres avec des entités archétypales, des incursions dans les dimensions mythologiques de cultures diverses, des mémoires d'incarnations passées, des perceptions extra-sensorielles et des épisodes de sorties hors du corps. Tout ceci est tenu comme manifestation naturelle et normale des dynamiques profondes de la psyché humaine.
>
> Mais les tentatives d'interprétation de ces phénomènes dans le contexte étroit et superficiel du modèle de la psyché actuellement en usage, conduisent nécessairement à de sérieuses distorsions, et à taxer de pathologique la totalité de l'histoire spirituelle de l'humanité…. De ce point de vue, les fondateurs des grandes religions du monde, ainsi que leurs prophètes, saints, et enseignants éminents, qui tous ont eu des expériences visionnaires, peuvent être étiquetés psychotiques. Les shamans sont diagnostiqués comme schizophrènes, hystériques ou épileptiques. [23]

Qu'arrive-t-il aux personnes dont la psyché est réceptive à l'expérience visionnaire quand une culture assimile cette expérience à une maladie mentale? Les recherches actuelles confirment que plus de 50 % de la population au R.U et aux USA a des expériences 'spirituelles' qui apportent sens et profondeur à leur vie. Mais bien souvent ces personnes n'osent en parler de peur d'être taxées de folie. Je pourrais résumer ainsi: plus le déni du non-rationnel imprègne une culture, ou plus son système de contrôle des croyances est rigide, et plus l'incidence de psychoses et d'addictions de toutes sortes est importante, car il n'existe aucun réceptacle pour accueillir et traduire cette expérience inédite ou pour aider la personne à intégrer cette expérience dans un cadre de compréhension plus large.

Nos extraordinaires talents créatifs ne sont-ils guère plus que des expressions aléatoires des neurones du cerveau ou bien le cerveau est-il un véhicule du plus vaste 'mental' du Cosmos? Le monde peut-il être une création ou une manifestation d'une autre dimension primordiale du réel qui le contiendrait - à la manière dont nous avons exploré cette question au chapitre Cinq? Les neurobiologistes supposent que la capacité à imaginer, inventer et découvrir, à apprécier le beau et à s'émerveiller, et même notre besoin d'un dieu à vénérer, aurait son origine dans certaines aires du cerveau physique, et ils tentent de cibler ces aires et de mesurer les corrélats neuronaux des états subjectifs donnés. Mais notre très sophistiqué organisme physique corpsmental pourrait aussi agir comme véhicule ou transmetteur du vaste mental cosmique. McGilchrist pense que la conscience 'existe avant nous et n'est pas générée par notre cerveau; notre cerveau ne sert qu'à la transmettre et la transduire'. [24]

Comment naît en nous ce désir de nous comprendre nous-mêmes et d'explorer la vie alentour? N'est-ce qu'une cause neuronale aléatoire provoquant un effet neuronal? Ou alors nos désirs prennent-ils naissance dans l'âme ou dans le mental du Cosmos lui-même, et ainsi nos désirs incarnent et manifestent son intention évolutionnaire?

Les Conséquences de notre Séparation de la Nature

Développer un éventail de talents uniques à notre espèce a conduit à notre présent sens de soi et d'individualité, à notre intellect hautement sophistiqué et à l'aptitude à imaginer, ressentir, penser, analyser et se souvenir — tout ce que nous nommons conscience humaine. Ce processus d'évolution fut long et difficile. Nous nous sommes séparés en tant qu'observateurs de la chose observée et avons perdu le sens ancestral instinctuel de participation à la vie de la Terre et du Cosmos que nos ancêtres du Paléolithique et du Néolithique connaissaient. Plus nos aptitudes mentales et technologiques se développaient, renforçant notre contrôle sur notre environnement, et plus nous convergions vers les villes, et plus nous perdions ce sens de notre relation et de notre connexion avec la vie autour de nous. Les enfants élevés dans les villes peuvent ignorer que le lait vient des vaches ou le pain du blé. La vie de la planète menacée par la sur-population, nous sommes maintenant confrontés à une situation que nous avons nous-mêmes, dans l'ignorance des conséquences de notre séparation de la nature, générée ou à tout le moins exacerbée.

Nos vies sur cette planète sont dépendantes des vies des autres espèces animales, et de l'interaction des arbres, des plantes, du sol, de l'eau, de l'air, cependant, en tant qu'espèce, nous sommes à peine conscients de notre dépendance à cette extrême complexité de la vie planétaire qui nous maintient. Les mots de James

Lovelock méritent d'être cités car ils résument cette relation: "L'évolution des organismes vivants est si étroitement couplée à l'évolution de leur environnement qu'ils forment ensemble un seul et même processus évolutionnaire".[25]

Personne mieux que Thomas Berry, dans son livre *The Dream of the Earth*, n'a su parler de la Terre et de notre relation perdue. Personne n'a plaidé plus éloquemment la nécessité d'instiller sensibilité humaine, compassion et intelligence dans notre relation avec la Terre et ses systèmes vivants. Il demande à ce que nous sortions de notre rêve mythique de progrès et de domination de la nature et que nous endossions le rôle de gardiens responsables des espèces et des ressources déclinantes de la planète.

La culture industrielle et technologique compétitive et épuisante que nous avons créée, où des millions d'êtres luttent pour leur survie au sein de mégapoles laides et informes, se tient comme un tyran dressé contre la Nature, dressé contre la Terre, et dressé contre tout ce qui menace la suprématie de notre espèce. Notre espèce en tant que partie s'est détachée de la vie planétaire en tant que totalité. La Terre est première et notre survie dépend de l'intégrité et de l'équilibre pérennes des systèmes d'interrelations de la Terre; Berry signale notre manque abyssal de conscience à ce sujet:

> Si le désastre suprême dans l'histoire globale de la terre est notre destruction actuelle de tous les systèmes vivants principaux de la planète, alors la nécessité suprême de notre époque est d'apporter à la terre la guérison, grâce à une présence humaine mutuellement bénéfique à la communauté terrestre. Pour réaliser ce mode de pression, un nouveau type de sensibilité est nécessaire, une sensibilité qui serait plus qu'un attachement romantique aux plus brillantes manifestations du monde naturel, une sensibilité qui comprendrait les grands schémas de la nature, ses demandes exigeantes autant que ses aspects délicieux, et une sensibilité qui accepterait de diminuer l'humain pour que les autres formes de vie puissent prospérer.[26]

Nous portons en nous, du fait précisément de notre longue séparation de la nature, une plaie profonde et méconnue. Notre être est fragmenté par la façon dont nous interprétons la réalité et par les valeurs qui dominent notre culture, tout particulièrement la philosophie matérialiste qui oriente actuellement les sciences. Notre mental conscient, rationnel est déconnecté de cette partie de nous qui, à un niveau inconscient et instinctif — peut-être par le biais de la relation entre le champ électro-magnétique de notre corps et celui de la planète — est encore engagée dans une relation intime avec l'organisme plus vaste de la vie planétaire. Quelle est la conséquence de ce long processus de séparation? Dans notre culture technologiquement avancée nous avons perdu quelque chose d'absolument essentiel que les cultures premières avaient: la conscience que nous vivons au sein d'un Ordre Sacré. Les cultures shamaniques indigènes ont gardé cette conscience ancestrale de participation, notre monde moderne industrialisé l'a complètement perdue.

Astronautes de l'Âme

Dans une culture séculière, l'attention se porte exclusivement sur le monde diurne de la réalité physique. Il n'existe aucune conscience — comme elle existait dans les cultures anciennes et les expériences mystiques, une dimension du réel que nous pourrions comparer à un ciel de nuit étoilé — d'une dimension qui ne peut révéler sa présence que lorsque l'intensité solaire est atténuée. Si nous pouvions passer au-delà de l'influence déterminante de notre conscience hémisphérique gauche, nous pourrions nous impliquer de façon plus conscience et éveillée dans le drame cosmique extraordinaire qui nous concerne. Einstein savait que les problèmes ne trouvent pas leur solution au même niveau de conscience que celui qui les a générés. Nous devons évoluer au-delà de notre conscience borgne actuelle et nous reconnecter à la Nature et au Cosmos – avec tout ce dont nous nous sommes séparés au cours des siècles de l'ère solaire. Nous devons développer un nouveau type de conscience en relation à la planète et à la vie cosmique, que Stanislav Grof résume en ces termes: "Je vois la conscience et la psyché humaine comme des expressions et des reflets de l'intelligence cosmique qui imprègne la totalité de l'univers et toute l'existence. Nous ne sommes pas juste des animaux hautement évolués pourvus d'un ordinateur biologique sous notre crâne; nous sommes aussi des champs de conscience sans limite, transcendant le temps, l'espace, la matière et la causalité linéaire". [27] J'explore cette idée au chapitre Quinze.

De brillants pionniers explorent le monde subatomique et les immensités de l'univers visible, dévoilé par le télescope Hubble, et d'autres, que j'appelle des astronautes de l'âme, explorent l'univers invisible dont l'existence est méconnue ou même inimaginée par la science classique 'mainstream'. De même que nous avons la capacité d'imaginer, de penser et de ressentir — une dimension 'intérieure' de pensées et de sentiments au sein de notre forme physique — de même l'univers peut aussi avoir un 'intérieur' à sa forme visible, une intelligence ou une âme, peut-être en relation avec les 95 % que nous ne pouvons voir. Chaque planète, chaque galaxie, peut avoir une conscience, une âme. Les cultures shamaniques savent depuis des millénaires que nous pouvons développer l'aptitude à communiquer avec cette intelligence, et nous aligner sur elle, et nous laisser guider par elle.

La culture sensorielle occidentale s'est considérablement investie dans le développement du mental rationnel, l'avancement des découvertes scientifiques et de la technologie devant assurer des niveaux de vie matérielle toujours plus élevés. Les valeurs du cœur ont été négligées: les qualités relationnelles plus féminines, le respect de l'environnement et la reconnaissance des mystères de la vie, n'ont pas été explorées pareillement. À cause de cette insistance partiale sur le mental rationnel, la psyché occidentale n'est pas complètement développée, équilibrée et cohérente. L'intellect et les compétences technologiques sont affinés à un très haut degré parmi une petite proportion de la population mondiale. Mais l'intuition et les sentiments sont laissés pour compte et demandent à présent notre attention. Nous devons recouvrer l'œil du shaman, depuis trop longtemps fermé, et ainsi notre conscience ne sera plus borgne. Une perception différente de la réalité pourra nous reconnecter à la nature et à l'âme, et nous permettra ainsi d'ouvrir l'autre œil et de rétablir notre être fragmenté dans sa totalité. Nous pouvons résumer ainsi cette perception:

❀ Il y a un ordre du réel invisible et transcendant d'où émerge le monde phénoménal.

❀ L'univers est conscient et multi-dimensionnel.

❀ Notre conscience humaine est partie intégrante de cette plus vaste conscience, bien qu'elle ne soit encore que partiellement développée, encore immature.

❀ La conscience sous une certaine forme survit à la mort du corps physique.

❀ Ce que nous nommons esprit crée en permanence de la vie dans l'univers, sur notre planète et en nous. Tout est une vie, une énergie. Nous participons à cette dynamique de créativité.

❀ L'âme n'est pas limitée à un individu: c'est une vaste toile d'interrelations reliant des champs d'énergie invisibles avec le champ plus dense de la réalité physique.

❀ Le sens de notre vie sur cette planète est d'apprendre à vivre en communion consciente avec l'intention évolutionnaire du Cosmos.

Je laisse le mot de la fin à David Korten :

> Les récits que nous partageons nous permettent de définir ce qu'être humain veut dire, notre place dans la Création, nos responsabilités envers autrui et la Terre, et les possibilités que nous sommes à même de concrétiser…. Les enjeux se révèlent clairement en mettant en scène les implications de deux récits très contrastés. Un récit, celui d'un univers mort, conte que la matière est la seule réalité et que la conscience n'est qu'illusion. C'est le récit standard de la science occidentale contemporaine. L'autre est le récit d'un univers vivant qui pose la conscience comme réalité primordiale. Ce récit inédit émerge en tant que synthèse de la sagesse des anciennes religions et des données de l'avant-garde scientifique — et cela peut tout changer. [28]

Note :

1. James, William: *The Varieties of Religious Experience*, Longman's. Green and Co. Londra, New York 1929, p. 388.
2. Harvey, Andrew: *A Journey in Ladakh*, Jonathan Cape Ltd. 1983, p.167.
3. Blake, William letter to Thomas Butts, 22 Novembre, 1802, *Complete Poetry and Prose*, ed. Geoffrey Keynes, p. 862.
4. Bucke, Maurice Richard: *Cosmic Consciousness,* Dutton & Co., New York.
5. Sorokin, Pitirim: *The Crisis of Our Age*, Oneworld Publications Ltd., Oxford 1992, p. 25.
6. ibid, p. 16.
7. ibid, p. 25.
8. Russell, Bertrand: *The Free Man's Worship*, 1903.
9. Crick, Francis: *The Astonishing Hypothesis*, Simon and Schuster Ltd., London 1994.
10. Saul, John Ralston: *The Unconscious Civilization*, House of Anansi Press, Canada, and Penguin Books Ltd., London 1995.
11. Berry, Thomas: *The Dream of the Earth*, Sierra Club Books, San Francisco 1988, pp. 204 & 215.
12. Rees, Sir Martin: *Just Six Numbers: The Deep Forces that Shape the Universe*, Basic Books Ltd., London 1999.
13. Rees: *Before the Beginning*, Simon & Schuster Ltd., London 1997.
14. Swimme, Brian: *The Hidden Heart of the Cosmos*, Orbis Books, New York 1996, p. 101.
15. Sahtouris, Elisabet: *EarthDance: Living Systems in Evolution*, iUniversity Press, Lincoln Nebraska 2000.
16. MacLean, Paul: *The Triune Brain in Evolution*, Plenum Press, New York 1990, p. 9.
17. Einstein, Albert, cité lors d'un conférence par Tarquin Olivier, Vancouver, 2002.

206

18. McGilchrist, Iain: *The Master and His Emissary: The Divided Brain and the Making of the Western World*, Yale University Press 2009, pp. 428-62.
19. McGilchrist (2010) *A New Renaissance: Transforming Science, Spirit and Society,* ed. David Lorimer and Oliver Robinson, Floris books 2010, pp. 63-4.
20. Taylor, Jill Bolte (2008) *My Stroke of Insight*, Hodder and Stoughton, London.
21. Jung, C.G. (1963) *Memories, Dreams, Reflections*, Collins and Routledge & Kegan Paul, London, p. 4.
22. Pert, Candace (1998) *Molecules of Emotion*, Simon and Schuster Ltd., London, passim.
23. Grof, Stanislav (2001) *LSD Psychotherapy*, publié par Multidisciplinary Association for Psychedelic Studies, Sarasota, Florida, USA. Voir aussi *Beyond the Brain*, State University of New York Press, 1985, et *The Cosmic Game*, State University of New York Press, 1998.
24. extrait d'un interview transcrit dans un article de Lance St. John Butler dans Scientific and Medical Network Review, winter 2010.
25. Lovelock, James (1991) *Healing Gaia*, Harmony Books, New York 1991, p. 222.
26. Berry, *The Dream of the Earth*, p. 212.
27. Grof, Stanislav and Bennett, Hal Z. (1993) *The Holotropic Mind: Three levels of Human Consciousness and How They Shape Our Lives*, HarperCollins, New York, p. 18.
28. Korten, David (2009) *Mind Before Matter: Visions of a New Science of Consciousness*, ed. John Mack and Trish Pfeiffer, O Books, Ropley, Hampshire, p. 138.

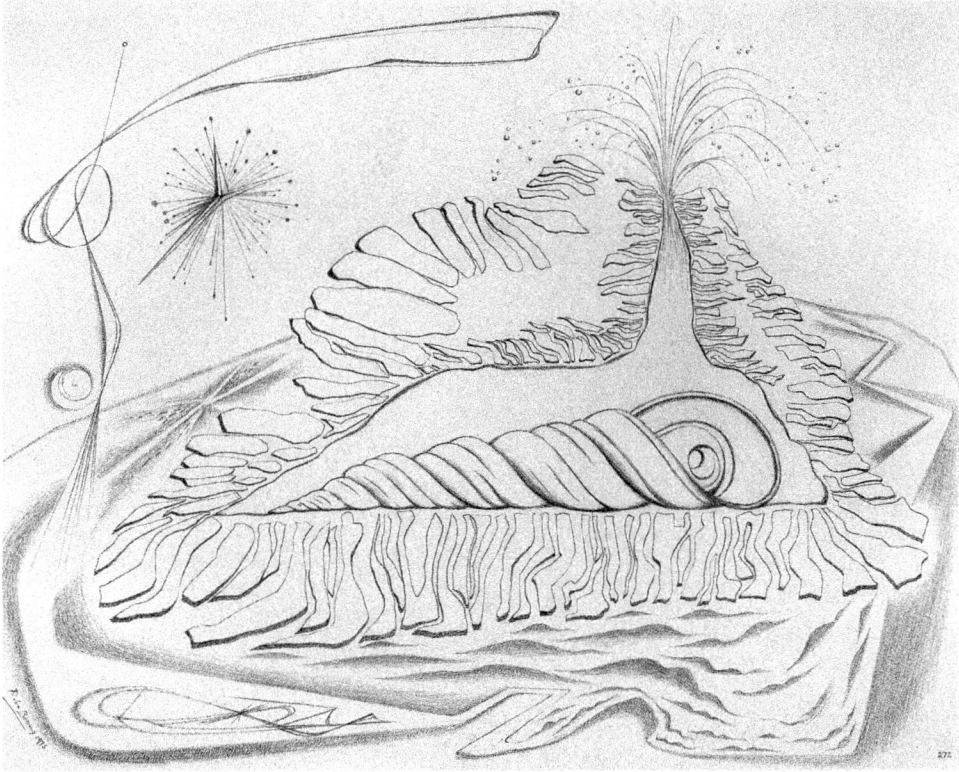

Gestation
Robin Baring 1975

Interlude I

La Belle au Bois Dormant: Un Conte pour Notre Temps

Oh! Ne réveillez pas la belle avant que le temps ne soit venu…

Les plus grands contes et récits se transmettent au fil des générations comme des semences, nous ravissant par enchantement, nous mettant en relation avec l'imagination qui est trop souvent bannie de notre vie. Ils apportent des solutions aux défis de l'existence humaine, qui ne sauraient être exprimées aussi simplement et justement sous d'autres formes. Les contes sont très vieux. Ils nous convient à visiter le domaine mystérieux de l'âme. Ils parlent avec la voix de l'âme et renferment de multiples niveaux de sens. Qui pourrait dire l'origine du conte de la Belle au Bois Dormant et comment il nous est transmis depuis des générations? Il pourrait venir d'un rituel depuis longtemps oublié de l'age du bronze qui célébrait le mariage de la lune et du soleil, ou d'un autre qui pleurait la mort annuelle de la vie de la terre et fêtait son renouveau au printemps. Il pourrait retenir quelques mémoires résiduelles du mythe gnostique de Sophia, égarée dans l'épaisse forêt de notre monde et secourue par le Christ. Il pourrait anticiper l'éveil de la femme à la reconnaissance de sa propre valeur et à un mode relationnel différent avec l'homme éveillé. Il pourrait s'adresser à notre vie intérieure et au mariage de notre mental conscient avec notre âme instinctuelle, car le mariage sacré du roi et de la reine, du prince et de la princesse, est tissé dans la fastueuse tapisserie des traditions mystiques relatives à notre vie intérieure: Alchimie, Gnosticisme et Kabbale.

Le conte raconte l'histoire d'une princesse qui, le jour de son quinzième anniversaire, explore les salles fermées du château et pénètre dans une chambre où se trouve une vieille femme filant son lin avec application. Souhaitant filer à son tour, elle s'empare du fuseau et se pique le doigt. À l'instant même, elle sombre dans un sommeil profond, exauçant ainsi la malédiction placée sur elle par la treizième fée qui n'avait pas été invitée à son baptême — une malédiction de mort qu'une autre fée atténua en sommeil de cent ans. Toute la cour s'endort avec elle. Une grande forêt de plantes épineuses — haie impénétrable — pousse autour d'elle, cernant même les tours du château. Cent ans passent et la légende d'une princesse endormie au cœur d'une forêt dense se répand, jusqu'au jour où un prince se met en route pour la trouver. De nombreux prétendants avaient déjà péri dans leurs tentatives de pénétrer la haie d'épines, mais, nous dit l'histoire, pour ce prince-ci la haie se transforme en roses et un chemin s'ouvre. Il s'approche du lit où elle dort et la réveille avec un baiser. À son réveil, toute la cour revient à la vie et ainsi commencent les préparations du mariage – car les contes les plus appréciés finissent par un mariage.

L'ancestrale imagerie lunaire de mort et de régénération revient à la vie dans ce conte. La phase sombre de la lune est symbolisée par la princesse et la cour endormies et par la vieille femme filant dans la tour du château. Le prince solaire éveille la princesse lunaire — le croissant de lune — à la vie, et ce faisant la lune devient pleine et toute la cour revient pour célébrer de nouveau le mariage immémorial de la lune et du soleil.

Pourrait-ce être un conte pour notre temps? Son sens profond pourrait-il ouvrir un chemin à travers la haie épineuse créée par des siècles de croyances et d'habitudes de comportements bien ancrées? Son symbolisme lunaire aurait-il le pouvoir d'éveiller notre âme, d'encourager notre voix poétique, notre véritable intelligence et notre imagination visionnaire, et de stimuler en nous notre amour de la planète et une meilleure qualité relationnelle avec nos semblables? Et finalement, pourrait-il redonner des frémissements de vie à la 'cour' léthargique de l'humanité?

Les mythes et les contes éveillent et nourrissent l'imagination. L'imagination nous reconnecte aux instincts atrophiés par le défaut d'usage; le désert aride de notre vie intérieure peut s'en trouver régénéré grâce à l'immersion dans les eaux de l'âme. Quand nous sommes déconnectés de l'âme, une partie essentielle de nous-mêmes est comme endormie: elle ne peut plus communiquer avec nous, ni nous avec elle. Nous ne pouvons vivre à notre plein potentiel. Une civilisation peut s'éteindre quand elle oublie de nourrir l'âme et l'imagination.

Je lis cette histoire magique et intemporelle comme une métaphore de la nécessité du mariage des dimensions lunaire et solaire de notre être: un mariage de notre tête et de notre cœur, de notre mental par trop littéral et analytique qui ne sait rien du substrat de la conscience, et de notre âme imaginative, instinctuelle et créative. Cette partie de nous est la matrice de notre aptitude à créer. Elle est l'origine de notre aptitude à éprouver et à imaginer, et à exprimer nos sentiments et notre imagination via le véhicule de nos pensées, de notre voix, de nos mains, de notre corps; elle maintient le contact avec la dimension occulte du réel. Les sentiments, l'intuition et l'imagination nous mettent en contact avec une dimension au-delà de l'atteinte du mental et de l'intellect, ils jouent le rôle de prises nous branchant au socle de ce réel sous-jacent.

Mais la haie d'épines montre combien cette barrière qui se dresse entre le mental et l'âme est difficile à franchir. La haie symbolise tous les systèmes de croyances et les structures défensives que nous avons élaborés au cours de centaines, voire de milliers d'années: les croyances religieuses profondément ancrées sur la nature de Dieu et sur la nature humaine pécheresse et déchue, et les croyances scientifiques sur un univers contingent et une matière inerte. Ces croyances, imprimées en nous depuis des générations, se tiennent entre nous et notre âme; elles nous rendent presque impossible de porter notre regard sous la surface de notre conscience ordinaire et d'écouter la voix de cette dimension perdue de nous-mêmes.

Il nous est maintenant difficile de nous parler comme les gens se parlaient par le passé, à cause de notre peur de l'irrationnel. Du fait du rejet de cette dimension de la vie, une part essentielle de notre être est réduit au silence, comme autiste. Nous vivons dans notre mental, dans ce que nous croyons être la part de nous-même suprêmement consciente, intéressante et puissance. L'âme est laissée pour compte. Et pourtant, je crois que dans le conte de la Belle au Bois Dormant, la Belle et le Prince symbolisent les deux dimensions de notre conscience qui s'appartiennent l'une à l'autre comme époux et épouse.

Le prince personnifie le principe solaire de la conscience, le mental humain curieux qui veut explorer, découvrir, comprendre, pénétrer au cœur de la réalité et qui, dans ce conte, est en quête de la contrepartie de lui-même, féminine et endormie — inconsciente. Cependant, tant qu'il reste inconscient de son existence et ne part pas à sa recherche, tant qu'il ne confronte pas et ne pénètre pas la haie d'épines, elle est condamnée au sommeil.

La princesse incarne le principe lunaire de l'âme et les valeurs négligées du sentiment qui sont sous-développées et inarticulées en comparaison du mental rationnel, et qui, pour ainsi dire, depuis des siècles, gisent sous le coup d'un sort jeté par les croyances que nous avons explorées aux chapitres précédents. Elle porte aussi l'image de la femme qui, pour toutes les raisons que nous explorons ici, n'honore pas les valeurs du sentiment dont elle est dépositaire, et ne peut de ce fait honorer sa véritable nature féminine. Vu sous un autre angle, le récit peut être considéré comme une métaphore cryptée de la réconciliation de l'esprit et de la nature, ou du mariage des aspects masculins et féminins de l'esprit, qui ont été séparés au cours des quatre mille dernières années.

L'histoire de la Belle au Bois Dormant dit qu'au bon moment et pour la bonne personne, la haie d'épines se transforme en roses et un chemin s'ouvre. Je pense que nous nous trouvons, dans ce millénaire, à un moment d'ouverture. Un instinct profond tente de restaurer notre équilibre et notre intégrité en recouvrant la dimension féminine perdue de l'âme, personnifiée par la Belle Endormie. Ces cinquante dernières années, une restauration progressive du sens du sacré agit sous la surface de notre culture. Des millions de personnes s'éveillent à la perception de notre relation avec le vaste organisme de la planète et au-delà avec le champ de l'âme qui unit nos vies — la vaste toile de la vie qui connecte entre eux chacun des aspects du vivant.

Ce conte anticipe notre époque: ce temps précieux de l'éveil de l'humanité. Déjà par une fois, au XIIè siècle, le magistral appel spirituel de la Quête du Graal encourageait son éveil. Le mystère du Saint Graal imprègne le Moyen Age avec l'image de la quête ancestrale tournée vers l'intérieur, écoutant les aspirations du cœur à la recherche d'un chemin qui ne peut s'apprendre mais seulement se trouver, et est unique à chaque individu. Le calice, vase, coupe ou pierre qui sont des images primordiales du Graal évoquent l'archétype du Féminin qui se fait inspiration, guide et but de la quête intériorisée des chevaliers. Qu'est-ce donc que le Graal sinon le vase inépuisable, la source de vie s'écoulant sans cesse vers l'être, irradiant ce monde depuis le domaine invisible de l'Âme, le domaine dans lequel toutes les vies s'inscrivent? Qui sont donc les chevaliers qui se font gardiens du Graal sinon ceux qui maintiennent fidèlement en vie, au cours des siècles obscurcis, les mystères de l'éveil de l'âme?

Jessie Weston, auteure de From *Ritual to Romance*, un des livres les plus fidèles sur le Graal, disait que "Le Graal est une force vivante, il ne mourra jamais; il pourra se cacher à notre vue, et même disparaître pendant des siècles… mais il remontera à la surface et redeviendra un thème d'importance essentielle". Maintenant comme alors, la Quête du Graal est possible et peut nous procurer une nouvelle image de nous-mêmes, servant le monde avec amour et allant là où le cœur nous guide.

L'Âme est sous l'effet d'un sort depuis quelque quatre mille ans; sa voix est éteinte, sa sagesse rejetée. Le beau, la grâce et l'harmonie se sont retirés du monde. Mais à nouveau, elle frémit à la vie dans l'âme de l'humanité. Qu'attend-elle de nous? Qu'espère-t-elle? Je crois qu'elle cherche un échange relationnel. J'imagine cette relation comme un mariage sacré, un mariage entre nous-mêmes et le substrat invisible de la vie. L'âme et l'archétype du féminin dans leur sens le plus profond ont toujours porté les valeurs du cœur: les valeurs qui honorent la sagesse, la justice, la compassion et le désir d'aider et de guérir.

Le personnage de la vieille femme apparaît dans beaucoup de contes. Dans les anciennes cultures lunaires, elle aurait été reconnue, de même que la princesse endormie, comme une facette de la déesse. Dans les rêves contemporains, où elle apparaît souvent habillée de noir, elle continue à personnifier le pouvoir et la sagesse du processus vital qui génère toutes choses. Elle tisse la toile du destin, elle est la matrice de vie, le processus au cœur de la nature qui nourrit la graine et la fait fructifier. Dans le récit de la Belle au Bois Dormant, elle est la présence secrète dans la chambre dissimulée du château de l'âme, elle déclenche les évènements qui mèneront finalement à l'éveil de la cour endormie, et au mariage du prince et de la princesse. Elle représente la plus profonde strate de la vie de notre âme. Quiconque se lance dans la quête d'une relation avec l'âme ne saurait l'ignorer. Tôt ou tard, elle apparaît en rêve pour nous éveiller à qui elle est, et à ce qu'elle veut de nous.

Notre brillante culture technologique nous inflige un stress intolérable car elle n'accorde aucune valeur aux sentiments et ne laisse aucun temps à une relation avec l'âme, aucun temps pour nous éveiller à la présence de ce trésor magnifique qui se tient caché en nous. Le sauvetage du trésor, relégué en bas de la liste de nos priorités depuis trop longtemps, requiert une transformation fondamentale de notre compréhension de la vie: la formulation d'une vision du monde inédite, ou paradigme du réel, qui nous précipitera à travers la haie d'épines qui nous retient épinglés au passé. Ce nouveau paradigme invite à réorienter notre relation avec la planète et notre relation des uns avec les autres, à renverser ce que nous pensons important, ou même vital, à notre survie — mettre en premier ce que nous mettions en dernier. La connaissance de l'unité sacrée de la vie, la révérence de la nature, la confiance dans les pouvoirs de l'imagination créatrice et de la faculté intuitive atrophiée — tout ceci est nécessaire pour retrouver cette relation instinctive perdue avec la vie, qui était jadis le socle de notre expérience de l'âme.

L'âme ne communique pas par des mots, par le langage, mais par des sentiments, des intuitions, des émotions, et, à cause de notre mépris d'elle, par des schémas de comportements violents, perturbés et addictifs. Elle communique aussi par le rêve. Si nous ne faisons attention à aucune de ses manifestations, les nécessités de l'âme n'auront aucune voie possible pour atteindre notre conscience superficielle, qui se concentre uniquement sur le monde extérieur. Elles resteront enfermées derrière la haie épineuse. Le périple en quête de l'âme est difficile et même dangereux, car il exige que nous délaissions nos certitudes quant à ce que nous pensons savoir et ce qui nous a été inculqué depuis des générations. Il exige de nous l'abandon de notre désir de contrôler et notre abandon à la quête, qui est un chemin de découverte. De nombreux mythes et contes mettent en exergue la nécessité de l'abandon et de la confiance en l'étrange guidance irrationnelle proposée par des animaux ou par des shamans au long de la quête. La haie s'ouvre, le chemin se dessine tandis que le héros suit leur guidance. Suivre la guidance et la sagesse de l'instinct est la voie royale vers le domaine de l'âme.

Dans la cathédrale de Chartres, ces mots sont gravés: "Oh, Ne réveillez pas la belle avant que le temps ne soit venu". Cette dimension perdue de l'âme vivant dans les profondeurs de notre être et en toute vie, s'éveille à présent. La quête pour réveiller la Beauté Endormie est la quête d'une compréhension plus vaste du mystère de la vie. Qui dit qu'il n'y a aucun mystère à comprendre tue littéralement sa vie instinctuelle, son âme. La valeur suprême à même de guérir notre anxiété, notre terreur et notre souffrance, endurées au cours de l'odyssée de notre évolution humaine, se trouve au cœur de notre vie instinctuelle. La fascination exercée par la recherche d'un trésor enfoui sous la mer ou enterré dans la terre est l'écho du pouvoir d'attraction du trésor caché dans les eaux intérieures, la terre intérieure de l'âme.

Silhouette de Femme
Robin Baring 1978

~❀~

Quatrième Partie

~❀~

Rétablir la
Connexion avec l'Âme

~❀~

Paysage avec silhouette
Robin Baring 1975

Chapitre Dix

La Résurgence du Féminin:
L'Éveil de l'Âme

Terre, n'est-ce pas ce que tu désires: un éveil invisible se levant en nous…. Quelle est ta commande, sinon transformation?

— Rainer Maria Rilke, *Neuvième Élégie De Duino*

Les quatre derniers chapitres ont décrit la pathologie de la Phase de Séparation et exploré les raisons de notre perte graduelle de la conscience instinctive de notre vie au sein de l'Ordre Sacré d'un monde doté d'âme. Ils ont décrit les causes et les effets de notre conscience borgne: une conscience masculine ayant perdu tout contact avec l'âme. Au cours de cette Phase de Séparation, le Féminin, jadis associé à l'image de la Grande Mère et des Grandes Déesses des cultures anciennes, et associé à l'âme et aux valeurs relatives aux sentiments du cœur, a été relégué dans l'inconscient. Ce présent chapitre et les suivants décrivent nos efforts pour récupérer ces valeurs et les facteurs qui aident ou retardent ce sauvetage.

La Profanation de l'Anima Mundi ou Âme du Monde

Les effets sur le monde de la perte du Féminin, la perte de l'âme, sont incalculables. La connaissance instinctive de l'unité sacrée de toutes choses, la révérence pour l'interconnexion de tous les aspects de la vie, la confiance dans la puissance de l'imagination et de la faculté intuitive — toutes comme moyens de se relier à la vie grâce au sentiment de participation plutôt que via la domination et le contrôle — sont presque perdues. Nous constatons les conséquences de cette perte de l'âme partout; en témoignent non seulement la dévastation et la pollution de vastes surfaces de la Terre, mais aussi l'existence misérable de populations paupérisées aux périphéries insalubres des mégapoles, l'augmentation des maladies comme le cancer, le diabète, les maladies mentales, en particulier la dépression. Les personnes âgées sont négligées, sinon mal-traitées, par une culture dont l'intérêt porte sur les buts à atteindre plutôt que sur les soins à prodiguer. Les jeunes n'ont pas d'autres modèles que l'accumulation de biens matériels promue par les médias. Les femmes sont aviliés, l'image de leur corps est utilisée pour vendre toutes sortes d'objets. Le cœur de l'homme implore le retour du beau, cherche un sanctuaire, une communauté et des échanges qui accordent à la vie intérieure autant d'importance qu'à la vie extérieure, et où l'ordre sacré unifiant la vie sur notre planète est reconnu et honoré.

Dans le plus vaste contexte de la planète, les forêts ne sont plus chéries comme des lieux sacrés mais sont abattues pour produire du papier et des emballages, pour établir des fermes-usines ou pour planter des céréales pour les biocarburants; les montagnes sont creusées pour en extraire les minéraux nécessaires à la construction des réacteurs nucléaires, des ordinateurs et des téléphones portables; de vastes étendues sont détruites à l'explosif, éviscérées pour extraire le gaz de schiste ou le pétrole bitumeux; des bases militaires servant de plateformes de lancement de missiles sont construites sur des terres sacrées depuis des siècles pour les populations autochtones. L'Arctique est pillé de son pétrole et de son gaz. Les animaux sont évalués en fonction du poids de viande nécessaire à la population, et non en fonction de leur bien-être; d'immenses surfaces sont achetées en Afrique pour y faire pousser des céréales pour les biocarburants, ou pour des états dont les terres ne produisent plus suffisamment pour nourrir leurs populations toujours croissantes.

Ce schéma exploiteur n'est-t-il pas un écocide? Notre espèce détruit un habitat dont toutes les espèces dépendent. L'écocide ne provoque pas seulement la destruction de l'environnement mais aussi les guerres d'appropriation de ressources toujours plus rares, et aussi les crimes contre l'humanité, en conséquence de la prolifération des conflits.

Ce processus s'amplifiant, les nations sont considérées comme des marchés à exploiter pour le seul profit financier, et si besoin les groupes financiers peuvent même les ruiner, sans une seule pensée pour les millions de gens impuissants dont la vie et le gagne-pain sont anéantis. Les politiciens débattent de coupes dans les dépenses publiques nécessaires au contrôle de la dette, accrue par des années d'emprunts imprudents et de promesses électoralistes. Les décennies passent, les hommes pèsent le pour et le contre du réchauffement planétaire, et seule une petite proportion de l'argent promis par les gouvernements pour protéger les forêts tropicales est débloquée. Il existe bien une Charte de la Terre, qui présente un programme pour une relation durable avec la planète, mais les gouvernements et les industries multinationales s'en moquent. Tout ceci peut être décrit en termes de profanation de l'*Anima Mundi* ou Âme du Monde.

Une Définition du Féminin

Depuis mon rêve visionnaire de la femme cosmique, je me pose des questions sur le sens de son message. Pourquoi une telle image m'est-elle apparue et que veut-elle de moi? Quel est le plus profond sens du substantif 'Féminin'? Je ne l'emploie pas dans son sens d'attrait sexuel de la femme qui est tant prôné dans le monde contemporain, ni dans son sens usuel de qualités attribuées à la femme, mais pas exclusivement, de gentillesse et d'attention douce, ni dans le sens du projet féministe d'affirmation des femmes dans un monde d'hommes.

Le mot 'Féminin' signifie 'Âme' et maillage cosmique invisible qui nous relient les uns aux autres, et à la vie de la planète et du vaste Cosmos. Il signifie la reconnaissance que nos vies s'inscrivent dans un Ordre Sacré, et l'acceptation de notre devoir de protéger la vie de la planète et de toutes les espèces qu'elle soutient, au lieu de les exploiter à notre seul profit. En somme, le mot 'Féminin' signifie un regard sur la vie totalement autre, une vision du monde et un paradigme du réel totalement autres, et les valeurs du sentiment reflétant et soutenant cette vision. Il signifie une conscience planétaire inédite et la création ardue d'une civilisation d'un nouveau genre.

Sans notre reconnexion à l'Âme et sans la guidance et la sagesse du Féminin, sans notre recherche de ses valeurs et sans l'ouverture de notre cœur à sa subtile assistance, nous ne comprendrons jamais la raison de notre présence sur cette planète, nous ne serons jamais en capacité de désarmer les automatismes inconscients ataviques qui nous forcent à détruire notre habitat et conduisent à notre annihilation.

Tel le magma s'élevant du centre de la Terre, le principe féminin longtemps réprimé monte à la rencontre du principe masculin, il répond au puissant appel de l'âme à l'équilibre et à l'union de ces énergies archétypales, en nous et dans le monde. La résurgence du Féminin demande une nouvelle conscience planétaire dont les instincts du cœur de l'homme et de la femme — compassion, intelligence bien informée, désir de protéger, de soigner et de réparer — trouveraient leur expression dans ce qui peut être décrit par le terme de dévotion pour la vie de la planète et du cosmos.

Christopher Bache, dans son livre *Dark Night, Early Dawn*, décrit cet éveil puissant de l'âme:

> J'ai la plus grande des difficultés à décrire l'énormité de ce qui est en train de naître. La véritable intention de ce processus créatif ne cible pas juste certains individus mais toute l'humanité. Il tente en fait de réveiller la totalité de notre espèce. Une conscience d'envergure jamais vue est en train d'émerger, la totalité de l'espèce humaine intégrée à un champ unifié de conscience. Notre espèce se reconnecte à sa Nature Fondamentale. Nos pensées captent la Conscience-Source.[1]

S'éveiller au Féminin signifie devenir le gardien de toute la création; mourir à toutes les façons conflictuelles de voir la vie et les autres; naître à une vision de la réalité absolument autre. Cette conscience s'éveille en nous, et déjà nous comprenons mieux que notre survie repose sur l'intégrité et la pérennité de la biosphère planétaire. Notre image de la réalité et notre relation avec la planète et entre nous se transforment, nous assimilons les implications de ce 'mariage' des deux principes archétypaux primordiaux qui correspondent, dans la Kabbale, aux piliers gauche et droit de l'Arbre de Vie. Le retour du Féminin a l'impact d'un tremblement de terre, il effondre les schémas sociétaux, les systèmes politiques et financiers, et les institutions religieuses établies de longue date, il appelle une transformation radicale de nos valeurs, de nos relations et de notre intelligence de la vie.

Il me semble que le dessin de Henry Moore, réalisé au moment le plus sombre de la deuxième guerre mondiale, traduit bien cet élan évolutionnaire. Il saisit un groupe de personnes rassemblées autour d'une silhouette immense et voilée, leur petitesse est nanifiée par sa hauteur magistrale. Une forme féminine se devine sous le voile et les cordes qui l'assujettissent. Ce dessin suggère qu'une image inédite de l'esprit, ou alors une image longtemps oubliée, frémit à la vie dans l'âme collective de l'humanité, en attente d'être dévoilée, en attente de notre reconnaissance et de notre accueil. Les superbes sculptures de Henry Moore ont toutes cette même empreinte féminine. Sa série de dessins 'Shelter' (Abris) nous ramène dans l'utérus maternel chthonien – les passages comme des grottes souterraines où nous trouvions un sanctuaire alors que les bombes pleuvaient sur nos villes. Nombre de ses sculptures et dessins se focalisent sur l'image d'une mère et son enfant ou sur une silhouette monumentale de femme. Son œuvre regarde vers la résurgence de l'archétype féminin en l'âme humaine et vers l'éveil global de l'*Anima Mundi*.

La Résurgence du Féminin de Nos Jours

Le thème de la Valeur Féminine Perdue court comme un fil d'or à travers la mythologie, la poésie et la littérature occidentales, en attente qu'elle soit rédimée à présent que les enjeux sont si graves. Depuis une soixantaine d'années, certains évènements signalent un changement de conscience, comparable à celui advenu en Europe au XIIè siècle lors des constructions de cathédrales altières en l'honneur de la Vierge Marie, et des pèlerinages sur les sites consacrés à la Vierge Noire. Cette fois-ci, le changement de conscience ne se limite pas à l'Europe mais concerne le monde entier. Tel un diamant aux multiples facettes, multiples sont les courants d'influence émergents relatifs au Féminin. Ils contribuent tous à guérir la longue dissociation de l'ère solaire entre l'esprit et la nature. Chacun est intrinsèque à l'élan psychique que nous pourrions nommer recouvrement de l'âme — un élan évolutionnaire surgissant du cœur même de l'humanité et peut-être même du cœur du Cosmos. J'utilise le mot recouvrement dans ces deux sens: d'abord, le sens d'une chose qui, souffrante, diminuée ou négligée, recouvre la santé; et deuxièmement, le sens d'une chose de très grande valeur qui est retrouvée.

L'influence du Féminin est responsable de l'essor des mouvements pour l'environnement; de la détermination des femmes de toutes cultures à se libérer de leur longue oppression et à encourager leur participation grandissante à la vie sociale; de l'intérêt pour le prétendu irrationnel; et des multiples approches alternatives de guérison de la psyché et du corps. Notre aversion croissante pour les armes de destruction massive, la compassion témoignée aux victimes de notre addiction guerrière, l'engagement de centaines de milliers de personnes pour la préservation de la planète et la défense des victimes de l'oppression, témoignent tous de cette influence. Ces multiples canaux d'influence ouvrent de nouvelles perspectives, de nouveaux modes connectifs qui relient le corps, l'âme, le mental et l'esprit. Les échanges entre les personnes, facilités par internet et par des organismes comme Avaaz aux millions d'adhérents, accélèrent ce processus.

Le recouvrement du Féminin invite à réorienter la conscience, à être réceptif non seulement aux évènements du monde extérieur mais aussi à la voix délaissée de l'Âme. L'activation du Féminin nous aide à établir une relation avec la source cosmique de notre vie psychique et à y puiser les eaux vives dans ses profondeurs. Cette énorme réorientation défie chacune de nos croyances. Elle approfondit et élargit incommensurablement notre perspective quant au sens de notre présence sur cette planète. Elle apporte du sens à nos vies. Elle change tout.

Il se pourrait que la nouvelle époque dans laquelle nous entrons génère la naissance d'une image de Dieu ou de l'Esprit totalement autre, comprenne l'intelligence instinctive au cœur des processus et des schémas de la nature, et perçoive comment la dimension occulte et intérieure du réel influence et interagit avec notre dimension physique. Cette compréhension nouvelle pourrait nous aider à recouvrer une spiritualité authentique qui nous permettrait de dépasser nos croyances religieuses et séculières et de nous engager dans un nouveau dynamisme relationnel avec la Terre sacrée et un Cosmos doté d'âme. Grâce à nos recherches pour *The Myth of the Goddess* et son dernier chapitre que Jules et moi-même avons nommé 'the Sacred Mariage', je sais que cette phase naissante de la saga de notre espèce pourrait annoncer une avancée évolutionnaire, l'esprit et la nature se réunissant, l'humanité s'engageant dans une relation et une collaboration conscientes avec la vie, désirant la servir avec discernement lucide, compassion et sagesse.

Les Signes d'un Changement de Conscience

Dans son œuvre tardive *Mysterium Coniunctionis*, Jung écrit que 'le destin ultime de chaque dogme est la perte progressive de son âme. La vie désire créer de nouvelles formes, et donc, lorsqu'un dogme perd de sa vitalité, il doit forcément activer l'archétype qui a de tout temps aidé l'homme à exprimer le mystère de l'âme'.[2] Dans les années 50, peu de gens en dehors du cercle jungien de Zurich auraient associé un changement de conscience à un focus sur le Féminin et à une reconnaissance de l'aspect féminin du divin. La découverte en 1945 des textes gnostiques, cachés depuis près de deux millénaires dans des cruches de terre à Nag Hammadi en Égypte, est le premier indice de ce changement. Tandis que les chercheurs traduisaient et commentaient ces textes, il devint apparent que certains groupes de gnostiques vénéraient Dieu comme Mère-Père. Le livre pionnier d'Elaine Pagels *The Gnostic Gospels* (1980) présente ces découvertes à un public plus large. Son ouvrage est le précurseur de quantités de livres sur la Déesse, dont *The Myth of the Goddess*. Toute cette littérature représente une des avenues utilisées pour restaurer l'image sacrée du Féminin dans la culture contemporaine.

Une seconde avenue fut ouverte par la bulle pontificale de Pie XII, en 1950, qui, en réponse à la pétition de millions de catholiques, décrète officiellement que la Vierge Marie 'a été élevée en âme et en corps à la gloire céleste'. Une encyclique de 1954 la proclame Reine du Ciel, lui réattribuant ainsi la dimension cosmique que la Déesse détenait dans les grandes civilisations de l'âge du bronze. Le nouveau décret symboliquement affirme que Marie en tant qu'Épouse est unie à son fils dans la chambre nuptiale céleste, et unie, telle Sophia (Sagesse), à la divinité.

Ces deux décrets répondent à l'aspiration millénaire des catholiques d'avoir une image de la mère divine associée à la divinité — une Reine du Ciel. Quelque quarante années plus tard, en 1997, une autre pétition demande au pape de proclamer Marie corédemptrice avec le Christ. Jung, bien que mort avant que cette dernière pétition ne circule, savait que les deux décrets pontificaux témoignaient d'un processus de très grande portée au niveau de l'inconscient collectif et il les tenait tous deux pour l'acte religieux le plus significatif depuis la Réforme. En termes mythologiques, l'archétype féminin, incluant le corps et l'âme et personnifié par la Vierge Marie, se trouve élevé à parité avec l'archétype masculin de l'esprit, annonçant un 'mariage sacré' des deux grands principes archétypaux qui ne tarderaient pas à trouver leur expression en l'âme collective de l'humanité. La dimension féminine du divin, niée depuis si longtemps par une culture dominée par l'archétype masculin, est incluse en la divinité et restaurée à la position qu'elle occupait dans le monde pré-patriarcal. Nature et Esprit, dissociés depuis si longtemps dans la conscience humaine, sont réunis; leur polarisation désastreuse prend fin.

Jung pensait que cet évènement symbolique, anticipé à la Renaissance par de nombreuses peintures décrivant le Couronnement de la Vierge, annonçait la réunion de l'esprit et de la matière et, en nous-mêmes, la réunion du mental conscient dissocié et de la matrice de la psyché — l'âme instinctuelle trop longtemps délaissée. Familier avec le récit mythologique qui avait conduit à cet évènement, il tenait cette réunion des archétypes pour l'image renouvelée du mariage sacré, l'ancien rituel de l'âge du bronze célébrant jadis l'union du ciel et de la terre. Il pensait aussi qu'il annonçait les noces des deux aspects longtemps séparés de la divinité — L'Unique et Sa Shekinah — évènement tant attendu au sein de la tradition mystique de la Kabbale. (voir Chapitre Trois)

Mais les deux décrets pontificaux ne sont pas les seuls à signifier un changement de conscience concernant la relation entre les deux principes archétypaux. La popularité du *Da Vinci Code* de Dan Brown, et le plus ancien *Holy Blood, Holy Grail*, coécrit par Michael Baigent, Richard Leigh et Henry Lincoln, en a surpris plus d'un. Ces deux ouvrages traitent de la relation de Jésus et de Marie Madeleine. Ceux-ci et d'autres livres ont sorti Marie Madeleine de l'ombre, l'ont reconnue comme la première parmi les apôtres de Jésus, et comme sa compagne intime, peut-être même sa femme.

D'un point de vue jungien, les ventes phénoménales des livres sur Marie Madeleine prouvent la force générée par le retour d'un archétype et le désir inconscient de l'union au plus haut niveau des principes féminin et masculin — reflété par la relation intime et aimante de Jésus et de Marie Madeleine. 'L'enfant' né de cette relation signifie, au sens archétypal, non le fruit de la lignée par le sang de Jésus mais la naissance d'un niveau de conscience inédit pour toute l'humanité.

Les Déclencheurs de l'Éveil Global de l'Anima Mundiou Âme du Monde

D'autres évènements contribuent à ce changement de conscience au cours de ces soixante cinq dernières années. L'un d'eux est la révélation de la barbarie de l'homme suite à la découverte d'Auschwitz, en 1945. Un autre est l'invention de la fission nucléaire, la fabrication de la bombe atomique et l'oblitération de Nagasaki et Hiroshima. Ces évènements, lignes de fracture entre le passé et le présent, rendent évidente la nécessité d'un changement de conscience. Nous avons la puissance divine de nous détruire mais non l'intelligence divine de nous en empêcher. Et puis une menace d'un autre ordre se présente aussi à nous. La biologiste Rachel

Carson est la première à sonner l'alarme en 1962 avec son livre *Silent Spring*. Elle attire notre attention sur l'interdépendance des ordres humain, animal et végétal du vivant et sur les dangers de la contamination de l'air, du sol et des océans par le dangereux produit chimique DTT, utilisé à l'époque de façon intensive et indiscriminée pour contrôler les insectes. Ce livre lance les mouvements environnementaux. Elle y remet en question le mythe scientifique du contrôle de la nature, rejeton, dit-elle, de la biologie et de la philosophie dignes de l'âge de Néanderthal qui supposent que la nature est au service de l'homme. "C'est notre grand malheur qu'une science si primitive se soit pourvue des armes les plus terribles, et qu'en les retournant contre les insectes, elle les ait aussi retournées contre la planète". [3] La colère furieuse et le mépris misogyne qu'elle déclencha dans l'industrie chimique qui la qualifia de 'plus dangereuse que les pesticides qu'elle condamne', révèlent et le gouffre de notre ignorance des systèmes interreliés de la vie sur la planète et le pouvoir de résistance au changement des attitudes enkystées. Tragiquement, le cancer l'emporte peu après la publication de son livre. Dans la préface de l'édition de 1961 de son livre *The Sea Around Us*, publié pour la première fois en 1950, elle informe sur les dangers du stockage des déchets nucléaires dans les océans:

> En déverrouillant les secrets de l'atome, l'homme moderne se retrouve confronté à un problème effroyable — que faire des matériaux les plus dangereux qui aient jamais existé depuis les débuts de l'histoire humaine, les produits dérivés de la fission atomique. Le problème sévère qui lui fait face est de savoir s'il peut se débarrasser de ces substances létales sans rendre la planète inhabitable. [4]

Silent Spring initie la naissance d'une autre approche de la nature. Sous son influence, l'idée se propage que nous ne pouvons pas continuer à nous comporter en maîtres de la planète; que la nature est un tissage sans accros. Nous faisons partie de ce tissage, nous en sommes revêtus, il nous nourrit et nous protège; et en même temps, du fait du développement unique de la conscience de notre espèce, nous sommes le seul aspect de la vie apte à percevoir le merveilleux de l'organisme planétaire au sein duquel nos vies s'inscrivent. Nous avons de ce fait une responsabilité à son égard, la responsabilité de le préserver et de le protéger.

L'Éveil d'un Sens de Relation avec la Terre

L'évènement le plus significatif pour cet éveil est peut-être la première photo de la Terre se détachant du contour de la Lune — Lever de Terre — prise au cours de la deuxième mission vers la Lune d'Apollo 8, en 1968. L'alunissage des astronautes en juillet 1969 (Apollo 11) nous donne des vues de la Terre depuis l'espace à couper le souffle. Cinq cents millions de personnes regardent l'alunissage d'Apollo et entendent les mots de Neil Armstrong. La prouesse technologique qui permet d'envoyer un homme sur la Lune est par elle-même remarquable. Mais la vue de la Terre depuis cette distance est un catalyseur qui change notre relation à elle. Pour la première fois, nous sommes visuellement conscients de son exquise beauté et de sa fragilité et nous savons alors qu'elle est notre maison dans l'immensité du Cosmos. Elle est si belle, si précieuse, si vulnérable. L'amour de notre planète bleue s'éveille dans nos cœurs. Les paroles de Gene Cernan, dernier astronaute à quitter la Lune lors de la dernière mission Apollo 17 de la NASA, transmettent l'émoi de son expérience à toute l'humanité: 'Je me tenais dans l'obscurité bleutée et contemplais, émerveillé, la Terre depuis la surface de la Lune. Ce que je voyais était trop beau pour être saisi dans sa totalité — il y avait trop de logique, trop d'intention. C'était trop beau pour être le fait du hasard'.

En l'espace de quelques heures, nos yeux terrestres deviennent des yeux cosmiques. Durant ces quelques heures, notre sensation d'expansion est extraordinaire, notre relation avec le Cosmos et notre perception de nous-mêmes en sont transformées. Que ce soit l'exploration de la Lune — symbole ancestral de la Grande Mère, du Féminin et de l'âme — est en soi significatif. Mais c'est la vue de notre planète depuis la Lune qui nous élève au-dessus de nos allégeances nationales et régionales, et ouvre notre sensibilité à une conscience cosmique et à un sens d'appartenance au Cosmos.

Le mythologue Joseph Campbell exprime ce que beaucoup ressentent: "Nous participons à cet instant au saut le plus prodigieux de l'esprit humain vers une connaissance non seulement de la nature extérieure mais aussi de notre propre profond mystère intérieur — le plus prodigieux de tous les temps".[5] Il se demande ce que le mythe de notre temps pourrait bien être, à quoi il répond que ce pourrait être une mythologie de la Terre unifiée comme un seul être harmonieux.

L'astronaute Edgar Mitchell, fondateur de l'Institut des Sciences Noétiques, de retour d'une autre mission sur la Lune, confie que la vue à distance de la Terre est une vision fugitive du divin: 'à regarder à travers 400.000 kilomètres d'espace vers les étoiles et la planète d'où je viens, j'eus soudainement la perception de l'Univers comme un être intelligent, aimant et harmonieux'.

Pendant ces trois jours du voyage de retour, ce dont je fis l'expérience n'est rien de moins que la perception bouleversante de l'interconnexion universelle. Je ressentis réellement ce qui a été décrit en termes d'unité extatique. L'idée me vint que les molécules de mon corps et les molécules du vaisseau spatial avaient été fabriquées il y a fort longtemps dans le fourneau d'une des anciennes étoiles qui brillaient dans les cieux tout autour de moi... cette beauté stupéfiante du cosmos me combla. Toujours conscient de l'individualité de mon existence, mon mental était envahi par une connaissance intuitive de l'interconnexion de toute chose — cet univers grandiose est une totalité harmonieuse, orchestrée et intentionnelle. Et nous, êtres humains, en tant qu'individu et en tant qu'espèce, sommes une partie intégrante de ce processus de création continue. [6]

Des livres suivirent, écrits depuis cette perspective totalement différente, qui orientèrent la transformation de notre attitude envers la Terre; ceux de Barbara Ward *Only One Earth: The Care and Maintenance of a Small Planet* publié en 1972, puis en 1979 *Progress for a Small Planet*, présentent des solutions pour prendre soin de la biosphère et pour résoudre le problème de la pauvreté globale. En 1975, Schumacher publie *Small is Beautiful* qui est immensément influent. En 1972, Donella et Dennis Meadows publient *Limits to Growth* qui traite de la menace de la sur-population. Fritjof Capra au début des années 80 écrit deux livres *The Tao of Physics* et *The Turning Point* qui ciblent la nécessité de notre changement d'attitude vis-à-vis de la nature et de la matière; il s'appuie sur sa connaissance de la physique quantique qui nous révèle que la vie est un maillage relationnel indissoluble et que l'observateur est inséparable de ce qu'il observe. Le titre même du deuxième ouvrage est l'indice d'un changement de conscience.

Au cours de cette décennie, nous étions tous inquiétés par la menace de l'Hiver Nucléaire, qui nous ramènerait au début de l'évolution, contaminerait les sols et les eaux avec des résidus de bombes nucléaires cent fois plus puissantes que la bombe de Hiroshima. La mise en garde prophétique d'Einstein, 'Lâcher la puissance de la bombe atomique a tout changé sauf notre façon de penser, et ainsi nous nous dirigeons vers une catastrophe sans précédent', était ignorée. [7] Peu de gouvernements reconnaissaient consciemment l'énormité de ce qu'ils étaient prêts à infliger à des populations civiles sans défense pour assurer la survie de leur propre nation. Chacun des états nucléarisés se préparaient à annihiler dans un conflit nucléaire des millions d'innocents et à polluer la terre pour des générations. Pendant les décennies de la guerre froide, la tension entre les empires et les idéologies en compétition alimentait la surenchère militaro-technologique, qui s'étendait au programme Star Wars, et menait la course à la conquête militaire de l'espace autant que de la Terre. Les promoteurs de la course à l'armement argumentaient que la bombe était une arme dissuasive, mais ils ne semblaient pas conscients qu'en cas de conflit nucléaire, il n'y aurait ni vainqueurs ni vaincus; les deux partis composés de centaines de millions de civils sans défense seraient anéantis. Jonathan Schell, dans son livre *The Fate of the Earth* (1982), commente:

"La question pour l'espèce humaine est maintenant de savoir qui de la vie ou de la mort triomphera sur terre…. Aucune génération avant la nôtre n'a tenu dans ses mains la vie ou la mort de l'espèce…. Dans notre monde contemporain, dans les cénacles où les décisions se prennent, personne, pas un, ne plaide pour l'homme et la Terre, bien que tous deux soient menacés d'annihilation". [8] Le Mouvement pour le Désarmement Nucléaire, devenu CND, naquit et grandit rapidement. De nombreuses personnes, moi inclus, commencèrent alors à penser en terme de planète, plutôt qu'en terme de nation; nous comprenions que les vieilles habitudes, les vieux schémas comportementaux devaient être dépassés si nous voulions survivre et protéger la planète. Le mouvement initié en 1981 par Ann Pettit en Angleterre, et qui déboucha sur la résistance des femmes contre le déploiement de missiles américains à Greenham Common, en est un exemple. Ces femmes se nommèrent 'Femmes pour la Vie sur Terre' car, disaient-elles 'Ces armes continuent à tuer en silence et de manière invisible pendant des générations à naître'. [9]

La désillusion grandissante causée par les leaders politiques et religieux et leurs institutions, participe à cet éveil, de même que la réalisation naissante qu'il est de notre responsabilité individuelle, quelque modeste qu'elle soit, de défier l'éthique culturelle dominante — une responsabilité mise en lumière par les mots prophétiques de Jung: "Le monde aujourd'hui tient à un fil et ce fil est la psyché de l'homme…. Ce n'est pas la réalité de la bombe à hydrogène qu'il nous faut craindre, mais ce que l'homme en fera". [10]

Tous ces livres et bien d'autres écrits récemment établissent clairement que le devenir de notre espèce est inséparable de la biosphère planétaire, ils font écho à la perception de Chief Seattle que 'tout ce que nous faisons à la planète, nous le faisons à nous-mêmes'. Le livre de James Lovelock relatif à l'interrelation de tous les systèmes de la Terre et le nom 'Gaïa' qu'il attribue à la biosphère, d'après la Déesse grecque de la Terre, restaure l'ancienne image de la Terre en tant que Déesse et Mère.

Thomas Berry, dans ses livres *The Dream of the Earth* (1990) et *Evening Thoughts* (2006), insiste, en des termes sans concession, sur les dégâts que notre fantasme de progrès inflige à la Terre et à ses systèmes vivants:

> Actuellement notre monde moderne, avec ses technologies scientifiques, ses processus industriels, ses structures commerciales, fonctionne avec une arrogance rare à l'encontre du monde naturel. L'humain est tenu pour réalité suprême. Chacun des autres êtres est exploitable à merci…. La présente difficulté ne vient pas seulement du fait que chaque nation s'estime individuellement, elle et son bien-être, référence ultime au regard de la réalité et des valeurs, mais aussi du fait que l'humain tend à établir une cassure entre lui-même et le monde naturel. Le monde non-humain est réduit, de cette façon, à l'état d'objet à l'usage

des humains pour leur seul profit, plutôt que considéré comme partenaire d'une communauté globale d'existence. Non seulement la communauté humaine est en décalage avec le fonctionnement de la planète, mais elle s'est aussi faite prédateur, saignant la vie de son hôte....[11]

Le mouvement environnemental ou écologique naît de la prise de conscience de cette menace à la biosphère causée par la pollution industrielle de l'air, de l'eau et du sol. Friends of the Earth est fondé en 1972, Greenpeace peu après. En cinquante années, les fondements pour la transformation de notre relation avec la planète sont posés, et de nombreux individus s'engagent à contrecarrer les effets de l'ignorance et de l'avidité humaines. Ces actions forment une entité planétaire unie par le partage des valeurs et des engagements, et non plus par une identité nationale. Le livre de Paul Hawken, *Blessed Unrest* (2007), compile les multiples facettes de ce mouvement et signale que ses recherches de plus de quinze années lui permettent de l'identifier comme le mouvement social le plus large de l'histoire humaine. Ce mouvement comprend plus d'un million de groupes de base travaillant à la sauvegarde de la planète, à l'amélioration des conditions de vie des opprimés et des indigents, et se battant pour la survie des peuples indigènes du monde menacés par l'avidité prédatrice des multi-nationales. Trente-huit organisations existent pour la protection de la seule Amazonie et d'autres actions énergiques sauvegardent les forêts indonésiennes et malaisiennes contre leur déforestation, qui a pour but de fournir des cartons ou des terres nues pour les plantations de biocarburants, ou dans le cas de la forêt amazonienne, pour faire paître du bétail en réponse à la demande insatiable en viande.

Cette collaboration mondiale inédite au nom des peuples, au nom de l'écosystème planétaire, fonde l'image contemporaine de la femme et de l'homme en tant que Protecteurs de la Vie — protecteurs car prendre soin de la planète est vécu par beaucoup comme une mission sacrée. Tout ceci est né de l'activation de ce que nous pourrions appeler les valeurs de l'âme ou valeurs du cœur — le désir de prendre soin de la vie et de notre maison du Cosmos. Ce sont ces valeurs qui sont au cœur du Féminin naissant et qui questionnent de plus en plus les valeurs de pouvoir, de contrôle et d'exploitation établies de longue date qui déterminent encore les projets politiques et affairistes. Nous sommes de plus en plus enclins à préserver le délicat équilibre écologique de la planète, plus conscients que nous précipitons notre propre destruction par notre continuelle agression d'autrui et notre exploitation aveugle des ressources déclinantes de la Terre. En outre, 'l'épidémie' galopante de l'obésité avec toutes ses maladies connexes d'une part et la famine d'autre part, les trilliards de dollars gaspillés en guerres et en armement, plus la gigantesque dette des états, commencent tous à être tenus pour intenables.

Le naturaliste et biologiste Sir David Attenborough, dans ses multiples reportages télévisuels, a souvent pointé les dommages que nous avons causés sans faire exprès et causons encore aux millions d'espèces vivant sur la planète et il demande si nous serons la cause de la sixième extinction massive. Il nous prévient qu'il n'y a jamais eu pareil challenge concernant toute l'humanité, et que les problèmes environnementaux deviendront de plus en plus difficiles — sinon impossibles — à résoudre avec l'accroissement de la population mondiale. Lors du dernier épisode de sa série Frozen Planet en 2011, il nous intime en conclusion de prendre garde:

> Les pôles, nord et sud, peuvent paraître lointains. Mais ce qui arrive là-bas pourrait avoir plus d'impact sur nous que n'importe quelle autre circonstance du réchauffement climatique. Si la glace de la mer Arctique continue sa fonte, elle provoquera une élévation des températures plus rapide, et la calotte glaciaire fondante contribuera à élever d'un mètre le niveau des mers, assez pour menacer des millions d'habitations le long des côtes, d'ici la fin du siècle. Nous avons vu que les animaux s'adaptent déjà à ces changements. Mais saurons-nous répondre à ce qui advient dès maintenant à la planète des glaces?

La calotte glaciaire agit en couvercle protecteur qui régule la température de la Terre, et maintient la stabilité climatique. Si elle venait à disparaître, nous n'aurions plus de protection contre les effets du réchauffement. En juste un an, entre 2006 et 2007, le Cercle Arctique a perdu 1.5 million de kilomètres carrés de glace. Ne serait-ce qu'en 2012, plus de 600.000 kilomètres carrés ont fondu. Il en reste à peu près 4 millions de kilomètres carrés. Il pourrait ne plus y avoir de glace en été dès 2020.[12] Tout ce que les 'Grandes Puissances' pensent à faire est de se disputer l'exploitation des réserves de pétrole et de gaz rendues accessibles par la fonte des glaces.

Il est maintenant établi que les gaz implémentés par les scientifiques en remplacement des CFC qui provoquaient le trou de la couche d'ozone ont un effet collatéral inattendu et dévastateur: ils ont augmenté le réchauffement de 20%. Pourtant il n'ont toujours pas reçu l'attention urgente qu'ils méritent. De puissants intérêts résistent à l'interdiction des hydrofluorocarbures (HFC) et des perfluorocarbures (PFC) qui contribuent au réchauffement. (*Sunday Times* 16/9/2012).

James Lovelock décrit les conséquences catastrophiques de notre culture technologique sur la biosphère de la planète et prévient que six milliards d'entre nous pourraient être éradiqués, en ce siècle, par les effets du réchauffement. Lovelock et Attenborough nous enseignent que la vie de la planète est un maillage interconnecté dont nous sommes partie intégrante et que nous ne pouvons plus nous permettre de l'exploiter à notre seul profit. Les vues aériennes de la planète depuis l'espace montrent, sans l'ombre d'un doute, les conséquences de la surpopulation et de notre emprise industrielle sur l'environnement, les océans et l'atmosphère.

Tandis que les plus puissantes nations et multi-nationales du monde rivalisent pour le contrôle des eaux, du pétrole, des terres agricoles, des minéraux, tous toujours plus rares, aucune d'elles ne réfléchit aux effets que la raréfaction croissante de ces produits de base aura sur la population croissante, ou aux effets de la population croissante sur les ressources raréfiées et sur l'environnement. Jonathan Porritt écrit dans un article à l'automne 2012 de la revue *Resurgence* que 'nous utilisons déjà 50% de ressources au-delà de ce que la Terre peut durablement fournir, et à moins de changer de trajectoire très très vite, même deux planètes Terre ne seraient pas suffisantes pour satisfaire nos exigences économiques dévorantes - à ce rythme irresponsable — d'ici 2030'.

La température des océans, en changeant, affecte le plancton dont dépendent une multitude de poissons. L'océan est 30% plus acide qu'à l'époque pré-industrielle. Nous savons que nous provoquons l'extinction de nombreuses espèces de poissons mais nous sommes incapables d'imposer les restrictions nécessaires pour que les populations de poissons se reconstituent. Scandaleusement, de grandes quantités de poissons sont rejetés morts car ils 'excèdent les quotas de pêche'.

Nous sommes à présent témoins de la fonte des glaciers de l'Himalaya, du Karakoram, des sommets des Andes, des Alpes, de l'Arctique et de l'Antarctique, de la destruction des forêts tropicales, de la formation du 'sixième continent' de détritus plastiques dans le Pacifique…. Les glaciers d'Asie centrale alimentent les grands fleuves — le Gange, l'Indus et le Brahmapoutre — dont dépendent pour leur survie des millions de gens et d'animaux.

Nous sommes face à un choix et face aux plus grands enjeux jamais risqués par l'humanité — une crise que notre culture industrielle et notre surpopulation ont générée et dont tous les gouvernements sont encore à peine conscients et qu'ils sont peu enclins à aborder. James Lovelock nous fournit cette information mal venue que la respiration de 7 milliards d'entre nous et de nos animaux est responsable de 23% des émissions à gaz de serre — dix fois plus que les transports aériens. En 1820, la population mondiale s'élevait à 1 milliard. En 2011, elle atteint 7 milliards. D'ici 2050, elle pourrait atteindre 10.5 milliards au rythme de croissance actuel. Vivant dans un monde toujours plus peuplé, les jeunes générations peuvent ne pas réaliser que la population mondiale a triplé depuis 1945, et pourtant les chrétiens, musulmans, hindous, et autres, ainsi que les sociétés laïques ne se concertent nullement pour limiter les familles à deux enfants; ainsi les parents seraient remplacés mais ils ne laisseraient pas un legs de descendants multiples.

Depuis 1945, nous avons eu à faire face au danger croissant de quatre menaces inédites, encore inimaginables il y a soixante ans.

- Premièrement, le changement climatique et ses problèmes connexes.

- Deuxièmement, la surpopulation qui entraîne déjà des conflits armés pour les ressources déclinantes que sont l'eau et la nourriture. D'ici 2025, trois milliards de personnes manqueront d'eau (estimation de populationmatters.org). Le problème est déjà aigu au Moyen-Orient où tant d'eau a été prélevée dans le Jourdain que le fleuve est devenue un petit cours d'eau. Le changement climatique réduit les pluies et laisse les nappes phréatiques épuisées. Il n'y a tout simplement pas assez d'eau pour soutenir le nombre important de gens qui, en certains lieux, a doublé en trente ans. La famine touche dix millions de personnes en Somalie, où les combats constants entre un gouvernement faible et des militants islamistes rendent une solution pérenne impossible.

- Troisièmement, la menace renouvelée de guerre, la perte massive de vies, et la contamination de la planète qui résulteraient de l'emploi délibéré ou accidentel des armes de destruction massive.

- Quatrièmement, la surface totale déclinante de terres arables car la terre est réquisitionnée pour la culture de biocarburants. Les puissantes industries d'Occident, soutenues par les gouvernements africains, ciblent de vastes territoires dans ce but, expropriant souvent les populations locales paupérisées sans aucune compensation pécuniaire et leur payant des salaires de misère pour leur labeur dans les plantations d'huile de palme.

(bilan Friends of the Earth, 2012)

Il suffit d'une élévation de la température de 2°C pour rendre inhabitables certaines zones de la planète et réduire des millions de personnes à la famine. En 2011, la Chine est dans sa cinquième année de sécheresse, ce qui affecte durement les cultures de riz et de blé. La Russie subit en 2010 une sécheresse sévère qui ravage les blés. Les États-Unis subissent en 2012 la sécheresse la plus sévère de mémoire d'homme, dévastant les cultures de blé et de maïs. Certaines régions d'Europe souffrent de sécheresses tandis que d'autres subissent des pluies torrentielles, dans les deux cas les cultures sont affectées. Tous ces épisodes abaissent les quantités récoltées et provoquent l'augmentation des prix de la nourriture. Et pourtant, les gouvernements poursuivent leurs politiques nationales et n'arrivent pas à entrevoir l'urgence et la globalité de tous ces problèmes. Les instincts de survie en alerte rouge, de plus en plus de gens contestent ce principe de notre culture contemporaine axé sur le pouvoir, le consumérisme débridé et l'illusion de croissance infinie, et ils cherchent des moyens de prévenir cet élan suicidaire impétueux et nos dirigeants politiques inconscients.

La Pouvoir de Guérison du Féminin

Les registres de l'Égypte et de Sumer à l'âge du bronze nous retransmettent les élans charitables et compassionnels envers les orphelins, les veuves et les malades. De nos jours, outre les milliers d'organismes de charité et les ONG qui assistent les personnes en difficultés, une exigence de comportement éthique et de prise en compte du bien-être de la planète met la pression sur les gouvernements. Grâce à la télévision, nous avons connaissance des souffrances des peuples partout dans le monde. Nous constatons et ressentons la douleur de personnes éloignées de nous. Partout où l'appel à la compassion se fait entendre, là se trouve la voix du cœur, la voix du Féminin.

L'orientation du Féminin porte sur les valeurs qui ont été obscurcies, marginalisées ou insuffisamment cultivées au cours de l'âge solaire. Ces valeurs ne peuvent être recouvrées ni par la force ni par des revendications véhémentes. Elles ne peuvent se manifester qu'avec un changement de conscience qui facilite leur émergence. La création de la Cour Internationale de La Hague, qui juge les personnes accusées de crimes contre l'humanité, est un exemple de l'émergence de ces valeurs. Le viol est maintenant reconnu comme crime de guerre. Les dirigeants ne peuvent plus plaider l'intérêt national pour justifier les atrocités et génocides commis.

Nous sommes à présent, grâce à la télévision et à internet, témoins de la souffrance du monde, nous portons en nos cœurs la peine de millions de gens — peine de constater que tant de personnes sans défense sont encore victimes de conflits, d'oppression, de dirigeants autocratiques, des drogues et du trafic, de la faim et de la misère. Le monde entier s'indigne collectivement de la torture et du meurtre de Hamza al-Khatib, garçon syrien âgé de treize ans, des menaces de lapidation à mort à l'encontre de Sakineh Mohammadi Ashtiani en Iran, de l'agression d'une adolescente pakistanaise de quatorze ans, le visage détruit par un tir de fusil car elle osait parler en faveur de l'éducation des femmes. Le traitement des femmes dans certaines sociétés islamiques peut se comparer à l'Europe des chasses aux sorcières, quand les femmes vivaient dans la peur d'être dénoncées, torturées et brûlées vives. Nos réponses collectives à ces atrocités témoignent du progrès moral en l'âme du monde. Un bilan perturbant des Nations Unies, il y a une dizaine d'années de ça, montre que les 22 membres de la Ligue arabe, qui totalise une population de 280 millions d'habitants, dont 65 millions sont illettrés, manquent regrettablement de trois ingrédients essentiels au bien-être et au développement: liberté, éducation et droits des femmes. Ce bilan est un des facteurs qui mena à l'-explosion du Printemps arabe en Afrique du nord, en 2011 (*The Times* 29/7/2011).

Une sensibilité au Féminin demande que la guerre et la fabrication d'armes soient abandonnées, tout comme le racisme et les conquêtes au nom de Dieu ou de toutes autres idéologies. Si nous pouvons nous défaire de notre addiction aux armes et à la guerre et redistribuer les milliards ainsi économisés à l'alimentation, à l'éducation et aux soins des enfants du monde, le monde et nos chances de survie s'en trouveront infiniment améliorés. Nous devons urgemment défier l'obscure éthique guerrière des gouvernements qui ordonnent une préparation constante à la guerre, vendent des armes contre profit, et en inventent de toujours plus meurtrières. Le Féminin, en tant que nouvel élan culturel, nous met en contact avec la source profonde de notre vie psychique, puisant dans ces profondeurs les eaux vives qui nourrissent et soutiennent l'âme. Un nouveau registre de morale planétaire voit le jour, aidé par internet et toutes les personnes sur tous les continents, réunies par leurs valeurs et leurs causes communes. Les gens se sentent encouragés à surmonter les schémas de soumission imposés depuis des millénaires, à briser les chaînes imposées par les régimes oppressifs et à établir des gouvernements démocratiques qui entendent leurs espoirs d'une vie meilleure. Les femmes se libèrent de siècles d'oppression, de silence imposé et de quasi-esclavage.

Le Pouvoir Émergent de la Femme

L'image de la femme s'est radicalement transformée au cours du vingtième siècle, et continue en ce nouveau millénaire. Le Mouvement des Suffragettes nous a désenvoûtés de la croyance que les hommes appartenaient à un sexe supérieur, et a ouvert aux femmes la voie vers l'éducation et les carrières qui leur étaient interdites depuis des lustres. Les première et deuxième guerres mondiales et la contraception ont accéléré leur participation à la vie sociale, après des siècles de claustration et d'oppression. Une révolution culturelle radicale a été initiée, elle a miné les fondations des comportements sociaux. La relation entre les femmes et les hommes s'est radicalement transformée par la participation plus large des femmes dans la vie sociale, dominée jusqu'alors par les hommes; elles ont fait carrière dans la médecine, les sciences, le droit, la politique et les affaires internationales, qui leur étaient interdites. Les jeux olympiques de 2012 à Londres se sont révélés extraordinaires pour les femmes; pour la première fois, tous les pays participants avaient des femmes dans leurs équipes et elles ont triomphé dans beaucoup de sports jadis réservés aux hommes. Mais leur nouveau rôle dans la société est loin d'être complet ou fructueux, particulièrement dans le monde islamique mais aussi en Occident.

À la fin de la deuxième guerre mondiale, Jung notait dans un essai *La Femme en Europe*, au sein de l'ouvrage *Civilisation en Transition*, que le rôle des femmes est de rassembler ce que l'homme a divisé et il finit le chapitre par ces mots, "Dieu lui-même ne peut s'épanouir si l'âme de l'homme est affamée. La psyché féminine répond à cette faim, car la fonction de l'Éros est d'unir ce que le Logos a séparé. La femme contemporaine est face à un devoir culturel magistral — il signera peut-être l'aube d'une nouvelle ère". [13]

Quel est ce devoir culturel magistral de la femme? Rien de moins, en vérité, que de se libérer de l'oppression, de la persécution et de la marginalisation pour que sa voix puisse se faire l'avocate d'une civilisation meilleure. La résolution 1325 des Nations-Unies, adoptée en 2000, réaffirme que les femmes doivent être incluses à tous les niveaux des discussions pour la paix. Que cette résolution soit en fait ignorée humilie les femmes et déshonore les hommes. Les paroles de Michelle Bachelet, Secrétaire générale de l'ONU chargée de l'égalité des sexes et de l'autonomisation des femmes de 2010 à 2013, rappellent au monde que 'la force des femmes, l'entreprenariat des femmes, la sagesse des femmes sont les ressources de l'humanité les plus inutilisées'.

Les femmes éduquées et éloquentes de tous les continents s'éveillent à leur nouveau rôle d'avocates pour que justice soit rendue à leur sexe et pour que les valeurs émergentes de l'âme soient honorées. Dans tous les coins du monde, les femmes parlent avec un immense courage contre l'oppression — d'elles-mêmes et des autres. Les femmes telles Aung San Suu Kyi au Myanmar, emprisonnée dans sa résidence pendant des années et récemment libérée (2012), et Shirin Ebadi en Iran, qui était juge à Téhéran et est maintenant en exil, confrontent les régimes oppressifs et cruels qui cherchent à réduire au silence leurs voix et la voix de la liberté. Shirin Ebadi confirme que 'dans ces régimes, les femmes savent que la victoire des droits des femmes est le commencement de la démocratie'.

À la question de Freud au siècle dernier 'Mais que veulent les femmes?', la réponse est que les femmes veulent pour elles-mêmes et pour la société de pouvoir vivre libérées de la peur, de la faim et de la misère, de la guerre et de l'oppression. Le monde a besoin d'entendre la voix des femmes de toutes les nations. L'éducation et la contraception ont transformé les vies de millions de femmes et pourtant des millions d'autres, à cause de la pauvreté, des discriminations et des traditions tribales, ne peuvent encore accéder ni à l'une ni à l'autre. Elles vivent dans la misère la plus abjecte, victimes de la brutalité et du mépris des hommes, utilisées comme des objets sexuels et contaminées par le VIH transmis par leur mari ou partenaire. Elles luttent au jour le jour pour leur vie et la vie de leurs enfants, sont contraintes par leur extrême pauvreté à se prostituer, reçoivent des salaires de misère qui leur permettent à peine de survivre elles et leurs enfants, et elles ne sont pas en capacité d'exprimer leur détresse ou de trouver des témoins qui pourraient parler pour elles. La contraception, qui devrait être un droit pour toutes les femmes, leur est refusée par les préjugés religieux et les traditions sociales.

Les femmes en Afghanistan et au Pakistan, par exemple, risquent la prison, la torture et la mort, si elles dénoncent l'oppression qu'elles endurent dans leur culture misogyne dont les traditions tribales les condamnent à une vie de servitude et de souffrances. Les femmes en Inde sont encore brûlées vives si elles échouent à fournir une dot (l'estimation moyenne est de 25.000 roupies par an). Les veuves subissent pauvreté, abandon et misère. Des milliers de femmes en Syrie sont violées et leurs enfants kidnappés, torturés et tués par politique gouvernementale dans le but d'étouffer toute dissension. Même en Égypte, où elles ont pris part à la révolution, les femmes très instruites ne sont pas associées à la rédaction des nouvelles institutions politiques et il y a danger que les pays islamiques récemment libérés rétablissent leurs vieilles habitudes répressives.

Dans les sociétés soi-disant avancées à haut niveau de vie, la violence domestique gâche encore la vie des femmes et de leurs enfants. Le calvaire de ces femmes et de leurs enfants est inacceptable dans un monde où les communications sont facilitées, où la condition pitoyable de ces femmes peut être vue à la télévision, où la richesse et l'expertise médicale peuvent soulager les souffrances.

Le propre éveil des femmes participe au retour du Féminin. Tout se passe comme si une naissance capitale se déroulait dans la psyché collective de la femme. Cette naissance peut se vivre comme difficile et même dangereuse, ou comme stimulante et transformationnelle. La planète a besoin des femmes pour confronter les habitudes politiques établies et les luttes de pouvoir méprisables, et pour éveiller la communauté humaine à une destinée plus noble et à des buts autres. Elle a besoin que les femmes sortent de l'ombre, émergent à la lumière, deviennent visibles et audibles, prennent l'initiative de créer le changement qu'elles désirent.

Aung San Suu Kyi, dans son adresse d'ouverture à la quatrième Conférence Mondiale sur les Femmes organisée à Beijing en 1995 par l'ONU, fait un discours remarqué sur la contribution des femmes à un monde différent, une civilisation réellement éclairée et équilibrée:

> Pendant des millénaires, les femmes se sont consacrées presque exclusivement à nourrir, protéger et prendre soin des jeunes et des vieux, faisant tout leur possible pour établir les conditions de paix favorables à la vie de tous. Nous pouvons ajouter à ceci le fait que, autant que je sache, aucune guerre n'a jamais été initiée par une femme. Mais ce sont les femmes et les enfants qui souffrent toujours le plus lors des conflits. Maintenant que nous maîtrisons le rôle historique premier qui nous a été imposé de maintenir la vie dans le contexte domestique et familial, il est temps d'appliquer à l'arène du monde la sagesse et l'expérience gagnées grâce à nos activités paisibles au cours de ces milliers d'années. L'éducation et l'émancipation des femmes de par le monde ne peuvent manquer d'aboutir à une vie plus douce, tolérante, juste et pacifique pour tous.

La femme donnant naissance à elle-même, à son unique individualité, à l'émergence de la perception de sa valeur en tant que femme — et non une copie d'homme

— le Féminin et ses valeurs connexes jailliront dans la conscience de l'humanité. La femme, dont la nature essentielle est de répondre à la souffrance et au besoin, se vit comme un réceptacle transformationnel au sein duquel la nouvelle conscience globale se forme. Si nous voulons créer un monde qui ne soit pas menacé — ou même détruit — par les luttes de pouvoir entre les hommes, les femmes doivent être proportionnellement présentes dans les gouvernements nationaux et internationaux, et dans chaque organisme et comité chargé de traiter les injustices, les persécutions et les souffrances humaines.

Matthew Arnold, philosophe et poète, déclare que si jamais les femmes se regroupaient pour le seul bénéfice pur et simple de toute l'humanité, elles formeraient une force telle que le monde n'en a jamais vu. Le sage soufi, Hazrat Inayat Khan, affirme qu'il voit 'aussi clair que de l'eau de roche' le moment venu pour les femmes de conduire l'humanité vers une évolution supérieure. En 2009, le Dalaï-lama sidère son audience, lors d'une conférence à Vancouver, en disant que le monde sera sauvé par les femmes occidentales.

'Quand la lune brillera aussi vive que le soleil, le Messie viendra' est un aphorisme du grand saint hassidique Baal Shem Tov. La femme, grâce à son combat pour intégrer les valeurs les plus hautes du principe féminin, commence à faire briller la lune pour qu'elle équilibre la brillance solaire de notre conscience actuelle. En reconnaissant sa dépression, sa souffrance, son désir de dépasser la servitude et l'impuissance de son existence passé et présente, en reconnaissant et en soutenant ses valeurs et ses désirs profonds, elle peut accomplir un acte vraiment héroïque et extraordinaire pour la vie de la planète, une chose que l'humanité célébrera pour les siècles à venir. Pour cette raison, rien n'a plus d'importance que le sauvetage de la femme par elle-même.

L'Éveil de l'Âme

La résurgence du féminin et l'éveil de l'Âme se concentrent sur les valeurs du sentiment qui sont lacunaires, marginalisées et éclipsées par l'ère patriarcale solaire, en partie du fait de la suppression de la voix de la femme, qui est une des caractéristiques de cet âge. Ces valeurs ne peuvent émerger que si la conscience humaine se transforme et autorise leur émergence. Le recouvrement du Féminin peut détenir la clef de la transformation de notre culture globale, sortir de l'uniformisation, de la banalité et de la brutalité régressives de masse, pour aller vers un futur désirable et extraordinaire.

Ce puissant élan évolutionnaire, qui nous reconnecte avec nos instincts ancestraux d'interrelation avec autrui et avec la vie de la planète, opère une importante alchimie sous la surface de notre culture. Les femmes et les hommes participent à un processus de transformation qui se manifeste par une conscience planétaire et un élan culturel inédits, dont l'accent porte sur la reconnaissance croissante de l'interconnexion et de l'interdépendance de tous les aspects de la vie. L'arrogante célébration de 'la conquête de la nature par l'homme' se voit remplacer par la réalisation que si nous voulons survivre nous devons respecter et chérir la vie de la planète dont nos vies dépendent. Si en surface la culture se préoccupe des sujets superficiels propagés par les médias, sous la surface, un impératif évolutionnaire et planétaire, dicté par des millions d'individus sensibilisés, est en préparation. Ces nouvelles valeurs sont inscrites dans la Charte de la Terre qui fournit un cadre de pensée pour promouvoir des actions conscientes et responsables visant la protection de l'environnement. [14] Le Prince de Galles, qui agit inlassablement pour la protection des forêts équatoriales, exprime très bien ces valeurs dans un essai écrit il y a quelques années, et intitulé *A Time to Heal*:

> En vieillissant, j'en suis venu à réaliser que, jusqu'à présent, ma vie entière est motivée par un désir de guérir: guérir le paysage rural démembré et les sols empoisonnés, guérir le paysage urbain cruellement fragmenté, où la cacophonie remplace l'harmonie, guérir les divisions entre la pensée intuitive et la pensée rationnelle, entre le corps et l'âme, pour que le temple de notre humanité puisse à nouveau être éclairé par une flamme sacrée; aplanir la barrière artificielle monstrueuse érigée entre Tradition et Modernité, et surtout, guérir l'âme mortellement blessée qui, seule, peut nous alerter de la déraison de jouer à Dieu et de croire que le savoir à lui seul est un substitut à la sagesse. [15]

L'instinct ancestral des femmes à nourrir et à soutenir la vie, et l'instinct des hommes à la protéger et à la défendre, embrassent par extension la vie de la Terre. Une planète qui aura mis 4.5 milliards d'années à développer un instrument conscient qui permette à la vie de se connaître elle-même, est menacée; notre survie est incertaine. Sous peu, il nous sera impossible de changer le cours des évènements que nous avons déclenchés à notre insu. Or, en réponse au péril extrême de cette situation, nous commençons à recouvrer la conscience lunaire oubliée et son sentiment de relation avec une Terre sacrée et un Cosmos sacré. Des relations plus authentiques, visant à sauver la planète et les générations futures des automatismes comportementaux inconscients et prédateurs, nous rapprochent les uns des autres. La résurgence du Féminin et le recouvrement de l'Âme se retrouvent dans ces diverses initiatives:

Un sens croissant de notre responsabilité envers la planète.
Une reconnaissance de l'interconnexion de la vie.
Un effort conscient pour guérir la scission âme/mental/corps.
Une prise de conscience croissante du contrôle qu'exerce sur nous nos
    complexes inconscients.

L'émergence d'une autre qualité relationnelle entre les femmes et
les hommes.
Une reconnaissance croissante de la souffrance et des besoins des enfants.
Une perception de notre devoir de traiter toutes les espèces avec respect
et compassion.

Quatre grandes questions se posent maintenant à nous

1. Comment recouvrons-nous notre sens perdu d'appartenir à un élément totalement sacré?

2. Comment développons-nous respect et compassion pour la vie de la Terre sous toutes ses formes?

3. Comment trouvons-nous les moyens de répondre aux besoins d'amour, de relation, et de connexion du cœur humain?

4. Comment abandonnons-nous les croyances et schémas comportementaux qui ont fait tant de mal à l'âme et au corps, et à la planète?

Les opportunités de transformation sont grandes à notre époque et aussi les dangers, car la puissance de transformation du Féminin active la peur du changement et suscite la contre-réponse de forces réactionnaires qui cherchent à ré-imposer ou à maintenir leur contrôle sur la vie des gens. Nous avançons sur le fil du rasoir, d'un côté, intégration consciente d'une vision inédite et d'un autre côté, désintégration sociale et régression à la barbarie — et peut-être quasi annihilation de notre espèce. Au commencement d'un nouveau millénaire, nous participons à la naissance d'une ère nouvelle, visant des buts et des valeurs radicalement différents de ceux de l'ère solaire. En termes mythologiques, cette ère nouvelle convie au mariage des consciences lunaire et solaire, et la naissance de l''enfant' d'un registre de conscience qui monte de l'âme de l'humanité, sera le fruit de cette union et le véritable 'sauveur' de notre espèce. Nous vivons à une époque fantastiquement stimulante, complexe et créative.

Notes:

1. Bache, Christopher (2000) *Dark Night, Early Dawn*, State University of New York Press, p. 220.
2. Jung, C.G. *CW14* (1963) tr. R.F.C. Hull, Routledge & Kegan Paul Ltd., par. 488.
3. Carson, Rachel (1963) *Silent Spring*, Hamish Hamilton Ltd., Londra, p. 6.
4. Carson (1950) *The Sea Around Us*, OUP, preface.
5. Campbell, Joseph (2012) Il potere del Mito, Neri Pozza, Milano, p. xviii
6. Mitchell, Edgar (1996) astronaut and founder of the Institute of Noetic Sciences: *The Way of the Explorer*, Putnam, New York, pp. 3–4.
7. Einstein, Albert (2000) *The Expanded Quotable Einstein*, édité par Alice Calaprice, The Hebrew University of Jerusalem e Princeton University Press, Princeton, New Jersey, p. 184.
8. Schell, Jonathan (1982) *The Fate of the Earth*, Pan books Ltd., Londra, pp.113, 116 & 188.
9. Pettitt, Ann (2006) *Walking to Greenham*, Honno Press, UK.
10. *Conversations with Carl Jung* (1964) basato su quattro video–interviste, Richard Evans, Van Nostrand, Princeton.
11. Berry, Thomas (2006) *Evening Thoughts*, Sierra Club Books, San Francisco, pp. 21 & 82–83.
12. Wadhams, Peter (2016) *A Farewell to Ice: A Report from the Artic*, OUP. Un iceberg de la taille de la France, le glacier Totem, s'est détaché de la roche arctique en Mars 2018; il flotte sur l'océan et se fragilise de plus en plus par contact avec l'eau. Si cet énorme bloc venait à fondre complètement, il provoquerait une très forte augmentation du niveau des mers — jusqu'à trois mètres — et menacerait les cités côtières et leurs habitants..
13. Jung, C.G. *CW10* (1964) tr. R.F.C. Hull, Routledge & Kegan Paul Ltd., par. 275.
14. La Carta della Terra créée à Rio et avalisée par de multiples organisations. www.earthcharterinaction.org
15. Paragraphe de conclusion de *A Time to Heal*, HRH Le Prince de Galles, publié pour la première fois dans le n° 5 de The Temenos Academy Review, London, Autumn 2002..

Ce message, reçu il y a longtemps, est un des messages dont je parle au début du livre. Je le place ici car il concerne notre époque autant que l'époque de sa transmission, durant la deuxième guerre mondiale.

Une Prière de la Sainte Mère

Recueille Mes larmes en tes mains
Baigne tes yeux en leur douceur
En mes larmes aucun sel amer
Comme miel ou comme rosée tu les sentiras
En les portant à ton visage et à ton cœur.
Ce sont les larmes de la féminité
Versées à cause de la cruauté et de l'aveuglement de l'homme
Ce sont les larmes de la maternité
Versées pour la mort inutile de ses fils.
Partout où je vois cruauté, avidité et destruction insensée
Je verse ces larmes
Dans l'espoir qu'elles fassent fondre la dureté
Et l'avidité de l'homme.

Je pleure quand je vois les dons de la Vie
Si éhontément saccagés,
Oh! Laisse mes larmes aveugler ceux
Qui veulent faire couler le sang de leurs frères,
Apaise ceux qui sont blessés dans la bataille,
Fais fondre le cœur de Caïn, toujours prompt à tuer Abel.

Oh! Écoute ma voix,
Et laisse le doux son de la pitié s'agripper
À vos cœurs emplis de dévotion.
Je les imprégnerai
De la douceur de mes pouvoirs guérisseurs
Que je dépose en tes mains
Si tu prêtes ta voix
Au service de Ma Cause.

Chapitre Onze

Jung et la Redécouverte de l'Âme

Seuls ceux qui prennent le risque d'aller trop loin peuvent découvrir leurs limites.

— T.S. Eliot

Notre psyché est configurée en conformité avec la structure de l'univers, et ce qui se déroule dans le macrocosme se déroule de même dans les processus les plus infinitésimaux et les plus subjectifs de la psyché.

— C.G. Jung, *Memories, Dreams, Reflexions (Ma Vie)*

J'inclus dans ce livre un chapitre sur Jung car, au cours du siècle dernier, il est l' influence fondamentale en regard du recouvrement du Féminin et de la dimension oubliée de l'Âme. Son influence est de grande envergure, bien que beaucoup de gens puissent ignorer les effets de ses découvertes sur notre culture.

L'un des grands thèmes de l'ancien mythe est celui de la descente du héros dans le monde chthonien, de sa rencontre avec un adversaire redoutable et de son retour avec un trésor inestimable au monde du quotidien. Grâce à ce trésor, il peut régénérer sa culture, guérir les malades, lever le sort jeté par des forces démoniques et relâcher les eaux de vie qui rendent la fertilité aux Terres Arides. Le thème du voyage du héros, exposé avec maestria par le mythologue Joseph Campbell et l'historien des religions Mircea Eliade, plonge ses racines mythiques dans le voyage nocturne et mensuel du soleil et de la lune — descente dans l'obscurité et retour qui éclaire le monde. C'est un thème de vie immémorial: mort et régénération, relation essentielle entre la lumière et l'obscurité, ce monde-ci et l'autre monde invisible, le connu et l'inconnu. Transmis depuis l'Égypte, la Mésopotamie et la Grèce, ce thème sous-tend toutes les mythologies qui suggèrent que nous sommes séparés de notre demeure dans le monde divin, et de ce fait en exil, déchus, perdus ou endormis. Il parle de la nécessité de s'embarquer dans une quête, de pénétrer la 'nature vierge' des profondeurs inexplorées de nous-mêmes, dans le but d'en recouvrer notre connexion avec le monde, provoquant ainsi notre éveil, notre transformation, et notre retour à la Source.

Jung est un des héros culturels qui a entrepris le voyage shamanique dans le monde souterrain de l'âme et en est revenu avec le trésor qui enrichit notre culture. Son plus grand désir et sa mission de vie, telle qu'il l'entendait, est de jeter un pont entre la réalité que nous voyons et connaissons avec nos sens, et une autre réalité invisible. Dans le domaine de l'astronomie, Copernic et Kepler transforment la vision du monde médiéval en déplaçant la terre de sa position au centre du système solaire. Jung fait de même pour la psyché moderne; il déplace le mental conscient, ou ego, de sa position centrale en introduisant le concept d'une matrice de conscience à laquelle l'ego se relie comme un enfant à sa mère et d'où, en termes d'évolution, il a émergé.

Il reconnecte la conscience solaire du mental rationnel avec la conscience lunaire de l'âme instinctuelle, guérissant ainsi la dissociation dans la psyché et rendant à la culture occidentale dans son contexte moderne la voie de connaissance shamanique de plus en plus oubliée au cours de ces quelque 4000 ans. Plus spécifiquement, on est en droit de dire qu'il ouvre la porte à l'hémisphère droit du cerveau et à l'intelligence du cœur, les deux forclos au cours de la révolution scientifique des 400 dernières années qui a mené au déni de l'existence de l'âme. En tant que potentiel porteur de conscience pour toute notre culture, il a dû rétablir la nécessaire connexion avec ce qu'il nomme l'esprit des profondeurs. Il savait qu'ignorer la puissance phénoménale des archétypes, qui se situent hors de portée du mental conscient limité, nous met à risque d'être submergés par eux, de sombrer dans le fanatisme et la dissolution de notre humanité — ce que nous constatons de plus en plus en ce début du nouveau millénaire.

Comme beaucoup de titans de la pensée innovatrice qui sont en avance sur leur époque, il a été traité de charlatan et, avec mépris, de mystique par beaucoup et ses recherches ont été ignorées, particulièrement au sein de sa confrérie de psychiatres. Mais Jung a redécouvert le sens plus large du mot 'Âme', élargissant et approfondissant la compréhension qu'en a toute la culture, et la sauvant de l'obscurité et de l'oubli où elle avait été cantonnée depuis des siècles. Dans ses écrits et dans sa pratique, l'âme n'est pas tant une chose qui nous appartiendrait qu'une chose à laquelle nous appartenons — une vaste dimension du réel inexplorée. Il sait que notre plus grand besoin est celui de notre connexion avec le transcendant, non par le biais de la croyance ou de la foi, mais en ouvrant notre esprit à l'existence de la dimension niée qui est le substrat de notre monde familier. Il pose les grandes questions de l'âme: Qu'est ce que la vie? Qu'est ce que Dieu? Quelle est l'origine du mal? Quel est le sens de notre vie sur cette planète et comment pouvons-nous l'accomplir?

Jung pense que le christianisme est crucifié par son système de croyance et doit être régénéré par une compréhension élargie de ses grands mythes, interprétés comme des métaphores de la vie de l'âme dans cette dimension-ci du réel. Croire n'est d'aucune aide aux chrétiens ni aux croyants d'aucune autre tradition, pour sonder l'intention évolutionnaire de l'esprit, qu'il définit comme l'éveil progressif de la divinité au sein de l'âme humaine. Lors d'un dialogue tardif avec Sir Laurens van der Post, il dit: 'Mon travail a démontré que le schéma de Dieu existe en chaque homme'. Cependant, il écrit que:

> Nous regardons en arrière vers les évènements de la Pentecôte au lieu de regarder en avant vers le but, là où l'esprit nous guide. Donc, l'espèce humaine est totalement impréparée pour les évènements à venir. L'homme est contraint par les forces divines d'aller vers toujours plus de conscience et de cognition, et de s'éloigner toujours plus de son héritage religieux car il ne le comprend plus. Les leaders et enseignants religieux sont encore hypnotisés par les débuts de ce qui était alors un nouvel éon de conscience, au lieu de les comprendre, eux et leurs implications. Ce qui a été appelé 'Saint Esprit' est une force contraignante, qui crée une conscience et une responsabilité élargies et ainsi enrichit la cognition. L'histoire authentique du monde semble être l'incarnation progressive de la déité.[1]

Je crois que Jung fait partie des grands astronautes de l'âme qui ouvrent notre perception à l'existence d'une autre dimension du réel, et nous procurent un aperçu élargi du potentiel non réalisé de notre nature. Il est aussi homme de science, et à ce titre, il élabore une méthodologie pour nous relier à la dimension de l'âme et une carte pour nous guider. Les termes '*introverti*' et '*extraverti*' sont de lui, de même que les concepts d''*anima*' et '*animus*' — éléments contra-sexuels en l'homme et en la femme. En tant que prophète, il conjecture les dangers guettant l'humanité pour les décennies à venir et il sent que seule une connaissance plus aiguisée de notre nature pourrait nous aider à éviter de nous auto-détruire, nous et la planète, du fait de l'aveuglement orgueilleux de notre ego et de notre addiction à la force démonique de nos armes:

> Notre intellect a créé un nouveau monde qui domine la nature et le peuple de machines monstrueuses… l'homme suit forcément les incitations aventureuses de son mental scientifique et inventif et s'admire pour ses splendides réalisations. En même temps, son génie présente la tendance étrange à inventer des choses toujours plus dangereuses, car elles représentent les moyens toujours améliorés d'un suicide de masse.[2]

Comment Jung a-t-il acquis sa perception de l'existence de l'âme? Dans le prologue à son autobiographie *Memories, Dreams, Reflections*, il écrit: 'Au bout du compte, les seuls évènements de ma vie qui vaillent d'être racontés sont ceux qui concernent l'irruption du monde éternel dans ce monde-ci éphémère. C'est pourquoi je parle surtout d'expériences intérieures, dont font partie mes rêves et mes visions. Elles sont la *prima materia* de mon travail scientifique. Elles sont le magma incandescent qui avait cristallisé la pierre qu'il me fallut tailler.'[3]

Quelles sont ces expériences intérieures? Jung se sépare de Freud en 1912, il a alors trente-sept ans. Pendant les sept années suivantes, de 1913 à 1919, il développe sa propre orientation du traitement de ses patients et refuse la position désignée de successeur de Freud, et il se tourne vers son monde intérieur, s'accordant du temps pour noter et entrer en dialogue avec l'irruption de visions, rêves et fantasmes qui faillirent l'engloutir. Il appelle cette période sa Nekyia (Νέκυια) — mot grec qui signifie une descente dans le monde chthonien. Il est impératif de remarquer que cette expérience se déroule juste avant et pendant la Première Guerre mondiale, dont il avait prévu les conséquences catastrophiques dans une série de rêves et de visions faits à l'automne 1913 et au printemps 1914. L'idée de guerre ne l'effleure alors pas, et il conclut qu'il doit être menacé par un épisode psychotique. Mais lorsque les évènements aboutissent au déclenchement de la guerre en août 1914, il commence à comprendre le sens de ses visions et de ses rêves, ce qui le conduit à considérer l'inconscient en tant que dimension non reconnue du réel, en laquelle toute l'humanité participe.

Le shaman, ou le visionnaire, doit traduire les images et les mots du monde invisible dans le langage de son époque et les rendre compréhensibles. Son mental conscient, bataillant pour contenir la puissance et la numinosité écrasantes de l'expérience, interprète celle-ci en fonction de son propre niveau de compréhension et des besoins de son temps. Jung fait l'expérience shamanique originelle pour recouvrer la connaissance manquante et il doit découvrir le moyen de communiquer cette connaissance pour qu'elle puisse être intégrée par la culture de son temps. Il est très méticuleux dans son effort de compréhension de chaque image, de chaque élément de son inventaire psychique, il s'applique à leur classification scientifique — autant que possible — de plus, il s'efforce d'incarner ses vues pénétrantes dans sa vie au quotidien, car il réalise que c'est une obligation éthique du mental conscient vis-à-vis de l'inconscient.[4]

D'aucuns considèrent que cet épisode de quelques années est un épisode psychotique et taxent Jung de schizophrène; d'autres, dont je fais partie, y voient une initiation shamanique à l'expérience directe d'un aspect plus vaste du réel. Cette sorte d'expérience renferme deux dangers. L'un est le risque de devenir fou, d'être submergé par le matériau car l'ego conscient n'est pas assez fort pour le contenir et assimiler son sens. L'autre est le risque d'identification au matériau, ce qui cause une 'inflation': tenant ce matériau pour vérité littérale absolue, on s'autoproclame messie à la manière de ces individus qui conduisent leurs disciples crédules au suicide ou qui anticipent la fin imminente du monde et 'l'Enlèvement' des élus.

Avant 1945 et la découverte des cinquante-deux textes gnostiques à Nag Hammadi en Égypte, il existe peu de textes ayant échappé à la destruction ou à l'interdiction lors des persécutions des sectes gnostiques, par ordre des empereurs Constantin et Théodose au cours du IVè siècle EC. Mais dès 1912, Jung en connaît quelques uns et est familier avec les recherches des érudits allemands qui les étudient. Ceci lui permet de saisir le sens des images, des fantasmes et des rêves qui se présentent à lui au fil de ces sept années. Il sait qu'il écrit à la façon de la tradition gnostique d'écoute de la voix de l'âme et que ce dont il fait l'expérience est similaire à ce que les gnostiques ont confié de leurs expériences visionnaires visuelles et auditives. Mais — et ceci est de la plus haute importance — il sait aussi qu'il doit incarner le sens de ce qu'il entend. En tant que psychiatre, il interprète ce matériau brut et lui donne une forme compréhensible, une forme qui pourrait devenir la base de la compréhension contemporaine de la nécessité de relation entre les deux aspects séparés de la psyché — le mental conscient et la dimension profonde de l'âme.

Jung couche son expérience sur plus de 1000 pages manuscrites et illustrées, qu'il relie en un volume magnifique intitulé *Le Livre Rouge* — enfin publié en 2009 — qui s'ouvre sur une page écrite en caractères allemands du XIVè siècle. [5] Nous suivons Jung dans sa quête de la dimension perdue de l'âme au fil de ces pages superbement ciselées, nous apprenons comment l'âme est sauvée de l'oubli et de l'obscurité, comment sa vie reçoit son expression signifiante grâce aux mots et aux images qu'il peint avec minutie, comment elle devient pour lui réalité vivante plutôt qu'abstraction théorique. Ces mots poignants témoignent de sa réalisation de l'âme en tant qu'entité vivante autonome, ou dimension du réel; une chose dont nous ne pouvons saisir l'immense envergure, et dont la voix est 'Esprit des Profondeurs':

> Je suis revenu, je suis à nouveau ici – je suis avec toi — après toutes ces années d'errance. Je te suis revenu.... Mais tu dois savoir une chose, une chose que j'ai apprise, chacun doit vivre sa vie. Cette vie est le chemin… le chemin vers l'incompréhensible, que nous nommons divin.... J'ai trouvé le bon chemin, il m'a conduit à toi, mon âme.
>
> J'étais alors encore complètement englué dans l'esprit du siècle et pensais autrement en regard de l'âme humaine. Je pensais et je parlais beaucoup de l'âme; je connaissais beaucoup de mots savants sur l'âme; je la jugeais et en faisais un objet d'étude scientifique. Je n'envisageais pas que l'âme puisse ne pas être

l'objet de mon jugement; bien plus, ce sont mon jugement et ma connaissance qui sont l'objet de mon âme.

Ainsi l'esprit des profondeurs m'encouragea à parler à mon Âme, à la visiter en tant qu'être vivant autonome dont la redécouverte m'est auspicieuse. J'étais devenu conscient que j'avais perdu mon âme, ou plutôt que je m'étais perdu loin de mon âme, depuis tant d'années.

L'esprit des profondeurs voit l'âme comme un être vivant autonome, et donc contredit l'esprit du siècle pour qui l'âme est une chose dépendante de la personne, une chose qui se laisse commander et juger, autrement dit une chose dont nous pouvons saisir le registre. Pour l'esprit des profondeurs, cette pensée n'est que présomption et arrogance. Ainsi la joie de redécouvrir mon âme était une joie humble… sans l'âme il n'y a aucune issue hors de notre époque. [6]

En écoutant la voix de l'esprit des profondeurs, Jung rencontre un personnage ailé qu'il nomme Philémon, qui devient son guide dans le monde étrange de l'Âme, tout comme Virgile fut le guide de Dante. Philémon apprend à Jung que sa dimension non-reconnue est aussi réelle que le monde physique et qu'elle tente de gagner l'attention du mental conscient. Cette idée nous est si étrangère qu'elle est extraordinairement difficile à comprendre pour le mental moderne.

Jung, en tant que psychiatre, trouve ironique de devoir rencontrer à chaque étape de son expérience le même matériau typique des états psychotiques. 'Ceci est le fonds d'images inconscientes qui fatalement créent la confusion chez le patient. Mais c'est aussi la matrice de l'imagination mythopoïétique qui a disparu de notre époque rationnelle. Bien qu'une telle imagination soit présente partout, elle est à la fois tabou et redoutée', nous dit-il. [7] Vers la fin de sa vie, il écrit:

Il m'aura fallu presque quarante cinq ans pour distiller dans le creuset de mon travail scientifique les expériences de cette époque, que j'ai rédigées…. Les années de dialogue avec mes images intérieures sont les plus importantes de ma vie — c'est là que l'essentiel fut décidé. C'est là que tout a commencé; les détails plus tardifs sont juste des suppléments et des clarifications du matériel qui surgit de l'inconscient, et qui dans un premier temps me submergea. C'était la *prima materia* de l'œuvre d'une vie. [8]

Le Concept d'Inconscient

La grande contribution de Jung à notre compréhension approfondie de notre nature est la reconnaissance des deux pôles, en quelque sorte, de notre vie psychique. Au-delà du conscient s'étend un vaste territoire inexploré — l'inconscient, ou selon ses mots la racine et le rhizome de l'âme, dont l'existence est, encore de nos jours, désavouée et par la science et par la religion.

Jung nomme inconscient personnel l'aspect de l'inconscient le plus proche de nous et relatif à l'expérience individuelle de la vie — les sentiments et tendances qui ont pu être réprimées du fait du conditionnement parental ou culturel, de l'endoctrinement religieux, des coutumes sociales et tribales, autant que des complexes parentaux et des rivalités de fratrie. Dans cette zone de l'inconscient la plus proche du conscient se logent les sentiments de peur, de culpabilité, d'anxiété, de colère refoulée, qui ont leur origine dans les expériences traumatiques précoces. Mais elle renferme aussi le potentiel de créativité — idées, désirs, talents créatifs — qui ne peut trouver son canal d'expression, car son développement n'a reçu aucun encouragement ou car aucun cadre culturel n'existe pour l'accueillir. Beaucoup de gens grandissent sans aucune conscience de la façon dont les complexes de l'inconscient personnel les dirigent et les répriment — ils peuvent se développer dans une structure rigide de contrôle et de répression internalisée, religieuse ou parentale, qui se transmet au sein d'une même famille depuis des générations, ou, comme c'est le cas de nos jours dans notre culture séculière, ils peuvent être le fait d'une absence totale de soins parentaux dans l'enfance et le manque conséquent de limites et de soutien d'aucune sorte.

L'inconscient personnel s'inscrit comme un plus petit champ dans le plus grand champ trans-personnel de l'*inconscient collectif.* La conscience se tient comme un nénuphar à la surface de ce vaste substrat de notre vie psychique qui possède une 'nature collective, universelle et impersonnelle identique à tous les individus'. Jung définit l'inconscient collectif comme

> l'important gisement de l'expérience ancestrale accumulée sur des millions d'années, l'écho des évènements préhistoriques auxquels chaque siècle ajoute une quantité infinitésimale de variations et de différentiations. Car en dernière analyse, l'inconscient collectif est un gisement de processus-monde globaux inscrits dans la structure du cerveau et du système nerveux sympathique, il constitue dans sa totalité une sorte d'image du monde éternelle et hors temps qui contrebalance notre image consciente momentanée du monde. Il n'est rien de moins qu'un autre monde, un monde en miroir, si vous préférez. Mais au contraire d'une image en miroir, l'image inconsciente possède une énergie qui lui est propre, indépendante de la conscience. Du fait de cette énergie, il peut produire des effets puissants qui n'apparaissent pas en surface mais nous influencent d'autant plus fortement depuis l'intérieur. Ces influences restent invisibles à quiconque omet de soumettre sa représentation momentanée du monde à la critique adéquate, et elles lui restent donc cachées. Que le monde possède un intérieur autant qu'un extérieur, qu'il n'est pas seulement extérieurement visible mais agit sur nous dans un présent atemporel, depuis les recoins de la psyché les plus profonds et les plus apparemment subjectifs — je tiens cela

pour une intuition pénétrante qui, bien que de sagesse ancienne, mérite d'être considérée comme un facteur nouveau dans notre construction d'une weltanschaung [conception du monde].[9]

Ailleurs il le nomme l'homme ou la femme de deux-millions-d'années dont nous occupons la maison mais dont nous n'avons pas encore fait la connaissance. L'inconscient collectif est comme un vaste champ mémoriel — une sorte d'ADN psychique — qui contient l'expérience de tout ce qui s'est manifesté depuis le commencement de notre évolution en tant qu'espèce sur cette planète. Mais plus encore, il embrasse toute l'expérience des autres espèces — la totalité de la mémoire de la planète et des espèces et, surtout, les schémas instinctuels de base qui ont manifesté les formes physiques et les schémas comportementaux communs à tous les peuples du monde. Nous sommes tous influencés par les dynamiques largement ignorées de la partie désavouée de la totalité de notre psyché — les schémas archétypaux basiques qui, dit-il, sont fixes et immuables comme les configurations du vol des oiseaux ou les routes migratoires des animaux. Nous sommes porteurs de ces schémas en naissant, ils font partie de notre ADN psychique personnel. À cause de cette expérience immémoriale, l'inconscient collectif est, nous dit-il, 'la source de toutes sortes de maux et aussi la matrice de l'expérience divine et, aussi paradoxal que cela puisse paraître, il a engendré et continue à engendrer la conscience'.[10]

L'un des aspects les plus importants de son œuvre porte sur sa compréhension des rêves en tant que moyen de mise en relation de l'ego avec la dimension de l'inconscient. 'Le rêve' écrit-il 'est une porte dérobée dans les recoins les plus intimes et les plus secrets de l'âme, s'ouvrant sur la nuit cosmique qui était âme bien avant qu'il n'existe une conscience d'ego, et qui restera âme peu importe l'extension de notre conscience d'ego.... Toute conscience sépare; mais en état de rêve nous revêtons l'apparence de cet homme plus universel, plus authentique, plus éternel qui demeure dans l'obscurité de la nuit primordiale'.[11] Sa compréhension de ses propres rêves s'approfondissant, Jung réalise que le développement de l'ego et de la conscience est un accomplissement évolutionnaire vertigineux. Un rêve lui signifie l'importance de la conscience per se:

Il faisait nuit dans quelque endroit inconnu, et je progressais lentement et péniblement contre un vent violent. Un brouillard épais m'entourait. Je protégeais avec ma main une petite lumière qui menaçait de s'éteindre à tout moment. Tout dépendait de ma capacité à garder cette petite lumière en vie... Cette petite lumière était ma conscience, la seule lumière que je possède. Ma propre compréhension est le seul trésor que je possède, et c'est le plus grand. Bien qu'infiniment petit et fragile comparé aux puissances de l'obscurité, ce n'en est pas moins une lumière, ma seule lumière.[12]

Lors de son voyage en Afrique, contemplant l'immensité des plaines s'étalant devant lui où des troupeaux paissent et se déplacent comme ils le font depuis des milliers d'années, Jung réalise en un instant d'illumination soudaine que l'existence de tout ce qu'il voit, et qui existe depuis des temps immémoriaux, n'aurait aucun témoin sans la conscience humaine. Sans notre conscience, il n'y aurait personne pour percevoir, méditer et interagir intelligemment avec le monde. À la recherche d'un mythe pour notre temps, Jung le trouve dans le fait que, grâce à l'émergence de la conscience, ou du mental conscient auto-réflectif, l'homme est devenu

> indispensable au parachèvement de la création, un second créateur du monde, qui seul a donné au monde son existence objective – sans laquelle, non entendu, non vu, mangeant en silence, donnant naissance, mourant, hochant la tête durant des centaines de millions d'années, il aurait continué dans la plus profonde nuit du non-être jusqu'à sa fin inconnue. La conscience humaine crée l'existence objective et le sens, et l'homme trouve sa place indispensable au sein du grand processus de l'être.[13]

'Pour autant que ce que nous pouvons en percevoir' observe-t-il 'la seule intention de l'existence humaine est d'éclairer l'obscurité du simple état d'être. On peut même penser que comme l'inconscient nous affecte, de même l'intensification de notre conscience affecte l'inconscient'.[14] Nos vies individuelles, si triviales en apparence, peuvent, de quelques façons que nous ne comprenons pas encore, affecter la vie du Cosmos et le déroulement de l'intention évolutionnaire de cette planète. Ce peut être la raison pour laquelle il pense que 'la psyché est la plus grande des merveilles cosmiques et la condition sine qua non du monde objectif'.

La Perte du Mythe Vivant

Nous avons abordé ce thème au chapitre Six, l'émergence de l'ego conscient nous a arrachés à la nature et à la manière purement instinctive de réagir à la vie. Sa venue à l'existence entraîna une grande perte, la perte de l'état de participation inconsciente à la vie alentour, la perte d'un registre et d'une qualité de conscience autre et la perte du sens instinctif d'appartenir à une plus grande totalité. Jung résume cette perte dans son dernier livre L'Homme et Ses Symboles; le passage mérite d'être cité in extenso car il est de première importance:

> La compréhension scientifique grandissant, notre monde se déshumanise. L'homme se sent isolé du cosmos, car il n'est plus impliqué dans la nature et il a perdu son 'identité inconsciente' émotionnelle avec les phénomènes naturels. Ceux-ci ont progressivement perdu leurs implications symboliques.... Aucune

voix ne parle à présent à l'homme depuis les pierres, les plantes et les animaux, et il ne leur parle pas non plus, confiant qu'ils pourraient l'entendre. Son contact avec la nature a disparu, et avec lui la profonde énergie émotionnelle que la connexion symbolique fournissait. Cette perte énorme se trouve compensée par les symboles de nos rêves. Ils évoquent notre nature d'origine — ses instincts et son mode de pensée singulier. Malheureusement, ils expriment leur contenu dans la langue de la nature, qui nous est étrange et incompréhensible. Ceci nous oblige à l'effort de les traduire en mots et concepts rationnels dans notre langue moderne qui s'est libérée… de sa participation mystique d'avec les objets qu'elle décrit. [15]

Dans un passage de son commentaire du texte chinois *The Secret of the Golden Flower*, il décrit comment, tandis que la conscience gagne en autonomie et en indépendance en se détachant de la matrice de l'instinct, la superstructure de la conscience se désengage de la base instinctuelle ancestrale d'où elle a émergé. 'La conscience ainsi arrachée de ses racines… possède une liberté prométhéenne mais partage aussi la nature d'un hybris sans dieu'. [16] Cette scission inconsciente crée un conflit entre les deux aspects de la psyché, elle infiltre les nombreux conflits qui se manifestent dans nos relations personnelles autant que sur la vaste scène mondiale. Et pourtant ce qui nous confronte comme ennemi implacable peut être l'expression alambiquée de l'instinct dissoié que nous avons ignoré, convaincus que le mental rationnel se doit d'être seul guide et maître de nos actions.

Jung réalise que les problèmes de notre époque s'enracinent non seulement dans la mainmise que la philosophie mécaniste du matérialisme scientifique exerce sur notre culture, mais surtout dans la perte d'un mythe vivant qui donnerait sens à notre vie. Il voit que la dissociation de l'ego conscient de ce qu'il nomme l'âme primordiale ou instinctuelle présente un danger grandissant et imperceptible pour l'humanité. Plus nous favorisons la raison et la suprématie du mental rationnel, plus grand est le danger que l'instinct — dont nous ne reconnaissons ou ne comprenons pas la puissance — nous mène, nous possède, nous trompe et nous submerge et que finalement nous succombions victimes des idéologies séculières et religieuses et des buts utopiques qui conduiraient à notre auto-destruction. Notre objectif prioritaire, et qui demande toute notre attention, est de reconnecter notre mental conscient à la dimension de l'âme.

Le mental conscient est, relativement à notre potentiel latent, encore à un stade que nous pourrions nommer pré-conscient, caractérisé par des identifications et des projections inconscientes de toutes sortes, dérivées de nos complexes personnels et des croyances collectives bien établies. Qui plus est, il est encore sujet à l'immense pouvoir des pulsions instinctuelles du système cérébral archaïque, que nous aborderons aux chapitres Douze et Treize. Cet état d'inconscience se reflète dans les difficultés et les conflits entre nous, au sein d'une nation ou entre nations, et dans nos automatismes de répétition sans aucune possibilité apparente de nous en empêcher ou sans même aucune perception de nos actes. Pourtant, grâce à une attention vigilante, nous pouvons commencer à transformer ces schémas et à combattre les maux que nous générons, en remontant à leur source de notre actuelle conception incomplète du réel.

Le Danger de l'Inflation de l'Ego

Jung espère que la reconnaissance des deux pôles ou dimensions de la conscience pourrait, en se diffusant dans notre culture, tempérer les dangers d'une inflation encore plus grande de l'ego moderne ou mental 'rationnel', qui élève une défense phobique contre tout ce qui menace l'hégémonie de son niveau actuel de compréhension. Jung développe ce point dans *L'Homme et Ses Symboles*, où il écrit:

> L'homme moderne ne comprend pas combien son 'rationalisme' (qui a détruit sa capacité à répondre aux idées et aux symboles numineux) l'a rendu vulnérable au 'monde souterrain' psychique. Il s'est libéré de la 'superstition' (c'est ce qu'il croit), mais il y a laissé ses valeurs spirituelles à un degré franchement dangereux. Sa tradition morale et spirituelle s'est désintégrée, et il paye maintenant le prix de cet effondrement par la désorientation et la dissociation mondiales.... Nous avons dépouillé toutes les choses de leur mystère et de leur numinosité; plus rien n'est sacré. [17]

Nulle part l'hubris du mental conscient n'est plus apparent et plus dangereux que dans les sphères politique et religieuse. Et personne ne perçoit plus les dangers de cet état d'inflation que Jung quand il écrit que 'Nous sommes menacés par un génocide universel si nous n'arrivons pas à trouver notre salut dans une mort symbolique'. [18] Il entend par cela la mort ou le sacrifice de la posture d'omnipotence du mental conscient ou ego. La veille de l'éclatement de la Première Guerre mondiale, Jung fait un rêve saisissant qui lui montre la nécessité de réaliser consciemment, lui-même, ce sacrifice; il le relate dans *Memories, Dreams, Reflections*:

> Je me trouve avec un homme inconnu, brun de peau... dans un paysage montagneux, isolé et rocheux. C'est avant l'aube; le ciel à l'est est déjà éclairé et les étoiles pâlissent. J'entends alors la corne de Siegfried retentir dans les montagnes et je sais que nous devons le tuer.... Il descend à une vitesse furieuse les pentes vertigineuses dans un chariot fait des os des morts. Alors qu'il prend un virage, nous lui tirons dessus et il plonge, touché à mort.... Empli du dégoût et du remords d'avoir détruit une chose si belle et grandiose, je me tourne pour m'enfuir, incité par la peur que le meurtre ne soit découvert. Mais une pluie diluvienne s'abat et je sais qu'elle effacera toutes traces du mort. [19]

Méditant sur ce rêve, Jung comprend qu'il met en relief un problème qui se joue sur la scène mondiale. Il réalise qu'il doit sacrifier et sa propre identification inconsciente avec le héros solaire personnifié par Siegfried, et l'attitude égocentrique qui cherche la domination et le pouvoir sur autrui. Il comprend que tant que nous (en tant qu'individu ou que nation) ne serons pas conscients de l'existence des deux aspects de la conscience — la connue et l'inconnue — nous projetterons la volonté inconsciente de puissance sur nos opposants et nous nous embarquerons dans une croisade pour éliminer les ennemis. Tant que le mal sera 'au-dehors' le monde sera 'déchiré par des idéologies opposées; des murs psychiques et matériels seront construits pour séparer les ennemis'.

> Une conscience en état d'inflation est toujours égocentrique et n'est consciente de rien sinon de sa propre présence. Elle est incapable d'apprendre du passé, incapable de comprendre les évènements contemporains, et incapable de tirer les conclusions justes pour l'avenir.... Elle se condamne inévitablement aux calamités qui la frapperont à mort. De façon assez paradoxale, l'inflation est une régression de la conscience vers l'inconscience. Cela se produit à chaque fois que la conscience intègre trop de contenus inconscients et perd la possibilité de discriminer, condition sine qua non de toute conscience.[20]

Alchimie et Processus d'Individuation

L'un des plus magnifiques legs que Jung nous laisse est sa compréhension pénétrante de la symbolique mythologique de l'alchimie, dont l'importance lui est présentée par deux rêves, qu'il relate dans *Memories, Dreams, Reflections*. La majorité des gens, à la mention du mot 'alchimie', imaginent des hommes dans leur laboratoire s'acharnant à transformer le vil métal en or; Jung comprend que, pour nombre d'alchimistes, cette image est une métaphore du processus de transformation de l'âme, et que 'l'or philosophique' dont ils parlent ne désigne pas l'or vulgaire, mais l'or véritable de l'esprit qui peut, par 'distillation', 'lessivage' et 'purification' répétées, être libéré des scories accumulées au cours de l'évolution humaine.

Jung a consacré plusieurs décennies à l'étude approfondie et extensive des mythes de l'ancien monde, du mythe chrétien et du mythe moins connu de l'alchimie. Il comprend que ces mythes dans leur diversité, élaborés et enrichis au cours de longues périodes de temps, s'élèvent depuis la strate profonde de l'âme qui détient les mémoires collectives de l'expérience évolutionnaire. Ils expriment les schémas archétypaux et les dynamiques de base inscrits dans l'âme individuelle et collective, et ainsi procurent une clef essentielle pour comprendre les nécessités et les potentialités humaines. Le contenu mythique inconscient peut être projeté sur un individu exceptionnel qui, du fait de la force de la projection, revêt les habits du sauveur, du rédempteur ou de l'enseignant archétypal, ce qui accroît encore le pouvoir du mythe et la numinosité de l'individu.

Ces histoires magistrales n'étant pas comprises comme des métaphores des processus psychiques, des cultures entières peuvent, pendant des millénaires, vénérer une figure de sauveur sans réaliser que cette figure personnifie un contenu de leur propre âme qui leur est méconnu. Puisqu'elles ne font pas le lien entre le mythe et le contenu intérieur et inconnu, elle tombent dans le littéralisme, défendent 'leur' révélation contre celles des autres et peuvent se scinder en de multiples sectes antagonistes. Ceci vaut autant pour les 'jungiens' que pour tout autre groupe.

Jung pense que l'interprétation métaphorique de l'imagerie mythique en tant que vie de l'âme pourrait éveiller le mental moderne à la perception de son substrat archétypal. Il sent que l'imagerie de certains mythes, y compris le mythe chrétien, dépeint à la fois le paysage intérieur et la mission spirituelle de l'âme et qu'elle décrit les puissances archétypales à même de guérir, d'éclairer, de régénérer et de guider. Il sent que la conscience moderne est coupée de ses racines, appauvrie par son ignorance du joyau inexploré qu'est l'âme. Dans un des ses premiers livres, *Modern Man in Search of a Soul*, il écrit:

> L'esprit vivant grandit et même dépasse ses premières formes d'expression; il choisit librement les hommes et les femmes en qui il vit et qui se font ses hérauts. Cet esprit vivant est éternellement renouvelé et il poursuit ses buts de multiples façons inconcevables au fil de la saga de l'espèce humaine. À son échelle, les noms et les formes que les hommes lui ont donnés sont insignifiants; ils ne sont que changements de feuilles et de floraisons sur la tige de l'arbre éternel. [21]

Tels les grands maîtres de la Kabbale, tradition qui lui est familière, et certains alchimistes, Jung sait que l'évolution de la vie sur notre planète suit une courbe très lente d'émergence hors de la vie organique de la nature. Toute l'humanité souffre, tant la progression de la conscience est lente et ardue. Il réalise que les images alchimiques qu'il rencontre dans les textes qu'il étudie sont similaires à celles des rêves de ses patients et qu'elles font référence à un processus de transformation qui se déroule dans l'âme collective de l'humanité autant que dans l'âme de l'individu. Sa tâche, telle qu'il l'entend, est d'aider les gens à participer consciemment à ce processus évolutionnaire, d'inscrire leur recherche de sens, leurs souffrances et le déroulement de leur vie et leurs relations dans ce plus vaste contexte:

> Ce n'est qu'après m'être familiarisé avec l'alchimie que je réalisai que l'inconscient est un processus, et que la psyché est transformée ou développée par la relation de l'ego avec les contenus de l'inconscient. Dans les cas individuels, cette transformation peut se lire dans les rêves et les fantasmes. Au niveau de la vie collective, elle a laissé son dépôt principalement dans les divers systèmes

religieux et leurs symboles changeants. Par l'étude de ces transformations collectives et par la compréhension de la symbolique alchimique, je suis arrivé au concept central de ma psychologie: le processus d'individuation. [22]

Le concept de Jung relatif au processus d'individuation demande d'étendre et d'élargir notre champ de perception de façon à pouvoir engager une relation, au moins jusqu'à un certain point, avec la réalité complexe de la dimension de l'âme. S'engager, pendant nombre d'années, à établir une relation avec cette entité mystérieuse est comme une méditation prolongée qui nous relie non seulement à la vie de la nature, mais à la vie intérieure, ou âme, du cosmos.

Dans ces écrits plus tardifs, l'âme n'est plus une chose qui nous appartiendrait mais une chose à la vie de laquelle nous participons sans le savoir.

> Quoi que soit l'âme humaine, elle doit être d'une complexité et d'une diversité inimaginables.... Je ne peux que contempler avec émerveillement et révérence les profondeurs et les hauteurs de la nature psychique. Son univers non-spatial masque une abondance indicible d'images accumulées au cours de millions d'années de développement vivant et qui se sont inscrites dans l'organisme. Ma conscience est comme un œil qui pénètre les espaces les plus distants, et pourtant c'est le non-ego psychique qui les remplit d'images non-spatiales. Et ces images ne sont pas de pâles ombres, mais elles sont des facteurs psychiques d'une puissance phénoménale.... Je voudrais placer à côté de cette description le spectacle des cieux étoilés nocturnes, car le seul équivalent de l'univers intérieur est l'univers extérieur; et comme j'atteins ce dernier par le canal de mon corps, j'atteins le premier par le canal de ma psyché. [23]

Jung sait que la psyché moderne est en état de souffrance et d'aliénation car l'ego conscient, qui ignore son substrat, ne peut de fait déployer son plein potentiel, sa pleine stature, en créant une relation avec ce substrat; et le mental conscient, ou ego, ne peut pas non plus se protéger d'être possédé ou contrôlé par des éléments archétypaux, il ne sait comment les reconnaître, s'y relier ou les intégrer, puisqu'il n'en a aucune expérience — une situation qui est l'une des composantes les plus dangereuses de notre époque. Jung définit la maladie ou la névrose comme un état d'incomplétude, et la santé comme un état de plénitude favorisé par la reconnexion du mental conscient, ou ego, avec l'inconscient par le moyen de l'attention portée aux rêves, aux synchronicités et par le dialogue établi avec l'esprit des profondeurs. De même qu'un enfant développe sa capacité à lire et à explorer, s'ouvrant ainsi l'accès à un champ immense d'informations sur le monde physique, il pense que nous pouvons faire l'expérience de la dimension de l'âme qui se déploie au-delà du seuil du mental conscient.

Le mental conscient peut écouter, interpréter, évaluer et appliquer ce qu'il découvre grâce à cette expérience. Il est libre aussi de confronter et de désavouer les contenus portés à son attention. Mais s'il n'accepte pas l'existence d'une telle dimension, il peut utiliser le ridicule, le déni ou la franche répression pour en bloquer l'accès. Si l'imagination n'est pas autorisée à accéder à ce qui se trouve au-delà des paramètres ordinaires du mental rationnel de l'hémisphère gauche, elle est à risque de dégénérer en fantasmes et en comportements destructifs et pathologiques. Si nous cherchons des preuves de pathologie de la psyché contemporaine, ne cherchons guère plus loin que la célébration permanente de la violence sur nos écrans, l'arsenal croissant de notre armement et la posture fondamentaliste et polarisée de tous ceux qui revendiquent leur appartenance à telle ou telle religion et promeuvent leurs programmes en termes de combat du bien contre le mal.

Jung emprunte son concept d' *unus mundus* aux alchimistes, un sol cosmique unifiant auquel la matière et l'esprit participent et dont le substrat en réseau produit les synchronicités, aussi bien que les guérisons miraculeuses, les expériences visionnaires et les éclairs d'illumination. Dans son *Sept Sermons aux Morts* (inclus dans *Le Livre Rouge*), l'enseignant gnostique Basilide définit ce sol primordial de l'être comme le *Plérôme*, la racine de toutes choses, présent en toutes choses et cependant au-delà de toutes choses — une dimension du réel sans limite, indéfinissable, et totalement transcendante, qui cependant imprègne notre monde comme la lumière du soleil imprègne l'air. [24] Il ne peut exister plus limpide description de la dimension cosmique de l'âme.

Peu avant sa mort, Jung confie à un ami: 'Je suis pratiquement seul. Quelques uns comprennent ceci ou cela, mais presque personne ne voit le tout.… J'ai échoué dans ma tâche principale: ouvrir les yeux des gens au fait que l'homme a une âme et qu'il y a un trésor enfoui au milieu du champ et que notre religion et notre philosophie sont dans un état lamentable.… [25] Mais il n'a pas échoué. Les graines qu'il a plantées commencent à porter leurs fruits, pas uniquement dans la branche de la psychologie qui porte son nom mais dans la culture en général. Jung pose la question de base:

> L'homme est-il relié à une chose infinie ou pas? Ceci est la question décisive de sa vie. C'est uniquement si nous savons que l'infini est ce qui importe vraiment que nous pouvons alors éviter d'attacher notre intérêt à des futilités, et à toutes sortes de buts qui ne sont d'aucune réelle importance.… Plus un homme consacre d'énergie aux fausses possessions et moins il a de sensibilité pour l'essentiel, et moins il est satisfait de sa vie. Il se sent limité parce qu'il s'est posé des buts limités, et il en résulte envie et jalousie.… Au final, nous ne valons que par l'essentiel que nous incarnons, et si nous ne l'incarnons pas alors la vie est gaspillée. [26]

Jung croit que la plus vaste dimension de l'âme inclut les deux polarités de la matière et de l'esprit, le fini et l'infini. Mais elles ne sont pas séparées comme on nous l'a fait croire, elles sont deux pôles d'un spectre sous-jacent du réel qui interagissent l'un avec l'autre. Il sait que le pouvoir du christianisme à maintenir la cohésion sociale est sur le déclin et qu'une image de Dieu radicalement différente est une nécessité: une image qui ne scinde pas la nature et la matière de l'esprit. 'Ce n'est que tardivement que nous avons réalisé (ou plutôt, que nous commençons à réaliser) que Dieu est le Réel lui-même et donc — last but not least — homme. Cette réalisation est un processus millénaire'.[27] Il nous présente par ces deux phrases une image de Dieu différente et une image de nous-mêmes radicalement autre — aucune des deux n'a encore été intégrée à notre culture. Ses découvertes, et les applications qu'il en fait dans sa pratique et dans ses livres, lui permettent de dire lors de la célèbre interview de la BBC avec John Freeman, vers la fin de sa vie en 1959: 'Je n'ai pas besoin de croire…. Je sais, je sais'. Il nous prévient que 'le seul réel danger est l'homme lui-même' et que 'l'homme ne peut supporter une vie vide de sens'. Il nous implore de nous intéresser à la psyché pour être à même de comprendre les évènements de notre temps avec plus de pertinence car il réalise qu',

> il devient de plus en plus évident que ce ne sont ni les famines, ni les séismes, ni les microbes, ni le cancer mais l'homme lui-même qui est le plus grand danger de l'homme pour l'homme, pour la simple raison qu'il n'existe aucune protection contre les épidémies psychiques qui sont infiniment plus destructrices que la pire des catastrophes naturelles. Le danger psychique est le danger suprême qui menace les individus, autant que les nations. La raison a prouvé sa totale impuissance, précisément parce que ses arguments n'atteignent que le mental conscient et n'ont aucun effet sur l'inconscient. Le plus grand danger de tous vient des masses, sur lesquelles les effets de l'inconscient s'empilent cumulativement et dont la faculté raisonnable du mental conscient est paralysée…. Il est donc au plus haut degré désirable qu'une connaissance de la psychologie se répande, ainsi les hommes pourront saisir la source des dangers suprêmes qui les menacent. Ce n'est pas en s'armant jusqu'aux dents, chacun pour soi, que les nations pourront se défendre à long terme contre les catastrophes épouvantables que sont les guerres modernes. L'accumulation d'armes est en elle-même un appel à la guerre. Il vaut mieux apprendre à connaître les conditions psychiques qui font que l'inconscient fait éclater les digues du conscient et le submerge.[28]

L'Importance du Féminin

Je suggère dans le dernier chapitre que le mot 'Féminin' signifie une perspective totalement différente de la réalité et embrasse des valeurs du sentiment qui reflètent, soutiennent et affirment cette perspective autre. La constellation, ou activation, de l'archétype féminin dans notre culture très masculine est redevable en grande partie à Jung, qui comprit le besoin urgent d'apporter un équilibre à la psyché et à la culture. Son insistance sur le concept féminin de l'âme — et non de l'esprit — est l'aspect important de cette nécessité d'équilibre. Son insistance sur l'inconscient profond en tant que matrice féminine, qui donne naissance à l'ego conscient en tant que son 'fils', est un autre aspect important de cette insistance sur le Féminin, et de même il insiste sur le rôle important de la femme dans le rééquilibrage de la culture quand il énonce que 'la femme contemporaine est face à une mission culturelle d'ampleur — peut-être sera-t-elle l'aube d'une nouvelle ère'. [29] Jung prévoit que la femme, en accédant à l'éducation, à l'indépendance financière, et en jouant un plus grand rôle dans la société, développera et donnera expression aux qualités masculines de son âme, et pourra ainsi trouver les mots et les moyens d'articuler ce qui lui est important, et trouver la force de faire entendre sa voix. Il prévoit aussi que l'homme, qui est plus orienté vers la logique et se méfie de toute chose 'psychique 'et 'inconsciente', en s'éveillant à son anima — représentée dans ses rêves par une figure féminine — et aux valeurs du sentiment portées par son âme, jouera un rôle plus conscient, équilibré et éclairé dans le monde.

> Au contraire de la discussion objective et de la validation de faits, une relation humaine conduit au monde de la psyché, dans la dimension intermédiaire entre les sens et l'esprit, qui contient un peu des deux et cependant ne renonce à rien de son caractère propre et unique. C'est dans ce territoire que l'homme doit s'aventurer s'il souhaite rencontrer la femme à mi-chemin. Les circonstances ont contraint la femme à acquérir un certain nombre de traits masculins, pour ne pas rester prisonnière d'une féminité archaïque, purement instinctuelle, seule et égarée dans un monde d'hommes. Et ainsi, l'homme aussi sera contraint à développer son côté féminin, à ouvrir les yeux sur la psyché et l'Éros. C'est une tâche à laquelle il ne peut se soustraire....[30]

Le Soi

Le mot 'inconscient' pourrait faire penser qu'il est inférieur à la conscience alors que c'est tout le contraire. Le mental conscient est inconscient d'un chose infiniment plus grande que lui — l'aspect psychique invisible de la matrice cosmique et planétaire d'où il a évolué. Cette redéfinition aligne les découvertes de Jung sur la tradition plus ancienne de la dimension cosmique de l'âme, qui s'élève sur des racines égyptiennes, platoniciennes, gnostiques et kabbalistiques et se dissimule au sein de l'idée médiévale du Saint Graal. En Inde, l'enseignement védique décrit sept royaumes, ou plans de réalité, qui peuvent être accessibles à la conscience humaine lorsque notre vue pénétrante s'affine. La Kabbale présente une description multi-dimensionnelle similaire de plans interconnectés, de champs ou niveaux de réalité. Jung est familiarisé avec ces deux traditions.

Cette conscience plus vaste, ou dimension plus large de l'âme, possède en elle un focus, ou centre de conscience, qui fonctionne en intelligence autonome —un principe dynamique, structurant, ordonnateur, et intégrateur que Jung nomme le Soi. Selon lui, cette intelligence plus vaste (même méconnue) initie et pilote l'alchimie de la transformation de la conscience — pour l'individu et pour notre espèce — de sorte que le centre de gravité se déplace progressivement du personnel au transpersonnel ou, autrement dit, de sorte que la personnalité consciente, ou ego, s'améliore et progresse en s'harmonisant avec le substrat invisible de la vie. La création de cette relation au cours d'une vie est la quintessence du processus d'individuation.

Pour les religions abrahamiques, l'image du Soi est portée par l'image de Dieu, et pour le christianisme, par la figure mi-divine, mi-humaine du Christ — images comprises comme étant au dehors ou au-delà de nous. Les mystiques témoignent du fait qu'il est possible de faire l'expérience directe de la dimension numineuse du réel. De nos jours, dans notre culture séculière, l'ego conscient a depuis longtemps banni l'expérience visionnaire et toute dimension du réel autre que le monde physique. D'où l'impossibilité de dialogue et de relation avec la Présence intérieure; rêves, messages, avertissements, synchronicités, sont ignorés ou passent inaperçus. Mon propre rêve visionnaire de la femme reliant la terre et le ciel peut se comprendre comme une image du Soi. Le message qu'elle me transmet est de développer et d'améliorer ma conscience, de centrer à son image la roue dans mon abdomen. Si je n'avais pas été en analyse à l'époque, je n'aurais pas su comment entrer en relation avec cette expérience et aurais pu soit l'ignorer, soit me croire folle, soit avoir une opinion démesurée de ma propre importance, plutôt que de chercher à intégrer son message progressivement sur plusieurs années. Je n'aurais pas non plus compris que ma vision personnifiait le macrocosme — la vaste matrice cachée de l'Âme du Cosmos dans laquelle, en tant que microcosme, ma propre vie s'inscrit et est appelée à servir.

Une rencontre avec le Soi peut être à la fois terrifiante et transformer la vie. Il est difficile de communiquer cette expérience à quelqu'un qui ne l'a jamais faite, pas plus qu'il n'est facile de communiquer le sentiment d'être amoureux ou l'expérience de mort imminente. On peut la décrire, mais il est impossible de transmettre sa numinosité. Le Soi pourrait être vu comme l'archétype de la totalité, et son intention est de restaurer l'intégrité de la psyché humaine tant fragmentée — même par des voies qui peuvent au premier abord paraître destructives. Le processus d'individuation est une titanesque tâche culturelle, rendue d'autant plus difficile par une culture qui ne montre aucune inclination à reconnaître sa nécessité. Quiconque s'avance sur le chemin solitaire de l'individuation, peu importe par quel accès, est appelé à réagir à la souffrance du monde. Se situer pendant de nombreuses années à ce profond niveau crée un pont entre les deux dimensions de la réalité. Cette tâche nous connecte plus profondément non seulement à la vie de la planète mais à la dimension invisible du Cosmos. Mariage décrit le mieux cette relation.

L'ignorance globale de l'existence de la dimension cosmique de l'âme et notre manque de relation avec elle, fournissent plus qu'un début de réponse à la question de la raison de la souffrance de l'humanité, si difficile à éradiquer — malgré les progrès de la santé, de la longévité et du niveau de vie, du moins dans certains pays industrialisés. Cette ignorance explique aussi la raison pour laquelle les gens, malgré — et souvent à cause de — leurs croyances religieuses, continuent à agir de façon si inconsciente, brutale et destructrice, à détruire leur vie et celle d'autrui. Une grande partie de cette cruauté a ses racines dans des blessures psychiques profondes — pour beaucoup culturellement infligées — que les personnes ignorent et qui restent donc sans soin. L'endoctrinement religieux, comme la croyance au péché originel, en un Dieu punitif et intolérant, ou en la dangereuse sexualité et infériorité des femmes, infligent de telles blessures, inscrites depuis des siècles dans le champ mémoriel de l'inconscient collectif et toujours actives.

Au cœur de leurs souffrances, des millions de gens ont crié 'Pourquoi Dieu tolère-t-il ces choses? Pourquoi ne nous vient-Il pas en aide?' Jung sait que Dieu ne peut empêcher la souffrance humaine pas plus qu'Il ne peut empêcher la cruauté, l'avarice ou l'avidité. Seule notre vue pénétrante dans notre propre nature et son pouvoir de créer et de détruire peut changer nos habitudes agressives profondément ancrées, et donc notre souffrance. 'Individuation', écrit-il dans une lettre, 'ne signifie pas seulement que l'homme devient vraiment humain, distinct de l'animal, mais qu'il devient aussi en partie divin. Ce qui signifie qu'il devient adulte, responsable de son existence, qu'il sait qu'il ne dépend pas seulement de Dieu mais que Dieu dépend de l'homme'. [31]

La reconnaissance par Jung de notre immense potentiel pour le bien et pour le mal nous ouvre une voie inédite d'auto-transformation, qui ne passe plus par la croyance mais par la connaissance de notre nature propre. Il couche dans la même lettre ces mots prophétiques:

> Nous sommes devenus des participants à la vie divine et nous devons assumer une nouvelle responsabilité, à savoir la continuation de l'auto-réalisation divine, qui s'exprime dans la tâche d'individuation... Vivre en responsabilité, et accomplir en nous l'amour divin, seront notre propre forme de vénération de Dieu et de commerce avec Dieu. Sa bonté signifie grâce et lumière et son côté obscur redoutable tentation du pouvoir. L'homme a déjà reçu tant de connaissances qu'il peut détruire sa propre planète. Espérons que l'esprit positif de Dieu le guide dans ses décisions, car il dépend de la décision de l'homme que la création de Dieu perdure. [32]

Sur le Soi, Jung écrit 'Même la personne éclairée reste ce qu'elle est, et jamais plus que son propre ego limité devant l'Un qui demeure en elle, dont la forme n'a aucune limite connue, qui l'englobe de tous bords, insondable comme l'abîme de la terre et aussi vaste que le ciel'. [33]

L'Ombre

Ce que Jung entend par ombre fait partie des très importants apports de ses recherches et nous l'explorerons au prochain chapitre. Il a une perception vive de notre nécessité de nous éveiller à la volonté inconsciente de puissance et de domination, et au besoin obsessif de contrôle qui affectent tant les comportements des gouvernements vis-à-vis du monde, ainsi que les relations entre nations et avec les peuples qu'ils gouvernent. Cette volonté se voit dans les automatismes comportementaux inconscients qui perpétuent guerres, oppressions, et souffrances. Il parle encore et encore de notre capacité non seulement à détruire notre espèce mais aussi à répandre une dévastation massive sur la planète. L'une de ses très proches collaboratrices, Marie Louise von Franz, relate dans le film *Matter of Heart* que Jung reçoit, vers la fin de sa vie, une vision de la Terre largement dévastée, puis une autre vision juste avant sa mort, dont il dit 'Merci Dieu, ce n'était pas la totalité de la planète'. À la fin de *The Undiscovered Self*, il écrit:

> Un climat de destruction du monde et de renouvellement du monde imprime sa marque sur notre temps. Ce climat se fait sentir partout, en politique, dans la société et dans la réflexion philosophique. Les générations à venir devront tenir compte de cette transformation capitale si l'humanité ne se détruit à l'aide de la puissance de sa propre technologie et de sa propre science. Tel aux débuts de l'ère chrétienne, tel de nos jours; nous sommes à nouveau face au problème du sous-développement moral général de notre espèce qui échoue à se maintenir au niveau de nos progrès scientifiques, techniques et sociaux. L'enjeu est si important et tant dépend de la composition psychologique de l'homme moderne. Est-il capable de résister à la tentation d'utiliser son pouvoir de déclencher une conflagration mondiale? Est-il conscient du chemin qu'il emprunte et des conclusions qui doivent être tirées de la situation actuelle du monde et de sa propre situation psychique? Sait-il qu'il est sur le point de perdre le mythe qui préserve la vie de l'homme intérieur, que le christianisme avait précieusement gardé pour lui? Réalise-t-il ce qui l'attend si cette catastrophe devait se produire? Est-il seulement capable de réaliser que ce serait une catastrophe? Et finalement, l'individu sait-il qu'il [ou elle] est le contre-poids qui fait pencher la balance... cette unité infinitésimale dont dépend le monde, et en qui, si nous comprenons le sens juste du message chrétien, même Dieu recherche son but? [34]

Dans un de ses derniers livres *Réponse à Job*, il écrit: 'Tout dépend maintenant de l'homme: un immense pouvoir de destruction est remis entre ses mains et la question est de savoir s'il peut résister à s'en servir et s'il peut tempérer sa volonté avec l'esprit d'amour et de sagesse'. [35] Jung n'offre pas un nouveau système de croyance mais une spiritualité fondée sur la connaissance de soi — tout particulièrement la connaissance de l'ombre, nous permettant par là-même de nous libérer de son emprise. C'est, pense-t-il, ce qui nous mènera à un sens plus aigu de notre responsabilité éthique envers la vie sous tous ses aspects, visibles et invisibles. Il sait que le temps pour accomplir cette tâche importante nous est compté, car il voit les dangers de la puissance quasi-divine que nous manipulons avec le développement de notre armement, les découvertes scientifiques et technologiques sans précédent, et notre ignorance du processus par lequel le mental conscient peut être possédé par la volonté de puissance de l'ombre inconsciente.

Jung encore et encore attire notre attention sur le devenir de la Terre qui dépend de l'individu, de chacun de nous, de notre capacité à entrer en relation avec notre âme, à percevoir et à estimer cette partie de nous-mêmes que nous méconnaissons — nos sentiments et nos instincts qui sont les racines de notre imagination créative. La dimension instinctuelle de nous-mêmes, tellement dissociée de la conscience, si peu explorée et comprise, est la matrice de notre vie créative, et est incommensurablement plus âgée, et quelque peu plus sage, que les aspects plus récemment développés que nous nommons mental rationnel. Mais elle détient aussi les automatismes prédateurs du comportement hérité de notre passé reptilien et mammalien. Devenir conscient de cette dimension, et du vaste registre de relations et d'expériences qu'elle embrasse, constitue une avancée évolutionnaire. Car, à moins d'apprendre à nous y relier, à l'intégrer à notre capacité à penser très focalisée qui nous est familière, nous demeurerons immatures, vivant à la surface de la vie, en proie aux évènements que nous générons, car nous sommes inconscients de nos automatismes qui nous contraignent à répéter les erreurs du passé. Nous sommes alors facilement manipulés par les leaders politiques et religieux, qui pensent en termes d'augmentation du pouvoir d'un groupe ou d'une idéologie en particulier, et non en termes de ce qui serait bénéfique aux gens qu'ils sont censés servir, et ce qui serait bénéfique à la planète.

Jung recouvre et ranime pour notre culture la dimension perdue de l'âme. Il sait, grâce à sa propre rencontre shamanique avec cette dimension, que la vision conventionnelle de l'âme personnelle est par trop limitée pour pouvoir contenir cette expérience. Dès sa première et émouvante description de sa rencontre avec cette vaste dimension du réel, telle qu'il la transmet dans *Le Livre Rouge*, jusqu'à sa réalisation, après des années d'observation, qu'il doit exister ce qu'il appelle une dimension *psychoïde* du réel qui sous-tend et la psyché et la matière, qui les imprègne toutes deux et en laquelle les deux participent — donnant ainsi forme à son concept de synchronicité — toute l'orientation de ses recherches de 1913 jusqu'à sa mort en 1960 porte sur le recouvrement de l'âme.

Dans une lettre à Miguel Serrano, écrite peu de temps avant sa mort, Jung nous donne quelque espoir pour l'avenir, nous rappelant que ce qui semble d'une importance vitale pour notre propre chemin de vie singulier, peut être de valeur finalement aussi pour le monde:

> …Dans chaque éon, il y a toujours au moins quelques individus qui comprennent en quoi la tâche de l'homme consiste, et qui se font gardiens de sa tradition pour les générations futures et pour une époque où la connaissance aura atteint un niveau plus profond et général. Tout d'abord, les habitudes de quelques uns seront transformées, et en quelques générations ils seront plus nombreux… quiconque est capable de voir cela, peu importe son isolement, doit avoir à l'esprit la loi de synchronicité. Le vieil aphorisme chinois le dit: 'L'homme juste, assis chez lui, et pensant une pensée juste, sera entendu à 250 kilomètres….' Un vieil alchimiste offrit ces mots de consolation à un de ses disciples: 'Quels que soient ton isolement et ta solitude, si tu fais ton travail avec authenticité et en conscience, des amis inconnus viendront te trouver'. [36]

À la question 'Que puis-je faire?' Jung répond 'Deviens ce que tu as toujours été, à savoir, l'intégrité que nous avons perdue au cours de notre existence consciente civilisée, une intégrité que nous avons toujours été sans le savoir'. [37]

Notes:

1. Jung, C. G. (1976) Letters 2 1951-1961, ed. Gerhard Adler, Letter to Rev. Morton Kelsey, p. 436
2. (1964) *Man and His Symbols*, Aldus Books Ltd., London, p. 101
3. (1963) *Memories Dreams, Reflections* (MDR), Collins and Routledge & Kegan Paul Ltd., London, p. 18
4. ibid, p. 184
5. (2009) *The Red Book, Liber Novus*, publié par Sonu Shamdasani qui a écrit l'introduction, W.W. Norton & Co, New York & London
6. Extrait du *The Red Book, Liber Novus*, pp. 231-2. J'utilise la traduction du livre d'Aniela Jaffé (1989), *From the Life and Work of C. G. Jung*, trs. par R.F.C. Hull and Murray Stein, Daimon Verlag, pp. 171-2
7. MDR, p. 181
8. ibid, p. 191
9. CW8 (1960) *The Structure and Dynamics of the Psyche*, §. 729
10. CW18 (1977) *The Symbolic Life*, §. 1586
11. CW10 (1964) *Civilization in Transition* §. 304
12. MDR, p. 93
13. MDR, pp. 240-1

14. MDR, p. 301
15. *Man and His Symbols*, p. 95
16. (1931) *The Secret of the Golden Flower*, traduit et expliqué par Richard Wilhelm, introduction et commentaires de C.G. Jung, p.85
17. *Man and his Symbols*, p. 94
18. CW18, §. 1661
19. MDR, pp. 173-4. également in *The Red Book*, p. 241
20. CW12 (1953) *Psychology and Alchemy*, §. 563
21. (1933) *Modern Man in Search of a Soul*, Routledge & Kegan Paul Ltd., London, dernier paragraphe
22. MDR, p. 200
23. *Man and his Symbols*, p. 103
24. *The Seven Sermons to the Dead* est tout d'abord publié à compte d'auteur en 1925, puis par Random House en 1961 et en Angleterre par Vincent Stuart et John M. Watkins en 1967. La référence au *Pleroma* se trouve dans la section du Red Book Scrutinies, page 347
25. Lettre écrite par Jung en 1960, non publiée et citée par Dr. Gerhard Adler in *Dynamics of the Self Coventure*, London 1979, p. 92
26. MDR, p. 300
27. CW11 (1958) *Psychology and Religion: West and East*, §. 631
28. CW18, §. 1358
29. CW10, §. 275
30. ibid, p. 125
31. *Letters 2*, p. 316, lettre à Elined Kotschnig
32. ibid, p. 316
33. *Answer to Job* in CW11, dernier § 758
34. *The Undiscovered Self* in CW10, §. 585-587
35. *Answer to Job* in CW11, §. 745
36. Lettre à Miguel Serrano, 1960 in Letters 2, p. 595
37. CW10, §. 72

Je recommande la lecture de l'autobiographie de Jung, '*Ma Vie' Souvenirs, rêves et pensées*, et *L'Homme et Ses Symboles*. Le livre écrit par Claire Dunne, *Carl Jung: Guérisseur de l'Âme*, est riche en illustrations. L'auteure capture, autant en mots qu'en images, la quintessence du legs de Jung mieux que toute autre biographie.

Paysage Matinal
Robin Baring 1978

Chapitre Douze

L'Ombre: Le Dragon et l'Âme Primordiale

On ne devient pas éveillé en visualisant des figures de lumière, mais en rendant l'obscurité consciente.

— C.G. Jung

Ce chapitre et le prochain se consacrent à explorer notre propension à la violence et à la cruauté. Ce sont des chapitres difficiles à écrire car il est de beaucoup plus simple de déceler ces schémas chez les autres que de les reconnaître dans notre propre comportement envers nos partenaires, enfants, collègues, ou de voir comment, en tant que nation, nous justifions nos actes et nos décisions politiques qui ajoutent à la souffrance humaine plutôt qu'ils ne la soulagent. Cependant, braquer la lumière de la conscience sur cet aspect opaque de notre nature peut se révéler la plus ardue des tâches nous incombant pour ce millénaire. L'aube se lève sur notre réalisation qu'à ce moment de péril le passage à un niveau supérieur de conscience n'est pas optionnel mais impératif, si nous voulons survivre en tant qu'espèce et préserver la planète.

Jung attribue deux sens au mot 'ombre': un sens général pour décrire la dimension méconnue de l'âme; un sens personnel pour décrire certains schémas inconscients de comportement qui peuvent nous affecter, nous et d'autres, de façon négative, des complexes personnels, des expériences et des potentialités non vécues ou sabordées qui existent sous le seuil de notre perception consciente et qui peuvent, grâce à une pénétration vigilante et un rappel de souvenir, devenir accessibles. Au cours de notre vie, nous apprenons à nous identifier à notre mental conscient et à une image spécifique que nous avons de nous-mêmes. On ne nous apprend pas à percevoir l'aspect ombre de notre psyché, ni à la contacter. On ne nous dit pas que la conscience a émergé au cours de millénaires de la matrice de la nature, et que nous sommes encore liés à la nature par certaines habitudes archaïques. Nous sommes connectés, grâce à l'ombre inconsciente, aux niveaux les plus profonds de l'inconscient collectif, là où les schémas comportementaux de notre espèce sont stockés dans une sorte de base de données mémorielles, prêts à se mobiliser quand les évènements les sollicitent. Beaucoup d'éléments contribuent à la formation de l'aspect ombre personnelle: les influences parentales et éducatives, les croyances religieuses, les loyautés tribales, les traumatismes infantiles depuis longtemps refoulés, le passé historique de notre groupe national ou ethnique, et divers complexes dont nous n'avons aucune perception. Mais au plus profond se trouvent les instincts largement inconscients qui proviennent des phases anciennes de notre évolution.

Nous avons vu, aux chapitres Neuf et Onze, que malgré nos remarquables accomplissements intellectuels et technologiques, nous sommes encore, en tant qu'espèce, dans un état relativement inconscient ou pré-conscient, susceptibles d'être emportés par un aspect de notre nature dont nous ne savons que peu de choses. Il est sans doute difficile de saisir que nous puissions nous comporter de manières qui contredisent l'image civilisée que nous avons de nous-mêmes, lorsque notre survie ou nos instincts territoriaux sont alertés. Nous justifions nos actes en invoquant la nécessité de notre survie personnelle ou nationale, nous sommes aveugles au fait qu'à long terme ces mêmes actes peuvent se retourner contre nous, créer le chaos et apporter moult souffrances horribles.

Jean-Jacques Rousseau, philosophe français, rédige il y a deux cent cinquante ans (1762) *Du Contrat Social*, qui commence par ces lignes 'L'homme est né libre, et par-tout il est dans les fers'. De nos jours, témoins de l'abject violence dans le monde, témoins de l'accumulation d'armes et de leur commerce qui dispensent des souffrances atroces aux civils, témoins des régimes oppressifs dirigés par des despotes autoritaires qui torturent et assassinent des milliers de gens et en subjuguent des millions, témoins de notre rapacité aveugle en relation aux ressources de la Terre, il est évident que nous sommes encore dans les fers de certaines croyances incrustées et de certaines habitudes qui dictent nos programmes politiques, économiques et religieux. Nombre de nos plans grandioses pour un meilleur avenir reposent sur les fondations instables de notre séparation et de notre aliénation du sol de l'âme — séparation qui garantit que nous répéterons les schémas du passé à notre insu.

Le Dragon, Image de Peur Primordiale

Je me rappelle un rêve que je fis juste suite à ma décision, contre le conseil d'une amie, de publier *The Birds Who Flew Beyond Time*. Elle craignait que je ne fasse l'objet d'une fatwa car j'utilisais un écrit islamique vénéré pour créer un conte moderne pour les enfants. Dans la nuit, je rêvai qu'un énorme dinosaure ravageait la campagne, dévorant chaque jour des centaines de gens. Le sol était plat et sans aucun arbre. Nulle part où se cacher, aucune protection contre ses mâchoires dévorantes. La terreur que je ressentis dans le rêve était plus grande que celle engendrée par aucun évènement dans ma vie. Je réalisai que le dragon-dinosaure était une image de la peur primordiale logée au profond de ma psyché, image graphique de tout ce qui suscite la terreur depuis les débuts de notre évolution en tant qu'humains, et auparavant en tant qu'espèce animale sur cette planète. Cette terreur s'enracine dans notre expérience de la mort, où nous sommes la proie d'une créature ou d'un évènement de puissance insurmontable. Puisque c'est une chose dont nous avons, en tant qu'espèce, fait l'expérience — victime d'un animal ou d'un prédateur humain ou d'un séisme naturel comme un tremblement de terre, une éruption volcanique ou un tsunami — il n'est pas surprenant que la peur et la réponse instinctive à cette peur si profondément imprimées dans notre mémoire cellulaire soit si difficilement surmontables. Pas étonnant que tant de mythes célèbrent le héros qui trouve le courage de confronter et de surmonter le dragon de la peur.

Le dragon personnifie l'immense force de l'instinct. L'instinct ne peut jamais être ni conquis ni tempéré car il est la puissance créative de la vie même, cependant certains aspects peuvent être transformés en prenant conscience de leur pouvoir sur nous. Plus le fragile ego conscient perdait le sens ancestral de participation à la terre sacrée et au cosmos sacré, plus nous nous déconnections de nos instincts les plus profonds. Ce processus prenant de l'ampleur et la population humaine augmentant, se regroupant en groupes tribaux toujours plus larges, fondant des colonies et des villes toujours plus grandes, le danger de notre possession et de la prise de contrôle par la volonté de puissance de l'instinct augmentaient; et de plus en plus nous regardions les autres peuples, groupes, et religions en ennemis que nous devions conquérir, subjuguer, ou en incarnation du mal à éradiquer. Des cultures entières succombent à l'envoûtement de cette pathologie. Le christianisme et l'islam adoptèrent cette mentalité de conquête à la gloire de Dieu qui sacrifie tant de vies humaines. La dissociation du mental conscient de la sphère de ce que Jung nomme l'âme primordiale génère des fragmentations multiples, des peurs et des projections qui sont la racine de bien des problèmes de notre époque.

Le dragon des mythes et des contes offre une image éloquente, non seulement de la peur mais de nos instincts les plus archaïques, qui réagissent à la peur et qui peuvent produire la peur chez l'autre. Ils apparaissent dans nos rêves, pas seulement sous l'aspect de dinosaure mais aussi de mammouth, de rhinocéros, de sanglier sauvage, de tigre à dents de sabre et de lion, et représentent les choses qui nous effraient autant que nos puissants instincts qui peuvent effrayer et menacer autrui. Nous avons ces instincts primordiaux en nous à la naissance, ils font partie de notre ADN psycho-physique. Nous en sommes porteurs car nous avons évolué hors de la nature, et possédons son pouvoir de création et de destruction. Ces instincts sont activés, programmés et renforcés à chaque génération par notre expérience au sein de la famille, de l'école et par notre rencontre avec le monde et ses valeurs, ses croyances et ses modes de comportement, que nous absorbons en grandissant dans une culture donnée. En cas de guerre ou de conflit tribal, ces instincts et leurs manifestations émotionnelles peuvent faire éclater le container fragile de civilisation que nous avons construit si péniblement, et déchaînés, ils détruisent tout sur leur passage, tel le dragon du mythe. Ce schéma se déroule depuis des millénaires sans que nous ne comprenions ce qui se passe quand ces instincts archaïques nous submergent, et sans pouvoir ni les anticiper ni les prévenir. Nous avons, potentiellement, accès au trésor inestimable gardé par le dragon — à savoir, la possibilité de nous libérer de la programmation inconsciente de millions d'années, de transmuter ces automatismes primordiaux en énergie créative qui est nécessaire pour briser les fers qui nous enchaînent à eux; et ainsi l'aphorisme de Rousseau n'aura plus lieu d'être.

Au cours de toute l'ère solaire, le mythe du combat entre le héros et le dragon est paramétré en termes de combat de la lumière contre les ténèbres et du bien contre le mal, avec la croyance que le bien triomphera finalement du mal. Dans la psyché, les ténèbres sont inconsciemment identifiées à la peur de retomber en 'état de nature'. Et pourtant, régresser en état de nature est précisément ce qui nous arrive quand nous tombons sous le pouvoir de ces automatismes de comportement ataviques. Grâce aux connaissances en psychologie qui nous sont maintenant disponibles, nous pouvons peut-être concevoir que le combat n'est pas tant contre des ennemis, que contre ces automatismes archaïques qui nous font régresser dans l'inconscient, et répéter des schémas comportementaux du passé.

Le lieu légitime du combat de la lumière contre les ténèbres se situe dans le mental conscient et dans l'immense effort de conscience nécessaire pour percevoir la qualité morale de notre propre comportement, pour évaluer s'il est propice à générer le bien ou le mal. Deuxièmement, il nous faut percevoir la tendance à projeter le mal sur les autres, tandis que nous échouons à reconnaître la même propension au mal en nous-mêmes. L'image de la lutte avec le dragon peut être recadrée pour montrer que le dragon rôde dans notre ombre et non pas seulement dans le monde extérieur comme une menace spécifique.

Instincts Primordiaux: Prédateur et Proie

Dans notre espèce humaine, les instincts immensément puissants infiltrent depuis ces systèmes le champ des relations humaines: instinct de survie, instinct territorial, instinct sexuel et la programmation vieille de millions d'années 'prédateur-proie'. Puisque ces instincts archaïques agissent à un niveau profondément inconscient, nous, qui nous croyons le sommet de la création, pouvons quand même être influencés et même contrôlés par des habitudes installées au cours des phases évolutives pré-humaines ou humaines initiales. La peur de devenir une proie peut rapidement nous transformer en prédateur.

Les contes et les mythes nous fournissent nombre d'images de la puissance destructive des instincts: les dragons sortant de leurs grottes pour dévaster la campagne et détruire tout sur leur passage, en réclamant des sacrifices vivants pour leur nourriture quotidienne; les Gorgones dont le regard a le pouvoir de pétrifier qui les regarde. Dans *Le Seigneur des Anneaux* de Tolkien, l'araignée répugnante, Shelob, que Fredo doit vaincre dans un combat désespéré, illustre pour notre temps la puissance médusante de l'aspect prédateur de l'instinct. Ces images symbolisent les instincts pré-humains qui, encore massivement puissants en relation à notre fragile conscience, peuvent nous ramener à des schémas comportementaux auto-destructifs, ou à des comportements envers autrui qui frappent de terreur. En état d'inflation psychique nous perdons notre humanité, notre capacité relationnelle, notre empathie, notre compassion et l'inestimable accomplissement qu'est la différenciation de la conscience hors des processus inconscients autonomes. Nous retournons à l'état de prédateurs sans pitié, destructeurs de la vie des autres qui sont devenus nos proies.

Puisque nous existons par identification au groupe tribal, national ou religieux depuis tant de millénaires, et puisque nous comprenons si peu le fonctionnement psychique, il est donc extraordinairement difficile pour un individu de résister à ces offensives archaïques, et de résister à l'emportement des émotions — qu'elles soient de peur, de colère ou de haine — qui peuvent se répandre comme un feu de forêt au milieu du bois sec qu'est le groupe, et peuvent, la tension montant, se transformer en une pathologie de psychose de masse. Et alors, des millions d'individus (la plupart de sexe mâle) de leur plein gré et avec entrain, approuvent la guerre et acclament le chef dont le but annoncé est la défaite et l'annihilation de l'ennemi. Tuer devient une vertu patriotique, voire un devoir religieux.

L'évangile gnostique de Thomas nous livre une étrange parole de Jésus, 'Béni est le lion que l'homme mangera, et le lion pourra être homme; et maudit est l'homme que le lion mangera, et le lion sera homme' (loggion 7). Ses paroles pointent, d'une part, vers le danger de la 'prise de contrôle' ou de la 'possession' du mental conscient par l'instinct inconscient du prédateur, et d'autre part, vers l'avantage qui revient à l'homme capable d'intégrer la force et l'intrépidité du lion sans succomber à son pouvoir de tuer.

Les observations relatives à la relation biologique de l'être humain et de l'animal sont impopulaires car elles entrent en conflit avec le concept de libre arbitre et d'auto-détermination. L'idée que nous puissions être encore contrôlés par des instincts qui appartiennent à nos ancêtres primates, ou même aux dinosaures, suscitent encore plus de résistance. Pourtant, il semble évident que le schéma prédateur/ proie est un automatisme comportemental génétique propre à beaucoup d'espèces, depuis des centaines de millions d'années. Nous sommes porteurs de cet automatisme par notre héritage biologique, et sommes conditionnés à agir et à réagir en tant que prédateur (attaquant) et à mettre en place des tactiques d'évitement pour ne pas devenir proie (victime) d'autrui.

Les schémas comportementaux de toutes les créatures prédatrices et de toutes les créatures qui sont leurs proies, ou leur nourriture, sont imprimés dans la mémoire de l'espèce. Notre propre espèce a été la proie de certains animaux et le prédateur de nombre d'autres et c'est l'empreinte de cette expérience ancestrale dans la mémoire de notre espèce qui est notre très grand problème. Si nous arrivions à comprendre comment ce schéma de comportement nous engouffre — quand nous nous sentons menacés, ou quand les valeurs morales et éthiques qui pourraient opposer un cadre à notre comportement sont insuffisamment développées ou se sont effondrées — nous pourrions alors être à même de ne pas succomber à sa puissance. L'un des aspects des plus intrigants de notre inconscience porte sur le fait que les leaders religieux, qui devraient être les détenteurs de ces valeurs, les ont fréquemment trahies — et encore de nos jours — en succombant eux-mêmes au schéma comportemental prédateur/proie.

Grâce au développement du néo-cortex et des lobes frontaux du cerveau, la progression évolutionnaire de notre capacité à réfléchir sur nos actes nous a séparés de la nature et de nos instincts primordiaux, insérant pour ainsi dire un espace entre la réponse immédiate à la nécessité instinctive (de nourriture ou de défense contre une menace perçue) et l'action qui s'en suit, comme chez les espèces animales. L'épervier ne s'arrête pas pour réfléchir avant de plonger sur le merle, le lion n'hésite pas à attaquer un autre lion qui envahit son territoire. Nous avons développé la capacité de réflexion lorsqu'un danger nous fait face, nous pouvons nous accorder un temps pour décider de notre réaction. La conscience nous donne la possibilité de discriminer deux modes d'action. Quand nous sommes coursés par un taureau, nous ne nous arrêtons pas pour réfléchir; quand nous sommes face à un ennemi ou à une situation menaçante, nous pouvons avoir un certain éventail de choix de réponses.

Le chapitre Six (L'Ère Solaire) décrit comment se sentir puissant en relation aux autres — les tuer et s'approprier leurs territoires et leurs biens — était devenu un moyen non seulement d'augmenter son propre pouvoir mais aussi d'éliminer l'anxiété générée par la peur des menaces futures et au final par la peur de la mort elle-même. Le désir d'omnipotence est devenu une habitude à assouvir par voie de conquête, d'expansion territoriale, d'appropriation des ressources telles l'or, le pétrole et les minéraux, et par l'accumulation d'armes en anticipation de menaces futures. Cette habitude contrôle les échanges en politique: nous voyons les nations les plus puissantes être en compétition pour le contrôle des ressources et pour l'acquisition des armes les plus létales. Cette compulsion archaïque, intégrée aux décisions politiques de gouvernements bien établis, est un autre de nos grands problèmes.

La soif de conquérir, de s'embarquer dans des guerres préemptives, de développer et d'accumuler des armes, d'exercer toujours plus de contrôle sur les autres, est inscrite dans ces schémas de réponse instinctive à une menace — réelle ou supposée — à la survie personnelle ou du groupe. Le mâle, physiquement plus fort et programmé pour la chasse depuis des millénaires fait fonction de protecteur du groupe tribal et de son territoire délimité. Mais il est en même temps programmé pour agir en prédateur d'un groupe ou d'un individu perçu comme une menace et qui devient de fait sa proie légitime. En situation de danger, l'impulsion instinctive du mâle est de protéger le groupe tribal auquel il appartient en attaquant la menace, quelle qu'elle soit, avec des moyens défensifs ou offensifs — au point d'anticiper un danger qui pourrait arriver ou pas à l'avenir. Ce schéma comportemental se retrouve dans la doctrine de Bush qui énonce que, en vertu de l'auto-protection, l'Amérique a le droit de lancer des frappes militaires préemptives (sur l'Iran, par exemple) et le droit pérenne de canaliser des sommes colossales, issues des impôts des citoyens, pour préparer la guerre. Un tiers des ressources mondiales sont dépensées de nos jours pour le développement et l'accumulation d'armements.

L'Origine du Mal

Le mal trouve son origine dans le schéma profondément inconscient prédateur/ proie. Je crois que, au regard du préjudice que nous pouvons causer à autrui, *le mal peut se définir comme l'acte d'infliger terreur, souffrance, humiliation, torture et mort à un individu ou à un groupe d'individus*, allant du meurtre d'un enfant aux atrocités en Syrie, en passant par les attaques ad hominem cruelles et vicieuses sur Facebook et Twitter. Il nous est très difficile d'admettre que chacun d'entre nous est capable d'agir avec haine, cruauté et malice, ou de se rendre complice de ces comportements, individuellement ou en tant que membre de gouvernement, d'institution, de collectivité ou de nation. Ces traits pointent quand nous nous sentons menacés et peuvent nous entraîner à agir collectivement de façons que nous trouverions inacceptables dans le contexte de nos vies personnelles. Nous nous souvenons du massacre de 8000 hommes et garçons musulmans à Srebrenica, sur ordre du commandant serbe Ratco Mladic — la pire atrocité sur le sol européen depuis la seconde guerre mondiale. Qu'il soit acclamé comme un héros de guerre par des milliers de Serbes lors de son arrestation en 2011 et de son extradition à La Hague pour être jugé pour crimes de guerre, prouve combien il est difficile de changer les habitudes comportementales quand il s'agit de loyauté tribale. Ce que le monde appelle atrocité, les Serbes l'appellent noble défense de la nation. Le fait que la Cour de Justice Internationale existe pour juger ceux qui commettent de tels crimes contre l'humanité apporte la preuve du progrès collectif de notre sensibilité morale. Mais ce progrès demande notre vigilance de tous les instants, sous peine de retomber dans nos vieilles habitudes inconscientes.

Trois Expériences

Trois expériences effectuées au cours du XXè siècle révèlent combien il est facile de persuader les gens d'infliger la douleur aux autres: L'expérience de Asch sur le conformisme (1951), l'expérience de Milgram (1963) et l'expérience de Stanford (1971). La première montre que nous pouvons, dans notre désir inconscient de nous conformer aux attentes du groupe, nier la preuve apportée par nos yeux. L'-expérience de Milgram convie le sujet à infliger à un autre participant — le cobaye — des chocs électriques d'intensité croissante, depuis une autre pièce et avec une télécommande; l'expérience révèle que lorsqu'une figure d'autorité ordonne au sujet de continuer l'expérience, ce dernier, en dépit de sa propre révulsion instinc-tive, peut infliger au cobaye des chocs électriques potentiellement mortels. (Les cobayes étaient des acteurs et les décharges électriques étaient feintes). Obéissant aux ordres sans questionner leurs actes, les sujets perdaient la capacité d'empathie avec leurs victimes, cette faculté instinctive de savoir quand s'arrêter d'infliger la souffrance. Ils continuaient à augmenter l'intensité de la décharge électrique tant que le superviseur ne leur ordonnait pas d'arrêter.

La troisième expérience à la prison de Stanford montre qu'une personne ordi-naire, bien intentionnée, peut se transformer en tyran cruel ou humilier la victime en réponse à une situation donnée. Les étudiants volontaires sont divisés en deux groupes: prisonniers et gardes. Très vite, les gardes deviennent des agresseurs de plus en plus vicieux et les prisonniers des épaves tremblantes sans défense. Ils savaient tous que la situation était entièrement artificielle mais cela n'empêcha en rien la descente dans la barbarie.

Les trois expériences sont hautement pertinentes pour comprendre comment nous pouvons être amenés à accepter une situation de mal institutionnalisé, par ex-emple les horreurs de l'Holocauste, les exterminations de masse sous Staline, ou le meurtre de civils anonymes par des régimes autocratiques. L'obéissance aux ordres est une des voies menant à ces situations. Aucun des participants, qui se plièrent aux exigences de cruauté de leurs 'supérieurs' lors de ces expériences, n'était in-trinsèquement mauvais mais tous furent capables de se comporter ainsi quand le 'système' demanda qu'ils s'y conforment. Dans les trois expériences, quelques individus refusèrent de blesser ou de terrifier autrui. Quelques uns, horrifiés, pro-testèrent. Une observatrice — Christina Maslach — obtint même que l'expérience dans la prison de Stanford soit écourtée, ramenée de deux semaines à six jours. Philip Zimbardo, qui était le cerveau de cette expérience et qui épousa Christina Maslach par la suite, écrivit le livre *The Lucifer Effect: How Good People Turn Evil*. Il cite des exemples, y compris les expériences ici mentionnées, pour démon-trer qu'il est facile d'être altéré par certaines situations qui nous encouragent à démoniser l'autre ou à le traiter comme une proie, nous menant à nous comporter de façon prédatrice et barbare, et nous rendant incapables de reconnaître que nous avons perdu notre humanité. En appui de cette brève exploration du développement du mal, je veux mentionner que George W. Bush écrit dans ses mémoires récemment publiées *Decision Point* (2010) qu'il approuve l'usage du simulacre de noyade 'water-boarding', comme méthode de torture; il argue que de ce fait des vies ont été sauvées et il confirme qu'il n'hésiterait pas à y recourir encore. La condamnation publique de ces pratiques montrent que nous sommes conscients du danger qu'il y aurait à les approuver, et pourtant nombre de gens, surtout en position de pouvoir, ne peuvent s'empêcher d'y succomber s'ils sont soumis aux ordres ou s'ils croient que la fin justifie les moyens. Certains résistent aux ordres comme ce fut le cas en Égypte en 2011, quand les soldats refusèrent de tirer sur des civils.

Le Danger de l'Esprit Corporatiste

L'appartenance à un corps national, religieux ou d'entreprise tend à imposer l'allégeance de l'individu à ce corps comme une directive morale supérieure. Ceci peut mener à des situations où la loyauté à l'entité corporatiste supplante la capacité à se comporter de façon empathique et éthique, respectueuse de l'individu et des autres en général.

John Ralston Saul, philosophe canadien, décrit dans son livre *The Unconscious Civilization* le danger de cette façon de penser qui a son origine dans le comportement bien établi des institutions religieuses et dans le schéma instinctuel grégaire.[1] Elle s'est répandue dans nos sociétés modernes et infiltre nombre de nos institutions, y compris celles des gouvernements, du système bancaire, des médias, des entreprises, et surtout des armées. (Par exemple: au moment où j'écris ce livre, cinq firmes de biotechnologie possèdent la quasi majorité des semences du monde, elles dictent quelles semences — dont beaucoup sont génétiquement modifiées — seront disponibles aux agriculteurs). Cette allégeance corporatiste se retrouve aussi dans la volonté de contrôle des marchés et des commodités, au mépris de la souffrance et de la pauvreté des gens qui travaillent à extraire ces précieuses ressources qui enrichissent les entreprises et les gouvernements corrompus. La rivalité commerciale entre les plus puissantes nations est exacerbée par leurs rivalités économique et politique. Dans un autre contexte, cette allégeance corporatiste se retrouve aussi au sein des organismes publics, la police, les syndicats, les banques, les conseils territoriaux, les travailleurs sociaux, les corps de santé, etc. Chacun de ces corps peut adopter un comportement autoritaire, afficher un manque d'empathie avec les infortunés qui tombent sous leur contrôle ou sont sacrifiés sur l'autel de leur projet bureaucratique. George Orwell décrit avec brio dans son roman 1984 l'impuissance des citoyens quand ils se confrontent au pouvoir de l'entreprise étatique et à ses méthodes insidieuses de surveillance et de contrôle. Le traitement révoltant des habitants des îles Chagos, mentionné aux Chapitres Six et Dix, est un exemple représentatif de cette mentalité mais il y a d'autres cas où l'individu n'a aucun moyen de faire valoir ses droits contre la raison d'état, même dans les soi-disant pays démocratiques.

Un Exemple de Mentalité Corporatiste

L'exemple des plus révélateurs des dangers de la mentalité corporatiste est apporté par Carol Cohn, une enseignante qui passe, avec 47 de ses collègues, les mois de l'été 1984 dans un environnement clos, autour d'un groupe 'd'intellectuels de la défense'. [2] J'extrais les principales caractéristiques de son article car elles sont éminemment pertinentes pour comprendre l'ombre. Il n'existe pas d'article plus limpide sur les dangers de la pensée en déséquilibre de l'hémisphère gauche, ce type de pensée exploré par le psychiatre Iain McGilchrist dans son livre *The Master and His Emissary: The Divided Brain and the Making of the Western World*, dont nous exposons la thèse au Chapitre Neuf. [3]

Le groupe auquel Carol Cohn participe se propose de dispenser un cours sur les armes nucléaires, la doctrine de la stratégie nucléaire et le contrôle des armes ainsi que d'expliquer et de défendre la stratégie de 'déterrence' qui justifie les armes nucléaires. En écoutant ces hommes parler avec passion de guerre et d'armes nucléaires, Carol Cohn est frappée au plus haut point par l'abstraction de la réalité de leur façon de penser — leur lexique obscur, leur absence totale de quelque mesure d'empathie, de révulsion ou d'indignation face aux scenarii qu'ils évoquent. Elle est frappée aussi par les euphémismes que ces experts emploient, par exemple l'expression 'dommages collatéraux' en référence aux morts causées par l'emploi des armes nucléaires — une expression dont se servira Donald Rumsfeld pendant la guerre d'Irak. D'autres termes comme 'dominance d'escalade', 'frappes préemptives' et 'engagements sub-holocauste' sont également en usage. Elle trouve aussi que les métaphores sexuelles utilisées pour décrire les effets de ces armes sont frappantes et choquantes, et pourtant les hommes semblent eux-mêmes inconscients des implications des mots qu'ils choisissent: pénétration profonde, trous, cratères, l'effet orgasmique de l'explosion, un pays 'qui perd sa virginité' quand il développe la bombe. En écoutant et en intégrant leur lexique très spécial au point de se sentir 'initiée', elle voit que la totalité du projet de bombe nucléaire est associé au pouvoir masculin d'enfantement. À l'instar de la bombe originelle d'Oppenheimer, toutes les bombes suivantes sont appelées 'bébés' par ces scientifiques du nucléaire et ces stratèges de l'explosion atomique. Elle en conclut que le langage et l'imagerie qui apprivoisent ces armes et les décrivent en termes humains, met une distance entre ceux qui en parlent et leurs affects émotionnels, et leur permet ainsi d'effacer leur effroyable pouvoir de destruction de vies humaines, de pulvérisation des corps humains. *"Toute l'histoire du projet de bombe semble imprégné d'une imagerie qui confond le gigantesque pouvoir technologique de l'homme à détruire la nature avec le pouvoir de créer — l'imagerie qui inverse la destruction des hommes et introduit à sa place le pouvoir de créer une nouvelle vie et un nouveau monde"* (souligné par l'auteur). Le premier essai de la bombe atomique était nommé Trinity — l'unité des forces mâles trinitaires de la Création. Les progéniteurs de cette atrocité sont un nouveau clergé mâle, une nouvelle Fraternité possédée par le désir de domination technologique. Le lexique qu'ils utilisent, écrit-elle, exclut l'intrusion de valeurs, de sentiments d'empathie et même du mot 'paix'.

Carol Cohn découvre qu'elle devient endoctrinée et commence à adhérer au lexique et à la façon de penser de ce clergé, pour finalement devenir insensible aux effets des armes dont ils discutent. Comme eux, elle s'abstrait de la réalité, et commence à penser que seules comptent la prééminence des armes et la 'stratégie' — elle est comme eux résolue à accomplir le but technologique et politique, sans aucun sens de responsabilité au regard des conséquences. Heureusement, elle garde suffisamment d'objectivité pour observer ce qui lui arrive. Son article est une critique éreintante des dangers de la pensée corporatiste ou institutionnalisée, et peut s'appliquer à l'industrie bancaire, aux puissantes entreprises autant qu'à tous les secteurs gouvernementaux.

Le Syndrome Eichmann

En situation où l'ordre d'infliger douleurs et tortures à autrui provient d'une autorité supérieure, les gens peuvent se désensibiliser et même s'immuniser à la souffrance et à la terreur de la victime. Ce schéma de comportement peut s'apparenter à ce que nous appellerions le 'Syndrome Eichmann' — les gens sont endoctrinés à obéir aux ordres sans jamais les questionner, au point de sombrer dans des comportements barbares. Eichmann écrit dans ses mémoires 'Depuis l'enfance, l'obéissance est une chose dont je ne peux me déprogrammer.... Il m'était impensable de ne pas suivre les ordres'. Pour de telles personnes, le sadisme devient facilement la norme approuvée de comportement. La capacité de réfléchir au contenu moral de leurs actes est oblitérée par la croyance en la justesse de leur cause, par la conviction que l'obéissance aux ordres est essentielle à la protection du leader, de la cause et de leurs vies. Quand un nombre suffisant de tels individus aux tendances psychotiques servent un leader qui ordonne de liquider, torturer ou terroriser (les massacres de Srebrenica, le régime de Kadhafi en Libye, le régime criminel syrien, les Talibans en Afghanistan, Al-Qaïda et les factions islamistes dans les pays africains), l'ombre collective prédatrice s'éveille et des milliers d'individus tombent sous son envoûtement, obéissant aux ordres sans discussion, acceptant comme normal ce qui est comportement pathologique. Ceci peut s'appliquer au comportement des gouvernements pendant les guerres, à leurs justifications d'achats et de ventes d'armes, et à l'endoctrinement de nations entières à accepter des lignes de conduite moralement indéfendables car un leader politique déclare que la défense nationale le nécessite. Le mal ne naît pas nécessairement dans des gens mauvais: n'importe qui peut être induit à un comportement amoral ou sadique pour peu qu'il appartienne à un système ou à un groupe qui prescrit, justifie et récompense les comportements qui humilient, blessent, torturent et tuent autrui.

Des régimes qui inculquent la terreur et des pratiques sadiques tendent à attirer, pour exécuter les ordres, des individus aux tendances psychotiques. Des documentaires montrent que les gardiens et les commandants de camps qui supervisaient les goulags de l'ex URSS, les exterminations de millions de gens en Chine ou les camps au Cambodge, ne sont hantés par aucun remords de leurs actes. Les atrocités perpétrées par l'armée japonaise sur la population de la ville chinoise de Ping Fan, entre 1932 et 1945, où les scientifiques et les médecins avaient pour mission de transformer les bactéries mortelles en armes biologiques, tombent sous le même coup. Les populations ont été délibérément infectées avec les bactéries et les individus qui montraient des signes de maladie étaient alors enlevés, rendus inconscients pour prélever leur sang infecté, puis tués. Des milliers sont morts ainsi. Ce programme surpasse en ampleur, en intensité et en durée celui des médecins nazis en Europe occupée. Obéissant aveuglement aux ordres de leurs commandants, tous les acteurs impliqués étaient apparemment incapables de résister au mal qu'ils faisaient, peut-être par peur d'être eux-mêmes exécutés. Aucun des scientifiques et des médecins japonnais de Ping Fan n'a été jugé, il apparaîtrait qu'un marché ait été conclu avec les USA — le Japon devait leur remettre toutes leurs informations sur les armes biologiques en échange de l'impunité.

L'intimidation est un trait constant des régimes autoritaires tels ceux en Iran, en Libye, en Syrie, qui recourent à la torture, aux emprisonnements et aux exécutions pour instiller la peur. Dans ces situations où on obéit aux ordres, soit par peur d'être soi-même liquidé, soit par adhésion au régime et à son leader, la vie des civils se trouve sacrifiée sans scrupule ni regret.

Et pourtant, la torture d'un seul être humain devrait soulever, en chacun d'entre nous, un cri de protestation. La torture et le meurtre de Hamza al-Khatib, garçon âgé de 13 ans, par les forces gouvernementales syriennes en Mai 2011, ont déclenché une protestation horrifiée dans le monde entier et dans la population syrienne.

Primo Levi, l'un des quelques survivants du camp d'Auschwitz, nous presse dans son dernier livre *Les Élus et les Damnés*, de ne pas oublier les horreurs que les hommes ont infligées à des victimes sans défense: "Il n'est ni facile ni plaisant de draguer ces abysses du vice, et pourtant je pense que ce doit être fait, car ce qui a pu être perpétré hier pourra l'être à nouveau demain, pourra nous engloutir nous et nos enfants. Nous sommes tentés de nous en détourner avec une grimace et de fermer notre esprit: c'est une tentation à laquelle nous devons résister''. [4] Il nous demande de garder constamment à l'esprit notre capacité à faire le mal car l'occasion pour que le mal s'implante est une possibilité latente de toute société.

Le Régime Totalitaire

Les régimes politiques et religieux qui ont pour but d'étendre leur pouvoir totalitaire attirent des individus à qui il est donné carte blanche pour être aussi cruels et sadiques que bon leur semble, car ils se mettent au service d'un régime qui élimine quiconque défie sa légitimité ou quiconque est jugé dispensable pour raisons idéologiques ou politiques. La constante chez ces individus qui servent de tels régimes, et les aident à se maintenir au pouvoir, est leur incapacité à ressentir une quelconque empathie avec leurs victimes; bien au contraire, ils jouissent de la terreur et de la douleur qu'ils infligent à leurs victimes. Le schéma archaïque de prédateur prend le contrôle de leur psyché. Les hommes régressent au point de se vanter de leurs prouesses de tortionnaires et d'assassins. Un exemple actuel est le régime iranien qui, par le pouvoir délégué aux gardes révolutionnaires, utilise l'emprisonnement, la torture et le viol anal ainsi que les exécutions sommaires (pendaison du haut d'une grue) pour terroriser la population. Un autre régime oppressif qui s'est maintenu au pouvoir grâce à l'intimidation et à sa brutale police secrète a existé en Égypte pendant trente ans sous Hosni Moubarak, et en Libye pendant quarante-deux ans sous Kadhafi. Pour des raisons politiques, l'Occident, pourtant conscient des atrocités perpétrées, choisit de soutenir ces deux régimes et de les approvisionner en armes et en argent. L'argent en aucun cas ne profita aux populations, seulement à la branche militaire de leurs gouvernements.

De façon paradoxale, les instincts de survie qui peuvent justifier d'infliger souffrances et mort à autrui ont aussi le pouvoir de renverser la tyrannie quand ils s'éveillent au cœur des millions d'opprimés qui confrontent le 'dragon' et surmontent la puissance paralysante de la peur. Nous sommes témoins de ces circonstances avec la démolition du mur de Berlin, le renversement de Ceausescu en Roumanie, et le renvoi de Milosevic en Bosnie. Il se pourrait que ce désir de se libérer de leaders autocratiques soit en train d'atteindre le monde arabe.

Agression Maligne

Le psychologue Erich Fromm utilise dans son livre *Anatomy of Human Destructiveness* le terme d'agression maligne ou nécrophilie (fascination avec la mort) pour décrire la tendance au sadisme et à la cruauté affectant des individus profondément traumatisés. Fromm définit le sadisme comme la passion d'avoir le contrôle absolu, inconditionnel, sur un être vivant, qu'il soit animal, enfant, homme ou femme. Obliger l'autre à subir douleurs et humiliations sans qu'il puisse se défendre est une des manifestations de ce contrôle absolu. L'acte sadique, nous dit Fromm, 'est la transformation de l'impotence en omnipotence'.[5] J'aimerais ajouter: la transformation de l'impotence de l'enfant en omnipotence de l'adulte. Le sadisme est l'expression ultime d'une imagination rendue maligne par traumatisme et assujettie à un système nerveux en hyper-vigilance constante contre des attaques.

La situation d'origine est celle d'un enfant contraint par la peur à obéir sans réserve à un parent ou à un adulte, à endurer douleurs et terreur ou à être témoin de la torture ou du meurtre d'un parent aimé ou d'un tiers. Il y a beaucoup de cas de cruauté, d'abus sexuels et de meurtres de jeunes enfants par des adultes sadiques. Mais il y a aussi beaucoup d'exemples de cruauté prédatrice et sadique dans le harcèlement à l'école et au travail, le traitement des personnes âgées dans les hôpitaux et maisons de retraite, des enfants aux soins des assistants sociaux et des cas (au R.U) où l'individu n'a aucune voie de recours contre un déni de justice lorsque le tribunal ordonne la séparation des enfants et de leurs parents à la demande de travailleurs sociaux, sans que ni les parents ni les enfants n'aient aucun droit d'appel.

Quant aux tyrannies et aux régimes autoritaires, sous la persona agressive du tyran peut se cacher une victime d'une enfance affreusement traumatique. Les études de leur enfance et de la prise de pouvoir absolu par Hitler, Staline, Saddam Hussein, Ceausescu et Milosevic et son épouse, plaident en faveur de cette conclusion. Les livres d'Alice Miller, tout particulièrement *Thou Shalt not be Aware: Society's Betrayal of the Child*, montrent comment les expériences de brutalité dans l'enfance peuvent créer des adultes brutaux, d'autant plus si le système étatique encourage la cruauté et la brutalité comme méthode pour établir le pouvoir et le contrôle absolu des citoyens.[6]

Dans la psyché de l'individu possédé par les tendances à la prédation, il n'y a pas d'intermédiaire entre la volonté consciente et l'ombre inconsciente qui la motive. L'exercice impitoyable du pouvoir devient essentiel à la survie car l'abdication du pouvoir signe le retour à l'état de vulnérabilité de la douleur et de la terreur — l'équivalent de la mort.

Sadisme et Violence comme 'Distractions'

Des milliers de gens sur la planète sont impliqués dans des actes de torture et détruisent la vie des autres. Des milliers de gens créent et vendent des films et des vidéos qui affichent des scènes sadiques de torture et de meurtre. Ces images de violence sont réputées inoffensives mais elles exercent, sur la psyché fragile des enfants autant que sur celle des adultes, une influence génératrice de brutalité et de désensibilisation. Quand un américain atteint l'âge de dix-huit ans, il a vu à la télévision deux cent mille actes de violence et quarante mille meurtres. Il ne fait aucun doute que regarder des scènes de violence pendant plusieurs années conditionne les individus et la société à accepter la violence, à la tenir même pour héroïque. L'exposition constante aux scènes de violence ou la participation à des jeux informatiques violents minent la capacité à l'empathie, de sorte qu'un enfant soumis à un environnent cruel ou abusif peut ne pas répondre avec empathie à la victime mais prendre parti pour l'agresseur. La cruauté sadique des enfants qui postent sur internet des images de la violence qu'ils ont infligée à leurs victimes est la conséquence évidente de ce conditionnement; de même la violence des gangs qui mène au meurtre tragique de beaucoup de jeunes gens.

Que nous dit toute cette violence au sujet de l'enfance de ces gens impliqués dans la promotion et la diffusion de ces images toxiques, au sujet de l'activation des instincts primordiaux, et au sujet de la souffrance et de la peur refoulées qu'ils projettent dans ces scènes sadiques restituées par leur ombre? Quentin Tarantino, appelé le 'Shakespeare Hollywood de la Violence', a ouvert la voie aux images d'agressions malignes dans un flot de tortures et de violences pornographiques, de rigueur dans nombre de vidéos et de films actuels. Lui et ses acolytes, Robert Rodriguez et Eli Roth, justifient la création et la vente de ces vidéos et films au nom de la 'liberté d'expression', jouissant sans doute aussi de l'immense fortune qu'ils en tirent. 'Je veux de la nudité', proclame Roth, 'Je veux du sexe et de la violence ensemble. Y'a du mal à ça? Nous sommes dans une vague vraiment violente et j'espère qu'elle ne finira jamais'.[7] Mais ces hommes en fait créent un terrorisme visuel indirect, ils présentent des images qui dispensent extrême violence et excitation sexuelle et qui érodent les tabous sociaux qui pourraient empêcher les agressions de femmes, d'enfants et de victimes vulnérables. Ils promeuvent l'idée que des scènes de tortures répugnantes, de sauvagerie et de meurtres peuvent conduire à une expérience orgiaque désirable. Ils demandent en fait aux gens, y compris à des millions d'adolescents qui gonflent la cote de leurs films, de se faire complices d'actes de violence horrifiants; ces gens par là même réduisent leur capacité de résistance aux actes sadiques s'ils recherchent l'approbation d'un groupe (gangs), et ils réduisent leur capacité de résistance aux ordres donnés par des gens auxquels ils ont accordé autorité, abdiquant ainsi leur propre humanité. Il n'est pas surprenant que le meurtre de copains de classe ou de membres du public par des psychopathes, capturés par le visionnage de ces scènes de violence dans le filet de l'agression maligne, devienne une composante ordinaire de la vie en Amérique où quelque deux millions de jeunes délinquants sont en prison.

Il y a maintenant de nombreux éléments de preuve indiquant que ces films et vidéos sont délétères pour les jeunes mais les 'droits' et la 'liberté' des gens qui continuent à produire ces films sont âprement défendus. Il y a un refus permanent de reconnaître que les jeux vidéo violents altèrent et désensibilisent les enfants et les adultes. La censure n'est pas ici la question: la vraie question est la création et la protection d'une société civilisée.

'Une consommation excessive de violence médiatique a tendance à augmenter les niveaux chroniques d'hostilité et à conduire les gens à interpréter le monde alentour comme hostile et dangereux' énonce Joanne Cantor, experte de réputation internationale sur le thème des enfants face aux médias de masse, à l'Université de Wisconson-Madison.[8] Si les enfants ont une vie de famille toxique ou dysfonctionnelle et sont de plus imprégnés d'images de violence, ils développeront des réponses violentes à la vie et aux autres, soit par auto-défense, soit dans un élan inconscient de venger les souffrances qu'ils subissent. Dans un effort d'évitement à devenir la proie d'autrui, ils peuvent être attirés par des situations où ils tiennent le rôle de prédateur d'une victime — peut-être un enfant. Nous ne devons pas oublier les trois expériences citées plus haut, qui montrent la vitesse à laquelle les gens peuvent régresser à l'état de prédateur et de victime. Les cas récents de cruauté déplorable infligée à des enfants par d'autres enfants, certains âgés de huit ou neuf ans, le confirment. Au cours du procès de ces enfants (le cas Edlington, R.U 2010), il a constamment été fait mention du climat toxique de leur foyer, ces enfants étaient nourris de vidéos violentes, et ils étaient les témoins vulnérables de la violence continuelle du père envers leur mère.

L'Ombre de la Religion: Atrocités commises au Nom de Dieu

Partout où un immense pouvoir se trouve concentré dans les mains de quelques individus ou institutions, se trouve inévitablement une ombre; plus le pouvoir est grand, et plus l'ombre est grande. Outre les schémas de comportements décrits plus haut, il existe trois domaines spécifiques sujets à possession par la volonté de pouvoir de l'ombre et qui méritent notre attention: le religieux, le politique, le scientifique. L'ombre en religion se reconnaît au désir de l'institution, ou du leader religieux, d'attirer de larges sections, sinon l'humanité toute entière, à un seul système de croyance considéré comme supérieur et seul détenteur de la vérité. Les institutions religieuses ne reconnaissent pas leur ombre archaïque, apparente dans leur soif de pouvoir et de contrôle sur leurs fidèles et dans leur répudiation des valeurs d'autres confessions. L'ombre assoiffée de pouvoir peut apparaître, par exemple, dans l'exigence d'obéissance à certains passages des Saintes Écritures car ces passages (rédigés il y a des millénaires) sont réputés énoncer la volonté de Dieu et ne doivent être ni modifiés ni changés. Tout ceci n'a rien à voir avec la spiritualité: c'est l'antithèse de la spiritualité. Les coutumes et les préjugés tribaux et archaïques se dissimulent derrière la façade de l'enseignement religieux et de l'interprétation littérale des textes religieux, en particulier ceux relatifs aux attitudes patriarcales vis-à-vis du contrôle de la vie des femmes et de leur corps.

Nous sommes de nos jours témoins des atrocités innommables perpétrées par des gens qui proclament que l'élimination de l'ennemi et la suppression de certaines mœurs sont un devoir religieux. La foi peut être un outil d'oppression car les gens, pendant des siècles, ont été programmés à accepter la conquête de territoires et l'élimination des ennemis au nom de Yahweh, de Dieu, d'Allah et ont été entraînés à obéir sans réfléchir aux diktats de leurs leaders religieux. Le pouvoir du père patriarcal détient encore une immense influence sur la psyché immature ou pré-consciente. Quand une religion est opposée à une autre, ou un groupe à un autre d'une même religion, les instincts de prédation se réveillent tandis que les gens sont exhortés à tuer leurs 'frères' avec une barbarie indescriptible, comme en témoignent les bourbiers d'Irak et d'Afghanistan, et le régime répressif en Syrie où la minorité Alaouite contrôle la majorité Sunnite.

L'Ombre de la Politique: Les Tentacules Envahissantes du Militarisme

L'ombre dans la sphère politique s'observe facilement au sein du complexe militaro-industriel des puissantes nations. N'ayant que très peu de connaissances de ce sujet, je m'appuie sur deux livres — le premier, *The Sorrows of Empire: Militarism, Secrecy, and the End of the Republic* par Chalmers Johnson (2004), détaille la puissance et l'étendue de l'empire militaire des USA et fait une analyse critique du militarisme qui menace de détruire la nation de l'intérieur. Le second, *The Economics of Killing: How the West Fuels War and Poverty in the Developing World* (2012) par Vijay Mehta, est une étude de la nature et des ramifications du militarisme mondial. Le livre de Mehta présente une analyse approfondie et détaillée du complexe militaro-industriel qui, telles les tentacules d'une pieuvre, s'est répandu sur la presque totalité de la planète. Il explique comment il est soutenu et perpétué par les nations les plus puissantes afin d'augmenter leur propre pouvoir et comment il agit pour paupériser les nations du monde en voie de développement. Leur vente d'armement aux régimes qui retournent ces mêmes armes contre leur peuple est un des traits ignobles de ce système. La Syrie, par exemple, achète annuellement à la Russie pour \$1 milliard d'armements (*The Times* 18/8/12). L'Iran a versé en six mois à la Syrie \$5 millions d'aide militaire en 2012 (*The Times* 4/10/12). L'Inde, dont la pauvreté abyssale est un problème pérenne et non traité, est à présent le plus grand importateur mondial d'armes, talonné par la Corée du Sud, le Pakistan, la Chine et Singapour. La mise à niveau de l'équipement militaire de l'Inde devrait coûter \$100 milliards ces dix prochaines années. [9]

Le monde actuellement (2018) dépense \$1.686 milliards en militarisation tandis qu'il suffirait de \$30 milliards pour mettre fin à la famine mondiale, et \$11 milliards permettraient à chaque citoyen de la planète d'accéder à l'eau potable.

Peu de gens hors gouvernement sont conscients de la nature, de l'étendue et des dangers de ce complexe et rien ne signale mieux son pouvoir que la priorité que les gouvernements lui accordent. Le livre de Mehta est un signal d'alarme opportun pour les citoyens motivés qui souhaitent la naissance d'un monde meilleur, plus équitable, libéré du contrôle d'un système destiné à la défense mais qui agit comme un cancer invasif du corps de la planète.

Lors de son discours d'adieu en janvier 1961, le président Eisenhower adresse cet avertissement sévère au peuple américain:

> En tant que conseillers du Gouvernement, nous devons nous prémunir contre l'acquisition d'influence indue, recherchée ou non, par le complexe militaro-industriel. Le potentiel d'essor désastreux d'un pouvoir déplacé existe, et persistera. Nous ne devons jamais laisser le poids de cette combinaison mettre en danger nos libertés et nos processus démocratiques. Nous ne devons rien prendre pour acquis. Seuls des citoyens informés et alertés peuvent imposer un équilibre correct entre l'énorme machinerie industrielle et militaire de défense et nos méthodes et nos buts pacifiques, afin que sécurité et liberté puissent prospérer de concert.

La mise en garde d'Eisenhower, loin d'être prise à cœur, est ignorée par les gouvernements successifs qui dépensent toujours plus pour nourrir les demandes insatiables des militaires et des puissantes et richissimes industries qui les fournissent. Des chiffres sont ici mentionnés et aussi au cours du prochain chapitre.

L'Institut international de recherche sur la paix de Stockholm (SIPRI) estime que les dépenses militaires des USA ont augmenté de 81% depuis 2001 pour atteindre \$710 milliards en 2011, et que les dépenses militaires globales pour l'achat d'armements atteignent le niveau record de \$1,74 milliards de milliards. [10] Les dépenses militaires des USA s'élèvent à \$886 milliards en 2018 (Budget de l'administration Trump pour l'année fiscale octobre 2018-2019, soumis au Congrès en février 2018). L'exemple des USA est suivi par d'autres nations — Chine, Japon, Inde, Pakistan, Royaume-Uni, France, Israël, Russie, Iran, Arabie Saoudite, parmi d'autres — dont beaucoup ajoutent à leur propre arsenal d'armements, et en même temps, vendent des armes et des avions de combat à d'autres gouvernements, souvent corrompus et tyranniques. Ces nations forment une élite militaire globale dont l'ombre sombre se dessine dans l'escalade de la course à l'armement, la paupérisation et la souffrance des milliards de gens dont les besoins sont ignorés. De plus, Mehta écrit que 'plus de 36.4 millions de gens dans plus de 120 pays sont affectés par le militarisme. Les réfugiés, les migrants, les personnes intérieurement déplacées et les apatrides fuient les combats et sont chassés de leurs pays par la force des conflits internes.'[11]

Ces informations sont maintenant plus largement disponibles au public grâce à internet et aux recherches d'instituts tels SIPRI. De l'opinion de Mehta, 'C'est l'action collective qui offre le plus d'espoir de mettre fin aux relations commerciales militaro-industrielles qui ont maintenu la moitié du monde en état de guerre, de misère et de famine. C'est la solidarité publique qui détournera les revenus des impôts des poches des firmes militaires vers le développement humain et économique, qui seul procure une sécurité pérenne.'[12] Il serait intéressant de savoir quelle proportion de l'aide versée annuellement par les nations occidentales aux gouvernements indien, pakistanais et africains sert effectivement aux programmes destinés à sortir les gens de la pauvreté, plutôt qu'à l'achat d'armes et d'avions de combat vendus par les nations donatrices, ou à remplir les poches des membres des divers gouvernements.

Les gens, par leurs recherches d'informations sur internet, deviendront plus conscients de ces jeux de dupes, et gagneront en pouvoir pour les démanteler. À la lumière des découvertes renversantes de la science (Chapitre Quatorze) et par le fait que chacune de nos actions affecte l'ordre cosmique, je pense que nous pouvons voir pourquoi le militarisme est le résidu corrompu et corrupteur de cette vision de la réalité dépassée, même si nous comprenons pourquoi il est advenu et pourquoi il croit devoir se perpétuer.

La même volonté de l'ombre pour la dominance et le contrôle omnipotent, facilités par le pouvoir militaire, contamine les idéologies utopiques qui proclament être à même d'apporter des bienfaits pérennes à l'humanité, en dépit des moyens violents et répressifs utilisés pour les atteindre. John Gray démontre dans son livre *Black Mass: Apocalytic Religion and the Death of Utopia* comment les idéologies utopiques séculières, qui sont la cause au siècle dernier d'une telle souffrance massive, sont profondément liées aux croyances chrétiennes millénaristes — issues du Livre de l'Apocalypse — et sont une anticipation d'un nouvel ordre mondial provoqué par une destruction cataclysmique. Il montre aussi comment le concept de George W. Bush de vaincre 'l'axe du mal' appartient à cette même mythologie millénariste.[13] À la poursuite d'un idéal utopique, l'agression fut tacitement acceptée et justifiée dans le but de renverser un ordre ancien et d'établir un nouvel ordre — au nom de la démocratie.

Le Syndrome d'Hubris

Cette phrase est empruntée au titre d'un livre publié en Angleterre en 2007 et à nouveau en 2012, écrit par le Dr. David Owen, qui fut ministre des Affaires étrangères d'un gouvernement travailliste — ce syndrome est un trait de caractère de nombreux leaders, tout particulièrement des chefs d'entreprises engagées dans des projets militaires ou des leaders qui accèdent soudainement à un pouvoir considérable.

Le livre de David Owen nous donne une définition limpide de la pathologie des chefs qui affichent grandiosité et inflation psychique — à savoir hubris ou toute puissance divine — et souligne l'urgence de percevoir combien il est facile aux leaders des nations de persuader des individus, aussi bien que tout un peuple, de perpétrer et d'accepter comme 'normaux' et 'patriotiques' des actes de déraison immature et d'extrême barbarie.

Le plus grand danger dans la sphère politique et religieuse vient de l'inflation mythique des leaders — leur identification inconsciente au rôle archétypal du héros ou du sauveur, ou dans le cas d'une personne avec de fortes croyances religieuses, au rôle de véhicule de la volonté de Dieu ou d'une idéologie utopique. Les leaders peuvent croire qu'ils sont guidés par Dieu ou par Allah dans l'accomplissement de leur devoir moral de se débarrasser d'un opposant qu'ils nomment le mal. Ils tombent inconsciemment dans un délire grandiose et omnipotent et leurs discours adoptent un ton démagogique et même messianique.

De l'opinion de David Owen, Tony Blair et George W. Bush commencent à montrer des symptômes de délire grandiose après 2011, comme si, dans le conflit avec 'l'axe du mal', ils avaient été choisi pour jouer un rôle historique divinement ordonné. Blair néglige les conseils de son cabinet et n'informe même pas ses membres de sa décision d'entrer en guerre. Il méprise les mises en garde des conseillers militaires et civils et commence à exhiber des symptômes d'inflation — confiance excessive en son propre jugement, tendance à schématiser et ton défensif et messianique. Owen écrit que 'Blair , sans rien soumettre au Parlement, va changer le fondement du Cabinet gouvernemental relatif aux questions de politique étrangère et de la défense.... Ceci n'est pas de la modernisation mais du vandalisme '*hubristique*' dont seul Blair, en tant que Premier Ministre, porte la responsabilité'. [14]

Aux USA, George W. Bush et ses conseillers augmentent considérablement le pouvoir de Commandant en chef du Président et le pouvoir de la branche exécutive du gouvernement, suspendent nombre de droits constitutionnels du peuple américain et réduisent les questions complexes à cet unique aphorisme, 'Ceux qui ne sont pas avec nous sont contre nous'. Les conséquences catastrophiques de l'invasion de l'Irak et de l'Afghanistan sont détaillées dans une critique éreintante du gouvernement Bush, *Bush and Cheney — How they Ruined America and the World*

(Olive Branch Press), rédigée par un universitaire renommé, David Ray Griffin. Les conséquences de la guerre d'Irak incluent l'estimation de 2.3 millions de morts, 4500 morts américains et des centaines de milliers de blessés graves, sans mentionner les effets désastreux de l'uranium appauvri et les malformations des bébés du fait de son utilisation. Le coût économique atteint $4 milliards de milliards en 2014 et les retombées politiques, y compris l'essor de Daesh, sont pleinement visibles par tous. Son livre déconstruit méticuleusement l'explication officielle des évènements du 11 septembre et expose les mensonges servis au monde à ce sujet et au sujet des invasions américaines au Moyen-Orient. La posture *hubristique* des USA est reflétée dans leur croyance qu'ils peuvent s'arroger le droit d'intervenir (et de renverser des régimes) à leur gré.

David Owen conclut son livre par ces mots: 'Il se pourrait que le syndrome d'hubris n'ait jamais de traitement médical ni même une étiologie médicale démontrable, mais il devient de plus en plus clair que, autant sinon plus que les maladies ordinaires, c'est une sérieuse menace à la qualité du leadership et de la gouvernance de notre monde'. [15]

Quand les mots 'bien' et 'mal' sont prononcés dans un contexte va-t-en-guerre, nous devrions être instantanément attentifs aux projections de l'ombre, en alerte quant aux débuts d'une croisade religieuse ou politique et sur nos gardes quant à l'appel à éradiquer le mal. Tzvetan Todorov, dans son livre *Hope and Memory: Reflections on the Twentieth Century*, nous met en garde: 'Les projets qui visent à éradiquer le mal dans le but de faire advenir le règne du bien universel, on ne doit pas y toucher'. [16] Même si nous ne pouvons nous en abstenir, nous devrions prendre soin de procéder avec prudence et de maintenir une vigilance de tous les instants relative à notre ombre et à ses propres motifs d'agir pour éradiquer le mal.

L'Ombre de la Science: Grandiosité et Omnipotence

L'ombre dans la sphère de la science se voit dans la tendance prométhéenne à la grandiosité et à l'omnipotence et dans la croyance que l'intention de la science n'est pas tant la quête de compréhension du fonctionnement de la nature que 'la conquête de la nature'. Les scientifiques décrivent la science comme une méthodologie mais la science peut facilement tomber sous le contrôle de la soif de pouvoir de l'ombre et muter en idéologie ou système de croyances. Comme toutes autres idéologies politiques, l'idéologie scientifique peut exiger carte blanche pour faire ce qu'elle veut au nom du progrès scientifique: rien ni personne ne doit être autorisé à empêcher ce progrès (comme avec la manipulation génétique des semences). Elle peut se proclamer, avec une conviction toute dogmatique, seule détentrice de la vérité. Elle peut attaquer comme hérétique toute nouvelle hypothèse scientifique, toute approche thérapeutique ou croyance qu'elle choisit de rejeter — comme l'homéopathie ou l'acupuncture — imposant donc une sorte de 'Solution Finale' rationnelle qui vise à éliminer tout ce qu'elle brandit comme non-rationnel ou non-scientifique.

Une illustration de la soif de pouvoir inconsciente de l'ombre transparaît dans les évènements qui suivent la création de la bombe atomique. Robert Oppenheimer, brillant physicien et directeur du Projet Manhattan à l'origine de la bombe, fut horrifié par la destruction d' Hiroshima et de Nagasaki; et pourtant, il se laissa entraîner dans le courant des évènements qui aboutirent à cette atrocité, attiré par sa fascination pour la technologie de la bombe, et impuissant à intervenir dans les décisions politiques une fois que la bombe avait été testée. 'Mon opinion sur ces choses est que lorsque vous voyez une chose techniquement attractive, vous foncez et vous la réalisez, et vous discutez de ses applications une fois que vous avez eu votre succès technique. Ça s'est passé comme ça avec la bombe atomique', dit-il.[17] De l'avis de Todorov, même si ce crime est moins grave que l'extermination des juifs par les nazis, la culpabilité morale de ceux qui tuent au nom de la démocratie est plus grande.[18] Quand la soif de l'ombre du scientifique pour des succès techniques rejoint la soif de pouvoir de l'ombre des gouvernements impliqués dans une guerre ou dans le complexe militaro-industriel, des évènements se mettent en marche qui peuvent culminer en catastrophe, telle celle d'Hiroshima et de Nagasaki, celle des bombes à hydrogène testées dans les îles du Pacifique, ou celle de l'accumulation de réserves colossales d'armes chimiques et bactériologiques en URSS pendant la guerre froide — une histoire insidieuse dont nous parlerons au prochain chapitre. [19]

Mettre la science au service d'un programme de défense gouvernemental est tenu pour louable et légitime. Beaucoup de scientifiques travaillent pour les gouvernements et l'armée. Mais la science asservie à la branche militaire des gouvernements peut être possédée par l'ombre quand elle développe des armes qui deviennent un danger pour l'humanité et sont capables de dévaster de larges zones de la planète. Nous devons confronter l'idéologie de progrès scientifique et déterminer où elle est captive des tendances assoiffées de pouvoir des gouvernements et où, au vu de ce que nous avons exploré plus haut, elle peut engendrer et diffuser le mal.

Reconnaître l'Ombre

Dans le monde actuel, l'ombre devient facile à repérer, non seulement dans le comportement de nos ennemis mais aussi dans le nôtre. Des éléments concernant la conduite des gouvernements et dont nous n'avions aucune idée, font surface — les justifications douteuses des guerres d'Irak et d'Afghanistan, les mensonges et la corruption en hauts lieux, la tendance générale à l'opacité, la manipulation et la langue de bois des politiques. Les gens voient que la vente croissante d'armes à des régimes instables et tyranniques est moralement corrompue, car peu importe l'augmentation du PNB du pays vendeur, c'est un commerce générateur de guerres, de misère et de souffrances pour les civils. Quand les nations s'engagent dans ce commerce, elles se rendent complices au second degré des souffrances qui en découlent. Les scandales financiers, tels le fiasco Enron et le refus des banques à reconnaître leur responsabilité et leur duplicité, l'avidité des grandes entreprises, et la poursuite acharnée de la richesse, se révèlent aux yeux de tous. Les abus sexuels du clergé catholique sur des enfants, autant que les préjugés enracinés contre les femmes et les homosexuels dans le christianisme et l'islam, montent à la surface. Tout ceci constitue un dévoilement de l'ombre.

Exposer la face ombre des programmes religieux, politiques et scientifiques est de grande valeur si cela peut nous aider à nous libérer des chaînes de nos automatismes inconscients qui induisent la souffrance chez autrui. Mais il y a encore énormément à faire pour devenir conscient de la facilité avec laquelle nous pouvons être manipulés par l'ombre des gouvernements, des religions et de la science. Si nous voulons être capables de résister à la soif d'omnipotence qui infiltre ces domaines, nous devons être conscients de notre propre ombre et de son influence qui peut nous conduire à respecter ou à accepter des agissements de l'ombre de ces trois domaines. En même temps, nous devons discerner avec circonspection entre les projections négatives et le mal sous forme de psychose de masse qui peut nous confronter dans certaines situations. Nous devons également être conscients de la facilité avec laquelle une psychose de masse peut atteindre un grand nombre de gens. Ce n'est qu'en développant une plus grande faculté de discrimination, en le reconnaissant en nous autant qu'en le nommant chez les autres, que nous pourrons gérer le mal de façon effective et en connaissance de cause.

La Rédemption de l'Ombre de l'Ère Solaire

Lord Rees, physicien et astronome, écrit dans son livre publié en 2003, *Our Final Century*, que nos chances de survivre à ce siècle sont de 50-50:

> Nos choix et nos actions pourraient assurer le futur pérenne de la vie (pas juste sur Terre, mais peut-être bien au-delà). Ou au contraire, par des intentions malignes, ou par mésaventure, la technologie du vingt-et-unième siècle pourrait compromettre le potentiel de vie et forclore son avenir humain et post-humain. Ce qui arrive ici sur Terre, en ce siècle, pourrait vraisemblablement faire la dif-

férence entre une presque éternité de formes de vie toujours plus complexes et subtiles et une éternité de rien d'autre qu'une matière de base. [20]

Les principaux dangers qu'il cite sont le terrorisme, les conséquences du changement climatique, le mauvais usage des nanotechnologies, des armes nucléaires, chimiques et biologiques, ainsi que les dangers propres à la nature, tels un sinistre catastrophique causé par l'impact d'un astéroïde ou l'éruption d'un volcan. J'ajouterais volontiers à cette liste le danger des réacteurs nucléaires.

Le 11 Mars 2018 marque le septième anniversaire du désastre nucléaire de Fukushima. Depuis cette date, entre 300 et 400 tonnes métriques d'eau irradiée s'écoulent toutes les 24 heures du quatrième réacteur dans l'Océan Pacifique, contaminant les poissons, les algues et les oiseaux qui se nourrissent de poissons, pour finalement affecter les humains. Des poissons contaminés ont été retrouvés au large des côtes de l'Alaska et sur la côte ouest de l'Amérique. Le gouvernement japonais admet qu'il faudra au moins 40 ans pour finir de démanteler le cœur des trois autres réacteurs endommagés. D'autres études scientifiques avancent 80 années. Les courants des vents et de l'air radioactifs et l'eau de mer radioactive affectent l'Amérique du Nord et rien ne peut être fait pour l'empêcher. Selon un rapport de l'Institut de radioprotection et de sûreté nucléaire (IRSN) français, l'explosion initiale est à elle seule 'la plus grande contribution de radionucléides à l'environnement marin jamais observée'.

Bon nombre de menaces induites par l'homme viennent de nos instincts de survie et de notre dépendance à des schémas ancestraux d'expansion territoriale et d'emprise et d'accumulation de pouvoir dans divers domaines. Ce nouveau siècle nous demande d'entreprendre la tâche monumentale de reconnaître nos automatismes comportementaux qui pendant des millénaires ont été justifiés par le désir de suprématie nationale, territoriale et religieuse. Il nous est nécessaire de dépasser la perspective nationale et de nous placer dans une perspective planétaire et ceci ne pourra se réaliser qu'avec l'appui d'un nombre grandissant de personnes animées par cette perspective. Nous avons l'intelligence et la faculté innées de nous transformer mais il ne nous reste que peu de temps pour accomplir cette capitale transformation de conscience.

Un exemple singulier nous permet d'espérer: dans le catalogue de ses crimes innommables, Saddam Hussein fit construire des digues pour empêcher l'inondation annuelle de l'Euphrate et ainsi assécher les marais autour de Basra, dans le but de chasser les habitants de cette zone occupée depuis des millénaires. Toute cette région devint alors un désert stérile et vide. Un homme remarquable avait visité cette zone marécageuse dans son enfance et avait été enchanté par son calme, sa beauté vierge et la profusion de ses oiseaux. Il fit le vœu qu'un jour il y reviendrait et ferait renaître les marais. Exilé aux USA pour échapper aux purges, il revint en Irak après la mort de Saddam et se consacra à rétablir et faire revivre les marais. En creusant des canaux dans les digues, il libéra l'eau. Elle put à nouveau irriguer toute la région qui se régénéra d'elle-même. Le bonheur de voir les roseaux pousser à nouveau, les millions d'oiseaux revenir, et les habitants reconstruire leurs maisons de roseaux et se réinstaller dans leur région ancestrale, fut sa récompense pour toutes ces années de durs labeurs. Tout ceci fut accompli grâce à un tendre souvenir d'enfance, et la vision et la détermination d'un seul homme. (BBC2, 2011)

Le défi moral majeur du XIXè siècle était l'esclavage. [21] Au XXè siècle, ce furent les totalitarismes et la révélation des holocaustes de peuples sacrifiés à la volonté létale de dictateurs psychopathes. En ce siècle, le défi majeur est le réchauffement climatique; en second lieu, les régimes oppressifs ainsi que la raréfaction des ressources en nourriture et en eau du fait de la croissance de la population. Un troisième défi moral est l'oppression consternante des femmes — viols, meurtres, trafic et violences domestiques — qui inévitablement affecte le bien-être de leurs enfants. Le viol comme arme de guerre est une méthode de contrôle et d'humiliation aussi ignoble que l'esclavage et devrait être déclaré crime de guerre et crime contre l'humanité, et les gouvernements et chefs militaires qui le permettent et l'encouragent devraient rendre des comptes. [22] Un quatrième défi est la nécessité de libérer la planète de toutes les armes de destruction massive pour que la Terre ne subisse plus la pollution de leur présence.

La connaissance pénétrante de Jung de la nature de l'ombre est l'un des très grand legs qu'il nous laisse. Mais son commentaire désabusé nous met en garde, 'On ne devient pas éveillé en visualisant des figures de lumière, mais en rendant l'obscurité consciente'.[23] Rendre l'obscurité consciente demande de sacrifier la mentalité qui nous ferait persister sur le même chemin, en ignorant les maux que notre comportement dicté par l'ombre génère. Notre survie en tant qu'espèce dépend de notre faculté à accomplir cette tâche herculéenne d'identifier la genèse du mal en nous-mêmes, à sa source.

Ce que nous pourrions faire pour transformer cette situation

❦ Nous pourrions aider les enfants du monde à devenir conscients des projections de l'ombre et des comportements dictés par l'ombre, attirer leur attention sur les dangers de l'endoctrinement politique et religieux et la pratique de diabolisation et de déshumanisation d'autrui, en le traitant de 'chien', 'porc', 'vermine', 'racaille', ou 'kafir'.

❦ Nous pourrions définir les limites de certains comportements au sein des écoles, des entreprises et des institutions, comme les hôpitaux et les maisons de retraite, et n'avoir aucune tolérance pour le harcèlement et les comportements sadiques.

❦ Nous pourrions étendre la compréhension des racines du comportement pathologique de l'adulte, dû en grande partie à une éducation et à des pratiques parentales nocives, générant souffrance dans l'enfance et haine de soi. Condamner ne change rien mais au contraire raffermit la résistance au changement. Comprendre que l'agresseur était jadis une victime peut être le premier pas vers la guérison et la transformation du schéma de comportement destructeur. Cela ne veut pas dire que le crime est excusé mais que la punition n'est pas la seule solution possible.

❦ Au niveau national, nous pourrions apprendre à reconnaître l'ombre dans la représentation de comportements brutaux et sadiques dans les séries télé, les vidéos et les films. Nous pourrions reconnaître que les images permanentes de violence mâle ont une influence génératrice de brutalité sur la psyché fragile des enfants, et aussi des adultes, et les désensibilisent. Il ne fait aucun doute que regarder des scènes de violence pendant plusieurs années conditionne un individu et une société à considérer la violence comme acceptable, et même comme un comportement digne d'admiration et héroïque.

❦ Au niveau international, nous pourrions apprendre à reconnaître et à nommer l'ombre des grandes multi-nationales qui cherchent à s'emparer toujours plus du contrôle des ressources de la Terre, par exemple en s'appropriant le monopole des semences qui devraient être le bien commun de chaque habitant de la planète. L'irresponsabilité morale des nations industrielles envers celles qui ne le sont pas peut ne pas être considérée comme mal, mais elle génère le mal et de grandes souffrances. Le mal est multiforme et des schémas comportementaux de prédation peuvent se cacher dans la prise de bénéfices des firmes géantes, dans la compétition qui détruit les concurrents, dans les profits d'investissements lucratifs qui peuvent causer la faillite d'un pays et priver une population démunie de ses moyens de survie.

Notes:

1. Saul, John Ralston (1995) *The Unconscious Civilization*, House of Anansi Press, Canada, and (1998) Penguin Books Ltd., London
2. Cohn, Carol (1987) *Sex and Death in the Rational World of Defense Intellectuals, Signs, Journal of Women in Culture and Society*, University of Chicago Press
3. McGilchrist, Iain (2009) *The Master and His Emissary, The Divided Brain and the Making of the Western World*, Yale University Press
4. Levi, Primo (1988) *The Damned and the Saved*, Abacus Books, London
5. Fromm, Erich (1977) *The Anatomy of Human Destructiveness*, Penguin Books Ltd., p. 386
6. Miller, Alice (1985) *Thou Shalt Not Be Aware: Society's Betrayal of the Child*, Pluto Press, London
7. cité dans un article sur le sadisme ultra-violent par Christopher Goodwin, 'Are You Sitting Comfortably?' *Sunday Times Magazine*, 2009
8. ibid
9. Mehta, Vijay (2012) *The Economics of Killing: How the West fuels War and Poverty in the Developing World*, Pluto Press, London, p. 33.
   Ce livre contient un Appendice des plus utiles qui liste les organisations internationales de paix dans divers pays.
10. Mehta, extrait de '*The Arms Trade*', article paru dans *Resurgence Magazine*, autumn 2012
11. ibid
12. *The Economics of Killing*, p. 164
13. Gray, John (2007) *Black Mass: Apocalyptic Religion and the Death of Utopia*, Penguin Books Ltd., London, p. 192
14. Owen, David (2007) *The Hubris Syndrome*, p. 31, Methuen Publishing Ltd., London
15. ibid, p. 134
16. Todorov, Tzvetan (2003) *Hope and Memory, Reflections on the Twentieth Century*, Princeton University Press, p. 71
17. cité par Todorov, p. 234 de J. Glover, *Humanity* (Cape 1999). Voir aussi Kai Bird et Martin J. Sherwin, *American Prometheus, The Triumph and Tragedy of J. Robert Oppenheimer*, Alfred Knopf, New York, 2005
18. Todorov, p. 237
19. Hoffman, David (2009) *The Dead Hand: Reagan, Gorbachov and the Untold Story of the Cold War Arms Race*, Doubleday, New York and Icon Books, London, 2011
20. Rees, Sir Martin (Lord Rees) (2003) *Our Final Century*, William Heinemann Ltd., London
21. Hochschild, Adam (2009) *Bury the Chains*, Macmillan, London
22. En October 2012, le ministre britannique des Affaires étrangères, William Hague, déclare que la Grande Bretagne "fera un effort global pour mettre fin à la culture de l'impunité qui entoure ce crime monstrueux."
23. Jung, C.G. CW13 (1967) *Alchemical Studies*, §. 335

Saint George et le Dragon
Gustav Moreau 1890
Avec l'aimable permission de la National Gallery, Londres.

Chapitre Treize

LA GUERRE: VIOL DE L'ÂME

*Est-il malheur plus grand pour les mortels que de voir leurs enfants mourir sous
leurs yeux?*
— Euripide

Lorsque beaucoup d'hommes se font tuer,
Ils devraient être pleurés avec un chagrin sincère,
C'est pourquoi la victoire se conduit comme des funérailles.

— *Tao Tö King*, 31

*Il divino e il demoniaco sono molto vicini; solo una linea sottile li separa. Noi che
siamo davvero capaci di divinità siamo anche capaci di atti diabolici. E la più
profonda di tutte le attività demoniache è l'uso della nostra immaginazione divina
per inventare la distruzione.*
— Matthew Fox, *Original blessing*

Questa cosa di tenebra riconosco mia...
— Prospero dans *La Tempête* de Shakespeare

L a destruction de la vie d'un autre être humain, et au sens large, de la vie de
la planète et des espèces qu'elle soutient, est d'autant plus facile à accepter
quand le sentiment du sacré est égaré, quand les gens ne sentent plus qu'ils
vivent au sein d'un Ordre Sacré, et quand les valeurs du 'monde réel' prévalent sur
les valeurs d'un autre ordre du réel, valeurs que les religions ont échoué à instituer.

Quelle conséquence la guerre a-t-elle sur l'âme? Sous l'angle de la dimension
cosmique de l'âme et des diverses valeurs relatives à la responsabilité de l'humanité envers la Terre décrite au chapitre Dix, la guerre nous déshumanise et nous corrompt au tréfonds de l'âme; c'est un crime contre l'Ordre Sacré de la vie. La guerre
inflige une blessure terrible à l'âme, une blessure qui ne pourra jamais cicatriser
du fait des traumatismes et des mémoires qu'elle laisse dans son sillage — non

seulement aux vivants mais aussi aux morts.

Anna Politkovskaya, la journaliste russe assassinée devant chez elle à Moscou en 2006 pour avoir témoigné des atrocités commises en Tchétchénie, cite au début de son livre, *A Small Corner of Hell: Dispatches from Chechnya*, un écrit de Tolstoï. Je l'inclus ici pour rendre hommage à son courage d'avoir dénoncé les horreurs de la guerre et en mémoire de Tolstoï pour sa haine de la guerre:

> Toute la nature semblait emplie de la puissance et de la beauté dispensatrices de paix. La place manque-t-elle pour que les hommes vivent en paix dans ce monde magnifique, sous l'infinité du ciel étoilé? Comment se fait-il que la colère, la vengeance, ou l'envie de tuer son prochain persistent dans l'âme de l'homme entouré de cette Nature sublime? Tout mal au cœur de l'homme devrait, penserions-nous, disparaître au contact de la Nature, où la beauté et la bonté trouvent leur plus directe expression. La guerre? Quel phénomène incompréhensible ! Quand la raison questionne, est-ce juste? Est-ce nécessaire? Une voix intérieure répond toujours 'non'. Seule la pérennité de ce phénomène non naturel le rend naturel, et seul l'instinct de conservation le rend juste. [1]

Le chapitre Six décrit comment au cours des quatre mille ans de l'ère solaire la guerre devient endémique, jusqu'au siècle dernier où l'arme la plus démoniaque jamais inventée par l'homme est utilisée sur des civils lors des bombardements d'Hiroshima et de Nagasaki. Le philosophe John Gray observe avec justesse dans son livre *Straw Dogs*: 'alors que la science et la technologie progressent, il en est de même de la compétence à tuer. Alors que l'espérance d'un monde meilleure s'accroît, il en est de même des tueries de masse'.

En juillet 1955, Albert Einstein, Bertrand Russell, Joseph Rotblat (qui quitte le Manhattan Project quand il comprend sa finalité) et huit autres signent un manifeste qui met en garde contre les conséquences catastrophiques d'une guerre nucléaire et réclame de toute urgence un désarmement global total. Cette déclaration, connue sous le nom de *Manifeste Russell-Einstein*, est la dernière action publique d'Einstein car il meurt peu de temps après. L'essai en 1954 par les États-Unis de la bombe à hydrogène — une bombe 1300 fois plus puissante que celle d'Hiroshima — sur l'atoll de Bikini dans l'Océan Pacifique est l'acte qui déclenche ce manifeste. Cette explosion produit des retombées hautement dangereuses qui encore de nos jours provoquent des malformations congénitales chez les enfants qui naissent sur les îles Marshall, dont fait partie l'atoll de Bikini.

Dans ce manifeste les signataires exhortent les peuples à se rappeler leur humanité et à faire abstraction du reste: 'Nous devons apprendre à penser différemment. Nous devons apprendre à nous demander, non pas quelles mesures nous devons prendre pour assurer la victoire militaire d'un groupe qui aurait nos faveurs, car de telles mesures n'existent plus, mais quelles mesures pouvons-nous prendre pour empêcher un conflit militaire dont l'issue serait désastreuse pour toutes les parties? Telle est la question que nous devons nous poser'.

La guerre encourage et justifie la tendance à la cruauté latente en chacun de nous. Elle désensibilise ceux qui se trouvent en position de tuer et déchaîne notre aptitude à la barbarie. Nous pouvons tout d'abord hésiter à tuer, retenus par une empathie instinctive. Mais l'habileté à tuer se mue rapidement en fierté, voire en jouissance à tuer et en satisfaction orgueilleuse, individuelle ou nationale, à commettre avec adresse des crimes innommables. Le bombardement d'Hiroshima eut pour première conséquence d'encourager les autres États à développer la même arme pour se trouver sur un pied d'égalité avec la puissance de l'État nucléarisé; la prolifération a mené à une encore plus grande prolifération, à la manière d'une escalade de rivalités dans les fratries. Il n'est pas difficile de voir que ces agents de mort massive ne nous protègent pas de la guerre mais nous conduisent inexorablement à leur ultime utilisation. Renoncer à ces armes est la tâche la plus exigeante - car elle brave nos conditionnements et nos plus profonds instincts de survie - que notre espèce se doit d'accomplir. De plus, elle défie une mythologie solaire puissante qui nous maintient dans une sorte d'envoûtement collectif et nous convainc que nous devons perpétuellement préparer la guerre, et qu'une fois en guerre, nous devons décrocher la victoire.

L'Ère Solaire et la Culture Guerrière

Au cours des quatre mille ans de l'ère solaire, la guerre est constamment présente et glorifiée comme la plus noble activité de l'homme. La victoire et le butin de guerre sont des trésors convoités à gagner dans la bataille, et le courage face à la mort est la vertu suprême.

L'Amérique et l'Occident chrétien, l'État d'Israël et la totalité du monde musulman sont encore sous le sortilège de la mythologie solaire qui théâtralise le combat entre le Bien et le Mal. La conversion forcée et la défaite d'autrui par l'épée, par la bombe et maintenant par le missile 'guidé à distance', ne sont pas un souvenir mais une réalité de tous les instants. La guerre est au cours des siècles de culture patriarcale encouragée, défendue et promue; l'Ancien Testament ovationne un Dieu guerrier, déterminé à vaincre ses ennemis; le christianisme et l'islam sont toutes deux des civilisations guerrières. S'il existe un livre qui illustre ce schéma guerrier gravé au cœur des trois religions patriarcales, ce doit être *Jerusalem: The Biography* (2001) de Simon Sebag Montefiore, qui explore brillamment l'histoire sanglante de Jérusalem.

Cependant, cette culture guerrière archaïque, si profondément imprimée dans la psyché mâle, est à présent remise en question par nombre d'individus qui réalisent que les sacrifices rituels guerriers ne sont plus une solution du fait de leurs conséquences dévastatrices sur la trame de la civilisation, sans parler de la planète. La loi et l'ordre sont apparus dans la société civilisée pour entraver les dangereuses tendances de notre nature. La guerre brise cette entrave et nous permet de justifier des actes de la pire barbarie tant qu'ils sont infligés à un ennemi.

La guerre invite à relâcher une quantité colossale d'énergie instinctive qui n'a aucun exutoire dans le cadre plus circonscrit du quotidien. Elle peut mettre à jour des aptitudes que les gens ne se connaissaient pas, les faire accéder à des émotions qu'ils n'avaient jamais éprouvées. Les instincts de survie en alerte rouge, la guerre donne aux gens la sensation de se sentir intensément vivants, libres d'agir d'une manière sauvage qui serait inacceptable dans un contexte où la paix et l'ordre prévalent. La guerre unit les hommes dans un lien durable de fraternité profonde et une nation dans une volonté commune de se protéger contre une menace apparente. La guerre stimule, excite, ennoblit, fascine mais aussi dégrade et corrompt. Tels des somnambules sous le sortilège du mythe solaire et du combat archétypal du Bien contre le Mal, nous y allons, ignorant que nous sommes captifs d'un schéma de comportement doté du pouvoir de nous piéger dans sa toile. Toutefois un signe actuel positif montre que de plus en plus de gens démythifient la rhétorique guerrière et résistent aux efforts des gouvernements qui veulent s'y engager. Le prétexte des gouvernements pour faire la guerre sonne de plus en plus faux au vu des armements terrifiants développés, des dépenses colossales entraînées, des nombreuses victimes civiles, de l'angoisse des familles endeuillées, des blessures physiques et mentales que les survivants des combats porteront pour le restant de leurs jours. La guerre ne peut jamais être autre chose qu'une tragédie, ce que les sages taoïstes chinois ont toujours su.

Personne ne met en question l'héroïsme du jeune soldat qui sacrifie sa vie pour son pays. Par contre, ce qui est de plus en plus remis en question est la sagesse des leaders politiques qui appellent ce sacrifice quand la situation ne le justifie pas, qui font fi de la vie précieuse de jeunes hommes et de jeunes femmes et de la vie précieuse des civils sans défense, comme s'ils étaient des miettes à balayer de la table. Présenter la guerre comme une nécessité est de plus en plus contesté par les gens qui pensent que la guerre sème les graines des conflits à venir et encourage l'utilisation probable des armes nucléaires, biologiques et chimiques — pas nécessairement par une nation mais par un individu instable qui aurait eu accès à l'une de ces armes ou au moyen d'en fabriquer, et n'hésiterait pas à passer à l'acte. Nous sommes tous responsables, en tant qu'espèce, de l'existence de ces armes, et en tant qu'espèce, nous pouvons choisir d'y mettre fin car leur existence même pollue la Terre.

Génération après génération, les gens ont accepté l'appel au sacrifice guerrier de leurs fils et ils ont enduré comme un fait inéluctable les immenses souffrances causées par la guerre. Imaginant Dieu comme tout puissant et du côté du 'Bien', ils

ont demandé à Dieu d'intervenir pour les protéger, leur apporter la victoire et se tenir à leurs côtés. C'est pourtant nous-mêmes qui sommes porteurs en notre nature
de la capacité 'divinoïde' de création et de destruction, de la capacité à générer le
bien et le mal dans le monde. Le fardeau de la responsabilité de changer notre destin pèse donc sur nous, non sur Dieu. Nous aidant de la perception psychologique
acquise ces cent dernières années, nous pouvons à présent examiner les causes
fondamentales de l'agressivité humaine et comprendre pourquoi certains schémas
de comportement se rejouent en boucle — sous nos yeux en ce moment même.

Les armes, la défense et la guerre sont traditionnellement et encore de nos jours
l'affaire des hommes. Les femmes jusqu'au siècle dernier ne participaient pas à
la guerre en tant que combattantes. Elles ont souffert indiciblement, ont perdu
à la guerre leur vie et celle de leur mari, père, fils, et elles et leurs filles ont subi
des viols largement ignorés, mais leurs voix étaient alors inaudibles. Toutefois la
guerre est autant une affaire de femme qu'une affaire d'homme. Si la puissance de
destruction des armes continue son escalade alors, du fait de cette puissance et de
notre immaturité morale, nous courons le risque de non seulement détruire la civilisation et notre espèce, mais aussi toute possibilité de vie sur la planète. De nos
jours, les femmes ajoutent leurs voix à celles des hommes qui comprennent que la
guerre ne mène à rien et qui sont consternés par le comportement irresponsable des
leaders qui y engagent leur pays — des leaders dont l'immaturité et l'ignorance
des données archétypales et mythiques en jeu les rendent mal équipés pour assum-
er une si phénoménale responsabilité.

Alexander Soljenitsyne conseillait dans *L'Archipel du Goulag* de garder à
l'esprit notre propre contribution au mal, il écrivait qu'il n'est pas si facile d'écarter le mal de nous-mêmes et d'en blâmer notre ennemi: 'Si seulement c'était si simple! Si seulement il y avait des gens méchants en quelque endroit qui insidieuse-
ment commettraient des actes méchants et qu'il serait nécessaire de les séparer
de nous et de les détruire. Mais la frontière entre le bien et le mal passe au cœur
de chaque être humain. Et qui donc voudrait détruire un morceau de son propre
cœur?'

L'Addiction Persistante à la Guerre

L'addiction inconsciente à la guerre demeure une menace omniprésente. Colin
Gray, Professeur d'Études Politiques et de Stratégie à l'Université de Reading, résume dans *Another Bloody Century* cette menace, il et tient pour acquis une guerre
à l'avenir pour la simple raison qu'il y a toujours eu des guerres par le passé:

> La guerre et le combat seront toujours parmi nous: la guerre est une constante
> de la condition humaine… les efforts pour contrôler, limiter et réguler la guerre,

et donc le combat, par des comportements et des mesures internationales politiques, légales, et des normes éthiques doivent être poursuivis. Cependant les résultats de telles entreprises seront toujours fragiles, susceptibles d'être renversés par l'urgence d'une supposée nécessité belligérante. [2]

La notion que la guerre est dans l'ordre naturel de la vie est discutable car il n'existe aucune preuve de l'existence de cultures guerrières avant l'essor des puissantes cités-États au Moyen-Orient c. 3500 AEC. On ne trouve par exemple aucune trace de guerre ni d'armements dans la civilisation de la Vieille Europe (6500-3500 AEC), ni dans les extraordinaires vestiges de Çatal Hüyük en Anatolie au cours de la même période. Il y a des traces (mais pas dans ces deux cultures) de sacrifices humains mais pas de sacrifices collectifs à grande échelle relatif à la guerre. L'instinct de survie est sans doute un des facteurs de guerre mais la culture guerrière s'est intensément développée pendant l'ère solaire et est devenue une habitude, une addiction. Ce qui doit être remis en question est la croyance profondément ancrée en l'inévitabilité, la nécessité et les bénéfices de la guerre, illustrée par les paroles du maréchal allemand Helmuth Graf von Moltke, qui écrivait en 1880 que 'La paix éternelle est un rêve, et pas un rêve agréable. La guerre appartient à l'ordre du divin. La guerre développe les plus nobles vertus de l'homme qui autrement s'assoupirait et mourrait: courage, déni de soi, dévotion au devoir, et consentement au sacrifice. Un homme n'oublie jamais ses expériences guerrières. Elles augmentent ses facultés pour tous les temps à venir'. [3]

Ses paroles sont reprises en écho par l'Ayatollah Khomeini en 1983, quelque cent ans plus tard, lors de l'anniversaire du prophète Mahomet: 'La guerre est une bénédiction pour le monde et pour toutes les nations. C'est Dieu qui incite les hommes à se battre et à tuer…. Les guerres du Prophète menées contre les infidèles ont été une bénédiction pour toute l'humanité…. Une religion sans guerre est une religion incomplète'. [4] Ce n'est pas un mental conscient qui s'exprime mais un mental possédé par l'instinct primordial du prédateur. Puisqu'il était le leader spirituel de l'Iran, ses paroles eurent le pouvoir d'activer les projections de l'ombre chez des millions de ses adeptes, les incitant à la haine collective des 'infidèles' transmise à la génération suivante par Oussama Ben Laden puis par l'EI. Des croyances identiques étaient semées en Europe au Moyen Âge: l'appel à libérer la Terre Sainte fut proclamé volonté de Dieu par les papes chrétiens, activant exactement les mêmes projections négatives contre les musulmans et menant au massacre, lors de la Quatrième Croisade, de toute la population de Constantinople. C'est à cette même époque que germa la notion de 'Guerre Juste', s'élevant sur des fondations censément posées par St Augustin et précisées par Thomas d'Aquin (1225-1274).

Le vingtième siècle est un siècle de massacres monstrueux — 'sans le moindre doute', comme l'écrit l'historien Niall Ferguson, 'le siècle le plus sanglant dans l'histoire, de loin le plus violent autant en termes relatifs qu'en termes absolus, que n'importe quelle ère antérieure. Des pourcentages significativement plus grands de la population mondiale ont été tués pendant les deux guerres mondiales qui ont dominé le siècle que dans les conflits antérieurs de magnitude géopolitique comparable'. [5] Des dizaines de millions furent traumatisés par la perte de leurs parents, de leurs enfants et de membres de leur famille, par la terreur, l'horreur, la famine et les souffrances. Ces blessures ne meurent pas avec ceux qui les ont subies. Elles vivent dans le champ mémoriel de l'inconscient collectif de notre espèce. Personne n'a plus minutieusement détaillé la souffrance indicible des civils dans la guerre que Max Hastings, dans son ouvrage poignant et déchirant, *All Hell Let Loose: The World at War 1939–1945* (2011).

À l'issue du procès de Nuremberg (octobre 1946), un avocat commenta que 'Ce procès a montré qu'aucune nation ne peut plus s'engager dans une guerre d'agression'. À cette époque, comme à la fin de la seconde guerre mondiale, nous pensions tous que nous avions mené la guerre qui mettrait fin à toutes les guerres, que nous avions noblement arrêté la vague des persécutions et des souffrances, que nous avions sauvé la civilisation chrétienne de la barbarie. Soixante ans plus tard, nous sommes englués dans une autre guerre majeure (Irak et Afghanistan), cette fois-ci avec des justifications très contestables, entraînant l'Occident dans une confrontation avec tout le monde musulman. À l'aube du nouveau millénaire, nous nous tenons au bord du gouffre, témoins d'autres conflits, de toujours plus d'atrocités. *Nous n'avons pas appris à penser autrement.*

Les Racines Archaïques de la Guerre

Le dernier chapitre expliquait comment les réflexes instinctifs des cerveaux reptilien et mammalien, formés sur des millions d'années, peuvent facilement 'prendre le contrôle' des beaucoup plus récents niveaux du néo-cortex. Ces instincts inconscients territoriaux et de survie, profondément enchâssés dans le système nerveux autonome, peuvent nous dominer dans n'importe quelle situation qui suscite la peur. Une fois stimulés, ils peuvent nous forcer à agir d'une façon que notre mental rationnel, dans un autre contexte, déplorerait. Donc, si la situation le réclame, des politiciens qui n'ont aucune expérience des horreurs de la guerre appelleront au sacrifice de jeunes hommes et femmes et ceux-ci, courageusement et patriotiquement, répondront à l'appel du leader, offriront leur vie en sacrifice et sacrifieront la vie d'autres hommes, et si nécessaire, de femmes et d'enfants, pour assurer la survie du groupe auquel ils appartiennent.

Ces automatismes instinctifs sont intrinsèques à l'entraînement des forces armées de tous les États-nations: obéir aux ordres sans poser de questions et obtenir la victoire à n'importe quel prix. Se surimpose à ce schéma primordial de comportement la peur masculine de perdre la face, de reculer devant le conflit, d'être déshonoré et humilié aux yeux d'autres hommes ou nations, sans oublier le sentiment de fierté attenant à la victoire au lieu de la honte causée par l'ignominie de la défaite. Le mâle dominant de n'importe quel groupe donné est étroitement épié par les autre mâles à l'affût du moindre signe de faiblesse, d'incompétence ou de défaut qui pourrait le dénoncer comme un leader faible ou hésitant en temps de guerre. Un tel signe de faiblesse ou défaut est vigoureusement exposé et attaqué, car la force du leader est identifiée à la survie du groupe. La majorité des gens, quand les instincts de survie sont activés en eux par leur leader, approuveront la réplique belliqueuse à une attaque.

Les Armes Nucléaires et les Armes de Destruction Massive

En janvier 2018, le *Bulletin des Scientifiques Atomistes* annonce qu'ils ont avancé les aiguilles de l'Horloge de l'Apocalypse à deux minutes avant minuit. Quelques jours avant cette annonce, une déclaration du Général Sir Nick Carter était publiée par *The Times* en Angleterre: 'Notre capacité à préempter ou à répondre à des menaces se trouvera diminuée si nous ne nous maintenons pas au niveau de nos adversaires'. Cette déclaration synthétise la mentalité qui domine le complexe militaro-industriel des nations nucléarisées et leurs interminables préparations et anticipation d'une guerre future. Tout cela pourrait conduire l'une de ces nations, délibérément ou par inadvertance, à déchaîner sur le monde l'inimaginable catastrophe d'une guerre nucléaire.

Il y a plusieurs décennies de cela, le Général Eisenhower prévenait l'Amérique de la puissance injustifiée du complexe militaro-industriel dont les tentacules létales contrôlaient les neufs nations nucléarisées ainsi que ces nations et corporations engagées dans le lucratif commerce des armes. Ce complexe est l'une des causes majeures de la guerre et de la persistance de la guerre. Voyez le discours d'Eisenhower sur la guerre en général, donné le 16 avril 1953 devant The American Society of Newspaper Editors:

> Chaque fusil fabriqué, chaque navire de guerre lancé, chaque roquette mise à feu signifie, au final, un vol à ceux qui ont faim et ne sont pas nourris, un vol à ceux qui ont froid et ne sont pas vêtus. Le monde en armes ne fait pas que dépenser de l'argent. Il dépense la sueur de ses travailleurs, le génie de ses scientifiques, les espoirs de ses enfants.... Ce n'est en rien une façon de vivre, en aucun sens véritable. Sous le coup de la menace de guerre, l'humanité est pendue à une croix de fer.

La plupart des habitants de la planète, même ceux qui sont très éduqués et travaillent avec des gouvernements et des organisations comme les Nations Unies, n'ont que peu de compréhension des conséquences immédiates et à long terme d'un

échange nucléaire, en termes de millions de morts civils et en termes de détério-
ration rapide et irréversible de l'environnement planétaire et de 'l'hiver nucléaire'
qui s'ensuivrait.

Des armements qui étaient inimaginables il y a cent ans, contrôlés à distance
par des opérateurs situés à des milliers de kilomètres de leur cible, peuvent à
présent supprimer des millions de vies de civils sans défense et dévaster des étendues immenses à la surface de la Terre, renvoyant effectivement les survivants à
l'Âge de Pierre. Ces soixante dernières années, les nations se sont armées avec des
forces de destruction réellement cosmiques sans aucune conscience apparente du
mal gigantesque qu'elles ont déchaîné. Matthew Fox dit vrai quand il écrit dans
son livre *Original Blessing* que la pire de toutes les activités démoniaques est
d'utiliser notre imagination divine pour inventer la destruction.

La fission de l'atome fut le projet scientifique le plus ambitieux du XXè siècle,
déposant dans les mains de l'homme une puissance illimitée, comme le proclamait
une annonce d'après guerre. L'application de cette découverte à l'alchimie obscure
de l'arme nucléaire est une constante depuis la première utilisation de la bombe
en 1945 pour rayer de la carte Hiroshima et Nagasaki. C'était un acte d'agression inconcevable contre des civils: 75.000 d'entre eux sont morts immédiatement
dans l'explosion de la bombe et autant, deux semaines plus tard, des effets de la
radiation. La bombe qui explosa sur Nagasaki détruisit, outre la ville elle-même,
dix-huit écoles et universités abritant des milliers d'étudiants. Cet acte reflète le
mode de penser dualiste qui ressort de la scission entre l'esprit et la nature au cours
de l'ère solaire. Notre aptitude croissante à dissocier la pensée des sentiments, le
mental de l'âme, nous conduisit à cet instant fatal et à l'enchaînement des décisions
et des évènements qui s'ensuivirent. Tout à la jubilation triomphale d'avoir arraché
à la nature la puissance nouvellement découverte de l'énergie atomique pour servir
les buts dégénérés de l'homme, et totalement ignorants de l'enchaînement d'idées
qui avaient conduit à ce mode de pensée apte à encourager les leaders politiques
à s'embarquer dans cette voie, les gens ne purent comprendre quel acte sacrilège
avait été commis à l'encontre de la nature, de la matière et de l'ordre sacré de la vie.

Seule l'inflation de l'ego propre à l'âge solaire pouvait mener à un tel acte
d'*hubris*. Les conséquences horrifiantes sur les êtres humains et la destruction
complète des villes furent passées en pertes et profits inhérents à la guerre et justi-
fiées par la nécessité de vaincre l'ennemi. En 2018, nous constatons les inévitables
conséquences de cet acte d'*hubris* qui a entraîné d'autres nations à suivre l'exemple des USA; l'Arabie Saoudite, Israël et les USA sont inquiets de la possible nu-
cléarisation de l'Iran et le régime paranoïde de la Corée du Nord brandit ses armes.
Le génie est hors de la bouteille et aucune menace ne le fera rentrer.

Les armes nucléaires et autres armes de destruction massive sont l'apogée du
versant *ombre* de l'âge solaire avec sa glorification de la guerre et des armes. Leur
invention et leur utilisation reflètent une conscience qui pense la matière comme

divorcée de l'esprit, et qui incroyablement s'enorgueillit de pouvoir à présent transformer la matière en force de destruction suprême. Les paroles de Robert Oppenheimer — le Prométhée qui nous a donné la bombe atomique — nous avaient prévenus des dangers de vouloir maîtriser la matière. À une conférence de l'American Philosophical Society, il disait que 'nous avons fabriqué une chose, une arme des plus terribles qui a brutalement et profondément altéré la nature du monde… une chose qui, par tous les standards du monde avec lesquels nous avons grandi, est une chose démoniaque. Et ce faisant… nous avons à nouveau soulevé la question de savoir si la science est bonne pour l'homme'. [6]

Grâce à la recherche remarquable que David Hoffman a menée et qu'il présente dans son livre, *The Dead Hand: Reagan, Gorbatchov and the Untold Story of the Cold War Arms Race*, nous savons à présent que dès 1982 'l'arsenal stratégique [nucléaire] combiné des deux super puissances détenait la puissance explosive d'approximativement 1 million d'Hiroshima.'[7] Mais ce n'était pas suffisant pour le régime soviétique; les dirigeants planifièrent un système qui assurerait une frappe de représailles, 'un système totalement automatique appelé Main Morte, où l'ordre de déclenchement serait donné uniquement par l'ordinateur'.[8] Alors que les armes nucléaires représentaient l'écrasante menace de cette époque, Hoffman révèle qu'une autre arme létale d'assassinat de masse était cultivée en éprouvettes et en fermenteurs:

> De 1975 à 1991, l'Union Soviétique construisit secrètement le plus vaste programme d'armes biologiques du monde. Les scientifiques soviétiques réalisèrent des expériences de génie génétique pour créer des agents pathogènes qui pourraient provoquer des maladies incurables. Si l'ordre était donné, les usines soviétiques étaient prêtes à produire des bactéries à la tonne qui affecteraient et tueraient des millions de gens.[9]

L'URSS continuera secrètement à étendre son programme (Biopreparat) sous couvert d'une entreprise civile, bien qu'un traité interdisant le développement, la production et la livraison d'armes biologiques (Convention sur l'interdiction des armes biologiques) entre en vigueur en 1975, signé par plus de soixante-dix nations, y compris les USA et l'URSS. 'Le programme de l'URSS s'étend de plus en plus du côté obscur de la course à l'armement'.[10] Gorbatchev sera incapable d'affronter la puissance de la prêtrise militaire qui contrôle le développement des armes biologiques.

Les armes chimiques font partie de ce programme, elles sont fabriquées, stockées et dissimulées dans des complexes industriels et agricoles. Ce programme de développement d'une nouvelle génération d'armes chimiques encore plus mortelles est poursuivi secrètement par les militaires et à l'insu du gouvernement soviétique, trahissant ainsi les assurances sincères données à l'Occident par Gorbatchev et Eltsine comme quoi ce programme avait pris fin.[11] Au sortir de la guerre froide, les USA avaient amassé 31.000.000 tonnes d'agents chimiques et l'URSS 40.000 tonnes. La Grande Bretagne en avait aussi stockés et nous le savions. [12]

Les restes du programme russe de guerre biologique (de la guerre froide) continuent à représenter un danger, d'autant plus grand depuis le démembrement de l'Union Soviétique, lorsque des stocks importants d'armes biologiques et chimiques entreposés au Kazakhstan devinrent accessibles aux scientifiques russes paupérisés qui mirent en place un marché noir très lucratif, vendant gaz neurotoxiques à la Syrie et autres toxines létales à l'Iran. La Syrie dispose de la plus importante réserve d'armes chimiques du Moyen-Orient et n'hésite pas à les utiliser sur sa population civile. Israël est sous la menace des gaz moutarde, sarin et cyanure qui seraient apparemment incorporés aux obus, bombes et ogives des missiles Scud.

Au chapitre 22 de son livre, Hoffman écrit: 'Des années ont passé depuis l'effondrement de l'URSS, et pourtant on découvre encore, aussi tardivement qu'à la fin des années 90, des pathogènes en flacons, des matériaux fissiles non surveillés, des scientifiques militaires oisifs, et des usines d'armement abandonnées'.[13] Ces armes, legs résiduels de la guerre froide, sont encore parmi nous à ce jour. Elles sont, comme il le dit si justement, la Main Morte de notre époque, 'une machine létale qui hante le globe longtemps après le trépas des hommes qui l'ont créée'.[14]

Nous avons une dette conséquente envers David Hoffman pour les révélations détaillées de ces faits. J'en ai reproduit quelques uns ici car j'ai été véritablement secouée par leur découverte et aussi car ils exposent au grand jour les dangers encore méconnus causés par la tournure d'esprit de la corporation militaire que Carol Cohn a si bien exemplifiée — voir chapitre Douze. Il existe à présent une toute nouvelle génération de ce qu'ils appellent armes nucléaires tactiques. Elles sont beaucoup plus petites que les bombes nucléaires anciennes et elles provoquent des explosions qui semblent ordinaires.

L'Arsenal Nucléaire

Au lieu de reculer face à l'horreur du mal qu'ils avaient libéré, l'Amérique et l'URSS s'embarquent dans une course à l'armement qui mène, pas à pas, à l'existence actuelle de neuf nations nucléarisées et à quelque 16.000 armes nucléaires se trouvant pour la plupart aux USA et en Russie. En 2018, la Russie en possède 8.000, les USA 7.100, la France 300, la Chine 250, le RU 215, le Pakistan 120, l'Inde 110, Israël 80, et la Corée du Nord 10, selon la Fédération des Scientifiques Américains. Tout cet arsenal est suffisant pour incinérer plusieurs fois la totalité de la population planétaire. Des milliers de ces armes sont en constant état d'alerte instantanée. Faisant partie du système de défense de l'OTAN, quelque 180 bombes à hydrogène B-61 se trouvent sur le sol européen, en Belgique, Allemagne, Italie et Pays-Bas ainsi qu'au Royaume-Uni à bord de ses sous-marins Trident. La base américaine d'Inçirlik en Turquie — qui a rejoint l'OTAN en 1952 — détient environ 50 bombes à hydrogène.

Toutes ces bombes ont été positionnées dans ces pays pour dissuader une attaque russe. Le danger de lancer une de ces armes par erreur est une possibilité de tous les instants et précipiterait une catastrophe génocidaire. Cela ne demanderait qu'une erreur d'inadvertance, une mauvaise lecture informatique (ce qui faillit arriver en URSS en 1983), une attaque terroriste, pour déchaîner cauchemars et dévastations inimaginables sur le monde. Le livre d'Eric Schlosser, *Command and Control* (2013), relate la lutte désespérée d'une poignée d'hommes pour empêcher l'explosion d'un missile balistique équipé de l'ogive nucléaire la plus puissante jamais construite par les USA. Les gouvernements qui promettent de défendre leurs populations en détenant ces armes se leurrent. Au contraire ils les exposent au risque d'annihilation totale en invitant à une frappe de représailles.

Actuellement (2018), quelque 1800 têtes nucléaires américaines et russes sont en alerte rouge, capables d'être lancées dans les 45 minutes, ou moins, suivant l'avertissement d'une attaque. [15] Elles peuvent foncer dans la stratosphère à la vitesse de 7 kilomètres par seconde et sont indétectables, sauf par des capteurs électroniques. Après avoir été informés d'une attaque par voie électronique, les chefs de gouvernement et les chefs des armées disposent de 10 à 15 minutes pour évaluer si l'attaque a réellement lieu. L'arsenal américain contient des armes nucléaires d'une puissance de destruction de 455.000 tonnes hautement explosives (30 fois la puissance de destruction de la bombe d'Hiroshima). Certaines armes russes ont plus du double de cette puissance.[16] Au Royaume Uni, chacun des quatre sous-marins équipés de missiles Trident transporte trois bombes à hydrogène dans ses 16 missiles, ce qui fait 48 ogives en tout, chacune d'une puissance de destruction huit fois supérieure à la bombe d'Hiroshima. Chaque missile a une portée d'environ 12.000 kilomètres. Un sous-marin Trident peut incinérer 40 millions d'êtres humains.

Ce n'est pas seulement la puissance létale des bombes elles-mêmes qui est un danger pour l'humanité, mais les nuages radioactifs qu'ils génèrent peuvent rester effectifs pendant des milliers d'années, condamnant à mort des gens se trouvant à des centaines, sinon des milliers de kilomètres de distance de l'explosion et affectant les générations futures. La Terre et ses millions d'espèces ont été exposées aux radiations des bombes nucléaires testées dans le Pacifique entre 1946 et 1963, avant de réaliser leurs conséquences à long terme. Aux radiations émises depuis 1945 par les essais nucléaires (plus de 2500) impactant la santé des populations à proximité – comme les Navajos au Nevada – viennent s'ajouter les radiations émises par Tchernobyl (1986) et Fukushima (2011), les désastres et accidents de Windscale (1956) et de Three Mile Island (1979). En conséquence, le monde baigne toujours plus dans la radioactivité depuis 1945. Nous constatons une 'épidémie' de cancers dans beaucoup de parties du monde qui ne peuvent pas tous être attribués au mode de vie, à l'alimentation ou à l'héritage génétique. En 1950, une personne sur neuf développait un cancer. Dans les années 1990, c'était une personne sur cinq. Ces quelques dernières années, c'est une sur trois et d'ici 2020, l'OMS prévoit une sur deux.

Peu de gens, y compris les généraux qui soutiennent et promeuvent l'idée d'une guerre nucléaire entre les nations sont au fait des implications de l''hiver nucléaire' qui résulterait d'une catastrophe nucléaire. Les conséquences environnementales d'un échange massif d'armes nucléaires ont été évaluées dans nombre d'études par des météorologistes et autres experts, aussi bien occidentaux qu'orientaux. Ils prédisent qu'une utilisation à grande échelle d'armes nucléaires provoquerait des tempêtes de feu accompagnées de vents violents et de hautes températures (semblables aux suites des bombardements d'Hambourg et de Dresde). Les fumées et les poussières bloqueraient la lumière du soleil pendant plusieurs mois, affectant dans un premier temps seulement l'hémisphère nord pour se répandre par la suite dans l'hémisphère sud. Les températures de beaucoup d'endroits tomberaient largement sous zéro et la grande majorité de la vie végétale serait détruite. Les animaux et les humains mourraient de faim. [17]

Depuis plus de cinquante ans, les neuf puissances nucléaires sont obnubilées par le développement des armes nucléaires, ce qui nous conduit à la situation la plus redoutée: la possibilité pour une nation, un groupe ou un individu dérangé de détruire la vie dans des proportions apocalyptiques. Le président des États Unis est suivi 24h sur 24 par un aide militaire qui transporte une valise contenant les codes nucléaires qu'il utiliserait, et serait autorisé à utiliser, en cas d'attaque nucléaire de son pays. La lutte de toutes ces nations pour atteindre la suprématie militaire s'est transformée en poursuite létale d'une démesure colossale, et le désir insatiable de pouvoir révèle un état de possession du mental conscient par les instincts primordiaux.

Il est vraiment alarmant qu'un individu seul ait accès à la technologie de destruction — qu'elle soit nucléaire, biologique ou chimique — et détienne le pouvoir de détruire des dizaines de millions de vies parce qu'il croit que l'emploi de ces armes dans une frappe préventive contre un ennemi désigné est justifiée ou parce qu'il se perçoit comme l'émissaire de Dieu rayant ses ennemis de la face du monde et instaurant un ordre nouveau. Un missile nucléaire n'offre aucune protection contre une fiole de toxines chimiques pathogènes et mortelles.

Sous l'angle des valeurs définies au chapitre Dix, l'essor actuel de ces armes autant que leur utilisation sont une trahison de ces valeurs et sont, tel que nous le disons au début de ce chapitre, un crime contre l'ordre sacré de la vie elle-même. La compulsion à accumuler des armes et à entreposer des armements toujours plus létaux, ainsi que la mentalité corporatiste qui nous maintient enchaînés aux habitudes défensives et agressives de l'instinct de survie implantées dans la psyché humaine au cours des millénaires, concourent à ce crime.

Il semblerait que des millions de gens s'enorgueillissent encore de l'armement et des prouesses guerrières de leur nation, jusqu'à prétendre de façon ridicule que Dieu est à leurs côtés. Des millions de gens approuvent que leur nation soit puissante par rapport aux autres. La rivalité militaire et commerciale entre les puissantes nations comme les USA, la Russie et la Chine, est tenue pour 'normale'. La course au contrôle des ressources de l'Arctique et des richesses minières de l'Afrique est l'exemple le plus récent de cette mentalité primitive.

Heureusement, cette pathologie n'est pas universelle. Pendant la guerre froide, le Traité de non-prolifération (TNP) fut rédigé et signé en 1968 par 187 nations. Tentative pour contenir la menace nucléaire grandissante, il est appliqué en tant que loi internationale depuis 1970, et tous les cinq ans des négociations sont engagées dans le but de réaliser le désarmement nucléaire total.

À l'article VI de ce Traité, les États non nucléarisés déclarent que des mesures définitives pour le désarmement nucléaire total, de même que des mesures pour un contrôle complet des armes conventionnelles, seront prises par tous les États. Toutefois ces mesures ne sont pas prises par tous les États nucléarisés. Israël ne reconnaît toujours pas qu'il dispose de l'arme nucléaire. L'Inde et le Pakistan n'ont pas signé le Traité, la Corée du Nord, qui était signataire, s'est retirée en 2003.

Le Professeur John Scales Avery écrit dans un article publié en juin 2015 que 'le principe de non recours en premier (NFU) aux armes nucléaires est un garde fou d'une extrême importance depuis des années, mais il est contrecarré par l'actuelle politique de l'OTAN qui permet le recours en premier aux armes nucléaires dans un large éventail de circonstances. L'article VI du TNP demande aux États nucléarisés de détruire leurs armes nucléaires dans un temps raisonnable. Cet article est contrecarré par le fait que la politique de l'OTAN se situe dans un Concept Stratégique qui prévoit l'utilisation des armes nucléaires dans le futur prévisible'.[18] Actuellement, l'OTAN maintient des armes nucléaires dans quatre États européens non nucléarisés: Allemagne, Belgique, Italie, Pays-Bas, ce qui contrevient aux articles I et II du TNP.

Les efforts continus de la part de nations et d'individus déterminés à supprimer les armes nucléaires se sont concrétisés le 7 juillet 2017 avec l'adoption par l'Assemblée générale des Nations Unies du Traité sur l'Interdiction des Armes Nucléaires, accepté à la majorité de 122 voix contre 1. Cet important traité est le résultat des efforts concertés d'ICAN, Campagne internationale pour l'abolition des armes nucléaires, fondée en 2007 par les Physiciens pour la Prévention de la Guerre Nucléaire. La fonction d'ICAN est d'orienter les discussions sur le désarmement vers la 'menace que font peser les armes nucléaires, attirer l'attention sur leur capacité de destruction singulière, leurs conséquences catastrophiques sur la santé et l'environnement, leur ciblage indiscriminé, l'impact débilitant d'une détonation sur les infrastructures médicales et les mesures de sauvetage, et les effets à long terme des radiations sur l'environnement'. Le 10 décembre 2017, l'ICAN se voit décerner le Prix Nobel pour la Paix. Le discours d'acceptation de

Beatrice Fihn, directrice générale d'ICAN, mérite d'être lu dans sa totalité. Elle termine par ces mots: 'Nous sommes les militants de 468 organisations qui travaillent à la sauvegarde du futur et nous représentons la majorité morale: les milliards de personnes qui choisissent la vie plutôt que la mort, qui ensemble verront la fin des armes nucléaires'.

Le Répertoire du Diable

Des millions d'autres personnes désirent s'affranchir du scénario de rivalité et de conflit permanent. Victor Gollancz, en 1958 dans *The Devil's Repertoire*, livre l'ultime condamnation des armes nucléaires. Se servir de la bombe nucléaire, en une quelconque circonstance, dit-il,

> ...serait la dernière iniquité, dernière au sens qu'aucune iniquité plus abominable n'est possiblement concevable par le mental de l'homme: le mal, pur et simple. En effet, que serait-ce sinon le rejet ultime de l'esprit, un abandon complet par les hommes qui l'accomplissent du dernier vestige de sympathie pour leurs semblables, et par choix délibéré la conversion de leur propre être en instrument de torture indicible de millions et de millions d'êtres? [19]

Je fus révulsée d'apprendre que l'Inde avait développé la bombe nucléaire car cela me suggère qu'elle s'est détournée, à l'instar des nations de l'Occident chrétien, de son magistral héritage spirituel. Les exigences perçues comme nécessaires pour la survie d'une nation peuvent bafouer l'ancien héritage de valeurs spirituelles. Ce qui est loué par les politiciens comme un grand bien est en fait un grand mal. Arundhati Roy demande dans son livre, *The Algebra of Infinite Justice*, si le peuple indien comprend vraiment les implications monstrueuses de ce qui est décidé en son nom: 'Par tous les diables, qui donc est le Premier Ministre pour décider quel doigt se posera sur le bouton nucléaire qui pourrait réduire tout ce que nous aimons — notre terre, nos ciels, nos montagnes, nos plaines, nos rivières, nos villes et villages — en cendres en un instant?

> Est-il possible que des gens qui ne peuvent écrire leur propre nom comprennent les faits, même les plus basiques, les plus élémentaires sur la nature des armes nucléaires?... Qui donc a pris la peine de leur expliquer les souffles thermiques, les retombées radioactives et l'hiver nucléaire? Des mots se trouvent-ils même dans leur vocabulaire pour décrire les concepts d'uranium enrichi, de matière fissile et de masse critique? Ou leur langue est-elle devenue obsolète? Sont-ils enfermés dans une capsule temporelle à regarder le monde défiler, incapables de le comprendre ou de communiquer avec lui parce que leur langue n'a jamais pris en compte les horreurs que les humains peuvent imaginer? Ne comptent-ils donc pour rien?' [20]

Au même chapitre, 'La Fin de l'Imagination', elle écrit:

> 'C'est une telle démence de croire que les armes nucléaires ne sont mortelles que si l'on s'en sert. Le simple fait de leur existence, de leur présence même dans nos vies, causera plus de ravages que ce que nous pouvons imaginer. Les armes nucléaires s'insinuent dans nos pensées. Elles contrôlent notre comportement. Elles régissent nos sociétés. Elles informent nos rêves. Elles s'enfouissent comme des crochets de boucher dans les tréfonds de nos cerveaux.… La bombe nucléaire est la malignité absolue la plus anti-démocratique, anti-nationale, anti-humaine, que l'homme ait jamais conçue. Par elle, l'homme a le pouvoir d'anéantir la création de Dieu'.[21]

L'Homme Prédateur

La dernière arme est le missile guidé ou drone sans pilote, vanté par les USA comme 'l'arme la plus précise dans toute l'histoire de la guerre' et utilisé extensivement dans la guerre contre les Talibans et Al-Qaïda en Afghanistan et au Waziristan, et en Syrie contre l'EIIL (État islamique d'Irak et du Levant). En dépit des dénégations officielles, elle est responsable de beaucoup de blessés civils. Sous peu, d'autres pays développeront et utiliseront ces armes létales, contrôlées à distance par des opérateurs situés à des milliers de kilomètres de la cible — des opérateurs qui n'éprouvent aucune culpabilité pour les vies qu'ils suppriment avec une précision technologique en ajustant le tir. Les victimes sans défense de ces exécutions robotisées — que les victimes soient des militants, des civils ou des enfants —sont étiquetées '*bug-splats*' (*écrasure* de vermine) dans le jargon militaire associé à ces attaques. Les hommes qui contrôlent et lancent ces missiles se considèrent sans aucun doute comme de bons chrétiens. Quel dommage que l'Occident chrétien ne connaisse pas le concept de karma.

Le Pentagone annonçait en 2015 qu'il entendait dépenser 1000 milliards de dollars ces trente prochaines années pour une nouvelle génération de bombes nucléaires, de bombardiers, de missiles et de sous-marins, dont une douzaine de sous-marins équipés de plus de 1000 ogives. La Russie dévoile ses plans pour une nouvelle sorte d'arme — une bombe torpille à hydrogène qui peut franchir 10.000 kilomètres d'océan avec la même facilité qu'un missile dans le ciel. À l'impact la bombe déclenchera un 'tsunami radioactif' programmé pour anéantir des millions de vies le long des côtes. Tous ces projets létaux ne sont toujours pas considérés comme une pathologie et un symptôme psychiatrique mais sont tenus comme parfaitement acceptables par les USA et ses alliés dans l'intérêt de la défense. Le Bouddha aurait-il qualifié cela de 'voie juste'?

Le Commerce des Armes: Un Monde de l'Ombre

Les ventes d'armes sont un autre aspect de cette offensive pour la suprématie militaire. Le commerce des armes est dangereux, corrupteur et amoral. En 2017 les USA sont les plus gros producteurs d'armes, suivis par la Russie, la Chine, la France, l'Allemagne, le Royaume-Uni et l'Espagne. Les principaux exportateurs d'armes de cette année-là sont les USA, la Russie, l'Allemagne, la France, la Chine, le Royaume-Uni et Israël (SIPRI, Stockholm International Peace Research Institute). Les ventes d'armes concernent les régimes autocratiques d'Afrique du Nord, du Moyen Orient et d'Afrique sub-saharienne où les violations des droits humains continuent sans relâche. Les ventes d'armes du Royaume-Uni à l'Arabie Saoudite augmentent. Ce n'est pas un objet de fierté, mais au contraire un sujet de honte et de condamnation.

Que des gouvernements s'impliquent dans ce commerce lucratif des armes, déclinant toute responsabilité pour les civils d'autres pays qu'inévitablement ils tuent et blessent — civils qui peut-être se soulevaient contre l'élite dirigeante oppressive — est un exemple de plus de la pathologie de la guerre. Les gouvernements exhibent la même psychopathologie que les individus: paranoïa, projection, déni, dissociation, certitude délirante, mais tout ceci est occulté car les ventes d'armes sont tenues pour essentielles dans le contexte de la 'défense', et de plus contribuent au PNB d'un pays et sont pourvoyeuses d'emplois. Comment est-il possible de nous revendiquer humains tout en participant à l'invention et à la fabrication de toutes ces armes, sans parler de leur commerce et de leur utilisation? Comment sommes-nous tombés dans ce mésusage diabolique de nos forces créatives, viol auto-infligé de notre âme?

En résumé, la certitude qu'il est justifié de tuer autrui en défense d'un groupe ou d'un territoire (en récupérant Dieu comme soutien) découle des systèmes de croyance et des traditions territoriales tribales du passé. Les grands maîtres spirituels de toutes les traditions religieuses se sont efforcés de nous affranchir de l'asservissement à ces traditions archaïques en définissant les valeurs auxquelles nous devrions aspirer. Mais leur message fondamental — que la vie est sacrée et, au niveau le plus profond, une et indivisible — est invariablement ignoré. Ils verraient l'invention de nos armes de destruction dans un but d'auto-défense ou de maintien de 'l'équilibre des forces' et notre utilisation éventuelle de ces armes pour anéantir la vie de personnes innocentes dans le but de sauver nos propres vies comme moralement inconcevable.

Déjà en 1948, le Général Omar Bradley résumait dans une allocution l'immaturité morale de l'Occident chrétien: 'Nous avons saisi le mystère de l'atome et rejeté le Sermon sur la Montagne. Notre monde est un monde de géants nucléarisés et de nains éthiques. Nous en savons plus au sujet de la guerre qu'au sujet de la paix, plus au sujet de tuer qu'au sujet de vivre'. Il rajouta que, 'si nous continuons à développer notre armement sans sagesse ni prudence, nos serviteurs pourraient se révéler nos exécuteurs'.

Le Coût de la Guerre

Les gouvernements engouffrent des sommes d'argent considérables pour maintenir et renouveler les stocks d'armes. Les guerres génèrent de gros profits pour quelques individus et groupes industriels. Mais le coût financier réel de la guerre et des armes nécessaires pour guerroyer ou maintenir la défense incombent à la population générale dont le travail génère les impôts qui les financent. L'accumulation d'armes est un fardeau pour chaque pays qui s'y adonne car elle est source du gaspillage d'énormes sommes d'argent qui pourraient servir à augmenter le niveau de vie des plus faibles. Le colossal coût final du renouvellement du système des Missiles Trident au Royaume Uni, qui ne dispose pas actuellement de cette somme d'argent, en est un exemple.

La dépense militaire globale pour 2017 s'élève à 1.7 billion de dollars (SIPRI).[22] Le budget militaire soumis par le Président Trump au Congrès pour l'année 2018-19 atteint presque 900 milliards de dollars. Le coût estimé des guerres d'Irak et d'Afghanistan pourrait atteindre 2.4 billions de dollars en 2017, bien que le coût réel soit deux fois plus élevé en prenant en compte les indemnités versées aux familles des morts et les soins permanents aux vétérans blessés. Il faut aussi intégrer le coût monumental du maintien des bases militaires dans plus de cent pays. En 2018, les rapports de l'inspecteur général du département de la défense US d'une part et d'autre part du département des comptes et du financement de la défense révèlent que le Pentagone ne peut justifier 21 billions de dollars d'argent des impôts (Changemaker Media and Global Research 2018). Bien que tenu par la législation fédérale de conduire régulièrement des audits financiers, le Pentagone, depuis quelque vingt ans, ne s'est jamais plié à la loi et n'a jamais justifié les billions de dollars d'argent des contribuables qu'il dépense. L'insanité de tout ceci est criante quand on sait que les deux cinquièmes de la population mondiale vivent avec moins de 2 dollars par jour et qu'un milliard de personnes souffrent de la faim. Imaginons un instant l'impact pour les personnes démunies de par le monde, et pour les citoyens les plus pauvres des USA, si ces sommes obscènes dépensées en guerres, armes, bases et budgets militaires étaient consacrées à la distribution mondiale de nourriture, à la santé et à l'éducation.

Diaboliser l'Ennemi: La Manipulation des Projections de l'Ombre

Dans tout conflit, pour mobiliser l'opinion collective afin de justifier la régression à un comportement prédateur ou pathologique, la diabolisation ou déshumanisation de l'ennemi et la présentation du conflit en termes binaires de victoire et défaite, bien et mal, vrai et faux, par là-même polarisant deux groupes ou nations et les transformant en ennemis, sont des aspects essentiels. Le mensonge stratégique pour promouvoir les intérêts nationaux font partie du répertoire des leaders politiques depuis belle lurette et attiser les peurs fait partie intégrante de ce répertoire. Mais c'est précisément dans ces circonstances que nous courons le risque de succomber au sortilège de la mythologie solaire et à un état de possession par l'ombre inconsciente. Le totalitarisme découle de ce processus de diabolisation d'un groupe — labelliser un groupe 'bon' et l'autre 'mauvais'. Le 'bon' groupe peut s'efforcer de dominer l'autre au sein d'une nation, comme en Syrie, de contrôler une autre nation présentée comme une menace, comme en Inde ou au Pakistan, ou de se prémunir contre une menace à venir, comme la menace russe perçue par l'Occident. La croyance se diffuse alors que si notre groupe ou nation doit gagner, l'autre doit être défait, éliminé. Si notre cause est identifiée au bien, l'autre doit être le mal et donc mérite la défaite, qu'importe l'importance du sacrifice — le nôtre et le leur. Il n'existe pas de troisième voie. Les actes de barbarie sont justifiés des deux côtés comme des moyens nécessaires à la victoire. Peu de gouvernements mentionnent ou déplorent les pertes du côté ennemi, seulement les pertes de 'notre' côté. En quatre mille ans, presque rien n'a changé. En situation de conflit où les instincts de survie sont mobilisés, le leader d'une nation ou mâle alpha est censé endosser le manteau du guerrier et gagner la bataille pour la suprématie.

Jung a élaboré — dans ses essais sur les évènements en Allemagne (*Collected Works*, vol.10) — ses idées sur le danger de la puissance archétypale de l'ombre capable de submerger une civilisation. Il y analyse comment les projections négatives sur autrui peuvent se développer et se répandre comme un virus jusqu'à contaminer la totalité d'un groupe ou d'une nation et l'entraîner dans une psychose, à l'instar de ce qui arriva en Allemagne nazie, en Chine maoïste et plus récemment avec les ambitions de domination mondiale de l'EI. Une autre des importantes contributions de Jung est de nous faire comprendre que lorsque nous projetons le mal sur autrui, particulièrement quand nous nous sentons menacés, nous sommes à même de perdre la compréhension et la faculté de gérer ce mal, et d'être nous-mêmes très facilement contaminés par lui:

> Nous savons à présent que dans l'inconscient de chaque individu se trouvent des propensions instinctives ou des systèmes psychiques chargés d'une tension considérable. Lorsqu'ils sont de quelque façon encouragés à percer dans le conscient, et ce dernier n'a aucune possibilité de les intercepter sous des formes supérieures, ils renversent tout sur leur passage, tel un torrent, et transforment les hommes en créatures pour qui l'appellation 'bête sauvage' est trop faible. Ils ne peuvent plus être nommés que 'démons'. Pour convoquer un tel phénomène au sein des masses, il suffit d'une poignée de personnes possédées, ou même d'une seule. Si cette disposition inconsciente devait se trouver commune à la grande majorité d'une nation, alors un seul de ces individus saisi par le complexe dont il devient le mégaphone suffit à précipiter une catastrophe. [23]

L'exemple le plus récent et le plus criant de projection de l'ombre est illustré par l'invasion de l'Irak par les USA et le Royaume Uni, prétendûment pour détruire la menace des armes de destruction massive stockées par le régime répressif de Saddam Hussein, mais en réalité, selon Mohamed ElBaradei, prix Nobel de la paix en 2005 et auteur de *The Age of Deception: Nuclear Diplomacy in Treacherous Times*, pour 'transformer le paysage géopolitique du Moyen Orient en faisant de l'Irak une oasis de démocratie'. [24]

Outre le nombre de soldats alliés tués ou mutilés dans cette guerre, le nombre de morts irakiens est estimé à 2.3 millions. [25] De plus, cette guerre a causé des centaines de milliers de blessés graves, dont des enfants mutilés et traumatisés, témoins et victimes de l'inimaginable horreur. Elle a déplacé entre 4 et 7 millions de personnes, dont beaucoup sont devenues des réfugiés. Elle laisse dans son sillage une économie en ruine et un état faible et divisé, déchiré entre factions rivales. Mohamed ElBaradei analyse en détail les évènements qui ont conduit à l'invasion de l'Irak et il commente:

> Finalement, l'histoire de l'Irak peut se réduire à une série de questions percutantes. Si la communauté des nations cherche à vivre dans le respect de la loi, alors quelles mesures devrait-elle prendre lorsque des violations de la loi internationale résultent en un nombre considérable de victimes civiles? Qui devrait être tenu pour responsable quand une action militaire est décidée en contravention de la loi telle qu'elle est codifiée dans la Charte des Nations Unies, ou pire, quand une action militaire s'avère basée sur des informations erronées, sur le traitement délibérément sélectif de l'information, ou sur la diffusion de la désinformation? [26]

La compulsion de l'Occident à s'embarquer dans des guerres pour établir la démocratie en Irak et en Afghanistan, et dans d'autres pays pour se prémunir d'attaques futures, prouve bien que nous ne sommes en aucun cas des gens libres ou rationnels, mais prisonniers d'habitudes archaïques. John Gray dans son livre *Black Mass: Apocalyptic Religion and the Death of Utopia*, commente avec acidité que 'La tentative de refaire le système international a eu les mêmes effets que les Utopies précédentes.... Sauvegarder la tempérance durement acquise de la civilisation est moins emballant que de la jeter par-dessus bord pour réaliser des rêves impossibles. La barbarie a son charme, surtout quand elle revêt les oripeaux de la vertu'. [27]

Tant que nous ne ferons pas l'effort de gagner en compréhension de cet aspect gigantesquement dangereux de notre comportement dicté par l'ombre, nous serons amenés à reproduire les vieux schémas. Au cours de la guerre froide, Jung commenta que l'humanité était scindée en deux moitiés apparemment irréconciliables: 'La règle psychologique énonce que lorsqu'une situation interne n'est pas rendue consciente, elle se manifeste à l'extérieur, comme une fatalité. Autrement dit, quand un individu demeure indivis et ne devient pas conscient de son opposé interne [son ombre], le monde doit de fait mettre en scène le conflit et se déchirer en moitiés opposées'. [28]

Les lecteurs qui ne seraient pas familiers avec les idées de Jung et les implications de la non-intégration de l'ombre peuvent néanmoins constater que ses paroles sont aussi pertinentes de nos jours qu'elles l'étaient à l'époque du mur de Berlin qui divisa l'Allemagne en deux, ou du Rideau de Fer entre l'URSS et l'Occident durant la guerre froide. Nous avons à l'heure actuelle la 'guerre contre le terrorisme', le mur de béton qui sépare Israël des territoires palestiniens et la frontière, hérissée d'hommes armés, entre la Corée du Sud et la Corée du nord. Nous avons la haine mortelle entre l'islam sunnite et chiite et les tentatives des islamistes pour détruire l'héritage culturel et artistique des pays musulmans, Mossoul en Irak, Palmyre en Syrie, et au Mali, celui de groupes tribaux. Nous nous imaginons que si seulement 'ils' pouvaient être éliminés, le monde serait meilleur et plus sûr, cependant lorsque une tête de cette hydre est coupée, deux autres la remplacent; le problème du mal est pérenne et cumulatif. Ce commentaire de Jung peut nous éclairer: 'La croyance universelle est que l'homme n'est que ce que son conscient connaît de lui-même, il se pense donc inoffensif et ainsi ajoute la bêtise à l'iniquité. Il ne nie pas que des choses terribles soient advenues et continuent d'advenir, mais c'est toujours 'les autres' qui les font'. [29]

Le danger d'une telle situation réside dans le fait que ces habitudes ancestrales n'encouragent pas le dialogue avec l'ennemi. Les projections paranoïdes volent des deux côtés et se cumulent jusqu'au point où chaque combattant diabolise son ennemi. La peur et la haine intrinsèques aux conflits actuels réactivent les mémoires d'anciens conflits, même vieux de plus de mille ans. Quand des atrocités sont commises des deux côtés, l'impulsion réflexe de vouloir les venger rend impossible d'endiguer les instincts de survie pris dans cet engrenage.

Partout où se trouve une forte polarisation des opposés se trouve une situation qui attire les projections de l'ombre, et la diabolisation de l'autre. Le bouc émissaire ou individu diabolisé ou groupe ennemi — souvent qualifié de chien, de porc, de vermine — supporte les projections de l'ombre émise par des millions de gens et nous soulage de la responsabilité d'examiner notre propre ombre pour comprendre comment nous avons contribué à créer cet ennemi. Diaboliser ou déshumaniser un ennemi, ce qui est encouragé par les politiciens et les médias ainsi que par les leaders religieux fanatiques, peut conduire à la situation où le mental collectif se trouve saturé de projections de l'ombre. Mais prenons courage dans le fait que ces desseins de l'ombre sont à présent exposés à la lumière car un nombre croissant de gens, dans beaucoup de pays, sont prêts à confronter les politiques et leurs décisions, même s'ils ne peuvent pas encore les arrêter. De nombreuses organisations, telles Amnesty International, Human Rights Watch et Avaaz s'efforcent de faire la lumière sur des situations créées par les agissements de l'ombre des gouvernements et des corporations.

Sam Keen, dans *Faces of the Enemy*, se livre à une analyse brillante de la manière dont la propagande agit et comment les projections collectives de l'ombre sont manipulées par les gouvernements et les médias. L'apaisement survient, dit-il, 'quand nous cessons de blâmer l'autre, quand nous cessons de rendre responsable de la guerre quelque mystérieuse entité extérieure et quand nous osons devenir conscients de nos manières violentes'. [30] Il met le doigt sur l'un de nos plus gros problèmes, celui que les guerres d'Irak et d'Afghanistan ont mis en relief:

> Le plus terrible des paradoxes moraux, le nœud gordien qui doit être dénoué pour que l'histoire puisse continuer, se trouve dans le fait que nous créons le mal avec nos plus hauts idéaux et nos plus nobles aspirations. Nous avons un tel besoin d'être héroïques, d'être du côté de Dieu, d'éliminer le mal, de nettoyer le monde, de conquérir la mort, que nous précipitons destruction et mort sur tout ce qui se met en travers de notre héroïque destinée historique. [31]

Les leaders politiques endossent et mettent en scène inconsciemment l'ombre collective du passé, qu'ils pérennisent. Des millions de gens sont complices de leurs projections car ils dépendent d'un leader pour leur sécurité quand leur instinct de survie est en alerte et qu'on leur dit qu'ils sont en danger. Le gouvernement et la propagande des médias composent avec la peur et l'illusion de sécurité. Ôter ces projections et voir clairement les agissements de l'ombre neutralisent son pouvoir, nous libèrent de son emprise. Nous sommes suffisamment conscients pour pouvoir faire ce choix, pour faire la lumière sur notre propre obscurité. Ceci implique de nous dissocier en tant qu'individus de la rhétorique patriotique ou des croyances religieuses qui, loin d'éliminer le mal, l'engendrent. Le conformisme patriotique et religieux a de tous temps été présenté comme une vertu suprême mais nous devons à présent et de toute urgence le dépasser et adopter une moralité plus inclusive qui nous aidera à percevoir les besoins de toute la communauté humaine autant que de l'environnement planétaire. Citons les paroles chargées de sens de Jung: 'L'immunité d'une nation dépend entièrement de l'existence d'une minorité influente immunisée contre le mal et capable de combattre la puissance suggestive de l'apparente possibilité d'accomplissement des souhaits. Si le leader n'est pas totalement immunisé, il tombera inévitablement victime de sa propre volonté de puissance'. [32]

Mark Gerzon montre dans son livre très bien argumenté, *Leading Through Conflit*, que la diabolisation de 'l'autre' est une des principales causes du mal:

> Holocaustes et Génocides n'arrivent jamais, je répète, jamais, sans mensonges sur le caractère malin de 'l'Autre'. Un être humain isolé peut blesser, ou même tuer, un autre être humain. Mais pour en tuer des centaines, des milliers, et des centaines de milliers, les victimes doivent être présentées comme une chose sous-humaine, ou non-humaine. Les démagogues sont souvent des génies dévoyés quant à l'art brutal de la déshumanisation. Ils sont passés maîtres pour décrire comme moins qu'humains les exclus rejetés hors des limites du 'nous'. Le démagogue jamais ne gouverne simplement un groupe A sans systéma-

tiquement diaboliser et bien souvent détruire un groupe B. Il justifie sa fixation sur 'l'ennemi' avec toutes sortes de ratiocinations sophistiquées, dont l'auto-défense. Mais ce qui distingue Le Démagogue, c'est qu'en fait son autorité dépend et se nourrit de l'existence de l'Autre haï. [33]

Partout où l'on encourage la prolifération et l'implantation des projections négatives et la diabolisation de l'autre, le pouvoir archétypal du mythe solaire peut devenir actif, prendre possession de millions de gens et mener à des actes de barbarie indicibles. Les leaders politiques savent depuis toujours qu'en détournant l'attention des peuples des problèmes domestiques vers une menace extérieure, ils consolident leur pouvoir ou obtiennent l'approbation à leur décision de s'embarquer dans une guerre — même une guerre civile comme dans le cas d'Assad en Syrie. La masse des gens, quand elle est placée en mode survie par son ou ses leaders, acceptera et même souhaitera l'offensive martiale. Goering en avait tout à fait conscience quand il commentait avec cynisme:

> Évidemment le petit peuple ne veut pas la guerre, ni en Russie, ni en Angleterre, ni même en Allemagne. On a compris. Mais, après tout, ce sont les leaders du pays qui décident de la politique, et que ce soit une démocratie, ou une dictature fasciste, c'est dans tous les cas une simple question de les y traîner. Voix ou sans voix, le peuple peut toujours être amené à souscrire aux impératifs des chefs. C'est facile. Il vous suffit de leur dire qu'ils sont attaqués, et d'incriminer les pacifistes pour leur manque de patriotisme et leur mise en danger du pays. Ça marche quel que soit le pays. [34]

Les Crimes de Guerre: les Effets sur l'Environnement et la Planète

La dévastation du paysage et la destruction d'une culture et de ses précieux monuments, bibliothèques et musées, sont des crimes de guerre très rarement mentionnés. Les belligérants, dans les combats sanglants à Alep, détruisent l'inestimable héritage de leur pays et aussi de toute l'humanité.

La dévastation de l'environnement par les invasions et les bombardements est un aspect de la guerre. Les autres conséquences sont les effets à long terme d'armes comme l'uranium appauvri sur les sols, sur les humains et les animaux. L'éminent biologiste, feue la Dr. Rosalie Bertell, remarque dans son livre, *Planet Earth, the Latest Weapon of War*, que:

> Les guerres entraînent des morts et des destructions immédiates, mais les conséquences environnementales peuvent durer des centaines, et souvent des milliers d'années. Et ce n'est pas seulement la guerre elle-même qui sape le système indispensable à la vie, mais ce sont aussi la recherche et le développement, les exercices militaires et de préparation au combat effectués quoti-

diennement aux quatre coins du monde. La majeure partie de cette activité de pré-guerre se déroule sans le contrôle des civils et donc nous sommes ignorants de ce qui est fait à l'environnement au nom de la 'sécurité'. [35]

Elle prévient aussi qu'une nouvelle génération d'armements est mise au point pour interférer avec l'atmosphère électromagnétique de la Terre et pour pénétrer profondément sous la surface dans son champ électromagnétique. Les projets tels HAARP (High-frequency Active Auronal Research Programme) — dont la première tranche a été bouclée en 1995 en Alaska — utilisent la ionosphère, qui entoure la terre, comme un réflecteur de rayons d'énergie à ultra haute fréquence, pour détruire des cibles autour du globe. De telles armes, dit-elle, sont capables d'interférer avec l'équilibre du système indispensable à la vie et avec les formes du vivant, dont nous faisons partie. [36] Elle écrit, 'Quand HAARP sera au point, il sera capable de réchauffer certaines zones de la ionosphère jusqu'à ce qu'elles produisent des lentilles incurvées capables de rediriger une quantité significative d'énergie électromagnétique. Ces rayons électromagnétiques réfléchis peuvent se situer dans la gamme des ultraviolets ou des micro-ondes et peuvent servir d'arme pour carboniser une forêt, ou des réserves de pétrole, ou tuer sélectivement.' [37]

Peu d'entre nous sont en mesure de même commencer à comprendre le danger inhérent au développement de cet armement, pour nous-mêmes et toute l'humanité. Selon ses recherches, interférer avec la ionosphère et manipuler les ondes électromagnétiques pourrait aboutir à créer des tempêtes ainsi que des tremblements de terre et des éruptions volcaniques d'une violence peu commune. Les habitants de la planète ne connaissent ni l'existence de ces 'projets' ni les colossales sommes de leur argent dépensées par les gouvernements pour les développer. La mise en œuvre de la Charte pour la Terre et une initiative globale pour la protection de l'environnement planétaire et de toutes ses espèces font défaut et sont à présent d'une nécessité urgente.

La Guerre et l'Âme

Peu de livres traitent des effets de la guerre sur l'âme. L'un des plus profonds est écrit par un analyste jungien, Edward Tick, qui a dédié sa vie à aider les vétérans de guerre traumatisés, en particulier par la guerre du Vietnam. Dans son livre, *War and the Soul: Healing our Nation's Veterans from Post-Traumatic Stress Disorder*, il écrit que des vétérans peuvent être hantés pendant des années par des cauchemars qui leur font revivre les expériences terrifiantes qu'ils ont vécues: 'ils se revoient en train de tuer, ou ils revoient leurs amis ou ennemis en train de mourir. Ils peuvent être sujets en état de veille à des visions où leurs amis ou ennemis morts leur apparaissent. Ils éprouvent rétrospectivement une anxiété morale, doutant que les gens qu'ils ont tués méritaient de mourir'. [38] Ils sont sujets aux cauchemars, aux insomnies, aux changements d'humeur et aux accès de colère face à des choses que d'autres trouveraient anodines. Ils peuvent avoir subi une amputation, se retrouver aveugles, vivre leur jeunesse dans un état diminué, privés de la possibilité de réaliser le plein potentiel de ce qu'ils auraient pu devenir. Tout ceci provoque une anxiété intolérable et une souffrance qu'eux-mêmes et leur famille peuvent avoir à supporter pendant des années. Parfois ces symptômes ne se manifestent que plusieurs années après l'expérience traumatique:

> Bien que les hostilités cessent /aient cessé? et que la vie reprenne, et bien que les êtres chers aspirent à leur bien-être, bien souvent les vétérans continuent à être assaillis par l'imagerie et l'émotion de la guerre pendant des décennies et parfois toute leur vie. Pour ces survivants, chacune des caractéristiques humaines et vitales que nous attribuons à l'âme peut se trouver fondamentalement remodelée. Ces traits incluent comment nous percevons, comment nos fonctions mentales s'organisent et s'articulent, comment nous aimons et tissons du lien, ce que nous croyons, espérons et valorisons, ce que nous ressentons et refusons de ressentir, et ce que nous jugeons bon ou mauvais, juste ou erroné. L'affliction que nous nommons de nos jours syndrome de stress post-traumatique (PTSD) a eu bien des noms au cours des siècles, elle résulte néanmoins toujours de la façon dont la guerre envahit, blesse et transforme notre esprit. [39]

Explorant les effets de la guerre sur l'âme et expliquant les raisons pour lesquelles PTSD est tellement difficile à traiter, il écrit que 'l'impact traumatique de la guerre et de la violence inflige des blessures tellement profondes que nous devons les aborder avec un soin, des ressources et des méthodes extraordinaires. Les méthodes conventionnelles des thérapies médicales et psychologiques ne sont pas adaptées pour expliquer et traiter ces blessures. Les vétérans et leurs souffrances s'efforcent de nous le dire'. [40] Le Dr Tick explique pourquoi ces symptômes de stress insupportable sont constants chez les survivants de traumatismes:

> La guerre ravage non seulement notre être physique, mais notre âme même — pour la culture en générale et pour l'individu. À la guerre, le chaos submerge la compassion, la violence remplace la coopération, l'instinct remplace la rationalité, le ressenti domine la réflexion. Lorsque vous baignez dans ces conditions, l'âme est défigurée et perdue à la vie. Ce que nous nommons perte d'âme est une condition psycho-spirituelle extrême qui dépasse ce que les psychologues appellent communément dissociation. C'est bien plus qu'une torpeur émotionnelle ou une dissociation de l'esprit et du corps. C'est un retrait du centre du ressenti, du centre de l'expérience, hors du corps vivant mais sans rupture complète du lien. Face à une violence extrême qui met la vie en danger, l'âme — le véritable soi — s'enfuit. Le centre de l'expérience bascule, le corps reçoit l'impact du traumatisme mais ne l'absorbe plus aussi profondément qu'auparavant. Avec le corps et l'âme séparés, une personne erre dans des sortes de limbes où le passé et le présent s'entrelacent sans différenciation ni continuité. Rien ne paraît juste tant que le corps et l'âme ne se rejoignent pas. [41]

Les psychothérapeutes savent que les victimes de traumatismes persistent à répéter le schéma traumatisant dans les circonstances de leur vie actuelle. Je pense que cette compréhension s'applique à la vie de l'humanité dans sa totalité. Les souvenirs des conflits et les souffrances engendrées par les conflits du passé ne disparaissent pas à l'arrivée d'une nouvelle génération. Ils se maintiennent dans l'inconscient collectif de l'espèce, prêts à être activés quand des 'gâchettes' spécifiques déclenchent la même réponse. Tick conclut qu'aussi longtemps que nous ne percevrons pas les éléments inconscients qui nous contrôlent, nous serons dans l'incapacité de nous affranchir de leur pouvoir sur nous. Nous continuerons à être possédés par ce que James Hillman appelle 'le terrible amour de la guerre' dans son livre du même titre, tant que nous ne serons pas conscients de la facilité avec laquelle ce terrible amour peut nous submerger et que nous ne saurons pas que nous pouvons résister à son puissant sortilège. Nous pourrons alors élaborer des stratégies pour le contenir afin qu'il ne détruise plus notre âme.

La Route à Suivre

Le gros de l'humanité suit inconsciemment la voie des coutumes sociales ou tribales et des croyances religieuses établies il y a des siècles, sinon des millénaires. Se conformer est plus sûr. Résister à l'appel de la guerre, c'est risquer d'être stigmatisé comme non patriotique et souffrir honte et ridicule. Pourtant, la maturité et même la survie de l'humanité dépendent d'individus courageux qui tracent la voie nouvelle que l'espèce pourra suivre. Aucun schéma de comportement n'est plus réfractaire au changement que l'instinct de survie amorcé par la peur. Ce sont ces instincts, alliés à l'effet intoxicant du pouvoir chez les leaders qui manipulent ces peurs et à la pression exercée par le complexe militaro-industriel des nations recherchant la domination du monde, qui conduisent à la guerre.

Ce n'est qu'en portant à la lumière de la conscience ces instincts profondément enfouis que nous pourrons espérer atteindre à une perspective transcendante qui pourra finalement nous hisser hors de cette compulsion tragique à répéter les schémas du passé. À présent, cette perspective transcendante est portée par des organisations telles que les Nations Unies, la Cour internationale de Justice et par des gouvernements et des individus qui interviennent en médiateurs entre les parties en conflit. Mais les Nations Unies, comme les évènements récents en Syrie le montrent (2018), sont réduites à l'impuissance quant à prévenir les massacres de civils ou à leur livrer de la nourriture ou des médicaments, car la Russie et la Chine opposent leur veto à la résolution d'intervention du Conseil de Sécurité. Le président de l'assemblée générale des Nations Unies commentait déjà en Mars 2012 que le conseil de sécurité n'était pas adapté aux objectifs.

Quelques millions d'individus pensent trans-nationalement, en termes de bien-être de tous les peuples et du système vivant de toute la planète. Ils travaillent à l'avènement d'une autre forme de civilisation — une civilisation planétaire (mais pas un gouvernement planétaire) qui respecterait sincèrement le bien-être des peuples et de toutes les espèces vivantes sur terre. L'espoir pour l'avenir réside dans ces individus qui ont le courage de parler contre toute cette culture guerrière, qui font honte aux nations qui promeuvent cette idéologie, qui améliorent les méthodes existantes de résolution de conflits et qui tiennent pour responsables les politiciens dont les décisions et actions ne peuvent qu'aboutir à plus d'inimitié et de conflits — jusqu'à la catastrophe. La Cyberguerre nous menace avec un mode de conflit totalement nouveau, la faculté d'une nation d'en paralyser une autre en infiltrant ses systèmes électroniques.

Du point de vue de ce livre, les découvertes ressortissant de la physique quantique suggèrent que la croyance en la possibilité de notre domination de la nature, de la vie ou d'autrui, est au final une illusion: chacun de nous est une expression de ce vaste océan ou champ holographique de conscience — encore peu connu de nous. La physique quantique révèle que nous sommes tous reliés les uns aux autres, que nous faisons partie du maillage vivant et universel de la vie. Nous sommes littéralement 'les gardiens de nos frères'.[42]

La croyance que les États modernes peuvent continuer indéfiniment d'agir comme s'ils étaient des unités autonomes, en compétition les uns avec les autres pour obtenir le contrôle des ressources de la Terre ou supposément dans l'intérêt de l'auto-défense, et pour acquérir le pouvoir de détruire la vie à une échelle colossale, est non seulement une illusion des plus insidieuses mais aussi une pathologie qui s'ignore. Le militarisme en lui-même est un agent pathogène qui pourrait tous nous éradiquer. En détruisant autrui, et même en imaginant et en simulant la destruction d'autrui au moyen des inventions et du développement d'armements toujours plus terribles, nous convions en fait notre propre destruction et blessons toute l'humanité, sans parler de la planète. En désirant la réconciliation et le bien-être d'autrui, en résistant même au milieu du conflit à l'instinct de vengeance, nous contribuons à notre propre bien-être et garantissons celui des générations futures. Chaque individu qui se fait porteur de ce point de vue accompagne le processus d'éveil de l'humanité et encourage l'action à partir de ces valeurs totalement autres.

En 2002, une collègue en Amérique me fit parvenir ce rêve fait peu après le 11 septembre par une de ses analysantes:

> Je suis de retour à l'armée, à nouveau dans mon ancien rôle de tireur d'élite. J'ai tout mon équipement et je l'assemble méthodiquement, m'apprêtant à viser ma cible qui se trouve à quelque distance. Pour finir, je fixe la lunette sur le fusil et met ma cible en ligne de mire, alors je peux en fait voir qui elle est. Et, à ma grande surprise, c'est mon frère (qui dans sa vie réelle appartient à une autre unité de l'armée). Je suis sous le choc et je m'arrête net — je ne peux pas continuer.

Si nous pouvions seulement prendre à cœur le message de ce rêve, un petit quelque chose dans le schéma d'agression et de guerre si profondément inscrit dans notre psyché pourrait commencer à se transformer. La guerre dans laquelle on s'embarque pour servir un besoin nationaliste de grandeur doit être considérée comme un épisode psychotique dans la psyché nationale, une trahison de l'âme, où la fragile pellicule de conscience rationnelle est submergée par les profondeurs irrationnelles de l'ombre inconsciente qui l'enrôle pour servir ses intentions ataviques. C'est une pathologie qui doit être déplorée et évitée à tous prix, plutôt que présentée comme une occasion de remporter une victoire sur un ennemi désigné ou de se poser en gendarme du monde. L'avertissement de Jung est important:

> Le danger suprême qui menace les individus autant que les nations dans leur ensemble est le danger psychique. La raison s'est montrée totalement impuissante à son égard, précisément car ses arguments n'agissent que sur le mental conscient et n'ont aucune prise sur l'inconscient. Le danger majeur émane des masses, chez qui les effets de l'inconscient s'accumulent et annulent le caractère raisonnable du mental conscient.... Il est donc au plus haut point souhaitable qu'une connaissance de la psychologie se répande, ainsi les hommes pourront comprendre la source des dangers suprêmes qui les menacent. Ce n'est pas en s'armant jusqu'aux dents, chacune pour elle-même, que les nations pourront se préserver à la longue des effroyables catastrophes que sont les guerres modernes. L'empilement d'armements est en lui-même un appel à la guerre. Il est absolument nécessaire de reconnaître ces conditions psychiques qui permettent à l'inconscient de pulvériser les digues du conscient et de le submerger. [43]

Quand les instincts de survie et la mythologie solaire qui se trouvent à la racine de cette ancienne pathologie seront démasqués et que le contrôle inconscient qu'ils exercent sur nous sera reconnu et abordé, nous trouverons un moyen de nous sevrer de notre addiction à la guerre et de nous épargner la dépravation et la destruction qu'elle engendre. Ce schéma prendra fin quand un leader d'une autre trempe se proposera, un leader capable d'articuler des valeurs qui suscitent chez les gens qu'il ou elle représentera une noble réponse spirituelle plutôt qu'une réponse atavique. Ce sera un leader qui proposera *une vision planétaire transcendante* en réponse aux problèmes, qui s'occupera des vrais besoins, reconnaîtra les blessures et calmera les peurs des deux parties dans une situation de conflit au lieu de les polariser et de les attiser. De tels leaders se proposeront lorsque nous abandonnerons l'illusion que notre sécurité en tant que nation, ou même que la sécurité du monde, peut s'acheter au prix du sacrifice de la vie des autres, quand nous accepterons qu'une telle croyance, à laquelle beaucoup s'accrochent encore, doit devenir obsolète. Les choses ne commenceront à changer que lorsque nous admettrons que l'obscurité que nous projetons sur autrui pourrait être la nôtre.

Post scriptum: Il est possible que les gens en proie à un conflit subissent l'influence de ceux qui sont morts d'une mort atroce et se trouvent encore liés à la dimension terrestre par la terreur, le chagrin, la haine et l'anxiété qu'ils ont éprouvés au moment de leur mort. Un nombre de personnes formées à libérer les esprits assistent ces âmes traumatisées mais cette pratique peut s'élargir si nous comprenons que les 'morts' peuvent avoir besoin d'être libérés du traumatisme de leur mort.

J'ai une dette énorme envers le Professeur John Scales Avery et son livre *Nuclear Weapons: An Absolute Evil*, pour la rédaction de cette section relative aux armes nucléaires. Il m'a fourni tout ce que je devais savoir mais ne pouvais trouver immédiatement — tous les détails relatifs aux armes nucléaires, l'historique de leur développement et les conséquences de leur utilisation. Son livre présente le panorama complet des circonstances de notre perte d'humanité par le développement de ces armes diaboliques, et de nos possibilités de recouvrir notre humanité en débarrassant la planète de ces armes. Son livre peut être obtenu à: http://www.lulu.com/home et http://www.fredsakademiet.dk/library/nuclear.pdf

Complainte sur la Tragédie de la Guerre

Ce poème, bien qu'écrit en 1999, est dédié à tous ceux qui subissent les conflits actuels qui bouleversent la vie de la planète, aux réfugiés qui fuient leurs foyers dévastés et vivent dans des camps, aux 3000 femmes Yézidies qui ont subi le supplice du viol et de l'esclavage, aux milliers de jeunes gens dont la vie précieuse est abrégée, aux enfants qui endurent le traumatisme des atrocités de la guerre. (voir Appendice 1)

Notes:

1. Politkovskaya, Anna (2003) *A Small Corner of Hell: Dispatches from Chechnya*, University of Chicago Press
2. Gray, Colin (2005) *Another Bloody Century*, Weidenfeld & Nicolson, p. 24-5
3. cité par Colin Gray, p. 35
4. Keen, Sam (1986) *Faces of the Enemy*, Harper & Row, San Francisco, p. 30
5. Ferguson, Niall (2006) *The War of the World*, Allen Lane, London
6. Bird, Kai and Sherwin, Martin J. (2005) *American Prometheus, The Triumph and Tragedy of J. Robert Oppenheimer*, Alfred Knopf, New York, p. 323
7. Hoffman, David E. (2009) *The Dead Hand: Reagan, Gorbachov and the Untold Story of the Cold War Arms Race*, Icon Books, London (2011), p. 23 (Doubleday, New York 2009)
8. ibid, p. 23
9. ibid, p. 14
10. ibid, p. 20
11. ibid, pp. 418-421
12. ibid, p. 309

324

13. Hoffman, p. 472 et chapitre 22, passim
14. ibid, p. 24
15. www.fas.org/programs/ssp/nukes/nuclearweapons/nukestatus
16. Blackaby Paper No 8, "Nuclear Weapons Abolition: an idea whose time has come."
17. Avery, John Scales (2017), *Nuclear Weapons: An Absolute Evil*, p. 87
    http://www.fredsakademiet.dk/library/nuclear.pdf
18. Avery, John Scales, article in www.dissidentvoice.org, juin 2015
19. Gollancz, Victor (1958) *The Devil's Repertoire*, Gollancz, London
20. Roy, Arundhati (2002) *The Algebra of Infinite Justice*, HarperCollins (Flamingo) London, pp. 35 et 36-7
21. ibid, pp. 11 et 37
22. Pour les dépenses annuelles de chaque pays voir SIPRI (Stockholm International Peace Research Institute)
23. Jung, C. G. CW18 (1977) *The Symbolic Life*, §. 1374
24. ElBaradei, Mohamed (2011) *The Age of Deception: Nuclear Diplomacy in Treacherous Times*, Bloomsbury Books Ltd., London, p. 87
25. Griffin, David Ray (2017) *Bush and Cheney – How They ruined America and the World*, Olive Branch Press, Interlink Books US
26. ElBaradei, p. 85
27. Gray, John (2007) *Black Mass: Apocalyptic Religion and the Death of Utopia*, Allen Lane, London, p.192
28. Jung, C. G. CW9 (1959) Part 11, *Aion*, §. 126
29. Jung, C. G. CW10 (1964) *The Undiscovered Self*, §. 572
30. Keen, Sam (1986) *Faces of the Enemy*, Harper & Row, San Francisco, p. 91
31. ibid, p. 30
32. Jung, C. G. CW18 *The Symbolic Life*, §. 1400
33. Gerzon, Mark (2006) *Leading Through Conflict*, Harvard Business School Press, p. 23
34. Gilbert, G.M. (1961) *Nuremberg Diary*, Signet, New York, pp. 255-6
35. Bertell, Rosalie (2000) *Planet Earth, the Latest Weapon of War*, The Women's Press, London, p. 2
36. ibid, pp.117-131
37. ibid, p.124
38. Tick, Edward (2005) *War and the Soul: Healing Our Nation's Veterans from Post-Traumatic Disorder*, Quest Books, Wheaton, Ill., p.138
39. ibid, p.1
40. ibid, p. 2
41. ibid, p.16
42. voir Levy, Paul (2018) *The Quantum Revelation*, Select Books, New York
    Varan, Valerie (2015) *Living in a Quantum Reality*, Turning Stone Press, San Antonio, Texas
43. Jung, C.G. CW18, *The Symbolic Life*, §. 1358

Cinquième Partie

Une Vision Neuve du Réel

Incisione su legno
dal libro di Flammarion *L'atmosfera: meteorologia popolare* del 1888
(nello stile di un'incisione del sedicesimo secolo)

Chapitre Quatorze

UNE REVOLUTION METAPHYSIQUE: LA SCIENCE ET UN UNIVERS CONSCIENT

Le mental intuitif est un don sacré. Le mental rationnel est un serviteur fidèle. Nous avons créé une société qui honore le serviteur et oublie le don.

— Albert Einstein

L'évolution devient conscience d'elle-même grâce à l'homme scientifique moderne.

— Julian Huxley [1]

La science ne peut pas résoudre le mystère ultime de la nature. Et la raison en est qu'en dernière analyse nous sommes nous-mêmes une partie de la nature, et donc une partie du mystère que nous essayons de résoudre.

— Max Planck

La vie est une découverte sans fin.

— Pierre Teilhard de Chardin, *L'Avenir de l'Homme* [2]

La science nous présente un nouveau récit extraordinaire: le récit de l'évolution de l'univers et le récit de nous-mêmes en tant que témoins et participants au déploiement du drame cosmique. Les découvertes du télescope Hubble et la découverte de la naissance de l'univers il y a 13.7 milliards d'années, ont totalement révolutionné notre manière d'envisager l'évolution de la vie cosmique et planétaire, et nos propres origines. Edwin Hubble (1889-1953) est considéré comme un nouveau Copernic et le fameux télescope qu'il a mis au point a révélé un univers non seulement incroyablement vaste et incroyablement étrange — presque terrifiant dans son immensité — mais aussi d'une beauté à couper le souffle, comme peint par un artiste cosmique au génie sans égal. La vue de notre planète depuis la lune, l'univers en expansion constante, le toujours plus de complexité du monde subatomique et le récit de l'évolution biologique de la vie sur notre planète méritent tous d'être appelés 'révélations': tout se passe comme si le cosmos nous parlait, nous contait l'histoire de sa naissance, de notre naissance. Il nous parle par le canal de sa propre création: la conscience humaine.

Le puissant archétype de la quête motive la science à découvrir les secrets de la matière subatomique et les neurosciences à découvrir la complexité renversante du fonctionnement du cerveau. Cet archétype est l'instigateur de la Mission Apollo sur la Lune et de l'exploration sidérante des profondeurs de l'espace cosmique. Mais, des mots-mêmes d'Einstein, 'Derrière les efforts sans relâche du chercheur, se cache un désir plus fort et plus mystérieux: c'est l'existence et le réel que l'on désire comprendre'. [3] De grands savants, tels Einstein ou Hubble, peuvent être comparés aux visionnaires ou aux prophètes qui voient au-delà des limites du connu. Ils ou elles seront amenées à faire des découvertes qui nous libéreront de la grotte de Platon où nous avons passé des millénaires à regarder les ombres, au lieu de voir avec clarté la nature extraordinaire du réel dans lequel nos vies s'inscrivent.

Les découvertes de la science nous offrent une cosmologie aussi radicalement différente de celles de Copernic et de Newton que ces dernières ne l'étaient de celle de Ptolémée. Nous savons que la découverte au XVIè siècle de l'héliocentrisme eut un impact profond sur la structure hiérarchisée de la société: tout en suscitant un sentiment de désorientation, elle fit naître un sens irrépressible de liberté tandis que la vision médiévale de la réalité laissait place à une nouvelle vision. Il en est de même à présent avec la jaillissante créativité de notre époque qui attend la déconstruction de l'ancien paradigme et la naissance du nouveau.

Qui donc ne s'émerveillerait pas du pouvoir du mental humain à explorer ces mystères et du génie inventif qui permet la création de ces aides essentielles à l'exploration, le télescope et le microscope? Qui donc ne serait pas enthousiasmé à l'instar des physiciens du CERN qui, en Juillet 2012, annoncèrent qu'ils avaient découvert le Saint Graal de la physique — l'insaisissable boson de Higgs ou 'particule de Dieu'? Ces scientifiques revendiquent la découverte sur la nature de l'univers la plus significative depuis la découverte de la relativité par Einstein en 1905 — et peut-être même la plus importante découverte de tous les temps. Elle donne aux scientifiques la pierre angulaire manquante du Modèle Standard de l'univers et une représentation presque complète du monde subatomique. Les futures recherches pourraient conduire à des découvertes majeures et à une compréhension du mystère de la matière sombre. Elles pourraient apporter la preuve que le vide apparent de l'espace est un champ omniprésent qui entoure tout l'univers et l'imprègne de part en part et elles pourraient tendre à expliquer comment la masse est créée et peut-être même pourquoi elle existe. Sans la force de retenue de ce champ, en quelque sorte, ces particules ne pèseraient rien et elles fonceraient à la vitesse de la lumière. Il n'y aurait pas d'atomes tels que nous les connaissons, pas d'étoiles, pas de planètes, pas d'êtres humains comme nous. Ces découvertes ouvrent un champ immense d'interrogations scientifiques.

La science et la technologie transforment chaque aspect de notre vie. Comment était la vie sans électricité, sans chauffage, sans déplacements rapides en train, voiture, avion, sans téléphone, sans ordinateurs, sans portables, et sans tout l'électro-ménager? Comment était-ce de vivre dans la peur des maladies mortelles, la variole, la lèpre, la diphtérie, le choléra, la polio, la peste, sans aucun remède? Grâce à la révolution de la médecine, des énergies, de la technologie informatique, des transports et de tous les domaines de recherche associés aux sciences, notre espérance de vie, notre niveau de vie et toutes les facilités pour communiquer sont totalement différentes de ce qu'elles étaient il y a cent ans. Les nouvelles technologies, comme la fusion nucléaire, les voitures sans essence, l'énergie solaire pourraient diminuer notre dépendance aux énergies fossiles et freiner l'accélération du réchauffement planétaire. La téléphonie mobile et internet nous connectent les uns aux autres partout dans le monde. Tout ceci est arrivé et continue d'arriver à une vitesse phénoménale, nous laissant à peine le temps d'assimiler toutes ces transformations radicales de nos vies.

Science Réductionniste ou Scientisme

La science telle qu'elle est définie de nos jours présente un problème de taille: le monde matériel est le seul qu'elle reconnaisse. La science réductionniste ou scientisme repose sur la croyance que la matière qu'elle explore et manipule est inerte et morte, sans conscience. Elle conclut que l'univers lui-même est dépourvu de dimensions intérieures, d'intelligence et d'âme. Nous sommes l'unique aspect de la vie à posséder une dimension intérieure de conscience réflexive. Les scientifiques qui défendent ce système de croyance réductionniste, ou matérialiste, rejettent l'idée de Dieu, de l'âme, et de la vie après la mort. L'astrophysicien Bernard Haisch constate dans son livre *The God Theory*:

> Dans un cercle vicieux d'exclusion, la science moderne, championne de l'interrogation objective, exclut l'ésotérique comme sujet de recherche. La science, de ce fait, abdique sa responsabilité qui est de découvrir la vérité objective, et succombe à un dogmatisme de son cru.… Prétendre que l'étude du monde physique écarte toute recherche de la chose spirituelle est à la fois irrationnel et dogmatique. Rejeter les éléments de preuve sous prétexte qu'ils ne peuvent pas être mesurés avec les instruments de laboratoire est contraire à l'esprit scientifique de la recherche. Il est grand temps de dépasser ce modèle de science fondamentaliste. [4]

Le récent livre de Rupert Sheldrake, *The Science of Delusion* (2012), confronte le dix dogmes de base de la science et expose la façon dont les sciences sont bridées par des présupposés issus du XIXè siècle, qui se sont fossilisés en dogmes et en systèmes de croyance 'dont le présupposé central est que tout est essentielle-ment matériel ou physique, même l'activité mentale. Beaucoup de scientifiques ne perçoivent pas que le matérialisme est un postulat: ils pensent simplement que c'est la science ou la vision scientifique de la réalité, ou la vision scientifique du monde'. [5]

Quand la conscience borgne du mental rationnel de l'hémisphère gauche est tenue pour seule faculté capable de définir la nature du réel, elle possède, comme Jung le fait remarquer, 'une liberté prométhéenne mais elle est animée aussi par un hubris quasi-divin' [6] — voilà le danger de cette situation.

La Naissance d'un Nouveau Paradigme

Pendant mes années de pratique en tant qu'analyste jungienne, je me suis jointe à une association nommée The Scientific and Medical Network. J'ai pu, grâce à elle, assister pendant une vingtaine d'années à des conférences où d'éminents scienti-fiques intervenaient. C'est ainsi que mon intérêt pour la science vint à croître et que je perçus que nous étions au milieu d'une révolution scientifique d'ampleur. Avec un enthousiasme croissant, je réalisai que nous nous éloignions de la vi-sion newtonienne désuète d'un univers mécaniste précis et parfaitement ordonné, pour nous acheminer vers une vision qui accepte qu'au niveaux les plus profonds, l'univers est vivant, conscient et est le sol éternellement présent de notre propre conscience. Je garde depuis des années ce passage édifiant d'un article rédigé par le physicien Paul Davies, et publié en Juillet 1983 dans le Sunday Telegraph Mag-azine, car j'ai toujours senti qu'il était de grande importance:

> Étudier la nouvelle physique, c'est s'embarquer dans un voyage d'émerveille-ments et de paradoxes, où sujet et objet, mental et matière, force et champ sont imbriqués.... Nous nous acheminons vers une compréhension où la matière, la force, l'ordre et la création sont unifiés en un seul système descriptif. À mon avis les lois de l'univers, des quarks aux quasars, concordent si harmonieuse-ment que l'impression qu'il y a quelque chose derrière est irrésistible.

Le nouveau paradigme émergent suggère que nous ne sommes pas la création fortu-ite d'un univers mécanique sans intention, comme les scientifiques réductionnistes le proclament: nous participons à la vie d'un univers vivant et intelligent qui semble orchestrer son déploiement évolutionnaire du sein de ses propres processus cosmi-ques, planétaires et biologiques. Nous ne pouvons pas nous retrancher de ce que nous observons. Je cite à nouveau Paul Davies, 'L'univers n'est pas une collection d'ob-jets mais un maillage inséparable de patterns d'énergie vibrante dans lequel aucun élément n'a de réalité indépendamment du tout. Inclus dans ce tout se trouve l'observateur'. J'ai suivi cette révolution dans ses moindres détails depuis ces quelque vingt dernières années et c'était comme si une chose aussi massive que le mur de Berlin était en train de s'effriter, tandis que la théorie réductionniste longtemps dominante de la science commençait à céder du terrain au paradigme émergent qui réintègre la dimension métaphysique aux découvertes renversantes de la science. Me référant à la théorie de Pitirim Sorokin, que nous avons explorée au chapitre Neuf, je me demandais si une culture idéationnelle n'était pas en train de pointer alors que les certitudes de la culture sensorielle longtemps établie étaient en déclin.

La Conscience: Socle du Réel

Notre culture séculière, profondément influencée par le réductionnisme scientifique encore défendu par la majorité des scientifiques de par le monde, n'admet aucune intuition, au contraire des cultures antérieures, de l'existence d'une dimension du réel comparable à un ciel nocturne étoilé – une dimension cachée qui ne peut révéler sa présence que lorsque la radieuse luminosité du soleil est tamisée. De même que les explorateurs portugais en vinrent à réaliser que la Terre n'était pas plate mais ronde, de même nous commençons à réaliser que l'univers n'est pas fait de matière inerte et insensible mais est conscient dans chacune de ses parties, jusqu'à la plus infime particule au cœur de l'atome.

Einstein disait qu'un problème ne trouve pas sa solution au niveau de conscience qui l'a engendré. Nous devons créer un nouveau contexte qui permettra à la solution d'apparaître. L'idée que la conscience, plutôt que la matière, est le socle du réel et la force créative qui a généré l'univers, représente ce nouveau contexte sur lequel les découvertes formidables de la science pourraient s'aligner. Cette idée, telle le prince du conte de la Belle au Bois Dormant, ouvre une brèche dans la haie épineuse des convictions établies depuis des siècles, qu'elles soient scientifiques ou religieuses. Elle a le pouvoir d'éveiller notre âme, de nourrir notre imagination, et de faire surgir en nous une plus profonde capacité relationnelle, entre nous et avec notre maison planétaire. Un champ de conscience immense et invisible se présente à nous, et nous demande de le reconnaître. Réaliser que nous participons à une dimension du réel qui est la source et le socle de notre propre conscience peut mener à briser la conviction que la réalité matérielle est la seule réalité, et que nous existons sur une planète créée par hasard, dans un univers sans vie ni intention, et qu'il n'y a rien après la mort.

Il est légitime que cette nouvelle compréhension vienne de la science, puisque c'est la science, bien plus que la religion, qui nous a procuré le récit de la formation et de la datation de notre univers, de notre planète et de notre espèce. C'est extraordinaire de voir que les nouvelles découvertes de la science retrouvent le maillage invisible du cosmos qui était connu des cultures shamaniques, des traditions ésotériques occidentales de la Kabbale et des traditions contemplatives du Védanta, du Bouddhisme, du Taoïsme et du Soufisme. Le livre tibétain de la Grande Libération affirme que la matière est issue de l'esprit, et non l'esprit de la matière.

La découverte du vide quantique change notre vision du réel. Il semblerait que nous soyons immergés dans un océan, ou champ, ou maillage d'énergie qui serait coextensif avec l'immensité de l'univers visible et avec la plus minuscule particule de matière. Ce maillage invisible nous relie les uns aux autres et à chaque aspect de vie dans le Cosmos. De même que nous découvrons que la conscience imprègne chaque cellule de notre corps, de même nous découvrons qu'elle peut être présente dans chaque photon ou particule de lumière à travers tout l'univers. Cette découverte nous dit que nous baignons littéralement dans un océan de lumière, qui nous est invisible, et qui pourtant imprègne chaque cellule de notre être. Cette vision naissante est décrite par Christopher Bache dans un passage saisissant de son livre *Dark Night, Early Dawn*, où il partage sa propre expérience:

> Je vis l'humanité sortir d'une vallée et droit devant, de l'autre côté du sommet de la montagne et encore au-delà de notre vue, se trouvait un monde lumineux, noyé de soleil et qui allait déferler sur nous. L'échelle de temps était gigantesque. Après des millions d'années de lutte et d'ascension, nous étions sur le point d'un lever de soleil qui changerait pour toujours les conditions de vie sur notre planète. Toutes les structures actuelles deviendraient très rapidement obsolètes.... Je vis que cette évolution n'était vraiment pas un accident mais un acte créateur de luminosité suprême et que l'humanité était amenée à franchir un seuil qui la transformerait pour toujours. [7]

> C'est au moment où la culture occidentale a réussi à se convaincre que l'univers est une machine, qu'il fonctionne avec une précision et un aveuglement de machine, que la faculté de faire l'expérience de la vie intérieure de l'univers nous est rendue.... Toute l'œuvre humaine a été vidée d'intention et de sens existentiel parce qu'elle était considérée comme un produit du hasard aveugle. Quand on accède à l'expérience intérieure de l'univers, on apprend que, loin d'être un accident, notre présence consciente ici est le résultat d'un effort suprême et héroïque. Loin de vivre nos vies dans un coin lointain d'un univers insensible qui nous ignore, nous sommes partout entourés par des ordres d'intelligences au-delà de toute compréhension. [8]

Les expériences de Bache lui révèlent que tout l'univers, visible et invisible, est, de ses propres mots, 'un organisme unifié avec un dessein extraordinaire qui reflète une gigantesque Intelligence Créative'. Tout ceci était jadis connu et a été oublié. En dépit du pare-feu levé par la science réductionniste, nous le redécouvrons à présent et acceptons que le Cosmos et tout ce que nous appelons Nature sont dotés d'âme et soutenus par une Intelligence inimaginable que Bache nomme Mental Sacré.

De même que nous avons la faculté d'imaginer, de penser et de ressentir — une activité 'intérieure' de conscience et d'émotions en notre organisme physique — de même l'univers a un 'intérieur' à sa forme visible: une Intelligence, un Mental Créatif, une Âme. La matière semble si solide, organisée en formes distinctes et séparées si évidentes. Mais en essence qu'est que la matière? Le physicien Max Planck (1858-1947) qui fut le premier scientifique, en 1900, à nommer le 'quanta' de la Théorie Quantique, observait que:

> En tant qu'homme qui a voué sa vie entière à la science la plus objective, à l'étude de la matière, je peux dire ceci, en résultat de mes recherches sur l'atome: la matière en tant que telle n'existe pas. Toute la matière n'existe que grâce à une force dont elle provient et qui fait vibrer les particules de l'atome, et maintient ensemble le plus minuscule système solaire de l'atome....Nous devons supposer derrière cette force l'existence d'un Mental conscient et intelligent. Ce Mental est la matrice de toute matière. [9]

Notre conception de la matière est appelée à se transformer au fur et à mesure des nouvelles découvertes. Mais nous devons connaître la genèse de la vision réductionniste et comprendre pourquoi la science en est venue à rejeter l'esprit et à considérer la nature comme inerte.

Science et 'Maîtrise' de la Nature

Jusqu'à Copernic (1473-1543), Kepler (1571-1630) et Galilée (1564-1642), la science croit travailler en harmonie avec les lois du Cosmos et n'est pas en conflit avec la religion. L'univers est considéré comme un organisme sensible soumis à des lois. Newton travaille encore dans ce cadre paradigmatique. Mais suite à la condamnation de Galilée par l'Église catholique, la science s'éloigne de la religion. Une rupture se produit il y a quatre cents ans entre la science et la métaphysique héritée du monde médiéval. Les surprenantes découvertes de Copernic et de Kepler sur la rotation de la Terre autour du Soleil perturbent l'establishment et précipitent la rupture. L'œuvre de Copernic *De Revolutionibus Orbium Cœlestium* est bannie par l'Église en 1616 sous le prétexte qu'elle serait une pseudo-science. Elle ne sera retirée de l'Index qu'en 1820, l'Église acceptant que la thèse est démontrée et scientifique. En fait, Copernic n'est pas l'inventeur du système héliocentrique; Aristarque de Samos, surnommé le 'Copernic grec', proposa l'hypothèse héliocentrique mais elle fut rejetée par Aristote, par les mathématiciens d'Alexandrie et par l'astronome Ptolémée, qui tous préféraient l'hypothèse géocentrique. C'est donc le modèle de Ptolémée qui prévaut encore à l'époque de Copernic. Kepler (qui ne reçut jamais la reconnaissance qui lui était due) affine et développe la théorie de Copernic. Kepler réalise qu'il lui faut calculer l'orbite de la Terre pour pouvoir produire un modèle héliocentrique tenable, dans lequel la Terre est traitée de la même façon que les cinq autres planètes connues à l'époque. Dans ce but, il imagine qu'il se tient sur Mars et observe la Terre — un acte d'imagination qu'Einstein qualifie de 'pur génie'. *Astronomia Nova* (1609) et *Harmonices Mundi* (1619) présentent les travaux scientifiques précurseurs de Kepler. Son *Astronomia Nova* pose les fondements de l'astronomie moderne mais *Harmonices Mundi* est son opus magnum, intégrant géométrie, musique, poésie, architecture et astronomie en une remarquable synthèse. Galilée ne se donne pas la peine de lire ces écrits mais Newton si, et il décrit dans son *Principia* comment il exploite les trois lois de Kepler pour élaborer sa loi de la gravitation universelle.[10] Les découvertes majeures de quatre hommes remarquables causent le changement fondamental d'orientation allant de la religion vers la science, de la croyance vers la connaissance, de l'enfermement dans une orthodoxie rigide et autoritaire vers la liberté d'une exploration passionnée du monde matériel.

Cependant, alors que la science se libère du contrôle oppressif de la religion et se tourne vers l'observation de la nature, c'est la nature qui progressivement en vient à être considérée comme une mécanique sans âme et comme une chose totalement séparée de l'homme et du Cosmos. Le philosophe Joseph Milne offre dans son livre informé et révélateur, *Metaphysics and the Cosmic Order*, une analyse perspicace de la façon dont la science est devenue une idéologie — un système de croyance — qui considère la nature comme une chose à dominer, manipuler et contrôler au profit de l'homme. Il impute la responsabilité de ce changement d'attitude envers la nature — une chose séparée et distincte de l'Ordre Cosmique — aux écrits du philosophe, scientifique et homme d'état Francis Bacon (1561-1626), qui déclare que l'objet de la connaissance est le contrôle de la nature et que la nature en elle-même n'a aucun intérêt. 'C'est cette orientation inédite contre la nature qui marque la naissance de l'âge moderne, et non l'essor de la science en tant que telle', écrit Milne. Il continue: 'D'un seul coup, la nature humaine se trouve aliénée du cosmos. Avec cette aliénation, la conception du savoir humain glisse de participation à l'être des choses à maîtrise et pouvoir sur les choses.... La quête de connaissance s'écarte de la contemplation de la réalité, une fin en elle-même, au profit de l'asservissement des ressources de la nature par le contrôle et la domination humaines'.[11]

Il se peut que la science retienne, peut-être inconsciemment, certains préceptes de base longtemps détenus par la religion. Bien en tête se trouve l'idée, issue de la Genèse et gravée en profondeur dans la psyché chrétienne, que Dieu a donné à l'homme autorité sur la Terre et ce qui la peuple.

Donc, le chemin emprunté par la science ne considère pas la nature, ni les autres espèces ni les êtres humains comme des êtres dotés d'âme appartenant à un Ordre Sacré, mais sépare de plus en plus la matière de l'esprit, élargissant encore, de ce fait, le fossé creusé de longue date par la religion. Finalement, la science niera en bloc l'esprit et l'âme car elle ne pourra trouver aucun élément de preuve dans aucun de ces champs d'exploration: l'idée de Dieu est non pertinente, le concept d'âme une superstition désuète. Elle conclura que l'univers est advenu par hasard et que la conscience, épiphénomène de la matière, est le produit de la neurologie et de la biochimie du cerveau physique — une conclusion présentée comme un fait irréfutable.

La science, à l'instar de la religion, subit l'influence de la mythologie solaire et l'idée d'une grande bataille entre la lumière et les ténèbres. Les progrès de la science sont conçus en termes de combat entre la raison et la superstition, entre le rationnel et le non-rationnel ou l'irrationnel. L'influence subliminale de cette idéologie conduit la science à un état de superbe hubris en relation avec la nature et la matière, convaincue que l'omnipotence et le caractère unique apparents du mental humain confèrent à l'homme le droit de maîtriser et de contrôler la nature. Elle ne voit pas l'homme dans le contexte plus large de la nature mais le place au-dessus de la nature. Avec l'invention de la bombe atomique, la science atteint une position de pouvoir immense, similaire à celle détenue jadis par l'Église. Du fait de ses découvertes, elle est atteinte d'une inflation si grande qu'elle ne peut pas voir que son attitude à l'encontre de la nature et de la matière est une atteinte grave à l'intégrité et au bien-être, de tout l'organisme planétaire. En termes psychologiques, la science présente des symptômes de mégalomanie et d'omnipotence comparables à ceux du complexe militaro-industriel décrits dans les deux derniers chapitres.

Nombre de programmes télévisuels sur la science répètent le leitmotiv des découvertes de la science menant à toujours plus de 'maîtrise' de la nature. En 2008, j'entendis par hasard le professeur Brian Cox, un des plus brillants physiciens des particules au R.U, communiquer son enthousiasme à la mise en route imminente du LHC, le grand accélérateur de particules du CERN. Parce que ses mots me choquèrent, je les notai. Il disait: 'Nous cherchons des moyens toujours plus sophistiqués de torturer la matière', faisant écho aux mots de Francis Bacon qui énonçait que la nature serait 'réduite à servir, pourchassée dans ses errances, posée sur le grill et torturée pour qu'elle livre ses secrets'.

Si la matière est inerte ou 'morte', alors la torture peut lui être appliquée car elle n'a aucune valeur intrinsèque et aucune faculté apparente à ressentir ou à percevoir ce qui lui est fait, et pourtant le choix du mot 'torture' est révélateur, car il suggère une intuition chez l'observateur que la matière pourrait être sensible. Pourquoi devons-nous 'fracasser' les éléments de la matière pour découvrir le boson de Higgs? Pourquoi devons-nous inventer un laser qui 'déchire' le tissu de l'espace pour découvrir les secrets de la matière sombre? Ce lexique agressif utilisé pour décrire ces initiatives technologiques dérive de la conviction tenace que le rôle de l'homme en relation à la nature et à la matière est de les maîtriser et de les contrôler, par la violence si nécessaire.

L'utilisation d'animaux dans les expériences de laboratoire pour tester l'efficacité de substances appelées à soigner les maladies des hommes, découle tout naturellement de cette attitude de la science envers la nature. On pense que les animaux sont des machines biologiques qui ne sentent pas la douleur comme les humains. Les animaux sont traités comme une sorte de race sujette: leur souffrance, quand elle est reconnue, est considérée comme nécessaire aux fins de la recherche. La question de la moralité de notre traitement des animaux — principalement des primates, des chiens, des lapins et des souris — expédiés par millions vers les laboratoires, ne suscite aucune confrontation, si ce n'est de la part des défenseurs des droits des animaux. Ces animaux n'ont aucun droit qui pourraient les protéger des mauvais traitements. De toute évidence, nous nous considérons comme l'espèce supérieure, justifiée à causer la souffrance d'autres espèces si cela sert à prolonger ou à améliorer nos vies.

Cependant, le 7 Juillet 2012 à Cambridge, à la conférence en l'honneur de Francis Crick, en présence de Stephan Hawking, les scientifiques présents signent la Déclaration sur la Conscience des Animaux Non-Humains dont les conclusions reconnaissent la présence de la conscience chez les animaux:

> L'absence de néocortex ne semble pas empêcher un organisme d'éprouver des états affectifs. Les éléments de preuve convergents indiquent que les animaux non-humains possèdent des substrats d'états de conscience neuroanatomiques, neurochimiques et neurophysiologiques ainsi que des capacités à présenter des comportements intentionnels. En conséquence, le poids des éléments de preuve indique que les humains ne sont pas seuls à posséder les substrats neurologiques qui génèrent la conscience. Les animaux non-humains, y compris les mammifères et les oiseaux, et beaucoup d'autres créatures, y compris les pieuvres, possèdent également ces substrats neurologiques.

L'éminente primatologue Jane Goodall est convaincue que l'utilisation d'animaux dans les expériences de laboratoire n'est plus, ni moralement ni éthiquement, acceptable. En soutien, elle se réfère aux recherches d'Andrew Knight et son récent livre *The Costs and Benefits of Animal Experiments* où il conclut qu' 'il est clair que la recherche sur les animaux est un moyen hautement inefficace pour essayer de faire avancer les soins de santé humaine – tout particulièrement au vu des coûts pour les finances publiques associés à une telle recherche et des coûts en vies animales'. (*The Times* 17/3/12).

Le Mental Rationnel et le Bannissement de l'Âme

L'observateur scientifique est devenu si distant de ce qu'il observe qu'il en a perdu la perception instinctive qu'il pourrait faire partie d'un organisme cosmique et planétaire vivant et intelligent, et que son rôle devrait plus s'apparenter à celui d'un serviteur qu'à celui d'un maître. À cause de l'adhésion obsessive à la façon dont l'hémisphère gauche rationnel perçoit la réalité, le sentiment empathique — une partie vitale de notre intégrité — a été délibérément et autoritairement exclu de la méthodologie scientifique. On pourrait dire que la science réductionniste a banni le Féminin et l'âme ou anima — le vecteur du sentiment — de sa recherche. Les mots de Karl Stern dans son livre *The Flight from Woman* méritent d'être cités: 'Si la relation de l'homme avec la nature n'est rien d'autre qu'une victoire technologique, alors cela se résume à une union sans amour de l'homme et de la Nature, un viol, et cela finira en perdition'. [12]

Le professeur Ravi Ravindra, professeur émérite (anciennement professeur dans chacun des trois départements de Physique, de Religions comparées et de Développement International à Dalhousie University, Halifax, Canada) commente, de façon très pertinente et éclairante, l'attitude de la science face à la nature, dans son livre *Science and the Sacred: Eternal Wisdom in a Changing World*:

> L'extranéité de la nature est un présupposé essentiel de l'attitude scientifique, qui voit l'univers comme hostile ou tout au moins indifférent — pas intention-nellement mais mécaniquement — aux intentions et aux aspirations humaines. Donc, la nature doit être combattue et conquise. Cette vision est ce qui autorise les humains à exploiter la nature. Plus une société est scientifiquement et tech-nologiquement avancée, et plus prononcée est l'exploitation de la nature. La tech-nologie moderne, par ses procédures fondamentales et ses attitudes, fait essentiel-lement bloc avec la science moderne…. Utiliser les ressources naturelles pour satisfaire les besoins humains légitimes s'est transformé en exploiter la nature pour gratifier les désirs débridés. Ce glissement — évident aux USA et de plus en plus ailleurs aussi — est rendu possible par le développement des capacités de la science et de la technique. Et il est rendu possible par l'attitude, commune à la science et à la technologie, qui considère la nature en ennemie à vaincre. [13]

Il commente en outre la dépréciation culturelle du sentiment:

> La tragédie, c'est que le respect populaire voué à la science a conduit à la déval-orisation de la fonction du sentiment comme moyen d'atteindre à quelque aspect de la vérité, et en conséquence la qualité du sentiment dans notre culture a décliné au niveau de l'infantile ou du brutal. La conviction erronée que les aspects lim-ités de la réalité accessibles à la science constituent le tout est si profondément incrustée en nous, qu'elle maintient sa prise tenace contre la raison elle-même, qui pourtant nous soumet la proposition que la vision la plus complète possible de la réalité pour les humains doit être celle qui inclut les perceptions de toutes nos facultés — et toutes nos facultés perfectionnées au plus haut degré possible. [14]

Les commentaires du professeur Ravindra reflètent la situation décrite par Iain McGilchrist au Chapitre Neuf; l'hémisphère gauche du cerveau exerce à présent trop de contrôle sur le droit: sans nous en rendre compte, nous avons été enfermés dans une vision du réel propre à l'hémisphère gauche, la vision limitée d'une conscience borgne. Nous avons pris l'émissaire pour le maître. L'intuition d'Einstein est ici pertinente, 'Le mental intuitif est un don sacré. Le mental rationnel est le fidèle serviteur. Nous avons créé une société qui honore le serviteur et oublie le don'.

Richard Tarnas, professeur de philosophie au California Institute for Integral Studies, nous livre dans *Cosmos and Psyche, Intimations of a New World View* un aperçu complet de l'évolution de la conscience et il nous pose la question pressante pour notre époque que la science n'aborde pas:

> Quel est l'impact ultime du désenchantement cosmologique sur la civilisation? Quel est l'impact sur le soi humain qui, année après année, siècle après siècle, fait l'expérience de l'existence en tant qu'être conscient et intentionnel dans un univers inconscient et vide d'intention? Quelles sont les conséquences de ce contexte cosmologique sans précédent pour l'aventure humaine, en fait pour toute la planète? [15]

Le livre présente une approche alternative de l'univers que je cite ici, légèrement écourtée avec la permission de l'auteur:

> Imaginez que vous soyez l'univers — pas le vide désenchanté mécaniste sans âme de la cosmologie conventionnelle moderne, mais un cosmos doté d'âme, subtilement mystérieux, d'une grande beauté spirituelle et d'une grande intelligence créatrice. Imaginez que vous soyez approché par deux épistémologies contraires — deux prétendants qui cherchent à vous connaître. Auquel répondriez-vous et auquel livreriez-vous vos secrets les plus intimes? Répondriez-vous à celui qui vous aborde en pensant que vous êtes dépourvu d'intelligence et d'intention, comme si vous n'aviez aucune dimension intérieure, qui vous juge comme fondamentalement inférieur à lui-même, qui vous traite comme si votre existence n'avait de valeur pour lui que dans la mesure où il peut accroître et exploiter vos ressources pour satisfaire ses propres besoins, et dont les motivations à vous connaître sont guidées par son désir de vous dominer toujours plus?

> Ou vous ouvririez-vous en grand, vous le cosmos, au prétendant qui cherche à vous connaître, non pour vous exploiter toujours plus, mais pour s'unir à vous et faire advenir une chose nouvelle, une synthèse créative issue de vos deux profondeurs. Il cherche à libérer ce qui a été caché par la séparation entre celui qui sait et celui qui est su. Son intention ultime n'est pas toujours plus de maîtrise et de contrôle sur vous mais une participation empathique et responsable au déploiement co-créatif de nouvelles réalités. Son acte de connaissance est essentiellement un acte d'amour et d'intelligence réunis, d'émerveillement et de discernement, d'ouverture à un processus de découverte mutuelle. Auquel seriez-vous le plus à même de dévoiler vos vérités les plus profondes? [16]

Tarnas poursuit son récit avec un appel à réenchanter le Cosmos, à le voir avec des yeux neufs. Il ne nous demande pas d'abandonner la méthodologie de la science — l'aptitude à prouver des hypothèses par l'expérimentation qui a demandé de si prodigieux efforts — mais d'honorer et de mettre en place des voies de connaissance qui soient dignes de la grandeur, de la profondeur et de la complexité du Cosmos, d'intégrer l'imagination, l'intuition morale et spirituelle, l'expérience 'visionnaire' et l'approche subjective empathique qui ont été jusqu'à présent rigoureusement exclues de la méthodologie scientifique. Et surtout, il nous demande de retirer du cosmos notre projection anthropocentrique de vide d'âme qui résulte de l'ego dissocié et de sa soif de pouvoir sur la matrice cosmique et planétaire, à partir de laquelle il a évolué. Nous devons développer des façons de connaître qui intègrent la sagesse des anciennes traditions spirituelles et les découvertes scientifiques émergentes, et qui peuvent ouvrir nos yeux à l'existence des dimensions invisibles du Cosmos qui nous entourent et interagissent avec notre monde. Nous devons dépasser les limites de notre compréhension qui sont le résultat de la longue dissociation en notre psyché de l'ego conscient et de l'âme instinctuelle — dissociation dont les origines sont explorées aux Chapitres Cinq et Six et dont les effets sont résumés au Chapitre Neuf.

Le Changement de Paradigme: Conscience comme Substrat du Réel

En fait, il se passe actuellement ce que Tarnas réclame. Une cosmologie nouvelle est en train de naître, la nouvelle vision de notre profonde relation avec un univers conscient et intelligent. Un consensus apparaît entre les physiciens, les astrophysiciens et les cosmologistes comme quoi la conscience, et non la matière, est le substrat du réel. Ceci représente la prémisse de base du changement de paradigme actuel. Au lieu d'envisager l'univers comme un agrégat de parties fonctionnant comme une espèce de machine gigantesque, ils la voient comme un organisme unifié et vivant, ses aspects visibles et invisibles fonctionnant comme un tout unifié. Ils formulent le concept révolutionnaire d'un univers créatif et conscient, et posent la conscience comme originelle et l'univers manifeste comme la création de cette conscience cosmique.

Bernard Haisch écrit dans son livre *The God Theory* que 'le défi de la science va être de libérer les outils, les expériences, les observations et la logique de la méthode scientifique des entraves de l'idéologie matérialiste-réductionniste qui ne peut tolérer le concept d'une réelle conscience, et particulièrement d'une conscience qui précéderait la matière'. [17]

Amit Goswami, professeur de physique à l'Ohio State University, affirme sans détour dans son livre *The Self-Aware Universe* que la 'conscience est le sol de tout l'être et la physique quantique le montre de façon limpide'.[18] Dans un livre plus tardif, *The Visionary Window*, qui jette un pont entre la physique quantique et les intuitions de la philosophie védantique, il écrit:

> Poser la conscience comme le sol de l'être appelle un changement de paradigme, passant d'une science matérialiste à une science basée sur la primauté de la conscience…. Une telle science conduit à la vraie réconciliation avec les traditions spirituelles, car elle ne demande pas à la spiritualité d'être basée sur la science mais demande à la science de se baser sur la notion d'esprit éternel… La métaphysique spirituelle n'est pas en question. L'orientation se porte vers la cosmologie — comment le monde phénoménal se manifeste.[19]

Goswami se fait en cela l'écho des pensées du brillant physicien Wolfgang Pauli, l'inventeur du neutrino. Lors d'une conférence qu'il fit en 1955, il souligne l'importance de réconcilier la position rationnelle de la science occidentale avec l'approche mystique des traditions orientales, dans le but de procurer un meilleur équilibre au scientifique et à la science. En cela, Pauli est sans aucun doute influencé par ses nombreuses conversations avec Jung, et sa réalisation, suite à une analyse dense, que ses symptômes de déséquilibre étaient dus à sa fixation sur son seul intellect et son ignorance de l'anima.[20]

D'autres physiciens et cosmologistes arrivent à la même conclusion: l'univers n'est pas inerte, matière insensible comme le postule encore la science traditionnelle, mais conscient et intelligent d'une façon qui est encore au-delà de notre faculté de compréhension. Les extraordinaires découvertes de ces cent dernières années récusent ce que la science nous a programmés à croire: que, en tant qu'espèce unique, nous sommes séparés des autres espèces et de notre environnement planétaire et cosmologique. La physique quantique nous montre que nous ne pouvons plus, en tant qu'observateurs, nous séparer de la chose observée.

Le modèle standard de la cosmologie postule que l'univers a commencé avec le Big Bang il y a quelques 13.7 milliards d'années, s'est rapidement dilaté puis refroidi suffisamment pour permettre à la matière de se former, donnant naissance aux milliards de galaxies dont nous avons maintenant connaissance – mais tout ceci est une hypothèse. Nous ne voyons que 4% (certains disent 5%) de l'univers connu. Que cachent les 96% restants? Contrairement à ce qui était cru auparavant, il n'existe aucun espace vide entre les 170 milliards de galaxies de l'univers observable. Au lieu de cela, le prétendu 'espace vide' est plein de quelque chose appelé matière sombre (représentant 23% de l'univers) et énergie sombre (73% de l'univers). Cette dernière provoque l'expansion continuelle de l'univers tandis que la première agit comme un champ gravitationnel, maintenant le gigantesque filet de galaxies dans une relation constante les unes aux autres sans permettre à l'espace entre elles de se dilater. La matière sombre n'émet pas de lumière et est donc totalement invisible pour les instruments scientifiques. Les scientifiques pensent qu'ils sont sur le point d'en savoir plus à son sujet grâce à la découverte du boson de Higgs. Il y a actuellement dans l'univers connu 24 types de particules. Les particules de matière sombre, pas encore découvertes, seraient différentes et passeraient à travers des objets solides, y compris notre corps. Personne ne sait combien il en existe et combien peuvent être découvertes.

En janvier 2012, des astronomes annoncent qu'ils pensent que la matière sombre est à l'origine de la formation de tout le cosmos. Au cours des cinq dernières années, ils ont cartographié en détail la distribution de la matière noire dans l'univers et il apparaîtrait que les galaxies et les milliards d'étoiles qui les forment se maintiennent ensemble seulement grâce à cette énorme force gravitationnelle générée par cette mystérieuse 'substance'. Il semblerait que les galaxies sont liées par une vaste 'toile d'araignée' cosmique. Ceci rappelle l'idée longtemps rejetée d'un éther de consistance mousseuse qui s'étirait comme un maillage flexible ou un filet tandis que l'univers se dilatait. Les galaxies visibles sont peut-être entourées d'un 'halo' de matière sombre dont la concentration serait plus forte en leur centre. La matière noire dans la Voie Lactée pourrait empêcher le soleil de foncer hors de la galaxie vers l'espace lointain. (*Sunday Times* 8/1/12)

Un autre facteur nouvellement découvert, que les cosmologues appellent 'courant sombre', cause le déplacement inexplicable d'amas entiers de galaxies. Les cosmologues pensent que ceci pourrait indiquer l'existence d'un univers parallèle au nôtre, et qui affecte le mouvement des galaxies. Cela leur suggère que notre univers pourrait faire partie d'un multivers, hypothèse avancée par Lord Rees. Lorsque les cosmologues découvriront ce que sont la matière sombre, l'énergie sombre et le courant sombre et comment ils affectent l'univers observable, le modèle standard actuel devra être modifié à la lumière de cette nouvelle théorie. Alors que je termine ce livre (août 2012), l'émission Horizon (BBC2) mentionne que des cosmologues aux USA ont récemment découvert que l'univers serait apparemment infini: sa circonférence ne peut être calculée car il continue son expansion et, encore plus incroyable, il pourrait n'être qu'un parmi un nombre infini d'univers. Cela dépasse tout ce que l'esprit peut assimiler.

Nous recouvrons à un niveau de compréhension autre un développement de la cosmologie qui existait dans les cultures shamaniques et dans les cultures de l'âge du bronze, et dont la description d'un niveau remarquable fait partie du legs conséquent de Plotin et de la cosmologie de la Kabbale et des Védanta. Ces cosmologies reconnaissent l'existence et l'interaction de plusieurs plans, niveaux ou dimensions du réel contenus dans un maillage vivant et omniprésent. Nous re-découvrons que ce maillage vivant est le substrat de notre propre conscience.

Le Vide Quantique

Trois facteurs vitaux ont contribué à l'émergence de cette nouvelle cosmologie. Le premier est la découverte du vide quantique, ou quantum plenum qui est une description plus exacte. Le second est la découverte du principe de non-localité et la reconnaissance que toutes les particules de la matière sont 'intriquées'. Au niveau quantique du réel, nous sommes tous connectés. Le troisième facteur est le concept d'univers holographique.

Avec la découverte du champ quantique (plenum) sous-tendant notre réalité de l'espace-temps, le concept d'une matrice cosmique d'où naissent tout ce que nous nommons réalité, tout ce que nous sommes et tout ce vers quoi nous retournerons, un concept similaire à l'inspire et à l'expire des grands cycles cosmiques avancés par les sages védiques indiens, nous revient après 4000 ans d'absence. Le champ quantique, substrat-source de l'univers visible, détient toute l'information sur tout ce qui a été, est et sera. Il est comme un gigantesque champ mémoriel qui garde en lui d'autres champs qui se manifesteront sous les 'formes' de vie de notre planète. La théorie quantique 'décolle' vers 1920, s'élevant sur les fondations d'une publication de Max Planck qui, en 1900, formule le concept de 'quanta' ou paquets d'énergie; on comprendra par la suite qu'ils se manifestent dans l'espace-temps sous forme de vagues et de particules. Cette théorie chamboule notre conception de la réalité. J'emprunte la description du vide quantique (aussi appelé champ du point zéro) à l'astrophysicien Bernard Haisch, car il utilise des mots que des non-scientifiques peuvent comprendre:

> Les lois de la mécanique quantique posent l'océan du champ du point zéro comme un état à la fois de paradoxe et de possibilité – un océan bouillonnant de pairs de particules, de fluctuations d'énergie, de perturbations de forces qui jaillissent à l'existence et en disparaissent tout aussi vite… Cela peut représenter une source d'énergie disponible partout, et peut-être même un moyen de modifier la gravité et l'inertie. Le vide quantique est donc en réalité un plenum … Le fait que le champ du point zéro est l'état de la plus faible énergie le rend inobservable… il agit comme une sorte de lumière aveuglante qui exclut la possibilité de le percevoir par contraste. Puisqu'il est partout, à l'intérieur et à l'extérieur de nous, imprègne chaque atome de notre corps, nous sommes dans les faits aveugles à sa présence. [21]

Bernard Haisch suggère que la connexion profonde entre la physique et la métaphysique "se trouve dans le fait que le vide quantique électromagnétique est une forme de lumière. Il possède un océan d'énergie sous-jacent, prédit par le principe d'incertitude de Heisenberg, qui imprègne chaque minuscule volume d'espace, depuis le vide intergalactique le plus vide jusqu'aux profondeurs de la Terre, du Soleil et de nos propres corps. En ce sens, le monde de la matière est comme la mousse visible sur un très profond océan de lumière". [22]

La mystérieuse lumière du plenum quantique pourrait être le substrat créateur du réel et le substrat de tout ce que nous sommes et de tout ce que nous percevons. Le temps n'existe pas dans ce champ sans limite d'énergie-lumière car il est par nature atemporel. L'information encodée en lui se diffuse instantanément à toutes les parties de l'univers. À travers lui, chaque créature, autant que chaque aspect de la création, sont indissolublement liés les uns aux autres.

Je ne peux m'empêcher d'établir un rapprochement entre la lumière du plenum quantique et la tradition de la Kabbale, où la lumière est réputée émaner depuis l'utérus cosmique de l'être vers tous les mondes, ou dimensions, qu'elle génère jusqu'à notre monde familier de réalité physique. Cette lumière, qui n'est pas similaire à la lumière du soleil, est le substrat invisible du monde phénoménal. La Kabbale voit nos âmes comme les 'étincelles' de cet ineffable substrat de lumière.

Le très déterminant principe d'incertitude de Heisenberg affirme que le champ électro-magnétique du plenum quantique est en état perpétuel d'oscillation ou de fluctuation. Ces vibrations permanentes créent un océan de lumière qui se transforme en une énorme énergie — la lumière qui coule à travers la 'matière' de tout l'univers manifeste, y compris notre propre forme physique, d'une façon que nous ne comprenons pas encore, génère la matière et maintient son existence. Toutes les possibilités sont contenues en elle et n'importe quelle possibilité peut en émerger. Les implications sont énormes car elles signifient que nous pourrions changer notre façon de penser, choisir de ne plus adhérer aux vieux schémas dualistes.

L'éminent physicien David Bohm (1917-1992), professeur de physique théorique au Birkbeck College de Londres, est le premier scientifique à décrire l'interaction du champ quantique et de notre monde visible. Dans son livre publié en 1980 *Wholeness and the Implicate Order*, il nomme la dimension première du réel 'Ordre Implicite', la base-source multi-dimensionnelle, sous-jacente à tout le vivant, qu'il décrit comme un océan sans limite d'énergie et de lumière. Ce que nous percevons avec nos sens comme espace cosmique vide est en fait un plenum, le substrat de toute vie, y compris la nôtre. Il nomme notre monde tri-dimensionnel 'Ordre Explicite' et émet l'hypothèse qu'il était à l'origine enveloppé dans la base-source de l'Ordre Implicite. [23] Il voit l'univers, à la fois dans ses aspects et ses Ordres, comme une plénitude indivisible et il avance que la matière n'est rien d'autre que de la lumière figée. "Tout l'univers de la matière que nous observons généralement est à prendre comme un schéma d'excitation comparativement faible" sur cet océan invisible de lumière et d'énergie. [24]

L'hypothèse de Bohm d'un ordre implicite fait écho à la compréhension sha-manique de la présence sous-jacente d'un Autre Monde invisible (voir chapitre Cinq). Son image de plenum quantique en tant qu'océan d'énergie rappelle l'anci-enne imagerie de la Grande Mère, l'origine de tout (chapitre Quatre), et son idée d'ordre cosmique unifié rappelle l'unus mundus des alchimistes (chapitres Onze et Dix-Huit). Je trouve fascinant que des idées abandonnées depuis si longtemps soient rendues à la vie grâce à l'émergence de ce nouveau paradigme du réel, for-mulé dans le langage scientifique des cosmologues et des physiciens modernes.

Bohm note qu'au cours des civilisations premières l'homme a une vision de la réalité comme essentiellement une totalité plutôt qu'une fragmentation et cette vue survit dans les traditions orientales, particulièrement en Inde. Il croit que la fragmentation du monde en diverses nations, ethnies, groupes, professions, arts, sciences, qui sépare les gens et les choses en catégories déconnectées les unes des autres, trouve son origine dans le mode de penser — et même la structure sujet-objet de notre langage — qui analyse et décrit les choses comme séparées et distinctes de façon inhérente, comme les pièces d'une machine. Et donc, il observe dans l'introduction de son livre:

> La science elle-même demande une nouvelle vision non-fragmentaire du monde, en ce sens que l'approche actuelle d'analyse du monde en parties in-dépendamment existantes n'est pas très compatible avec la physique moderne. Il est démontré que, aussi bien pour la théorie de la relativité et que pour la théorie quantique, les notions qui impliquent la plénitude indivise de l'univers offriraient une méthode beaucoup plus ordonnée pour aborder la nature du réel.[25]

> Un changement judicieux dans la méthode descriptive que la théorie quantique réclame serait l'abandon de la notion d'analyse du monde en des parties rela-tivement autonomes, séparément existantes mais en interaction. L'orientation de fond se porte plutôt maintenant sur une plénitude indivise, dans laquelle l'instrument observant n'est pas séparable de ce qu'il observe. [26]

Il met en garde contre notre façon fragmentée de penser et nous demande d'ex-aminer la façon dont nous sommes formés ou formatés à penser. "Ce dont nous avons le plus besoin" dit-il, "est une prise de conscience croissante du danger ex-trêmement grave de continuer avec ce processus fragmentaire de nos pensées. Une telle prise de conscience donnerait à la question du fonctionnement véritable de la pensée le sens d'urgence et l'énergie nécessaires pour faire face à l'ampleur des difficultés avec lesquelles la fragmentation nous confronte."[27] Ce sont précisément les causes et les effets de cette fragmentation que Iain McGilchrist aborde dans son importante contribution, *The Master and His Emissary: the Divided Brain and the*

Making of the Western World. Quelle tristesse qu'ils ne se soient jamais rencontrés, car ils auraient eu tant à partager.

Il est intéressant de relever que Bohm conçoit la naissance de l'univers dans une imagerie très différente de celle de la théorie du Big Bang, la décrivant plutôt comme une impulsion ondulatoire soudaine s'élevant de l'océan insondable d'énergie cosmique. "Cette impulsion explose vers l'extérieur et se sectionne en petites ondulations qui s'étalent toujours plus pour former notre 'univers en expansion'. Ce dernier aurait son 'espace' déployé en lui en tant qu'ordre spécial explicite et manifeste". [28]

Il écrit ces mots émouvants pour le service commémoratif de Malcolm Sagenkahn, un collègue d'université. Ces même mots, qui résument sa vision du réel, seront lus par la suite à ses propres obsèques:

> Prenant en compte la relation entre le fini et l'infini, nous sommes amenés à observer que tout le champ du fini est limité de façon inhérente, en ce qu'il n'a pas d'existence indépendante. Il a l'apparence d'une existence indépendante, mais cette apparence n'est que le résultat d'une abstraction de notre pensée. Nous pouvons comprendre cette nature dépendante du fini par le fait que chaque chose finie est transitoire.
>
> Notre vue ordinaire maintient que le champ du fini est tout ce qui est. Mais si le fini n'a aucune existence véritablement indépendante, il ne peut pas être tout ce qui est. Nous sommes ainsi amenés à proposer que la véritable base de tout l'être est l'infini, l'illimité; et que l'infini inclut et contient le fini. Dans cette optique, le fini, du fait de sa nature transitoire, ne peut se comprendre que comme maintenu suspendu, en quelque sorte, par-delà le temps et l'espace, au sein de l'infini.
>
> Le champ du fini est tout ce que nous pouvons voir, entendre, toucher, nous rappeler et décrire. Ce champ est basiquement ce qui est manifeste, ou tangible. La qualité essentielle de l'infini, par contraste, est sa subtilité, son intangibilité. Cette qualité est transmise par le mot 'esprit', dont le sens racine est 'vent' ou 'souffle'. Ceci suggère une énergie invisible mais omniprésente à laquelle le monde manifeste du fini est sensible. Cette énergie, ou esprit, imprègne chaque être vivant, et sans elle tout organisme doit se défaire en ses éléments constitutifs. Ce qui est véritablement en vie chez l'être vivant est cette énergie de l'esprit, et elle n'est jamais née et ne meurt jamais. [29]

La Découverte de la Non-Localité

En 1982, le physicien français Alain Aspect et ses collaborateurs prouvent que quand un atome émet deux quanta de lumière, appelés photons, ceux-ci peuvent à une vaste distance et sans échange de signaux s'affecter l'un l'autre instantanément, à une vitesse plus grande que celle de la lumière. Ces photons sont réputés 'intriqués' et cette découverte remarquable a donné naissance à la théorie de la non-localité. C'est une découverte d'une extrême importance car elle pointe vers l'existence d'un champ ou d'une dimension du réel par-delà notre espace-temps, et qui est le milieu dans lequel les photons connectent ou communiquent l'un avec l'autre. Elle pourrait aussi pointer vers l'unité essentielle, ou inséparabilité, de tous les aspects du vivant. Cette découverte, nommée familièrement 'effet papillon' et validée en 1997 par d'autres expériences, offre la possibilité de réconcilier la science et les traditions contemplative des diverses cultures qui ont de tous temps reconnu l'existence d'un niveau de réalité transcendant et l'existence de plusieurs niveaux, ou dimensions, inclus ou enveloppés dans cette réalité. Néanmoins, du fait que peu de scientifiques sont familiers avec ces traditions, la correspondance entre la physique et ces traditions peut passer inaperçue. Un scientifique qui fait l'association — Amit Goswami — déduit de la découverte d'Alain Aspect qu'il existe un mouvement descendant de causalité partant de la dimension par-delà l'espace-temps et un mouvement ascendant partant de la matière, et que tout s'initie dans la conscience cosmique. Des forces qui se trouvent au-delà ou en dehors des dimensions de l'espace-temps peuvent affecter des éléments qui se trouvent à l'intérieur.

Le résultat de ses réflexions — si la conscience est reconnue comme le sol de l'être — permettrait de résoudre les paradoxes qui déroutent les physiciens quantiques depuis des décennies.

À l'instar d'Aristote (voir chapitre Cinq), nous pourrions commencer à entrevoir que la conscience cosmique (Esprit ou Mental) est profondément impliquée dans tout le processus que nous nommons évolution. Ceci nous offre une magnifique perspective sur l'interconnexion et l'intention évolutionnaire au cœur du Magistral Dessein Cosmique, et nous-mêmes participerons de plus en plus à ce dessein en déploiement au fur et à mesure de l'approfondissement de notre compréhension et de nos nouvelles découvertes. Le livre de Goswami *The Self-Aware Universe: How Consciousness Creates the Material World* (1993) et ses écrits ultérieurs sont issus des ces connaissances.

La Dr. Jude Currivan, cosmologue, et l'analyste des systèmes le Dr. Ervin Laszlo, résument dans leur livre *CosMos: A Co-creator's Guide to the Whole-World*, comment notre compréhension a été transformée par ces découvertes extraordinaires:

Au cours des trente dernières années, des phénomènes tels la télépathie, la clairvoyance, la précognition, la puissance de la méditation et des prières, et la faculté par la seule pensée d'affecter le résultat d'évènements apparemment aléatoires, ont suscité l'intérêt grandissant de la science. Les centaines de milliers d'expériences au cours de cette période ont permis d'établir une base de données considérable, qui démontre que les preuves en faveur d'une conscience et d'une influence non-locale sont à présent renversantes.[30]

Un Univers Holographique

David Bohm est le premier scientifique à avoir trouvé que l'univers est conçu sur le modèle d'un hologramme et cette idée est maintenant reprise et explorée par d'autres scientifiques. Jude Currivan et Ervin Laszlo étudient la vision inédite d'un cosmos informé "qui est totalement intégré et cohérent. Où — malgré la limite imposée par la vitesse de la lumière à la communication entre des évènements apparemment séparés au sein de l'espace-temps — la réalité plus profonde est immuable et quasi-instantanément interconnectée".[31] Ils décrivent la nouvelle compréhension qui change notre vision du réel, et qui se manifeste dans tous les domaines de la recherche scientifique: la compréhension que l'univers est conçu comme un modèle holographique et qu'un Champ d'intelligence cosmique par-delà notre espace-temps, sous-tend, imprègne et génère non seulement la réalité physique mais aussi tout ce que nous pouvons découvrir au sujet de cette réalité. "Les dernières découvertes scientifiques inter-disciplinaires révèlent une vision radicalement autre de la nature du monde physique, qui est imprégné et informé par un champ holographique; ainsi, il est inter-relié, cohérent et harmonieux de façon innée, à tous les degrés d'existence".[32]

> Il transparaît que tout ce que nous nommons 'réalité physique' est ultimement ordonné de façon harmonieuse et holographique. Nous ne pouvons nous exclure de la nature holographique et cohérente de l'univers. Même quand nous croyons que nous effectuons des choix indépendants des autres, nous constatons néanmoins que ces choix s'intègrent à des schémas collectifs qui font partie du tout-monde cohérent. Comme les anciens sages diraient, nous sommes le multiple exprimé par le Un — et nous sommes le Un qui est exprimé par le multiple. Nous sommes création et nous sommes co-créateurs.[33]

Tout se passe comme si, grâce à l'étincelle infinitésimale de lumière cosmique qu'est notre conscience humaine, l'univers se dévoilait à notre regard stupéfait et il dévoile que la création de l'univers ne peut être un évènement fortuit. Ils écrivent:

> L'harmonie exquise de ces relations cosmiques inclut le rapport fondamental entre les forces électriques et nucléaires qui lient les atomes et les molécules à la considérablement plus faible force de gravité. Leurs énergies en équilibre

précis et la nature exacte et pourtant variée de leurs échanges, depuis le moment de la naissance de notre univers, ont permis la formation et l'interaction des éléments chimiques; la naissance des étoiles, des galaxies et des planètes; et l'évolution des organismes biologiques et les écologies. Sans leur incroyable degré de précision minutieusement réglée depuis les débuts de l'espace-temps, l'univers complexe dont nous faisons l'expérience n'existerait pas. [34]

Encore plus sidérante est l'hypothèse que l'expansion continue de l'univers physique porte en elle son propre programme informationnel qui apparemment existe depuis le tout début, et peut-être même avant le début, avant l'existence du plenum quantique. Ce programme informationnel cosmique renferme le dessein du processus d'expansion et de développement de l'univers en tant qu'entité unifiée cohérente, et en même temps il permet aussi la manifestation de toutes sortes de possibilités au cours de son expansion.

Les Champs Morphiques

L'hypothèse de Rupert Sheldrake sur les champs morphiques participe aux découvertes relatives à l'univers en tant que champ d'informations holographique, contenant en lui-même le déploiement potentiel de son dessein évolutionnaire stupéfiant. Selon lui, ces champs morphiques sont des champs multiples d'informations, emboîtés les uns dans les autres, qui créent les schémas biologiques qui donnent aux plantes, aux animaux et aux humains, leur forme et leurs schémas de comportement instinctif, et qui les soutiennent pendant des milliers, même des millions d'années, cumulant néanmoins le savoir des nouveaux apprentissages. Ces nouveaux apprentissages deviennent alors disponibles, par le canal de la résonance morphique, à tous les membres d'une même espèce. Sheldrake l'explique dans son dernier livre *The Science Delusion*:

> Ma propre hypothèse est la suivante: la formation d'habitudes dépend d'un processus nommé résonance morphique. Des schémas similaires d'activité résonnent à travers le temps et l'espace avec des schémas subséquents. Cette hypothèse s'applique à tous les systèmes auto-organisés… Tous puisent dans une mémoire collective et y contribuent en retour… Les systèmes auto-organisés, notamment les molécules, les cellules, les tissus, les organes, les organismes, les sociétés et les activités mentales, sont faits de hiérarchies emboîtées, ou 'holarchies de holons' ou unités morphiques. À chaque niveau le tout est plus que la somme de ses parties, et ces parties elles-mêmes sont des totalités constituées de parties. La plénitude de chaque niveau dépend d'un champ organisateur, appelé champ morphique. Ce champ est autour et à l'intérieur du système qu'il organise, et il est un schéma vibratoire d'activité qui interagit avec les champs électromagnétiques et quantiques du système. [35]

> Grâce à la résonance morphique, les humains, les animaux et les plantes sont reliés à leurs prédécesseurs. Chaque individu puise dans à la mémoire collective de l'espèce tout en y contribuant. Les animaux et les plantes héritent des habitudes de leur espèce et de leur race. La même chose s'applique aux humains.... Une compréhension approfondie de l'hérédité transforme ce que nous pensons de nous-mêmes, de l'influence de nos prédécesseurs, et de nos effets sur les générations à naître. [36]

À l'instar d'Elisabet Sahtouris dans son livre *EarthDance*, Sheldrake n'envisage pas la vie comme une lutte brutale pour la survie — ce que suggère Richard Dawkins avec son livre *The Selfish Gene* — mais plutôt comme une entreprise de coopération qui se déploie sur des milliards d'années en une complexité grandissante. L'évolution, dit-il, "peut être le résultat de l'échange entre les habitudes et la créativité. De nouvelles formes et de nouveaux schémas d'organisation apparaissent spontanément, et sont soumis à la sélection naturelle. Ceux qui survivent sont à même de réapparaître en phase avec de nouvelles habitudes, et par répétition ils deviennent de plus en plus habituels". [37]

La théorie des champs morphiques de Sheldrake fait écho à l'idée d'inconscient collectif de Jung et au concept indien des Annales akashiques — les immenses champs mémoriels qui portent les empreintes de tout le passé planétaire et de toute l'expérience humaine. Sheldrake pense que la résonance morphique fonctionne soit via le transfert d'informations de l'ordre implicite vers l'ordre explicite proposé par David Bohm, soit à travers le champ du vide quantique, médiateur de tous les processus quantiques et électromagnétiques. Il dit que son hypothèse "peut être testée et les éléments de preuve en provenance de plusieurs domaines de recherche la valident". [38]

Les Configurations Harmonieuses du Cosmos

Pythagore, qui avait suivi de longues années d'études sous la direction d'astronomes égyptiens et babyloniens, formula les principes de la géométrie sacrée dont il était convaincu qu'elle reflétait l'ordre harmonieux inné sous-jacent aux formes visibles du Cosmos et il savait que les mathématiques étaient la clef pour comprendre cet ordre harmonieux. Avec l'arrivée de l'informatique, nous commençons maintenant à découvrir l'harmonie inhérente aux schémas géométriques de base qui sous-tendent les systèmes complexes de l'univers.

Suite à la découverte en 1975 par Benoît Mandelbrot des motifs exquis qu'il nomme 'fractales' et qui se répliquent de la plus petite à la plus grande échelle, ces fractales sont considérées comme les schémas de base, les structures fondamentales — que ce soit pour les choux, les côtes littorales, ou les galaxies et même les systèmes sociétaux et les dynamiques financières — qui sous-tendent l'apparence de tout le monde manifeste. Elles révèlent un univers profondément harmonieux, ordonné et unifié caché sous le chaos et la différentiation apparents des multiples systèmes complexes.

Au sein d'un univers quantique holographique tout est connecté à tout, dans ce qui est plausiblement un champ informationnel d'une intelligence sidérante et un filet unifiant du vivant. Le concept de plénitude ou d'unité est, à un niveau inédit de la spirale de l'évolution, une redécouverte de la conscience de participation shamanique lunaire relative à la nature unifiée de toute la vie cosmique et planétaire. Ce concept facilite l'union des deux sortes de conscience depuis si longtemps séparées en nous, celle du mental rationnel et celle de l'âme instinctuelle, les aspects masculin et féminin de notre être. Il nous invite à devenir plus sensibles aux connexions, à dépasser les concepts de cause à effet et de causalité externe pour aller vers un univers de relations, d'interdépendance et d'unité essentielle d'énergie créative bouillonnante dans laquelle toutes les vies s'inscrivent.

Puisqu'au niveau quantique nous sommes tous reliés les uns aux autres, quand un millier d'entre nous commence à transformer leur compréhension du réel, des millions de personnes sont affectées. Plus nous devenons conscients et reliés, et plus nous pouvons accéder au flot d'inspiration et d'idées de ce substrat cosmique profond. L'humanité et le cosmos forment un partenariat co-créatif. Il se peut que cette possibilité soit encore très éloignée de la position de la plupart des scientifiques, pourtant qu'une poignée, même petite, de scientifiques étudient cette idée est un grand pas vers la réunion de la physique et de la métaphysique en une cosmologie radicalement inédite — unifiant la vie, la conscience et le cosmos.

Les Dangers de la Science

Retournons au monde de notre expérience ordinaire de tous les jours; la science nous a apporté des découvertes extraordinaires et nombre de bienfaits matériels, et pour une petite portion de l'humanité, un haut niveau de vie. Et pourtant la science, quand elle succombe à la posture hubristique de s'arroger domination sur la nature, a tendance à dériver vers un langage idéologique plutôt que vers la méthodologie qu'elle prétend être — comme nous l'avançons au chapitre Douze. Certains scientifiques prétendent que, grâce à la révolution informatique actuelle et au développement des nanotechnologies, nous serons bientôt capables de 'programmer la matière en ordre', de changer les schémas structuraux actuels de la matière et de créer des gènes de synthèse qui satisferont nos moindres caprices, nous donnant la 'maîtrise' de la vie et de la matière. Du côté positif, cette nouvelle technologie peut servir à créer des robots miniatures qui peuvent apporter les médicaments dans diverses parties du corps ou créer des organes de remplacement, et ainsi allonger la vie. Mais elle pourrait également servir à développer de nouveaux systèmes d'armes qui infiltreraient les autres nations et les détruiraient ou leur permettraient de nous détruire. Nous savons que des nanoparticules ont été utilisées dans des raquettes de tennis, et qu'elles pourraient servir à soigner certaines maladies comme le cancer. L'industrie agroalimentaire pense à les insérer à certains aliments, mais serons-nous prévenus si les fraises, par exemple, contiennent des nanoparticules pour améliorer leur couleur et leur goût ou pour prolonger leur limite de consommation? Et les scientifiques qui développent cette technologie sont-ils totalement informés de ses effets possibles sur notre système immunitaire, et des retombées sur nos enfants et petits-enfants? Cette science peut être le vecteur de bienfaits inimaginables mais sa possibilité d'interférer et de subvertir les structures et les processus de base de la vie est encore plus grande.

Lord Rees commente la nouvelle science des nanotechnologies dans l'épilogue de son livre *Our Final Century*, et il y questionne notre compétence morale à discerner entre les bénéfices certains et les risques imprévus que cette technologie peut engendrer: "Le revers des immenses perspectives de cette technologie est un éventail toujours plus large de désastres possibles, pas juste dus à une intention malveillante mais aussi à une innocente inadvertance... Les bénéfices apportés par la biotechnologie sont évidents, mais ils doivent être mesurés aux risques et aux contraintes éthiques. La robotique ou la nanotechnologie feront aussi l'objet d'un compromis: elles pourraient avoir des conséquences désastreuses et incontrôlables si elles étaient mal employées". [39]

Le public a entendu parler de ces 'avancées' scientifiques après coup. Nous ne savions pas grand-chose de la manipulation génétique des plantes et des semences avant d'entendre que Monsanto tentait d'empêcher les agriculteurs en Inde d'utiliser les semences issues de leurs propres plants, et les persuadaient de les remplacer par les semences 'terminator' stériles. En conséquence, des centaines de milliers d'agriculteurs se sont suicidés car ils ne pouvaient plus acheter de nouvelles semences tous les ans, et de plus ces semences qu'ils étaient obligés d'acheter ne donnaient souvent aucune récolte. Vandana Shiva, directrice du 'International College for Sustainable Living' à Dehra Dun en Inde, attire constamment notre attention sur la souffrance infligée aux agriculteurs indiens par cette pratique inique et elle prend à partie la puissance transgressive de Monsanto. Elle est aussi l'initiatrice d'un mouvement mondial qui s'assure que les semences ne pourront pas être brevetées par ces multinationales, dont cinq contrôlent 75% du commerce mondial des semences. Elle est l'inspiratrice de nombreux mouvements qui agissent et pour empêcher les multinationales de prendre encore plus le contrôle des ressources alimentaires mondiales, et pour empêcher la commercialisation des OGM dans l'alimentation animale et humaine, et pour préserver le droit des peuples à protéger la biodiversité et leur droit à s'opposer au brevetage du vivant. Le vivant est l'héritage de toute l'humanité et ne doit pas être récupéré à des fins commerciales par les multinationales, quelle que soit leur puissance. [40]

Du côté de la science nucléaire, nous savons maintenant que le thorium, à la place du beaucoup plus dangereux uranium, aurait pu être employé dans les réacteurs nucléaires et qu'un modèle de réacteur au thorium existait après la deuxième guerre mondiale mais, sous la pression des militaires, il fut rejeté par le gouvernement US en faveur de celui à l'uranium. L'uranium fut choisi car le plutonium, son résidu, pouvait être employé dans les armes nucléaires. C'est depuis le désastre de Fukushima que ce fait est devenu public. [41]

Il ne semble pas exister de forum où les gens pourraient débattre du bien-fondé de ces 'avancées' et des décisions prises. On s'en remet trop à la maturité morale discutable des 'experts' scientifiques, des entreprises et des gouvernements qui décident au nom de la nation, ou même de la totalité de l'humanité. Le 'public' — cette masse informe d'individus sans voix et sans choix manipulés par les arguties des gouvernements et des experts — n'a pas voix sur les décisions importantes qui affectent la vie de chacun et des générations à venir.

La poursuite amorale qui dirige la science transparaît le plus clairement dans le champ de ses applications technologiques. Pourquoi se soucier d'éthique quand l'humanité bénéficie tant des avancées technologiques? Et qui mieux que les experts pourraient présider sur ces avancées? Les réflexions du professeur Ravindra sont des mises en garde:

> Que le niveau de conscience des scientifiques soit sans rapport avec la science qu'ils produisent est l'axiome inhérent à la métaphysique de la science moderne. Que l'individu soit bon, mauvais, peureux, haineux ou bienveillant est hors sujet pour déterminer ses qualités de scientifique. (Nous devrions garder à l'esprit que la majorité des scientifiques et des techniciens de par le monde travaillent pour le militaire ou pour la machine de guerre sous une forme ou une autre). Le présupposé que le niveau de conscience, ou la préparation morale de la personne, n'impacte pas la qualité de sa production scientifique, est inscrit dans les procédures scientifiques. [42]

Bill Joy, ex coprésident de la Commission présidentielle sur le futur de la recherche en informatique, co-fondateur et chef de l'équipe scientifique de Sun Micro-systems, nous demande d'être plus conscients des dangers attenant à la direction que nous prenons. Nous nous sommes, dit-il, habitués aux percées scientifiques mais nous ne réalisons pas que les trois nouvelles technologies, à savoir robotique, génétique et nanotechnologie, sont différentes de celles qui les précèdent en cela qu'elles ont toutes les trois la faculté de s'accroître en s'autoreproduisant. L'autoreproduction de ces nouvelles technologies fait courir un plus grand risque de dommages substantiels au monde physique — allant jusqu'à la destruction de la biosphère dont la vie dépend: "Une bombe n'explose qu'une fois, mais un gêne modifié peut devenir plusieurs et rapidement échapper à tout contrôle". [43]

Bill Joy cite dans son article un commentaire d'Eric Drexler extrait de son livre *Engines of Creation*:

> Les plantes à 'feuilles' pas plus efficaces actuellement que les cellules solaires pourraient supplanter les vraies plantes, et encombrer la biosphère avec leur feuillage non comestible. Des 'bactéries' résistantes et omnivores pourraient supplanter les vraies bactéries; elles pourraient se répandre comme du pollen au vent, se répliquer promptement et réduire la biosphère à l'état de poussière en quelques jours. Les dangereux réplicateurs pourraient aisément se diffuser rapidement, trop résistants et trop petits pour être arrêtés. Nous avons déjà suffisamment de mal à contrôler les virus et les mouches des fruits. Nous ne pouvons pas nous permettre ce genre d'accidents des assembleurs autoreproducteurs.

Ces nouvelles technologies ne demandent ni gros équipement ni matériaux rares, comme l'uranium pour les armes nucléaires. Il suffit que quelques personnes avec des connaissances pertinentes les appliquent aux fins qu'elles recherchent — y compris la création de nouvelles armes de destruction massive.

En l'espace de quelques décennies, nous serons capables de construire des ordinateurs beaucoup plus puissants que ceux d'aujourd'hui et cette puissance informatique pourra fusionner avec les avancées des sciences physiques et les développements radicaux de la génétique. Nous pourrons alors accéder à l'inimaginable pouvoir de transformer notre environnement et nous-mêmes, reconfigurer le monde en fonction de notre vision de ce qu'il devrait ou pourrait être pour favoriser notre espèce en dirigeant, et si nécessaire en changeant, les processus naturels. Mais à qui appartient cette vision dystopique et qui prendrait en otage l'humanité entière et les millions d'autres espèces? Bill Joy conclut ainsi:

> Si, en tant qu'espèce, nous pouvions nous mettre d'accord sur ce que nous voulons et sur la direction à prendre et pourquoi, alors nous pourrions rendre notre avenir moins dangereux — alors nous pourrions comprendre ce que nous pouvons et devons abandonner. Si le cours de l'humanité pouvait être déterminé par nos valeurs, notre éthique et notre morale communes, et si nous avions grandi en sagesse au cours de ces derniers milliers d'années, alors un dialogue dans ce but serait envisageable, et les puissances incroyables que nous nous apprêtons à déchaîner ne seraient pas aussi perturbantes. [44]

Une Direction Éthique pour la Science

Définir une direction éthique pour la science nous oblige à recouvrer les valeurs manquantes et inhérentes à l'intuition métaphysique des grandes traditions spirituelles qui soulignent notre unité essentielle et notre devoir de prendre soin d'autrui. La nécessité de protéger les systèmes interconnectés, ou organismes de la vie planétaire, est essentielle à ces valeurs. Il n'existe, dans notre société séculière, aucun consensus relatif aux valeurs éthiques fondamentales qui devraient nous guider. L'appât du gain motive beaucoup d'entreprises scientifiques, particulièrement celles relatives aux applications des nouveaux médicaments, mais aussi aux nouvelles armes, aux nouvelles technologies robotiques et aux nanotechnologies.

Sa Sainteté le Dalaï-lama, dans son livre *Sagesse ancienne, Monde moderne, Éthique pour le nouveau millénaire*, publié en 1999, nous demande de devenir conscients des motivations qui sous-tendent nos actes. Il nous presse de prendre pour guide éthique notre faculté latente d'empathie et de compassion pour autrui — le désir d'augmenter leur bonheur et de diminuer leur souffrances. Nous pouvons développer cette capacité éthique en imaginant ce qui peut ajouter au bonheur et ce qui peut diminuer les souffrances des êtres, pas seulement ceux de notre groupe national ou ethnique. Ses conseils rappellent le message cité au chapitre Un: Chaque acte humain doit être évalué à l'aune de ces questions: est-ce qu'il offense la Nature? est-ce qu'il offense Dieu? est-ce qu'il blesse la Vie?

La science aura à changer ses présupposés, à savoir que l'univers qu'elle observe est dépourvu de conscience, pour pouvoir faire de ces valeurs son guide éthique. Si tout l'univers est supposé constitué de matière inerte sans but — guère plus qu'un agglomérat de morceaux et de fonctions — il est alors difficile de l'honorer comme un Ordre Sacré, ou Entité, avec sa propre intelligence innée et son intention évolutionnaire, et il est très difficile d'adopter une attitude éthique à son égard, prenant en considération ce qui pourrait lui être bénéfique ou nocif. Si le cosmos est censé être sans conscience, privé de sens et d'intention, alors nous, seuls éléments conscients dans un univers inerte, sommes privés du sens de nos vies, dépourvus de responsabilité autre que celle relative à nos propres besoins. Nous continuerons à exploiter les ressources de la planète au seul profit de notre espèce tant que nous ne nous réveillerons pas de notre rêve de domination sur la nature et ne mettrons pas un stop à notre comportement inconscient et amoral.

Trish Pfeiffer, coéditrice avec feu le professeur John Mack de *Mind Before Matter: Visions of a New Science of Consciousness*, pose ainsi l'essence d'une approche différente du réel:

❦ À quoi ressemblerait un monde fondé sur un état d'esprit qui comprendrait que tout est Un et interconnecté?

❦ Combien de temps faudrait-il à cette connaissance, à savoir que nous vivons dans un monde participatif, pour initier le changement dans notre façon de penser au sujet de la guerre et de notre profanation de la planète?

❦ Un monde conscient de la primauté de la conscience serait-il comparable à la vision du monde de certains Peuples Indigènes?

- ❦ Verrions-nous alors le cosmos comme une présence vivante? et tout l'univers, toute la nature, comme intelligents?

- ❦ Serions-nous amenés à découvrir que les lois physiques de l'univers sont des 'habitudes' évolutives plutôt qu'immuables?

- ❦ Serions-nous à même de percevoir d'autres réalités et d'autres dimensions?

- ❦ Lorsque nous réaliserons que le temps et l'espace ne sont pas des dimensions fondamentales sous-jacentes au réel, cela changera-t-il pour toujours notre conception de la mort?

- ❦ Aspirerons-nous à l'amour inconditionnel?

- ❦ Comment les relations humaines, la justice sociale, la pauvreté, la science, la médecine, la politique, le gouvernement, et le militaire seront-ils recadrés conformément à l'approche primauté-de-la-conscience? [45]

We are perhaps the first to have a clear picture of our species' devastating impact on the biodiversity of the planet. Two Reports in October 2018 gave the world a clear warning of the ecological crisis threatening the planet and showed that massive changes would have to be made if irreversible damage to it was to be prevented. The Report by the IPCC warned that there are only a dozen years for global warming to be kept to a maximum of 1.5C, beyond which even half a degree would significantly worsen the risks of drought, floods, extreme heat and poverty for hundreds of millions of people as well as the life of the planet as a whole. Carbon pollution would have to be cut by 45% by 2030 and come down to zero by 2050.

An equally serious Report from the World Wildlife Fund showed that since 1970 60% of the Earth's animal species have been wiped out. Vital rain forests in the Amazon and Indonesia have been cut down and replaced by vast soya bean and palm oil plantations. The ice sheets in the Arctic and the Antarctic are melting four times faster than had been assumed. Another unnoticed danger is the disappearance of insects and the serious implications for food supplies and biodiversity. Without insects, food webs collapse and ecosystem services fail, threatening the existence of all other species, including humans. Yet it is humans who are responsible for the "insect apocalypse". Safeguarding both human and animal life on this planet requires ending and ultimately reversing human population growth.

Sir David Attenborough has shown us that all the Earth's seas from Greenland to the Antarctic have been polluted by plastic which has endangered the life of millions of birds and sea-creatures and has even entered the human chain. Speaking in Davos in January 2019, he said: "It is difficult to overstate the climate change crisis. We are now so numerous, so powerful, so all pervasive, the mechanisms we have for destruction are so wholesale and so frightening that we can exterminate whole ecosystems without even noticing it. There has never been a time when people have been more out of touch with the natural world than they are today. We have now to be really aware of the dangers of what we are doing."

The primary factor driving these dire statistics is our growing human population and the food, water and fossil fuels extracted from the Earth to sustain it. These reports together with a study from the Proceedings of the National Academy of Sciences presented in Davos in January 2019 shows that we have barely twelve years in which to act to avoid the effects of catastrophic climate change.

Notes:

1. Extrait de l'introduction à la première traduction anglaise de *The Phenomenon of Man*, (1959) William Collins & Co., Ltd., London — de Pierre Teilhard de Chardin
2. Teilhard de Chardin, Pierre (1959) *The Future of Man*, William Collins & Co., Ltd., London, p. 75
3. Einstein, Albert (1954) *Ideas and Opinions*, Crown Publishers, New York
4. Haisch, Bernard (2006) *The God Theory*, Weiser Books, San Francisco, pp. 146 & 151-2
5. Sheldrake, Rupert (2012) *The Science Delusion*, Coronet, London, pp. 7-8
6. *The Secret of the Golden Flower*, traduit et commenté par Richard Wilhelm, avec l'introduction et les commentaires de C.G. Jung, p. 85
7. Bache, Christopher (2000) *Dark Night, Early Dawn*, State University of New York Press, pp. 220-221
8. ibid, p. 4
9. Planck, Max, cité par John Davidson, *The Secret of the Creative Vacuum*, 1989, p. 128
10. Je remercie Paul Hague pour ces informations sur Kepler, et pour ses observations concernant la révolution scientifique et le rôle de quatre hommes remarquables qui en sont les initiateurs. Kepler est souvent oublié. Paul Hague finit d'écrire un livre, *Wholeness: The Union of All Opposites*.
11. Milne, Joseph (2008) *Metaphysics and the Cosmic Order*, Temenos Academy, London, pp. 23, 25
12. Stern, Karl (1985) *The Flight from Woman*, Paragon House, St. Paul, Minnesota, p. 269
13. Ravindra, Ravi (2002) *Science and the Sacred: Eternal Wisdom in a Changing World*, Quest Books, Wheaton, Illinois, pp. 50-51
14. ibid, p. 147
15. Tarnas, Richard (2006) *Cosmos and Psyche: Intimations of a New World View*, Viking Penguin, New York, p. 33
16. ibid, p. 39
18. Goswami, Amit (1995) *The Self-aware Universe: How Consciousness Creates the Material World*. Tarcher/Putnam, New York.
19. Goswami, (2001) *The Visionary Window*, Quest Books, Wheaton, Ill., p. 16
20. Miller, Arthur I. (2009) *137: Jung, Pauli, and the Pursuit of a Scientific Obsession*, W.W. Norton & Co., New York & London, p. 230.

21. Haisch, p. 71
22. Haisch (2007) in *Mind Before Matter: Visions of a New Science of Consciousness*, O Books, Ropley UK
23. Bohm, David (1980) *Wholeness and the Implicate Order*, Routledge & Kegan Paul, London, p. 192
24. ibid, p. 192
25. ibid, xi
26. ibid, p. 135
27. ibid, p. 19
28. ibid, p. 192
29. Intervention de David Bohm, reproduite en dernière page de *Infinite Potential: The Life and Times of David Bohm*, par F. David Peat 1997
30. Laszlo, Ervin and Currivan, Jude (2008) *CosMos: A Co-creator's Guide to the Whole-World*, Hay House, New York & London, p. 84
31. ibid, p. 53
32. ibid, p. 19
33. ibid, p. 36
34. ibid, p. 20
35. Sheldrake, pp. 99-100
36. ibid, p. 185
37. ibid, p. 108
38. ibid, p. 101
39. Rees, Martin (Lord Rees) (2003) *Our Final Century*, William Heinemann, London
40. www.vandanashiva.org
41. Horizon Programme BBC2 avec le Professeur Jim Al-Khalili, biologiste, September 2011. À l'institut de Physique Nucléaire de Shanghai, les Chinois se concentrent sur la mise au point d'une énergie nucléaire au thorium qui serait plus propre, moins chère et plus sûre. Les réacteurs au thorium produisent moins de déchets toxiques que les réacteurs à l'uranium. De plus, ils ne seraient pas vulnérables aux implosions telles celles de Fukushima et ils pourraient brûler les réserves de déchets des réacteurs à l'uranium. Les réacteurs au thorium pourraient être petits, enfouis sous terre, et fourniraient des villes entières en énergie. Si les Chinois peuvent développer ces réacteurs, le reste du monde suivra et nous serons moins dépendants du pétrole, du gaz et du charbon. (Ambrose Evans-Pritchard in *The Telegraph* Janvier 2013)
42. Ravindra, p. 39
43. Joy, Bill, extrait d'un article in *Resurgence Magazine*, no. 208 Septembre/Octobre 2001: Forfeiting the Future: Powerful new technologies threaten life on Earth and raise moral issues. Consulter l'article entier à
http://www.annebaring.com/anbar11_new-vis05_science.htm#ethicalscience
44. ibid
45. Pfeiffer, Trish and Mack, John E. MD, editors (2007) *Mind Before Matter: Visions of a New Science of Consciousness*, O Books, Ropley, Hampshire, United Kingdom

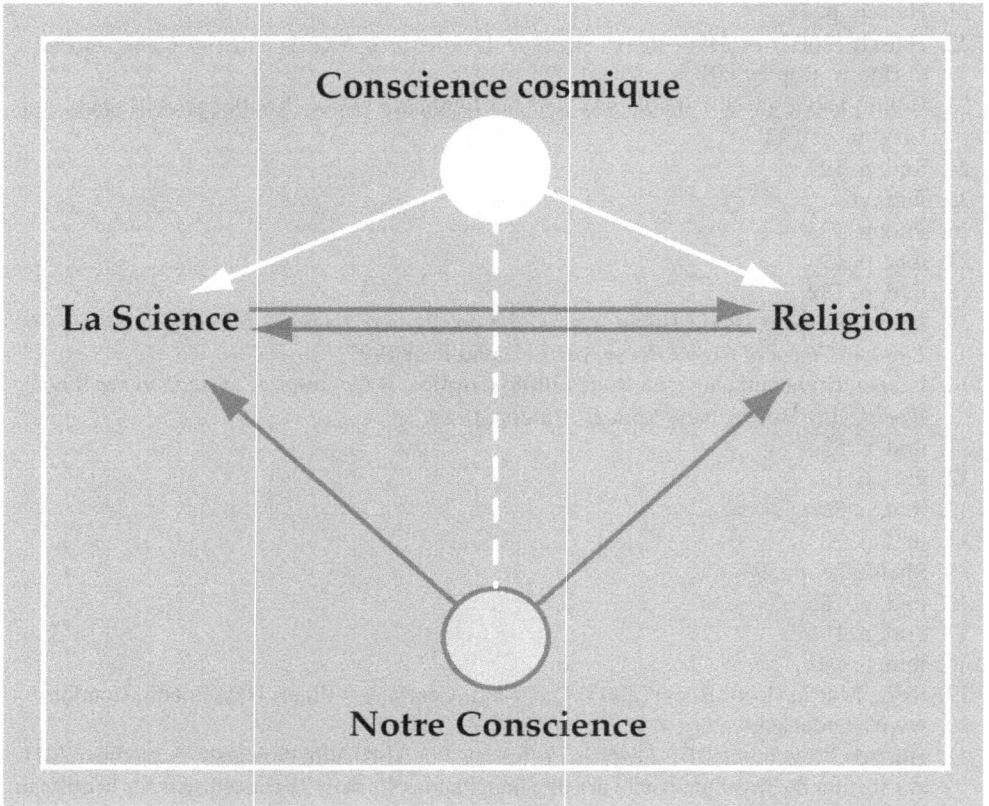

Diagramme de conscience
adapté du schéma de l'auteur

Chapitre Quinze

L'ÂME DU COSMOS

Vous ne pourriez découvrir les limites de l'âme même si vous empruntiez tous les chemins dans ce but, tant son sens est profond.

— Héraclite

Tous les jours, et plus mon imagination se fortifie, je ressens un peu plus que je ne vis pas seulement dans ce monde mais dans des milliers de mondes.

— John Keats, Lettre du 18 Octobre 1818

Quand vient le moment où la physique touche à "l'inexploré et l'inexplorable" et qu'au même moment la psychologie doit admettre qu'il existe d'autres formes de vie psychique que les acquisitions de la conscience personnelle... alors le domaine intermédiaire des corps subtils revient à la vie, et le physique et le psychique sont à nouveau mêlés en une indissociable unité.... Nous sommes à présent très proches de ce tournant.

— C. G. Jung, *Psychologie et Alchimie*, § 394

Au musée Cluny à Paris se trouve une tapisserie exquise où nous pouvons voir une femme debout à l'entrée d'une tente, accompagnée d'un lion et d'une licorne. L'artiste inconnu qui a conçu ce chef d'œuvre du XVè siècle, retrouvé dans un château isolé d'Auvergne, les place dans un paysage rouge vermeil abondant en fruitiers, animaux, oiseaux et fleurs. La série de six tapisseries dite de 'La Dame à la Licorne' est censée représenter les cinq sens plus un. Mais à mon avis, elle représente beaucoup plus. Dans l'iconographie médiévale, le lion symbolise le corps et la licorne l'esprit. Ici, les deux sont placés, pour ainsi dire, dans le champ de l'âme, personnifiée par la belle dame qui se tient à l'entrée de la tente frappée de fleurs de lys. Une jeune fille lui présente un coffret plein de joyaux. La devise 'Mon seul désir' est inscrite au-dessus de l'entrée de la tente. Deux lances peintes de croissants de lune sont chacune surmontée d'une bannière affichant trois croissants de lune. Ils peuvent être des armoiries mais ils sont aussi les symboles ancestraux du Féminin. Il me semble que cette belle dame pourrait représenter l'âme, chaînon essentiel et longtemps voilé entre le corps et l'esprit.

L'âme, dans certaines autres langues que l'anglais, est du genre féminin. L'Oxford Dictionary décrit l'âme comme une entité distincte du corps, comme un aspect spirituel de l'homme en contraste avec l'aspect physique, comme le siège des émotions et des sentiments et comme l'aspect de notre nature qui survit à la mort physique. Métaphysiquement, elle est tenue pour le principe vital, sensible, ou rationnel des plantes, des animaux et des humains. Mais il y a des millénaires, elle était tenue pour le principe animant le monde, la Réalité invisible englobante qui sous-tend et imprègne toutes formes — l'*Anima Mundi*.

La conception actuelle de l'âme dans la science moderne réductionniste est dévoilée par le titre d'un débat (30 Octobre 2011), 'Bataille d'idées', sous-titré 'Y-a-t-il un fantôme dans la machine?' Le sujet du débat était introduit par ce paragraphe:

> L'esprit, étincelle ou personnalité — la conception de l'âme, du soi ou du mental distinct de notre enveloppe physique — est depuis toujours la clé de voûte de notre compréhension de ce qu'être humain veut dire, aussi bien dans le domaine religieux que séculier. De plus en plus, les disciplines scientifiques des neurosciences, de la génétique, de l'épigénétique et de la psychologie continuent à fournir des explications toujours plus complexes du fonctionnement humain, qui sont ancrées dans le tangible et le biologique. On décèle l'espoir partagé que les aspects de nos vies qui échappent pour le moment à la compréhension finiront par céder à l'explication scientifique, avec un peu de temps et de recherche.

Le commentaire de Jung est sans doute pertinent à ce point de notre réflexion: "La sous-estimation globale de l'âme humaine est si massive que ni nos grandes religions, ni les philosophies, ni le rationalisme scientifique ne sont désireux de l'étudier".[1]

Les descriptions de l'âme ont perdu la compréhension platonicienne d'un Cosmos doté d'âme et la compréhension que cette âme cosmique est l'origine ou le socle de notre propre âme — notre propre conscience — et de notre connexion avec les niveaux plus profonds du Cosmos; notre âme individuelle est une partie inséparable de l'Âme du Cosmos. Pour comprendre l'âme comme une réalité cosmique invisible, nous devons élargir la conception que nous en avons, nous ouvrir à la vie intérieure et invisible de l'univers, et reconnaître qu'il est vivant, conscient et le socle éternel de notre propre conscience.

Je crois que l'âme est conçue comme féminine car l'idée de l'âme vient de l'image de la Grande Mère — la matrice de l'être — dont l'utérus cosmique est source de toute la vie. L'une des plus importantes idées issues de l'image de la Grande Mère, décrite dans la préface de *The Myth of the Goddess* et au chapitre Quatre du présent ouvrage, est que "la vie est vécue instinctivement comme une totalité organique, vivante et sacrée, où tout est entrelacé en un maillage cosmique et où tous les ordres du vivant sont reliés, car tout participe au caractère sacré de la source originelle".

L'image de la Grande Mère au Néolithique s'est transmise aux Grandes Déesses de l'âge du bronze – en Égypte aux déesses Isis et Hathor, voir chapitre Quatre. En Grèce, elle inspire la définition platonicienne de l'Âme du Cosmos (ψυχή του κόσμου) et les éloquentes images de *Zoé* (ζωή), l'âme universelle, et de *Bios* (βίος), l'âme individuelle: le minuscule et vibrant atome de notre conscience pend comme une perle au collier de l'être. Plus tard, Plotin définit l'idée de l'Âme comme une réalité cosmique et insère son concept de l'*Anima Mundi* ou Âme du Monde dans sa vaste cosmologie; un concept similaire à celui de la Shekinah dans la Kabbale que nous avons vu au chapitre Trois. Ma familiarité avec l'ancienne cosmologie entourant l'image de la Grande Mère et par la suite des Grandes Déesses et de la Shekinah m'a aidée à comprendre ce qu'était l'idée d'âme à une époque et ce qu'elle pourrait redevenir.

Héraclite a raison. Que nous empruntions tous les chemins possibles pour découvrir les limites de l'âme, jamais nous ne pourrons sonder ses profondeurs. Car les profondeurs de l'âme sont les profondeurs du Cosmos lui-même et de la multitude des mondes invisibles dont, avec notre perception limitée, nous ne savons pratiquement rien.

Lors de ma collecte de maximes pour notre livre *The Mystic Vision*, je tombai sur *The Story of My Heart* de Richard Jefferies (1848–1887) qui avait vécu dans le Dorset à la fin du XIXè siècle. Il me semble qu'il n'y eut jamais plus bel et éloquent hymne à l'Âme, qui soit en même temps un hymne à la beauté et aux merveilles de la Terre. Ces mots dans son journal me surprirent et m'enchantèrent: "Il y a une entité, une Âme-Entité, encore inconnue…. Elle est une addition à l'existence de l'âme; une addition à l'immortalité; et par-delà l'idée de déité… il existe un océan immense sur lequel le mental peut voguer, sur lequel le vaisseau de la pensée ne s'est pas encore lancé. Il y a tant par-delà qui n'a pas encore été imaginé". [2] Dans un autre passage, il exprime son désir de relation avec l'Âme-Entité:

> J'étais totalement seul avec le soleil et la terre. Allongé sur l'herbe, je parlais en mon âme à la terre, au soleil, à l'air, et à la mer loin des yeux. Je pensais à la fermeté de la terre — je sentais combien elle me soutenait; à travers la couche herbeuse me vint une influence comme si je pouvais sentir que la terre magnifique me parlait…. En touchant le grain de terre, la tige d'herbe, la fleur de thym, en respirant l'air baignant la terre, en pensant à la mer et au ciel, en allongeant la main pour que le rayon de soleil la touche, couché sur le gazon en

signe de profonde révérence, je priais ainsi pour pouvoir atteindre l'existence indicible infiniment plus haute que la déité. [3]

Ses mots transmettent deux conceptions de l'âme: la première est celle d'une âme personnelle de caractère féminin, qui est le cœur spirituel de notre être — cet aspect de nous-mêmes qui est notre voie vers la réalité spirituelle invisible et qui survit à la mort du corps. Mais il existe aussi une âme cosmique plus ample que Jefferies nomme Âme-Entité et qu'il compare à un vaste océan. Cette conception plus large de l'Âme embrasse la vie du Cosmos et ses milliards de galaxies, ainsi que la vie de notre planète et de chaque pierre, plante et créature. C'est cet ancienne conception de l'Âme, la source cachée ou la trame cachée de toute vie, qui est ignorée, oubliée ou rejetée par notre culture.

Jefferies se languit d'une chose à laquelle les gens se sentaient appartenir à une époque, une chose dans la vie invisible de laquelle ils vivaient. Au cours des millénaires de l'ère solaire, ce sentiment instinctif d'appartenir à une entité par-delà la communauté, la tribu ou la nation, une chose vécue comme numineuse, incommensurable et toute-englobante, peuplée d'émissaires du divin, se perd graduellement ainsi que le sens de participer à un maillage de la vie qui connecte chaque créature et élément du vivant à chaque autre. Les grands contemplatifs de la Kabbale ont nommé ce maillage 'Arbre de Vie'.

Sans ma vision de la Femme Cosmique et ma découverte de la Kabbale, je n'aurais jamais pu savoir que l'âme n'est pas en nous; nous sommes en l'âme. Plusieurs années après ce rêve visionnaire, un autre rêve m'aida à comprendre la connexion intime entre notre monde et le monde plus vaste de l'Âme:

Je rêve que j'arrive à un endroit où se trouve au sol une grande pierre plate; de chacun de ses deux côtés une espèce de barrière, ou de clôture, s'étire horizontalement. Posée sur la pierre, une chose me force à me pencher pour que je puisse la voir correctement. C'est une boucle magnifiquement travaillée en émail rouge et or, dont les deux 'extrémités' s'ajustent avec précision. Elle ressemble aux exquises boucles en émail trouvées dans la chambre funéraire de Sutton Hoo et maintenant au British Museum. En levant les yeux, je vois un paysage différent s'étalant au-delà de la clôture jusqu'à une distance lointaine.

Je réalise que la boucle du rêve me transmet une image de la façon dont les deux réalités s'ajustent pour former une totalité. Je me tiens dans une réalité mais peux voir clairement dans l'autre, elle est semblable à celle qui m'est familière mais infiniment plus belle et extraordinaire.

Le Filet d'Indra

En Chine et en Inde, il existe une image d'un maillage cosmique de la vie, connu sous le nom de Filet d'Indra, roi des dieux du panthéon védique. Ce filet tissé de joyaux, diamants ou perles — aussi délicat qu'une toile d'araignée soyeuse — est suspendu au-dessus du palais d'Indra sur le mont Méru, la montagne sacrée et l'*axis mundi* de la cosmologie védique, que lors de mon voyage en Inde, au Cambodge et en Indonésie, j'ai vu partout représenté dans les sculptures des temples. Le Bouddha lui-même décrit le cosmos comme 'une toile de fils d'or unissant une myriade de joyaux à multiples facettes, chacun reflétant la lumière multicolore de tous les autres'. [4] Les joyaux ou les perles représentent les âmes des êtres animés et chaque joyau renferme un univers sans limite d'images et d'expériences, car toute âme porte en elle un passé insondable et est reliée aux autres par le Filet.

L'image du Filet d'Indra me mena finalement — très proche de la fin de la rédaction de ce livre — vers un texte bouddhique, l'Avatamsaka Sutra ou Soutra de l'ornementation fleurie, et vers le bouddhisme Hua-Yen, considéré comme la plus haute forme du bouddhisme par les érudits chinois et japonais. La légende raconte que l'enseignement qu'il renferme fut transmis par le Bouddha alors qu'il était en samadhi, en état d'éveil. Francis Cook donne cette description du filet d'Indra dans son livre *Bouddhisme Hua-Yen* (1977):

> Loin dans la résidence céleste du grand dieu Indra, se trouve un filet merveilleux qui a été suspendu par quelque architecte habile, de telle manière qu'il s'étire indéfiniment en toutes directions... l'architecte a accroché un joyau unique et brillant à chaque 'œil' du filet, et puisque le filet est infini en ses dimensions, les joyaux sont infinis en nombre. Les joyaux pendent, scintillant comme des étoiles d'intensité suprême, vision merveilleuse à contempler. Si nous sélectionnons de façon arbitraire un de ces joyaux pour l'examiner, nous découvrirons que sur sa surface polie se réfléchissent tous les autres joyaux du filet, infinis en nombre. Et non seulement cela, mais que chacun des joyaux réfléchis en celui-ci reflète aussi tous les autres joyaux, de telle sorte qu'un processus infini de réflexions se produit. [5]

L'*Avatamsaka Sutra* est originellement écrit en Sanskrit, puis traduit en chinois entre le VIè et le VIIIè siècle, et il forme la base de l'école bouddhiste chinoise dite *Hua-Yen* ou École de l'Ornementation Fleurie, intégrant des éléments du bouddhisme mahayana et du taoïsme. Dans sa remarquable œuvre d'érudition et après des années de recherches, Thomas Cleary a traduit en anglais les trente-neuf livres du *Sutra*, et ceux-ci furent publiés en 1993 avec une introduction qu'il rédigea. La totalité de ce texte extraordinaire, quintessence de siècles de contemplations et de méditations bouddhistes, décrit la nature et la signification du Filet d'Indra. Son message essentiel est que toute existence, autant visible qu'invisible, est une unité indissoluble. Rien n'existe indépendamment des autres. Tous les aspects de la vie sont interdépendants et chacun interagit avec les autres en un état de mouvement, de changement et de création continus.

Le grand érudit bouddhiste, D.T. Suzuki, pense que l'*Avatamsaka Sutra*,

> est l'apogée de la pensée bouddhiste, du sentiment bouddhiste et de l'expérience bouddhiste. À mon avis, aucune autre littérature religieuse ne peut approcher la grandeur de conception, la profondeur des sentiments, et l'échelle de composition gigantesque que ce sutra atteint... les vérités abstraites sont si concrètement, si symboliquement représentées que l'on en vient à réaliser la vérité selon laquelle tout l'univers se reflète même dans une particule de poussière — pas seulement cet univers visible mais un vaste système d'univers, concevable uniquement par les plus hauts esprits. [6]

Alors que dans la tradition occidentale le concept d'univers visible se fonde sur le prédicat d'une cause première ou d'un Dieu Créateur, dans ce texte l'univers n'a ni début ni fin, ni créateur ni ordre hiérarchique, mais est vu comme une 'entité' vivante incommensurable, ou une toile cosmique de relations existant dans une sorte de champ unifié, chaque aspect étant intégré et affectant les autres. Il décrit un univers par-delà le monde de l'espace-temps: un monde vu en méditation, sans doute. Toute vie est perçue comme un tout organique, une perception propre aux cultures lunaires de la déesse et aux cultures indigènes contemporaines. Toutes vies et éléments de vie sont éternellement et inséparablement entrelacés, engagés dans une relation mutuelle, dépendants de ce Filet emperlé des relations incessamment changeantes, incessamment naissantes. Tout ce que nous faisons dans nos vies affecte le Maillage inimaginable, pour le meilleur et pour le pire.

Le Filet d'Indra peut être mis en parallèle avec le concept d'univers holographique, où chaque partie minuscule reflète ou contient une image de la totalité — un concept avancé par le physicien David Bohm dans son livre *Wholeness and the Implicate Order*, abordé au chapitre précédent. Nous découvrons ce réseau de relations dans le concept de Gaïa de James Lovelock, un organisme vivant où chaque partie dépend de chaque autre pour sa survie. Qu'est-ce qui pourrait nous empêcher d'étendre sa découverte à tout l'univers? Francis Cook écrit au début de son livre que l'homme occidental est peut-être sur le point d'une compréhension totalement inédite de la nature de l'existence. [7] Bien que cette compréhension bouddhiste du réel ne nous soit pas familière, elle le devient du fait des découvertes de la science sur la nature interconnectée de tous les aspects du vivant, et grâce à l'expérience de l'électron relié à sa moitié quelle que soit la distance qui les sépare.

La science a étudié les choses en les cloisonnant, comme des unités séparées, mais maintenant elle découvre que la vie est un maillage d'éléments inter-dépendants, où un acte aussi insignifiant qu'un ours mangeant un saumon et aban-donnant les restes dans une forêt canadienne va nourrir la vie des arbres et des animaux qui se sustentent de la végétation au sol. Si un élément est endommagé ou détruit, tout le maillage est affecté. Il nous revient donc à nous, en tant qu'in-dividu, de soigner et de chérir chaque aspect du vivant, conscient que le moindre de nos actes, en rapport avec notre famille immédiate, avec la société ou avec la grande toile de la vie de la nature, affecte la totalité. Cook commente ainsi la vision Hua-yen en conclusion de son livre: 'Je suis en quelque sorte sans limite, mon être englobe les plus lointaines limites de l'univers, touche et active chaque atome en existence… L'inter-fusion, le destin partagé, est d'une portée aussi infinie que les réflexions dans les joyaux du Filet d'Indra…. Ce n'est pas juste que 'nous sommes tous dans le même bateau' ensemble. Nous *sommes* tous le bateau, nous élevant ou tombant comme un seul corps vivant'. [8]

Le Legs de Platon et de Plotin

Revenons à la tradition métaphysique occidentale; aucune description de la di-mension cosmique de l'Âme ne peut ignorer le legs immensément influent des deux grands philosophes du monde grec, Platon (429-347 AEC) et Plotin (205-270 EC), un philosophe né en Égypte hellénistique qui s'installe à Rome où il enseigne à un large cercle d'étudiants. Nous avons la chance qu'un de ses étudiants, Por-phyre, publie l'imposant corpus de ses enseignements sous la forme d'*Ennéades* qui forment la base du Néoplatonisme. Grâce à l'influence de Platon et de Plotin, l'idée d'Âme Cosmique et d'Âme du Monde est transmise au cours des siècles par des individus qui apprécient les idées platoniciennes et leurs intuitions, et cette idée ressurgit de nos jours. Son influence durable est manifeste dans les mots du Maître soufi Llewellyn Vaughan-Lee, qui écrit dans son livre *The Return of the Feminine and the World Soul* que 'L'Âme du Monde n'est pas juste un concept psychologique ou philosophique. C'est une substance spirituelle vivante en nous et autour de nous. De même que l'âme individuelle imprègne tout l'être humain – notre corps, nos pensées et nos sentiments — la nature de l'Âme du Monde est ce qui est présent en toutes choses. Elle imprègne toute la création et est le principe unificateur du monde'. [9]

Plotin, qui organise la cosmologie de Platon, dit que nous sommes au sein d'une réalité qui se trouve aussi en nous. "Toutes choses dépendent les unes des autres; tout respire ensemble". Son concept du Un transcendant en tant que socle divin de l'être, rayonnant à la manière dont le soleil diffuse sa lumière, à travers les niveaux ou dimensions de la vie cosmique jusqu'à la naissance du monde de la matière, est remarquablement semblable à la cosmologie de la Kabbale. Dans cette tradition aussi, l'âme humaine individuelle est l'expression ou l'émanation du substrat divin de l'Âme Cosmique ou de l'Âme du Monde, et renferme le divin en sa propre nature.

Au XIIè siècle, les œuvres de Platon deviennent disponibles en France grâce aux traductions des philosophes arabes et inspirent les merveilles que sont les cathédrales gothiques. L'âme s'éveille à la vie avec la quête médiévale du Saint Graal — image d'une dimension sans limite d'éternelle création de lumière et d'amour au service de l'humanité. Dans l'Italie du XVè siècle, grâce à la traduction des œuvres de Platon par le philosophe florentin Marsile Ficin, l'idée de l'Âme Cosmique ou Âme du Monde et de la divinité quintessentielle de l'homme est ravivée. Parmi un cercle restreint mais influent d'individus, la nature est à nouveau perçue comme dotée d'âme et cela libère une fantastique énergie créative dans un petit coin d'Europe. Et pourtant, ces idées ni ne s'enracinent ni ne fructifient. Le jeune Pic de la Mirandole écrit son *Oratio de hominis dignitate* mais il est assassiné avant de pouvoir réaliser le rêve qu'il partage avec Marsile Ficin de concilier les enseignements de la kabbale et de la foi chrétienne. Un peu plus d'un siècle plus tard, Giordano Bruno, l'un des plus inventifs et créatifs philosophes de son temps, est condamné au bûcher à Rome en 1600 pour avoir déclaré que la nature est dotée d'âme, que l'Âme du Monde illumine l'univers et que d'autres systèmes solaires sont peuplés d'êtres vivants.

Même pendant les turbulences du XVIIè siècle, la présence de l'Âme en tant que substrat invisible du monde matériel continue à rayonner dans les strophes des *Centuries of Meditations* du poète visionnaire Thomas Traherne (1637-1674): "Le monde est un miroir d'une infinie beauté, pourtant aucun homme ne le voit. C'est le Temple de la majesté, pourtant aucun homme ne la regarde. C'est la sphère de Lumière et de Paix, puisse l'homme ne pas l'inquiéter. C'est le Paradis de Dieu".

> Le blé était naissant et immortel froment, qui jamais ne devrait être récolté, ni jamais semé. Je pensais qu'il allait d'éternité en éternité. La poussière et les pierres des rues étaient plus précieuses que l'or. Les portes étaient tout d'abord fin du monde, les arbres verts quand je les vis à travers l'une des portes me transportèrent de joie et me ravirent; leur douceur et leur beauté peu communes firent bondir mon cœur, et [me rendirent] presque fou d'extase, car là se trouvaient des choses merveilleuses et étranges....

> Vous ne pourrez jamais apprécier le Monde à sa juste valeur tant que la mer ne coulera pas dans vos Veines, tant que vous ne serez pas revêtus des Cieux, et Couronnés des Étoiles et ne vous percevrez pas comme Seul Héritier du Monde

entier: et plus encore… car les hommes sont en lui qui sont chacun Seul Héritier, autant que vous.… Tant que votre Esprit n'emplit pas la totalité du Monde, et les Étoiles ne sont pas vos joyaux.

Après la tourmente et les terribles massacres des guerres de religion au XVIIè siècle, l'Âme revient à la vie dans les œuvres des grands poètes de la période romantique: Wordsworth, Keats, Shelley, Coleridge, plus tard, Tennyson, Goethe et les poètes allemands du XIXè siècle qui remettent leur culture en relation avec la nature et l'imagination. Blake peut voir que 'tout ce qui vit est Sacré'. Mais leur vision s'efface devant les chamboulements sociétaux, économiques et techniques apportés par les révolutions industrielle et scientifique.

Les chapitres précédents ont exploré la différence entre la culture lunaire et la culture solaire et ont montré que la perception du Cosmos en tant qu'être vivant s'était perdue au cours de l'ère solaire, et que notre mental rationnel s'était dissocié graduellement de son substrat instinctuel d'où il avait émergé. Ils ont montré comment, à cause de la méta-narration de la Chute, la nature et le monde ont été désacralisés et la femme, et tout ce qui se rapporte au Féminin, ont été profondément blessés à cause de leur association à la nature — une nature scindée de l'esprit et associée au monde déchu.

À partir du IVè siècle, la forte influence de St Augustin, et la doctrine terriblement pessimiste du péché originel, arrachent l'humanité au socle de l'Âme en imposant à la communauté des chrétiens la croyance que ce monde est fondamentalement imparfait et que l'homme est entaché du péché originel et séparé de Dieu — état dont seuls les prédestinés pourront être sauvés par la grâce de Dieu. D'autres facteurs ont certes contribué à la perte du concept d'Âme, mais pendant de nombreux siècles cette doctrine chrétienne a significativement sapé l'expérience lunaire ancestrale de participation à la vie et, à mon avis, a abouti à la philosophie actuelle du réductionnisme scientifique, et à la solitude et à l'aliénation de l'homme dans un univers apparemment inerte et indifférent.

L'Âme: Mer Insondable de l'Être

Grâce à mes rêves et aux découvertes inestimables de Jung, je sais que la mer est une des images primordiales de l'Âme – la mystérieuse mer si difficile à trouver, si incompréhensible au mental conditionné à croire que seule la réalité matérielle existe. Peut-être est-ce une des raisons pour laquelle le *Yi Jing*, ou livre des oracles chinois, nous enjoint de 'franchir les Grandes Eaux'.

Personne n'a jamais attribué à la mer le genre masculin. La mer a toujours été associé au principe féminin et à l'image de la déesse — Kwan Yin en Chine et la Vierge Marie en occident chrétien et longtemps avant Nammu, déesse de l'abysse primordiale. Pendant des millénaires les marins invoquent leur protection avant de partir naviguer à bord de leurs frêles esquifs sur l'immensité sombre de la mer. Mais transposons l'image de la mer à la mer démesurée de l'Âme Cosmique. Et imaginons la petite embarcation de notre conscience individuelle voguer à la surface d'une mer infinie de lumière qui perpétuellement surgit, danse, s'écoule pour naître à l'être.

Imaginons que nous pouvons voir à travers les formes physiques, y compris à travers notre propre corps que nous percevons comme opaque et solide, et imaginons que nous sommes capables de voir les myriades de schémas d'énergie interagir les uns avec les autres, et nous relier aux mondes subtils de l'Âme. Imaginons de brillants filaments de lumière (qui nous sont invisibles) s'écouler à travers les galaxies étoilées de l'espace et à travers notre corps et les formes animales, végétales, les arbres et le paysage autour de nous. Nous faisons l'expérience de nous-mêmes comme une entité séparée, mais si tout l'univers est un organisme intégré et vivant, une symphonie de notes cosmiques, alors nous faisons partie de cette totalité. Comment en sommes-nous venus à croire que l'univers et la matière sont inanimés et inertes?

Ce maillage cosmique vivant est un réseau incroyablement complexe de plusieurs niveaux de dimensions emboîtées, et dont l'information circule en continu entre ces dimensions (peut-être comparable à la façon dont nous échangeons nos informations par sites web et courriels) au niveau moléculaire, au niveau de notre propre inter-communication télépathique, au niveau de la vie planétaire, et au niveau des galaxies et peut-être même des univers parallèles dont nous ne savons encore rien. L'expérience de tous les ordres du vivant au cours de milliards d'années, selon notre mesure du temps, est encodée dans cette Âme invisible de l'univers. Nous participons en tant que créateur du déploiement de notre propre vie à ce processus évolutionnaire inquantifiable, mais le potentiel de création illimitée est aussi contenu en lui et nous participons donc à un processus de création continue. Nous pourrions habiter un de ces mondes, ou dimensions, après notre mort, après l'abandon de notre corps physique.

Ce que nous appelons notre conscience est infinie, et paradoxalement aussi petite que la lentille par laquelle nous essayons de sonder l'immensité incommensurable. Le développement de notre conscience est tellement récent en comparaison de l'âge de l'univers, et même de l'âge de notre planète, d'où notre difficulté à cerner le sens de l'Âme. Si nous nous posions la question soulevée il y a longtemps par le sage indien Sri Ramana 'Qui suis-je?' la réponse serait 'Je suis l'Âme du Cosmos se découvrant à travers sa propre création'.

Dans notre culture moderne, nous sommes si complètement absorbés par ce que les taoïstes nomment les 'dix mille choses' qu'il ne nous vient jamais à l'idée que le désir de faire des voyages, de voguer sur les mers, ou d'explorer des pays étrangers, pourrait refléter le désir de l'Âme d'être explorée, son désir de nous révéler ce qu'un prophète de l'ancien testament appelle 'les trésors de l'obscurité et les richesses cachées des endroits secrets' (Isaïe 45:3). L'Âme nous appelle mais nous négligeons peut-être sans le savoir le fondement sur lequel tout l'édifice de la vie repose.

Se Re-lier à l'Âme

Il existe une voix, celle du mythe, du conte, de la légende, mais aussi celle de la vision mystique, qui oriente vers l'intérieur, nous guide, si nous la laissons, vers la dimension négligée de notre vie intérieure, notre âme, qui à son tour nous relie à l'Âme du Cosmos. En deux mots, l'Âme est le secret, la dimension occulte qui est le but de la quête du héros des mythes et des légendes. Elle est la destination ultime de toute exploration: le pays fabuleux, inconnu et mystérieux. Le chemin qui y mène passe par les mystérieuses portes de la corne si renommées dans le monde antique — les portes qui gardent l'accès aux mystères de la Déesses. Dans la langue du mythe et du conte, ce pays est nommé royaume des fées, domaine des dieux. Dans la langue de la révélation visionnaire, c'est le Royaume du Ciel, le Royaume de Dieu, le sol sacré de toute réalité cosmique. Les Soufis le connaissent sous le nom d'*alam al-mittal*, ou ce que le grand érudit soufi Henri Corbin décrit comme le monde 'imaginal' (*mundus imaginalis*), un monde qui est réel, vivant et présent dans notre monde. [10] C'est le substrat ou la source de tout ce que nous sommes, tout ce que nous percevons. C'est notre véritable chez nous dans le Cosmos, là où nous retournerons après notre séjour sur terre. Si l'Âme est tout cela, il n'est pas surprenant qu'elle transcende notre présent niveau de conscience, que nous ne puissions pas la comprendre après quelques heures ou quelques années de recherche et d'étude. Et pourtant, paradoxalement, nous sommes à la fois ce qui cherche à comprendre et l'objet de cette compréhension. Nous sommes à la fois partie et totalité.

Qu'est-ce qui nous relie au substrat invisible de l'Âme? C'est notre quête de sens, vécue diversement par chaque individu, qui anime notre désir de découverte, de création, d'exploration, de connaissance et de compréhension. Mais surtout, c'est notre faculté à imaginer, à faire des associations intuitives et à réunir les choses qui ont été fragmentées et éparpillées. C'est par notre faculté de ressentir et d'imaginer que nous nous rapprochons au plus près de l'Âme de la Nature et du Cosmos. Développer la faculté de voir avec l'œil du cœur — souvent mentionné par les poètes et les artistes et qui agit comme une prise nous reliant à une réalité plus profonde — permet d'établir la connexion avec cette réalité qui est dans un premier temps au-delà de l'atteinte du mental.

Souvent les gens rêvent qu'ils sont dans une maison avec des pièces dont ils ne connaissaient pas l'existence, ou alors ils franchissent une porte qui s'ouvre sur une partie inconnue. L'Âme peut être ressentie comme une étrangère dont nous occupons la maison mais que nous n'avons jamais rencontrée. Cette étrangère est le témoin de tout ce qui a été vécu depuis le début de notre évolution, et elle détient aussi tout ce qui est latent, le potentiel encore irréalisé. Cette Conscience à laquelle appartient notre conscience — pourtant encore non consciente de cette parenté —est l'énergie vitale fondamentale qui crée, détruit et se transforme perpétuellement. Cette 'imagination cosmique' a généré l'univers, les galaxies, notre planète, le processus évolutionnaire sur la planète qui nous a donné notre forme, et la créativité réflexive, l'intelligence et l'imagination qui ont transformé les conditions physiques et culturelles de notre vie sur la Terre.

L'idée de rencontrer cette étrangère peut paraître quelque peu ridicule au début, sinon inquiétante. L'Âme parle un langage insolite, comme le langage des hiéroglyphes, dont les symboles doivent être péniblement appris avant de pouvoir être compris. En développant la faculté de comprendre ce qui se communique, de sentir cette présence et de deviner ses intentions et sa guidance, l'âme commence à s'éveiller à la vie. Un dialogue s'établit; des synchronicités qui passaient auparavant inaperçues se produisent.

Comprendre l'imagerie symbolique des rêves aide à établir cette relation, de même que les connaissances pénétrantes qui nous sont disponibles grâce au travail rigoureux des pionniers qui nous ont ouvert la voie vers cette dimension inexplorée. Jung a élaboré la méthode qu'il appelle 'imagination active' pour établir le dialogue avec l'âme. La méditation peut nous aider à accéder au substrat obscurci par le flot incessant des inquiétudes qui nous distraient de la perception de sa présence. Le silence et la contemplation sont essentielles pour créer l'espace d'écoute dans notre vie agitée. Je me souviens que Maharishi disait que la méditation était comme être immergé dans une cuve de teinture d'or. Finalement, après de nombreux bains, nous commençons à prendre une belle teinte dorée. Ce qu'un individu expérimente et comprend affecte le tout. C'est ce qu'il suggérait, et ce que l'hypothèse des champs morphiques de Rupert Sheldrake semble confirmer; une fois la masse critique atteinte, le changement dans la conscience collective induit l'éveil collectif.

Les Lieux Sacrés

L'idée que notre monde repose sur le sol d'un 'Autre' invisible survit dans les traditions visionnaires et mystiques de l'âge solaire qui ont maintenu vivante l'idée lunaire de la divinité de la nature, et de la co-inhérence de la matière et de l'esprit. Elle survit aussi dans les communautés indigènes très soudées où le respect du caractère sacré de la Terre et du Cosmos, et où les méthodes pour établir la connexion avec la dimension intérieure se transmettent de génération en génération — encore de nos jours. Partout dans le monde, des pèlerinages sont effectués vers des endroits tenus pour sacrés depuis des millénaires, car ils agissent comme des portes qui relient les deux mondes. En Europe, les églises et les sanctuaires dédiés à la Vierge Noire, dont la noirceur évoque les Mystères de la Grande Mère, de la Nature et de l'Âme, marquent encore ces endroits comme des lieux de communion entre ce monde et le monde invisible. Nombre de guérisons sont constatées dans ces lieux, et ce encore de nos jours.

La cathédrale de Chartres est un des endroits en Europe consacré à la Vierge, et avant elle à une Déesse druidique. La cathédrale a été récemment rénovée, et ainsi à l'intérieur et à l'extérieur, elle retrouve l'éclat de ses pierres d'origine à dominante ocre pâle. En pénétrant dans la cathédrale, comme à chaque visite, une émotion extraordinaire me fait monter les larmes aux yeux. L'âme et le corps répondent à l'harmonie subtile créée par la géométrie sacrée qui nous entoure, incorporée en chaque pierre, chaque voûte et chaque pilier. La raison d'être de Chartres est de mener du monde visible au monde invisible le pèlerin qui foule son sol dallé de pierres, et de l'aider à voir le substrat divin à travers le voile de matière. Les deux tours de Chartres représentent le soleil et la lune et aussi, fait intéressant, les principes solaire et lunaire, mâle et femelle de l'Alchimie et de la Kabbale. Leur union est réfléchie dans la 'colonne' centrale de la nef, et l'autel se trouve à la place du cœur dans un corps humain.

La ligne centrale de la nef peut aussi se comprendre comme l'éternité et les deux transepts comme le monde temporel. Le maître-autel marque leur point d'intersection. Le labyrinthe au sol symbolise le cheminement dans ce monde qui est une préparation en conscience pour la vie dans le monde éternel, dont la présence est indiquée par la grande rosace de la façade ouest. Quand la silhouette de la rosace s'inscrit dans le labyrinthe, ses dimensions lui correspondent exactement, ce qui met en exergue leur relation réciproque. Le labyrinthe lui-même agit comme un vortex, attirant le pèlerin en son centre, lui faisant perdre son sens de l'orientation tandis qu'il suit les multiples tournants et détours du tracé vers la rose blanche à six pétales du centre, dont les proportions correspondent exactement à la rose au centre de la rosace où apparaît le Christ.

William Anderson observe dans son magnifique livre *The Rise of the Gothic* que:

L'apparition soudaine dans les années 1135-1150 d'une association d'hommes capables de transformer le paysage artistique de l'Europe n'est pas accidentel. C'est arrivé parce que ces hommes avaient comme idéal une conception inédite de l'Homme qu'ils voulaient manifester, une compréhension inédite de leur propre nature, une intuition pénétrante des sources de l'art et de la science. La splendeur de l'art et de l'architecture gothiques est issue de la magnanimité d'âme de leurs créateurs. Là est la source de leur anticipation imaginative des possibilités de la nouvelle technologie, et de la qualité d'une vie revivifiée, qui rayonnent de leurs œuvres. [11]

La nouvelle image de l'homme, qui est l'œuvre des maîtres du gothique, présente l'homme comme un individu doté de libre arbitre, vu par Dieu et ses Anges qui le gardent, et le pose dans un cadre de formes apparemment abstraites de portails, d'arches, de niches et de voûtes qui toutefois symbolisent des aspects des lois et des formes de l'univers. Le concept chrétien de la valeur de l'âme individuelle, un concept dont les évangiles et les épîtres pauliniens sont chargés, ne manifeste sa pleine expression que onze cents ans après la mort du Christ, dans la statuaire des colonnes de Saint-Denis et de Chartres…. Elles aidaient à exciser la honte de l'âme des hommes d'être hommes; elles parlaient, sans mots, de paix de l'esprit et de rationalité, et, grâce au rayonnement de l'esprit proclamé par la pierre dans laquelle elles sont taillées, elles redonnèrent une nouvelle intensité à la doctrine de l'Incarnation. [12]

Toute la cathédrale, avec ses neufs portails et son plan d'origine de neuf tours, a pour dessein d' incorporer les neuf hiérarchies célestes définies par Pseudo-Denys l'Aréopagite, moine syrien du Vè siècle, qui écrit sous le nom d'un homme plus ancien converti au christianisme par St Paul lors de son séjour à Athènes, et qui consigna les expériences visionnaires de St Paul. Les écrits du Denys du Vè siècle traitent in extenso de l' 'Obscurité Divine de Dieu' et sont rapportés de Byzance en France à la demande du roi Charles II, petit-fils de Charlemagne. Ils sont traduits au cours du IXè siècle en l'abbaye de Saint-Denis par le moine néoplatonicien et érudit de renom Jean Scot Érigène (810-877) qui est un brillant commentateur des écrits de Denys et dont l'œuvre majeure sera abordée au chapitre Dix-Sept. Ces écrits exercent une énorme influence sur les constructeurs des cathédrales gothiques.

Chartres est construite pour offrir au pèlerin qui franchit ses portes l'expérience de l' 'Obscurité Divine de Dieu' éclairée par la lumière qui s'écoule depuis les neuf hiérarchies célestes et est filtrée par la lumineuse beauté radiante du saphir et du rubis des vitraux. [13] Dans une lettre adressée à une femme du nom de Dorothée la Diacre, il en donne cette belle description: 'L'Obscurité Divine est la Lumière inaccessible dans laquelle Dieu demeure. Dans cette obscurité — invisible à cause de sa luminosité sublimée et introuvable à cause de l'abondance de ses torrents de lumière surnaturelle — tous pénètrent qui sont déclarés dignes de connaître et de voir Dieu: et du fait même de ni le voir ni le connaître, sont en vérité en Lui qui est au-dessus de toute vue et de toute connaissance'. [14]

Vous vous demandez comment une merveille telle que Chartres a pu être créée? Comment des individus éclairés se sont retrouvés et comment leurs talents se sont accordés pour tracer les formes, tailler, élever et ajuster une telle quantité de pierres en si sublimes harmonie et sens des proportions? Comment sont-ils arrivés à articuler les trois grandes innovations qui donnent à Chartres sa structure révolutionnaire: l'arc en ogive, l'arc-boutant et la voûte en croisée d'ogives? Comment de fragiles échafaudages en bois ont-ils pu soutenir le poids massif des pierres qui devaient être hissées et positionnées avec des cordes qui pouvaient s'effilocher et rompre sous la pression — des pierres qui s'ajustent avec grande précision et très peu de mortier?

Chartres est érigée comme un temple à la Reine du Ciel. La rosace elle-même est un symbole de la Sagesse Divine et toute la cathédrale, forte de ses trois rosaces, est un hymne à Marie, Trône de Sagesse et Reine du Ciel:

> C'est l'abbé Suger qui encouragea le développement du thème iconographique de l'Arbre de Jessé, culminant en la Vierge et son Fils et qui conduit à la représentation triomphante de Marie en tant que Reine du Ciel, dans nombre de cathédrales et d'églises. Grâce à son association aux anciennes images de la lune, des étoiles, de la voie lactée, elle en vient à posséder une importance cosmique, clairement présente dans les grandes rosaces de France, comme si elle était l'utérus de l'univers contenant Christ-l'enfant solaire. [15]

Les anonymes qui ont pensé Chartres, et qui se nomment eux-mêmes 'Maîtres du Compas', donnent à la culture française et européenne du XIIè siècle une image inédite de l'Homme qui irradie le divin, d'autant plus s'il construit de telles merveilles. En exaltant l'image de la Vierge et en la mettant au centre de leur création, ils sauvent le Féminin du mépris dans lequel il était relégué, et la nature est libérée de son association au péché, anoblie par une glorieuse affirmation de sa beauté exprimée par les fruits, les fleurs et le feuillage foisonnants. Chartres est un phénoménal témoignage de la puissance créatrice de l'imagination humaine quand elle est appliquée à une création qui relie le monde temporel au monde éternel.

Un livre des plus intéressants sur Chartres, par Gordon Strachan, produit certains échanges épistolaires des maîtres éminents du XIè siècle, relatifs à leurs difficultés pour résoudre de simples problèmes de géométrie; dès le XIIIè siècle ces problèmes se trouvent résolus. Cette avancée dans les connaissances, conclut-il, ne peut venir au cours du XIIè siècle que de l'islam, grâce aux échanges culturels avec Tolède et Cordoue en Espagne, et grâce aux croisades et à la conquête de Jérusalem en 1099. Les preuves historiques, suggère-t-il, montrent que ce n'est que par ce contact avec la civilisation islamique alors hautement développée que les œuvres de Platon, d'Aristote et d'Euclide sont redécouvertes et ce sont leurs traductions et disséminations par les écoles de Paris et de Chartres qui initient la renaissance culturelle du nord de la France. L'essor de l'architecture gothique en est le résultat le plus spectaculaire. [16]

Les maîtres maçons de Chartres sont inspirés et instruits par la philosophie et la géométrie sacrée enseignées à l'École platonicienne de Chartres, fondée au XIè siècle par un évêque remarquable du nom de Fulbert, et renommée dans toute l'Europe comme un grand centre d'enseignement. Les érudits, tels Fulbert et Suger, inspirés par les écrits de Platon, tiennent le domaine invisible de la métaphysique pour le monde réel, et le monde matériel, aussi merveilleux qu'il soit, pour l'ombre ou la copie du domaine divin. [17]

Strachan produit des preuves en faveur de la forte influence de l'islam et des savoirs-faire d'artisans musulmans à Chartres, et il serait même possible qu'un groupe d'artisans soient arrivés de Jérusalem au retour des croisades et aient séjourné en France plusieurs années [18] Il ressort du plan d'ensemble de Chartres et des éléments sublimes de sa construction que les constructeurs — architectes, sculpteurs, artistes, dessinateurs — ont tiré l'inspiration de leur apprentissage à pénétrer le monde de l'Âme et à voir en imagination le prototype de ce qu'ils souhaitaient réaliser dans la ville, qui était un site sacré depuis des millénaires.

La Rose comme Symbole de l'Âme

Le caractère sacré de la rose naît dans le beau schéma orbital de huit ans effectué par la planète Vénus. Elle est depuis les temps anciens associée aux Grandes Déesses de l'ancien monde: Isis, Aphrodite, Cybèle, Vénus, et plus tard, La Vierge Marie et son rosaire. Dans l'Europe médiévale, la rose et le jardin clos sont des symboles de l'âme, et un espace où les amants se retrouvent. Mais plus que cela, c'est le symbole de la grande Âme du Cosmos qui contient l'âme humaine. La rose est aussi l'un des plus anciens symboles de la Tradition de Sagesse, et de la Sagesse elle-même qui irradie depuis le substrat divin l'amour à notre monde. Tel le lotus à mille pétales ou le joyau au cœur du lotus des traditions orientales, la rose symbolise l'éveil de l'âme, unie au substrat divin, comme dans la grande vision de la rose blanche de l'Empyrée par Dante. Le rosaire est parfois appelé 'roseraie' et Marie est dénommée 'le Jardin' (du Paradis) et aussi 'Rose sans Épine' ou encore 'Rose sans Égale'. [19] Marie est connue au Moyen Âge — l'époque de la construction de Chartres — comme la *Rosa Mystica*. Que la forme de la rose soit tant mis en exergue dans les trois grandes rosaces de Chartres, et dans d'autres cathédrales gothiques, suggère que le symbolisme de la rose était d'une grande importance pour les constructeurs. Je ne savais rien de tout cela quand, il y a longtemps déjà, j'étais hantée par les mots d'un poème de Walter de la Mare, 'Ô aucun homme ne connaît à travers quels siècles sauvages la rose errante revient'.

Le Jardin comme Métaphore de l'Âme

Les gens utilisent souvent le mot 'âme' en parlant d'un morceau de musique qu'ils aiment, une superbe construction telle Chartres, un beau jardin ou un être cher. L'âme est une qualité singulière ou une radiance qui touche le cœur des gens. Quiconque a travaillé dans un jardin et vu la réponse de la nature à ses efforts, suite peut-être à plusieurs années de labeur, aura senti la présence de l'âme en chaque feuille et en chaque fleur. Depuis les premiers temps connus de chaque grande civilisation, l'Égypte, la Perse, l'Inde, le monde romain et l'Europe du Moyen Âge et de la Renaissance, les gens ont créé des jardins-sanctuaires dans un but de contemplation et de communion, pour le repos, le plaisir et le ravissement. La roseraie dans l'Europe du XIIè siècle et dans la mystique soufie est une réplique du Paradis, et la fontaine ou le puits en son centre est un symbole de l'eau de vie s'écoulant du domaine divin. Il est difficile de dire quand le jardin est devenu une métaphore de l'âme et un espace sacré pour se relier au monde invisible, mais on le trouve dans les courants mystiques du christianisme, de l'islam, du judaïsme et du taoïsme. Dans la tradition de la kabbale, la Shekinah est interpellée comme 'le Jardin', et le mariage des deux aspects de la divinité — le Un sacré et son Aimée — se déroule dans un jardin de grenades, symbole de la chambre la plus intime de l'âme.

Depuis les temps les plus reculés, nous avons des peintures de jardins et même (en Égypte et en Perse) des peintures de jardiniers s'y affairant. Les jardins de l'Espagne mauresque du IXè siècle, dans les villes comme Cordoue, Grenade et Séville, sont renommés pour leur beauté et leur calme, comme les jardins d'Italie et de Perse et ceux de l'Inde de la période Moghole. Plus à l'est, se trouvent les jardins des temples de Chine et du Japon. Mais les monastères d'Europe, tels ceux de Monte Cassino en Italie, encouragent l'art de créer des jardins-sanctuaires pour la prière et la contemplation autant que pour la culture des fruits et des légumes destinés à nourrir la communauté monastique, et une fontaine, un puits ou un arbre est posé en leur centre — peut-être un souvenir résiduel de l'espace sacré œuvrant comme un portail entre les mondes, dans les cultures shamaniques. Ces monastères entretiennent des jardins de simples et les moines se perfectionnent dans leur usage thérapeutique. Les jardins sont des lieux qui attirent les oiseaux autant que les abeilles qui butinent le nectar des fleurs et le transforment en miel. Là une vie de contemplation peut s'épanouir, protégée des tourments et de la violence du monde. Nous pouvons nous rappeler les mots de Rûmî :

Quand la rose est fanée et la roseraie à l'abandon,
Où chercher la fragrance de la rose?

Les multiples Dimensions du Réel et la Grande Chaîne de l'Être

Les anciennes Traditions de Sagesse nous apprennent que nous-mêmes et notre monde sommes tissés dans une tapisserie cosmique dont les fils nous relient non seulement aux multiples dimensions du réel mais aussi aux multitudes d'êtres qui habitent ces dimensions. Au-delà des présentes limites de notre vue, un champ illimité de conscience interagit avec le nôtre. Elles nous apprennent que la grande chaîne intriquée de l'être s'étend depuis la source de lumière ineffable du substrat divin jusqu'à notre monde, niveau le plus dense de la manifestation physique. Dans le Nouveau Testament, Jésus évoque peut-être cette multiplicité de dimensions quand il énonce qu'"Il y a plusieurs demeures dans la maison de mon Père' (Jean 14.2). Le substrat le plus profond du réel contient toutes les autres dimensions connues des gnostiques au début de l'ère chrétienne par le terme de *Plérôme*, racine de tout, présent en tout et pourtant au-delà de tout — une dimension sans limite, indéfinissable, transcendante qui imprègne notre monde comme la lumière du soleil imprègne l'air.

Il peut être utile de se représenter la totalité de l'univers comme une toile inimaginablement ténue qui maintient trois niveaux, ou plans de réalité, en relation les uns avec les autres, dont deux nous sont invisibles et dont aucun n'est séparé des autres.

- Le plan de l'Esprit Éternel, substrat de Lumière pure au-delà de la forme

- Le plan intermédiaire des multiples dimensions subtiles de l'Âme reliant la matière et l'esprit

- Le plan de la Terre et de l'univers matériel visible

Les deux premiers domaines de l'Esprit et de l'Âme consistent en de multiples ceintures concentriques, sphères ou zones de matière plus fine que celle qui compose notre monde et variant en fréquences vibratoires. Ces plans ne sont pas séparés les uns des autres ni de notre plan de réalité matérielle. Ils s'interpénètrent mais nous ne pouvons voir les niveaux subtils avec notre vision 'ordinaire' ni, jusqu'à présent, avec les instruments scientifiques, bien que par leur rencontre avec la matière sombre et le champ du boson de Higgs, ils aient pu s'en approcher. Ces plans pourraient se décrire comme des champs emboîtés multiples de divers degrés de conscience et de diverses intensités vibratoires, maintenus dans un

Champ unifiant, Substrat ou Maillage de Lumière. Ces sphères interagissent avec notre monde et peuvent nous influencer d'une manière que nous ne soupçonnons pas. Les mondes ou sphères qui forment ce domaine incommensurable de l''Âme' entourent chaque planète du système solaire et possiblement nombre de galaxies. Elles pourraient faire partie d'autres univers qui interagissent avec le nôtre.

Comme nous l'expliquerons au chapitre Dix-Neuf, des milliards d'âmes habitent ces sphères ou zones de réalité invisibles. Nous pouvons nous demander pourquoi notre monde ne sait rien de tout cela. La réponse est que cela a été connu des diverses traditions métaphysiques et est décrit dans les quantités de preuves qui nous sont transmises par 'l'autre côté' mais l'humanité, dans sa majorité, est largement ignorante de ces faits et le restera tant que l'existence des dimensions invisibles du réel ne seront pas plus largement reconnues, peut-être grâce aux découvertes de la science mais aussi grâce aux expériences personnelles.

Depuis les débuts de l'histoire consignée, et sans aucun doute bien avant, les plus grands poètes, shamans, visionnaires, artistes, musiciens et mystiques de toutes cultures nous ont reliés à ce profond substrat de l'Âme. Ils ont relié le visible et l'invisible, le monde temporel et le monde éternel, le mental de veille et l'âme rêveuse. Nous savons par les écrits des mystiques soufis qu'ils ont pénétré le monde intermédiaire de la réalité psychique et ils l'ont décrit comme un plan de réalité semblable au nôtre dans ses moindres détails mais d'une plus grande intensité en beauté et en couleurs, et de formes exquises. Il est composé de matière, mais une matière éthérique, sans la densité de la matière de notre monde. Ils l'appellent la 'Terre Céleste' et ils reconnaissent notre monde terrestre comme une manifestation du monde invisible de l'âme, dont ils voient la beauté et la majesté réfléchies dans les forêts, les cimes enneigées, les profondeurs et l'immensité des mers, la démesure du ciel nocturne semé d'étoiles. De siècle en siècle, comme les maillons d'une chaîne d'or, ils ont maintenu vivante la réalité de l'existence de l'Âme et ses valeurs véritables — les valeurs qui vénèrent et louent les merveilles, le caractère sacré et le mystère prodigieux de la vie.

Que nous considérions les anciennes cosmologies de l'Égypte, d'Inde, de Perse, de Chine ou du Tibet ou la tradition de la kabbale, nous trouvons en toutes des descriptions des mondes ou dimensions subtils, du réel par-delà notre monde matériel, et des habitants qui les peuplent. Les anges et les archanges sont légions dans l'ancien et le nouveau testament et parent les grandes cathédrales d'Europe. Les kabbalistes enseignent qu'il existe quatre mondes qui s'interpénètrent et interagissent les uns avec les autres; chacun est gouverné par des êtres angéliques et chacun est un portail vers une multitude d'autres mondes, ou dimensions. Nous trouvons les neufs hiérarchies célestes connues de la tradition mystique chrétienne dans les écrits du moine Denys et dans les sculptures du porche sud de la cathédrale de Chartres au-dessus du Christ assis, mais à moins qu'un guide ne les montre il est facile de les manquer, ou de ne pas comprendre leur importance.

Au XVIè siècle, le kabbaliste Joseph Cordovero nomme les treize portes vers une plus haute conscience. En Inde, depuis des millénaires, le yoga kundalini présente une méthode qui permet à notre conscience limitée d'évoluer vers des niveaux de perception et d'expérience des mondes invisibles. Le bouddhisme mahayana enseigne les trois réalités interdépendantes: ce monde matériel, le monde intermédiaire subtil de l'âme et finalement, le monde sans forme du pur esprit, 'la claire lumière du vide'. Toutes ces traditions enseignent la contemplation et les exercices préliminaires à la rencontre de ces réalités transcendantes. Le monde intermédiaire de l'Âme contient les mémoires de l'expérience humaine — mémoires qui peuvent s'apparenter à l'inconscient collectif de Jung et au Monde de la Formation (Yetzirah) de la kabbale.

Ces mémoires sont connues à la cosmologie hindoue comme les Annales akashiques — Akasha est le nom du champ illimité qui les contient. Le fait que notre conscience englobe la perception de vastes champs mémoriels planétaires et cosmiques est prouvé par les méthodes de respiration holotropique élaborées par le psychiatre Stanislav Grof. [20] Ces mondes transcendants, ou dimensions de conscience, deviennent accessibles par le canal des expériences subjectives qui ne sont toujours pas validées par la science, ce qui ne veut pas dire qu'elles n'existent pas. Elles ne sont pas des 'lieux' comme nous pourrions nous l'imaginer, mais des 'états de l'être'. Les traditions métaphysiques confirment que nous vivons dans des champs subtils du réel qui sont imperceptibles à notre niveau 'normal' de conscience et aux instruments de la science.

L'Âme Cosmique et la Science

Le dernier chapitre a montré que nous vivons à un moment de grand changement paradigmatique, tandis que notre vision du monde s'éloigne d'un univers-machine inerte et s'oriente vers un organisme vivant unifié, dont nous sommes co-créateurs. Duane Elgin décrit ainsi ce changement de paradigme:

> Notre identité réelle, ou expérience de qui nous sommes, est infiniment plus vaste que ce que nous croyons — nous laissons une conscience strictement personnelle et allons vers une appréciation consciente de nous-mêmes en tant que partie intégrale du cosmos.... Avec ce nouveau paradigme, notre sens d'identité revêt une qualité paradoxale et mystérieuse: nous sommes observateurs et observés, celui qui sait et celui qui est connu. Nous sommes chacun complètement unique et cependant relié à l'univers entier.... S'éveiller à la nature miraculeuse de notre identité comme à la fois unique et interconnectée avec un univers vivant peut nous aider à vaincre l'arrogance de notre espèce et le sentiment de séparation qui menace notre avenir. [21]

Les concepts comme celui d'Ordre Implicite de David Bohm et sa compréhension de l'univers comme un 'océan de l'être' et une totalité indivise, revivifient d'anciens concepts du Cosmos, tel le grand maillage de la vie dont aucune des parties n'est intrinsèquement séparée des autres. L'hypothèse des champs morphologiques de Rupert Sheldrake nous offre une compréhension de la genèse des formes dans notre monde. N'oublions pas le mystère de la matière sombre et du champ du boson de Higgs, mentionnés au dernier chapitre. À ce propos, Deno Kazanis, auteur de *The Reintegration of Science and Spirituality*, pense que les scientifiques sont tombés en fait par hasard sur les corps d'énergie subtils dont les mystiques parlent depuis des millénaires:

> Notre faculté de voir, toucher, goûter, sentir et entendre le monde est due uniquement à la charge électrique des atomes. Et parce que les objets au niveau atomique interagissent au moyen des forces électriques, sans ces forces, alors les objets peuvent littéralement se traverser.... Ce qui m'intrigue, c'est que la matière sombre, invisible et incapable de produire de la lumière ou quelque type d'ondes électromagnétiques, est donc une substance qui ne comporte aucune charge électrique.... Sa présence est inférée par sa gravité, qui est énorme, et pourtant l'objet lui-même est totalement invisible. Il me vient donc à l'esprit que lorsque les mystiques parlent de corps subtils interpénétrant notre corps visible, la seule façon possible serait que ces corps soient faits d'une chose autre que de la matière chargée. Et la matière sombre correspond plutôt bien à cette catégorie.

Il semblerait que ce substrat invisible ait porté de nombreux noms. La lumière est l'image primordiale qui relie les mondes de la science et de la métaphysique. La science serait énormément aidée dans tout ce qu'elle découvre si elle était consciente de la validité des traditions métaphysiques et pouvait les accepter . Cette acceptation pourrait reconnecter ce qui a été séparé pendant des siècles à cause du refus de reconnaître la relation essentielle de l'esprit et de la matière.

L'Œil du Cœur: Organe de Perception de l'Âme

Aussi longtemps que la science essayera de localiser l'âme dans le cerveau physique et approchera l'âme comme un objet d'observation par le moyen des instruments créés par le mental, elle ne pourra pas comprendre l'âme, ni dans son sens personnel ni dans son aspect cosmique plus large auquel Héraclite fait référence. Elle ne comprendra pas la source de l'expérience de révélation. Elle ne pourra pas non plus répondre aux questions métaphysiques qui ont préoccupé les plus grands penseurs des temps passés: à savoir qui sommes-nous, pourquoi sommes-nous là et quelle pourrait être notre relation avec le Cosmos. Une compréhension de l'âme ne peut être recouvrée que par le canal de ce que nous nommons l'œil du cœur.

Le cœur est l'organe de perception propre à l'âme. Il a son propre registre de conscience, son propre moyen profondément instinctif de connaissance, tout comme le mental a son propre moyen de connaître. Il agit comme une sorte de cordon ombilical nous reliant à toute la vie de la planète et à la vie du Cosmos. Le cœur est la source de notre imagination créative, née de notre instinct à former une relation avec cette vie. Le cœur fait naître nos quêtes, nos espoirs et nos désirs et nous réunira ultimement avec la source d'où nous venons. Sans le cœur, sans l'instinct d'imaginer, de ressentir, d'espérer et d'aimer, la vie est dépourvue de sens, stérile et morte. Quand nous sommes en contact avec nos instincts, nos sentiments et nos intuitions les plus profonds, elle vit, elle vibre, elle chante. La musique, la poésie, la beauté, l'amour au sein d'une relation intime, les idées inspirantes, les réussites grandioses et captivantes, comme celles des athlètes olympiques – toutes ces choses nourrissent le cœur et chacune d'elles est essentielle à l'âme dans cette dimension, autant que la nourriture l'est au corps. Quelle partie du corps touchez-vous quand on vous demande où est le siège de vos sentiments? La plupart d'entre nous touchons instinctivement la zone du cœur.

Qu'est donc l'œil du cœur? J'ai trouvé la meilleure définition dans trois livres écrits par Cynthia Bourgeault, prêtre épiscopalienne. Elle y explique l'enseignement essentiel de la tradition de Sagesse chrétienne relatif à la transformation de la conscience. L'œil du cœur, tel qu'elle le décrit, est un organe de perception spirituelle. Apprendre à développer cet organe peut permettre d'accéder à une autre compréhension du réel, une autre vision du monde que j'ai essayé de décrire aux chapitres précédents lorsque je parle d'Ordre Sacré.

Alors que l'œil du cœur se développe, nous devenons toujours plus perceptifs à la présence de la dimension invisible et nous découvrons comment aligner notre conscience sur cette présence comme avec un partenaire invisible, nous agissons alors dans ce monde avec un sens de connexion et d'ajustement avec cet Autre, ce qui ne diminue en rien l'importance et la validité de notre expérience du monde. L'œil du cœur, tel que décrit par Cynthia Bourgeault, est un 'champ vibrant et résonnant, qui fonctionne comme un signal de guidage entre les dimensions; et quand il est fort et clair, il crée une résonance synchrone entre elles'. [22]

> Les anciennes Traditions de Sagesse ont toutes considéré que le monde physique, notre réalité empirique assujettie à l'espace-temps, est englobé dans une autre réalité: un monde cohérent et puissant d'intention divine qui l'entoure et l'interpénètre en permanence. Cet autre monde plus subtil invisible aux sens apparaît au mental comme une pure spéculation. Mais si l'œil du cœur est éveillé et limpide, il peut recevoir, irradier et réfléchir cette réalité divine. [23]

Nous pouvons apprendre à orienter notre conscience sur l'œil du cœur, porte de l'âme, et imaginer que deux lignes s'y rencontrent: la ligne verticale d'éternité et la ligne horizontale de ce monde temporel. Tandis que nous ouvrons l'œil du cœur, nous commençons à voir à travers un autre prisme, et nous entrons toujours plus en relation avec ce niveau autre du réel. Mettre le mental dissocié et superficiel en harmonie et en équilibre avec le substrat de l'âme pourrait changer nos croyances, nos vies et notre culture. Une noble pensée du XIIè siècle nous rappelle l'importance de se concentrer sur ce point où les mondes du temps et de l'éternité se rencontrent, point de rencontre de l'âme et du substrat éternel: 'Tout ce qui bouge est sujet au temps, mais c'est de l'éternité qu'est né tout ce qui est contenu dans l'immensité du temps, et dans l'éternité que tout se résoudra'. [24]

Nous savons depuis longtemps que nous possédons des facultés inexploitées et inaccessibles au mental rationnel — et même de larges zones du cerveau physique sont inutilisées. Jung l'a découvert, et les disciples de la kabbale, du védanta ou du soufisme le savent depuis des siècles, le pouvoir de l'imagination et des méthodes prouvées pour établir la liaison peuvent être sollicités pour créer un pont vers les mondes invisibles. Bourgeault écrit que 'Quand… le champ vibratoire du cœur humain entre spontanément en résonance avec le cœur divin, alors le fini et l'infini deviennent une seule même longueur d'onde, et une communion authentique devient possible. Relier les domaines créés et incréés avec l'être humain est à la fois un domaine en lui-même, et les moyens par lesquels ce domaine se fait connaître'. [25]

Le grand mystique flamand Jan van Ruysbroeck l'exprime par ces mots: 'L'unité, c'est quand un homme se sent réuni avec tous ses pouvoirs en l'unité de son cœur. L'unité apporte la paix intérieure et le repos du cœur. L'unité du cœur est un lien qui rassemble le corps et l'âme, le cœur et les sens, et tous les pouvoirs extérieurs et intérieurs et les contient dans l'union de l'amour'. [26]

Plus la relation entre notre âme individuelle et le substrat éternel du vivant se fortifie et plus nous percevons sa voix, sa présence et sa guidance subtile. Une relation toujours plus profonde avec ce substrat peut devenir la trame et l'orientation de nos vies. C'est une alchimie que nous pouvons tisser à la vie grâce à notre vigilance, au perfectionnement de notre perception pénétrante, et à notre désir de comprendre et de former une relation. Si nous suivons ce cheminement en nous-mêmes alors nous ne vivons plus la vie de manière inconsciente, réagissant aveuglément aux évènements qui se présentent. Nous demeurons en contact avec l'invisible et recevons toujours plus sa guidance, alors même que nous interagissons avec le visible.

Quiconque s'aventure dans les très profonds domaines de l'Âme découvrira, à l'instar de T.S. Eliott, que 'l'aboutissement de toute notre exploration nous ramènera là où nous avons commencé, et nous connaîtrons cet endroit pour la première fois'. [27] Alors nous saurons que chaque ligne de poésie qui éveille le désir, chaque image de beauté et chaque fragment qui aura été ressenti comme la vérité, aura servi à révéler, petit à petit, une Présence qui aura demandé à l'humanité des millénaires à découvrir, et qui pourtant a toujours été là, attendant le moment de reconnaissance. La mesure de l'engagement que l'âme nous demande en échange de ses dons de sagesse et de guidance peut ne se dévoiler que graduellement, mais l'inscription sur le couvercle du cercueil choisie par Bassanio, dans l'espoir de gagner la main de Portia, dit tout:

Qui me choisit doit donner et risquer tout ce qu'il possède. [28]

Le Grand Soi, Présence et Guide

Chaque tradition spirituelle parle du guide, de la présence occulte, du daïmon, du messager angélique, de la voix. La tradition du guide est très ancienne et trouve son origine dans les cultures shamaniques. En nous éveillant à cette réalité à l'intérieur de nous et autour de nous, elle peut plus facilement nous faire comprendre que nous ne sommes pas seuls, comme l'illustre le récit de Tobias et de l'archange Raphaël dans l'Ancien Testament apocryphe. Tobias ne reconnaît pas la vraie nature de son compagnon jusqu'à la fin de son périple, lorsque l'archange Raphaël se révèle à lui et à son père — à qui il a rendu la vue — par ces mots, 'Je suis Raphaël, un des sept anges qui présentent les prières des saints, et qui accèdent auprès de la gloire du Seigneur' (Tobias 12:15). Beaucoup de synchronicités, beaucoup de messages depuis le domaine de l'esprit passent inaperçus dans nos vies, jusqu'à ce que l'orientation de notre conscience se déplace et s'aligne sur lui.

Dans le christianisme, la tradition de l'ange gardien et de sa protection est forte. Il suffit de regarder les statues médiévales d'anges ou les vitraux des cathédrales gothiques et les peintures de la Renaissance pour voir comme cette tradition est vivante pour les peuples d'Europe de cette époque. Elle manque à notre culture car nous avons banni les radieux émissaires divins. Nous nous associons à Rilke lorsqu'il s'exclame dans sa *Deuxième Élégie*: 'Oh ! où sont les jours de Tobias, quand le très rayonnant paraissait sur le seuil, à peine déguisé pour le voyage, sans provoquer l'effroi...'

L'enseignement du guide imprègne fortement la culture islamique, en particulier le soufisme qui reconnaît le monde de l'Âme comme une réalité. Henry Corbin, grand érudit spécialiste du soufisme, écrit que:

> Certaines âmes ont tout appris des guides invisibles, connus d'elles-seules....
> Les anciens sages... enseignaient que pour chaque âme individuelle, ou alors pour un groupe d'âmes de même nature et affinité, il y a un être du monde spirituel qui témoigne une sollicitude et une tendresse particulières à cette âme

ou groupe d'âmes, pendant la durée de leur existence; c'est lui qui les initie à la connaissance, les protège, les guide, les défend et les console. [29]

Ma propre expérience de vie m'a appris que nous recevons aide, inspiration et guidance de la part du substrat cosmique qui a donné naissance, sur une durée qui se compte en éons, à notre conscience et nous maintient dans son étreinte. Des périodes d'obscurité intense et de dépression que les alchimistes nomment '*nigredo*' et les mystiques chrétiens 'nuit noire de l'âme' existent, mais grâce au travail patient pour établir une connexion et aux moments d'illumination et d'intuition soudaine, nous pouvons faire l'expérience de la présence de ce substrat et affiner notre écoute à ses conseils. Quelle est cette chose en nous qui nous pousse à nous dépasser? Qui est cette intelligence qui connaît la fin alors que nous ne voyons que le début, la forme du chêne quand nous ne voyons que le gland? Qui nous aide alors que tout semble désespéré? N'est-ce que de notre propre fait? Ou sommes-nous au sein d'une Conscience, une Présence, plus vaste que notre conscience limitée, qui lentement, laborieusement, nous éveille à la conscience d'elle-même?

Le poète Yeats parle de cette Présence dans son autobiographie, *The Trembling of the Veil*: 'Je sais que la révélation vient de soi-même, mais de ce soi-même à la mémoire ancestrale, qui façonne la coquille élaborée du mollusque et l'enfant dans l'utérus, et qui enseigne à l'oiseau à faire son nid; et je sais que le génie est un paroxysme qui lie pendant un moment ce soi-même enfoui à notre mental trivial ordinaire'.

Toutes les traditions spirituelles conservent les paroles des grands maîtres de l'humanité qui ont reçu leurs enseignements de la source-substrat. Dans le christianisme, Jésus et la Vierge Marie canalisent la connexion à la source; dans le bouddhisme, ce sont les grands avatars du Bouddha et la déesse Tara; dans l'hindouisme, Krishna; dans le taoïsme, Lao Tseu et le sages éveillés; dans l'islam, Mahomet, les grands mystiques soufis et le personnage al Khidr, 'le Verdoyant'. Le substrat divin est décrit diversement comme le Tao, Brahma, Dieu ou Allah, le Vide, le Très-Saint et sa Shekinah. Ce substrat divin est en nous et autour de nous. Nous devons créer un sanctuaire en nous où nous pouvons écouter sa guidance et recevoir son assistance.

Au début de l'ère des poissons il y a deux mille ans, Jésus, homme éveillé et émissaire des sphères les plus hautes, enseigne à ses disciples le chemin de la transformation intérieure — comment éveiller l'œil du cœur et vivre en accord avec cet œil éveillé en jetant un pont à chaque instant entre les mondes visible et invisible. Mais le christianisme a égaré cet enseignement et est devenu une institution qui met en exergue le devoir de croire et l'appartenance à l'Église, plutôt que la transformation de la conscience et l'éveil à la présence d'une réalité vivante et transcendante. Cynthia Bourgeault dit que, 'Comme la rive d'un fleuve s'érode quand il change son cours, la tradition de Sagesse chrétienne relative à l'éveil de l'œil du cœur et à la transformation de la conscience s'est constamment érodée jusqu'à disparaître'.[30] La distinction que le christianisme établit entre le Créateur divin et la création déchue blesse profondément et Dieu et l'homme.

Jésus ouvre notre perception à notre divinité et provoque le changement de conscience qui accompagne la création d'une relation avec ce substrat enfoui. Pourquoi nous demande-t-il de nous aimer les uns les autres et de nous réconcilier avec nos ennemis? Serait-ce parce qu'en tant qu'émissaire du Divin il comprend la nature sacrée de tout l'ordre manifeste? Pourquoi dit-il 'Vous êtes tous des dieux, fils du Plus Haut' (Jean 10:34) à moins qu'il ne sache que nous avons tous le potentiel de manifester notre divinité latente par une relation directe et progressive avec la source que nous nommons 'Père'? Pourquoi, dans l'Évangile gnostique de Thomas (loggion 77), prononce-t-il ces paroles énigmatiques 'Fendez du bois et je suis là; levez la pierre et vous Me trouverez là' si ce n'est pour signifier que la nature et la matière reposent sur le sol de l'esprit; qu'en essence, ils sont esprit?

La révélation qu'il apporte, et que ses disciples ont tant de mal à comprendre dans un premier temps, concerne l'ouverture du cœur à la perception de l'unité et de la divinité de la vie, et donc à l'amour et à la compassion pour tous. Jésus vit sa vie en accord avec les valeurs et la sagesse intrinsèques à cette perception de la réalité. Cette révélation sidérante, cette vision authentique de la réalité cachée derrière les formes du vivant, l'appel à vivre en pleine conscience et en connexion avec cette réalité tout en étant dans cette dimension terrestre, est le joyau inestimable, le trésor dans le champ, la graine de moutarde qui, minuscule quand elle est semée dans le terreau de l'âme, devient un arbre géant, couvert des fruits de perception, de sagesse et de compassion.[31] Les mots superbes, consignés dans les Actes de Jean (gnostiques) et prononcés par Jésus à la veille de sa Passion, me reviennent souvent et je me les répète en silence dans mes moments de doute et de dépression:

> *Je suis une lampe pour toi qui me regardes;*
> *Je suis un miroir pour toi qui me perçois;*
> *Je suis une porte pour toi qui frappes chez Moi;*
> *Je suis un chemin pour toi, voyageur.*
> *Je suis une couche; repose-toi sur Moi.*[32]

De nombreux passages dans *The Mystic Vision* témoignent de la guidance et de la présence du substrat divin, mais j'aime particulièrement les mots de Bede Griffiths:

Chaque homme doit découvrir ce Centre en lui-même, ce Substrat de son être, cette Loi de sa vie. C'est enfoui dans les profondeurs de son âme, et attend d'être découvert. C'est le trésor caché dans le champ, la perle de grand prix. C'est la seule chose nécessaire, qui peut satisfaire tous nos désirs et répondre à tous nos besoins. Mais elle est maintenant enfouie sous des couches d'habitudes et de conventions. Le monde élève des remparts autour d'elle. [33]

Sri Aurobindo, le grand maître indien du siècle dernier, parle du processus d'éveil à la présence et à la guidance en ces mots:

Quand la croûte de notre nature externe craque, quand les cloisons de la séparation interne s'effondrent, la lumière intérieure pénètre, le feu intérieur brûle dans le cœur, la substance de la nature et des contenus de la conscience se raffinent pour atteindre plus de subtilité et de pureté, et les expériences psychiques plus intenses deviennent possibles dans cette substance plus subtile, plus pure et plus fine; l'âme commence à se dévoiler, la personnalité psychique atteint sa pleine stature. L'âme alors se manifeste en tant qu'être central qui soutient et le mental, et la vie, et le corps…Elle assume alors sa noble fonction de guide et de maître de notre nature. [34]

La relation croissante avec le substrat éternel peut changer la qualité de nos vies, les doter d'une résonance plus ample, d'une orientation différente. La relation avec l'âme nous rapproche de la totalité du vivant. Anxiété et dépression, que nous combattons avec des drogues et des thérapies, reculent. Grâce à cette transformation, si graduelle et subtile que c'en est presque imperceptible, notre perception du monde se transforme.

Un sens de la vie autre et plus profond apparaît. Si nous acceptons que nous vivons au sein d'un Ordre Sacré, nous créons alors un contexte plus authentique pour entrer en relation et pour changer nos comportements, en tant qu'individus, nations et sociétés, ce qui peut apporter des solutions aux multiples problèmes de nos vies personnelles et du monde en général.

Finalement, ce qu'au début nous percevions comme séparé — intérieur et extérieur, moi et l'autre, humain et divin — commence à fusionner pour devenir une unité: une vie, une conscience, un tout unifié. Il était dit que nous ne pouvions pas devenir 'spirituels' sans faire le sacrifice de la vie du corps, sans épouser une vie de célibat. L'idée du célibat comme chemin vers l'esprit est une erreur fondamentale, issue de la scission entre le mental et le corps si profondément imprimée par les croyances polarisantes de l'ère solaire. Le corps doit être aimé et soigné car il est le véhicule de l'âme dans cette dimension de réalité.

Chaque personne peut trouver sa voie avec l'aide de personnes engagées sur le chemin, ou en se rapprochant des personnes qui enseignent les méthodes de l'éveil. Des amitiés d'âme à âme se forment. Trouver des ami-e-s grâce au mystérieux pouvoir d'attraction et de connexion de l'âme est une des grandes récompenses, rendue si facile avec internet. Des organisations comme Avaaz (www.avaaz.com) rassemble des dizaines de millions de gens pour parler d'une seule voix et faire advenir un monde gouverné par d'autres valeurs. Elles créent au niveau planétaire une chose semblable au Filet d'Indra. J'ai trouvé ce beau passage dans l'introduction rédigée par Christopher Bamford à un livre d'Alice Howell *The Dove in the Stone*:

> Il existe un chemin d'amour et de connaissance dont l'Occident est l'héritier. Une fois engagé sur ce chemin, le pèlerin n'est plus seul, mais dans la compagnie visionnaire des 'amis de Dieu'.... Cette religion prophétique de Sophia, à jamais animée par l'amour et la beauté, est une transmission vivante et une renaissance perpétuelle; elle ne dispose d'aucune église formelle ou d'institution terrestre, mais se révèle dans les cœurs et les esprits des êtres humains. De la nature de l'esprit, elle est présente dès que deux ou trois personnes se réunissent pour redonner son âme au monde — se mettent au service du retour de l'âme à Dieu par le biais du retour de cette âme à son identité authentique. [35]

Nous nous éveillons à la perception que nous et le monde phénoménal sommes tissés dans une tapisserie dont les fils nous relient non seulement les uns aux autres à un très profond niveau mais aussi au substrat divin du vivant. Au-delà de notre présente vision asservie au temps, un champ de conscience illimité interagit avec le nôtre, réclamant que nous le reconnaissions et que nous l'étreignions. Accepter que nous participons à une réalité multi-dimensionnelle qui est la source et le substrat de notre être peut finalement briser la croyance que cette réalité matérielle est tout ce qui existe, que nous existons sur une petite planète dans un univers sans vie et qu'il n'existe aucune vie après la mort. L'Âme du Cosmos patiente peut-être depuis des éons pour que nous atteignions ce point où plus qu'une petite poignée d'individus pourra s'éveiller à la perception du substrat qui anime et soutient la totalité de notre existence. En établissant une relation avec l'Esprit intelligent qui informe le tout, nous commençons à nous aligner sur cette plus vaste vie, telle une planète tournant autour du soleil.

En 1841, le philosophe américain Ralph Waldo Emerson écrit ces phrases qui sont une fin appropriée à ce chapitre:

> Nous vivons en successions, divisions, parties, et particules. Entre-temps, dans l'homme se trouve l'âme de la totalité, le silence de sagesse, la beauté universelle à laquelle chaque partie et chaque particule participe de façon égale, l'éternel UN. Et cette puissance intense dans laquelle nous existons et dont la béatitude nous est totalement accessible n'est pas seulement auto-suffisante et parfaite à chaque instant, mais l'acte de voir et la chose vue, le spectateur et le spectacle, le sujet et l'objet, sont un. Nous voyons le monde morceau par morceau, comme le soleil, la lune, l'animal, l'arbre; mais la totalité, dont ces choses sont des parties radieuses, est l'âme. [36]

Notes:

1. Jung, C.G. (1964) *Man and His Symbols*, p. 102
2. Jefferies, Richard (1947) *The Story of My Heart*, Constable & Co. Ltd., London, p. 46-7
3. Jefferies, pp. 20-21
4. Laszlo, Ervin & Currivan, Jude (2008) *CosMos, A Co-creator's Guide to the Whole-World*, p. 50
5. Crook, Francis H. (1977) *Hua-yen Buddhism: The Jewel Net of Indra*, Pennsylvania State University, p. 2
6. Suzuki, Daisetz Teitaro (1930) *Studies in the Lankavarara Sutra*, Google Books, p. 95
7. Crook, p. 9
8. ibid, p. 122
9. Vaughan-Lee, Llewellyn (2010) *The Return of the Feminine and the World Soul* The Golden Sufi Press, California
10. Voir son œuvre remarquable *Creative Imagination in the Sufism of Ibn Arabi*, Bollingen, Princeton, 1969
11. Anderson, William (1995) *The Rise of the Gothic*, Huchinson Ltd., London, p. 83
12. ibid, p. 85
13. Strachan, Gordon (2003) *Chartres: Sacred Geometry, Sacred Space*, Floris Books, Edinburgh
14. Critchlow, Keith (2003) *Chartres Cathedral: A Sacred Geometry*, DVD, Jansen Media
15. Anderson, p. 131
16. Strachan, pp. 16-17
17. ibid, p. 38
18. ibid, pp. 28-32
19. Il existe deux livres, rares et précieux traitant de la rose et de la roseraie: Eithne Wilkins, *The Rose Garden Game*, Gollancz, London, 1969. Et Seonaid Robertson, *Rose Garden and Labyrinth – a Study in Art Education*, Routledge and Kegan Paul, London,1963.
20. Grof, Stanislav with Bennett, Hal Zina (1993) *The Holotropic Mind: Three levels of Human Consciousness and How They Shape Our Lives*, HarperCollins, New York
21. Elgin, Duane (2007) extrait du chapitre in *Mind Before Matter: Visions of New Science of Consciousness*, O Books, Ropley, UK
22. Bourgeault (2010) *The Meaning of Mary Magdalene*, Shambhala Publications Inc., Boston, p. 51
23. Bourgeault, *The Wisdom Way of Knowing*, p. 35
24. Sylvester, *Bernardus Cosmographia*, in Anderson, *The Rise of the Gothic*, p. 23
25. Bourgeault, *The Meaning of Mary Magdalene*, p. 61
26. Ruysbroeck, Jan van *The Adornment of the Spiritual Marriage*
27. T.S. Eliot, *Four Quartets*
28. *The Merchant of Venice*
29. Abu'l Barahat, in Henri Corbin, *Creative imagination in the Sufism of Ibn Arabi*, p. 34
30. Bourgeault, *The Wisdom Way of Knowing*, p. 20
31. Pour saisir la profondeur, l'ampleur et la beauté de la langue araméenne parlée par Jésus, je recommande le livre de Neil Douglas-Klotz, *Prayers of the Cosmos: Meditations on the Aramaic Words of Jesus*.

388

32. Mead, G.R.S. (1906 & 1931) "The Gnostic Acts of John" in *Fragments of a Faith Forgotten*, p. 431
33. Griffiths, Dom Bede (1976) *Return to the Centre*, Collins, St. James's Place, London and Templegate, Springfield, Ill. 1977
34. Aurobindo, Sri (1990) *The Life Divine*, Lotus Light Publications, Wilmot, WI.
35. Bamford, Christopher (1988) Introduction au livre d' Alice O. Howell *The Dove in the Stone*, Quest Books, Wheaton, Ohio
36. Emerson, Ralph Waldo (1841) *The Over-soul*, Ninth Essay

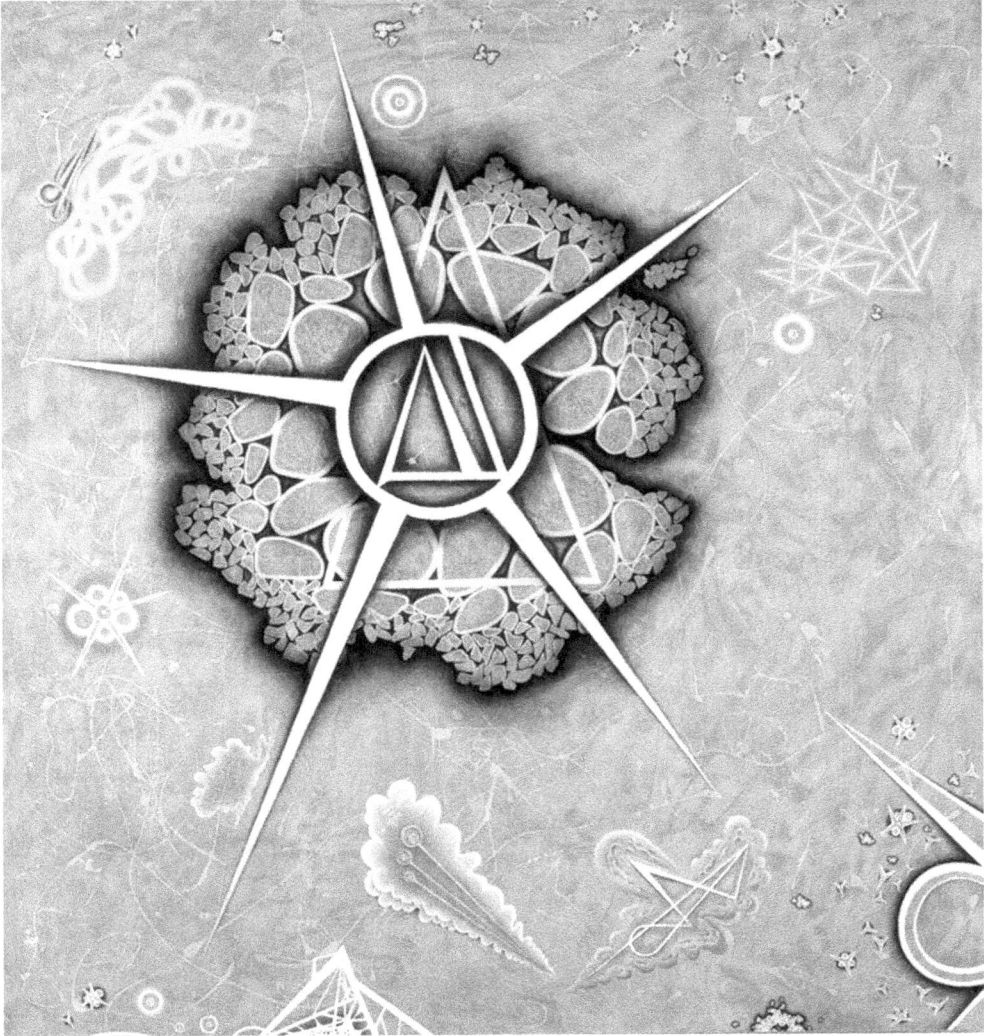

Cosmos
Robin Baring 1980

Chapitre Seize

L'Instinct et le Corps: Manifestation de l'Âme

L'homme n'a pas un Corps distinct de son Âme, car ce qu'il appelle Corps est une portion de l'Âme rendue distincte par les cinq sens, issues principales de l'Âme en cet âge.

—— William Blake, *The Marriage of Heaven and Hell*

Les gens disent que ce que nous recherchons est un sens à la vie.... Je pense que ce que nous recherchons est de faire l'expérience d'être en vie, de façon à ce que notre expérience de vie, sur ce plan purement physique, entre en résonance avec notre être le plus intime et la réalité, ainsi nous pourrons ressentir l'extase d'être vivant.

—— Joseph Campbell, *The Power of Myth*

L'âme n'est pas dans le corps, le corps est dans l'âme.

—— Meister Eckhart

J'ai toujours aimé l'histoire d'Androclès et du Lion car elle illustre clairement que le fait de guérir les plaies dont l'instinct souffre apporte de grandes récompenses dans l'arène de nos vies:

Androclès est un esclave romain emmené en Afrique du Nord. Il essaye de s'enfuir pour rentrer à Rome. Il sait qu'il sera tué s'il est repris, il attend donc la nuit noire et sans lune pour ramper hors de la maison de son maître et se faufiler hors de la ville à découvert. Il court aussi vite que possible et quand l'aube pointe, au lieu d'atteindre la côte, comme il l'espérait, il se retrouve au milieu du désert. Il aperçoit un abri sous roche, et s'allongeant pour s'y reposer, il s'endort rapidement. Un rugissement terrible le réveille et il voit avec terreur un énorme lion boucher l'entrée de la grotte. Androclès s'était endormi dans la tanière du lion. Aucune échappatoire possible. Le lion barre la sortie.

Androclès s'attend à ce que le lion bondisse et le tue mais ce dernier ne bouge pas. Au contraire, il chouine et lèche une de ses pattes qui semble saigner. Le lion souffre et Androclès en oublie sa terreur et s'approche. Le lion lui tend la patte, comme pour quémander son aide. Androclès voit alors une longue épine plantée dans la patte; elle a provoqué une déchirure et un abcès. Il retire l'épine d'un mouvement preste. Soulagé de sa douleur, le lion reconnaissant lèche sa patte, et bondit hors de la grotte, pour revenir rapidement avec un lapin mort qu'il dépose aux pieds d'Androclès. Une fois le feu allumé, le lapin cuit et mangé, le lion le conduit alors à une source jaillissant de la terre.

Pendant trois années, homme et lion vivent dans la grotte, mais finalement Androclès se languit de la compagnie des hommes. Après avoir quitté la grotte, il est vite capturé par quelques soldats et envoyé à Rome comme esclave fugitif. Il est condamné à être livré aux animaux sauvages lors des jeux du Colisée.

Une foule de spectateurs s'y pressent, l'empereur lui-même est présent. Androclès est poussé dans l'arène, une lance à la main pour se défendre contre le lion affamé depuis plusieurs jours, afin de le rendre féroce et dangereux. Androclès, la main agrippant la lance, tremble de tous ses membres à la vue du lion qui, surgissant de sa cage dans un rugissement terrible, bondit sur lui. Mais au lieu de le renverser à terre d'un coup de patte, il lui lèche la main. Androclès reconnaît alors le lion avec qui il a vécu trois ans. Il le caresse et pleure dans sa crinière. Les spectateurs s'émerveillent de cette scène étrange et l'empereur fait venir Androclès pour connaître le fin mot de l'histoire. Il est si ravi par ce récit qu'il gracie et affranchit Androclès et le lion.

Androclès rencontre le lion par deux fois: d'abord dans la nature sauvage, le domaine du lion; puis dans l'arène de Rome, symboliquement l'arène de la vie. Il existe, même dans les contes pour enfants, des connotations de mythe héroïque; ils font le récit d'un homme qui entreprend l'aventure de l'âme, afin de se réconcilier avec les forces instinctuelles symbolisées par le lion, dont il guérit les plaies. Il revient alors se confronter aux défis de l'arène du monde, et au lieu de voir sa vie détruite par l'animal blessé et enragé, il reçoit son soutien et son amitié. Se lier d'amitié avec le lion et lui ôter l'épine de la patte, c'est recevoir la protection et la guidance des forces instinctuelles de l'âme.

Nombre de gens vivent leur vie dans un état d'asservissement à la souffrance, la maladie et la dépression, ou à des situations qu'ils maudissent et qui les emprisonnent, ou dans un état de haine et de ressentiment envers quelque chose ou quelqu'un qui leur aurait fait du mal. Ces puissantes émotions sont symbolisées par le lion blessé, une épine plantée dans la patte. Si l'épine n'est pas retirée, le lion deviendra sans doute dangereux. La vie de nombre de gens est affectée, et même détruite, par le lion blessé et enragé, condamné à errer dans les contrées sauvages de notre angle mort. Ces gens peuvent être une menace pour autrui, particulièrement pour les enfants, à cause de leur pouvoir de nuisance et de destruction. Nombre d'atrocités sont perpétrées par le lion enragé qui vit à l'intérieur de nous. Nous dormons, pour ainsi dire, tel Androclès dans la tanière du lion. Les diverses formes d'addictions fréquentes dans notre culture sont des symptômes de notre incapacité à entrer en relation avec l'instinct et à comprendre ses besoins; lorsque ces besoins ne sont pas satisfaits, ils nous conduisent à développer des schémas de vie négatifs.

Si rien ne nous aide à devenir réceptifs à ce fondement de nos vies, sa voix n'a aucun moyen de nous atteindre. Et nous ne pourrons pas non plus être enrichis et agrandis par une relation avec un courant infiniment plus puissant que notre mental conscient. Détachés de nos instincts, nous sommes appauvris et diminués. Une partie vitale de nous-mêmes n'a aucun moyen de capter notre attention, sauf par voie de dépression, d'addiction et de comportements transgressifs et violents.

Une photo stupéfiante, parue dans les journaux le 13 Janvier 2007, montre un lion en train d'embrasser une femme à travers les barreaux de sa cage, il semble l'embrasser avec passion sur la bouche. Ses deux pattes l'enserrent tendrement autour du cou, ses yeux sont fermés et il semble en état de grâce. La femme s'appelle Ana Julia Torres, elle enseigne et vit en Colombie. Elle a sauvé ce lion africain, Jupiter, des mauvais traitements qui lui étaient infligés dans un cirque et l'a soigné. Depuis dix ans elle réhabilite des animaux maltraités et elle dispose maintenant d'un centre qui héberge, entre autres, huit cents lions. La chaleur et la tendresse se dégageant de l'étreinte spontanée du lion étaient intensément émouvantes, de même que la confiance de cette femme qui osait l'accepter et l'accueillir, caressant en retour la crinière épaisse du lion comme celle d'un gros toutou. C'est une image tellement parfaite de la relation que nous pourrions avoir avec notre instinct, pour peu que nous sachions l'embrasser et l'autorisions à nous embrasser, et sachions l'aimer à l'instar de la Belle qui transforme, par son amour, la brute Bête en prince.

La Scission entre le Mental et le Corps

Fascinés par notre mental, nous n'accordons que peu d'attention à l'importance de l'instinct dans nos vies. Comme de plus en plus le mental conscient gagne en autonomie et s'affranchit de la matrice de l'instinct d'où il provient, toute la superstructure de la conscience se détache de sa base ancestrale, à la manière d'un iceberg qui se détache de la masse à laquelle il appartient. Cette scission inconsciente crée de grandes tensions entre les deux aspects séparés de l'âme, qui se manifestent dans les nombreux conflits de nos vies personnelles, et sur la plus vaste arène du monde. Au cours des quatre mille années de l'ère solaire (voir chapitre Six), tout se fragmente tandis que nous perdons le sentiment de vivre au sein d'un Ordre Sacré. Comme ce processus s'étend, l'esprit et la nature, l'âme et le corps en viennent à être séparés: notre mental conscient est séparé de son fondement instinctuel, qu'il craint et réprime. En scindant la nature de l'esprit, en séparant le corps de l'âme, en contaminant les instincts avec la culpabilité et la peur, une partie vitale de notre nature est blessée; un grand tort est commis contre le corps et les instincts qui lui sont associés. Dans la quasi totalité des enseignements religieux et philosophiques de l'ère solaire, le corps est présenté comme l'obstacle principal à la spiritualité, comme une chose à traiter avec répugnance et mépris. L'éducation des classes dirigeantes inculque, depuis l'époque grecque, une profonde méfiance des sentiments et des émotions. Dans le christianisme, la mortification de la chair est pratique courante des saints et des ascètes.

Influencée inconsciemment par cette façon de penser, je croyais que l'âme était l'aspect 'spirituel' de moi-même et j'avais tendance à mépriser le corps, chose inférieure à l'esprit et au mental. Il ne me venait pas que le corps puisse être le véhicule de l'âme dans cette dimension matérielle de la réalité, qu'il puisse être en vérité contenu dans le champ de l'âme. Il se pourrait qu'il soit difficile de concevoir que le corps physique, sujet à la décomposition, et dont la mort semble finale, soit un aspect intrinsèque de l'âme. Et pourtant, des mots mêmes de Maître Eckhart, 'L'âme n'est pas dans le corps, le corps est dans l'âme'.

L'influence déclinante de la religion entraîne le changement d'orientation de la culture moderne, passant de l'esprit au corps; nous sommes obsédés par la sexualité et le corps, tout particulièrement le corps de la femme qui, dans notre société consumériste, est l'objet de toutes sortes de modifications pour le rendre plus sexuellement attractif, en accord avec l'image de la femme propagée par les médias. Mais tout ceci ne crée aucune relation véritable avec le corps, aucun amour, aucun soin, aucun respect ni aucune perception de ses signaux de détresse. Tout ceci suggère une aliénation de l'instinct et un état inconscient de possession par lui.

La distinction qui conditionne notre façon de penser ce qui est esprit ou spirituel et ce qui est matière ou matériel, influence non seulement les comportements qui continuent à dominer la religion et la science, mais aussi la façon dont nous traitons notre propre corps et le corps d'autrui. Beaucoup de gens traitent le corps en serviteur-esclave accomplissant la volonté de son 'maître', le mental. Changer cette habitude et commencer à voir le corps, et la matière en général, comme faisant partie de l'Ordre Sacré du vivant, demande de repenser de façon fondamentale les attitudes actuelles en relation au corps. Une compréhension plus inclusive de l'âme qui engloberait le corps en tant que véhicule de vie et d'incarnation sur notre planète peut paraître étrange. Pourtant, dans sa définition la plus large, je pense qu'il est essentiel de comprendre que l'âme inclut, à une extrémité du spectre, le corps que nous habitons et, à l'autre extrémité du spectre, la vie de l'univers, y compris son 'corps' — la matière que la science explore. La physique quantique découvre leur interrelation sous-tendue par le substrat unifiant.

L'Instinct: Force Cosmique

Le rêve dont je parle au chapitre Deux — je me tiens au bord d'un défilé profond et voit un énorme cobra doté de sept capuches se déployer en un éventail semi-circulaire — me fit prendre conscience de l'importance de l'instinct. Cette apparition véritablement foudroyante suscita en moi respect, frayeur et émerveillement, en égale mesure. En termes jungiens, son message me transmet que je dois devenir consciente d'une chose que j'ignore, et cette personnification me met de force face à cette chose d'une façon que je n'oublierai jamais. En termes mythologiques, c'est une manifestation d'un serpent ou dragon redoutable, gardien du trésor. Si je n'avais pas véritablement vu ce serpent s'élever de cette gorge, je ne pense pas que j'aurais jamais pu saisir que l'instinct est une chose puissamment et incomparablement numineuse — une chose qui se trouve à la racine de la vie, et qui est le courant qui nous relie tous et nous relie à la vie de la planète et, par-delà, à la vie du Cosmos. Et plus encore, petit à petit je me rendais compte que ce serpent gigantesque personnifie l'intelligence instinctive active dans chaque aspect du vivant, active dans toutes les espèces et dans la totalité du processus évolutionnaire de notre planète, qui conduit finalement au développement de la conscience de notre espèce. Je crois à présent qu'il représente la profonde intelligence instinctive du cœur qui a été ignorée, du fait de notre fascination du mental et du cerveau.

Le mythe de la Chute dans la Genèse décrit notre séparation de la nature et du monde divin. Tel que le mythe en fait le récit, le serpent en tant qu'image de l'instinct est fortement impliqué par son rôle dans le drame du jardin d'Éden, il persuade Ève de prendre la pomme de l'arbre de la connaissance. Bien avant cet épisode, il était le symbole suprême associé à la Grande Mère et à son pouvoir de régénérer la vie. Par ce mythe très influent, il est diffamé, puni par Dieu et condamné à mordre le talon de l'homme, pour finir blesser et écraser. Sans aucune surprise, dans la tradition chrétienne, le serpent est devenu un symbole du mal, et même du diable. Les instincts, et surtout l'instinct sexuel, associés à la tromperie du serpent, sont considérés avec la plus grande méfiance, peur et répulsion.

Les mythes occidentaux de l'ère solaire, où le héros bataille contre un serpent ou un dragon, positionnent l'homme dans le rôle de dominant sur la nature. En accord avec le leitmotiv de cette mythologie, le corps et ses instincts 'bestiaux' doivent être contrôlés et subjugués par le mental — un concept qui dérive du mythe de la Genèse et des idées, s'enchaînant depuis Platon et les philosophes ultérieurs, qui tiennent le corps et ses passions pour inférieurs au mental, et les placent sous son contrôle et sa maîtrise. Ce qui est physique ou instinctif est identifié au féminin: l'obscurité et le chaos sont associés au féminin et tenus pour menaçants et antithétiques à la lumière et à l'ordre du masculin. Matière, obscurité, chaos, mal et femelle sont interchangeables et le corps et les instincts leurs sont associés.[1] La rationalité du mental est opposée à l'irrationalité du corps et de ses passions. Il est extrêmement difficile de transformer ces croyances gravées dans l'âme collective d'une civilisation, d'autant plus quand la mythologie qui les y implante est si profondément enracinée dans l'enseignement religieux. Mais il est pourtant essentiel de le faire, car l'intégrité de notre nature et l'intégrité de l'esprit et de l'âme ont été mutilées par ces croyances.

L'Orient a une attitude totalement différente envers l'instinct; le serpent et le dragon (en Chine) sont omniprésents en tant que symboles de l'éternelle puissance créatrice, destructrice et régénératrice de la vie. Lors de mes voyages en Orient, j'ai vu le serpent représenté en majesté dans les magnifiques temples d'Angkor au Cambodge et dans d'innombrables sculptures dans les temples en Inde et en Asie du sud-est. Le Bouddha est souvent montré assis sur les anneaux d'un gigantesque serpent dont les sept têtes se déploient en arc de cercle pour former un dais protecteur. Avoir le serpent comme gardien et guide, plutôt que comme adversaire, signifie que l'énergie immensément puissante de l'instinct – inconscient en nous à son état primordial – a atteint l'état d'éveil total de la conscience, l'état réalisé par les plus grands maîtres spirituels de l'humanité.

Cet éveil potentiel de la conscience humaine est, dans l'ancien enseignement spirituel de l'Inde, nommé Chemin du Serpent, ou en sanskrit, *Nagayāna*. Ce chemin, connu depuis au moins quatre mille ans, décrit le cheminement de la déesse serpent Kundalini, la divine puissance créative de l'univers — nommée aussi Serpent de Feu — depuis le chakra racine à la base de la colonne jusqu'au plus haut chakra couronne au sommet du crâne. Là, les serpents jumeaux, représentant les aspects lunaire et solaire de l'énergie de vie (*Ida* et *Pingala*) s'unissent en une union extatique dans le canal central — le *Sushumna* — et se déploient dans le chakra coronal en un lotus aux mille pétales. Ceci est véritablement l'expression intime du mariage sacré: ses effets se manifestent par une transformation de la personnalité. Le pouvoir latent de la Conscience à se connaître elle-même en sa divinité innée s'éveille et se manifeste en sa pleine expression de ce qu'elle et nous sommes, en essence. Le terme sanskrit pour l'éveil de la Kundalini est *Shaktipat*, qui signifie 'effusion de grâce'. Quel que soit son nom, *Kundalini* est la force instinctive de notre propre et méconnue divinité innée, qui nous guide vers le retour à la source d'où nous venons. C'est un acte d'amour de la part du divin qui libère le potentiel latent de l'instinct dormant dans un état inconscient au sein de notre nature la plus intime.[2] Le chemin long et ardu de la conscience depuis la racine jusqu'à la couronne signe sa transformation depuis un état inconscient jusqu'à sa plus haute expression de sagesse, d'intuition pénétrante et de compassion. Le corps, dans les traditions orientales, est le réceptacle, le vase, le lieu du processus de transformation et le réservoir de sagesse occulte.

Le fait que notre conscience est capable de s'éveiller à la conscience cosmique est connu et attesté depuis des millénaires en Orient. En Occident, nous en avons les plus claires descriptions dans la tradition alchimique (voir chapitre Dix-Huit) et dans l'enseignement ésotérique de la Kabbale. L'éveil de la conscience est décrit dans l'expérience des mystiques et dans le chef d'œuvre de Dante, la *Divine Comédie*, qui révèle la transformation de Dante et son éveil, guidé par Béatrice — image de son âme — aux plus hautes dimensions de la conscience, jusqu'à son ultime vision de la rose céleste et de 'l'amour qui meut le soleil et les autres étoiles'.

Notre conscience, comme décrite par Jung, est une plante qui vit par ses rhizomes. Sa vraie vie est invisible, cachée dans le rhizome. Et ce rhizome est un vaste domaine de l'instinct qui, nous le comprenons maintenant, est la source ultime de la sagesse qui nous guide dans notre périple d'éveil sur notre planète.

Les réflexes largement inconscients et les habitudes comportementales que nous nommons instinct sont un aspect fondamental de la vie de l'âme. L'instinct n'est pas 'en-dessous' ou inférieur à la conscience, c'*est* la conscience — au final, une expression de la Conscience Cosmique. C'est le puissant pouvoir cosmique qui organise le schéma holographique des formes du vivant, l'infinie reproduction fractale de lui-même à travers les innombrables 'champs' ou niveaux. Il ne peut pas être séparé de l'Âme Cosmique, ainsi que je l'ai décrit au dernier chapitre, ni être séparé de son substrat de l'Esprit. Dans ces diverses variétés d'expression, il est le feu créatif qui donne forme et sens à nos vies. Nous gravissons lentement l'échelle de la perception et de la compréhension de cette force qui vit en nous, et par nous, en chaque cellule de notre être.

Toute la structure de notre mental conscient repose sur le fondement de l'instinct; notre mental conscient s'est développé depuis l'instinct, au cours d'innombrables millénaires. L'instinct est le berceau de nos sentiments, de notre imagination, de notre intuition, de notre mental rationnel. C'est l'instinct qui nous relie au vaste maillage du vivant de notre planète, et par-delà à l'univers. Si nous rejetons cette dimension vitale de notre être, nous nous coupons du maillage du vivant auquel nous appartenons. Plus la dissociation est grande à l'intérieur de notre nature, plus grandes la détresse et la disharmonie en nous-mêmes, et plus grand le risque que nous nous détruisions en nous entretenant.

- ❦ L'instinct est le berceau de nos émotions et de nos plus profonds sentiments et aspirations — de notre joie et de notre plaisir de la vie autant que de nos chagrin, solitude, espoir et peur.

- ❦ Il génère le sentiment que quelque chose est juste ou non, bienfaisant ou nuisible, et ce sentiment peut devenir ce que nous nommons conscience et faculté de faire des choix conscients et d'exercer une certaine mesure de libre arbitre. En devenant de plus en plus conscient, il peut se faire notre guide.

- ❦ Il est l'origine de notre désir de créer, d'explorer et de découvrir, et de protéger, de préserver et de prolonger la vie, la nôtre et celle d'autrui.

- ❦ Il est la force qui, telle la force de gravité, nous attire dans des relations empathiques et nous relie aux autres, à la nature et au cosmos.

- ❦ Il est la source de notre attirance vers le beau, l'harmonie et l'ordre.

- ❦ Il est l'origine de notre désir d'améliorer nos conditions de vie, de soigner les blessures dont nous et notre espèce sommes porteurs, de comprendre qui nous sommes et où nous allons.

- ❦ Et plus que tout, il est la source de notre imagination créative et de notre puissance créative.

Il semble que ce champ cosmique multi-niveaux organise chaque système vivant, depuis les galaxies de l'espace jusqu'à toutes les espèces du vivant, y compris la nôtre. Le fonctionnement de la vie instinctive de la nature, avec ses systèmes miraculeusement interagissants et coordinateurs, est ordonné sur ce plan de réalité par des champs invisibles qui donnent à chaque espèce ses formes spécifiques et ses schémas ou habitudes de comportement, que nous nommons les instincts. Les recherches de Rupert Sheldrake, surtout la dernière version de *A New Science of Life* (2009) et *The Science Delusion* (2012), offrent la plus claire des explications de ces champs morphiques multi-niveaux. Il voit l'univers comme un système évolutif d'habitudes qui peuvent, sur notre planète, muter en de nouvelles habitudes quand nous intégrons de nouveaux apprentissages et développons de nouvelles compréhensions:

> Par résonance morphique, les animaux et les plantes sont reliés à leurs prédécesseurs. Chaque individu puise et contribue à la mémoire collective de l'espèce. Les animaux et les plantes héritent leurs habitudes de leur espèce et de leur race. La même chose s'applique aux humains. Une compréhension élargie de

notre hérédité change la façon dont nous nous pensons, dont nous pensons l'influence de nos prédécesseurs, et change les effets sur les générations à naître.[3]

Il peut sembler étrange de penser que l'instinct est la première source de notre
imagination, mais réorganiser les diverses catégories de notre expérience—relier l'imagination à l'instinct en tant que créativité dynamique de la vie cosmique
— permet de rassembler ce qui a été longtemps séparé. L'imagination est cet aspect, ou expression, de l'instinct qui communique le plus facilement par l'image,
comme Einstein qui se voit chevaucher un rayon de soleil jusqu'aux confins de
l'univers – une image qui le conduit à sa théorie de la Relativité.

Yeats décrit l'imagination comme un sentiment de sympathie avec tout le vivant, rappelant le sens perdu de participation mystique des cultures shamaniques.
Coleridge la comprend comme le socle même de notre conscience, de notre faculté
de sentir, de penser et de créer: 'Je tiens l'imagination initiale pour la puissance
vivante et l'agent premier de toute la perception humaine, une répétition par le
mental fini de l'acte éternel de création dans l'infini JE SUIS'.[4] L'imagination est
une faculté vitalement importante de notre être car elle agit comme un pont reliant
tout ce qui se tient actuellement au-delà de notre conscience limitée. Et ce pont est
lui-même une expression de l'instinct.

L'instinct peut parfois nous conduire le long d'un chemin qu'il a choisi pour
nous, pas nécessairement un chemin que nous aurions choisi pour nous-mêmes. Les
Grecs connaissaient sa puissance irrésistible et le nommait *daïmon*. Ils donnèrent
à ses divers aspects les noms de dieux et de déesses, et ils acceptaient qu'ils pouvaient être 'possédés' par l'un ou l'autre lorsqu'ils tombaient amoureux ou étaient
saisis par l'urgence de faire la guerre. Puisque l'instinct est la puissance de la vie
elle-même, il peut et créer et détruire. Il est la source des plus grands dangers —
voir chapitre Douze et Treize — et paradoxalement aussi de la plus grande sagesse,
comme l'image du dragon gardien du trésor le suggère. Il peut posséder et tromper
autant que guérir, guider et éclairer. Et surtout, il est la puissance qui nous incite
à chercher le sens de nos vies, un sens qui est propre et unique à chacun de nous.

Viktor Frankl observe, dans son livre *Man's Search for Meaning*, que 'La quête
de sens est pour l'homme la motivation première de sa vie'.[5] En écrivant ces mots
je pense à la vie remarquable de Marie Colvin, correspondante de guerre pour le
Sunday Times, et qui a été tuée en Février 2012 par des tirs syriens dans la cité de
Homs. Elle avait découvert le sens de sa vie dans son désir passionné de rendre
publiques les souffrances des civils en situation de guerre et de répression. Son
immense courage dans l'accomplissement de ce qu'elle voyait comme sa mission
de vie, l'a menée à sa mort tragique, mais elle avait eu le temps d'alerter le monde
des exactions commises par le gouvernement syrien sur sa propre population. Elle
était vraiment vivante.

Le Cœur

Pour être en mesure de répondre à la quête de sens dans nos vies individuelles, pour être en mesure de trouver le chemin de liaison à nos profonds instincts, nous devons écouter notre cœur, sentir sa présence en nous, reconnaître sa voix. Le lion d'Androclès est un symbole ancien du cœur et le socle instinctuel de notre âme. Il représente la force et le courage du cœur, son intelligence, sa résilience et sa hardiesse, sa passion ardente et sa compassion. Le cœur est l'organe de la perception propre à l'âme et joue un plus grand rôle dans nos vies que ce que nous croyons. Le cœur est la clef pour comprendre comment l'instinct fonctionne, pour comprendre sa force, son omniprésence et son caractère surprenant. C'est par le champ d'énergie électro-magnétique du cœur que nous pouvons accéder à un champ d'énergie plus large qui nous relie les uns aux autres, ainsi qu'au plus vaste champ de l'organisme planétaire. Vous qui lisez ceci, prenez le temps de vous relier à votre cœur comme si vous le rencontriez pour la première fois, en pleine conscience de son importance.

Des découvertes dans le domaine de la neurocardiologie, qui n'atteignent pas le grand public, sont pourtant d'après Joseph Chilton Pearce plus renversantes encore que la découverte de la non-localité en physique quantique. Il relève que Rudolf Steiner énonçait il y a plus de cent ans que la grande découverte du XXè siècle concernerait le cœur: le cœur n'est pas une pompe mais beaucoup plus, et nous devons permettre au cœur de nous apprendre à penser de façon différente. [6]

Le cœur n'est pas qu'une pompe faisant circuler le sang dans le corps. En termes physiologiques, le cœur est connu maintenant comme un autre 'cerveau': un organe qui est le centre de l'intelligence et de la conscience aussi important, sinon plus, que le cerveau que nous associons à notre mental. On pense à présent qu'il est l'organe principal du corps et qu'il coordonne le fonctionnement du système nerveux autonome, du système immunitaire et du système endocrinien et qu'il est en communication permanente avec le cerveau. L'Institute of HeartMath à Boulder Creek, Californie, le résume ainsi: 'Le cœur communique avec le cerveau par quatre moyens: neurologique (par la transmission d'impulsions nerveuses), biochimique (via les hormones et les neurotransmetteurs), biophysique (par les ondes pulsatives) et énergétique (par les interactions de leurs champs électromagnétiques)'. [7] Les cardiologues nomment la totalité de ce système le 'coeur-cerveau'. Ces quatre transmetteurs d'information fonctionnent sous le seuil de perception du mental conscient, pourtant ils interagissent en permanence avec le cerveau, échangent des informations et affectent en profondeur la façon dont nous pensons, sentons, nous comportons d'un moment à l'autre. Nous savons maintenant qu'il existe une autoroute de communication neurale entre le cerveau archaïque limbique émotionnel, le cœur et les deux hémisphères du néo-cortex mais que les 'connexions neurales depuis l'émotionnel vers les centres cognitifs sont plus nombreuses que dans l'autre sens'.[8] Le cœur répond instantanément aux signaux en provenance du cerveau ancien 'émotionnel' et les transmet via son propre système nerveux intrinsèque au néocortex. Il joue un rôle dans le contrôle de la fonction cardiaque, indépendamment du système nerveux autonome. Sans ce système nerveux 'personnel', qui est vital pour sa stabilité et son efficacité, le cœur ne pourrait opérer correctement. On a aussi découvert qu'il est une glande hormonale, il libère une hormone qui affecte les reins, les glandes surrénales et certaines zones du cerveau.

Explorer la connexion entre le cœur, le plus ancien cerveau (limbique) émotionnel instinctif, et le récent néocortex que nous désignons comme notre mental, peut nous aider à comprendre, en termes de chimie du cerveau et de connexions neuronales, pourquoi le cœur est si important, pourquoi les instincts sont si puissants, pourquoi ils ont un effet et positif et négatif sur nous et pourquoi il faut une bonne dose de vigilance et d'intuition pénétrante pour percevoir en quoi et comment ils influencent nos vies, quelquefois de façon créative en nous apportant beaucoup de joie et quelquefois de façon qui nous amène à causer du tort aux autres et à nous-mêmes.

Si le cœur, canal de nos plus profonds instincts, émotions et sentiments, est porteur de blessures, celles-ci peuvent restreindre le flot de l'énergie dans le système circulatoire de l'âme, menant à des déficiences de santé mentale et physique. Le corps se souvient de tout ce qui lui arrive et de nombreuses thérapies aident à recouvrer les mémoires enfouies pour que le système nerveux puisse se libérer de la mémoire des traumas qu'il a subis.

L'Institute of HeartMath a découvert qu'établir une connexion consciente avec le cœur initie les transformations des schémas imprimés dans le système nerveux et améliore la cohérence mentale. L'institut perfectionne des méthodes pour améliorer la cohérence (fonction ordonnée et harmonieuse) du rythme cardiaque qui en retour affecte le cerveau émotionnel et le néocortex. Ces méthodes peuvent améliorer la vue, l'ouïe, la clarté mentale et les qualités relationnelles:

> Le cœur produit, et de loin, le champ électromagnétique rythmique le plus puissant du corps et peut être détecté à plus d'un mètre de distance par des instruments sensibles. La recherche montre que le champ de notre cœur se transforme très sensiblement en fonction des émotions que nous éprouvons. Il estampe les cerveaux des gens alentours et est apte à affecter les cellules, l'eau et l'ADN, étudiées in vitro. Les éléments de preuve s'accumulent et suggèrent que des interactions énergétiques impliquant le cœur pourraient sous-tendre l'intuition et des aspects importants de la conscience humaine.[9]

Le Dr. David Servan-Schreiber, psychiatre, familier des découvertes de l'Institute of HeartMath, commente que le cœur et le cerveau peuvent soit coopérer, soit entrer en compétition, pour le contrôle de nos pensées et de notre comportement: quand ils travaillent ensemble, nous éprouvons un sentiment d'harmonie, de calme et de bien-être; quand ils sont en conflit, nous nous sentons agités, anxieux, déprimés et malheureux.[10] Avec de l'entraînement, nous pouvons apprendre à percevoir ces fluctuations de notre humeur, et faire ce qu'il faut pour regagner l'état d'harmonie et d'équilibre.

Voici quelques faits validés relatifs au cœur, relevés sur le site de l'Institute of HeartMath (www.heartmath.org) et obtenus lors d'un entretien avec Joseph Chilton Pearce:

❦ Le cœur est le générateur d'énergie électromagnétique le plus puissant du corps, avec le champ rythmique électro-magnétique le plus large de tous les autres organes du corps. Le champ électro-magnétique du cœur enveloppe chaque cellule du corps.

❦ Le champ électrique du cœur est à peu près 60 fois plus grand en amplitude que l'activité électrique générée par le cerveau, et le champ magnétique produit par le cœur est 100 fois supérieur en puissance au champ généré par le cerveau, et il peut être détecté entre 4 à 8 mètres du corps, en toutes directions.

❦ Le cœur est connecté à tous les organes vitaux du corps et maintient leur équilibre pour le fonctionnement optimal de tout l'organisme corps-cœur-mental.

❦ Entre soixante et soixante-cinq pour cent de toutes les cellules du cœur sont des cellules neurales qui fonctionnent comme les cellules du cerveau, mais elles monitorent et contrôlent tout l'organisme corps-cœur-mental, et des connexions directes sans intermédiaire entre le cœur et le cerveau 'émotionnel' et le néocortex.

❦ Le cœur est le centre de coordination de la très importante structure endocrinienne glandulaire du corps, qui produit les hormones responsables des opérations du corps, du cerveau, et du mental et qui coordonnent le fonctionnement d'autres systèmes du corps, y compris le système immunitaire.

Joseph Chilton Pearce trouve fascinant que le cœur produise deux watts et demi d'énergie électrique à chaque battement, créant ainsi un champ électromagnétique qui est comme un hologramme du champ électromagnétique de la terre:

Le champ électromagnétique du cœur produit, holographiquement, le même champ que celui produit par la terre et par le système solaire. Maintenant, les physiciens commencent à considérer les auras électro-magnétiques comme une simple organisation d'énergie dans l'univers. Tous opèrent holographiquement — à savoir, au niveau le plus infime, le niveau incroyablement minuscule entre les dendrites et les synapses, le corps, la terre et au-delà. Tous opèrent holographiquement et sélectivement. [11]

Le simple fait de placer notre main sur la région du cœur change les ondes du cerveau. Le cœur, comme le cerveau, produit une hormone équilibrante, l'ocytocine — l'hormone du bonheur — qui peut et devrait être activée au commencement de notre vie grâce à une relation aimante et confiante avec la mère. Nous la recherchons et la retrouvons dans une relation intime avec un partenaire. Frustration, anxiété et peur rendent le rythme cardiaque irrégulier et l'accélèrent, ce qui affecte tout le système nerveux. Aimer, câliner, caresser le corps le calme et le régule. [12]

L'Institute of HeartMath a découvert que lorsque les individus apprennent à maintenir un état d'appréciation et d'amour concentré sur le cœur, l'activité électrique du cerveau se coordonne ou se met en cohérence avec les rythmes du cœur. Changer les émotions change l'activité du cerveau. "L'activité des ondes alpha du cerveau se synchronise sur le cycle cardiaque. Durant les états de grande cohérence du rythme cardiaque, la synchronisation des ondes alpha sur l'activité du cœur augmente significativement" [13]

Tout ceci revêt un grand intérêt pour quiconque travaille dans le domaine du soin et de la psychothérapie. Il se pourrait que lorsque les thérapeutes sont réceptifs à la présence d'un 'champ' entre eux et le client, il s'agisse du champ électro-magnétique du cœur. Leur attitude envers le client, attentionnée et centrée sur le cœur, ou professionnelle et distante, affecte le cœur du client et le champ électro-magnétique qui se situe entre et autour d'eux, améliorant ou annihilant ainsi leur capacité à guérir:

> Nos données indiquent que le signal du cœur d'une personne peut affecter les ondes du cerveau d'une autre personne, et que la synchronisation cœur-cerveau peut se produire entre deux personnes lors de leur interaction. Au final, il ressort que plus les individus augmentent leur cohérence psychophysiologique et plus il deviennent sensibles aux signaux électromagnétiques subtils communiqués par les individus autour d'eux. L'un dans l'autre, ces résultats suggèrent que la communication cardioélectromagnétique est une source peu connue d'échange d'informations entre les gens, et que cet échange est influencé par nos émotions. [14]

Il existe une méthode appelée Quick Coherence, qui est exposée sur le site de HeartMath, par laquelle nous pouvons intentionnellement transformer notre état émotionnel en focalisant notre attention sur le cœur et par quelques exercices qui changent un état négatif en état positif, rendant le rythme cardiaque plus cohérent et influençant la clarté de nos pensées, de notre intuition et de nos performance cognitives en général. Je trouve cette méthode extrêmement utile pour moi-même, et, avec la permission de l' Institute of HeartMath, je présente ici une pratique qui permet de se relier et de changer le rythme du cœur en trois étapes, et aussi une méthode pour consolider cette pratique. Ceci est une excellente alternative à la méditation — une forme de méditation en elle-même:

Tecnique di Quick Coherence:

1. **Focus sur le Cœur:** Poser votre attention sur la zone du cœur, placer votre main gauche au centre de votre poitrine.

2. **Respiration centrée au cœur:** Imaginer que votre respiration s'écoule dans et hors de cette zone, inspirez lentement et naturellement par votre cœur (compter jusqu'à cinq ou six) et lentement expirer par votre cœur (compter jusqu'à cinq ou six). Continuer ainsi jusqu'à ce que votre respiration soit régulière, facile et équilibrée et trouve son rythme interne naturel qui vous convient.

3. **Sentiment du cœur:** Continuer à respirer dans la zone du cœur et rappelez-vous un sentiment ou une expérience positive, un lieu ou un temps où vous étiez heureux et en paix avec vous-même, où vous faisiez une chose qui vous plaisait, ou bien vous étiez amoureux, ou vous ressentiez de la compassion pour un être spécial, un animal, un coin de nature — une chose dont le souvenir vous fait sourire. Une fois que la connexion avec ce sentiment est établie, maintenez-la tout en continuant les trois points, Focus sur le Cœur, Respiration centrée au cœur et Sentiment du cœur.

Technique de Verrouillage dans le Cœur: Soutenez le sentiment d'amour véritable pour quelqu'un ou quelque chose. Répandez ce sentiment d'amour en vous-même et élargissez les limites du champ électromagnétique qui entoure votre corps, distribuez ce sentiment aux autres et au monde extérieur, sous forme d'ondes d'énergie. Si vous ressentez de l'inconfort, de l'anxiété, envoyez de l'amour et de la compassion à ces sentiments. Être amical avec des sentiments négatifs et leur témoigner de la compassion peut libérer ou dissoudre le blocage. Ces exercices consolideront petit à petit votre connexion consciente avec votre cœur, amélioreront votre résilience et votre aptitude à percevoir les changements subtils du rythme de votre cœur. [15]

L'Organisme Corpsomental

Un autre aspect de la compréhension de notre corps et de l'importance des émotions peut être mis en relation avec les découvertes de l'Institute of HeartMath sur l'importance du cœur. Il y a plusieurs dizaines d'années, la biologiste Candace Pert cherchait la réponse à la question 'Comment les émotions transforment-elles le corps, en créant une maladie ou en le soignant, en le maintenant en bonne santé ou en minant sa santé?' Elle découvre que nos émotions sont le chaînon déterminant entre le mental et le corps, que des éléments chimiques nommés neuropeptides sont associés à des états émotionnels spécifiques et que ces neuropeptides sont actifs dans tout le corps, y compris dans le cerveau limbique, le néocortex, l'estomac et les intestins. Elle réalise que les peptides sont le langage biochimique universel des émotions, et les nomme 'molécules de l'émotion' — titre de son livre passionnant, un des plus intéressants que j'aie jamais lu.

C'est une découverte révolutionnaire car elle établit que les neuropeptides sont les facteurs reliant les émotions aux processus physiologiques. Chaque peptide donné intervient dans un état émotionnel donné. Nous ne pouvons plus parler de pensée objective et rationnelle car la pensée est inextricablement associée à l'émotion. Elle découvre que les neuropeptides connectent le cerveau, le système hormonal et le système immunitaire, agissent comme des messagers entre eux et peuvent modifier l'humeur et le comportement. Elle comprend que chaque changement dans l'état physiologique s'accompagne d'un changement instantané de l'état émotionnel et que chaque changement de l'état émotionnel s'accompagne d'un changement instantané de l'état physiologique. Elle en déduit que c'est une erreur de penser en termes de deux catégories séparées de 'mental' et de 'corps' car ils forment un seul organisme qu'elle nomme 'Corpsmental' et elle le voit comme 'un champ étonnant d'informations interagissantes qui voyagent partout instantanément'.[16] Elle comprend que nous ne pouvons plus considérer le corps comme une machine, mais comme un réseau informationnel incroyablement efficace doté d'une intelligence intégrée, et cette intelligence ne se situe pas seulement dans le cerveau mais dans les cellules de chaque partie du corps. Les implications de ses découvertes sont énormes et sont la clef pour comprendre les origines des maladies, et comment les guérir.

> Partout où se trouve un récepteur se trouve une mémoire, donc certains de nos vieux schémas et de nos vieilles manières subconscientes de faire les choses se trouvent véritablement à l'intérieur du corps. Les traumatismes se logent non seulement dans des petites zones du cerveau mais profondément à l'intérieur du corps, ce qui peut expliquer les effets puissants de diverses sortes de travail sur le corps… les interventions psychologiques pour le cancer, la visualisation pour d'autres maladies, peuvent changer le système immunitaire, peuvent vraiment changer les mesures physiques. C'est très profond. Je crois que nous devons entreprendre plus de recherches et que les gens doivent y être très attentifs. Cela nous parait exotique. Mais quand nous avons entendu que la terre tournait autour du soleil, nous avons dû trouver ça aussi très exotique. C'est de l'ordre d'une telle magnitude.[17]

Naissance et Importance du Lien Mère-Enfant

L'importance du cœur, et la façon dont des neuropeptides spécifiques interviennent dans des états émotionnels spécifiques expliquent pourquoi le lien du cœur entre la mère et l'enfant est tellement significatif. Il se pourrait que le champ électromagnétique du cœur de la mère affecte le minuscule champ du cœur du bébé.

La vie du corps commence à notre conception et à la naissance dans le monde. Notre compréhension de la formation et du développement de l'embryon dans l'utérus et de la naissance de l'enfant s'est considérablement accrue du fait des livres et de la télévision qui décrivent le processus. La médecine et la science nous ont dévoilé toujours plus le miracle de la croissance du fœtus dans l'utérus.[18] De plus, les travaux innovants de deux hommes remarquables, Michel Odent et Frederick Leboyer, ont mis en exergue l'importance du cœur et l'impact positif ou négatif des circonstances de sa naissance sur les instincts et les émotions de l'enfant. Dans leur approche de la naissance, l'eau est très importante, pour la mère avant et pendant l'accouchement et pour le bébé après la naissance. Odent montre dans son livre *Water and Sexuality* l'importance du rapport à l'eau pour les hommes en général, et comment pour la parturiente la vue d'un bain dans la salle d'accouchement peut accélérer et faciliter la naissance de son enfant.

Les naissances aquatiques initiées par Michel Odent à l'hôpital de Pithiviers en France et proposées par les hôpitaux du monde entier, permettent aux mères d'avoir une expérience inédite et calme, les introduisant à ce qu'il appelle le processus primal d'adaptation – où instincts et émotions fusionnent, en quelque sorte, et où le changement phénoménal qui se joue chez la mère et chez l'enfant peut se dérouler sous la direction des réponses instinctives du cerveau primordial. Odent nous dit que nous devons ajouter un mot à notre vocabulaire qui engloberait et l'émotion et l'instinct et qui n'élèverait pas une barrière artificielle entre eux. [19]

La description graphique de Leboyer de la douleur aiguë, de la terreur et de la détresse que le nouveau né peut ressentir s'il est manipulé sans tact, tenu à l'envers par les pieds, frappé sur les fesses, aveuglé par des lumières vives, agressé par des voix fortes, est profondément dérangeante, d'autant plus quand cette brutalité inconsciente est comparée à la manière douce d'accueillir un bébé, dans une pièce tamisée, une atmosphère feutrée sans aucune lumière vive, voix fortes ou surfaces froides pour le terrifier. Il écrit dans son livre *Pour une naissance sans violence*: "Nous devrions verser des larmes de honte, pleurer sur notre propre aveuglement. Le même aveuglement qui nous a fait croire que les femmes devaient souffrir simplement parce que nous étions ignorants. Heureusement nous ne croyons plus en ce vieux dicton 'tu accoucheras dans la douleur'. Ne serait-il pas temps de faire pour l'enfant ce que nous essayons de faire pour la mère?" [20] Il prouve que les bébés sont sensibles et vulnérables: ils peuvent ressentir avec plus d'acuité que les adultes; ils sont conscients, sensibles dans l'utérus et à la naissance. Il est incroyable qu'il n'y a pas si longtemps, on pensait que les bébés (et les animaux) ne ressentaient rien car ils n'avaient pas développé un sentiment conscient d'eux-mêmes. Par bonheur, ces vieilles attitudes sont en train de changer.

Leboyer plaide pour que le cordon ombilical ne soit pas coupé immédiatement après la naissance, laissant du temps au bébé pour s'ajuster à sa nouvelle expérience — respirer par le cordon et par les poumons — jusqu'à ce que le cordon arrête de pulser, indiquant que les poumons sont prêts à prendre la relève, et alors le cordon peut être coupé. Plonger le bébé dans l'eau après l'avoir posé un moment sur le ventre chaud de sa mère lui redonne une sensation de légèreté, comme dans l'utérus, et ceci peut l'apaiser et le calmer. Leboyer établit le parallèle entre les effets d'une naissance traumatisante et les comportements agressifs qui la rejouent plus tard dans la vie; la douleur et la terreur que nous vivons à la naissance sont infligées à d'autres, des années plus tard, par les actes de violence et le terrorisme qui ravagent le monde: 'La mémoire de la naissance et la terreur qui l'accompagne restent en chacun de nous. Mais puisqu'elle est tellement chargée de douleur et de peur, elle est dormante et réprimée, comme un secret épouvantable au fond de notre inconscient.... Tellement peu d'entre nous perçoivent la peur inconsciente qui imprègne nos vies ! Toute cette peur relative à l'horreur de la naissance.... C'est comme si la peur de la mort, l'ombre obscure qui projette son malheur sur nos vies, n'était rien d'autre que la mémoire inconsciente de... la peur que nous avons ressentie à la naissance'. [21] Il est en cela soutenu par les recherches de Stanislav Grof qui décrit les trois stades de l'expérience périnatale et leurs conséquences sur nos vies dans son livre *Beyond the Brain: Birth, Death and Transcendence in Psychotherapy*.

Bien que l'approche sensible de ces hommes à la naissance de l'enfant ne soit pas encore la pratique courante de tous les hôpitaux, qui manquent cruellement de sages-femmes pour assister les mères lors de l'accouchement, leurs idées influencent néanmoins la façon dont les enfants sont manipulés à leur sortie de l'utérus, adoucissant l'épreuve de cette émergence. L'accent est mis sur la douceur et le besoin de l'enfant de se relier au corps de sa mère immédiatement après la naissance.

En appliquant leurs recommandations, l'intense bien-être que ressent le bébé suite au traumatisme de l'expulsion hors de l'utérus est transmis au cœur du cerveau archaïque instinctif limbique. Le bébé peut ressentir ce bien-être dans l'utérus avant sa naissance et, après la naissance, dans les premiers moments de reliaison avec sa mère en un contact sensoriel étroit avec son toucher, sa voix, son odeur et ses expressions faciales; ces expériences sensorielles perdurent toute l'enfance. L'expérience viscérale première pose le fondement des sentiments de confiance en la vie, de l'aptitude à l'empathie et à l'amour, de la capacité à éprouver joie, extase et bonheur. Ce sont dans les premières minutes, heures, jours et mois de la vie du bébé que le cœur et le système nerveux se programment à une vie épanouie et heureuse, ou au contraire, à une vie anxiogène, difficile et même tragique. L'abandon par la mère, ou son incapacité à aimer son enfant, sont les deux plus immenses traumatismes qu'un bébé ou un enfant peut subir. Une adoption rapide par des parents de substitution aimants soulage les effets du chagrin et de la profonde détresse ressentis par l'enfant. Les délais actuels du processus d'adoption sont désastreux pour le besoin instinctif de l'enfant qui a été enlevé à sa mère et n'a personne avec qui créer du lien.

Nous savons à présent que le fœtus dans l'utérus enregistre tout ce que la mère ressent: sa joie et son bonheur de sa grossesse ou sa peur et son anxiété. Nous savons que son état serein ou stressé affecte, en positif ou en négatif, le développement du système nerveux, du cœur et des fonctions cognitives du cerveau du bébé. Nous savons que le fœtus est affecté par la qualité de la nutrition de la mère, sa prise d'alcool, son usage de drogues ou de cigarettes ainsi que par la tension ou la violence entre les parents. Nous savons qu'il est sensible à la musique, aux bruits forts et à la qualité de l'environnement de la mère.

Nous naissons avec 100 milliards de neurones dans le cerveau connectés à 100 milliards de milliards de synapses — ces chiffres peuvent fluctuer avec l'élargissement de nos connaissances, surtout celles concernant les neurones du cœur. Entre trois et six mois, une sélection entraîne la perte de 50.000 connexions dans les cellules du cerveau, à chaque seconde; les cellules qui n'auront pas été utilisées dans ce laps de temps mourront. Chaque cellule a des tentacules nommées dendrites. Plus la cellule est sollicitée et plus elle développe de dendrites. Plus on s'en sert et plus ces dendrites se complexifient et augmentent en nombre. La réponse empathique de la mère aux demandes de son enfant, dans les premiers mois et années, est cruciale pour le développement de ces dendrites. Les soins et le lien avec la mère ou le parent de substitution durant ces dix premiers mois sont décisifs, ils provoquent l'activation des cellules et des dendrites. Sans amour et sans soins, ils ne seront pas activés. [22]

Les trois premières années de la vie déterminent le développement émotionnel et mental futur de l'enfant. Jusqu'à l'âge de trois ou cinq ans, les connexions entre le cerveau limbique, le cœur et les lobes frontaux du néocortex ne sont pas finalisées. Jusqu'à cet âge, les réflexes du cerveau limbique dirigent notre comportement purement instinctif (inconscient), nous assimilons ce que nous entendons et voyons, les personnes que nous côtoyons, ainsi que notre environnement, à une cadence phénoménale. Si les stimuli verbaux et sensoriels sont insuffisants, nous ne pourrons pas réaliser le plein potentiel dont nous sommes capables en naissant. Notre instinct naturel est d'aller vers les autres et d'explorer par les sens notre environnement. Entre trois et cinq ans, le néocortex et les lobes frontaux fonctionnent, nous mettons en place un sens de nous-mêmes, et nous différencions entre nous-mêmes et notre environnement. Les souvenirs des premières années associés au cerveau archaïque deviennent 'inconscients'. Mais ces premiers souvenirs, imprimés dans le cerveau archaïque, stockés dans le cerveau limbique et le champ mémoriel du cœur, détiennent l'immense pouvoir d'influencer nos vies et notre comportement. Une blessure de l'instinct dans ces premières années affecte nos vies de façon négative jusqu'à la fin, à moins d'en devenir conscient.

Toutes les études montrent que les abus émotionnels et physiques contre la mère enceinte ont des répercussions sur les circuits neuronaux de l'enfant qu'elle porte et que l'abandon, le manque de soins ou l'abus altèrent l'équilibre de la chimie neurale de l'enfant et le programme à la dépression, ou aux futurs comportements violents et délinquants. Il est démontré que le cerveau et le système nerveux des enfants traumatisés par les expériences au sein d'une famille dysfonctionnelle présentent les mêmes schémas de fonctionnement que ceux des vétérans de guerre souffrant de PTSD [23]. Lorsque anxiété et détresse sont des états constants de l'enfance, les glandes surrénales surproduisent l'hormone du stress, la cortisone, ce qui perturbe l'équilibre du système nerveux autonome, des systèmes immunitaire et endocrinien, et interfère avec les connexions neurales entre le cœur, les deux hémisphères du cerveau et les lobes frontaux. Les centres du cerveau supérieur peuvent être incapables de se développer du fait du stress provoqué par l'état anxieux constant. Le cœur est l'organe premier de tout l'organisme corps-mental. Quand le cœur est profondément accablé et ne peut fonctionner de manière optimale, les systèmes nerveux autonome, hormonal, immunitaire et tous les organes du corps sont atteints. Les enfants soumis à un environnement constamment abusif deviennent, par mesure de protection, hyper-vigilants des humeurs et du langage corporel d'autrui. Ils anticipent les changements d'humeur et détectent les inflexions subtiles dans la voix bien avant tout le monde. Cette hyper-vigilance affecte chacun des systèmes du corps, le programme à vivre en état permanent d'hyper-activité et d'anxiété.

Les dégâts causés au cœur et au système nerveux perdurent toute la vie, sans possibilité de guérison si nous n'en sommes pas conscients. Nous devons nous demander si l'augmentation des crimes violents, du harcèlement et des comportements agressifs tous azimuts ne sont pas dus en partie à la détresse du fœtus et de l'enfant; ce qui contribuerait à la future désorientation et détresse de l'adolescent dans un environnement brutal et insensible, à la stimulation de ses instincts de survie les plus agressifs, au défaut de capacité de l'intelligence émotionnelle de son néocortex à modérer et gérer sa colère. Camila Batmanghelidjh, fondatrice de l'association 'Kids Company' et une des rares personnes qualifiées pour parler de cette situation, dit que 'les enfants émotionnellement défavorisés des riches finissent en centre de réhabilitation, et ceux des pauvres, en prison'. (*The Times*, 24.12.2011)

La tendance croissante à mettre les très jeunes enfants à la crèche pourrait avoir un impact négatif sur leur développement émotionnel car ils se trouvent privés de l'unique expérience émotionnelle de créer du lien avec la mère. D'un autre côté, si la mère est incapable de créer du lien avec l'enfant, ou se montre indifférente ou mal-traitante — par incapacité ou du fait d'une dépression post-natale — alors la crèche est une bonne alternative à l'environnement familial dysfonctionnel. Il a été récemment observé que nombre de jeunes enfants fréquentent la crèche et l'école maternelle alors qu'ils ne parlent pas encore, et ne peuvent pas interagir avec les autres enfants ou adultes; ils n'ont eu que très peu d'interaction personnelle à la maison avec leur mère, sans doute parce qu'ils sont placés pendant des heures devant la télé, ou laissés seuls à pleurer, ou contraints au silence par violence physique.

Les mémoires de bonheur, de joie ou de terreur, d'abandon, d'anxiété et de chagrin s'impriment dans le champ du cœur et du cerveau limbique dès le plus jeune âge — et même dans l'utérus — et y restent toute la vie, affectant le développement des lobes frontaux, en positif ou en négatif. Le développement des lobes frontaux apporte la faculté de réfléchir, de raisonner, d'appliquer nos connaissances à des buts donnés, et aussi d'élaborer les idées inspirées par l'imagination, d'établir des connexions intuitives entre des éléments apparemment sans relation. Mais si le cœur et tout le système instinctuel qui s'y relie sont traumatisés et détournés de leur chemin normal de croissance par une anxiété et une peur intenses causées par la négligence, l'abandon ou la maltraitance, alors cette capacité à une interaction harmonieuse et équilibrée entre le cœur, le système nerveux et le cerveau, est altérée. Rien n'est donc plus important, pour le bien-être et la créativité de toute une société, que les soins de la mère et de l'enfant, et que la façon dont l'enfant est traité à la maison et à l'école durant ses premières années. Ceci vaut pour toutes les sociétés, riches ou pauvres.

La Négligence des Besoins de l'Instinct

Dans la plupart des zones de modernité du monde, des millions d'entre nous vivent dans des cités surpeuplées: la population dépasse le million dans plus de 400 villes. Nous ne sommes plus en contact, comme nos ancêtres l'étaient, avec la terre et le ciel nocturne étoilé. Cela, à lui tout seul, fait violence au cœur et aux instincts. Les enfants, par peur qu'ils ne soient kidnappés ou victimes de pédophiles, ne sont pas encouragés à jouer dehors, à explorer, à prendre des risques pour découvrir leur force de survie. Ils restent assis pendant des heures devant leurs écrans. Des millions d'adultes dépendent de métiers qui ne les épanouissent pas et qu'ils ne peuvent quitter. Des millions n'ont pas de travail, quelquefois depuis trois générations, et vivent d'aides sociales. Avec le doublement, ou triplement, de la population mondiale ces cinquante dernières années, la situation a empiré car, malgré une économie florissante, il ne peut y avoir d'emplois pour tout le monde, particulièrement pour les jeunes. Les leaders politiques sont lents à comprendre que les ressources de la planète sont limitées et que la croissance — de la population, de l'économie ou de l'emploi — ne peut pas être éternelle.

L'éclatement des familles qui est, en partie, un effet de cette aliénation de l'instinct, contribue aux schémas comportementaux qui traduisent détresse et désorientation. Rien dans notre société séculière ne procure un fondement aux valeurs qui respecteraient les besoins de l'instinct. Les garçons qui ne trouvent pas en un père aimant un exemple du masculin rejoignent des gangs pour y trouver sécurité, structure et position. Les filles copient les modèles de 'célébrités' présentés dans les médias, forcent un développement prématuré de leur sexualité, et adaptent leur nature féminine aux critères masculins et aux buts de la culture. Un focus exagéré sur la sexualité dévie le besoin d'amour et la confiance en la relation. Hommes et femmes, jetables si le partenaire ne répond pas aux exigences, en viennent à se voir en termes de gratification immédiate. Les enfants, précieux dépositaires de l'avenir, victimes malheureuses des relations en série de leurs parents, sont des cibles non seulement pour les pédophiles mais aussi pour l'exploitation consumériste et le cyberharcèlement. Les traitements épouvantables et les défauts de soins des enfants placés en foyers au Royaume-Uni font la une. Les mères sont trop stressées et épuisées par les demandes d'un travail à temps plein et les travaux ménagers pour se consacrer aux besoins émotionnels de leurs enfants et à la relation avec leur partenaire. Le système d'aides sociales au R.U encourage les jeunes filles à devenir mère sans le désir, ni le besoin, de trouver un partenaire solidaire et attentif, ce qui conduit à cette situation où un enfant sur trois (3.8 millions) vit sans père. Cinquante mille naissances sont enregistrées annuellement sans reconnaissance par le père. Cette situation pourrait s'améliorer si les adolescents étaient informés des responsabilités attachées à la parentalité et comprenaient que le besoin de l'enfant en soins aimants, par ses deux parents, est prioritaire.

Le facteur essentiel à l'éducation des enfants, à la crèche et à l'école maternelle, est de nourrir leur imaginaire avec des activités qui les mettent au contact de la nature et les aident à se relier à leurs instincts. Explorer les bois, observer les oiseaux et les animaux, apprendre à s'occuper d'un jardin, peindre, danser, chanter, travailler le bois, cuisiner, apprendre à jouer d'un instrument, à l'instar de milliers d'enfants dans les quartiers les plus pauvres des villes au Venezuela, aideraient grandement les enfants à acquérir confiance en eux et à trouver leur équilibre, et surtout à se réjouir d'apprendre. Trop d'insistance sur un apprentissage focalisé sur les examens et les résultats, adapté à l'hémisphère gauche, sans l'équilibrer avec des activités qui nourrissent l'imagination et demandent la coordination des yeux, du cœur et des mains, mutilent les instincts et le cœur. En procurant aux enfants les conditions par lesquelles ils peuvent développer et exprimer leur instinct naturel, qui est d'aimer apprendre, ou en ne remarquant pas l'ennui et le découragement causés par de mauvais maîtres et une éducation superficielle, nous impactons considérablement leur avenir. Les meilleurs maîtres savent cela et ils inspirent et encouragent les enfants à découvrir leur chemin créatif dans la vie. Les pires, comme les pires parents, peuvent écraser et détruire l'âme de l'enfant. Le désarroi que l'enfant ressent — désarroi causé par une éducation inadéquate, par le harcèlement à l'école ou par les bagarres et la séparation des parents — s'exprime souvent par des symptômes physiques, telles des douleurs à l'abdomen. Les petits ne peuvent exprimer leur ressenti que par des symptômes physiques. Un tel désarroi s'imprime dans le système nerveux. Ces enfants en devenant adultes consommeront des drogues, de l'alcool, souffriront de dépression et d'une sorte de paralysie, ils ne sauront comment gérer leur désarroi, traînant en permanence un sentiment d'échec dû à leur incapacité à atteindre leurs buts et à obtenir les bénéfices matériels que notre culture compétitive leur impose.

Les gouvernements essayent de s'occuper des symptômes de ce désarroi, qui s'exprime non seulement par les crimes mais aussi par les maladies, telles cancer et diabète, dépression et maladies mentales, et obésité qui affecte un tiers de la population au RU. Plus de 67 millions de pilules anti-dépressives ont été prescrites en 2016, et un certain pourcentage à des adolescents. Une étude récente (2011) de l'Institut de Psychologie Clinique et de Psychothérapie de Dresde rapporte que 30 millions de gens dans 30 pays européens souffrent de dépression et que plus d'un tiers des populations de ces pays souffrent de désordre mental, dont seulement un quart recevrait de l'aide. [24] Le monde souffre d'une épidémie de consommation de neuroleptiques, les USA en tête. Mais les milliards dépensés pour la santé ne traitent, ni ne règlent, le problème sous-jacent qui est celui de la qualité des soins dispensés aux enfants dans une société sur-peuplée et dysfonctionnelle. Les valeurs superficielles propagées par les médias ne répondent pas à nos vrais besoins et leur superficialité même rompt nos connexions à notre socle, nous attire vers des schémas addictifs qui détruisent nos vies, notre santé et nos relations. Le destin tragique d'Amy Winehouse en est une illustration.

Se Re-Lier au Corps

Le corps fait l'expérience de la vie par la médiation des cinq sens. Prendre le temps de percevoir intensément cette expérience sensorielle est une forme de méditation. Cela nous met en contact avec le corps et avec le rythme de notre respiration et de notre cœur. Cela nous aide à ralentir, à percevoir toute chose alentour qui nous communique sa présence. Nous ne pensons plus ni au passé ni à l'avenir, nous sommes dans le moment présent. Respirer plus librement nous aide à nous libérer du besoin de faire. Prendre le temps de s'allonger le dos au sol pendant quelques minutes au cours de la journée, ou au réveil, nous permet d'écouter notre respiration; de nous connecter à notre chez nous terrestre; à nous re-lier à notre âme instinctuelle.

Nous avons eu, en tant qu'enfant, cette connexion au corps. Nous l'avions inconsciemment, instinctivement. Nous bougions librement, joyeusement, sans penser à ce que nous faisions, nous exprimions nos pensées et nos sentiments par des mouvements physiques. Nous aimions courir, sauter, explorer, crier, sentir la caresse de la pluie ou du soleil sur notre peau, en contact avec la vivacité de la terre, des plantes et des arbres, nous caressions la douceur de la fourrure animale, comblés de l'extase d'être en vie. En grandissant et en apprenant à nous conformer aux attentes des parents, des professeurs, et de la société en général, nous avons perdu cette physicalité instinctive et cette liberté émotionnelle spontanée de la petite enfance. En apprenant à nous conformer, nous avons limité respiration et certaines parties de notre corps — en général le dos et la nuque — se sont crispées. Ce processus devient la rigidité de l'âge adulte, nous nous asseyons, nous tenons debout et bougeons toujours de la même façon. Ceci explique pourquoi les exercices qui sollicitent la respiration et/ou la relaxation musculaire libèrent des émotions et des énergies réprimées et enfermées dans le corps. Heureusement, de nombreuses thérapies existent de nos jours pour lâcher ces tensions et redécouvrir notre capacité à nous sentir dans notre corps. Des mots mêmes d'un homme qui a appris et enseigne la méthode de massage profond des shamans Kahuna d'Hawaï, 'Plus nous devenons physiquement présents et plus nous percevons le flot subtil de l'énergie dans notre corps. Nous commençons à sentir que le corps est un canal entre le ciel et la terre, ce qui est peut-être sa plus profonde fonction et mission'.[25]

Si nous pouvons redécouvrir la connexion à notre corps, peut-être en nous souvenant d'un temps lointain où nous éprouvions cette connexion — en nageant, skiant, marchant dans les bois, dans la mer, ou en respirant l'air vivifiant des montagnes — alors nous gagnons la sensation profonde d'être 'chez nous' en nous-mêmes: une vivacité, et un sentiment de sécurité, de joie et de bien-être. Ce sentiment se communique aux autres, qui se sentent rassurés par notre présence et plus en relation avec leur propre corps. Souvent les meilleures idées nous viennent quand nous marchons, nageons, nous allongeons dans un bain ou sentons l'eau cascader sur notre corps. Il semblerait que l'eau active l'imagination.

Nous ne regagnerons pas immédiatement ce sentiment de connexion avec la Terre et le Cosmos que possèdent les peuples shamaniques, mais nous pouvons commencer à ouvrir nos sens à cette perception. Un passage du *Carmina Gadelica* gaélique nous rappelle la relation avec la nature que nous avons perdue, mais pouvons recouvrer:

> Les anciens avaient des runes qu'ils chantaient aux esprits séjournant dans la mer et dans la montagne, dans le vent et dans le tourbillon, dans l'éclair et dans le tonnerre, dans la mer et dans la lune et dans les étoiles du ciel. [26]

Chanter me rappelle les remarquables pouvoirs cachés du corps dans l'art mongole du chant diphonique. C'est une expérience fascinante de découvrir que nous pouvons produire ces sons merveilleux — même si nous n'avons jamais chanté. C'est un art shamanique à la portée de tous. Ce serait magnifique si les enfants pouvaient apprendre cette technique de chant à l'école, qui leur ferait partager un lien, un talent et l'enthousiasme de découvrir les sons merveilleux que leur corps peut produire. [27]

Guérir le Cœur

En transformant notre rapport au substrat de la vie, nous transformons de même notre rapport avec notre partenaire, nos enfants et parents; notre compréhension de la vie et des autres s'approfondit et s'élargit. Après plusieurs années à être vigilant à la voix du cœur, le minerai brut de la personnalité, qui était ignorant du substrat numineux sur lequel il repose, ou de la source de lumière qui lui donne vie, se transforme en or au fur et à mesure qu'il apprend à nouer le dialogue avec ce socle, comme avec un partenaire ou un ami invisible. Des aspects de notre vie psychique qui, dans notre état d'inconscience, contrôlaient nos vies et nos relations, se transforment à mesure que notre relation avec ce substrat instinctif de notre âme croît et s'approfondit.

Suivre la guidance du cœur peut entraîner notre vie dans des directions inattendues. L'instinct est porteur d'une intelligence active, d'une intention et du pouvoir de transformer ces schémas inconscients, afin que l'humanité puisse accomplir son but évolutionnaire d'une conscience transformée, mature et intégrée. Cette âme instinctuelle, captée par le cœur et reliée au vaste maillage cosmique du vivant, est la racine pivot de notre imagination et de notre créativité.

Les Principales Initiatives qui pourraient participer au Bien-Être de l'Enfant

❦   Apprendre aux enfants les faits cliniques du rapport sexuel avec le livre de Nillson *A Child Is Born* comme support, plutôt qu'une banane et une capote, pourrait insuffler un sentiment d'émerveillement et de respect envers la sexualité, la conception et la naissance, au lieu de les aborder de façon mécaniste.

❦   Apprendre aux adolescents et aux futurs parents l'importance d'une alimentation saine, avant la conception de leur enfant et durant sa croissance dans l'utérus, est essentiel. Ceci devrait faire partie de la préparation au rôle de parents mais ne reçoit aucune attention. Des protéines, des fruits frais et des légumes sont d'une importance capitale. Pas d'alcool, de drogues ni d'anti-dépresseurs est également important. Il est également recommandé que les deux parents se supplémentent en oméga-3 ou mangent des poissons gras. Ceci est aussi important que la supplémentation en acide folique en prévention de la spina bifida.

❦   Recruter des sages-femmes pour que les mères reçoivent tous les soins attentifs nécessaires pendant la grossesse et l'accouchement pourrait soulager la peur de l'accouchement et les douleurs des mères laissées trop longtemps sans assistance. Le processus de naissance est devenu un acte mécanique, froid et déshumanisé du fait du manque chronique de sages-femmes. Apprendre à détecter et à traiter la dépression post-natale, qui peut être grandement soulagée par une supplémentation en oméga-3, et un traitement hormonal comme possible alternative aux anti-dépresseurs, est une nécessité.

❦   Éduquer les enfants et les adolescents à se sentir responsables de leurs futures relations sexuelles, leur apprendre à être des parents responsables et les informer des besoins physiques et émotionnels de l'enfant, devraient faire partie du programme scolaire. La consommation excessive d'alcool (binge-drinking) des adolescents et des jeunes adultes est non seulement délétère pour leur propre système immunitaire mais aussi pour celui de leurs enfants et petits-enfants à venir, c'est un fait dont ils doivent être informés.

En prêtant attention à notre vie intérieure, il devient apparent qu'il existe dans ses profondeurs une intelligence infiniment supérieure à notre conscience d'ego, ou personnalité. Par rapport à cette vaste intelligence, la personnalité superficielle est semblable à une petite planète comparée à la taille et à la puissance d'une supernova.

Si ces initiatives pouvaient être implémentées, une somme colossale de maux physiques et mentaux pourraient être évités et des milliards, dépensés en soins de santé, économisés. Si nous apprenions à nos adolescents les faits de base sur les responsabilités parentales, leur montrions les dégâts causés par la prise de drogue et de boisson en excès, sur eux-mêmes et sur les enfants à venir, beaucoup de souffrances et de maladies pourraient être évitées. Ils seraient au fait quant à la responsabilité d'être parents. Ils seraient plus prudents dans leur choix de partenaires appelés à devenir un bon père et une bonne mère, et prendraient meilleur soin de leur santé.

Notes:

1. voir Hillman, James (1972) *The Myth of Analysis: Three Essays in Archetypal Psycho-logy*, Troisième Partie: On Psychological Femininity, Northwestern University Press
2. voir *Kundalini Rising*, Sounds True Publications, Boulder, Colorado, 2009.
   Je remercie Lawrence Edwards Ph.D. pour ces informations.
3. Sheldrake, *The Science Delusion*, p. 185
4. Coleridge, Samuel Taylor, *Biographia Literaria*, p. 167
5. Frankl, Viktor (2004) *Man's Search for Meaning*, Rider, London, p. 105
6. Pearce, Joseph Chilton (1992) *Evolution's End*, HarperCollins, San Francisco et des notes à partir d'une interview sur Internet
7. Institute of HeartMath www.heartmath.org
8. ibid
9. ibid
10. Servan-Shreiber, David (2004) *Healing Without Freud or Prozac*, Pan Macmillan, London, p. 36
11. Interview avec Joseph Chilton Pearce sur Internet
12. HeartMath web site
13. ibid
14. ibid
15. ibid
16. Pert, Candace (1998) *Molecules of Emotion*, Simon and Schuster Ltd., London
17. ibid
18. voir Nilsson, Lennart and Hamberger, Lars (1994 & 2010) *A Child is Born*, Doubleday. Un livre capital et fascinant qui intéressa autant les parents que les enfants et devrait être utilisé par toutes les écoles pour présenter la sexualité et la parentalité.
19. Odent, Michel (1990) *Water and Sexuality*, Arkana, London, pp. 106–9
20. Leboyer, Frederick (1995) *Birth Without Violence*, traduction Yvonne Fitzgerald, Mandarin Paperbacks, p.19
21. Leboyer, pp.131,134
22. voir Gerhardt, Sue (2004) *Why Love Matters: How Affection Shapes a Baby's Brain*, Brunner-Routledge, London
23. Camila Batmanghelidjh in *The Times* 24/12/11
24. Scientific and Medical Network Review Winter 2011
25. Janni, Nicolas, Co-fondateur et Directeur de Strategic Partnerships et Olivier Mythodrama. www.oliviermythodrama.com
26. Freeman, Mara (2001) *Carmena Gadelica* extrait de *Kindling the Celtic Spirit*, HarperSan Francisco
27. Purce, Jill, Mongolian Overtone Chanting workshops. www.healingvoice.com

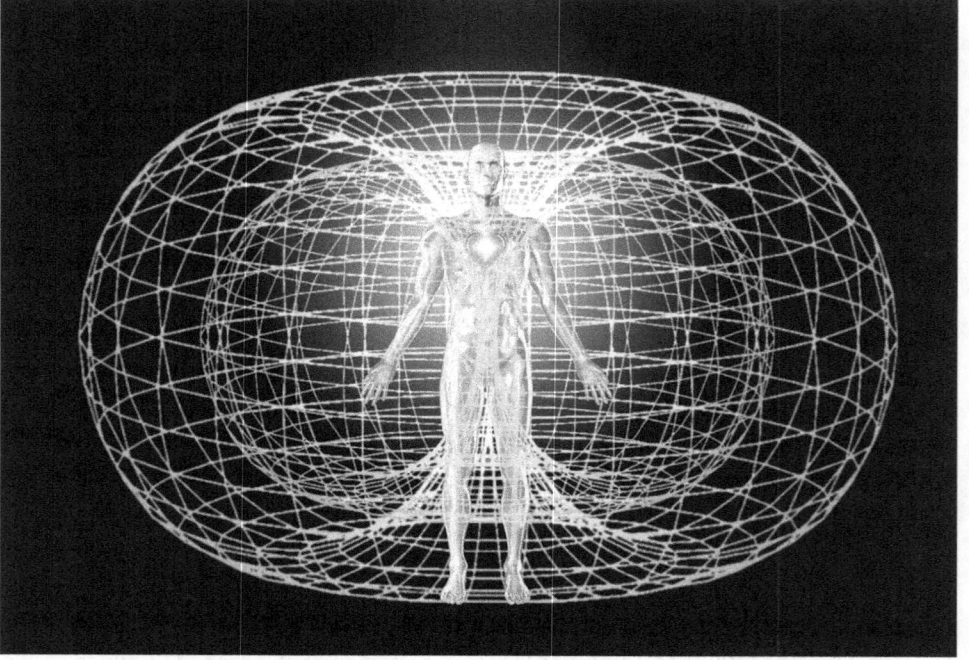

Champ électromagnétique HeartMath
Remerciements à l'Institute of Heartmath, Boulder Creek, Californie.

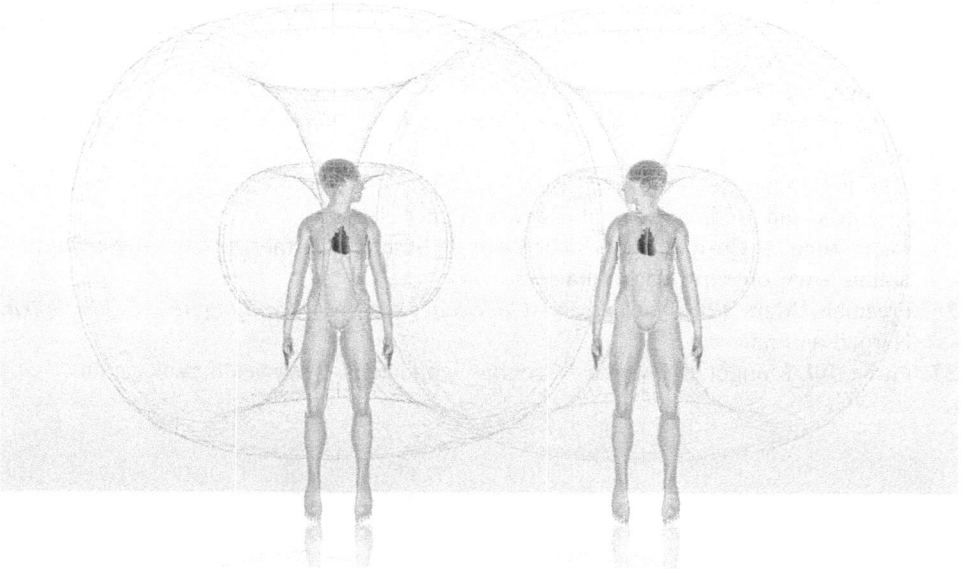

Chapitre Dix-Sept

Un Vin Nouveau dans de Nouvelles Outres: une Nouvelle Image de Dieu

On ne met pas non plus du vin nouveau dans de vieilles outres; autrement, les outres se rompent, le vin se répand et les outres sont perdues; mais on met le vin nouveau dans des outres neuves, et le vin et les outres se conservent.

— Matt 9:17; Marc 2:22; Luc 5:37, 38

Le monde humain actuel n'est pas devenu froid, mais cherche ardemment un Dieu aux proportions des nouvelles dimensions de l'Univers dont l'apparence a complète- ment révolutionné l'échelle de notre capacité à vénérer.

— Pierre Teilhard de Chardin, *L'Avenir de l'Homme*

S'il est vrai que l'Esprit est impliqué dans la Matière et que la nature manifeste est un Dieu secret, alors la manifestation du divin lui-même, et la réalisation de Dieu à l'intérieur et à l'extérieur, sont le plus haut et le plus légitime des buts possibles à l'homme sur terre.

— Sri Aurobindo, *The Life Divine*

Il n'existe rien que je ne veuille trouver et que je ne désire savoir avec plus d'urgence que ceci. Puis-je trouver Dieu, que je ne peux saisir dans mes mains en regardant l'univers, aussi en moi-même?

— Johannes Kepler

Depuis le premier frémissement de perception consciente, nous recherchons à établir une relation avec le Cosmos. Il se peut que ce soit notre plus profond instinct. En nous émerveillant sur les étoiles, en nommant les constellations, en notant avec soin le lever et le coucher de la lune et du soleil, en imaginant une intelligence divine qui aurait créé la beauté et l'éblouissement de la Terre, et en désirant communiquer avec cette intelligence, nous avons créé nombre d'images sacrées pour nous rapprocher de ce mystère.

Nous savons à présent que, sur une période de plusieurs millénaires, l'image de la déité a changé de la Grande Mère primordiale des ères paléolithique et néolithique aux multiples déesses et dieux de l'âge du bronze, jusqu'à l'image d'un Dieu le Père unique des trois religions patriarcales de l'ère solaire, bien qu'en Orient, le panthéon polythéiste et sa mythologie foisonnante survivent jusqu'à nos jours. Pendant toutes ces périodes, quelles que soient la religion ou la culture, l'image sacrée nous a fourni un axe vertical, un point d'Archimède au-delà de nous, qui nous permettait de garder le contact avec la Source, le Socle ou le Mystère dont, par instinct, nous connaissions l'existence.

Je crois qu'il est juste de comprendre que, alors que notre mental conscient évolue lentement hors de la matrice de l'instinct, l'image sacrée et les mythologies attenantes sont comme un cordon ombilical nous maintenant au contact du fondement de la vie. Mais, alors que nous transitons vers l'ère solaire et son image d'un dieu monothéiste transcendant dans les trois religions patriarcales, la relation shamanique ancienne avec la Terre et le Cosmos s'efface graduellement, ainsi que l'idée de la nature comme sacrée et imprégnée du divin, dotée d'âme.

À présent nous vivons une période incroyablement difficile, confrontés à des dangers mais aussi à des opportunités plus grandes qu'à aucun moment de notre évolution sur notre planète. Nombre de gens pensent que ce siècle sera l'épreuve ultime de notre survie en tant qu'espèce. Depuis les débuts de l'ère chrétienne, un si puissant désir de transformation ne s'était plus manifesté. D'un côté, l'image de la déité qui a régné sur l'ère chrétienne pendant deux mille ans se meurt, et ce processus de délitement ou d'éclipse d'un archétype affecte le monde entier. D'un autre côté, sous les préoccupations de surface de notre culture, nous voyons apparaître un éveil spirituel d'envergure planétaire. Cet éveil commence à guérir la scission entre l'esprit et la nature dans la psyché patriarcale, et la dissociation entre la pensée et le sentiment qui est au cœur du réductionnisme scientifique. Cet éveil est provoqué par des hommes et des femmes porteurs d'un nouveau paradigme du réel et d'une spiritualité générée par le besoin de contact direct avec la dimension transcendante — une spiritualité qui reconnaît et honore l'interconnexion, l'indivisibilité et la suprême sacralité de la vie. Leur vision crée une puissante alchimie culturelle, transmutant lentement notre compréhension de plomb en or.

À cause de sa peur de l'animisme et son insistance sur un dieu créateur transcendant sa création, le christianisme a perdu la dimension unificatrice de l'Âme qui solidarisait l'esprit avec la matière. Il a perdu le sens vital de la relation et de la communion avec la réalité invisible qui est l'âme du vaste organisme de la planète — ses montagnes, ses rivières, ses sources, ses arbres, ses plantes, ses animaux. Une dissociation entre l'esprit et la nature au cœur de la civilisation occidentale et au cœur de la psyché humaine en découle, elle a créé une blessure profonde qui demande à être guérie.

Pendant l'ère solaire, l'interprétation littérale du mythe de la Chute et de la doctrine du péché originel assombrit nos vies et nous mène à voir la Terre comme un lieu terrifiant de punitions, de souffrances, de labeur et de mort. Je pense que ce sont ces deux croyances qui ont sapé l'expérience ancestrale de participation à la vie que les Peuples Indigènes gardent encore de nos jours dans certaines parties du monde. Les ramifications de ces deux croyances sont gigantesques. Je les ai explorées dans les chapitres précédents et je laisse aux lecteurs le soin de les méditer – et de les mettre en relation avec la situation politique actuelle, où les trois religions abrahamiques, et les peuples qui s'en réclament, sont en conflit dans la zone géographique dont elles sont originaires.

La méta-narration chrétienne, née de la matrice du judaïsme, met en exergue une image de Dieu en Père aimant, soucieux du bien-être de chacune de ses créatures — même l'humble moineau; Christ lui-même devient la nouvelle image de Dieu — unifiant divinité et humanité en sa personne, il présente à l'humanité un modèle de ce que chacun peut devenir s'il découvre et manifeste sa divinité latente, en créant une relation directe avec le mystérieux substrat. Et pourtant, cette grande révélation qui ciblait le potentiel évolutionnaire de l'humanité — déjà hautement développé dans les religions orientales — est détournée en une nouvelle religion par laquelle la mort sacrificielle du Christ est interprétée comme une offrande pour le rachat des péchés du monde et, très spécifiquement, le rachat des chrétiens baptisés dans cette foi. L'accent est mis sur la rédemption par la foi et sur l'appartenance à un groupe détenteur d'une révélation supérieure, plutôt que sur la transformation de la conscience. La rédemption n'est accessible qu'aux croyants.

La Grande Révélation de Notre Temps

Nous passons du récit d'un cosmos inerte et insensible à un nouveau récit d'un Cosmos dynamique et vibrant, substrat primordial de notre propre conscience. Et plus encore, nous transitons vers un nouveau concept de Dieu et de notre relation à Dieu, ce qui est une des plus extraordinaires révélations. Nous quittons une image de Dieu en créateur séparé de sa création et nous découvrons une image de l'esprit en Intelligence ineffable *au sein* d'un processus d'évolution cosmique et planétaire, dont nous-mêmes sommes des participants. Une Conscience Éternelle participe à la vie de l'univers, et nous sommes une manifestation de cette Conscience qui perçoit que nous participons à sa vie, que nous sommes des co-créateurs, que nous sommes, essentiellement, des êtres divins.

Quatre des très grands sages du siècle dernier, Sri Aurobindo, Carl Jung, Bede Griffiths et Pierre Teilhard de Chardin, considèrent que l'histoire interne du monde est une incarnation progressive de l'esprit, vécue à travers l'âme en évolution de l'individu. Jung dit que le 'Saint Esprit' est une force motrice, créatrice d'une conscience et d'une responsabilité plus grandes ainsi que d'une compréhension accrue. "Ce n'est que tardivement que nous réalisons (ou plutôt, commençons à réaliser) que Dieu est le Réel lui-même et donc — last but not least — homme".[1] De cette simple phrase, il nous offre une image de Dieu radicalement différente et une image de nous-mêmes radicalement différente.

> Nous sommes devenus des participants de la vie divine et nous devons assumer de nouvelles responsabilités. Vivre et accomplir l'amour divin en nous sera notre forme de vénération et de commerce avec Dieu. Sa bonté signifie grâce et lumière et son côté obscur, terrible tentation du pouvoir. L'homme a déjà reçu tant de connaissances qu'il peut détruire sa propre planète. Espérons que l'esprit de bonté de Dieu le guidera dans sa décision, car il dépendra de l'homme que la création de Dieu perdure.[1]

Pourrions-nous comprendre le récit de l'évolution de la vie sur notre planète comme étant l'histoire de l'incarnation de l'esprit cosmique dans notre espace-temps — histoire du long périple évolutionnaire à travers des étapes de complexité et de diversification de plus en plus grandes jusqu'à son éveil, perception de lui-même par le canal de la conscience humaine? Sous cet angle, le déploiement évolutionnaire de l'univers devient un drame divin, le drame de l'esprit s'incarnant dans le processus de forge infiniment lent (de notre point de vue) de la conscience dans le creuset de la vie planétaire, et il est alors contraint dans les limites de cette conscience tant qu'elle n'atteint pas le point d'éveil et d'auto-perception. La conscience cosmique nous est cachée par le filtre de l'évolution planétaire et galactique, et nous ne pourrons pas la reconnaître comme telle tant que notre conscience ne sera pas suffisamment évoluée.

Maître Eckhart (1260-1327) l'exprime ainsi: "L'intention suprême de Dieu est la naissance. Il ne sera satisfait tant que son Fils ne sera pas né en nous. Ni l'âme ne sera satisfaite tant que le Fils ne sera pas né d'elle" (Sermon 12). Ce 'Fils' est la conscience transformée de l'individu et, ultimement — si nous adoptons le modèle évolutionnaire présenté par les quatre étapes présentées ici — de toute l'humanité.

Le monde n'est pas un assemblage aléatoire de morceaux mais il vibre de l'empreinte d'une intelligence unificatrice et cohérente. L'univers physique est une sorte d'hologramme divin qui reflète dans ses plus minuscules parties l'empreinte de l'intelligence unificatrice supérieure qui l'a créé. La façon dont nous traitons la vie de la planète, la matière et autrui devient la question de comment nous traitons Dieu. Blesser la Terre et infliger douleur et souffrance à autrui, c'est blesser la Conscience Universelle et puisque nous sommes cette Conscience, nous blesser nous-mêmes. Tout ce que nous faisons impacte la totalité. Ceci est une conception de Dieu, et de nous-mêmes, tellement différente qu'elle demande du temps pour pouvoir assimiler ses implications.

Le Crépuscule de l'Ordre Ancien

Il y a trois cent cinquante ans, l'image chrétienne de Dieu est encore le point focal de la civilisation occidentale et personne ne peut imaginer la vie sans croyance en Dieu. La plus haute vision des diverses religions de ce qui se nomme l'âge axial (début autour de 500 AEC), postule que nous sommes dans le monde, et pourtant pas totalement du monde, et que nous pouvons, grâce à des techniques méditatives et contemplatives, accéder à la dimension de la réalité qui se trouve au-delà du monde phénoménal. Dans la tradition chrétienne, nous pouvons demander par la prière à Dieu, au Christ ou à la Vierge d'intercéder dans nos vies. Nous pouvons mener une vie sainte, en suivant l'exemple de service compassionnel présenté par le Christ. Nous pouvons faire confiance aux enseignements de l'Église qui affirment que nos péchés ont été rédimés par la mort sacrificielle du Christ, et qu'à notre mort nous serons avec le Christ en son royaume.

Puis le XVIIIè siècle, siècle des Lumières, annonce le déclin de cette grande méta-narration. Les racines de ce tournant se trouvent dans les découvertes de Kepler et de Copernic qui posent que la terre tourne autour du soleil, évinçant la croyance en l'immobilité de la terre, point fixe au centre du système solaire. Leur découverte, et celle de Galilée (1564-1642), ébranlent le système ptolémaïque et la croyance en un Cosmos ordonné où la terre occupe l'espace intermédiaire entre le ciel en haut et l'enfer en bas. Ces découvertes initient le grand âge de la science qui ne cesse de s'amplifier au cours des quatre cents années suivantes.

Quelques temps avant Galilée, la suggestion radicale de Luther (1483-1546) - il énonce que chaque individu peut avoir une connexion directe à Dieu - sape l'autorité de l'Église catholique en tant que seule intermédiaire entre l'homme et Dieu. L'impact de ces évènements est profond, et est la cause des siècles de conflits religieux tandis que leur implication chemine dans la conscience de la culture dans son ensemble. Newton (1643-1727), avec ses découvertes formidables et leurs implications d'un univers mécanique et déterministe régi par des lois immuables, est une pression supplémentaire. L'influence puissante de la philosophie de Descartes (1596-1650) contribue à la fissure croissante entre la religion et la science et entre l'esprit et la matière. Galilée, Copernic, Kepler et Newton continuent néanmoins à penser leurs grandes découvertes comme des moyens de découvrir l'intention de Dieu et le fonctionnement de l'univers qu'IL a créé. Un univers sans Dieu leur est impensable.

Un faisceau d'influences plus tardif vient de la publication de *L'Origine des espèces* (1859) par Darwin, et de son hypothèse de l'apparition de l'homme sur notre planète qui est totalement différente de celle énoncée par le Livre de la Genèse. De même que les découvertes de Kepler et de Copernic ébranlent les fondements de la vision du monde médiéval, les découvertes de Darwin pourraient invalider la méta-narration chrétienne du récit de la création et de la Chute et donc, implicitement, la nécessité de rédemption par la mort sacrificielle du Christ. Sa théorie semble subvertir la nécessité de l'existence de Dieu. La théorie darwinienne inaugure un âge de découvertes, les hommes de sciences explorent les divers domaines, géologique, biologique et anthropologique de l'histoire de la planète. Suite à la persécution de Galilée, la science, en divergeant de la religion, commence à la supplanter en tant que fournisseur de découvertes inédites et stimulantes, et qui peuvent être testées et prouvées par des méthodes reproductibles.

En pliant sous la pression de cette philosophie séculière, le christianisme commence à s'affaiblir. En 1867, Matthew Arnold parle dans son poème *Dover Beach* du 'long rugissement de retrait' de la vague du christianisme. Nietzsche, conscient de l'impact de la théorie de l'évolution darwinienne, dans l'introduction de *Ainsi parlait Zarathoustra* pose cette question, 'N'avez-vous pas entendu dire que Dieu est mort?'. Il ne décrit pas tant la mort littérale de Dieu que la dégradation d'un système de croyance et d'une image de l'esprit en fin de course, car sans plus aucune numinosité et donc sans plus aucun intérêt pour des millions de gens. En l'espace d'une centaine d'années, la vague de la foi s'est retirée si loin qu'il ne reste rien à quoi aspirer sinon à rechercher des buts qui maintenant dominent notre culture moderne séculière, dont les dieux sont l'argent, le pouvoir et le mental rationnel. En quelques générations, les vieilles certitudes affaiblies par ces influences semblent, telles les palais ennuagés de Prospero, se volatiliser, alors que s'efface l'image d'une réalité transcendante et de notre longue relation avec elle. La raison, est-il proclamé, remplacera la Foi. Le mental rationnel de l'homme sera le nouveau dieu.

L'influence combinée de Darwin, Nietzsche, Freud et Marx à la fin du XIXè siècle pose les fondements d'une nouvelle méta-narration séculière: cette réalité matérielle est la seule que nous devons reconnaître; il n'y a pas d'autre réalité, il n'y a pas de dimension transcendante. Aucune nécessité de prier Dieu, aucun espoir de rejoindre Dieu ou le Christ après la mort car il n'y a ni Dieu, ni âme, ni royaume du ciel: la mort sonne l'extinction de la conscience. Sir Julian Huxley affirme cette croyance en 1963. Il écrit que "l'hypothèse de Dieu n'est plus scientifiquement tenable, a perdu sa valeur d'explication, et est un fardeau pour la pensée. Elle ne convainc ni ne réconforte, et son abandon apporte un énorme soulagement".[2]

Un énorme vide est laissé par l'affaiblissement de l'ancienne méta-narration, dans lequel s'engouffrent les idéologies séculières qui ravageront le monde au XXè siècle. Les idéologies utopiques du communisme et la vision hitlérienne nationale-socialiste séduisent des millions d'individus qui succombent à leurs croyances; ces mêmes croyances qui apportent l'asservissement et la mort à des millions d'autres. Les hommes qui les promeuvent souffrent de l'inflation de dieux omnipotents, à l'instar des leaders contemporains, de quelque foi ou sans foi, qui se sont inconsciemment identifiés à la puissance de l'archétype absent. Edward Edinger, dans son livre *The Creation of Consciousness: Jung's Myth for Modern Man*, résume ainsi les conséquences de cette situation:

> La dislocation d'un mythe central s'apparente à l'éclatement d'un vase contenant une essence précieuse; le liquide se répand et disparaît absorbé alentour par la matière indifférenciée. Le sens est perdu. À sa place, des contenus primitifs et ataviques sont réactivés. Les valeurs différenciées disparaissent et sont remplacées par les motivations élémentaires de pouvoir et de plaisir, faute de quoi l'individu s'expose au vide et au désespoir.[3]

La Dislocation de l'Ancienne Méta-Narration

Ceci est donc le climat culturel général prévalant dans ma jeunesse, et qui me laisse perplexe et insatisfaite du fait de mes voyages en Orient, où j'ai côtoyé l'idée qu'il existe un état d'éveil de l'esprit, ou un état de conscience, auquel nous pouvons accéder grâce à la contemplation et la méditation, et par notre alignement progressif sur un ordre transcendant de l'être. Rien de tel susceptible de me conduire à ce niveau de l'être ne semble exister dans l'Occident séculier, aucun chemin autre que le christianisme conventionnel et son insistance sur la foi, le culte et les obligations charitables, ou aucun chemin autre que la science et son orientation exclusive sur l'aspect physique de la réalité. L'expérience directe du numineux n'est jamais mentionnée dans les sermons dominicaux. Le vide. Je ressentais le désir d'une chose manquante au cœur et de la religion et de la science, une réponse aux éternelles questions humaines: qui sommes-nous et pourquoi sommes-nous ici? Quel est le sens de mon existence? Pourquoi la souffrance et le mal? Je m'aperçus que des milliers de personnes cherchaient les réponses à ces questions, pour remplir le vide laissé par la dislocation de l'ancienne image de Dieu et par l'affaiblissement des valeurs morales qui avaient guidé la culture chrétienne depuis des siècles, bien que ces valeurs eussent été ternies par la soif prédatrice de conquêtes territoriales et par la poursuite débridée de richesses et de pouvoir.

À cette époque (les années 50 et 60) des millions de gens, y compris moi-même, se détournent du christianisme, car ses croyances ne suscitent aucun élan de l'âme. Pour beaucoup, elles sont trop littérales, trop loin de nous, trop mâles et paternalistes, trop associées à la rigidité du dogme, trop ignorantes et intolérantes des autres traditions, et trop convaincues de leur propre infaillibilité. À la recherche d'une relation directe avec l'esprit, les gens se tournent vers les traditions shamaniques, vers les écrits d'Aldous Huxley et vers les mystiques comme le poète soufi Rûmî. Nombreux sont ceux qui, comme moi, partent en Orient pour explorer les enseignements hindous, bouddhiques, taoïstes, zen, et s'asseoir au pied d'un maître. Les femmes partent à la recherche de ce qui manque depuis longtemps à l'image patriarcale de Dieu — la dimension féminine du divin, et les valeurs féminines en voie d'épuisement dans une culture focalisée sur la 'survie du plus fort', et menée par une mentalité compétitive et un consumérisme vorace.

Au sein d'une culture à prédominance séculière, il est très tendance d'écarter les croyances religieuses comme des résidus d'une superstition primitive et dépassée. J'ai des affinités avec la position séculière, mais je crains, qu'en nous débarrassant de Dieu et de l'ordre transcendant, nous ne soyons livrés, d'une part à l'idée de l'homme sur ce que la création doit être, et d'autre part au rêve de l'homme de manipuler la création aux fins de ses propres intérêts et besoins. Quelles que soient les exactions commises sur la création par les religions qui prétendent connaître la volonté de Dieu, l'image transcendante nous a fourni une boussole morale pour forger des valeurs capables de protéger l'humanité contre le dangereux hubris — l'omnipotence divine — du rêve séculier et des distorsions avérées du rêve religieux. Ces valeurs primordiales sont mises au service de la vie et de sa protection: compassion, miséricorde, amour, vérité, justice et liberté.

Une Image de Dieu Dépassée

En langage mythologique, avec le délitement, la mort et la disparition du mythe dominant de notre civilisation dans le monde souterrain de l'inconscient collectif, nous pourrions dire que nous traversons une phase lunaire de mort ou d'obscurité. L'historien culturel Thomas Berry commente que "Nous sommes entre deux récits. L'ancien récit, description de comment le monde est advenu et de notre place en lui, n'est plus d'actualité. Nous n'avons pas encore appris le nouveau récit". (4) En termes mythiques, nous attendons la renaissance de la lune et un nouveau récit qui pourrait rassembler toute l'humanité dans une vision partagée de la réalité.

Au cours de la phase obscure, nous vivons néanmoins encore sous la fascination de la méta-narration solaire décrite aux chapitres Six, Neuf et Quatorze — le mythe prométhéen de progrès et de dominance de la nature par le pouvoir de la science et de la technologie. Cette méta-narration n'a aucune relation avec quelque dimension transcendante. Le mental humain est la valeur suprême. 'Progrès' sert les besoins supposés de notre seule espèce. Dans sa posture d'hubris, cette méta-narration séculière a banni l'aspect inconnu, inexploré, trans-rationnel de la vie et de notre propre nature. Paradoxalement, cette méta-narration émerge de la croyance, sanctuarisée dans le Livre de la Genèse, que Dieu a remis à Adam la domination sur toute la Terre.

L'éminent mythologue Joseph Campbell écrit dans *The Inner Reaches of Out-*

er Space que, de temps en temps, l'image de Dieu se doit de mourir pour ne pas devenir une idole. Elle doit devenir 'transparente à la transcendance afin d'être renouvelée'. [5] Le même thème apparaît dans la mort du Vieux Roi des traités alchimiques. À notre époque, le vieux roi peut se reconnaître non seulement dans l'image dépassée de Dieu mais aussi dans les croyances dépassées — pour moitié religieuses et pour moitié séculières — qui ne peuvent plus servir de contenants adéquats à l'âme de l'humanité. Il se pourrait que l'image de Dieu doive évoluer car il manque quelque chose à la vieille image.

Ce n'est peut-être pas Dieu qui est mort, mais plutôt l'image que nous avons projetée sur lui, une image élaborée par divers clergés, selon leur niveau de compréhension à une époque historique donnée. Il se pourrait que 'Dieu' se languisse de Sa libération de la camisole contraignante de nos croyances. Ou, pour utiliser une métaphore de jardinier, 'Dieu' est à l'étroit dans son pot exigu, restreint par l'image paternaliste, anthropomorphique, genrée qui est projetée sur Lui depuis des millénaires. Comme un illusionniste qui étale ses tours, nous avons coupé Dieu en deux et perdu totalement le sens de la divinité de la nature. Nous avons arrêté l'image du divin au genre masculin, nous avons refusé jusqu'à récemment d'entretenir l'idée que l'aspect féminin de l'esprit est essentiel à l'intégrité et à l'équilibre de l'image de la déité, et à l'équilibre d'une civilisation.

Teilhard de Chardin le suggère, nous devons élaborer une image radicalement inédite de Dieu et une nouvelle cosmologie en relation avec les découvertes phénoménales de la science, qui révèlent les dimensions sidérantes de l'univers. Nous avons besoin d'une image du mariage sacré qui puisse réunifier l'esprit et la nature — les deux aspects du vivant séparés par les croyances élaborées au cours de l'époque solaire. Teilhard de Chardin nous fait remarquer que "quelque chose semble avoir dérapé dans la façon dont Dieu est présenté à l'homme. L'homme semble n'avoir aucune représentation claire du Dieu qu'il désire vénérer". [6]

Jung anticipe cette situation dans *Psychologie et Religion*. Il comprend que la phrase de Nietzsche 'Dieu est mort' n'est pas à prendre littéralement, pas plus que la doctrine de l'Église sur la naissance virginale ou la résurrection charnelle du Christ, mais qu'elle traduit une transformation radicale à l'œuvre dans les profondeurs de la psyché humaine. Confrontant le besoin d'émergence du mythe chrétien sous une nouvelle forme, et présentant une interprétation mythique et symbolique renouvelée de la mort et de la résurrection du Christ, il écrit:

> Le mythe dit qu'il [Christ] ne serait pas trouvé là où son corps fut déposé. 'Corps' veut dire l'extérieur, la forme visible, le dépositaire ancien mais éphémère de la plus haute valeur. Le mythe ajoute que la valeur s'éleva de nouveau transformée de manière miraculeuse. La descente de trois jours en

enfer au cours de la mort décrit la disparition de la valeur dans l'inconscient, où, en conquérant la puissance de l'obscurité, elle établit un nouvel ordre, et s'élève à nouveau vers les cieux, c'est-à-dire atteint la clarté suprême de la conscience. Le fait que seule une poignée d'hommes voit le Ressuscité signifie que de grandes difficultés se tiennent sur le chemin de recherche et de reconnaissance de la valeur transformée.[7]

Une fois de plus, comme aux premiers siècles de l'ère chrétienne, il semblerait que de nouvelles outres soient nécessaires pour contenir le vin de la nouvelle révélation. Jésus, il y a deux mille ans, nous fait remarquer que les outres s'usent et doivent être remplacées. Mais comment créons-nous le flacon qui pourra accueillir la nouvelle vision de la réalité et une autre image de Dieu? Comment abandonnons-nous les croyances et les certitudes dogmatiques qui, au cours des millénaires de l'ère patriarcale, sont la cause de tant de souffrances indescriptibles et inutiles et du sacrifice de millions de vies? Je n'ai pas les réponses à ces questions. Mais je sais que tant que le nouveau vin est naissant, nous devons soutenir la tension entre l'ancien et le nouveau.

Nous sommes comme il y a deux mille ans, quand les disciples de Jésus essayent d'assimiler ce qu'il leur dit — c'est si totalement différent du système de croyances et des valeurs brutales qui gouvernent le monde de l'époque. Ces nouveaux enseignements et ces valeurs autres effleurent à peine la conscience qui gouverne le monde, en dépit des déclarations d'allégeance des leaders politiques et religieux. Des millions se disent chrétiens et pourtant ces mêmes millions contournent l'enseignement du Christ sur la compassion et l'injonction de ne pas verser le sang de nos semblables. Le christianisme dégénère en querelles entre les diverses obédiences, à propos de l'homosexualité et de l'ordination des femmes.

De grandes quantités de textes sur le christianisme, perdus au cours des persécutions des premiers siècles, sont maintenant retrouvés, y compris les très importants textes gnostiques découverts en 1945 à Nag Hammadi, en Égypte.[8] Mais à ce jour, il n'existe aucun flacon culturel pour accueillir ces matériaux retrouvés, aucun moyen de les intégrer ou de les unir aux traditions religieuses orthodoxes, car ces dernières s'accrochent âprement et même fanatiquement à l'interprétation littérale des 'vielles outres', textes d'une révélation rédigés il y a des millénaires.

Le niveau de conscience atteint par les 'croyants' ne semble pas suffisamment ferme pour tolérer une transformation de l'image de Dieu; pourtant, si l'image de l'esprit ne change pas de façon à pouvoir unir les archétypes féminin et masculin, il semble douteux que la conscience humaine puisse évoluer encore, car elle est prisonnière soit d'une image de Dieu déséquilibré ou incomplète, soit d'un athéisme qui nie toute idée de Dieu. Nous savons maintenant pourquoi la dimension féminine du divin est répudiée par les trois religions patriarcales mais il est renversant qu'elles ne questionnent pas le concept — ou l'image de Dieu — hérité du passé. Susanne Schaup remarque dans son livre *Sophia, Aspects of the Divine Feminine*:

> L'image de Dieu des religions occidentales, y compris le judaïsme et l'islam, est une image masculine, malgré toutes les protestations du contraire, et est de ce fait la cause directe de la dévalorisation du Féminin et des priorités féminines de notre culture.... Ce qui donne à une culture sa légitimité est, ultimement, son concept sous-jacent de Dieu. Si ce concept ne change pas, rien ne peut changer... aucun changement de paradigmes scientifique, écologique ou sociétal ne peut produire d'effet, aussi longtemps que le paradigme théologique ne change pas avec eux. [9]

Malgré les efforts de nombreuses féministes de 'marier' l'image féminine de la déité avec l'image masculine et malgré la transformation de par le monde de la conscience vis-à-vis de notre relation à la planète, le fait demeure que le monde est gouverné par une mentalité patriarcale. Les nations puissantes continuent à être en compétition pour le pouvoir et les ressources au lieu de se réunir pour se mettre au service de l'organisme planétaire menacé. Il ne se dégage encore aucun consensus politique pour œuvrer ensemble et formuler des valeurs autres, bien qu'un mouvement en ce sens apparaisse et s'organise.

Nous vivons dans un interrègne tumultueux, rendu particulièrement dangereux du fait de notre capacité centuplée à nous détruire et à endommager irrémédiablement le maillage du vivant de notre planète. Alors que la 'mort de Dieu' est bien accueillie par la culture séculière, ce fait crée néanmoins, chez beaucoup de gens, une anxiété inconsciente et une peur intense du vide, et il génère un vide moral autant qu'une posture fondamentaliste défensive de la part de la religion et de la science. Le jihadiste qui croit que la volonté d'Allah est que l'islam conquière le monde, tire peut-être la puissance de son idéologie de sa peur, à l'instar des fondamentalistes chrétiens. Les racines de l'inclination à polariser sont profondément enfoncées dans notre passé solaire et elles sont confortées dès qu'une situation d'incertitude, d'anxiété ou de conflit se présente.

Le Conflit entre les trois Religions Patriarcales

Nous pourrions dire que la situation politique dangereuse au Moyen-Orient, avec Jérusalem au centre, est au fond un conflit entre les trois traditions religieuses, chacune se pensant porteuse d'une révélation spéciale et unique et chacune tenant Jérusalem pour sa cité sainte. N'importe quelle menace perçue ou remise en question du système de croyance collective est automatiquement reçue par une défense furieuse, voire hystérique. La raison pourrait en être que dans les profondeurs de la psyché, les croyances religieuses sont liées aux instincts de survie du groupe et aussi à la possession du territoire, tenu pour sacré par les générations successives. Une menace à la religion est une menace à la survie du groupe, et au lien profond et sacré entre les membres de ce groupe et le territoire que Dieu aurait donné à ce groupe il y a des millénaires. Il est rarement possible de suggérer que certaines croyances pourraient gagner à être modifiées, ou même écartées, au profit d'une nouvelle compréhension, car d'une part ces croyances sont profondément enracinées et d'autre part sous elles se cache la terreur du manque de sens de l'existence humaine.

Dans le lointain passé, la croyance du peuple juif - qu'il est le 'peuple élu'- mène à l'exclusion des autres groupes, et confère aux relations entre les divers groupes ethniques et religions une touche 'Caïn et Abel'. Les chrétiens proclament qu'eux aussi sont des 'élus', détenteurs d'une révélation qui leur est apportée par le Fils de Dieu et leur religion est donc, par voie de conséquence, supérieure aux autres qu'elle vise à supplanter. De cette conviction découle l'inflation de la posture évangélique du christianisme et son dédain des autres traditions religieuses, dont elle tente de convertir les croyants à la 'vraie religion'. Que reste-il à l'islam sinon que de suivre l'exemple chrétien en diffusant sa religion par tous les moyens possibles, dans le but de supplanter le christianisme par le seul fait du nombre et de la force des armes? En termes psychologiques, la totalité de ce processus inconscient a mis en place une rivalité de fratrie entre les trois 'frères' patriarcaux, partout et à chaque fois que leurs révélations propres sont interprétées de façon littérale et conflictuelle.

Le vieux schéma de comportement atavique du prédateur tuant sa proie, déjà bien ancré dans les rivalités tribales, se trouve inconsciemment intégré aux religions: le sacrifice humain en défense d'un système de croyance ou d'une idéologie est acceptable à Dieu, il l'approuve et le revendique. L'idée qu'un système de croyance donné est plus vrai, plus plaisant à Dieu que les autres et ouvre le chemin de la rédemption dont les autres sont privés, est acceptable et fait partie de l'enseignement religieux, intoxiquant ainsi des générations d'enfants avec cette idée pernicieuse. Pire encore, l'idée que quiconque considéré comme une menace à cette tradition peut être tué, dans le but de préserver ou promouvoir cette 'vraie' religion, constitue la trame de l'enseignement et fait son nid dans les idéologies et les relations entre nations. L'Église chrétienne est lacunaire et altérée depuis le IVè siècle, du fait de l'exclusion de certains textes gnostiques tenus pour inacceptables par un groupe d'individus très puissants, et du fait de son intégration à la puissante institution politique de l'empire romain. Sa mission sacrée s'en trouve dégradée par les moyens qu'elle adopte pour maintenir et étendre son pouvoir.

Mauvais Traitement de Dieu

L'image de Dieu léguée par les religions patriarcales dessine un Dieu transcend-ant, créateur de la Terre depuis le lointain, distant et séparé du monde créé, et de nous-mêmes. L'idée de l'immanence de Dieu se perd totalement — une idée que le philosophe juif Spinoza (1632-1677) tente de faire revivre an XVIIè siècle, et il subit la persécution de la communauté juive à cause de ses positions. L'image de Dieu est inscrite dans un système de croyance qui fige le divin dans une déité mâle et rejette, ou échoue à inclure, et la dimension féminine du divin et l'idée que la création matérielle, y compris le corps, sont une théophanie — manifestation du substrat ou de la source divine. Comment alors la vie humaine, l'expérience humaine, pourraient-elles être valorisées et honorées en tant que don précieux et sacré, véhicule du divin? Comment alors la vie de la Terre et de ses espèces pour-rait-elle être respectée?

L'image archétypale que nous avons créée creuse la scission en notre nature propre entre le mental conscient et la matrice de l'instinct. Le problème ne vient peut-être pas de Dieu mais de comment Dieu est utilisé pour servir notre propre programme. Les chrétiens (pour se concentrer sur une seule religion) croient que Dieu ratifie leurs parti-pris de persécution des femmes, des homosexuels, des noirs (esclavage) et des gens revendiquant un système de croyance autre, qu'ils soient juifs, musulmans ou peuples indigènes de tous continents. Ils prétendent que la révélation chrétienne est supérieure aux autres, et tentent, ou ont tenté, de conver-tir les peuples à la 'vraie' religion de Dieu, prêchant que croire est le chemin vers la rédemption et qu'il n'y a point de salut hors l'Église. Pendant des siècles, ils persécutèrent les shamans, les visionnaires, les prophètes, les mystiques et toutes personnes qui auraient pu introduire une expérience autre de l'esprit. Maître Eck-hart, un des très grands mystiques chrétiens, qui énonça que 'Rien n'existe en dehors de Dieu', aurait été brûlé si, par bonheur, il n'était mort avant que l'Église ne puisse mettre en œuvre un jugement et une condamnation à mort. Giordano Bruno, condamné pour hérésie et blasphème, est mort sur le bûcher pour avoir dit que Dieu est présent dans la nature.

Malgré l'extraordinaire réussite à fédérer la société dans une vision partagée, le mauvais traitement de Dieu et des créatures de Dieu est le vice majeur de toute l'histoire de la religion patriarcale. Avec la 'mort' de Dieu annoncée par la culture séculière, nombre de ces vieilles habitudes et vieilles croyances commencent à changer. Et pourtant nous voyons encore des 'croyants' chrétiens se quereller à propos de l'homosexualité et de l'ordination des femmes. Nous sommes témoins de la persécution continue des femmes au nom de l'islam, en Afghanistan, au Pa-kistan, en Iran, théocratie autoritaire et répressive (liste non-exhaustive). Nous sommes témoins de l'animosité sanglante entre les branches chiite et sunnite de l'islam. Dans beaucoup de ces situations de persécution, les coutumes tribales anciennes et les préjugés humains convergent avec le commandement divin.

A quoi sert la croyance si elle ne conduit pas à plus de compréhension et de compassion? A quoi sert l'adoration du Fils sacrifié de Dieu si nos habitudes comportementales ne changent en rien? Christ approuverait-il les armes de destruction massive? Approuverait-il Hiroshima? l'uranium appauvri, les bombes à fragmentation, les drones robotisés et les bombardements de Bagdad?

La lecture littérale du livre de l'Apocalypse conduit les chrétiens évangélistes (pas moins de 40% des Américains) à espérer avec ferveur la 'fin du monde' et Armageddon — la bataille finale qui précédera 'l'Enlèvement' et la seconde venue du Christ. Les musulmans chiites attendent le retour du Mahdi dans l'espoir similaire d'un nouvel ordre mondial. Les juifs ultra-orthodoxes attendent le Messie. Toutes ces idéologies qui invoquent la venue d'un ordre nouveau après l'élimination de l'ancien, et la croyance millénariste récurrente que cet ordre nouveau sera amené par une bataille finale, trouvent leur origine commune dans la mythologie lunaire, et la renaissance du croissant de lune après le 'bannissement' de sa phase noire. Cependant, sous l'influence du legs polarisateur de la mythologie solaire, les attentes de la venue du nouvel ordre admettent un sacrifice massif lors de la bataille finale des forces de lumière et des ténèbres, passage obligé à l'établissement de ce nouvel ordre. Les chrétiens 'born-again' croient que seuls les 'élus' seront sauvés par l'Enlèvement, et élevés aux cieux instantanément. Les autres périront.

Quand les croyances littérales prennent possession de la psyché collective, instillées à un public crédule et enfiévré par un clergé et des prophètes convaincus de l'authenticité du message, elles peuvent engloutir les plus hautes valeurs religieuses et ensorceler (il n'y a pas d'autre mot) ceux qui prétendent croire en Dieu. Toutes ces perversions sont issues du concept erroné de la nature de Dieu — adoration d'une idole au lieu d'authentique compréhension de la nature du divin.

Pourtant, décodées comme métaphores plutôt que comme Verbe littéral de Dieu, ces prophéties de fin du monde, de venue du Messie et d'ordre nouveau, pourraient se comprendre comme faisant référence à l'éveil de la conscience de toute l'humanité, et ne prédisent pas la venue d'un rédempteur qui imposerait un ordre nouveau. Le rabbin David Cooper écrit dans son livre *God is a Verb* que "les kabbalistes disent que nous nous approchons rapidement d'un autre changement de paradigme de notre perception. Elle se nommera conscience messianique, et nous comprendrons tout sous un éclairage totalement nouveau". [10]

L'Influence de l'Orient

Depuis les années 50, de plus en plus de personnes de culture chrétienne partent en Orient en quête de la sagesse dispensée par les enseignements hindous, bouddhiques, zen, taoïstes, soufis — tradition mystique de l'islam. Un trésor inestimable de textes en provenance de l'Orient ont commencé à déferler sur l'Occident. Ils nous enseignent des techniques de méditation à même d'ouvrir une voie de communion directe avec la dimension transcendante de la réalité — une voie vers l'expérience de l'éveil. À l'instar de ce qui m'est arrivé au cours de mes deux voyages en Orient, ces personnes rencontrent une image de l'esprit radicalement autre, et découvrent les concepts de responsabilité karmique et de réincarnation. Elles absorbent l'idée que la souffrance est causée par l'inconscience, ou l'ignorance de la nature de l'esprit, substrat du vivant.

Chacune de ces anciennes traditions a contribué à la naissance d'une nouvelle conscience en Occident. Nombre de textes, dans d'excellentes traductions, sont disponibles à une audience attentive. Les poèmes de Rûmî sont 'culte'. Tsultrim Allione, avec son livre *Women of Wisdom* (1984), attire l'attention sur les femmes extraordinaires du bouddhisme tibétain. Aldous Huxley ouvre la porte à l'expérience psychédélique et au recouvrement des traditions shamaniques des Peuples Indigènes. Les maisons d'édition spécialisées dans ces publications sont en plein essor.

L'invasion du Tibet par la Chine en 1950 force beaucoup de Tibétains à fuir en Inde, aux USA et en Europe. Certains apprennent nos langues et deviennent des maîtres de renom, dont les livres ont un impact considérable sur notre culture. *Le Livre tibétain de la vie et de la mort* de Sogyal Rinpoche est très largement lu. Ils apportent avec eux leurs méthodes ancestrales du soin et de la méditation, et offrent une approche différente du traitement de la maladie de l'âme et du corps. Sa Sainteté le Dalaï-lama est tenu par des millions de gens pour le plus grand leader spirituel de notre époque.

La Californie est depuis de nombreuses années une pépinière de ces idées, pratiques et méthodes de contemplation venues d'Orient et un centre pour le développement spirituel de l'individu; mais l'Europe également accueille de nombreux moines tibétains, et des temples et des centres d'enseignement se sont construits dans plusieurs pays, présentant le bouddhisme à des milliers de gens en recherche d'une approche différente de la spiritualité. Le moine vietnamien Thich Nhat Hanh dirige un centre très renommé au village des Pruniers en France. Le Maharishi Mahesh Yogi, fondateur du mouvement de Méditation transcendantale, a des milliers de disciples et a établi un centre en Angleterre.

Les gens se tournent vers des méthodes de soins alternatives telles l'acupuncture, l'aromathérapie, la réflexologie et la phytothérapie chinoise, ainsi que la médecine ayurvédique et l'approche largement utilisée de l'homéopathie. Malgré l'opposition virulente de la médecine allopathique à ces anciennes méthodes de soins, des milliers d'hommes et de femmes s'y forment et des millions s'en servent. Une attitude empathique et une approche holistique de la guérison, qui traite le corps et l'esprit comme une totalité organique, fondent ces thérapies. Toutes ces diverses influences commencent à avoir un impact sur le vide laissé par la déconstruction de l'image de Dieu, héritée de notre passé patriarcal.

La Cosmologie de l'Orient

Nous trouvons dans les religions de l'Orient une approche unificatrice — plus proche de l'enseignement de la Kabbale décrit au chapitre Trois. Cette tradition mise à part, la science indienne de l'âme est la plus ancienne, la plus sage et la plus élaborée. Depuis 5000 ans, et sans doute plus encore, les grands sages de l'Inde enseignent l'unité qui sous-tend toute la création et ne séparent jamais les dimensions visibles et invisibles du réel. De leur point de vue, la totalité de l'organisme du monde que nous connaissons, et l'organisme des individus humains, sont l'expression, la manifestation et le lieu de résidence de l'esprit. Le professeur Ravindra nous dit dans son livre *Science and the Sacred*:

> L'unité de tout ce qui existe est la connaissance essentielle de la Vérité vers laquelle toute le sagesse indienne pointe. Cette perception n'est pas étrangère aux autres cultures; mais en Inde tous les grands sages insistent sur ce point. En fait, la réalisation de cette vérité est ce qui, en Inde, définit la grandeur d'une personne. Bien que cette vérité, 'Tout est Un', soit facile à énoncer, les sages disent aussi que réaliser cette vérité dans les tréfonds de son être peut demander plusieurs vies. Et la réalisation de cette vérité est tenue pour la raison de l'existence humaine. Tout l'art, toute la philosophie et toute la science, s'ils sont vrais, reflètent cette vision et favorisent sa réalisation… Depuis au moins quatre mille ans, les sages en Inde affirment l'unité sous-jacente de tout ce qui existe, tout ce que nous appelons animé et inanimé, et disent que la recherche de la sagesse consiste en la réalisation de cette vérité. [11]

Les mystiques de toutes les grandes cultures dont nous avons connaissance savent que notre conscience interagit avec le substrat invisible du vivant qu'ils nomment Brahman, Tao ou simplement Vide. Les mystiques chrétiens parlent du mystère de l'Obscurité Divine de Dieu. Denys l'Aréopagite, qui vit au Vè siècle EC, écrit que 'la connaissance de Dieu la plus divine, celle par laquelle il est connu par le fait même de ne pas connaître, selon l'Union qui transcende le mental, se produit quand le mental, se détournant de toutes choses et de lui-même, est uni avec les rayons éblouissants et ici et maintenant illuminé en la profondeur impénétrable de sagesse'.[12] Plus de mille ans plus tard, le poète anglais Thomas Vaughan (1622–1695) écrit: "En Dieu — disent certains — se trouve une obscurité profonde et éblouissante…. Ô, que cette nuit en Lui je puisse vivre, invisible et sans éclat".

La Recherche d'une Vision Unifiée: Guérir la Plaie dans le 'Corps' de Dieu

Il y a de nombreuses années, je fis le rêve que je marchais dans un espace sauvage de rochers et de schiste, un paysage similaire à celui des Alpes au-dessus de la limite des arbres. J'entendis soudain une voix gémir 'Aide-moi. Aide-moi'. Je regardai à la ronde mais ne vis personne. La demande se répéta et semblait venir du sol sous mes pieds. Je me penchai pour regarder et vis une minuscule bourse en cuir enfouie dans la poussière, quasiment cachée par les rochers et les pierres. Je la ramassai et l'ouvris. Un petite pierre se trouvait à l'intérieur et c'est de là que la voix venait. Une pierre est-elle consciente? me demandai-je. Peut-elle communiquer avec moi par des mots? 'Comment puis-je t'aider?' lui demandai-je, tandis qu'elle se réchauffait à la chaleur de ma main. Elle ne me donna aucune réponse mais l'urgence de son appel me hanta. Je devais trouver ce qui avait besoin d'aide et comment l'aider.

J'ai fini par comprendre que ce qui a besoin d'aide est la conscience enfouie dans l'aspect le plus profond de notre vie psychique autant que dans l'aspect le plus dense de la matière qui, nous dit-on, est 'inerte' et n'a pas de conscience – un aspect égaré de l'esprit qui n'est pas reconnu comme esprit; quelque chose qui demande à être rédimé de son état d'immolation créé par nos croyances. L'image de l'esprit héritée du passé peut être écartée à certaines époques, mais l'archétype de l'esprit sera toujours redécouvert sous une forme nouvelle, réintégrant les aspects de lui-même qui auraient été scindés ou exclus dans le passé du fait de notre compréhension trop limitée. Des années après ce rêve, alors que j'explore l'enseignement de la Kabbale, je trouve ce passage dans la traduction d'un texte écrit par le grand kabbaliste du XVIè siècle, Moise Cordovero, et je réalise alors qu'il livre la définition de Dieu que je cherche et ne peux trouver dans le christianisme:

> L'essence de la divinité se trouve dans chaque chose simple — rien d'autre qu'elle n'existe. Puisqu'elle est la cause de toute chose, rien ne peut vivre grâce à autre chose. Elle les vivifie; son existence existe en chaque existence… N'attribuez aucune dualité à Dieu. Laissez Dieu être uniquement Dieu.… Ne dites pas 'Ceci est une pierre et non Dieu'. Que Dieu nous en garde! Toute existence est Dieu, et la pierre est une chose imprégnée de divinité.… Rien n'est dépourvu de sa divinité. Tout est en elle; elle est en tout et hors de tout. Il n'y a rien sinon elle. [13]

Ces mots se font l'écho, non seulement de ceux de Maître Eckhart et de tant d'autres mystiques, mais aussi de ceux de Jésus, dans l'Évangile gnostique de Thomas, qui dit que le Royaume de Dieu est dispersé partout sur la Terre et que les hommes ne le voient pas. La vue pénétrante relative à la présence de la divinité en chaque atome du vivant est précisément ce qui manque à notre concept de Dieu et c'est ce manque qui a conduit à la scission de l'esprit et de la nature, et ultimement, à celle de la religion et de la science, ainsi qu'à notre faculté croissante d'infliger la destruction à nous-mêmes et à la vie de la planète.

La Nature en tant que Théophanie

Curieusement, il existe au IXè siècle un exposé très clair et très beau de la nature en tant qu'expression ou théophanie de l'esprit. Ce concept s'épanouit au sein du christianisme celte jusqu'à la répudiation de ce rameau du christianisme — après le synode de Whitby en 664 AC — au profit de la version romaine ou catholique. Il survit pourtant puisqu'il se retrouve dans l'œuvre de John Scot Érigène (810–877), grand savant irlandais de renom et néo-platonicien qui vit à la cour de France et contribue, grâce à ses traductions des travaux de Denys l'Aréopagite, au grand essor culturel qui informe la construction des cathédrales gothiques. Il est l'auteur d'un livre extraordinaire *Periphyseon* ou *De Divisione Naturae*. J'avais rencontré ce livre pour la première fois à Oxford au cours de mes études d'histoire médiévale et déjà il m'avait profondément marquée. Mais je ne réalisai pas son importance jusqu'à récemment, quand je croisai ces mots électrisants, communication d'un maître à son élève, qui effacent la scission entre créateur et création:

> Nous ne devrions donc pas comprendre Dieu et la création comme deux choses différentes, mais comme une seule et même chose. La création subsiste en Dieu, et Dieu est créé en sa création de façon remarquable et ineffable, se manifestant Lui-même et, bien qu'invisible, se rendant visible et, bien qu'incompréhensible, se rendant compréhensible et, bien que caché, se révélant et, bien qu'inconnu, se rendant connu; bien que sans forme ni espèce, se dotant de forme et d'espèce; bien que supra-essentiel, se rendant essentiel… bien que créant toutes choses, se faisant créer en toutes choses. Le Faiseur de tout, fait en tout, commence à être éternel, et bien qu'immobile, bouge en toutes choses et devient toutes choses en toutes choses.… Donc la matière elle-même, dont nous lisons qu'Il a fait le monde, est de Lui, et en Lui, et Il est en elle dans la mesure où elle est comprise comme ayant un être. [14]

Quelle différence radicale entre cette vision de Dieu et celle avancée par les trois religions patriarcales majeures; quelle satisfaction elle procure et comme elle est proche des traditions orientales. Dieu est décrit comme Source cachée et Processus Manifeste ou Forme, à la fois immanent et transcendant, tout comme dans la tradition de la Kabbale. Le livre d'Érigène est condamné par l'Église car elle pense qu'il promeut le panthéisme — la présence de Dieu dans la nature. Heureusement, son œuvre remarquable a survécu bien que lui-même fût assassiné par ses propres moines en l'abbaye de Malmesbury à son retour en Angleterre, sans doute du fait de la nature hérétique de ses idées.

Un Vin Nouveau dans de Nouvelles Outres: la Spiritualité Nouvelle

Un rétablissement progressif d'un sens du sacré s'accomplit sous la surface de notre culture depuis une cinquantaine d'années, provoqué par la crise multi-facettes de notre époque. À présent, grâce au pouvoir d'alerte des mouvements pour l'environnement et grâce aux découvertes inédites de la science, nous sommes conviés à entrer dans une ère nouvelle, où la nature — vie de la Terre — et tous les miraculeux processus et schémas du vivant sont à nouveau reconnus comme sacrés, tels qu'ils l'étaient dans les cultures shamaniques.

Ce nouveau mouvement, que certains nomment le 'Grand Éveil', commence à guérir la scission entre l'esprit et la nature ou la plaie du corps de Dieu, qui a si tragiquement rongé les trois religions patriarcales et toute l'ère solaire. Cependant, puisque ni la religion dominante ni la science ne sont conscientes de l'origine de cette scission et de son influence sur nos décisions et nos comportements, aucune ne semble à même de s'engager dans ce processus d'éveil, et de confronter les immenses défis auxquels nous avons à faire face à présent. La résistance au changement est immense car par instinct, nous percevons le changement comme une menace à notre survie: il est plus sécurisant de rester dans le connu que de tracer un chemin dans l'inconnu.

Une nouvelle méta-narration, une nouvelle vision du monde est nécessaire, une chose qui dépasse le connu et l'inconnu. À l'instar du récit médiéval du Graal — Parsifal, après de nombreuses tentatives, guérit la plaie du Roi Pêcheur en posant la bonne question 'Quel est ton mal, Père?' — peut-être devrions-nous nous poser cette même question au sujet de nos croyances, de nos valeurs et de notre culture.

Joseph Campbell reconnaît la nécessité d'un nouveau mythe quand il écrit que 'Les dieux anciens sont morts ou mourants, et partout les gens cherchent et demandent quelle sera la nouvelle mythologie, la mythologie de cette terre unifiée comme un seul être harmonieux'. [15] Il répond que la Terre, pays auquel nous tous appartenons, sera le nouveau mythe. Il anticipe que ce nouveau mythe de la Terre en tant que notre maison cosmique pourrait nous aider à dépasser nos divisions et nos rivalités qui masquent notre relation essentielle avec la planète, avec le plus vaste cosmos et entre nous.

Des milliers, sinon des millions d'individus recherchent de nos jours le champ unifié en science mais aussi une vision unifiée de la vie — une vision unifiée de l'esprit, de la nature et de l'humanité qui arriverait juste à temps pour tempérer les effets catastrophiques de notre vision fragmentée de la vie. L'avènement de cette vision réclame que nous abandonnions nombre de nos chères croyances et réclame une transformation radicale de nos valeurs. Notre connaissance du monde et de l'univers croît exponentiellement. Nous sommes submergés par des informations relatives à pratiquement tout ce que nous observons, toutefois nous ne comprenons presque rien au mystère de notre présence ici ni au rôle évolutionnaire de notre espèce sur notre planète.

Supposons que la source cosmique d'où nous venons attire notre retour vers elle et aide notre conscience à se relier à elle pour accomplir son intention évolutionnaire. Le besoin actuel d'une nouvelle façon de vivre et d'interagir entre nous et avec le Cosmos est criant. Un poème écrit en 1945 par Christopher Fry pour une pièce intitulée *A Sleep of Prisoners* l'exprime magnifiquement.

> *Le cœur humain peut se mesurer à Dieu*
> *Obscurs et froids nous sommes, il ne s'agit*
> *Point céans d'hiver. La frigide désolation*
> *Des siècles se rompt, craque, s'ébranle;*
> *Le tonnerre est tonnerre des banquises,*
> *Le dégel, l'aube du printemps.*
> *Dieu merci notre temps est maintenant quand le mal*
> *Partout à nous se présente.*
> *Jamais plus nous lâchant jusqu'à notre*
> *Enjambée de l'âme la plus longue que l'homme ait jamais prise.*
> *Les questions sont de l'envergure de l'âme,*
> *L'entreprise est l'exploration en Dieu.*
> *Vers où progressez-vous?*
> *Tant de milliers d'années pour s'éveiller*
> *Mais allez-vous vous réveiller, par pitié?*

La vieille idée de notre séparation d'avec Dieu se rompt, craque, s'ébranle. Un printemps régénérant nous presse de prendre l'enjambée de l'âme la plus longue que l'homme ait jamais prise vers le cœur de Dieu. Les découvertes extraordinaires sur la taille, la complexité et l'incroyable beauté de l'univers ouvrent la voie à une nouvelle cosmologie, une nouvelle façon de vivre et de se relier les uns aux autres et à la planète. Cette méta-narration naissante provoque l'effondrement des vieilles croyances, des vieilles images de Dieu, de la nature et de notre propre nature humaine. Elle met à mal nos structures politiques et économiques, notre asservissement à des croyances obsolètes et des automatismes de comportement ataviques. Elle éveille notre cœur, notre âme, souvent par des moyens qui peuvent nous paraître bizarres ou menaçants. Parfois, et les personnes qui travaillent dans le domaine de la psychothérapie le savent, une dégradation précède une avancée. La déconstruction de l'image ancienne de Dieu est un aspect de ce nécessaire processus. Il existe un risque que la dégradation ne précipite une régression à un état plus inconscient, où nous pourrions perdre le trésor inestimable de la civilisation. Aiderons-nous ce processus simultané de mort et de renaissance qui se déroule en nous et au sein de notre culture ou y résisterons-nous? La suite en dépend. L'heure est à la redoutable prise de responsabilités.

La culture fait face à un dilemme et c'est notre problème actuel. Une partie – celle qui concerne les institutions établies, qu'elles soient religieuses ou politiques – continue à agir en phase avec l'ancien paradigme solaire de la séparation de l'esprit et de la nature. Elle continue à penser en termes de compétition entre les nations. Elle est encore hypnotisée par l'idée de progrès et de pouvoir, acharnée à conquérir et à contrôler la nature et à exploiter les ressources de la planète à des fins de profit financier de quelques nations et corporations, et au bénéfice de la seule espèce humaine. Elle glorifie les accomplissements technologiques de la science mais échoue à s'attaquer à la misère et à la souffrance de milliards de gens, et les effets désastreux de la surpopulation sur l'organisme planétaire. En 2018, la population est de 7.6 milliards d'humains; cette partie ne semble pas voir qu'une vie décente est de plus en plus impossible à des milliards de gens qui déjà peinent à survivre sans nourriture ni eau potable.

L'autre partie apprend vite à penser en termes de globalité et comprend que notre espèce ne peut s'abstraire de la biosphère de la planète. Elle réalise que les conflits de pouvoir nationalistes sont de plus en plus obsolètes et dangereux et que la guerre n'est plus une option pour nous. Elle considère que notre armement et les dépenses colossales en armes et les ventes d'armes sont réellement obscènes. Elle voit la croissance de la population comme une des grandes menaces à la survie de notre espèce, de millions d'autres espèces et au bien-être de la planète en général. Ce profond malaise sociétal peut nous aider à dépasser notre mentalité séculière actuelle, et à dépasser les religions du passé qui nous plombent pour aller vers une nouvelle spiritualité qui unifie les deux grands archétypes du vivant en un mariage sacré de l'esprit et de la nature. Cette nouvelle spiritualité, qui associe le meilleur aspect des grandes traditions spirituelles du passé, y compris les traditions indigènes, pourraient ouvrir la voie à une compréhension renouvelée de notre rôle au sein de ce drame cosmique époustouflant. De nombreuses personnes découvrent que l'expérience de l'esprit est totalement différente de ce qu'elles acceptaient comme la 'vérité' par le passé. Dans leurs découvertes, Dieu n'est pas divisé. Il n'y a rien en dehors de Dieu. Dieu, comme Maître Eckhart le savait, est toute la vie cosmique.

La Conscience Cosmique

Je me souviens de mon enthousiasme à la découverte de ce passage dans *Return to the Centre* de Bede Griffiths:

> L'évolution de la matière depuis le commencement mène à l'évolution de la conscience en l'homme; c'est l'univers lui-même qui devient conscient en l'homme.... C'est le mouvement interne de l'Esprit, immanent en la nature, qui provoque l'évolution de la matière et de la vie à la conscience, et le même Esprit à l'œuvre dans la conscience humaine, latent en chaque homme, est toujours à l'œuvre pour mener à la vie divine. [16]

Ces mots, comme ceux d'Aurobindo dans son livre extraordinaire *La Vie divine*, et la vision de Teilhard de Chardin de l'humanité s'avançant vers ce qu'il nomme le Point Oméga, m'aident à voir que l'évolution de la vie sur notre planète est comme une plante, une croissance organique qui plonge ses racines dans un tréfonds inconnu. Sa floraison est un potentiel en nous, une chose dont nous avons à faire l'expérience, dont seuls quelques pionniers de la conscience ont connaissance. Cette chose se déploie et évolue de l'intérieur, sur des millions d'années, à l'instar de la forme potentielle du chêne contenue dans le gland. Nous ne pouvons pas savoir la forme finale jusqu'à ce que nous l'atteignions, mais nous pouvons comprendre le processus évolutif qui nous a formés et coopérer consciemment avec lui.

Les trois très grands sages du siècle dernier l'ont suggéré, l'esprit de tout temps immanent ou actif dans notre dimension de la réalité nous conduit à l'ultime révélation qui répond à la question de Kepler, mentionnée en début de chapitre, et nous dit que, en notre substance spirituelle et en notre substance physique, nous sommes de l'essence du divin: tout ce que nous voyons, percevons, et méditons est de cette essence. Du point de vue de l'esprit, il a généré la dimension matérielle du réel afin d'étendre l'expérience qu'il a de lui-même — afin de pouvoir se connaître à travers toutes les facettes de la vie qu'il a créée, y compris notre espèce, qui jusqu'à présent est la seule à pouvoir consciemment le connaître. La compréhension de Teilhard du processus évolutif, qui décrit la vague ascendante de la conscience contenue dans les processus de vie de la terre, est l'idée la plus captivante de notre temps. Mais, demande-t-il, cet Esprit Évolutionnaire universel 'fleurira-t-il à temps pour assurer qu'une fois atteint le point de super-humanité, nous saurons ne pas nous déshumaniser?' [17] Ceci est la question qui nous confronte en ce temps de tous les dangers.

Notre conscience se trouve à présent au seuil de sa rencontre avec la conscience cosmique. Le champ invisible qui nous relie à la vie galactique résonne de son appel à entrer en relation avec lui, et beaucoup de gens répondent à son appel. Une nouvelle perception de la vie, canalisée par des milliers de gens, informe notre culture: la perception de l'univers comme une totalité organique, sacrée et vivante, dont nous sommes des participants conscients. Il semblerait que nous soyons arrivés au point où nous pouvons faire l'expérience de cette conscience cosmique, de ce mental cosmique, de cette âme cosmique (j'utilise ces termes de façon interchangeable) en tant que vaste champ ou substrat d'où notre conscience s'élève et en lequel elle participe. Cette nouvelle (et pourtant très ancienne) idée peut-elle transformer notre relation, et aux autres, et à la Terre, et à la vaste totalité du Cosmos à la vie duquel nos vies participent?

Chacune des traditions mystiques affirme qu'au tréfonds de notre être, nous sommes un avec le divin. Nous sommes un avec l'immensité que nous contemplons. Chacune enseigne que l'œil du cœur — l'œil qui perçoit par révélation intérieure ou vue pénétrante dans la nature du réel — ne peut s'ouvrir que progressivement à la conscience de ce mystère. Le terrain doit être bien préparé car cela demande beaucoup de temps passé en contemplation ainsi que le respect et l'amour de tous les aspects du vivant.

Il semble donc qu'actuellement un nouveau et sans doute très ancien entendement de l'esprit s'élève en nous. La réalisation, pas encore pleinement consciente, que notre cerveau agit en receveur et en transmetteur du champ par-delà notre périmètre 'normal' de perception, nous conduit au point où nous pourrons dire, tel Arjuna à Krishna dans le Bhagavad-Gîtâ, 'Tu es le Connaisseur en moi et Celui à connaître. Par Toi seul cet univers est imprégné. Je suis débordant de joie de voir ce que je n'ai auparavant jamais vu'.

Sous ce nouvel angle de compréhension, la spiritualité nous convie à nous concentrer sur l'expérience de l'illumination et de la vue pénétrante, plutôt que sur la croyance et la foi, bien que la croyance puisse être un point de départ vers l'illumination. Au cours de l'ère solaire, nous avons appris à penser à l'esprit et à la matière comme à deux choses séparées, mais nous pouvons à présent voir qu'aucune séparation essentielle n'existe: les dimensions visible et invisible du réel sont des aspects de la totalité et interagissent en permanence, s'écoulant l'une dans l'autre.

Une image de Dieu en adéquation avec ces connaissances est nécessaire. De tous les défis qui nous confrontent, celui-ci est un des plus ardus car il nous demande d'abandonner une structure de pensées, ou méta-narration, qui nous accompagne depuis des millénaires.

Les mystiques de toutes les grandes cultures du passé savent que notre conscience interagit avec le champ invisible qu'ils nomment Dieu, Brahma, Tao, Lumière, Obscurité Divine ou Vide. Dans notre état ordinaire, nous ne pouvons ni initier ni percevoir cette interaction, ce qui ne veut nullement dire qu'elle n'existe pas.

Les Védas, les Upanishads, le Bhagavad-Gîtâ, la tradition mystique juive de la Kabbale, les mystiques chrétiens et soufis, les sages bouddhistes et taoïstes, tous suggèrent que l'esprit peut, au final, n'être connu ou appréhendé que par l'expérience, et que l'esprit est omniprésent, transcendant et immanent en toutes formes de vie. Nous baignons dans l'esprit, en sommes imprégnés à chacun des instants de notre existence, à chacun de nos souffles. À la lumière de cette compréhension, la spiritualité nous convie à nous concentrer sur l'expérience d'éveil et non sur la foi et la croyance. Aucun texte ne décrit mieux la fusion de l'humain et du divin que le Bhagavad-Gîtâ. Krishna parle ici à Arjuna:

> Je suis l'unique source de tout: l'évolution de tous vient de moi.
> Je suis le sans-commencement, le non-né, Maître de tous les Mondes.
> Je suis l'âme qui demeure au cœur de toutes choses.
> Je suis le commencement, le milieu et la fin de tout ce qui vit.
> Je suis la semence de tout ce qui est:
> Et aucun être qui se meut ou ne se meut, ne peut être sans moi. [18]

Je ne pense pas que nous puissions vraiment nous comprendre à moins de comprendre l'histoire de l'évolution de la conscience et à moins de réunir les diverses branches des connaissances qui se sont développées avec une telle rapidité extraordinaire ces derniers cent ans en s'éloignant les unes des autres.

En découvrant cette incroyable saga, nous nous éveillons à la réalisation de notre participation à la Conscience, ou Intelligence, qui est co-inhérente à chaque particule de notre être et à chaque particule de matière. Si nous relions ces idées à Dieu, alors Dieu, ou Esprit, ou Mental Divin, n'est pas transcendant à nous. Nous sommes co-inhérents à Lui, au cœur même de Lui. Être co-inhérent signifie être ensemble, exister comme composant inné de l'autre.

Cette réalisation appelle une transformation énorme de notre perception et un changement de valeurs fondamental. Si Dieu, ou Esprit, n'est pas une chose séparée de nous, une chose transcendante à la nature et à la vie de la planète, mais est l'intelligence et l'énergie du processus de vie lui-même, surgissant à chaque instant dans chaque région de ce vaste univers et en nous-mêmes, alors la façon dont nous traitons la matière soi-disant 'inanimée', la vie planétaire et chacun d'entre nous, devient la question de comment nous traitons Dieu. Cette réalisation transforme l'obéissance à Dieu en amour et en respect de la création de Dieu, y compris nous-mêmes, notre prochain et surtout, nos ennemis.

De par mon étude de l'expérience visionnaire dans diverses cultures, il m'est évident qu'un visionnaire perçoit la réalité de mondes et de présences inaccessibles à notre état 'ordinaire' de conscience. Je suis absolument certaine, de par ma propre expérience et de par mon étude, qu'une conscience plus vaste, plus profonde que la nôtre essaye de se faire connaître à nous. Elle le fait depuis des millénaires. Aussi longtemps que nous nierons l'existence de cette dimension de conscience et nous nous dissocierons d'elle, elle agira sur le mode du complexe autonome inconscient, nous influençant de toutes sortes de façons, certaines négatives et destructives, jusqu'à ce qu'elle capte notre attention. Aussi longtemps que nous croirons que la conscience commence et prend fin dans le cerveau physique, nous ne deviendrons jamais ce que nous sommes capables d'être – des êtres en communion consciente avec la réalité métaphysique.

Dans son livre *Cosmic Consciousness*, Richard Bucke décrit les expériences d'individus qui se sont ouverts à cette conscience cosmique et il les considère comme des précurseurs d'une espèce plus avancée qui advient lentement. Lui-même a vécu une expérience qui a changé sa vie et sa compréhension. Ce passage m'est très cher et m'a aidée à changer ma propre compréhension, je souhaite donc le partager avec mes lecteurs qui ne le connaîtraient pas:

> *J'avais passé la soirée dans une grande ville (en Angleterre, 1872) avec deux amis, à lire et à parler de Wordsworth, Shelley, Keats, Browning, et surtout Whitman. Nous nous sommes séparés à minuit. J'avais une longue route en fiacre jusqu'à chez moi. Mon esprit, sous l'influence des idées, des images, et des émotions suscitées par la lecture et la discussion, était calme et serein. J'étais dans un état d'apaisement, presque un plaisir passif, sans vraiment penser, en laissant seulement des idées, des images, et des émotions s'écouler d'elles-mêmes dans mon esprit. Tout d'un coup, sans aucun signe avant-coureur, je me trouvai enveloppé d'un nuage couleur de flamme. Pendant un instant, je pensai à un incendie, un immense embrasement à quelque proximité dans cette grande cité; l'instant d'après, je sus que le feu était en moi. Un sentiment d'allégresse m'envahit, une joie immense accompagnée, ou immédiatement suivie, d'une illumination intellectuelle impossible à décrire. Entre autres choses, je ne fis pas que croire, mais je vis que l'univers n'est pas formé de matière inerte, mais est, au contraire, une Présence vivante; je devins conscient en moi-même de la vie éternelle. Ce n'était pas une conviction que j'aurais la vie éternelle, mais une conscience que je possédais la vie éternelle dès alors; je vis que tous les hommes sont immortels; que l'ordre cosmique est tel que, sans nul doute aucun, toutes choses s'articulent pour le bien de chacun et de tous; que le fondement principe du monde, de tous les mondes, est ce que nous nommons amour, et que le bonheur de chacun et de tous est au final absolument certain. La vision dura quelques secondes et disparut; mais le souvenir et le sens de la réalité de ce qu'elle m'enseigna perdure depuis le quart de siècle qui s'est écoulé. Je savais que ce que la vision me montrait était vrai. J'avais atteint un point de vue depuis lequel je voyais que ça devait être vrai. Cette vue, cette conviction, je peux dire cette conscience ne m'a jamais quitté, même pendant des périodes de profonde dépression.* [19]

Se ré-unir avec le substrat dont nous sommes issus, aidant en cela l'évolution de la Conscience Cosmique, est la quête la plus passionnante que je puisse imaginer. Découvrir que l'esprit, projeté pendant si longtemps sur un Créateur transcendant, distant du monde, est la conscience quintessentielle qui attend d'être découverte dans la nature et en nous-mêmes, est l'une des plus importantes révélations qu'il soit possible de vivre. L'autre révélation, non moins renversante, est que nous avons l'extraordinaire responsabilité d'aider l'esprit à devenir conscient en nous-mêmes. Il se peut que la Conscience Cosmique ait patienté des éons que nous atteignions ce point où plus qu'une poignée d'individus puissent s'éveiller à cette révélation. Pour répondre à ce qui se déroule au plus profond niveau, pour entrer dans une nouvelle phase de notre périple évolutionnaire, nous devons créer les outres pour contenir le vin nouveau qui irrigue notre culture, grâce à l'éveil de conscience de plusieurs milliers, et même millions, d'individus.

Notes:

1. Jung, C.G. (1973) Letters 2, p. 312
2. cité in *Observer*, March 31st, 1963
3. Edinger, Edward (1984) *The Creation of Consciousness: Jung's Myth for Modern Man*, Inner City Books, Toronto, pp. 9-10
4. Berry, Thomas (1988) *The Dream of the Earth*, Sierra Club Books, San Francisco
5. Campbell, Joseph (1986) *The Inner Reaches of Outer Space*, Alfred van der Marck Editions, New York, p. 17
6. Teilhard de Chardin, Pierre (1959) *The Future of Man*, William Collins Sons & Co., Ltd., London, p. 272
7. Jung, C.G. (1963) *Memories, Dreams, Reflections*, Chapter Xl, Collins & Routledge edition, p. 300
8. Pagels, Elaine (1980) *The Gnostic Gospels*, George Weidenfeld and Nicolson Ltd., London
9. Schaup, Susanne (1997) *Sophia, Aspects of the Divine Feminine*, Nicolas-Hays Inc. Maine, p. xi
10. Cooper, Rabbi David (1997) *God is a Verb*, Riverhead Books, New York, p.1
11. Ravindra, Ravi, Prof. (2002) *Science and the Sacred*, Quest Books, Wheaton, Ill. p. 27
12. Louth, Andrew (1989) *Denys the Areopagite*, Morehouse–Barlow, London
13. Matt, Daniel (1995) *The Essential Kabbalah: The Heart of Jewish Mysticism*, Harper-SanFrancisco, p. 24
14. Uhlfelder, Myra, and Potter, Jean A.(1976) *Periphyseon: On the Division of Nature*, Book III 678c. Bobbs-Merrill, Indianapolis, réédité en 2011 chez Wipf & Stock Publishers, Eugene, Oregon, p. 197 pour les deux éditions.
15. Campbell (1968) *The Inner Reaches of Outer Space*
16. Griffiths, Dom Bede (1976) *Return to the Center*, Collins, St. James's Place, London and Templegate, Springfield, Ill. 1977, p. 31-32
17. Teilhard de Chardin, *The Future of Man*, p.141
18. *The Bhagavad Gita* 10: 38, 20, 39, traduit par Juan Mascaró, Penguin Books, 1962
19. Bucke, Richard Maurice (1923) *Cosmic Consciousness* E.P. Dutton & Co., New York. Son expérience est décrite dans le livre de William James *The Varieties of Religious Experience* (1929), p. 399

Paysage de Renaissance
Robin Baring 1975

Interlude II

LA VOIE DU TAO

Il existe une très ancienne tradition qui offre un équilibre féminin à la conscience solaire masculine, elle est un des rares legs culturels survivants qui mette en relief la profonde intelligence de la culture lunaire. J'ai eu la chance d'avoir comme parrain un homme qui avait vécu en Chine pendant des dizaines d'années, et je passais des heures en sa compagnie à mon retour de mes voyages en Orient. Dans son grand âge, il en vint même à ressembler à un sage chinois et il m'enseigna le tao, me montra des manuscrits précieux et des peintures qu'il avait rapportés de son séjour. Il me recommanda de ne jamais oublier la sagesse des sages taoïstes, m'expliquant qu'ils avaient élaboré une technique pour développer le mental sans perdre le contact avec l'âme, et c'est pourquoi une compréhension de leur philosophie — le don inestimable de la Chine à l'humanité — était d'une telle importance. Il mentionna tout particulièrement le génie d'un poète de la dynastie T'ang du nom de Wang Wei (701–761).

> *Au cœur de la forêt de bambou je suis assis seul*
> *Chantant à tue-tête et accordant mon luth*
> *La forêt est si dense que personne ne la connaît*
> *Seule la lune vient briller sur moi.*

Alors que l'Occident imagine le substrat créatif de l'être en Père transcendant, le Taoïsme, plus subtil et inclusif que toute autre tradition spirituelle, cultive la quintessence du Féminin en tant que Mère Primordiale, maintenant vivant le sentiment ancestral de relation avec la Nature comme expression manifeste de ce substrat mystérieux:

> *Une chose sans forme et pourtant complète*
> *Existait avant le ciel et la terre*
> *Sans son, sans substance,*
> *Ne dépendant de rien, immuable,*
> *Omniprésente, indéfectible,*
> *D'aucuns pensent qu'elle est la Mère de toutes choses sous le ciel*
> *Son nom véritable nous l'ignorons.* [1]

L'insaisissable essence du taoïsme est exprimée dans le *Tao te Ching*, seule œuvre connue du vénérable sage Lao Tseu (né vers 604 AEC) qui, dit la légende, est persuadé par un disciple d'écrire les quatre-vingt-un courts textes alors qu'arrivé à la fin de sa vie, il est en partance vers les montagnes de l'ouest. Le mot *Tao* signifie Source insondable, l'Un, le Profond, *Te* est la façon dont le Tao naît, poussant organiquement telle une plante depuis le tréfonds ou source de vie, de l'intérieur vers l'extérieur. *Ching* est le façonnage lent et patient de ce processus grâce à l'activité de l'intelligence créative au sein de la nature, qui s'exprime en un schéma organique au sein de toute vie instinctuelle, une sorte d'ADN cosmique, 'Le Tao n'agit pas lui-même. Et pourtant il n'est rien qu'il n'accomplisse'.

Personne ne comprend mieux l'indivisibilité de l'esprit et de la nature que les sages taoïstes chinois. Personne ne pénètre plus profondément l'âme de la nature, ni ne comprend, ni ne respecte mieux la relation corps-âme-esprit. Observation et contemplation depuis des milliers d'années leur apportent la connaissance que le corps est contenu dans la plus vaste matrice de la nature, et la nature dans l'âme plus vaste du cosmos. Ils comprennent que l'énergie infinie de l'univers qu'ils nomment *qi* s'écoule dans tout ce qui existe. Par le flot de cette énergie tout est relié à tout. Les mots d'un maître contemporain de Qi gong pourraient résumer leur vue pénétrante: 'Je suis dans l'univers et l'univers est en moi'.

Le taoïsme trouve ses origines dans les pratiques shamaniques et les traditions orales qui remontent aussi loin que le néolithique. Sa première expression écrite se trouve dans le Livre des Mutations ou *Yi King*, livre de divination constitué de soixante-quatre oracles, élaboré entre 3000 et 1200 AEC, et consulté encore de nos jours. La tradition du taoïsme se transmet de maître à disciple par une lignée de shaman-sages, beaucoup d'entre eux sublimes poètes et artistes.

Depuis la source qui est à la fois tout et rien, et dont l'image est le cercle, émergent le ciel et la terre, yang et yin — principes mâle et femelle dont l'interaction dynamique génère le monde que nous voyons et le maintient en équilibre. Le *Tao* est à la fois la source et le processus créatif qui s'en écoule, imaginé comme une Mère qui est la racine du ciel et de la terre, au-delà de tout et pourtant en tout, donnant naissance à tout, contenant tout, et nourrissant tout.

La Voie du Tao, c'est se re-lier à la Mère-source ou substrat, être en elle, comme un oiseau dans les airs ou un poisson dans l'eau, en contact avec elle, tout en vivant au milieu des myriades de formes que la source adopte pour se manifester. C'est percevoir la présence du Tao en toutes choses, découvrir et observer son rythme et sa danse, apprendre à s'y fier, ne plus interférer avec le cours de la vie en la manipulant, en la dirigeant, en lui résistant, en la contrôlant. C'est créer une relation avec le mystère qui ne se dévoile que graduellement, et c'est affiner la perception intuitive de ce mystère.

Suivre la Voie du Tao demande de s'orienter vers l'intériorité cachée des choses, d'être réceptif à l'invisible par la contemplation du visible dans sa relation à l'invisible, de consacrer du temps à la réflexion sur ce qui est inconcevable et indescriptible, au-delà de l'atteinte du mental ou intellect, ce qui ne peut qu'être ressenti, capté par l'intuition, intégré par l'expérience à des niveaux toujours plus profonds. L'action décidée à ce niveau d'équilibre et de liberté est conforme à l'harmonie du Tao et donc incorpore ses mystérieuses puissance et sagesse, lui permettant d'agir dans le monde sans attachement.

L'éveil, selon Lao Tseu et Tchouang-tseu, deux des très grands sages taoïstes, dévoile des facultés inconnues du mental qui se trouvent par-delà le seuil de notre conscience ordinaire. L'éveil soudain transperce la structure ordinaire de la conscience et ouvre l'esprit aux forces et aux perceptions retenues dans les profondeurs de l'âme.

Les taoïstes ne séparent jamais la nature de l'esprit, ils préservent consciemment la connaissance instinctive que la vie est Une, bien que se manifestant en une dualité. Personne n'observe la Nature plus passionnément et plus précisément que ces sages chinois, ou n'atteint à une telle profondeur dans le cœur occulte de la vie; ils décrivent la forme des insectes, des animaux, des oiseaux, des fleurs, des arbres, du vent, de l'eau, des planètes, des étoiles. Ils ressentent le flux et reflux continuel de la vie comme une énergie sous-jacente sans début ni fin; comme l'eau, jamais statique, jamais immobile, jamais fixée sur des choses ou des évènements séparés, mais en mouvement perpétuel, en état de mutation, de devenir et de liaison.

Ils nomment l'art d'aller avec le flot de cette énergie *Wu Wei* — le non-agir (*Wu* veut dire pas ou non, *Wei* faire, fabriquer, s'efforcer vers un but), et le comprennent comme l'art de lâcher tout contrôle, de ne pas forcer ou tenter de manipuler la vie, mais par l'acte d'observation et de connexion conscient, de s'accorder au rythme sous-jacent et éternellement changeant de son être. Les taoïstes ne pourraient même pas caresser l'idée de buts, ou de cibles, autres que la maîtrise de l'art — poésie ou peinture — par lequel ils expriment leur relation avec le *Tao*.

Calmer le mental superficiel préoccupé par les 'dix mille choses' crée un état de l'esprit plus intègre, un état de conscience méditatif et puissamment créatif qu'ils nomment Te — cet état leur permet de ne pas interférer avec la vie mais, de leurs mots-mêmes, de 'pénétrer dans la forêt sans déranger l'herbe; de pénétrer dans l'eau sans causer de remous'.

> *Le mental de l'homme cherche à l'extérieur du matin au soir*
> *Plus il va loin*
> *Plus il est en conflit avec lui-même.*
> *Seuls ceux qui regardent vers l'intérieur*
> *Peuvent contrôler leurs passions*

Et calmer leurs pensées.
En calmant leurs pensées
Leur mental s'apaise.
Tranquilliser le mental, c'est nourrir l'esprit.
Nourrir l'esprit, c'est revenir à la Nature. [2]

Ils chérissent le Tao avec leurs encres et leurs pinceaux, ils observent la chorégraphie des nuages et de la brume entre terre et sommets, le rythme changeant des souffles d'air et les remous dans l'eau des rivières et des torrents, la floraison délicate des pruniers au printemps, le bruissement de la danse des bambous et des roseaux. Ils écoutent les sons du silence. Ils expriment leur expérience du Tao dans leurs estampes, leur poésie, leurs temples, dans les jardins et les monastères isolés, et dans leur façon de vivre, une vie de retrait du monde dans un sanctuaire au cœur de la nature où ils vivent une vie frugale, contemplative, consacrée à perfectionner leur art de la calligraphie et de la peinture, et la subtilité de leur expression poétique. Humilité, révérence, patience, vue pénétrante et sagesse sont les qualités qu'ils s'efforcent de cultiver.

Du non-être, l'être naît
Du silence, l'écrivain produit un chant. [3]

L'artiste ou le poète taoïste atteint intuitivement l'essence secrète de ce qu'il observe, devenant un avec elle, la conviant alors à parler à travers lui, libérant ainsi l'harmonie dynamique interne. Il ne s'impose rien, mais se fait le miroir de ce qu'il observe grâce aux facultés hautement développées qu'il a cultivées pendant toute une vie de pratique. Grâce à la perfection de son art, il ne définit ni n'explique le Tao, qui ne peut, nous dit Tchouang-tseu, se transmettre ni par la parole ni par le silence, mais il l'appelle à l'être pour qu'il puisse être ressenti par l'observateur.

Le Tao circule dans toute l'œuvre comme une Présence, à la fois transcendante en son mystère, et immanente en sa forme. La substantifique moelle de ce que les sages taoïstes ont découvert nous est léguée par la beauté et la sagesse de leur peinture, de leur poésie et philosophie, et par leur vaste compréhension de la relation entre l'observateur et l'objet d'observation, et du substrat éternel qui les sous-tend et les enveloppe.

Dans son *Traité de Peinture*, Chuang Huai écrit:

Seul celui qui atteint le Réel peut accompagner la spontanéité de la Nature et percevoir la subtilité des choses, et son esprit être absorbé par elles. Son pinceau sera en harmonie secrète avec le mouvement et le repos et toutes formes en jailliront. Apparences et substance sont capturées en un seul geste car le souffle de vie se propage en elles. Celui qui ignore le Réel est esclave de ses passions et sa nature est déformée par les externalités. Il sombre dans la confusion et est perturbé par des pensées de gain et de perte. Il n'est rien d'autre que prisonnier du pinceau et de l'encre. Comment peut-il parler d'œuvre authentique du Ciel et de la Terre?[4]

Chaque fois que je regarde une œuvre taoïste de la dynastie T'ang ou Sung, ou quand je lis un poème taoïste, je me sens subtilement imprégnée par eux. Ils évoquent un état de calme qui m'aide à me détacher des choses qui normalement entraînent mon esprit — la préoccupation avec les dix mille choses qu'ils nomment 'poussière'. Ils me mettent instantanément en contact avec la source qui unit tout. Il y a une histoire que j'adore, contée à Jung par Richard Wilhelm, qui nous a donné la première traduction anglaise du Yi King:

Il n'y a pas si longtemps, une grande sécheresse sévissait dans une province de Chine. La situation était catastrophique. La terre était assoiffée et les céréales mourraient; la famine guettait. En désespoir, les populations accomplirent tous les rites religieux possibles pour faire venir la pluie: les catholiques firent des processions, les protestants des prières, les Chinois brûlèrent de l'encens et tirèrent avec des fusils pour faire peur aux démons de la sécheresse, sans succès. Finalement, ils décidèrent de faire venir un faiseur de pluie renommé qui vivait dans une province éloignée. Quelques jours plus tard, un vieillard chenu se présenta. Il demanda juste qu'on le mène à une hutte isolée et au calme, et là il s'enferma pendant trois jours. Le quatrième jour, les nuages apparurent et la pluie s'abattit. La ville bruissa de rumeurs à propos du superbe faiseur de pluie et les gens se rendirent à sa hutte pour savoir ce qu'il avait fait pendant ces trois jours. Et il leur dit: "Je viens d'une région où les choses sont en ordre. Ici elles sont en désordre; elles ne sont pas comme elles devraient être en vertu de l'ordonnance du ciel. En conséquence, toute la région n'était pas en Tao, et moi aussi, je n'étais pas en l'ordre naturel des choses car j'étais dans une contrée en désordre. Il m'a fallu attendre trois jours pour que je sois en Tao et alors, bien sûr la pluie est venue tout naturellement".[5]

Lâcher le besoin de lutter et de contrôler, demeurer dans la quiétude de l'esprit et l'humilité du cœur que les sages taoïstes incarnent, c'est vivre en état de spontanéité instinctive qu'ils nomment *Tzu Jan* — un être-dans-le-moment-présent qui ne peut exister que lorsque l'effort de s'adapter aux valeurs collectives n'est pas requis ou est sans importance, comme dans la petite enfance. Ce qui existe est ce qui est. Aucun besoin de le changer en imposant notre volonté ou en essayant de manipuler les circonstances. Le changement vient du changement en soi-même, en se re-liant consciemment, à chaque instant, à la présence de la Source, tout particulièrement dans les moments de confusion et de stress. Sentir ce qui doit être dit sans forcer pour le dire, parler du cœur avec une économie de mots, agir quand l'action est requise, répondre aux besoins du moment sans s'attacher aux résultats, ceci est l'essence de la vision taoïste. C'est une réponse à la vie qui est fondamentalement douce, équilibrée, dynamique et sage. Elle transparaît encore de nos jours sur les visages et dans le comportement des sages contemporains qui vivent dans les montagnes sacrées de la Chine où, pendant des siècles, des lieux de retraite et de contemplation se sont construits dans un paysage de complète sérénité et d'une beauté à couper le souffle.

L'étang s'étale comme un miroir
La lumière céleste et l'ombre des nuages s'y reflètent.
Comment se produit une telle clarté?
C'est parce qu'elle contient le courant vivant
De la fontaine. [6]

Notes:

1. *Tao Teh Ching*, dans la traduction anglaise d'Arthur Waley.
2. *Tao Teh Ching* 52, Chang Chung-Yuan, extrait de *Creativity and Taoism*, Wildwood House, London 1963.
3. Lu Chi, da Wen Fu: *The Art of Writing* traduzione. Sam Hamill.
4. Chuang Huai, *A Treatise on Painting*.
5. Histoire racontée à Jung par Richard Wilhelm qui est le traducteur du *Yi King*, publié en 1951 chez Routledge and Kegan Paul, London.
6. Chu Si, da Chang Chung–Yuan, *Creativity and Taoism*.

Vue de Lu Shan
par Chillng Ts'an, Dynastie Sung

Sixième Partie

La Conscience Stellaire

Transformation et Participation Finale

L'Alchimiste marchant dans les pas de la Nature
Michael Maier, *Atalanta Fugiens*, 1618

Chapitre Dix-Huit

LE GRAND ŒUVRE DE L'ALCHIMIE:
PROCESSUS DE TRANSMUTATION DE L'ÂME

L'imagination est l'étoile en l'homme: le corps céleste et supra-céleste.
— Martin Ruland, le Lexicographe

Il existe enfouie en l'homme une lumière si divine et si céleste qu'elle ne peut être placée en l'homme depuis l'extérieur, mais doit naître de l'intérieur.
— Zosime de Panapolis

Unissez le mâle et la femelle et vous trouverez ce que vous cherchez.
— Marie la Prophétesse

À nous tous échoit un héritage — la Sagesse. Nous tous en héritons en égale mesure. Mais un homme en tire le meilleur parti possible au contraire d'un autre; l'un l'enfouit, le laisse dépérir, et l'ignore; l'autre le tire à son avantage — ni plus, ni moins. Selon la manière dont nous investissons, utilisons et gérons notre héritage, nous en obtenons peu ou prou; cependant il appartient à nous tous, il est en nous tous.
— Paracelse

L'alchimie coule sous la surface de la civilisation occidentale comme une rivière d'or, elle préserve ses images et ses connaissances pour nous, pour que nous puissions un jour mieux comprendre notre présence sur cette planète. L'alchimie jette un pont entre l'humain et le divin, les dimensions visible et invisible du réel, entre la matière et l'esprit. Le Cosmos nous appelle à devenir conscient de notre participation à sa vie, du caractère sacré de chaque chose et de leur connexion: une même vie, un même esprit. L'alchimie répond à cet appel. Elle nous demande de développer la conscience cosmique, de nous éveiller à l'étincelle divine de notre conscience et de la ré-unir à l'Âme invisible du Cosmos. Elle change notre perception de la réalité et répond aux questions 'qui sommes-nous?' et 'pourquoi sommes-nous ici?'. Elle raffine et transmute le vil métal de notre compréhension pour que nous – issus de la substance même des étoiles — puissions savoir que nous participons au substrat mystérieux de l'esprit alors même que nous vivons dans la dimension physique du réel.

L'Art Royal

L'alchimie est nommée Art Royal. Que signifie ce terme? Il signifie que chacun de nous, au cœur de sa nature, est porteur de la valeur royale latente — la personne plus noble, plus subtile, plus intègre ou complète que nous pouvons devenir. L'alchimie s'adresse au processus qui permet de rédimer ou de faire naître cette valeur royale — la quintessence de notre nature — l'aidant à s'intégrer pleinement à la conscience et à nous amener à notre complétude, ou maturité spirituelle. C'est le processus qui transmute la matière volatile de notre être en éléments de plus en plus subtils. L'alchimie narre le sauvetage de l'esprit enfoui ou égaré dans les formes de sa création qui demande notre aide pour émerger de son exil. En entreprenant le Grand Œuvre alchimique, nous devenons co-rédimeurs de l'esprit, travaillant de concert avec l'esprit pour le libérer, le rédimer et le ré-unir au substrat cosmique divin de notre vie psychique et de toute la nature. L'alchimie est un processus de révélation et de transmutation. L'intention de l'alchimiste est de sauver 'l'or vivant', le trésor spirituel enfoui dans le souterrain de son âme. Zosime de Panapolis, vivant en Égypte au IIIè siècle, dit: 'Je vous jure que si vous faites ce travail dans les règles, vous obtiendrez un jour une rivière d'or liquide'.

Nous sommes intégrés au monde de l'esprit. Nos corps physiques sont porteurs d'éléments cosmiques qui viennent des étoiles. Nous sommes l'incarnation vivante de l'esprit, mais nous l'ignorons. L'alchimie est un processus lent et ardu d'harmonisation tourné vers cet accomplissement: ardu car l'évolution de la conscience demande des éons en temps terrestre et qu'il est difficile de recouvrer et de comprendre ce qui est perdu depuis tant de siècles. De nombreuses croyances et habitudes incrustées font obstacle à cette compréhension et il est difficile de démanteler les structures de croyances construites au cours de millénaires. L'alchimie européenne, héritière de l'alchimie égyptienne, grecque et arabe, est la tradition occidentale intérieure de transmutation psychique; à l'instar de la tradition de la kabbale en occident et du kundalini yoga en Orient, elle accompagne le processus de notre réunion avec la source.

L'Image de l'Or

L'or est l'image qui vient à l'esprit quand on parle d'alchimie — l'or ou l'énig-matique pierre philosophale. Cet or, ou cette pierre, est sensé pouvoir guérir tous les maux et maladies et il représente aussi le corps d'éveil subtil, ou spirituel, qui sera le véhicule de l'âme dans les dimensions au-delà de celle-ci. L'or, ou pierre, symbolise le don de sagesse, d'intuition pénétrante ou gnose, le pouvoir de soigner la souffrance humaine et de percevoir la présence du corps subtil de l'âme. "Cet art a deux registres, à savoir, voir avec l'œil et comprendre avec le cœur, et ce dernier est la pierre occulte, nommée avec justesse don de Dieu…. Cette pierre divine est le cœur et la teinture d'or que le philosophe recherche". [1]

Le symbole de l'or alchimique est le cercle. Dans nombre d'images et de sym-boles dont l'origine se trouve en Égypte, la quête alchimique décrit le proces-sus de transmutation de ce que nous sommes en ce que nous pouvons devenir, la transmutation de notre vil métal en or, nous élevant d'un état d'ignorance et de fragmentation en un état d'éveil et de complétude. Ce processus ouvre nos yeux à la vision incandescente du réel. Il génère un état de profonde communion entre notre conscience et la dimension invisible de l'esprit. "L'alchimie est plus qu'un art ou une science qui enseignerait la transmutation des métaux, c'est la science véritable et immuable qui enseigne comment connaître le cœur de toutes choses, qui se nomme en langage divin esprit du vivant". [2]

Actuellement, le désintérêt pour notre vie intérieure et les besoins instinctuels nous a conduit à la situation où, comme dans la légende du Graal, le territoire de l'âme souffre d'une implacable sécheresse. Peu de gens comprennent encore le relief et le langage de l'âme; peu sont à même de déchiffrer les images semblables à des hiéroglyphes et dont la clef de lecture est égarée. Une compréhension des concepts de base de l'alchimie nous aiderait à nous re-lier à l'âme et au substrat du vivant. Les images alchimiques révèlent leur secret à qui les méditent.

La Nécessité de l'Éveil

L'évolution de la conscience humaine sur notre planète est une lente courbe as-cendante depuis l'inconscience vers la conscience de soi et, finalement, la con-science d'éveil. Nombre de retours en arrière et de longues périodes de stagnation et d'incubation jalonnent ce cheminement. Toute l'humanité souffre du fait de cette lenteur à gagner en conscience et de la difficulté à mettre en place la transfor-mation nécessaire pour diminuer souffrance et ignorance. Il semblerait que, du fait du désarroi actuel du monde et du mal infligé à la planète par notre comportement inconscient, notre évolution s'accélère, nous plaçant dans une position où nous devons choisir entre transformation et annihilation.

C'est comme si nous avions, ces soixante-dix dernières années, été placés dans une cornue alchimique, forcés de subir le feu transformationnel, mais inconsciemment la plupart du temps. Plus le nombre d'individus capables de s'éveiller à ce processus de transformation et de coopérer avec lui sera grand, et moins il y aura de souffrances pour tout le corps de l'humanité car, en essence, nous sommes une même vie. En ce siècle et au siècle dernier, l'humanité a traversé collectivement l'étape de *calcinatio* igné, un terme alchimique pour la première étape du processus alchimique. Nous sommes tous témoins des images d'incinération dans les fours d'Auschwitz; des bombes incendiaires sur Coventry, Hambourg et Dresde; de la destruction totale d'Hiroshima et de Nagasaki; de la mort par les bombes au napalm, à l'uranium appauvri et au phosphore; de l'écroulement des Tours jumelles en flammes; des bombardements de Bagdad et de tous les actes insensés qui utilisent des explosifs pour détruire des vies. Ces évènements, ajoutés aux souffrances et à la misère créés par les guerres, par les ventes d'armement, par la corruption, l'avidité et la peur, nous exhortent tous à faire tout ce que nous pouvons pour contribuer au processus d'éveil et de transformation qui concerne maintenant toute l'humanité.

Étant donné la position par défaut des gouvernements qui agissent au nom des intérêts nationaux, seuls les individus ou groupes d'individus peuvent espérer contribuer au changement. Toutefois, la crise est d'une telle gravité que les limites et l'inaptitude des gouvernements, ainsi que le chaos des marchés financiers, accélèrent en fait la prise de conscience des gens partout dans le monde. Relativement aux vies de ceux dont le souci désespéré est de juste pouvoir survivre jusqu'au lendemain, ce travail intérieur peut paraître sans pertinence, même absurde, et pourtant si la condition du monde doit jamais changer, ce ne pourra se faire que grâce à un nombre grandissant d'individus concernés et impliqués dans l'éveil et la transformation de leur propre conscience, et qui donneront expression à cette transformation sous forme de service au monde. Ce service peut s'exprimer sous forme de lutte pour se libérer des régimes répressifs; de lutte contre la faim et le manque dans des régions où la famine menace des millions de vies; de lutte des femmes contre leur oppression et leur asservissement aux croyances religieuses et aux coutumes sociales; ou de protection de la planète, pour palier l'échec des gouvernements à agir collectivement en son nom. Quelle que soit la forme que ce service prendra, son inspiration surgira d'un cœur éveillé et empli de compassion.

Les Racines de l'Alchimie

L'alchimie est vieille d'au moins 4000 ans, elle a des racines en Égypte, à Babylone et en Grèce, ainsi qu'en Chine, en Inde et en Perse. Le mot alchimie serait pour certains érudits un mot arabe signifiant 'la préparation de l'argent et de l'or', et pour d'autres il signifierait 'terre noire'. Le mot 'alchimie' formé du préfixe 'al' suggère une origine arabe, mais le mot *chemeia* pointerait vers une connexion avec le mot égyptien '*Khem*' qui décrit l'Égypte, dont la terre noire était créée par l'inondation annuelle du Nil. Les grands obélisques qui rayonnent dans les cours des temples égyptiens sont recouverts d'électrum, un alliage d'or et d'argent. Mais certains Égyptiens savent appliquer cette science à l'âme. Ils ont découvert comment faire un alliage avec deux éléments de base: l'or solaire de l'élément masculin et l'argent lunaire de l'élément féminin.

Des hommes et des femmes de toutes les cultures, en Égypte, à Babylone, en Perse, au Tibet, en Inde, en Chine, ainsi que dans les montagnes et les forêts éloignées des centres de civilisation, transmettent leur connaissance des chemins pour se relier à la dimension de l'esprit — des voies secrètes qui jusqu'à récemment étaient l'arcane bien gardée d'une poignée d'initiés. L'alchimie présente deux aspects: une approche considère l'âme comme le vase alchimique de transformation; l'autre recherche la création de l'or physique. L'alchimie est une science, elle a une méthodologie et elle pénètre de façon étonnante la nature de la matière et notre propre nature.

Les recherches des alchimistes de toutes les cultures ont posé les fondements de la science moderne: chimie, biologie, physique, et psychologie. Ils ont enrichi la connaissance de la distillation des plantes dans un but médicinal — ce qui a mené à la science de l'homéopathie et de la phytothérapie. Une grande quantité de la connaissance, issue des cultures shamaniques ancestrales, s'est perdue car tant de transmetteurs de cette connaissance furent assassinés par le fanatisme religieux qui a tant contribué à prolonger la souffrance de l'humanité. Encore de nos jours, à notre époque supposément éclairée, on voit encore la méfiance envers les thérapies alternatives et la médecine herboriste, et les tentatives persistantes pour les discréditer et les éliminer sous des prétextes spécieux.

En Europe, l'alchimie connaît son âge d'or aux XVIè et XVIIè siècles, mais il y avait déjà des alchimistes de renom avant et dans d'autres endroits. De même que Prague est le centre européen de l'alchimie aux XVIè et XVIIè siècles, la très prospère Alexandrie en est le centre à l'époque hellénistique. Des manuscrits de Zosime de Panapolis récemment découverts prouvent que, depuis les tout premiers temps, l'alchimie est comprise comme l'art de la transmutation de l'âme, et non la transmutation littérale des métaux en or. D'où l'adage 'Notre or n'est pas l'or vulgaire'.

L'origine de l'alchimie se trouve dans les traditions shamaniques des cultures lunaires qui maintiennent vivante la connexion entre les mondes visible et invisible. Une chaîne de maîtres — connue sous le nom de chaîne d'or ou *Catena Aurea* – transmettent cette connaissance de génération en génération pendant des milliers d'années. Deux grands courants de connaissance alchimique, l'un venant de l'Égypte ancienne et de Babylone — aux connaissances en astronomie et en mathématiques hautement développées — et l'autre venant du monde arabe et de l'Espagne mauresque, s'associent en Europe à la fin du Moyen-Âge et à la Renaissance. Quelques 4000 alchimistes travaillent en Europe entre 1200 et 1650, et ils écrivent des douzaines de textes alchimiques extraordinaires, et parfois très beaux.[3] L'alchimie, comme la kabbale, est une tradition visionnaire et contemplative transmise de maître à disciple et en fait nombre d'alchimistes sont aussi des kabbalistes et vice versa. Pour comprendre l'alchimie il est utile d'avoir quelques connaissances de la Kabbale. Tous étaient astrologues, car le Grand Œuvre demande de savoir aligner sur la position des planètes les processus alchimiques et les éléments physiques soumis à la transmutation. Les personnages mythiques d'Hermès Trismégiste et de Marie Prophétesse, une juive d'Alexandrie, sont parmi les alchimistes égyptiens les plus connus — pour l'anecdote, Marie a donné son nom au bain-marie, utilisé en cuisine pour réchauffer doucement. Plus tard en Europe, nous trouvons nombre d'alchimistes juifs et chrétiens, et parmi eux le génial et controversé médecin Paracelse. Nous avons envers eux une immense dette de gratitude et il est utile d'invoquer leur présence et de demander leur aide pour comprendre leurs écrits. Voici les noms de quelques alchimistes qui font partie de la Chaîne d'Or:

Geber ou Jabir ibn Hayyan – VIIIè siècle, alchimiste, il vit à la cour de Hârûn ar-Rashid à Baghdad; il est le père de la chimie et son influence sur les achimistes européens est immense.

Rhazes, Razi ou Al-Razi (décédé en 925), Perse

Roger Bacon (1220-1292), Angleterre

Albert le Grand (1200-1280), Allemagne

Arnold de Villanova (1235-1311), Espagne

Raymond Lulle (1232-1316), Majorque

Nicolas Flamel (1330-1413), Paris

Basile Valentin – Allemagne, XVIIè siècle (le nom est un pseudonyme)

Salomon Trismosin, XVIè siècle, auteur d'un manuscrit sublime, le Splendor Solis – un des trésors de la British Library

Paracelse (1493-1541), Suisse

Gerhard Dorn, (1530–1584), Belgique

Giordano Bruno (1548–1600), Italie (mort sur le bûcher en 1600)

Nous avons aussi une dette de gratitude envers Jung, un alchimiste moderne, car sans sa redécouverte de l'alchimie, toute cette œuvre aurait pu rester inconnue du grand public. Jung est mené à l'étude de l'alchimie grâce à deux rêves qu'il relate dans ses mémoires, '*Ma Vie*'. Ces deux rêves l'incitent à rassembler beaucoup de traités d'alchimie et à faire l'inventaire des images et des descriptions s'y trouvant. On peut dire que grâce à sa compréhension de l'alchimie, il reconnecte les consciences solaire et lunaire, l'hémisphère gauche et l'hémisphère droit du cerveau. Il recouvre l'ancestrale voie de connaissance shamanique de l'ère lunaire que les alchimistes réussirent à préserver à travers les siècles de persécution. Il comprend que les images de l'alchimie sont similaires à celles des rêves de ses patients et qu'elles décrivent un processus de transformation psychique intérieure qu'il nomme processus d'individuation.

Alors que le christianisme enseigne que le rédempteur est extérieur à nous et que notre rédemption est assurée par la mort sacrificielle du Christ, Jung réalise que la science ésotérique alchimique enseigne que l'alchimiste, en travaillant avec l'esprit pour accomplir sa rédemption, est le rédempteur de l'aspect égaré de l'esprit enfoui en lui-même et en la nature. L'alchimie accorde beaucoup d'importance et d'intérêt à l'individu, car le drame divin de la rédemption est consommé en nous et à travers nous, et non accompli pour nous. C'est une tâche héroïque et prodigieuse. Chacun d'entre nous porte le mystère de l'incarnation de l'esprit dans cette dimension physique de la réalité. Dans la foisonnante bibliothèque d'images alchimiques, nous sommes témoins de la manifestation et de la transformation de l'esprit par lui-même, et de son désir d'être reconnu et contacté par nous. Notre conscience humaine, notre âme, est le réceptacle dans lequel cette mystérieuse transformation se déroule. C'est pourquoi Jung tient l'alchimie pour un rite sacré, un *opus divinum*.

Jung comprend que lorsque les alchimistes parlent de 'l'or philosophique', ils font référence à l'or véritable de l'esprit qui peut, par 'distillations', 'ablutions' et 'purgations' répétées, être libéré des scories accumulées au cours de l'évolution humaine. Jung emprunte à l'alchimiste Gerhard Dorn le concept d'*unus mundus*, le substrat cosmique unifiant auquel la matière et l'esprit participent, et dont le réseau conjonctif génère les synchronicités, les guérisons miraculeuses, les expériences visionnaires et les soudaines illuminations. Il dit que l'alchimie a deux buts: le sauvetage de l'âme humaine et le salut du Cosmos. Son dernier et très profond ouvrage traitant du Grand Œuvre alchimique est *Mysterium Coniunctionis*. Finissant juste la première ébauche, suite à un grave accident et à une très sérieuse maladie, il sent la mort venir et c'est alors que se présentent à lui les magistrales visions de *coniunctio* qu'il décrit dans son autobiographie, *Ma Vie*.

Une Rêve Alchimique

L'alchimie retient déjà mon attention au cours de mes études d'histoire médiévale à Oxford, et c'est avec enthousiasme que je dévore les ouvrages parlant des alchimistes. Un rêve visionnaire, qui se présente à moi alors qu'âgée de vingt-huit ans je viens de commencer une analyse jungienne, m'informe du cheminement spirituel que je parcourais inconsciemment, à l'époque. Ce ne sont que des années plus tard, grâce à la lecture des écrits de Jung sur l'alchimie, que je reconnus le symbolisme alchimique:

> *Je suis dans un jardin, carré et clos de quatre murs et traversé en diagonale par un mur central. D'un côté du jardin se trouve un magnifique pommier, ou cerisier, en fleurs. Au-delà du jardin, l'horizon du monde est cerné de villes en flammes. Je rampe sur le ventre le long du sommet du mur central, lui-même en feu. Rampant avec lenteur et grande difficulté sur le mur, je vois un autre mur devant moi, perpendiculaire à celui sur lequel je me trouve. Dépassant de l'autre côté du mur, comme sur une échelle, un homme apparaît, il porte un chapeau étrange qui tombe sur le côté. Il attend que je traverse les flammes et le rejoigne. Tandis que j'avance péniblement vers lui, je réalise qu'il est le Jardinier, le Gardien du Jardin.*

J'assimile encore à ce jour le message de ce rêve, et du rêve plus tardif décrit au chapitre précédent — celui de la pierre qui me dit 'Aide-moi, aide-moi'. Je découvris quelques temps plus tard que le chapeau porté par le Jardinier de mon rêve est un bonnet phrygien, porté par les dévots de la déesse Cybèle, puis par les alchimistes médiévaux. Je tombai, dans un livre d'alchimie, *Le Mystère des Cathédrales*, écrit par Fulcanelli, sur l'illustration d'une sculpture d'un homme coiffé de ce bonnet — sculpture sise à l'extérieur de Notre-Dame à Paris. Grâce à mes études sur l'alchimie, je commençai à avoir une notion du sens du 'Rêve de l'Eau', qui me hantait depuis des décennies, depuis la transmission des tout premiers messages. Ce n'est que dans l'alchimie que je trouvai la référence à 'l'Eau Divine' et compris que cette 'eau' est la mer invisible de l'être dans laquelle nous sommes tous immergés sans en être conscients; immergés 'comme un oiseau dans les airs, comme un poisson dans l'eau', tel que Mathilde de Magdebourg dans son ouvrage *La Lumière fluente de la Divinité* le décrit. Au cours d'années de réflexions, je réalisai très progressivement que 'l'Eau Divine' est un miroir reflétant l'image du tréfonds de l'âme sur la personnalité superficielle qui ne perçoit pas son existence. Cependant je sentais que c'était plus encore: c'est le désir de ce tréfonds de mener l'humanité à la réalisation consciente du caractère sacré de la vie, de l'unité et de la perfection de l'ordre cosmique — et c'est notre rôle d'engager une relation consciente avec cet Ordre Sacré. Je commençai à comprendre l'alchimie comme une technique shamanique permettant une rencontre directe avec l'esprit.

Plus j'apprenais, plus je voyais que l'alchimie jette un pont entre les dimensions visible et invisible de la vie. "Ce qui est en bas est comme ce qui est en haut", énonce la *Table d'émeraude*, attribuée à Hermès Trismégiste. Le but des alchimistes est d'aider au 'mariage' des deux dimensions du réel: le réel invisible de l'ordre le plus haut — le macrocosme — et le monde manifeste, visible, qui inclut notre organisme humain – le microcosme. Réaliser la quadrature du cercle en unifiant ces deux dimensions du réel conduit à la naissance de l'enfant divin — la conscience éveillée qui est le trésor, la perle de grand prix et le fruit ultime de cette union. Ce qui permet aux alchimistes de dire que "Quiconque rend le caché manifeste connaît tout l'Opus".

L'Importance du Mythe

À l'instar de la pierre de Rosette, les grands mythes renferment un sens qui peut se décoder grâce à l'imagerie symbolique qui le dissimule et qui peut servir de clef pour nous ouvrir à une compréhension plus vaste de la vie. Le mythologue émérite Joseph Campbell dit que 'le mythe est l'ouverture secrète par laquelle les énergies inépuisables du cosmos se déversent dans la manifestation culturelle humaine".[4] Certains mythes ont le pouvoir de guérison et de transformation si leurs images sont comprises en relation à l'âme. En images symboliques et en récits allégoriques, ils dévoilent les rouages occultes de l'esprit au sein de la matrice de l'âme.

Ils chroniquent l'évolution de la conscience humaine et le magistral combat pour atteindre à plus de conscience, par voie de recherches, de souffrances et d'actions héroïques que la saga humaine incarne. De tels mythes s'appliquent à la vie de l'individu, autant qu'à la vie d'une culture ou au périple évolutionnaire de l'humanité sur notre planète. Ils décrivent ce qui doit être accompli encore et encore si l'humanité veut atteindre l'objectif que l'esprit envisage. Ils narrent le récit de la quête d'une relation plus profonde, plus intègre avec la vie qu'ils décrivent comme un trésor — la valeur suprême. Le trésor n'est pas le pouvoir, ni aucune sorte de suprématie sur les choses ou sur quelqu'un. Le trésor est un état d'éveil de l'être; ou dans un langage plus familier à l'Occident, sagesse, vue pénétrante et compassion qui sont les fruits d'une relation avec le substrat occulte de la vie, sont le trésor.

Certains mythes coulent sous la surface de nos vies comme des fleuves puissants, et connectent notre perception superficielle à ses racines, ils sont toujours prêts, dès que nous le sommes, à surgir telle une source intarissable quand nous appelons notre âme à l'aide. Une abondance d'idées d'une grande richesse ont eu à disparaître dans la clandestinité au fil des époques de la civilisation européenne, car devenir cryptiques, sous forme de métaphore et d'allégorie, était leur seul moyen d'échapper à la persécution. Elles ne réémergent que maintenant ; une solide tradition mythologique exprimée d'une part par l'alchimie, et d'autre part par les innombrables légendes et récits, tels la Quête du Graal et la Belle au Bois Dormant, les a préservées pour le jour de leur 'résurrection'.

Les révélations transmises par des êtres éveillés de toutes cultures se font récupérer par les institutions religieuses qui au fil du temps perdent, ou excluent, des éléments essentiels à notre équilibre et à notre bien-être. Une tendance à la rigidité, au dogmatisme et au littéralisme incitent les religions à rester figées dans le passé, incapables d'appliquer leur grande révélation à l'âme humaine et aux évènements contemporains. Dans le cas des trois religions patriarcales, le principe masculin et les dogmes théologiques sont excessivement dominants, et l'insistance porte sur la foi plutôt que sur la transformation de la conscience comme voie vers Dieu. Les chapitres Sept et Huit l'ont montré, les coutumes sociales opprimantes sont intégrées aux croyances.

L'alchimie a gardé vivante la conscience de participation shamanique de l'ère lunaire pendant quelques 4000 ans (voir chapitres Quatre et Cinq). Les thèmes majeurs de l'alchimie descendent des mythes lunaires de mort et de régénération de l'âge du bronze, qui étaient célébrés en Égypte, à Sumer, à Babylone et en Grèce, et qui s'adressaient à l'origine à la mort et à la régénération annuelle des cultures. Les thèmes majeurs de l'alchimie sont l'écho des thèmes majeurs de ces grands mythes lunaires: à Sumer, la Descente d'Inanna; en Égypte, la quête d'Isis du corps démembré d'Osiris; à Babylone, la descente d'Ishtar dans le monde chthonien pour sauver son fils Tammuz; en Grèce, Déméter à la recherche de sa fille Perséphone. Certains thèmes de ces mythes lunaires correspondent à la transformation de la conscience de l'alchimiste. Ces thèmes sont:

> La descente dans le monde chthonien et le retour
> Le combat avec un adversaire surhumain
> La quête du trésor inestimable
> Le sauvetage de l'élément divin égaré dans le monde chthonien
> Le thème de la transformation
> Le mariage sacré
> La naissance de l'enfant divin

Dans l'alchimie, l'alchimiste entreprend la rédemption de sa propre âme et, en parallèle, de l'*Anima Mundi* ou aspect féminin caché dans l'esprit prisonnier de la matière. L'alchimie transpose les images et les thèmes de l'ancienne mythologie — le sauvetage de l'élément divin égaré dans le monde chthonien, la quête du trésor et l'image du mariage sacré — à l'âme humaine. Elle incorpore aussi la tradition shamanique d'initiation à la mort et à la renaissance que l'apprentissage shamanique implique, car l'alchimiste est en fait un shaman. L'alchimiste effectue la descente dans le monde chthonien de son âme pour recouvrer le trésor enseveli dans la 'matière' de sa vie instinctuelle, afin de donner naissance à la nouvelle valeur, la conscience transformée. Il devient — avec l'aide de la grâce divine — le rédempteur de son âme, découvrant l'expérience révélatoire du trésor. Les hommes et les femmes parfois travaillent ensemble pour faire advenir le trésor de l'or alchimique, comme Nicolas Flamel et sa femme Pernelle au XIVè siècle à Paris, où étonnamment leur maison s'élève encore. Le partenaire dans l'Opus alchimique se nomme 'soror mystica' et 'frater mysticus'.

Une histoire fascinante court à propos de Nicolas Flamel. Une nuit il rêve qu'un ange vient à lui. Cet ange tient un livre, le livre d'Abraham le juif, et il prononce ces mots: 'Regarde bien ce livre, Nicolas. Dans un premier temps, tu ne comprendras rien mais un jour tu verras en lui ce qu'aucun autre homme ne peut'. Peu de temps après ce rêve, un homme entre avec un livre dans la librairie de Flamel. Il le reconnaît comme le livre que l'ange lui avait tendu. Il achète le livre et étudie ses vingt-et-une pages pendant vingt-et-un ans à la recherche des secrets fondamentaux de la nature. Il est l'un des quelques alchimistes qui, avec sa femme Pernelle, réussirent à fabriquer l'or physique et ils dotèrent nombre d'hôpitaux; quelques uns existent encore de nos jours. Il dessina sa propre tombe et la recouvrit d'images alchimiques; quand elle fut ouverte des années plus tard, son corps n'était pas à l'intérieur.

La Quête du Trésor Inestimable

L'alchimie est la tradition secrète qui enseigne que le trésor inestimable dont parlent tant de mythes se trouve inconnu et négligé au sein de notre propre nature humaine — ou autrement dit, nous vivons sans le savoir dans le champ du trésor, alors même que notre existence dans cette dimension physique du réel semble en être si séparée et si éloignée. L'alchimie donne à ce trésor nombre de très beaux noms qui résonnent à travers les siècles: Élixir de Vie, Pierre Philosophale, Baume Céleste, Fleur d'Immortalité, Eau Divine, Or Quintessentiel.

Le Grand Œuvre alchimique implique une descente dans le monde chthonien de l'âme pour recouvrer la perception perdue que la vie de la nature, de la matière et du corps est aussi une manifestation et une incarnation de l'esprit — une perception contenue dans les paroles du maître indien Sri Aurobindo, 'La nature occulte est le Dieu secret'.[5]

L'alchimie, de nos jours, nous invite à changer notre attitude vis-à-vis de la nature et de la façon dont nous exploitons tous les aspects du vivant au seul profit de notre espèce. Le Grand Œuvre alchimique consiste à recouvrer le sens lunaire perdu de perception participative et à l'appliquer consciemment à notre relation avec la nature. Il s'occupe de réanimer la vision imaginative, la sensibilité poétique, la perception aiguë ou vue pénétrante qui nous relie au substrat invisible de l'être. Et en même temps, il s'agit aussi de grandir en notre unique individualité, de nous différencier des valeurs collectives défectueuses qui dictent la vie politique et religieuse de la société, sans toutefois nous penser supérieurs aux autres ou tenter de leur imposer nos vues.

L'alchimiste descend dans les profondeurs de son âme pour y subir une mort et une renaissance, pour transformer sa conscience de métal vil en or, pour recouvrer le trésor enfoui dans la matière de sa vie instinctuelle, et pour être réuni avec le substrat divin personnifié par Sophia, l'image féminine de Sagesse Divine. Dans le vase de son retort de verre, il s'efforce de transmuter les métaux et les substances chimiques; mais ce sont les images et les rêves qui se présentent à lui au fur et à mesure de son œuvre, qui sont le miroir de ce qui se déroule dans le vase de sa propre âme, et qui l'en avertissent, puis lui permettent d'approfondir sa compréhension du processus de transformation psychique se déroulant en lui. Le retort agit comme un miroir réfléchissant le processus qui se déroule dans le vase de son âme. Il déduit de son observation de ces processus que la matière et l'esprit sont mystérieusement reliés l'un à l'autre.

L'alchimiste doit tout d'abord amener à la conscience l'énergie primordiale de vie en lui, et ensuite découvrir comment travailler avec elle pour la transformer et la laisser le transformer. Au cours de ce processus d'harmonisation et de transformation, le centre de gravité au sein de la psyché bascule graduellement des besoins et des désirs de la personnalité égotique vers une orientation créée par une relation et une perception croissantes de l'esprit dans toutes ses manifestations. Ce processus — qui chez certains prend des décennies et chez d'autres arrive spontanément — ouvre à des valeurs totalement différentes de celles qui gouvernent le monde, valeurs associées à une mentalité que l'alchimiste nomme 'Vieux Roi'. Le processus transforme sa compréhension et l'éveille à une nouvelle forme de relation avec la matière, la Terre et le Cosmos. Finalement, l'âme donne naissance à la conscience éveillée qu'il nomme 'Jeune Roi'. Les alchimistes soulignent bien que l'œuvre se réalise avec douceur et patience, il faut lui laisser le loisir de se déployer. Essayer d'obtenir cet état par force, avidité ou ambition, c'est risquer l'inflation, la folie et la mort.

Le 'Jeune Roi' et le Roi qui doit mourir

L'alchimie nous présente l'image d'un roi qui doit mourir pour que son fils puisse gouverner à sa place. Nombre d'images alchimiques surprenantes illustrent le processus qui aboutit à la 'mort' du Vieux Roi. Les lecteurs familiers avec la légende du Graal se souviendront du récit du vieux roi alité blessé à l'aine, en attente du rédempteur qui relâchera les eaux de l'âme pour que les Terres Arides qu'il gouverne puissent retrouver leur fertilité. Les textes de l'alchimie européenne mettent en avant l'imagerie de ce récit médiéval. Je pense en particulier à un très beau texte du manuscrit de Trismosin, *Splendor Solis*, qui accompagne une image alchimique également très belle: "Le fils du Roi repose dans les profondeurs des eaux comme mort. Mais il est vivant et appelle depuis les profondeurs: 'Quiconque me délivrera des eaux et me conduira sur la terre ferme, je le récompenserai avec des richesses pérennes'". [6]

Nous pouvons identifier le Vieux Roi — le roi qui doit mourir — aux valeurs défectueuses qui mènent le prétendu monde 'réel': les valeurs soumises à la volonté de puissance qui gouverne le monde depuis les débuts de l'ère solaire. Nous pouvons aussi l'identifier à notre perception actuelle du réel, celle par laquelle, des mots de St Paul, 'nous voyons au travers d'un verre, obscurément' (1Cor. 13:12). Nous pouvons aussi identifier le Vieux Roi à l'image désuète de l'esprit qui doit être abandonnée afin qu'une nouvelle image – celle du Jeune Roi – émerge des profondeurs de l'âme. Comme nous le mentionnions dans le chapitre précédent, il nous est parfois nécessaire de remplacer nos vieux vêtements par des neufs, de même l'image de l'esprit ou de Dieu, qui domine depuis longtemps une civilisation, doit mourir afin qu'une nouvelle image de l'esprit puisse se manifester. Le Fils du Roi de ce texte personnifie les valeurs autres, générées par une relation avec l'esprit basée sur l'expérience spirituelle directe plutôt que sur la croyance.

Il y a deux mille ans, Jésus est le 'Jeune Roi' qui apporte à la culture de son époque le possible renouveau et la transformation des valeurs qui gouvernent le monde 'réel'. Cinq cents ans avant lui, au début du dit âge axial, le Bouddha fait la même chose pour sa propre culture indienne; St François agit de même au XIIIè siècle en Italie, et à mon avis, Jung tient le même rôle dans la culture occidentale au XXè siècle. Et pourtant, il semblerait que nous ayons la plus grande difficulté à nous libérer du pouvoir du Vieux Roi qui, actuellement, paraît plus établi que jamais.

Relativement à l'âme collective de l'humanité, le monde entier pourrait succomber à l'envoûtement des valeurs propres au Vieux Roi et demeurer ainsi pendant des siècles, sinon des millénaires. Nous risquons de régresser vers un état psychique inférieur si ceux qui sont l'élément dominant d'une culture font preuve d'inflexibilité et n'autorisent aucun changement ni aucune intégration de nouveaux éléments au système de valeurs dominant et défectueux. Le modèle extrême pourrait être un régime tyrannique imposant un dogme politique ou religieux inflexible, ou le désir d'une nation ou d'un groupe religieux de dominer le monde. Mais ce besoin de dominer s'impose lorsque la personnalité consciente, symbolisée par le Vieux Roi, est sans contact avec les profondeurs. Il est alors possédé et mené par son ombre: volonté de puissance de l'instinct inconscient. Jung alertait des dangers de l'inflation du mental moderne et disait que 'chaque élargissement de conscience présente le danger d'inflation'.

> Une conscience souffrant d'inflation est toujours égocentrique et n'est consciente que de sa propre présence. Elle est incapable d'apprendre du passé, incapable de comprendre les évènements contemporains et incapable de tirer les bonnes conclusions pour l'avenir. Elle est hypnotisée par elle-même et donc aucune discussion n'est possible avec elle. Elle se condamne inévitablement à des calamités qui doivent la frapper à mort. Mais paradoxalement, l'inflation est une régression de la conscience et une chute dans l'inconscience. Cette condition advient chaque fois que la conscience s'attribue trop de contenus inconscients et perd la faculté de discrimination, condition *sine qua non* de toute conscience… plus la foule est grande, plus la vérité est vraie — et plus grande la catastrophe. [7]

Le Mariage Sacré

Il y a quatre mille ans, dans les grands temples des rives du Nil, les festivités célèbrent le mariage sacré de la déesse et du dieu. Le thème du Mariage Sacré nous est transmis par les mythes, les contes tels Cendrillon et la Belle au Bois Dormant, et le Cantique des Cantiques. L'alchimie place la quête suprême du trésor dans le contexte du mariage des aspects solaire et lunaire de l'âme, l'or ardent de l'élément masculin et l'argent volatil de l'élément féminin, une union du mental et de l'âme, de la tête et du cœur, du Roi solaire et de la Reine lunaire. Ce mariage unit également la dimension invisible du monde subtil de l'esprit au monde matériel de notre expérience, rendant ce dernier perméable à l'esprit. Le Mariage Sacré est l'image ancestrale de la double union mystérieuse. Les alchimistes appellent Conscience Stellaire la conscience qui est le fruit de ce mariage interne — signifiant qu'ils sont réunis au substrat cosmique invisible qui est le fondement du monde phénoménal.[8]

Les alchimistes énoncent que, afin que la conscience puisse être transformée de métal vil en or, et le roi et la reine doivent subir un processus de dissolution et de transformation. Les alchimistes associent le roi au soleil, au soufre et à la couleur rouge. Le roi de nos jours peut être identifié à la conscience limitée que nous associons à notre mental rationnel, entièrement dépendant de la perception de la réalité que nos sens nous accordent, et ignorant de la plus profonde dimension du réel ou dimension de la psyché. Le roi exprime plusieurs buts mais ces buts ne concernent pas nécessairement le domaine de l'esprit.

Les images associées à la reine sont la lune, l'argent, le mercure et la couleur blanche, ainsi que la rose, le lys, la colombe et le cygne. Sa nature est décrite comme volatile, liquide, aqueuse et changeante. En relation au monde intérieur de la psyché, la reine est notre âme instinctuelle dont le cœur est l'épicentre. Au niveau archétypal, elle représente la dimension cosmique de l'*Anima Mundi*, âme cachée de la nature, matrice de notre énergie créative et utérus de notre imagination, qui émane au final de l'Âme du Cosmos. De même que la conscience transformée et éveillée du roi est représentée par le 'Jeune Roi', la conscience transformée et éveillée de la reine est représentée par la 'Jeune Reine'. Leur union crée l'enfant de la conscience intégrée et éveillée, symbolisée par l'or alchimique et les images numineuses de l'accomplissement du Grand Œuvre.

Pour éveiller la conscience personnifiée par le roi aux valeurs associées à la sagesse de l'âme, il doit subir une mort symbolique, traduite de façon saisissante par l'initiation shamanique. Le roi entreprend la descente dans le domaine aqueux de l'âme, domaine des émotions, des sentiments, des instincts qui, dépositaire d'aucune valeur, est à la fois craint et méprisé ; ce domaine est donc demeuré largement dissocié de la conscience au cours de l'ère solaire, et de ce fait il est sous-développé. Le roi en vient à connaître intimement la reine, il s'ouvre à ses propres sentiments, il ne les conçoit plus comme inférieurs à son mental rationnel, mais plutôt comme une chose maternelle, d'où il est né, d'où il a émergé, et avec laquelle il peut s'unir à présent consciemment comme avec une épouse — la contrepartie royale et féminine de lui-même.

En réalisant la descente dans cette dimension, en conquérant sa méfiance et son mépris de cette dimension et en abandonnant son désir de contrôle, le roi développe du respect pour des mystères qu'il ne percevait pas, et ne comprend pas encore. Il développe intuition, il développe sagesse, il développe humilité et compassion. La reine en tant que personnification de l'âme est elle-même transformée par la relation consciente que le roi établit avec elle. Elle n'est plus condamnée à demeurer dans un état dissocié. Elle n'est plus l'esclave des piètres valeurs et de la perception limitée représentées par le Vieux Roi; et elle n'est plus prisonnière des puissants élans inconscients des instincts aveugles auxquels le roi lui-même était assujetti. Les valeurs du cœur commencent à être entendues et elles s'affirment. Le sentiment commence à fonctionner de façon plus consciente et empathique au fur et à mesure de la transformation du roi et de la reine. Dans le conte de la Belle au bois dormant, le roi découvre une autre forme de relation avec la reine quand elle devient son aimée et son épouse. Alors qu'auparavant une haie d'épines les séparait, à présent le roi et la reine sont réunis dans la chambre nuptiale de l'âme. Cette union alchimique opère une profonde transmutation des deux, qui engendre la naissance de l'enfant de la nouvelle conscience. Les deux doivent se soumettre à un processus de fragmentation, de démembrement, de reconstruction et de régénération, décrits dans les phases du Grand Œuvre alchimique. En ce qui concerne la femme et l'homme d'aujourd'hui, ce processus est essentiel pour les deux, car la femme reçoit la même éducation que l'homme, absorbe les mêmes valeurs et est marquée des mêmes idées — elle peut attribuer la plus grande valeur au principe masculin et au mental rationnel, et ne rien savoir de la dimension profonde de l'âme et de la dimension invisible du réel.

Dans la tradition kabbaliste (beaucoup d'alchimistes sont des kabbalistes), l'union du roi et de la reine en leur état régénéré signifie la rencontre, ou l'union, des branches mâle et femelle de l'Arbre de Vie au cœur du pilier central Tiphareth, dont la signature est Beauté et Harmonie. De très belles images alchimiques de l'Hermaphrodite symbolisant l'union de Sol et Luna, Roi et Reine, peuvent être mises en relation avec l'imagerie d'union de la kabbale. Dans une de ces images, à gauche du roi et à droite de la reine, se trouvent deux formes arborescentes, chacune est plantée dans un rocher, de l'une pendent des soleils rouges et de l'autre des lunes d'argent et elles représentent les deux 'piliers' ou branches de l'Arbre de Vie. Le roi et la reine unis au centre, dont les pieds reposent sur deux pierres, symbolisent l'accomplissement de l'opus alchimique dans l'union ou la *coniunctio* des 'deux natures'. Sous leurs pieds s'étend un dragon qui symbolise la *prima materia* de l'alchimie et aussi Mercure, dont le sens sera expliqué plus loin. Les personnes qui connaissent le *Kundalini yoga* sauront associer les deux piliers, ou branches, à l'Arbre de Vie dont les deux canaux — *Ida* lunaire et *Pingala* solaire — se rejoignent dans le canal central du *Sushumna* alors que le feu créatif de la déesse *Kundalini* s'élève de la base de la colonne jusqu'à son éclosion dans et au-dessus de la tête (voir chapitre Seize). Ces trois traditions ont tant en commun qu'il paraît possible que chacune ait découvert une méthode identique de transmutation de la conscience grâce à des exercices, des visualisations et des pratiques méditatives spécifiques.

La Prima Materia

La *prima materia* est le fondement de l'opus alchimique, le matériau brut d'où la pierre, ou l'or, ou l'élixir divin, sortira. Les alchimistes disent que 'cette matière se trouve sous les yeux de tous; tout le monde la voit, la touche, l'aime, mais on ne la connaît pas. Elle est glorieuse et vile, précieuse et de peu d'importance, on la trouve partout.… En bref, notre Matière a autant de noms qu'il existe de choses dans le monde; c'est pourquoi l'insensé ne la connaît pas'. [9] Je me suis longtemps demandé s'ils voulaient signifier que l'esprit est la *prima materia*, présente en tout, vue par tous, pourtant inconnue car notre conscience, formatée depuis des siècles à croire que l'esprit n'est présent ni dans la matière ni dans la nature, est incapable de reconnaître sa présence au sein des formes du vivant.

Les alchimistes disent de chercher la *prima materia* dans ce qui est le plus méprisé. Dans la *prima materia* se trouvent tous les éléments rejetés et exclus de notre mental conscient. Là se trouvent les plus profonds instincts, les plus profonds sentiments, la plus profonde faculté de relation à la vie — et surtout, là se trouvent les éléments associés au féminin méprisé et négligé, et exclus de l'esprit: nature, matière, âme et corps. Les alchimistes appellent la *prima materia* 'terre noire', ou dragon, et même parfois merde. Quand Paracelse commença à enseigner à l'université de Bâle, il posa un pot fumant d'excréments humains sur la paillasse et énonça: 'Ceci concerne l'opus, ceci est le vivant, ceci est Dieu'. En réaction, les étudiants horrifiés le firent descendre de l'estrade et le chassèrent de l'amphithéâtre. Il eut beaucoup de chance de sauver sa vie.

Le Dragon

Le dragon est l'image la plus éloquente et la plus puissante de la *prima materia*. Nous l'avons vu au chapitre Douze, le dragon est une image de la puissance immense et méconnue de l'instinct, qui au final est la puissance créative et destructive de la vie elle-même — la puissance qui vit en nous tous et par nous tous, à l'état brut ou inconscient. À l'instar des traditions orientales, l'art de l'alchimiste aide cette puissance apparemment chaotique et insurmontable à devenir consciente, sans jamais oublier qu'il est à son service; il n'en est jamais le maître, ne l'utilise jamais à son profit. La dite magie noire décrit le travail d'une personne prisonnière des griffes du dragon, servant son propre désir de puissance, ou le désir de puissance des gouvernements; une situation que l'on peut associer à celle de nombre de scientifiques qui développent des armes capables de détruire la vie. Paradoxalement, le dragon représente le plus grand des dangers qui nous menacent, et il est aussi le gardien de notre plus précieux trésor — l'or qui est le résultat du Grand Œuvre alchimique.

Mercure

Mercure est un personnage de l'alchimie des plus énigmatiques, il est tantôt mâle et tantôt femelle, et dans les étapes avancées du processus alchimique il est hermaphrodite. L'origine de Mercure remonte à Hermès, ou à l'Égyptien Thot, guide des âmes dans l'après-vie. Nombre d'images alchimiques montrent Mercure avec le caducée et les serpents enlacés. Les alchimistes le/la voient (car Mercure est souvent androgyne) sous diverses formes: en tant que *prima materia* — matière première qui sera transformée par l'esprit, en tant que l'esprit lui-même, en tant que guide, ou agent de transformation, en tant que trésor recherché et but de l'opus — or philosophal, élixir ou pierre. Ils voient en Mercure l'or vivant, le divin feu créatif, le *lumen naturae* — la lumière de l'esprit caché dans les formes du vivant, de la matière et en chacun de nous. Quelques alchimistes associent Mercure à l'Esprit Saint.

De façon assez troublante, Mercure peut prendre la forme d'un dragon, d'un lion, d'un loup, d'un corbeau, d'une colombe, d'un phœnix, et de beaucoup d'autres images, y compris l'hermaphrodite, selon le stade du processus alchimique représenté. Au cours du processus de transformation, le dragon est mis à mort, le lion a ses pattes sectionnées, le loup est tué, tandis que ces représentations symboliques de l'aspect destructeur ou dangereux de l'instinct — volonté de puissance, lubricité, cruauté, avidité — sont transformées. Les alchimistes semblent dire que Mercure est toute chose car l'esprit est toute chose, vu à des moments différents de son éveil et de sa transformation au cœur de l'âme de l'alchimiste. Il est important de ne pas oublier que toutes ces images correspondent à des changements réels de la constitution des minéraux placés dans le retort, ou vaisseau alchimique.

Partout en Europe, tout particulièrement dans les grandes cathédrales, l'image de l'Homme Vert (Mercure) nous regarde depuis le porche d'entrée, les rondes-bosses des plafonds, les stalles du chœur et les sculptures en haut des piliers. Toutes ces merveilleuses images sont l'œuvre des maîtres-bâtisseurs du Moyen Âge, dont beaucoup connaissent l'alchimie et ses secrets. Toutes ces images proclament: je suis le *lumen naturae*, la lumière de la nature, la présence éternelle de l'esprit créateur, l'esprit en tant que lumière qui vous entoure et pénètre tout ce que vous voyez et touchez sous forme de matière. Un autre nom pour *lumen naturae* est *Anima Mundi*. L'image de l'Homme Vert remonte à Osiris, à Attis et à Tammuz, tous des dieux de la régénération de la Terre.

La matière contenue dans le vase alchimique, en se transformant sous les yeux des alchimistes, s'anime. Ils la regardent se transformer, ils commencent à lui parler et à réagir aux images qu'elle fait naître dans leur imagination. Le mystère les attire au cœur de lui-même. Ce que les scientifiques découvrent de nos jours repose sur les fondements posés par les alchimistes il y a plusieurs siècles. Mais les alchimistes se considèrent comme les serviteurs, et non les maîtres de la pierre et ils savent que les dangers de l'Œuvre sont la hâte, l'arrogance et l'avarice. À entendre les scientifiques communiquer leur enthousiasme et leur émerveillement à la découverte du boson de Higgs, on peut les imaginer comme des alchimistes des temps modernes, poussés à collaborer dans leur quête de pénétrer les mystères de l'univers, sidérés et émus par ce qu'ils découvrent, conscients de ce qui reste à découvrir. Cependant, l'humilité des alchimistes peut leur manquer.

Sophia ou Sagesse Divine

L'image féminine de la Sagesse Divine, ou de l'Esprit Saint, est l'image dominante de l'alchimie. Les alchimistes se nomment les Fils de la Sagesse. Parfois, elle s'appelle *Anima Mundi*, parfois Sophia, *Sapientia* ou Dame Alchymeia. Les alchimistes qui sont aussi kabbalistes la connaissent comme la Shekinah, l'Épouse de Dieu — le substrat divin du monde phénoménal. Toutes ces images pointent vers la sagesse occulte de la nature que les alchimistes prennent comme guide, bien qu'ils sachent que leur opus est *contra naturam* — contre-nature — car il va à l'encontre des attitudes et des habitudes instinctuelles qui sont si difficiles à dépasser. Ils se voient eux-mêmes comme travaillant avec la nature, aidant à la libération de l'esprit caché dans ses formes.

Mais ils savent que la Sagesse Divine représente beaucoup plus que ce que nous nommons nature. Nous sommes reliés les uns aux autres et à la vie planétaire et cosmique par un vaste et complexe maillage relationnel occulte que les scientifiques commencent tout juste à découvrir alors qu'ils tentent de sonder le mystère de la matière sombre, et les 95% de l'univers qui échappent à notre entendement. Cette vie intérieure du Cosmos, comme je le suggère aux chapitres Quatre et Cinq, s'exprime au mieux dans le langage métaphysique par l'idée d'Âme cosmique et par l'image des traditions bouddhiste et hindou du Filet unifiant d'Indra. L'archétype du féminin est de tout temps associé à la Terre, à la Nature et à l'Âme — âme non au sens personnel, mais âme au sens de dimension invisible du réel et vaste maillage du vivant.

Pendant plusieurs milliers d'années, cette matrice cosmique relationnelle est personnifiée par l'image de la Grande Mère, puis plus tard par des déesses, telles Hathor et Isis en Égypte. Plus tard encore, elle se retrouve dans l'image de la

Sagesse Divine et de l'Esprit Saint de l'ancien testament, dans la Shekinah de la Kabbale et dans l'Âme du monde ou Âme cosmique de Platon et Plotin; au Moyen Âge, dans l'image de la Vierge noire et du Saint Graal: le vase mystérieux, ou la pierre décrite comme source d'abondance. Pendant plusieurs siècles, au sein d'une culture européenne profondément hostile au Féminin, l'alchimie préserve en secret l'image de cet aspect rejeté du Divin. Les alchimistes détiennent la vision d'une femme cosmique et ils la connaissent en tant que force vivante et présence divine, déversant sur l'humanité les eaux d'amour et d'illumination. C'est probablement ce que le Dr. Marie–Louise von Franz exprime dans son commentaire d'un texte alchimique 'Aurora Consurgens', où elle dit que "L'alchimie impose à l'homme la tâche, et lui confère la dignité de sauver, par son opus, l'aspect féminin caché de Dieu emprisonné dans la matière et de le réunir avec la déité masculine manifeste".[10] Dans ce texte, la Sagesse parle à l'alchimiste en ces termes mémorables, "Entendez, vous, fils de la Sagesse, Protégez-moi, et je vous protégerai; donnez-moi mon dû que je puisse vous aider".[11] Ce message, l'un des plus forts et des plus profonds de l'alchimie, est un message pour notre temps alors que le désir instinctif de protéger la nature et de servir la vie se manifeste chez tant d'entre nous.

L'Aurora Consurgens

C'est un livre extraordinaire, d'une lecture fascinante, qui ne peut que profiter à quiconque souhaite approfondir sa compréhension de l'alchimie. J'inclus ici certains passages du *Aurora* car ils sont, pour moi, porteurs de sens profond et très numineux, et ils trouveront peut-être un écho chez vous. Non seulement les mots de ce texte sont très beaux, mais le commentaire du Dr. Marie–Louise von Franz est approfondi et éclairant. Elle dit que "Aurora est l'un des premiers traités médiévaux où l'on trouve l'idée naissante que l'opus alchimique implique une expérience intérieure et qu'un contenu numineux, la Sagesse (l'anima), est le secret que l'adepte recherche dans les substances chimiques".[12] Le Dr. von Franz pense que l'auteur de ce livre fascinant, qui insuffle vie à l'alchimie, serait le théologien et philosophe Thomas d'Aquin. Un homme y raconte la vision et la révélation qu'il reçoit juste avant de mourir, une révélation dont les mots sont retranscrits par des moines assis à ses côtés. Fait remarquable, ce texte nous est parvenu sans aucune censure apparente. Au premier chapitre apparaît un personnage mystique féminin, personnification de la *Sapientia Dei* ou Sagesse Divine, c'est le même personnage qui apparaît dans le livre des Proverbes, Ben Sirach et la Sagesse de Salomon, et qui représente le substrat divin cosmique qui donne la vie à toutes choses. C'est elle qui se manifeste spontanément et interpelle l'auteur du *Aurora*. Le Dr. Von Franz remarque:

Nous pouvons comprendre l'ébranlement de l'auteur du *Aurora* lorsque la Sagesse lui apparaît soudainement sous forme physique. Il n'avait sans aucun doute aucune idée avant cela de la réalité d'un archétype tel que la Sagesse, et il la tenait pour une idée uniquement abstraite. Pour un intellectuel, c'est une expérience bouleversante de découvrir que ce qu'il recherche… n'est pas juste une idée mais est psychiquement réel avec un sens tellement plus profond, et lui tombe dessus comme un coup de tonnerre…. Il dit qu'elle n'est pas juste un concept intellectuel mais qu'elle est terriblement réelle, présente de façon tangible dans la matière. [13]

Son expérience décrit la puissance et la numinosité de l'expérience visionnaire de l'*Anima Mundi*. Il entend des mots qui évoquent la description de la Sagesse par Salomon (Livre de la Sagesse 7:7, 21-7; 8:1-2):

C'est Elle que Salomon choisit plutôt que la lumière, et surtout que la beauté et la santé… Car à ses yeux tout l'or n'est que sable, et l'argent argile…. Et son fruit est plus précieux que toutes les richesses de ce monde, et toutes les choses convoitées ne peuvent se comparer à elle…. Elle est arbre de vie pour ceux qui la saisissent, et une lumière constante… à celui qui découvre cette science, elle sera à jamais sa nourriture légitime…. Un tel individu est aussi riche que celui qui possède une pierre qu'il peut frapper pour obtenir le feu, et qui peut transmettre ce feu autant qu'il le veut et quand il le veut, sans aucune perte pour lui-même. [14]

La Sagesse s'adresse à lui:

Tourne-toi de tout cœur vers moi et ne me rejette pas parce que je suis noire et sombre, parce que le soleil a changé ma couleur et les eaux recouvert mon visage… parce que je m'ancre à la fange des profondeurs et que ma substance n'est pas divulguée. Ainsi depuis les profondeurs j'ai crié avec ma voix, et depuis les abysses de la terre vers vous tous qui passez près de moi. Occupez-vous de moi et voyez-moi, si quiconque en trouve une semblable à moi, je déposerai entre ses mains l'étoile du matin. [15]

et utilisant des mots qui font écho à ceux attribués à Jésus dans les Évangiles:

Je suis cette terre de la promesse divine, où coulent le lait et le miel, et qui donne les fruits savoureux; c'est pourquoi tous les philosophes me commandent et sèment en moi leur or et leur argent, et leur graine incombustible. Et à moins que cette graine déposée en moi ne meure, elle demeurera seule, mais si elle meurt, elle donnera le triple de fruits: le premier sera bon car il fut semé dans une bonne terre, à savoir de perles; le second sera de même bon car semé dans une meilleure terre, à savoir de feuilles (argent); le troisième donnera mille fois plus car il fut semé dans la meilleure terre, à savoir l'or. Car des fruits de (cette) graine est faite la nourriture de vie, qui vient des cieux. Si un homme en mange, il vivra sans connaître la faim. [16]

Je pense que ce texte alchimique de révélation pose le fondement de ce qui est actuellement en train d'émerger dans la conscience humaine: une perception de la divinité de la nature et de la matière, et de notre propre divinité, ainsi que notre responsabilité de protéger la planète contre notre exploitation irraisonnée de ses ressources.

Les Phases de l'Opus

L'alchimie définit trois, quelquefois quatre, phases du Grand Œuvre, elle dit que 'cet art est comme un embryon puis la naissance d'un enfant'. Le processus est circulaire et continu, passe et repasse par les diverses phases, et ainsi ce qui est défini comme *nigredo*, ou noirceur, de la première phase peut réapparaître dans l'expérience de l'alchimiste lors de la phase finale, le *rubedo*.

Les Sept Processus impliqués dans le Grand Œuvre Alchimique sont:

- Le sauvetage de l'aspect féminin perdu de l'esprit caché dans la nature et en nous-mêmes
- Le processus de transformation impliqué dans ce sauvetage
- La mort de l'ancienne conscience symbolisée par les vieux roi et reine
- La formation de la nouvelle conscience symbolisée par les jeunes roi et reine
- La formation de l'Hermaphrodite — union des deux éléments transformés
- L'intégration du corps, de l'âme et de l'esprit
- L'union avec ce que les alchimistes nomment l'*unus mundus*, le substrat cosmique divin

Étape 1: Première Phase de l'Opus Mineur
— Création de la Pierre Blanche —
connue sous le nom de *Nigredo* ou *Separatio*, et régi par l'élément Feu

Le mot '*Nigredo*' veut dire noirceur — la noirceur de la *prima materia* autant que la noirceur de la dépression. Le corbeau est le symbole de cette étape où l'alchimiste qui entreprend le processus de transformation tombe dans ce qui est décrit comme une 'noirceur plus noire que noire', une noirceur qu'il voit en réflexion dans le noircissement de la matière à l'intérieur de son retort alchimique, et qui correspond cosmiquement à la phase sombre de la lune. Le *nigredo* est aussi associé aux nombreuses années de solitude et d'isolement d'une personne appelée à suivre ce cheminement intérieur.

Les alchimistes appellent cet état *unio naturalis* et *massa confusa*, de même que terre noire et dragon — tous ces termes traduisant un état semi-conscient, l'intrication inconsciente de divers aspects de notre psyché, résultat inévitable de notre émergence de la matrice de la nature. Ils voient le *Nigredo* comme l'état de souffrance et d'ignorance aveugles qui précède l'aube de la perception consciente. On peut dire qu'il décrit l'état dans lequel nous vivons au quotidien, réagissant aux évènements; l'état dans lequel nous croyons avoir le contrôle de nos vies mais sommes en fait victimes de nos complexes, de nos idées et de nos croyances incrustées, de nos impulsions archaïques, de nos automatismes et valeurs instinctuelles qui nous contrôlent dans nos vies individuelles, et contrôlent la vie collective de l'humanité. Dans cet état, l'esprit n'est ni éveillé, ni libre, il est prisonnier, ou victime, de toutes ces choses.

Les processus alchimiques associés au *Nigredo* sont *Putrefactio* (décomposition), *Calcinatio* (incinération, noircissement, calcination) et *Mortificatio* (processus de mort ou de suffocation). Paracelse, alchimiste et physicien du XVIè siècle, dit que 'la putréfaction est d'une telle efficacité qu'elle annihile l'ancienne nature, transmute tout en sa nouvelle nature, et apporte un fruit nouveau. Toutes choses vivantes meurent en elle, toutes choses mortes se décomposent, et alors toutes ces choses mortes reprennent vie'.

Le processus de *separatio* ou différenciation des éléments de notre nature est ardu, déroutant, et souvent effrayant du fait de l'impression de perte de contrôle. Au cours d'une analyse jungienne, le *nigredo*, ou *separatio*, met l'analysant en contact direct avec l'ombre, l'aspect inconnu de sa psyché. Notre impression originelle d'unité est scindée et ceci peut être vécu comme une sorte de démembrement, souvent illustré très graphiquement dans les textes alchimiques. Pourtant, ce travail de différenciation et de séparation est le premier stade de réunification de l'aspect conscient solaire de la psyché avec l'aspect lunaire inconnu et dissocié, qui inclut l'ombre et la totalité de la dimension de l'âme. Il nous met en contact direct avec la puissance des aspects archaïques inconnus de notre psyché. L'alchimiste sépare tout d'abord les divers éléments du corps, de l'âme et de l'esprit, puis les réassemble en une nouvelle union consciente, basée sur la perception que chacun est un aspect essentiel de l'esprit: ce qui était obscurité — inconnu et même terrifiant — s'illumine de la lumière de la conscience pénétrant ou descendant dans cette obscurité. Paradoxalement, la découverte de la lumière s'accomplit par la descente au cœur de l'obscurité. Les alchimistes suivent ainsi les instructions de la Table d'Émeraude d'Hermès Trismégiste: "Tu sépareras la terre du feu, le subtil du dense, avec douceur et grande ingéniosité". Le mot 'douceur' est souligné, en contraste à la violence, au mépris et à la répression que le corps et les instincts subissent généralement.

Les alchimistes se nomment blanchisseuses et cuisinières, et comparent le processus de transformation à une cuisson, un pétrissage, un lavage, une consolidation, un adoucissage, une élévation, un abaissement, une scission et finalement, une réunification. "Étudie, médite, transpire, travaille, lave, cuisine" disent-ils.

C'est un processus impossible à décrire et les images parlent mieux que les mots. On n'efface pas un élément de la psyché comme on efface une phrase ou un paragraphe dans un traitement de texte. Nous ne pouvons devenir conscients d'aspects de nous-mêmes auparavant inconnus que très progressivement, et que très lentement approfondir notre perception des causes, de la puissance et de la persistance des automatismes inconscients et des projections — causes qui ont leur origine non seulement dans notre expérience personnelle mais aussi dans la totalité de l'héritage politique et religieux de la civilisation. Cette vue pénétrante fait partie du processus d'avènement d'une lumière de nature différente au sein de l'obscurité de ce qui était auparavant inconnu.

Jung insiste sur l'importance de l'ego dans cet opus. L'ego, ou personnalité consciente, est le médiateur entre la partie consciente de notre psyché (le roi) et la partie inconnue qu'il nomme l'inconscient (la reine). Sans sa coopération, aucune transformation n'est possible. Essayer de s'en débarrasser provoque une résistance. Tandis que le nouveau centre de la conscience s'établit, l'ego se consolide — pas dans le sens d'imposer sa volonté mais dans le sens de devenir suffisamment fort pour ne pas souffrir d'inflation, ou être submergé par les éléments qui émergent de l'inconscient. La propre expérience de Jung, décrite en détails dans le *Livre Rouge*, témoigne de cette nécessité. L'ego ou mental conscient doit apprendre à entrer en relation avec cette plus grande puissance, plutôt que nier sa présence, supprimer sa voix et ignorer ses tentatives de communiquer. Finalement, il se met au service de cette plus grande puissance et se soumet à sa guidance.

De nos jours, et probablement par le passé, l'appel à entreprendre le processus alchimique est déclenché par un traumatisme: l'expérience d'une perte vitale et accablante qui semble anéantir le fondement de notre vie. L'ego, ou personnalité consciente, est en proie à une dépression paralysante, une profonde mélancolie, et perd tout espoir et envie de vivre. Ces sentiments peuvent survenir suite à la perte d'un parent, d'un partenaire, d'un enfant, ou suite à un divorce, à la perte de sa maison, de sa santé, de son travail, de son argent ou suite à une trahison — notre vie semble s'écrouler. Comprendre cet évènement traumatique comme une préparation à une nouvelle orientation de notre vie, et même comme l'appel de l'esprit enfoui, peut être très utile; autrement, il sera vécu comme une souffrance aveugle et injustifiée: le ravage infligé par un destin cruel, contraire et incompréhensible. Le suicide est un risque si aucune compréhension ne vient éclairer ces évènements. Les écrivains et les artistes connaissent cette descente dans l'obscurité paralysante de la dépression qui peut être le prélude d'un nouvel élan créateur, mais qui peut être vécu, à l'instar de Perséphone, comme un enlèvement dans le monde chthonien et un abandon. Un exemple contemporain de *nigredo* sur la scène mondiale pourrait être le tsunami meurtrier qui a rasé les villages côtiers du Japon, ou l'effondrement du système bancaire, et les souffrances qui s'ensuivent. Cette expérience de désintégration et de *mortificatio* peut être le prélude à un nouveau commencement, un projet créatif inédit et insoupçonné.

Étape 2: La Seconde Phase de l'Opus Mineur
— connue sous le nom d'*Albedo*, *Solutio* ou *Purificatio* —

Les deux symboles principaux de la phase d'*Albedo* sont la colombe de l'Esprit Saint et la Pierre Blanche. Cette phase est régie par l'élément Eau et concerne le baptême et la régénération dans l'utérus aqueux de l'âme, l'éveil au principe féminin et à ses valeurs négligées du sentiment, l'ouverture de l'œil du cœur, comme nous l'avons vu au chapitre Quinze. Dans cette phase l'eau, et plus spécifiquement l'eau associée à la substance éthérée de l'âme — *l'aqua permanens* — est l'agent de transformation: "Cette eau divine rend le mort vivant et le vivant mort, elle éclaire l'obscurité et obscurcit la lumière".[17]

La rose blanche et le lys, le pélican et le cygne, et surtout la Jeune Reine sont d'autres symboles de cette phase. La lune est aussi un symbole de l'Albedo car elle brille dans l'obscurité et régit les mystères de la transformation qui se déroule dans l'obscurité, dans la partie de la psyché que nous ne percevons pas au début de l'opus. La nouvelle lune signifie la naissance de la vue pénétrante, de la compréhension et de l'essor de la relation avec l'esprit. Une abondance de larmes accompagne ce stade, car les habitudes, les croyances et les puissants complexes sont dissous, ou fondent. Ceci indique l'ouverture du cœur à la première expérience puissante du sentiment profond.

Les alchimistes comparent l'*Albedo* au blanchiment graduel du ciel d'aurore, après l'obscurité nocturne. Ils décrivent par une imagerie frappante le processus de transformation de la *prima materia* depuis son état psychique initial, par lavements, décrassages, purifications, immersions et soumissions répétées à la puissante chaleur du feu qui sépare et supprime la rouille, ou vert-de-gris, qui en s'accumulant ont dissimulé l'or de l'esprit au stade pré-conscient. Les images sont celles du soleil sombrant dans la fontaine mercuriale, du roi transpirant dans un espace confiné, ou se noyant et appelant à l'aide. Mais dans les profondeurs des eaux de l'âme, le roi et la reine sont réunis dans ce qui se nomme premier *coniunctio*, et est richement illustré. L'imagination commence à s'activer, de nouvelle possibilités pointent.

La phase de l'*Albedo* décrit le processus de l'âme qui commence à être consciente de l'esprit caché, que les alchimistes nomment Mercure, et dont la présence secrète coordonne le Grand Œuvre qu'est le processus de transmutation. Au cours de cette phase, ils commencent à travailler en conscience avec l'esprit, à le servir avec confiance et dévotion, et aussi à discerner qu'ils peuvent être trompés ou induits en erreur par ses qualités d'illusionniste, qui sont en essence les qualités d'illusionniste de l'ombre. Certains alchimistes chrétiens comparent cette phase à l'assomption de la Vierge. " Petit à petit et de jour en jour", écrit l'alchimiste belge du XVIè siècle Gerhard Dorn, "il percevra avec ses yeux mentaux, et avec la plus grande joie, quelques étincelles d'illumination divine".

Étape 3: L'Opus Majeur
Le *Rubedo, Coniunctio* et *Multiplicatio*
— la ré-unification du corps, de l'âme et de l'esprit —

Les alchimistes nomment la troisième phase finale du processus alchimique Opus Majeur et *Rubedo*. Quelques textes la font précéder d'une phase de jaunissement nommée *Citronitas*. Ils comparent le Rubedo à ce que les alchimistes médiévaux et les mystiques nomment 'Aube Naissante' (*Aurora*) ou 'Heure Dorée' (*Aurea Hora*), pour décrire l'union mystique de l'âme avec Dieu.[18] Ils le comparent aussi à la Résurrection et au rougeoiement du ciel lorsque le soleil en s'élevant vers le zénith irradie la terre de ses rayons ardents. Rouge-or est la couleur du *Rubedo* et la rose rouge, ou la pierre rouge, sont les symboles du parachèvement de l'Opus Majeur.

La phase de Rubedo, travail long et ardu, consiste à stabiliser la nouvelle attitude, afin qu'elle soit constante et n'oscille pas entre les états anciens et nouveaux, et surtout à tenir à distance le danger d'inflation. Cette phase peut consister à s'impliquer dans un travail créatif, à rendre manifestes des intuitions et des connaissances récemment découvertes en les partageant, ou à servir la vie avec compassion et détermination. Elle peut se comparer aux processus physiques de transformation du lait en beurre, du raisin en vin, du blé en pain, des ingrédients bruts en nourriture cuite. Mon enseignante, Barbara Somers, utilisait cette métaphore inoubliable, 'la confiture commence à prendre'.

Cette phase décrit l'éveil de la personnalité consciente à la pleine perception de l'esprit, en tant que guide et compagnon au sein de l'âme éclairée, elle décrit l'alignement en pleine conscience avec l'esprit et l'union finale (coniunctio) des deux aspects de la psyché qui étaient auparavant étrangers l'un à l'autre, le Roi solaire et la Reine lunaire — en termes jungiens, le conscient et l'inconscient. Il n'y a plus ni conflit ni hostilité entre eux, plus de revendication venant d'un mental conscient en état d'inflation prétendant être la totalité de la conscience, en dénégation de l'existence de l'âme.

Le *Rubedo* annonce la pleine expansion ou éveil du cœur, l'éclosion incandescente de l'imagination que Martin Ruland, alchimiste du XVIè siècle et élève de Paracelse, qualifie d'étoile en l'homme, corps céleste ou supra-céleste. Corps, âme et esprit sont unifiés et transfigurés en cette expérience d'éveil et d'union — elle se produit parfois au moment de la mort, dans la phase *Aurora*, mais aussi je crois, lors de la révélation sidérante de l'expérience de mort imminente qui permet d'entrevoir les conditions de vie après la mort. Nous croissons en passant par les phases alchimiques du *Nigredo* et de l'*Albedo* pour atteindre le *Rubedo*. Nous ne pouvons forcer notre entrée en ce stade, ni par des exercices spirituels ni par une formulation des buts. Cela nous arrive, comme dans l'expérience de mort imminente, ou alors grâce à l'ouverture du cœur, à l'aptitude instinctive à aimer, à donner, à servir la vie avec compassion, nous l'atteignons naturellement. Sa Sainteté le Dalaï-lama est un exemple contemporain de cette capacité à donner et à servir.

La *coniunctio* concerne la totalité du processus de transformation psychique, l'union des deux aspects de la psyché advient en repassant encore et encore par les diverses phases alchimiques, ce que les alchimistes nomment *circulatio*, en référence à la rotation des planètes autour du soleil. Les transformations alchimiques auxquelles l'alchimiste participe s'entreprennent pendant les transits astrologiques appropriés, conformément à la compréhension selon laquelle les événements cosmiques de l''En Haut' sont réfléchis dans le domaine de l''En Bas'. Mais la *coniunctio* représente aussi l'éveil final, l'union finale avec le substrat divin, à présent totalement reconnu, honoré et consciemment présent dans l'âme. La force de transformer, de servir, de guérir vient de cette source. La pierre, ou élixir, détient le pouvoir de multiplication (*multiplicatio*), le miracle de la multiplication des pains et des poissons de l'Évangile en est une illustration. La totalité du processus alchimique concerne l'incarnation de l'esprit en l'âme humaine, et la longue incubation ou préparation nécessaire pour que l'âme soit à même de contenir la tension, les dangers et la révélation de l'incarnation graduelle, ou éveil de l'esprit.

La phase finale de l'alchimie concerne le fait de devenir réceptif à l'immortel 'corps de lumière' et de pénétrer dans ce corps 'stellaire' ou 'céleste' que nous habiterons finalement après notre mort. Elle concerne l'éveil du cœur, le flot de compassion envers toutes choses vivantes, et l'union au substrat divin que les alchimistes nomment l'*unus mundus*. Un symbole capital du *Rubedo* est le phœnix, qui symbolise la vie régénérée hors des cendres de l'ancienne vie inconsciente. Les belles images évocatrices du trésor appartiennent à ce stade final: l'Or Quintessentiel, la Pierre du sage, la Perle de Grand Prix, le Phœnix d'Or, L'Élixir de Vie, la Fleur d'Immortalité, le Baume Céleste, l'Eau Divine, ainsi que le parfum des fleurs, un arbre en floraison et la céleste couleur bleue. Un texte décrit la pierre (*lapis*) comme une 'lumière sans ombre, une chose merveilleuse qui permet à une grande fontaine d'or de jaillir d'elle-même'. [19]

Conclusion

En résumé, les alchimistes cherchent à libérer l'or quintessentiel de l'esprit caché dans la nature, à affranchir le divin élan de vie des croyances, des attitudes figées, des automatismes instinctuels et des projections inconscientes qui le voilent à notre vue. Leur intention est d'aider le mystérieux esprit à devenir conscient en eux-mêmes pour pouvoir accéder à la pleine expérience de sa présence et de sa guidance; ils savent que ce faisant, ils influencent et peut-être même transforment positivement (en se défendant de lui faire du mal) la nature même de la matière et donc de tout le vivant, puisque tout est interconnecté. La révélation progressive du trésor implique grande solitude, souffrance et sacrifice d'une part, et d'autre part illumination, émerveillement et joie indicible lorsque la lumière de la conscience unifiée s'élève. Gerhard Dorn écrit que 'Personne ne peut accomplir cet opus si ce n'est par chagrin, humilité et amour, car c'est le don de Dieu à ses humbles serviteurs'.

En observant la matière de leur propre vie psychique se transformer dans le miroir du retort alchimique, les plus grands comme les plus humbles des alchimistes font l'expérience de l'immense mystère de ce dont ils sont témoins. Ils comprennent qu'ils assistent l'esprit dans le processus de sa propre transformation, s'élevant à la conscience depuis des éons de temps terrestre et re-liant la création à sa source. Se révèlent à eux, en un processus graduel d'illumination, la divinité de la nature et tous les processus du vivant; ils voient qu'un seul esprit divin est à l'œuvre dans toutes les formes de vie ainsi que dans leur conscience humaine. Ils cherchent à donner naissance en eux-mêmes à l'esprit caché qui désire être secouru de son enfouissement dans la nature et en eux-mêmes. En accomplissant cette double action de rédemption, ils deviennent les fils de la Sagesse Divine, héritiers du trésor, le véritable or philosophal. Ils réalisent, alors que leur compréhension s'approfondit, qu'ils ne sont pas les maîtres de la pierre mais ses ministres; leur vie est éclairée par la Sagesse de l'Esprit Saint déversant éternellement l'eau de vie.

Les trois phases du Grand Œuvre se fondent imperceptiblement l'une en l'autre et se répètent encore et encore dans un processus nommé *circulatio*, tandis que l'union tri-partite du corps, de l'âme et de l'esprit s'accomplit. Il n'y a pas un seul éveil mais plusieurs, une seule illumination mais plusieurs. En pénétrant dans l'obscurité du cœur, les fenêtres de l'âme s'entrouvrent et la lumière filtre: la lumière diffusant depuis le *lumen naturae*; la lumière qui est le substrat caché du vivant, et qui dévoile ce qui était auparavant inconnu ou obscurci. L'image du diagramme alchimique du cercle quadrangulaire pointe vers l'incarnation de l'esprit en la matière, l'unification des principes masculin et féminin et la *coniunctio*, ou indissoluble 'mariage' du Haut et du Bas.

Feu le père Bede Griffiths (1906–1993), un des grands sages de notre temps, raconte comment, après avoir souffert d'un AVC, il se prépare à accueillir la mort. Mais loin de mourir, il ressent le besoin de s'abandonner à la Mère, au Féminin. En accomplissant cet acte d'abandon, il ressent une vague d'amour l'envahir, une vague si puissante qu'il pense ne pouvoir y survivre. Il réalise que chacun d'entre nous est porteur de cet amour en son être, mais s'en exclut, car le mental s'immisce et fabrique la conscience dualiste dans laquelle nous vivons. Grâce à cette expérience, il dit qu'il fut capable de vivre par-delà le mental dualiste le temps qui lui restait. Il dit ceci à propos du Grand Œuvre:

L'âme découvre la source de son être en l'Esprit, le mental s'ouvre à cette lumière intérieure, la volonté est énergisée par cette force intérieure. La substance même de l'âme est transformée; elle devient une 'participante à la nature divine'. Et cette transformation affecte non seulement l'âme mais aussi le corps. La matière du corps — ses particules — est transformée par la force divine et transfigurée par la lumière divine — comme le corps du Christ lors de la résurrection. [20]

En percevant notre âme, en découvrant comment entrer en relation avec elle, la transformer et être transformé par elle, guérir ses plaies, écouter sa guidance, recevoir illumination et intuition de nos rêves, nous aidons à l'avènement du mariage du Roi et de la Reine, et possiblement au mariage sacré de toute l'humanité avec le substrat divin qui est le thème majeur de l'Alchimie, de la Kabbale et des Védanta, et est, je crois, la destinée exceptionnelle de l'espèce humaine. Cet Esprit Saint, inconnu et pourtant immanent, est la vie qui coule dans nos veines, le flux et le reflux de nos pensées, la force primordiale de nos instincts, le miracle de notre organisme physique, le génie créatif de notre imagination. Quiconque aura fait l'expérience extatique de servir la vie dans toute la plénitude de ses possibilités aura approché l'esprit et aura connu sa puissance prodigieuse.

'Une est la pierre, un le vase, une la procédure, et un le remède'. Le processus de transformation est unique à chacun et pourtant intrinsèquement le même pour tous. L'alchimie nous apporte la révélation ardente de la divinité de la vie dans la réunion du corps, de l'âme et de l'esprit, et nous appelle à mettre au service de cette vie les dons créatifs dont elle nous a dotés.

Ce que j'ai appris au cours de ces cinquante dernières années sur ce qu'est l'alchimie:

- Un voyage de retour vers la dimension invisible de l'esprit avec l'aide de l'esprit.

- Un voyage qui nous emmène aussi loin que ce que notre désir peut atteindre.

- Un processus qui harmonise notre perception à un ordre occulte du réel.

- Une révélation que nous nous tenons à chaque instant, et en chaque endroit, dans la lumière de l'esprit. Il n'est rien au-delà ou hors l'esprit. Il n'y a qu'une seule vie qui est la vie du Cosmos et la vie de tout un chacun. Chacun de nous est un atome singulier au sein de la vie invisible du Tout.

- Une découverte: la mort de la conscience n'existe pas, ni d'ailleurs la matière du corps ne meurt-elle vraiment. Notre raison d'être sur notre planète est de découvrir cette vérité, et de vivre cette vérité dans chaque souffle de vie; d'aimer et de servir la vie au mieux de nos possibilités, sans blesser quiconque, et d'activer le flot de lumière et d'amour dans nos vies.

La Prière de l'Alchimiste

Oh ! Présence singulière et indicible, première et dernière dans l'univers, attise la fureur de mon feu pour qu'il brûle les scories de mon être. Nettoie mon âme souillée; baigne-moi dans ta prodigieuse lumière. Libère-moi de mon histoire et affranchis-moi de mes limites. Unis-moi avec la Chose Unique voilée à ma vie, là où se trouve ma force. Emplis-moi de ta Présence, permets-moi de voir avec tes yeux, laisse-moi pénétrer ton Mental, laisse-moi m'accorder à ta Volonté. Rends-moi transparent à ta flamme, et façonne-moi pour que je sois une lentille pour ta seule lumière. Transmute-moi en la Pierre incorruptible à ton service éternel, telle la lumière dorée qui t'entoure. [21]

Notes:

1. cité dans *Aurora Consurgens*, (1966) et commenté par Marie–Louise von Franz, Bollingen, New York and Routledge and Kegan Paul, London, p. 160, extrait d'un manuscrit de Petrus Bonus.
2. Fabre, Pierre-Jean (1636) *Les Secrets Chymiques*, Paris.
3. Adam McLean se consacre depuis des années à réunir, traduire et mettre en ligne ces textes, ainsi que des centaines d'illustrations extraordinaires de textes alchimiques, dont beaucoup sont inédites.
   www.levity.com/alchemy
4. Campbell, Joseph (1968) *The Hero with a Thousand Faces*, p. 269.
5. Aurobindo, Sri (1990) *The Life Divine*, p. 4
6. Un des inestimables manuscrits de la British Library.
7. CW12 (1953) *Psychology and Alchemy*, par. 559–563.
8. voir le site: www.alchemylab.com.
9. Waite, A.E (1953) *The Hermetic Museum*, London, 1, 13.
10. *Aurora Consurgens*, p. 242.
11. extrait du *tractatus aureus*, cité par Jung in § 155 of CW12, *Psychology and Alchemy*. À rapprocher de Proverbe 4:6–8 "Ne l'abandonne pas et elle te gardera; Aime-la et elle te protégera".
12. *Aurora Consurgens*, p. 186.
13. ibid, p. 192.
14. ibid, pp. 35 et 37. Pour comparaison cf. Proverbe 3:13–18.
15. ibid, p. 133.
16. ibid, pp. 141 et 143.
17. C. G. Jung: CW14 (1963) *Mysterium Coniunctionis*, par. 317.
18. *Aurora Consurgens*, p. 205.
19. ibid, p. 324 extrait de *Carmina Heliodori*.
20. Griffiths, Dom Bede (1976) *Return to the Centre*, Collins, London, pp. 133-134.
21. www.alchemylab.com.

Parachèvement du Grand Œuvre
gravure de Matthäus Merian, vers 1630

Partie supérieure, la Sainte Trinité et les anges de Lumière qui influencent le zodiaque. Partie inférieure, le Corbeau du *Nigredo*, le cygne de l'*Albedo*, le Dragon, le Pélican qui symbolise le mercure lunaire et le Phœnix qui symbolise le souffre solaire. Sur la droite, un shaman à tête de cerf tient la lune, Luna tient une grappe de raisin dans sa main et de son sein s'écoule un faisceau d'étoiles. À leurs pieds se trouve un aigle dont les ailes couvrent l'eau et la terre. Sur la gauche se trouve Sol et un magnifique lion, ils tiennent ensemble une image du soleil. À leurs pieds se tient un phœnix dont les ailes couvrent le feu et l'air. Le personnage central de l'alchimiste, ou du kabbaliste, est vêtu d'un manteau couvert d'étoiles et entouré des signes du zodiaque, il se tient sur deux lions qui partagent une seule tête. De la gueule s'écoule un flot d'eau de vie. Sol et Luna sont connectés au corps subtil du cosmos. Cette scène splendide symbolise l'unité indissoluble de la Pierre d'Or, l'union de l'alchimiste avec l'*unus mundus*, substrat divin, ainsi que l'union du Haut et du Bas.

Grand-mère
Âme cosmique
soi

Première phase: Lunare ☽
Participation originale

L'esprit
Âme
Séparé

Seconde phase:
Solaire ☉
Séparation

**Cosmos
Dieu et
Monde vu
comme objet**

*Esprit et âme
Réunis*

Troisième phase: Stellare ✳
**Le mariage sacré
Participation consciente
à un cosmos animé**

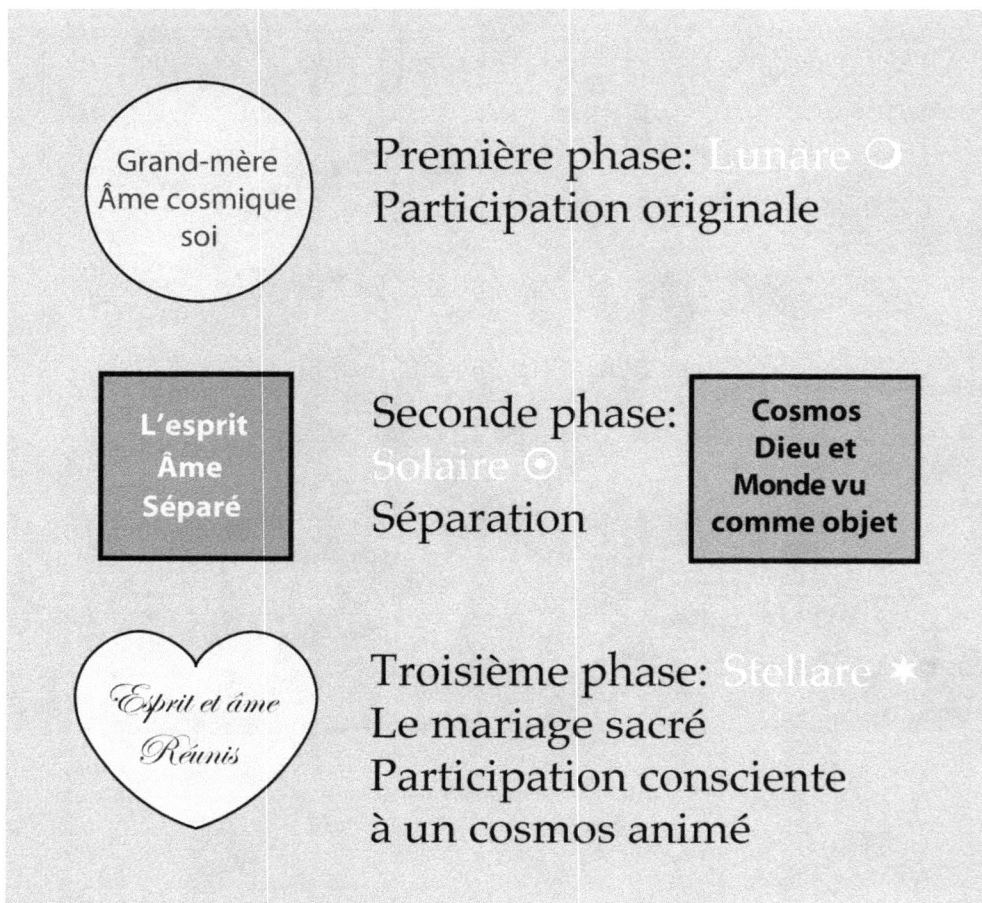

Trois phases dans l'évolution de la conscience
adapté du schéma original de l'auteur

Chapitre dix-neuf

VOIR AU-DELA DU VOILE:
LA SURVIE DE L'ÂME ET LA VIE APRES LA MORT

Car la vie est éternelle et l'amour est immortel, et la mort n'est qu'un horizon, et un horizon n'est rien que la limite de notre regard.
— Anonyme

La mort n'existe pas — ce n'est qu'un changement de mondes.
— Chef Amérindien

Aucun livre traitant de l'âme ne peut être complet sans considérer ce qui se passe quand nous mourons. Il est stupéfiant qu'après des millénaires de vie humaine sur notre planète et au vu des quantités phénoménales de connaissances disponibles, nous ne sachions toujours quasiment rien au sujet de l'expérience la plus mystérieuse, la plus effrayante et la plus délicate de nos vies: notre naissance et notre mort. De quelle autre dimension de la réalité arrivons-nous à notre naissance? Dans quelle autre dimension de la réalité allons-nous quand nous mourons? Les réponses à ces questions, que Socrate médite à la veille de sa mort et qui sont consignées dans le *Phédon* de Platon, semblent plus évidentes alors qu'elles ne le sont de nos jours, quelque deux mille cinq cents ans plus tard. Il est encore plus extraordinaire que la science et notre culture dans sa totalité aient ignoré jusqu'à récemment la vaste accumulation d'éléments recueillis ces cent dernières années par des institutions qui consignent et analysent les expériences non-ordinaires, telles les expériences de mort imminente aussi nommée mort transitoire, les expériences d'après-mort, et les expériences de sortie hors du corps (NDE, ADE, et OBE), ainsi que les communications des 'morts' avec les vivants. La science ne tient pas pour dignes d'intérêt les expériences shamaniques des visionnaires et des mystiques de toutes cultures et époques, elles témoignent pourtant de l'existence d'autres dimensions de la réalité et de la possibilité de communiquer avec elles. La croyance du courant scientifique dominant, à savoir que la mort du cerveau physique est la fin de la conscience, élève des murs et barricade notre mental contre ces témoignages, ainsi que contre des indices de plus en plus nombreux qui démontrent que la conscience ne se limite pas au cerveau humain — par cette attitude nous nous enfermons dans une prison de notre propre fait. L'affirmation de Stephen Hawking (rapportée dans *The Guardian* 2011) reflète cette croyance réductrice: "Le cerveau est comme un ordinateur. Il n'y a ni ciel, ni après-vie pour un ordinateur cassé; c'est un conte de fées pour les gens qui ont peur du noir".

Vu que la mort fait partie de l'expérience humaine depuis toujours et qu'elle nous arrive à tous, tôt ou tard, il semble étrange qu'un évènement d'une telle importance pour tous retienne si peu notre attention. Jung, dans son autobiographie, remarque que:

> Le rationalisme critique a apparemment éliminé, avec bien d'autres conceptions mythiques, l'idée de vie après la mort. Ceci n'a pu se produire que parce que de nos jours la plupart des individus s'identifient exclusivement à leur mental conscient, et imaginent qu'ils ne sont que ce qu'ils connaissent d'eux-mêmes. Pourtant quiconque ne possède même qu'un semblant de psychologie peut voir les limites de cette croyance… de grandes découvertes sont à venir que notre actuelle vue limitée exclurait comme impossibles. [1]

Aussi longtemps que la science affirmera que l'univers est 'mort', dépourvu de dimension intérieure, de conscience ou d'âme, et que le cerveau physique est l'origine de la conscience, alors ces croyances continueront à handicaper et à restreindre l'esprit humain et à limiter l'horizon de notre vue. Aussi longtemps qu'elle croira avec Bertrand Russell que "aucun feu, aucun héroïsme, aucune intensité de pensée et de sentiment ne peuvent préserver la vie individuelle au-delà de la tombe", elle continuera à retarder la compréhension humaine et à étouffer l'attente du cœur humain. Christopher Bache commente ainsi cet état de fait dans son livre *Dark Night, Early Dawn*:

> La pensée occidentale n'investit que la seule vision de la réalité qui se base presque entièrement sur le monde diurne des états de conscience ordinaire, ignorant systématiquement la connaissance qu'apportent les états non-ordinaires du ciel nocturne.… Coincée dans l'horizon du mental-à-portée-de-main, notre culture fabrique des mythes sur l'inconsistance et la non-pertinence des états non-ordinaires. Pendant ce temps, la fragmentation sociétale s'aggrave, causée en partie par notre incapacité à répondre aux questions existentielles les plus basiques. [2]

Cette vision restreinte de la réalité laisse dans la vie de nombre de gens un vide douloureux que ni la croyance religieuse, ni le progrès scientifique, ni l'amélioration des circonstances matérielles ne peuvent combler, bien qu'ils nous soient tous présentés comme offrant tout ce qui est nécessaire pour pallier la souffrance de la condition humaine. Il nous manque trois choses: le sentiment d'être en relation avec une dimension invisible, savoir comment cultiver cette relation, et comment remplacer finalement notre peur de la mort par la confiance en notre survie. Nombre de grands maîtres ont montré le chemin vers l'expérience directe du réel mais leur message et leurs enseignements sont, dans l'ensemble, ignorés ou déformés.

L'ignorance d'un champ de l'expérience humaine d'importance vitale signifie que les expériences et les découvertes relatives à ce champ sont tenues pour sans objet, ou pire pour des symptômes de divagation d'esprits 'superstitieux'. L'accès à ces autres niveaux, ou modes de conscience, nous est fermé depuis ces quatre cents dernières années, car notre mental 'rationnel' ridiculise, déconsidère et réprime ce qu'il est encore incapable d'accepter, de démontrer ou de comprendre. Il nous coupe de ces aspects instinctifs de notre nature qui détiennent la faculté de nous mettre en contact avec d'autres dimensions du réel. Ces facultés inutilisées depuis des siècles se sont de ce fait atrophiées. De ce désert métaphysique — déni et répression de ces aspects intuitifs, créatifs et imaginatifs de nous-mêmes, alliés à l'impression que la vie est fondamentalement dépourvue de sens — émerge notre système de croyance séculier et une culture de violence exacerbée qui menacent de désintégrer la civilisation et ultimement d'annihiler notre espèce.

William James écrivait il y a cent ans ces mots choisis avec soin, et qui semblent encore plus pertinents de nos jours:

> Notre conscience de veille ordinaire, que nous nommons conscience rationnelle, n'est qu'une sorte particulière de conscience, tandis que tout autour d'elle, séparées d'elle par le plus ténu des écrans, se tiennent des formes potentielles de conscience totalement différentes. Nous pouvons tout à fait bien traverser la vie sans même suspecter leur existence; mais appliquez le stimulus adéquat, et elles se présentent en un clin d'œil dans toute leur intégrité, types spécifiques d'aspect du mental qui sans doute ont quelque part leur champ d'application et d'adaptation. Aucune description de l'univers dans sa totalité ne peut être définitive si elle ignore ces autres formes de conscience. [3]

Notre compréhension de la vie et de l'interconnexion de tous ses aspects est, de nos jours, tragiquement défectueuse. Sogyal Rinpoche écrit dans le *Livre tibétain de la vie et de la mort*:

> Toutes les grandes traditions spirituelles du monde, y compris bien sûr le christianisme, nous affirment clairement que la mort n'est pas la fin. Toutes nous transmettent la vision de quelque vie future, ce qui insuffle un sens sacré à notre vie présente. En dépit de leurs enseignements, la société contemporaine est, dans une large mesure, un désert spirituel où la grande majorité s'imagine que cette vie-ci est la seule qui soit. Sans une réelle et authentique foi en une après-vie, la plupart des gens vivent une existence dépourvue de tout sens ultime. [4]

> Je réalise que les conséquences désastreuses de ce déni de la mort dépassent de loin le seul individu: elles affectent la planète entière. Fondamentalement persuadés que cette vie-ci est la seule et unique, nos contemporains n'entretiennent aucune vision à long terme. Et ainsi rien ne les retient de piller la planète pour leur satisfaction immédiate, ni de vivre égoïstement sans souci des conséquences fatales.… La peur de la mort et l'ignorance de l'après-vie alimentent la destruction de notre environnement, ce qui menace nos vies à tous. [5]

Supposons que nous sachions au-delà de tout doute possible que nous sommes immortels, que la finalité de la vie est la plus grande de nos illusions. Supposons que nous sachions que la mort est simplement un changement de monde, et qu'à notre mort nous entrons dans une autre dimension du réel, un autre état de l'être, sans perdre la conscience qui est ici la nôtre. Notre perspective de la vie changerait si nous savions que la mort est comme une seconde naissance — une naissance dans un monde aussi réel que celui-ci, où nous sommes réunis avec notre famille et nos amis, où nous pouvons explorer, nous épanouir, utiliser nos talents créatifs avec une liberté que peu connaissent ici. En quoi notre vie ici changerait-elle si nous savions que le périple au-delà de la mort du corps nous mène vers une vie multi-dimensionnelle considérablement accrue, et si nous savions que nous habiterons un corps-âme après notre séparation de ce corps physique?

Nous pourrions nous éveiller à la perception d'une chose qui était jadis connue instinctivement et que nous avons depuis bien longtemps oubliée: la compréhension que nous participons à la conscience créative et à l'intelligence aimante de l'univers qui nous contiennent. Le nom que nous donnons à cette conscience — Dieu, Mental ou Intelligence Universel-le, Âme Cosmique, Énergie ou Esprit — n'a aucune importance. Ce qui compte est de reconnaître l'existence d'une dimension du réel par-delà celle-ci et de commencer à entrer en relation avec elle.

Dans toutes les cultures, même dans notre culture moderne et séculière, la croyance en l'immortalité est présente dans l'âme humaine, de manière profondément instinctive. Cette croyance peut très bien trouver son origine dans l'observation de la lune et son cycle de mort et de régénération. Les grands mythes de l'ancien monde — ceux de Sumer, d'Égypte, de Grèce, de même que le mythe chrétien de la mort et de la résurrection du Christ — présentent tous l'imagerie lunaire de la renaissance après les trois jours d'obscurité.

Alors que Jules et moi-même rédigions le dernier chapitre de *The Myth of the Goddess*, ces réflexions profondes du poète Rilke repoussèrent les limites de notre vision:

> La mort est le côté de la vie qui se dérobe à nous, le côté que nous n'éclairons pas: nous devons nous efforcer d'atteindre à une plus grande conscience de notre existence, qu'elle soit chez elle dans les deux domaines illimités, qu'elle

se nourrisse des deux inépuisablement.... L'authentique envergure de la vie s'étend des deux côtés: il n'y a pas un ici et un au-delà, mais une vaste unité dans laquelle les êtres qui nous sont supérieurs, les 'anges', se trouvent chez eux.... Nous de l'ici et maintenant ne sommes à aucun moment restreints dans le monde temporel, ni séquestrés en lui... nous nous écoulons constamment vers ceux qui nous ont précédés.... [6]

L'Intrusion Soudaine de la Mort

Je sais que pour nombre de gens âgés l'inéluctabilité de la mort pèse lourdement sur leur cœur, et pourtant ils ne peuvent partager leur chagrin et leur appréhension ni avec leurs enfants ni avec leurs amis; la mort est une expérience qui nous attend tous mais il est effrayant d'en parler. Une culture qui croit que la conscience est produite dans le cerveau et que la mort inévitablement mène à l'extinction de la conscience, fait rarement de la survie du corps après la mort un thème de discussion. Ainsi les profondes inquiétudes du cœur ne trouvent aucun canal d'expression. Sans surprise, du fait de cette omerta, le plus grand chagrin, la plus grande peur que nous puissions éprouver au cours de notre vie est, suite à la perte d'un parent, d'un enfant ou d'un compagnon, de croire que l'être aimé nous est à jamais perdu, ou que la réunion est des plus incertaines. Malgré ma confiance en notre survie et la certitude que cette vie-ci n'est pas la seule, la perception de la mort fait naître en moi une grande tristesse. Tôt ou tard, comme nous tous en ce monde, j'aurai à faire face à la perte d'un être cher, puis à ma propre mort, à la séparation d'avec mon mari, ma fille et mon petit fils.

Des millions d'êtres perdent leur vie de façon soudaine et prématurée, pas seulement par actes de terrorisme ou du fait des guerres, mais à cause du sida, du cancer, d'accidents mortels ou de désastres naturels, tremblements de terre ou tsunamis. L'intrusion brutale dans la vie des gens de la mort prématurée d'un être cher, et le déchirement de leur profond chagrin, impulsent l'urgence de découvrir ce qui arrive à ceux si brutalement arrachés à cette dimension. Beaucoup de personnes âgées font durer leur vie par peur de la mort et de la séparation d'avec ceux qu'ils aiment. Si nous savions ce qui arrive après la mort, notre douleur de la perte d'un être cher pourrait être adoucie et notre confiance en notre propre survie et en celle des êtres qui nous sont chers nous confirmerait qu'ils ne sont pas perdus pour toujours. Cette confiance est tout à fait essentielle pour la vie future des enfants, dont l'affliction à la mort d'un parent peut se transformer par la suite en rage incontrôlable ou en comportements auto-destructeurs. Dans notre société occidentale, veiller le corps, dire au revoir au mort et mettre des fleurs dans le cercueil ne font plus partie du rituel de la mort. Les enfants ne voient que très rarement le corps d'un grand-parent ou d'un parent et sont éloignés de la réalité de ce à quoi un corps mort ressemble. De plus en plus de gens sont incinérés plutôt qu'enterrés. Cette cérémonie peut paraître surréelle car elle se termine abruptement après un temps imparti, pour laisser la place au groupe endeuillé suivant. La vie éternelle, le rappel à Dieu ou autre concept vénérable et rassurant peuvent certes faire l'objet d'une mention, mais rien n'est dit sur la nature de l'après-vie, sur le passage de cette vie-ci à cette vie-là, ni sur comment se préparer à cette expérience.

Que cela concerne notre mort ou celle d'un être proche, nous pouvons ressentir un profond désespoir au fait que tant de passion et d'effort, de souffrance et d'amour prodigués durant la vie, tout ce que nous avons construit, tout ce que nous avons aimé et chéri dans notre vie et chez les êtres que nous aimons, tout cela doit être abandonné, souvent sans préavis. Qui plus est, toute cette riche expérience disparaît pour toujours, pour ainsi dire s'évapore sans trace en un instant. Beaucoup de gens ayant perdu un être cher éprouvent des sentiments intenses d'accablement, de culpabilité et de colère ainsi que des regrets pour des 'choses non résolues' avec le disparu, qui peuvent affecter le reste de leur vie.

Qu'emportons-nous avec nous au seuil de la mort? Certainement la quintessence de notre être: les souvenirs de ceux que nous aimons, l'amour des enfants et des petits-enfants à qui nous avons donné la vie, l'amour des amis que nous chérissons et qui nous chérissent, l'œuvre créative dont nous laissons des traces derrière nous — en partie visibles et en partie invisibles — car personne ne peut exprimer toute l'envergure de son être, ni les êtres les plus proches en connaître les limites. À la mort de ma mère, je déposai instinctivement une rose dans son cercueil en symbole de mon amour pour elle et de la continuité de notre relation. Plusieurs années plus tard, je fus ravie d'entendre un médium dire que ma mère était très touchée par mon geste d'adieu. Ses mots ne me surprirent pas mais confirmèrent ce que je tenais pour vrai: notre conscience survit à la mort.

Grâce à mon expérience précoce de sortie hors du corps, à la direction que prit ma vie en réponse à cette expérience, et grâce aux messages communiqués à ma mère et à ses amies, j'ai recueilli au cours des ans des témoignages de nombre d'individus qui relatent leurs propres expériences de sortie hors du corps et témoignent du changement provoqué dans leur vie, et dans leur attitude, face à la mort. L'éventail d'expériences humaines est si vaste, riche et fascinant qu'il me paraît essentiel d'inclure cette expérience subjective à l'étude de ce qui nous est le plus précieux. Et qu'est-ce qui peut-être plus précieux que savoir que la conscience survit à la mort du corps, et savoir ce qui nous arrive vraiment quand nous mourons? J'ai un très grand respect pour la science en tant que méthodologie, mais je ne peux accepter la croyance réductionniste que le cerveau serait l'origine de la conscience, car cela semble très improbable à la lumière de ce que moi-même et d'autres ont vécu, et à la lumière des preuves à présent disponibles de notre survie et des témoignages des visionnaires, des mystiques et des shamans des cultures présentes et passées.

Les Effets de la Peur de la Mort

Je me demande si la violence tellement endémique à l'humanité pourrait venir non seulement de l'expérience de la perte désastreuse mais aussi de la peur inconsciente de la mort, de la colère causée par notre ignorance de l'intention profonde de notre présence sur cette planète, et de notre croyance en une seule vie à vivre. La peur de la mort et le désir d'assurer notre propre survie nous ont conduits à tuer autrui sans aucune conscience que, par cet acte, nous blessons toute la vie. Pourquoi célébrer le massacre d'autrui si nous savons que nos corps ne sont que l'enveloppe temporaire d'une conscience immortelle? À quoi sert alors toute la machine de destruction que des siècles de guerres ont perfectionnée pour détruire le corps? N'en viendrions-nous pas à réaliser que tous nos efforts pour conquérir, contrôler et tuer l'autre dans le but de protéger notre propre groupe tribal ou d'élargir son pouvoir, ne sont que perte de ressource, d'énergie et de vie précieuse?

Pendant des siècles, les chrétiens ont appris à croire que la mort est une punition infligée au monde en rétribution du péché de la Chute, et que la mort rédemptrice du Christ sur la croix a brisé le pouvoir de la mort et nous a ouvert l'accès au royaume des cieux. Selon cette doctrine, pour ressusciter dans un corps physique (et non un corps spirituel) au jour du Jugement dernier, nous devons être baptisés dans la foi chrétienne. Ne pas être baptisé condamne le non-croyant et les nouveaux-nés non baptisés, et ce jusqu'à récemment chez les catholiques, à errer dans les limbes. L'athée, bien sûr, croit que la mort est la fin ultime. Il n'a qu'une seule vie et rien au-delà. Qu'existe-t-il dans notre société moderne qui puisse nous préparer à la vie après la mort?

Croyances du Passé au sujet de la Survie de l'Âme

Depuis des milliers d'années les cultures shamaniques savent qu'il existe une échelle de connexion entre notre monde et la réalité invisible, et que celle-ci soutient, imprègne et interagit avec la nôtre. Encore à ce jour, elles maintiennent une connexion avec leurs ancêtres. Partout où la mythologie lunaire est forte, on trouve une croyance en l'immortalité de l'âme.

L'Égypte de l'âge du bronze a élaboré une cosmologie hautement sophistiquée et complète et une conception détaillée de la survie de l'âme après la mort. Cette civilisation extraordinaire a autant conscience de l'après-vie que de cette vie-ci. Les gens vivent avec la conscience de la présence du monde invisible, et les déesses et les dieux qui habitent le cosmos étoilé descendent chaque jour dans leurs temples. Loin de voir la mort comme une extinction, les Égyptiens la voient comme un voyage vers l'éveil à la vie cosmique et à la dimension invisible du cosmos, qu'ils nomment le *Douât*. Le *Livre des Morts* et quantité d'autres livres sont des guides pour atteindre des états toujours plus subtils de perception spirituelle dans cette dimension invisible. Quand un Égyptien quitte son corps physique, son *bâ* (âme) peut s'accrocher au corps, incapable de se libérer de son identification à cette vie-ci et il peut donc rester soumis à ce plan terrestre. Mais grâce à l'intervention des dieux, il sera libéré de cet état et transitionnera dans un corps spirituel, nommé *sahu*. Ce corps spirituel, dans son état de plein éveil, est représenté par le *akh*, 'le lumineux' ou 'forme lumineuse', dont le symbole est l'ibis à aigrette. Dans ce corps lumineux, le *bâ* peut être transporté vers les plus hauts plans cosmiques, associés au soleil et aux étoiles. Les Égyptiens décrivent cette expérience comme une 'Apparition au Grand Jour'. [7]

De même dans la Grèce antique, les rituels secrets des Mystères, célébrés à Éleusis et qui ont duré plus d'un millénaire, procurent à l'initié la certitude de l'immortalité: 'Celui qui voit les Mystères ne connaîtra pas la mort'.

Quatre autres cosmologies anciennes, védique, soufie, tibétaine et la tradition juive mystique de la Kabbale parlent de mondes, ou de dimensions multiples cachées. Comme nous l'avons vu dans les chapitres précédents, la Kabbale reconnaît quatre mondes, ou plans d'existence, interconnectés et définis comme un Arbre de Vie, dont chacun contient beaucoup d'autres mondes ou dimensions, chacun d'eux transmettant la lumière divine émanée depuis la source divine, et en définitive conduisant à la manifestation de notre monde matériel. Chaque chose en ce monde est le reflet de son prototype des mondes supérieurs de vibrations plus subtiles. Chaque chose est sacrée car elle émane du substrat divin et y est contenue. D'où le dicton kabbaliste, qui en fait trouve son origine en Égypte: 'En Haut comme En Bas'.

Cette tradition, de même que le judaïsme, le christianisme, l'islam, l'hindouisme et le bouddhisme, renferme encore la croyance en l'existence des anges, ou êtres spirituels, qui interviennent pour aider et guider l'humanité. La croyance en la survie de l'âme après la mort du corps physique est toujours vivante. Mais, exception faite du bouddhisme tibétain, il n'existe curieusement aucun manuel, ou guide, qui pourrait nous préparer à ce qui nous attend dans ces mondes extraterrestres.

Au VIIIè siècle, le grand maître bouddhiste tantrique, Padmasambhava, apporte le bouddhisme au Tibet et livre à ses proches disciples et au souverain un enseignement sur l'expérience d'après-vie. À la demande de Padmasambhava, le texte de cet enseignement doit rester caché au sein d'une montagne sacrée du Tibet jusqu'au moment où il pourra être retrouvé et révélé. Une longue période de persécution s'ensuit, et au XVè siècle le texte des enseignements de Padmasambhava est retrouvé, et la nouvelle se diffuse dans tout le Tibet et au-delà. Au début du siècle dernier, W.Y. Evans-Wentz et le Lama Anagarika Govinda, deux grands érudits, traduisent en anglais le premier chapitre qui sera publié pour la première fois en 1927 sous le titre *The Tibetan Book of the Dead*. La troisième édition publiée en 1957 par Oxford University Press, sera accompagnée d'un commentaire de Jung. Et à présent (2005) et pour la première fois, la maison d'édition Penguin publie in extenso les douze chapitres, ou sections, du texte dans une nouvelle traduction, avec une introduction et un commentaire rédigés par le Dalaï-lama.

De tous temps, les plus éminents enseignants spirituels témoignent de l'existence de cette réalité transcendante, ils font eux-mêmes l'expérience de ses plus hautes dimensions, et viennent même peut-être en émissaires de ces dimensions. Ce n'est qu'en nettoyant les portes de notre perception, comme Blake nous le conseille, que nous deviendrons réceptifs à la présence de ces mondes transcendants. Durant le dernier quart du XXè siècle, un nombre croissant de personnes sont convaincues, grâce à leur propre expérience subjective et à leurs lectures, de la survie de la conscience après la mort du corps. Ceux qui ont été précipités spontanément dans une expérience de mort transitoire, ou de sortie hors du corps, et sont revenus dans leur corps, trouvent qu'elle leur donne une nouvelle perspective sur la vie. Ils vivent la vie différemment, redoutent moins la mort, et possèdent un sens accru de leur responsabilité.

La Réincarnation

Dans une culture lunaire, l'idée d'avoir plusieurs vies, d'aller et venir dans cette dimension physique de la réalité, est une notion parfaitement naturelle étant donné l'influence exercée par les cycles récurrents de la lune. Je suis depuis longtemps persuadée que nous avons beaucoup de vies, dont des fragments peuvent nous revenir, certains de façon frappante et d'autres comme de vagues souvenirs – peut-être sous forme de nostalgie d'un endroit précis, ou d'une puissante attirance vers une personne qui nous paraît étrangement familière, ou au contraire, une peur ou une aversion de certains lieux ou personnes que nous ne connaissons qu'à peine. Lors de mon premier séjour en Inde et de ma découverte, dans l'hindouisme et le bouddhisme, de la croyance en la réincarnation, il ne m'effleura à aucun moment de la remettre en question. Je me sentis totalement en accord avec ces religions si différentes de la mienne. Par l'ampleur et la profondeur de leur conception de la divinité et de l'Unité de la vie, les Upanishads et le Bhagavad-Gîtâ me parlèrent beaucoup plus que l'image chrétienne d'un Dieu distant avec lequel j'avais pourtant grandi. Je me suis sentie attirée par l'étude de la vie et l'enseignement du Bouddha, ainsi que par les magnifiques représentations de lui dispersées partout en Asie, de l'Inde jusqu'en Chine et au Japon. Elles sont tellement aux antipodes des images du Christ crucifié.

Il me semble évident que des milliers d'années de contemplation au sein de traditions tellement plus anciennes que le christianisme demandent le respect, et de plus l'idée de plusieurs vies paraît parfaitement logique. Une vie n'est pas suffisante pour saisir tous les aspects de la condition humaine ou pour accueillir tout ce qui en moi cherche à vivre et à s'exprimer, elle ne me donne pas non plus le temps d'apprendre tout ce que je veux découvrir pour pouvoir ensuite appliquer cette connaissance à ma vie, quel que soit son déroulement. L'idée d'une seule vie est claustrophobe et quelque peu limitée. L'idée de notre renaissance continuelle dans cette dimension matérielle jusqu'à ce que nous retrouvions la connaissance de notre origine divine et puissions en pleine conscience nous relier à cette source, ou substrat, est très judicieuse.

L'enseignement des conséquences karmiques à long terme de mes actes, reportées sur plusieurs vies, me rend beaucoup plus consciente de la nécessité d'agir avec vigilance quant à ma façon de vivre et de traiter autrui. Le concept de karma semble être une explication de la souffrance, de ses causes et de la libération de la souffrance plus compatissante que le concept de péché originel (bien que l'ombre de ce concept se manifeste dans le mépris cruel des Indiens pour les castes inférieures, persuadés que la renaissance dans une de ces castes est la preuve de méfaits dans une autre vie). Tant de questions restent sans réponse si le cadre se limite à une vie. Mais si nous l'élargissons pour qu'il englobe plusieurs vies, alors le sens se dessine. Le temps nous est alloué pour que nous puissions nous poser et réfléchir plutôt qu'encombrer chaque instant d'une activité frénétique, juste au cas où notre seule est unique vie ne nous permettrait pas de tout faire.

Le Dr. Ervin Laszlo, dans un ouvrage de 2006, *Science and the Re-enchantment of the Cosmos*, énumère toutes les cultures et les peuples qui croient en la réincarnation:

> C'est une partie intrinsèque du mythe, de la métaphysique, et de la philosophie depuis des milliers d'années. C'est un élément essentiel de l'hindouisme, du bouddhisme, du jaïnisme, du sikhisme, du zoroastrisme, du bouddhisme tibétain vajrayana, et du taoïsme. Il est présent dans les systèmes de croyance des tribus africaines, des amérindiens et des cultures précolombiennes, des Kahuna d'Hawaï, des Gaulois et des druides. Il a été adopté par les Esséniens, les Phar-

isiens, les Karaïtes, et diverses tribus juives; il demeure un élément essentiel de la Kabbale. Les Pythagoriciens et les Orphiques y adhèrent. Platon parle de 'métempsychose' (transmigration de la psyché) dans nombre de ses fameux dialogues — *Phèdre, Phédon, La République, Timée* —, Jules César le mentionne comme doctrine détenue par les Celtes et les historiens romains mentionnent que les peuples germaniques la partagent. [8]

La réincarnation fait partie de la doctrine chrétienne jusqu'au second concile de Constantinople en 553 (cinquième concile œcuménique), l'empereur Justinien anathématise alors les enseignements d'Origène, grand théologien chrétien, sur la pré-existence de l'âme. Origène (ca 185-251), décrit par St Grégoire comme 'le prince de l'enseignement chrétien au IIIè siècle', écrit que "Chaque âme vient au monde confortée par les victoires et affaiblie par les défaites de sa vie passée". Il est vraiment tragique que par la décision d'un seul homme puissant le christianisme se trouve privé d'un enseignement qui aurait pu apporter plus de profondeur et une perspective plus complète sur la vie. L'empereur Justinien fait fermer en 529 l'académie platonicienne d'Athènes vieille de plus de mille ans, chassant Damascius, son dernier enseignant. Lui-même et ses pairs sont conviés par le Roi de Perse à venir enseigner dans une grande université située près de Basra, où ils apportent avec eux des manuscrits précieux qui atteindront les Écoles de Chartres et de Paris au XIIè siècle, via l'Espagne mauresque.[9] La civilisation occidentale se trouve appauvrie pendant presque un millénaire par la perte de l'héritage des platoniciens et des néo-platonicien et leurs perceptions enrichissantes de la nature de l'âme. Une partie de cet héritage est certes recouvré au XIIè siècle grâce à l'école de Chartres et à l'école de Paris — ce qui génère les splendeurs des cathédrales gothiques — mais il n'est totalement accessible qu'au XVè siècle, lorsque Cosme de Médicis commissionne le philosophe Marsile Ficin pour effectuer la traduction des œuvres de Platon.

Guérir les Traumatismes des Vies Passées

La régression dans les vies antérieures est une approche récente pour acquérir une compréhension approfondie de nous-mêmes, et qui confirme que chacun d'entre nous est porteur d'expériences et de mémoires d'autres vies. En utilisant une méthode de régression, nous pouvons contacter des souvenirs enfouis, retenus de vie en vie dans le champ plus vaste de l'âme. Nous pouvons, par exemple, revivre et guérir le traumatisme d'un mort violente dans une autre vie et dont le souvenir, inscrit au niveau inconscient de la psyché, affecte notre santé mentale et physique, nous transmettant un héritage d'anxiété permanente et de peur obsessive, ou de culpabilité. Roger Woolger (1944-2011) est un analyste jungien pionnier dans ce domaine. Il consacre les derniers vingt ans de sa vie à développer une technique de régression dans les vies antérieures qu'il nomme 'Deep Memory Process'. Dans son livre publié en 2004, *Healing Your Past Lives*, il écrit que cette méthode "offre une boite à outils pour fouiller les profonds recoins de l'inconscient — ce que nous nommons l'âme — y découvrir où les souvenirs des existences passées sont inscrits et les amener à la lumière…. Ils peuvent vous ouvrir la réalité transcendante de l'âme".

Les souvenirs physiques, émotionnels et mentaux, et les antiennes négatives des vies passées, peuvent affecter notre vie actuelle, inhiber notre capacité à réagir de façon positive aux difficultés et aux défis de la vie. Une dépression sévère dans cette vie-ci peut trouver son origine dans le souvenir d'un traumatisme rapporté d'une autre vie. Un individu peut répéter les schémas négatifs d'une vie passée, attiré vers des situations ou des personnes qui réactivent les effets du traumatisme d'origine. Pour guérir ces traumatismes, beaucoup de gens se consacrent à libérer les âmes des êtres liés à notre dimension par leurs souffrances, particulièrement les âmes de soldats tués dans une guerre, et qui peuvent ne pas réaliser qu'ils sont morts, ou les âmes de ceux qui sont morts d'une mort atroce aux mains d'un tiers. L'un des moyens des plus efficaces pour assister ces êtres, comme le décrit très clairement Sogyal Rinpoche, est de les visualiser baignés de lumière, guéris, intègres et affranchis de toute douleur et de tout stress. Les recherches pionnières d'Édith Fiore, dont elle parle dans son livre *The Unquiet Dead*, sont particulièrement utiles à ce propos, de même que le travail de l'analyste jungien Edward Tick, qui assiste des vétérans de guerre ainsi que les âmes des morts; il fait part de ses travaux dans son livre *War and the Soul* (voir chapitre Treize). Il y tant à découvrir. Ce que nous percevons dans cette dimension physique du réel n'est qu'une fraction de la totalité.

Principales Sources d'Informations sur Notre Survie après la Mort

Il existe à présent quantités d'éléments de preuve en faveur de notre survie après la mort du corps physique, et quantités d'exégèses sur la façon dont les diverses traditions religieuses envisagent l'après-vie. Tous ces éléments sont très minutieusement examinés par des personnes très éminentes, dont des scientifiques et des hommes de loi qui sont impartiaux dans leur évaluation des preuves de notre survie. Un très important témoignage nous est apporté par un scientifique, le Dr. Robert Crookall, dans son livre *The Supreme Adventure* (1961 et 1974). Il analyse et compare une somme considérable de documents en provenance de plusieurs pays et continents — Brésil, Afrique du sud, Tibet, Europe, Inde et Australie — et conclut à la cohérence de tous ces témoignages.

Les preuves de notre survie après la mort nous viennent d'au moins sept sources indépendantes; elles sont toutes réunies et peuvent être consultées sur un site des plus intéressants et exceptionnels: www.victorzammit.com. Parmi ces multiples sources, les sept que je retiens ici sont:

1. Des dizaines de milliers de sorties hors du corps (OBE) et d'expériences de mort transitoire (NDE).

2. Des communications de personnes décédées via des médiums ayant été soumis à un strict protocole.

3. L'expérience directe par clairvoyance, clair-audience et visions au lit du mourant (deathbed visions).

4. Les expériences de sortie hors du corps des shamans et des 'remote viewers' (vision à distance).

5. Les témoignages de nombreux cardiologues, dont le Dr. Pim van Lommel des Pays-bas, son livre *Consciousness Beyond Life: the Science of the Near-Death Experience*, publié en anglais en 2010 est sorti en France sous le titre *Mort ou Pas*.

6. Les états holotropiques consignés par le Dr. Stanislav Grof et Hal Zina Bennett dans *The Holotropic Mind* et par Christopher Bache qui décrit son expérience de la nature intérieure de l'univers dans deux livres, *Dark Night, Early Dawn*, et *Diamonds from Heaven* (publication prochaine).

7. Les phénomènes de voix électronique (EVP) et les communications trans-instrumentales (ITC).

Une Éminente Pionnière

La plus remarquable pionnière qui a introduit dans la culture occidentale le sujet de la vie après le mort est sans conteste la Dr. Elisabeth Kübler-Ross. À l'instar de l'impact saisissant du livre de Rachel Carson *Silent Spring* en 1962, qui nous sensibilise aux questions écologiques, *On Death and Dying* en 1969 déchire le voile opaque qui enveloppait le sujet de la mort.[10] Quasiment à elle toute seule, grâce à sa très forte personnalité et sa vaste expérience clinique en tant que médecin et psychiatre, elle brise le tabou de la mort et transforme notre attitude vis à vis de la mort et des soins aux mourants. Ses derniers livres, particulièrement *On Life After Death* (1991), retiennent l'intérêt du public, et grâce à la diffusion rapide de ses idées dans les médias et à de nombreux séminaires dans divers pays, des milliers, sinon des millions de gens ont foi en leur survie et en celle de leurs proches.[11] Ses écrits ont également permis de prodiguer de meilleurs soins aux mourants et une meilleure considération de leurs besoins — nombre d'unités de soins palliatifs ont été ouverts.

Les soins qu'elle apporte à ses patients mourants lui permettent d'apprendre que nombre d'entre eux ont eu des NDE ou des OBE qui leur ont donné confiance en leur survie après la mort du corps. De plus en plus fascinée par ce sujet, son équipe et elle-même étudient les dossiers médicaux de plus de 20.000 personnes de par le monde, de toutes cultures et conditions sociales, qui ont eu une NDE et sont revenues à la vie après avoir été prononcées cliniquement mortes.[12] Certains sont revenus naturellement et d'autres grâce aux techniques de réanimation. Elle compare la mort du corps physique au délestage d'un cocon ou d'une enveloppe devenue inutile, qui libère le 'papillon' de l'âme à la vie dans une autre dimension. Ces milliers de témoignages la convainquent que la mort n'existe pas — que c'est une expérience de transition vers un état de conscience autre "où vous continuez à percevoir, à comprendre, à rire, et où vous continuez à grandir".[13] Elle ressent comme une tragédie le fait que des millions d'entre nous l'ignorent. Elle réalise, après toutes ces années auprès de ses patients schizophrènes, et toutes ces années de soins aux mourants, que sa priorité est de communiquer au monde que la mort n'est pas la fin de la conscience. "L'expérience de mourir est quasiment identique à l'expérience de naître. C'est une naissance à une autre existence qui peut se démontrer très facilement. Pendant des milliers d'années, on nous a fait 'croire' des choses au sujet de l'au-delà. Mais en ce qui me concerne, ce n'est plus une question de croire mais de savoir".[14] Au cours de toutes ses années de travail et de recherches, elle — et ceux qui la suivent — définit précisément ce qui arrive quand nous transitionnons d'une dimension à l'autre.

Le premier stade de la NDE commence par un sentiment de sérénité et de calme, et même de joie et de béatitude. La personne peut se rendre compte qu'elle quitte son corps, elle flotte au-dessus, le regarde depuis le plafond et se déplace dans la pièce avec une facilité peu commune.

> Dès que votre âme quitte le corps, vous réalisez immédiatement que vous percevez tout ce qui se passe à l'endroit de la mort, que ce soit une chambre d'hôpital, le site de l'accident ou tout autre lieu où vous quitterez votre corps. Vous n'enregistrez pas ces évènements avec votre conscience terrestre, mais avec une nouvelle perception, pendant ce temps votre corps n'a aucune pression sanguine, aucun pouls, aucune respiration, et dans certains cas, aucune onde cérébrale mesurable.[15]

Elle constate que les personnes décrivent avec précision ce qui leur est arrivé pendant une intervention chirurgicale, ou une réanimation cardiaque, ou une désincarcération suite à un accident de voiture, jusqu'à la plaque minéralogique. Ils entendent les échanges verbaux entre les urgentistes et les infirmières qui s'activent auprès de leur corps fracassé, et les répètent par la suite aux intervenants sceptiques et estomaqués. Une étude qu'elle mène et qui concerne des aveugles, montre qu'ils sont alors capables de voir et de se souvenir des couleurs, des bijoux, des vêtements et même de leurs motifs, des personnes occupées à les réanimer.

Au second stade de la NDE, la personne 'morte', aveugle ou sourde dans sa vie terrestre ou dont le corps est grièvement blessé, constate qu'elle est à nouveau parfaitement intègre et en pleine santé. Les personnes auparavant aveugles et sourdes relatent qu'elles peuvent entendre et voir au cours de leur NDE. Les patients atteints de sclérose en plaques et cloués dans une chaise roulante se meuvent, et même dansent, pendant leur NDE. Une personne consciente d'avoir perdu un membre dans l'accident témoigne que son corps était intègre durant la NDE. Tous ces témoignages font écho aux mots du Livre des Morts tibétain, ''Même si vous étiez aveugles, sourds ou boiteux de votre vivant, maintenant vos yeux voient, vos oreilles entendent et tous vos sens sont parfaits, clairs et intègres''. [16] Les paroles tibétaines s'adressent à une personne qui vient de mourir plutôt qu'à une personne vivant une NDE, mais la similarité est frappante.

Kübler-Ross constate que les enfants dont la mort est proche vont et viennent entre les états de NDE. Ces enfants racontent qu'un grand-parent, ou autre proche déjà de l'autre côté, vient pour les aider à transitionner. Forte des milliers d'expériences de NDE qu'elle étudie, elle affirme que personne, après une telle expérience, n'a peur de la mort. Beaucoup en fait souhaitent retourner dans cet état hors du corps où ils sont guéris et intègres. Les soins aux enfants mourants sont sa préoccupation principale, elle reste auprès de beaucoup d'entre eux quand ils arrivent aux urgences suite à un accident. Guettant les signes de sérénité qui précèdent la mort, elle constate que l'enfant à ce moment peut signaler que tout va bien, qu'un proche est venu le chercher. Elle cite un exemple où l'enfant lui confie que sa mère et son frère l'attendent — personne n'avait dit à l'enfant que sa mère et son frère étaient morts dans le même accident.

Kübler-Ross relate le cas édifiant d'une jeune Amérindienne qui, peu avant de mourir dans les bras d'un inconnu suite à un accident avec délit de fuite, lui demande de transmettre à sa mère le message qu'elle est heureuse car elle est avec son père. L'étranger est si ému par cette expérience qu'il fait les mille cinq cents kilomètres pour rencontrer, dans une réserve indienne, la mère de la jeune femme. Il apprend alors que le mari, père de la victime, est mort d'un accident coronaire une heure avant l'accident de sa fille. [17] De nombreux cas similaires sont fréquemment rapportés, la personne mourante est saluée par des parents qu'elle ne savait pas morts.

Le troisième stade de la NDE — qui parfois précède la perception de la séparation du corps physique de la conscience qui observe — constitue l'expérience de

passer à grande vitesse dans un tunnel, souvent accompagnée d'un fort rugissement comme celui d'une tempête, d'une avalanche ou d'une chute d'eau. C'est
l'expérience que j'ai eue à onze ans et je me souviens encore de la terreur causée
par le rugissement et le tunnel, car je ne savais pas ce qui m'arrivait. Si j'avais alors su ce que je sais maintenant, ma peur en aurait été considérablement diminuée.
Alors qu'ils passent dans le tunnel (tout le monde ne fait pas l'expérience du rugissement), la plupart des personnes voient une lumière au bout qui s'intensifie
alors qu'ils s'en approchent, jusqu'à baigner dans son indescriptible radiance. En
1480, l'artiste Hieronymous Bosch intègre cette même scène à un tableau plus
large — il dépeint une personne décédée et accompagnée d'un ange qui pénètre
dans le tunnel alors qu'un être l'attend à l'autre bout.

Vers la fin de son livre *On Life After Death*, Kübler-Ross partage sa propre
expérience de la lumière et de l'amour de la source divine:

> Cela débute par une très rapide vibration, ou pulsation, dans ma zone abdom-
> inale, et ça s'étend à tout mon corps et puis à tout ce que mes yeux regardent
> — le plafond, le mur, le sol, les meubles, le lit, la fenêtre, l'horizon au-delà de
> ma fenêtre, les arbres, et finalement toute la planète Terre. C'est comme si toute
> la planète était dans une vibration de haute vélocité, chaque molécule vibrait.
> Dans le même temps, une chose qui ressemblait à un bouton de fleur de lotus
> s'épanouit en une fleur incroyable, magnifique et très colorée. Derrière la fleur
> de lotus surgit la lumière dont mes patients parlent tant. En m'approchant de
> cette lumière à travers la fleur de lotus épanouie, je commençai dans un tour-
> billon d'une vibration rapide et profonde, lentement et graduellement, à me
> fondre dans cet incroyable amour inconditionnel, dans cette lumière. Je devins
> une avec elle. [18]

L'amour inconditionnel accompagne souvent une NDE et elle décrit comment, tout
de suite après, en sortant de sa maison, elle "tombe dans l'extase la plus extraordinaire qu'il est donné à un être humain de vivre dans cette dimension physique.
J'étais en état d'amour total, et en émerveillement de toute la vie autour de moi.
J'étais en communion amoureuse avec chaque feuille, chaque nuage, chaque brin
d'herbe, chaque être vivant". Elle ajoute qu'il n'y a "aucun doute à avoir sur la
réalité de cette expérience, c'était tout simplement la perception de la conscience
cosmique de la vie en chaque être, et de l'amour qui ne pourra jamais jamais s'exprimer en mots". [19]

Elisabeth Kübler-Ross pose les fondements d'une approche inédite du vécu
de la mort, une approche basée sur la confiance au lieu de la peur, et elle présente
la dimension invisible du Cosmos comme aimante et attentive aux êtres qui s'apprêtent à quitter notre dimension. Ses livres dégagent une douceur, une compassion authentiquement féminines, et une empathie qui sont toute nouvelles. Elle est
également mue par une force féroce et passionnée qui lui permet de transmettre

sa vision à une culture qui traite les personnes âgées en maison de retraite, et les mourants dans les hôpitaux, avec une indifférence choquante, sinon avec cruauté et mépris.

Les femmes sont celles qui traditionnellement s'occupent des mourants, de même qu'elles s'occupent des nouveaux-nés. Néanmoins, par le passé, toutes les déclarations sur la nature de la mort et sur la survie de l'âme, quelle que soit la tradition religieuse, ont été formulées par des hommes. Nous avons ici le point de vue d'une femme sur la mort, l'expérience d'une femme sur le passage vers la mort et sur la confiance en la survie de l'âme. Son expérience, et celle de tant d'autres, nous offre l'occasion de créer une nouvelle vision du réel et d'avoir une approche éclairée de la mort, l'occasion pour l'humanité d'accéder à une intelligence autre et de la vie et de la mort. À l'avant dernière page de son livre *Death, the Final Stage of Growth*, forte de son expérience de tant d'années avec les mourants, elle conclut que "La mort est la dernière étape de croissance en cette vie. Seul le corps meurt. Le soi ou l'esprit, ou quelle que soit l'étiquette que vous lui assignez, est éternel".

Expériences de Mort Transitoire et Arrêt cardiaque

Depuis quelques années, certains cardiologues signalent des occurrences de NDE lors d'un arrêt cardiaque, un état où le patient est déclaré cliniquement mort — dans un état inconscient dû à la privation d'oxygène du cerveau suite à l'arrêt de la circulation et/ou de la respiration. Le Dr. Pim van Lommel, cardiologue aux Pays-bas, publie en 2010 *Consciousness Beyond Life: the Science of the Near-Death Experience*. Il y consigne et commente les résultats d'une étude qu'il a configurée et mise en place dans plusieurs hôpitaux, pour investiguer ce phénomène chez des patients victimes d'un arrêt cardiaque et dont l'expérience, alors qu'ils se trouvaient dans un 'état inconscient', était monitorée dans des conditions strictement contrôlées. Il traite la question: "Comment peut-on avoir l'expérience d'une conscience extrêmement lucide quand le cerveau a momentanément cessé de fonctionner pendant une période de mort clinique?" [20]

Les résultats de l'étude définitive qui répond à cette question provoquèrent une sensation mondiale quand il furent publiés en 2001 dans *The Lancet*: ce que nous nommons diversement mental, conscience ou âme, existe en tant qu'entité indépendante du cerveau physique et une NDE ne peut être attribuée à l'imagination, la psychose, l'épilepsie ou la privation d'oxygène. "L'expérience de la conscience devrait être impossible pendant un arrêt cardiaque. Toute activité électrique mesurable dans le cerveau est éteinte, et tous les réflexes corporels et tous les réflexes du tronc cérébral sont inexistants. Et pourtant, pendant cette période de dysfonctionnement absolu, certaines personnes font l'expérience d'un état de conscience élargie et exacerbée, nommé NDE". [21] Chaque neuroscientifique convaincu que la conscience commence et finit avec le cerveau physique devrait lire ce livre. C'est à mon avis le livre le plus intéressant et le plus complet que j'aie jamais lu sur le sujet de la nature de la conscience et de la survie de l'âme.

Le Dr. van Lommel y cite un passage d'un livre du neurophysiologiste John C. Eccles, *Evolution of the Brain, Creation of the Self:*

> Je soutiens que le mystère humain est incroyablement déconsidéré par le réductionnisme scientifique et sa revendication que le matérialisme détient la promesse de pouvoir expliquer la totalité du monde spirituel en termes de schémas d'activité neuronale. Cette croyance doit être rangée au rayon superstition.... Nous devons accepter que nous sommes des êtres spirituels avec une âme existant dans un monde spirituel, autant que des êtres matériels avec un corps et un cerveau existant dans un monde matériel. [22]

Le Dr. van Lommel écrit qu'il "est difficile d'éviter la conclusion que notre conscience illimitée précède la naissance et survivra à la mort indépendamment du corps, et dans un espace non local où le temps et l'endroit ne jouent aucun rôle. Selon la théorie de la conscience non locale, notre conscience n'a ni commencement ni fin". [23] Et il observe que:

> Une NDE est à la fois une crise existentielle et une expérience d'apprentissage intense. Les gens sont transformés par un coup d'œil dans une dimension où ni le temps ni l'espace ne jouent un rôle, où le passé et le futur peuvent être vus, où ils se sentent entiers et guéris, et où la sagesse infinie et l'amour inconditionnel peuvent être ressentis. Ces transformations sont alimentées en priorité par l'intuition pénétrante que l'amour et la compassion pour soi-même, autrui et la nature, sont essentielles. Après une NDE, les personnes réalisent que tout et tous sommes connectés, que chaque pensée a un impact sur soi-même et sur autrui, et que notre conscience survit à la mort physique. Réaliser que tout est non localement connecté chamboule les théories scientifiques et notre image de l'humanité et du monde. [24]

Son livre résume les connaissances recueillies sur les divers aspects des NDE au cours des dernières décennies du XXè siècle et la première décennie de ce siècle-ci. Il conclut son livre pionnier par ces phrases:

> Il faut bien souvent aux gens une NDE pour les amener à réfléchir à la possibilité de faire l'expérience de la conscience indépendamment du corps, et pour réaliser que la conscience a probablement toujours été et toujours sera, que chacun et chaque chose sont connectés, que toutes nos pensées existent pour toujours et ont un impact sur nous-mêmes et sur notre environnement, et que la mort en tant que telle n'existe pas. Une NDE nous offre l'occasion de reconsidérer notre relation à nous-mêmes, aux autres, à la nature, mais à condition que nous posions des questions ouvertes et abandonnions nos idées préconçues. [25]

Anita Moorjani partage avec nous l'une des plus récentes et des plus intéressantes NDE. Elle vit alors à Hong Kong et est hospitalisée dans un état gravissime, atteinte d'un cancer généralisé au stade terminal, il ne lui reste que quelques heures à vivre. Ceci est un extrait de son expérience que j'ai lue sur internet et qui est publié en 2012 dans son livre *Dying to be Me*:

> Pendant tout ce temps, tour à tour je perdais et reprenais conscience, et je sentais réellement mon esprit quitter mon corps. J'ai vu et entendu, entre mon mari et les médecins, les conversations qui se déroulaient en dehors de ma chambre, quelques quinze mètres plus bas dans le couloir. Puis j'ai réellement 'franchi le seuil' d'une autre dimension, où je me suis retrouvée engloutie dans un sentiment d'amour total. J'ai aussi fait l'expérience d'une extrême lucidité sur les raisons de mon cancer, sur l'intention initiale de ma vie actuelle, sur le rôle que chaque membre de ma famille joue dans ma vie au sein du grand ordre des choses, et sur comment la vie fonctionne d'une manière générale. La lucidité et l'entendement qui étaient miens dans cet état sont presque indescriptibles. Les mots limitent l'expérience — j'étais dans un lieu où je comprenais qu'il existe tellement plus que juste ce que nous saisissons dans notre monde tri-dimensionnel. Je réalisais quel don la vie représente, je réalisais que je suis entourée d'êtres spirituels aimants, et qui ont toujours été là même à mon insu.... La quantité d'amour que je ressentais était bouleversante. Je voyais toutes les étonnantes possibilités que nous autres humains pouvons réaliser au cours d'une vie physique. Je découvris que ma mission serait dorénavant de vivre 'le paradis sur terre', en m'appuyant sur cette nouvelle compréhension, et en partageant cette connaissance.

Anita découvre alors, et à la stupéfaction générale, la sienne, celle de son mari et celle des médecins, que son cancer terminal est complètement guéri en l'espace de quelques semaines. Elle compare son vécu ordinaire d'avant sa NDE à vivre dans un entrepôt sombre avec une lampe torche qui ne lui permet de voir que ce qui se trouve sur les étagères. Son expérience de mort transitoire équivaut à allumer une lumière qui lui permet de voir pour la première fois tout ce qui se trouve dans l'entrepôt. Son livre allume la lumière chez des milliers de gens, il leur montre à quel point son expérience a transformé sa compréhension de la vie et de la mort. Au cours de sa NDE, elle réalise que nous sommes tous interconnectés: "Je réalisai que l'univers dans sa totalité est vivant et imprégné de conscience, qu'il englobe tout le vivant et la nature. Toutes choses appartiennent à une Totalité infinie. Je suis inséparablement et étroitement intriquée dans tout le vivant. Nous sommes chacun une facette de cette unité — nous sommes tous Un, et chacun d'entre nous a un effet sur la totalité collective". [26] Elle nous demande de nous rappeler notre magnificence et de ne jamais douter, même un seul instant, que nous sommes entourés d'amour et d'êtres aimants.

Un volume croissant de documents consignent les témoignages concernant des dizaines de milliers de NDE et d'expériences hors du corps, ainsi que les éléments de preuve recueillis par des organismes tels Alister Hardy Research Centre à Oxford, sans parler de toutes les vidéos disponibles sur YouTube. En 2012, le Dr. Eben Alexander décrit son expérience d'une dimension transcendante de la réalité alors qu'il est dans un coma causé par une méningite bactérienne qui met sa vie en danger. Le coma dure sept jours et durant cette période les scanners de son cerveau ne montrent aucune activité dans son néocortex. Il n'a que 2% de chance de survie et la probabilité de revenir à un état 'normal' est proche de zéro. Et pourtant durant cette 'absence' il se retrouve dans une autre dimension; "Ce que j'y voyais et y apprenais me plaçait littéralement dans un nouveau monde: un monde où nous sommes beaucoup plus que notre corps et notre cerveau et où la mort n'est pas la fin de la conscience mais plutôt un chapitre d'un voyage vaste et incommensurablement positif". Dans *Proof of Heaven: A Neurosurgeon's Journey into the Afterlife*, publié en 2012, il décrit ce qu'il a vécu. Le plus frappant dans toutes ces expériences est l'imagerie vive et précise et l'intensité des émotions qu'elles provoquent, ainsi que leur capacité à transformer la perspective que les personnes ont de leur existence, en dotant leur vie d'un sens et d'une valeur beaucoup plus profonds.

Une subculture animée par des milliers de gens passionnément désireux d'en savoir plus s'est formée. Ce désir passionné semble refléter le besoin de l'âme d'acquérir une intuition plus profonde du sens de la vie, et de créer une relation avec d'autres dimensions de la réalité, ainsi qu'avec les êtres chers qui ont quitté ce monde-ci. Croire n'est plus suffisant, ces personnes veulent savoir et elles veulent entrer en contact. Plusieurs milliers de personnes dans les cultures indigènes entrent naturellement en contact avec leurs ancêtres. C'est pour eux tout à fait normal, et même nécessaire, de prolonger la relation avec leurs ancêtres pour le plus grand bien de tout le groupe, et pour harmoniser la vie de la communauté avec la vie profonde du monde invisible. Je cite ici une expérience qui m'a été relatée par une femme qui pratique la visualisation shamanique:

> Je suis un apprentissage shamanique depuis maintenant deux ans, et dans l'un de nos exercices nous voyageons au moment qui suit notre mort. Je ne vais par entrer dans les détails concernant tout ce que j'ai vu de l'autre côté, mais je dirai que j'en suis revenue avec un sentiment radicalement autre vis-à-vis de la vie sur notre planète. J'y ai vu en partie ce que vous décrivez, l'idée que ce monde s'inscrit dans une vaste matrice de vie cosmique. Dans une image — métaphore — qui me fut transmise, je me tiens avant de renaître au centre immobile d'une sorte de grand manège, tandis qu'autour de moi tournent des 'entrées' vers une succession de mondes différents, une succession de dimensions différentes, une succession de planètes différentes. Ils sont tous là, attendant d'être évalués le moment venu. Autant que je sache, les possibilités sont infinies. Pendant cette méditation/vision, je voyais plus clairement que jamais que notre monde

n'est pas un monde 'inférieur', déchu, comme nous l'enseigne le christianisme. Nous vivons déjà au paradis, si seulement nous avions des yeux pour le voir — la beauté de ce monde est grandiose et éblouissante. Je réalisai que dans mes meilleurs moments, surtout dans la nature — près de l'océan, au sommet d'une montagne au milieu des sequoias, dans les champs et les bois de mon enfance — je ressentais cette unité, cette totalité, cette extase d'appartenir, cette sensation d'immortalité et de l'éternel, cette compréhension que tout est parfait dès la fondation du monde. Je reconnaissais ce sentiment en regardant dans les entrées qui menaient aux abords de tous ces mondes. [27]

Autres Caractéristiques des NDE

De nombreux témoignages décrivent un 'être de lumière' qui les accueille, un être ressenti comme aimant et enveloppant – presque la quintessence de l'amour lui-même. C'est une expérience profondément émotionnelle, dont le souvenir reste gravé en eux à leur retour à la vie terrestre. D'autres sont accueillis par un membre de leur famille, déjà décédé, ou par un ami venu les rassurer. Anita Moorjani est accueillie par son père et sa meilleure amie.

Une autre caractéristique des NDE est la bilan de vie, vécue en un 'flash' bien qu'elle puisse inclure des détails pointilleux d'expériences, de relations, de pensées et d'émotions de plusieurs années de vie terrestre. La personne soumise à la revue de sa vie est rendue consciente de toutes les choses qu'elle a dites et faites, et la façon dont ses actes ont affecté autrui, en négatif et en positif. Leur expérience suggère que chacune de nos pensées, chacun de nos mots, chacun de nos actes est consigné. Les évènements que nous avons vécus ici, au ralenti semble-t-il, sont passés en accéléré dans cette autre dimension. Notre faculté à voir ces évènements et à les assimiler est apparemment amplifiée.

Cette caractéristique en particulier de l'expérience moderne de mort transitoire est le miroir d'une expérience identique à l'époque égyptienne, et qui donna aux Égyptiens l'image mythique d'Osiris, Juge des Morts et Peseur de l'Âme sur la balance de la déesse Maat. Le Livre des Morts des anciens Égyptiens décrit le jugement de l'âme du mort qui doit être 'pesée' avant de pouvoir accéder aux 'Champs de Ra', le monde étoilé du Douât.

Vivre sa vie dans la conscience que non seulement nous survivons à la mort mais que chaque pensée, chaque nuance d'une relation, chaque acte est consigné dans une dimension plus profonde du réel, nous permet d'avoir une compréhension accrue de notre responsabilité quant à la façon dont nous nous conduisons dans nos relations avec les autres, et une compréhension de la portée de nos paroles, et de nos actes, sur la vie et le bien-être d'autrui. Si toutes les vies et toutes les consciences sont connectées alors tout ceci est parfaitement cohérent.

Naturellement, les personnes grièvement blessées veulent rester dans ce nouvel environnement, souvent décrit comme magnifique. Cependant, si leur destin est de revenir à la vie sur terre, elles se heurtent alors à une barrière ou elles rencontrent quelqu'un, un membre de leur famille décédé ou un être de lumière, qui leur fait part des raisons pour lesquelles elles doivent retourner, comme prendre soin de leur famille ou finir ce qu'elles ont entrepris. Elles acceptent la nécessité de revenir à la vie terrestre, quelquefois non sans protestation ou regret, et se retrouvent alors dans leur corps physique sans savoir comment.

Passer d'une Dimension à une Autre

Marie-Louise von Franz, la plus proche collaboratrice de Jung, donne dans son livre *On Dreams and Death* de très intéressantes descriptions de ce que l'on ressent lors du passage d'une dimension à l'autre:

> Tous les rêves des personnes qui font face à la mort indiquent que l'inconscient, c'est-à-dire notre monde des instincts, prépare la conscience non à une fin définitive mais à une transformation profonde, et à une sorte de continuation du processus de vie qui est, néanmoins, inimaginable pour notre conscience ordinaire.

> L'image de la lumière apparaît plus souvent que toute autre dans nos documents cités. Jung a exprimé l'hypothèse que la réalité psychique se trouve à un niveau de fréquence supraluminique, à savoir qu'elle pourrait dépasser la vitesse de la lumière.[28]

Elle cite le témoignage d'un homme déclaré cliniquement mort pendant vingt-trois minutes:

> Je me déplaçais très vite en direction d'un filet lumineux qui vibrait d'une énergie remarquablement froide aux points d'intersection de ses fils resplendissants. Le filet ressemblait à un treillis que je ne voulais pas traverser. Pendant un bref moment, mon mouvement en avant parut ralentir, mais je me retrouvais dans le treillis. Tandis que j'entrais en contact avec lui, la lumière s'intensifia à un tel point qu'elle me consuma, et en même temps me transforma. Je ne ressentis aucune douleur. La sensation n'était ni agréable ni désagréable, mais elle m'emplit complètement. À partir de ce moment, tout devint différent — je ne peux le décrire que de façon très incomplète *Toute la chose était comme un transformateur, un transformateur d'énergie, qui me transporta dans une non-forme au-delà du temps et de l'espace. Je n'étais pas à un autre endroit — car les dimensions spatiales étaient abolies — mais plutôt dans un autre état de l'être.*[29]

Et elle rapporte une autre observation — celle d'un architecte nommé Stefan von Jankovich:

La plus grande découverte que je fis durant la mort… fut le principe d'oscilla-tion… Depuis ce moment 'Dieu' représente pour moi une source d'énergie pri-mordiale, inépuisable et intemporelle, qui en permanence irradie de l'énergie, absorbe de l'énergie et pulse constamment.… Des mondes différents sont formés par des oscillations différentes; les fréquences déterminent les différences.… Il est donc possible que des mondes différents existent simultanément au même endroit, puisque les oscillations qui ne correspondent pas les unes aux autres ne s'influencent pas.… Donc, la naissance et la mort peuvent se comprendre comme des évènements où à partir d'une fréquence oscillatoire, et donc à partir d'un monde, nous passons dans un autre. [30]

Guérir le Traumatisme du Deuil

Nombre de personnes endeuillées sont visitées par l'être cher après sa mort, il leur apparaît ou communique avec elles par quelques moyens. D'autres ressentent la très forte présence de l'être cher à leur côté, comme s'il était toujours proche, et même si proche qu'un dialogue peut s'établir. La présence est nettement ressentie même si elle ne peut être vue avec les yeux. Très souvent, des synchronicités se produisent. Sogyal Rinpoche partage une pratique des plus utiles qui consiste à en-voyer des rayons de lumière et d'amour à l'être aimé, pratique destinée à soulager la peur et la perte d'orientation que celui-ci peut éprouver suite à une mort brutale.

Une méthode récente et pleine de promesses pour soulager le traumatisme du deuil est exposée par son inventeur, le Dr. Allan L. Botkin, dans son livre *Induced After Death Communication* (2005). En se basant sur la technique de l'EMDR — Eye Movement Desensitisation and Reprocessing — qui est très efficace dans le traitement des vétérans de guerre souffrant de PTSD (stress post-traumatique), il a élaboré une méthode de traitement du traumatisme de deuil qui provoque la manifestation de l'individu mort. La personne endeuillée peut voir la personne 'morte' et quelquefois lui parler. Tout d'abord, Botkin hésite beaucoup à parler à ses collègues de sa découverte et de son potentiel à soulager le traumatisme de deuil, mais sa confiance et sa foi dans sa méthode croissent avec l'expérience. Il présente de nombreux cas pour démontrer l'efficacité de sa méthode pionnière pour soulager l'épreuve du deuil et il cite de nombreux vétérans qui ont tué ou ont vu leurs camarades être tués, et sont affligés d'une profonde culpabilité. Pouvoir parler avec ces personnes décédées et réaliser qu'elles sont vivantes et heureuses alors qu'ils les croyaient mortes ôte le poids énorme du chagrin et de la culpabilité qu'ils portaient, pour certains, depuis des années.

Je me demande si notre monde et les mondes, ou dimensions que nous ne pouvons voir, existent en tant que niveaux du vaste champ vibratoire électro-mag-nétique de l'univers, où chaque niveau vibre à un taux différent. Il semblerait que le monde des 'vivants transition-nés' vibre à un taux différent de celui de la matière physique de notre monde. De temps en temps, et d'une façon que nous ne comprenons pas encore, ces divers niveaux se rapprochent ou se superposent, ou bien notre champ de conscience s'élargit et nous pouvons entrevoir ou brièvement contacter l'autre dimension avant d'être rendus à notre état ordinaire. Lors d'une conférence sur les Anges, l'artiste Cecil Collins exprime qu' 'il n'existe peut-être pas deux choses, l'esprit et la matière… mais des degrés d'une seule réalité: divers degrés de vibrations sur une échelle qui va du plus bas degré que nous nommons matière jusqu'au plus haut, la vibration et le rayonnement du monde de la lumière qui est celui des anges. Nous percevons selon notre place sur l'échelle vibratoire'.[31]

Abrégé des Mondes ou Dimensions au-delà du Nôtre

1. Nous sommes immortels et nous conservons notre individualité après notre mort.

2. Il existe des millions de mondes, plans, ou dimensions invisibles, peuplées d'innombrables âmes, cependant la réalité semble se manifester sur trois niveaux de base: notre monde physique, un monde de l'âme intermédiaire et multi-dimensionnel, et un niveau défiant toute description qui pourrait s'appeler le monde divin. Certaines âmes s'incarnent dans notre monde matériel; d'autres pas. Il semble que certaines âmes aient la possibilité de circuler entre ces divers mondes, ou dimensions, de la réalité.

3. Il n'existe aucun paradis ni aucun enfer permanent mais il existe des états de l'être qui peuvent leur être comparés. Les mots 'summerland' et 'shadowland' reviennent souvent dans les communications depuis l'autre côté. La possibilité d'être assisté par des âmes plus avancées est offerte aux âmes qui se trouvent dans un état plus dense, plus inconscient et celles-ci sont libres de leur décision.

4. Ce n'est pas ce que nous croyons, mais bien la façon dont nous conduisons notre vie ici et maintenant qui détermine le plan que nous habiterons après. Aucun sauveur n'accomplit notre rédemption pour nous. Nous nous sauvons, nous rédimons et nous guérissons nous-mêmes par le soin et l'aide que nous apportons à autrui et à la vie, car nous avons la faculté innée de le faire, nous portons le divin en nous et nous sommes une partie de la divinité innée de tout le vivant.

La lumière et l'amour du substrat divin qui émanent du plan le plus élevé, animent et maintiennent tous les mondes, tous les niveaux de la réalité, sous-tendent et imprègnent cette pléthore de mondes, ou dimensions. Le substrat cosmique de l'être est décrit comme un océan incommensurable de lumière et d'amour. Notre monde est imprégné et soutenu par cette lumière et cet amour cosmiques, mais nous ne pouvons ni les voir ni les ressentir. Nous sommes, ainsi que toutes choses sur notre planète, l'incarnation, la création de cette lumière et de cet amour. La lumière des mondes supérieurs ne vient pas du soleil mais de cette ineffable source de lumière. Plus les sphères, ou niveaux, sont proches de cette source et plus elles irradient, et plus leur fréquence vibratoire est élevée. La beauté de ces plus hautes sphères intérieures, ou subtiles, est indescriptible. Une communication retranscrite par Edward C. Randall, homme de loi, dans son livre des plus intéressants *Frontiers of the Afterlife*, publié en 1922 puis réédité en 2010, partage cette information:

> Notre monde se compose de matière aussi réelle et solide que le vôtre, mais cette matière vibre à un taux plus rapide, et donc vos sens mal affinés ne peuvent le percevoir. De plus, votre propre sphère étant composée de matière à un lent taux vibratoire, il nous est aussi difficile de nous manifester sur votre plan qu'il vous est difficile de pénétrer le nôtre.... Nous souhaitons établir un principe de coopération entre les deux plans, car ce principe de coopération est une condition essentielle au développement de la conscience, depuis les vibrations basses et stagnantes jusqu'aux plus hautes et aux plus saines, en accord avec le désir profond de l'esprit, en harmonie avec le processus actif dans la destinée ultime et absolue de l'esprit évolutif de l'homme. [32]

Trois Corps

Selon les nombreuses communications reçues et qui concernent la nature de notre existence dans cette réalité transcendante, chacun de nous possède plusieurs 'corps' qui correspondent aux trois ordres de la réalité décrits plus haut et au chapitre Quinze: le plan physique de la réalité, le plan intermédiaire des formes subtiles des mondes des âmes et finalement, le plan de l'esprit, pure lumière au-delà de la forme. Correspondant à ces trois ordres de réalité,

1. Nous avons un corps physique pour ce monde matériel.

2. Nous avons un corps-âme composé de particules plus subtiles que le corps physique mais qui lui ressemble exactement. Au moment de la mort, ce corps-âme émerge du corps physique et lui reste relié par un cordon d'argent. La mort se produit lorsque ce cordon se rompt du corps physique. Quand nous abandonnons notre corps physique, notre corps-âme prend la relève et nous découvrons avec stupeur que nous ne sommes pas morts, mais plus vivants que jamais dans un 'corps' qui possède les mêmes caractéristiques que l'ancien, seulement plus jeune et en meilleur santé. Dans ce corps-âme nous voyons et entendons comme avant, mais avec plus d'acuité. Nous communiquons télépathiquement et pouvons accéder aux pensées d'autrui, nous rendre instantanément où et avec qui nous désirons être. Ce corps-âme peut créer par les seules pensée et imagination, sans besoin de mots. Nous pouvons, dans une certaine mesure, visiter d'autres plans de cette réalité subtile mais nous ne pouvons nous rendre dans les dimensions plus

hautes du monde spirituel tant que les vibrations de notre âme ne sont pas en harmonie avec les vibrations très subtiles de ce plan de réalité.

3. Nous avons avec le corps-âme un corps-esprit, ou une succession de corps de particules de plus en plus subtiles qui correspondent aux plus hauts niveaux du monde spirituel. Ces corps se dévoilent graduellement, ou nous les investissons graduellement, en nous rapprochant de la lumière du substrat divin.

Les individus qui ne réalisent pas qu'ils sont morts ou qui s'accrochent aux souvenirs et aux habitudes de leur vie terrestre peuvent demeurer dans les régions plus denses et sombres nommées 'Shadowlands'; elles abritent les êtres qui ont causé du tort à autrui ou à eux-mêmes, ou qui s'accrochent aux croyances établies au cours de leur vie terrestre, ou qui sont dans l'incapacité de réaliser qu'ils sont morts et se trouvent maintenant dans une autre dimension. Quiconque se convainc que la mort est la fin de la conscience découvre avec un choc qu'il est toujours conscient, et s'habituer à cette découverte prend du temps. Notre culture encourage toutes sortes d'addictions, et quand les gens meurent ils peuvent en demeurer prisonniers. L'assistance des êtres des sphères supérieurs leur permet d'avancer vers la lumière. Les enfants morts à la naissance et en bas-âge sont confiés aux soins d'adultes aimants et sont réunis avec leurs parents quand ceux-ci transitionnent à leur tour.

> Lorsqu'un individu, sur terre ou ici, omet de faire une chose qu'il sent ou sait devoir faire, la totalité de la création souffre de cette perte. Tandis qu'un acte qui ajoute ampleur et majesté à la vie profite à la totalité de l'univers créé. Réaliser la portée d'une pensée, ou d'un acte, ou d'un mot venant de quiconque, vous ferait trembler de joie intérieure. [33]

Cet énoncé rappelle le Filet d'Indra décrit au chapitre Quinze. Comparé à l'acuité de vision et à la liberté de mouvement qui semblent caractériser la vie dans la dimension subtile de la réalité, nous, dans cette dimension physique, vivons une existence réduite et restreinte, attachés comme l'huître à sa coquille, pour reprendre l'analogie de Platon dans son *Phèdre*.

Les Formes de la Vie dans le Monde Spirituel

Les formes dans les mondes intermédiaires de l'âme et dans les mondes spirituels élevés sont les prototypes de celles de notre monde, mais plus belles et plus extraordinaires, telles que Platon et les mystiques soufis les décrivent. Ces mondes abritent des montagnes, des océans, des rivières et des lacs, des animaux, des oiseaux magnifiques et des papillons splendides. Chaque objet est aussi réel et familier aux habitants de ces mondes que les formes de notre planète le sont pour nous. Mais aucun besoin de manger, de gagner sa vie, ou de procréer. Aucun besoin de se défendre contre des attaques. Nous pouvons nous mouvoir librement avec notre corps-âme ou corps-esprit, et n'avons aucun besoin de routes goudronnées, de trains, d'avions. Aucun besoin de pétrole ou d'électricité. Nous avons la possibilité de communiquer télépathiquement, par la seule transmission de pensées, donc aucun besoin de téléphone non plus. Surtout, aucun besoin d'argent, ni de banques, car nous créons par la seule imagination les maisons, les meubles et les jardins que nous aimerions habiter.

Aucune oisiveté ni ennui, dans ces mondes. Nous poursuivons l'étude de nos centres d'intérêt: jardiner, construire des maisons, imaginer, inventer, explorer, découvrir et d'une manière générale, poursuivre notre développement et aider les âmes à quitter les régions plus denses et plus sombres où elles sont en souffrance. Dans ces mondes, on trouve des temples magnifiques, des cités, des écoles, des universités et des bibliothèques; des lieux où les scientifiques et les astronomes étudient l'univers, où les artistes et les artisans créent la beauté, les écrivains écrivent, les enseignants enseignent, les musiciens composent. L'harmonieuse musique est une caractéristique des plus souvent mentionnées. Des hôpitaux accueillent les âmes qui ont besoin de repos et de soins pour s'adapter à leur nouvel environnement. De nouvelles découvertes sont réalisées dont les scientifiques de la Terre pourraient profiter, si seulement ils voulaient bien écouter.

Le Corps Subtil

G.R.S. Mead, traducteur d'écrits d'intérêt majeur de la philosophie égyptienne et néo-platonicienne ainsi que de textes gnostiques, publie en 1919 *The Doctrine of the Subtle Body in Western Tradition*.[34] Cet ouvrage est réédité en 2005. Il révèle qu'il existe, et a toujours existé, une tradition ésotérique en Occident, comme en Orient, qui concerne le 'corps subtil' de l'homme. Il correspondrait à ce qui est généralement appelé l'âme dans la tradition chrétienne. Mais le concept de l'âme en tant que corps subtil que nous habitons après la mort n'a jamais été élaboré par la théologie chrétienne, et n'est pas présent dans notre culture, et c'est ainsi que l'enseignement pré-existant sur la survie de la conscience après la mort du corps, issu de l'Égypte ancienne, et subséquemment de l'École platonicienne d'Athènes et du néoplatonisme de Plotin, est quasiment perdu.

Mead écrit à propos du corps subtil que "Les conjectures à son sujet varient à chaque phase culturelle et diffèrent au sein de chaque phase. Cependant la conception sous-jacente tient bon et l'affirmation qu'elle serait la plus pérenne des convictions de l'humanité, de tout temps et sous toutes les latitudes, est justifiée".[35] Mais déjà en 1919, il écrit ces mots qui sont malheureusement aussi congruents de nos jours, quelques cent ans plus tard, qu'ils l'étaient du sien: "Cependant, l'habitude prédominante du rationalisme sceptique de notre présente époque est de congédier sommairement de telles croyances de l'antiquité comme des rêves sans fondement d'un âge pré-scientifique, et de les jeter toutes, de façon indiscriminée, à la poubelle des superstitions déboulonnées. Mais cette superstition-ci, je me risque à penser, ne peut être éjectée de manière si méprisante".[36] Mead prévient que les physiciens découvriront un jour l'existence des champs d'énergie subtile et pourront donc prouver, avec leur propre méthodologie, l'existence du corps subtil. Je pense qu'ils en sont sur le point avec la découverte de l'énergie sombre.

De nombreux écrits des anciennes cultures parlent de corps 'subtil', de corps de 'résurrection' (St Paul), de corps 'céleste', de corps 'lumineux', 'radieux', 'éthéré' ou 'éthérique', 'astral' ou 'étoilé'. Au XVIè siècle, l'alchimiste au nom inoubliable de Ruland le Lexicographe identifie au corps subtil la faculté de l'imagination elle-même, et il écrit que 'L'imagination est l'étoile en l'homme; le corps céleste et super-céleste'. Ces divers 'corps' ou enveloppes, selon les cultures, existent à l'intérieur ou entourent et enveloppent le corps physique quand il s'incarne dans notre dimension terrestre. Quand nous abandonnons le corps, notre corps subtil ou 'âme' prend la relève et nous sommes surpris de découvrir que nous ne sommes pas morts mais encore bien en vie.

L'Hymne de la Robe de Gloire, connu aussi sous le titre *Hymne de la Perle*, présente la plus belle des descriptions du corps subtil. Sans doute écrit par le gnostique Bardesane qui vivait à Édesse au IIIè siècle et traduit par Mead, il relate l'adieu de l'âme à son père et à sa mère dans le royaume céleste, sa descente dans la mortalité, son expiration dans l'oubli de son origine divine, le message transmis par le royaume divin, son éveil, sa saisie de la perle dans la gueule du dragon et son retour à la source d'où elle vient, où elle revêt le 'corps de gloire' et est reçue dans le Royaume. Les mots vibrants de ce court extrait du poème traduit par Mead décrivent l'âme revêtue de la robe de gloire, 'corps de lumière':

> *Ma lumineuse robe brodée,*
> *Qui... de glorieuses couleurs;*
> *D'or et de béryls,*
> *De rubis et d'agates,*
> *De sardonyx aux multiples couleurs...*
> *Et telles le saphir aussi sont ses multiples nuances...*
> *Il me presse de l'obtenir*
> *Et mon amour aussi m'y encourage*
> *Que je courre à sa rencontre et la reçoive;*
> *Et je me suis élancé et l'ai reçue,*
> *De la beauté de ses couleurs je me parai*
> *Et de ma robe royale de brillantes couleurs*

Je me revêtis, et m'élevai
Jusqu'à la porte de la salutation et de l'hommage.... [37]

La Transition

Ces très beaux vers écrits au XVIè siècle par le poète John Donne, extraits de *'Hymn to God, My God'*, appellent à une profonde méditation sur le moment de la transition, quand nous passons d'une dimension à une autre:

Puisque je pénètre en ta sainte chambre
Où, accompagné du Chœur de tes Saints, pour toujours
Je deviendrai ta musique; en arrivant
J'accorde mon instrument ici à la porte,
Et ce que je dois faire alors, penses-y avant.

Comment accordons-nous l'instrument de notre être à la musique du Cosmos? Ce simple acte de se pencher sur cette douce métaphore de communion et de réunion permet de calmer le tourbillon des pensées et de nous rappeler le plus important, à savoir comment affiner notre être. Par trop souvent les mourants se retrouvent affreusement seuls à cet instant où ils ont le plus besoin de réconfort et de soutien. Blessés au combat ou dans un accident de la route, ils sont conduits en urgence à l'hôpital et en soins intensifs. Les médecins et les infirmières s'activent à prolonger leurs instants de vie, alors qu'eux-mêmes, sentant l'approche de la mort, souhaitent pouvoir se préparer à ce moment de transition, et juste sentir un être humain assis sereinement à leur côté, leur tenant la main.

Les derniers jours, heures et minutes de notre vie, il se peut que nous soyons en proie à de vifs sentiments: peur et incertitude au sujet de ce qui se présente, regrets et remords, amertume au sujet de la souffrance que nous avons subie ou causée, profonde tristesse à l'idée que nous aurions pu mieux faire, que notre vie est abrégée, nous avons le désir de communiquer tout ce que nous n'avons pas dit aux êtres que nous aimons — et surtout, le désir d'exprimer l'amour que nous ressentions et ressentons pour eux. Partager ces sentiments avec une personne qui prend le temps d'écouter est d'une grande aide. Les compagnons qui paisiblement restent assis et écoutent avec empathie, même quand la personne n'est plus consciente, peuvent percevoir qu'un profond sentiment de paix et de sérénité imprègne la pièce juste avant l'instant de la mort.

Sogyal Rinpoche, dans le *Livre tibétain de la vie et de la mort*, nous demande de vivre nos vies en gardant à l'esprit ce moment de la mort, et ainsi le moment venu nous serons à même de lâcher les préoccupations insistantes de la personnalité et de nous concentrer sur notre réunion avec la Source d'où nous venons.

Cette Source, dans la tradition tibétaine comme dans d'autres, est conçue comme une lumière vive — la Claire Lumière de la Vacuité. Tous les efforts que nous fournirons dans nos derniers moments pour nous libérer des puissantes émotions, regrets et préoccupations qui auront dominé notre vie, faciliteront notre transition d'un niveau de réalité à un autre. Plus on se rapproche de la mort, plus il est important de résoudre les vieux problèmes relationnels: lâcher les vieilles colères, les jalousies, les ressentiments et les peurs, se réconcilier avec les personnes qui nous sont devenues étrangères, parler avec amour et confiance aux parents ou aux enfants dont nous étions séparés.

Résumé des Stades de la Transition

- Sentiments de paix, de béatitude, de joie intense; on ne ressent plus de douleurs.

- Séparation du corps — sensation de légèreté — "comme retirer son scaphandre".

- Passer dans un tunnel — bruit rugissant impétueux.

- Apercevoir une lumière vive et se sentir attiré par elle comme par un aimant.

- Quelqu'un vient à notre rencontre: un parent proche, ou un être de lumière. Nombre de témoignages décrivent un 'être de lumière' qui les accueille, et ils le ressentent comme aimant et enveloppant — presque la quintessence de l'amour lui-même. D'autres sont accueillis par un parent, ou un ami proche, déjà décédé et qui les rassure.

- Le sentiment d'être embrassé et entouré d'un amour inconditionnel bouleversant.

- Une bilan de vie, dans certains cas.

- Restauration à un état de santé parfaite — vue, ouïe, locomotion — même les personnes souffrant de SEP ou qui étaient mal-voyantes, mal-entendantes ou paralysées.

> Et alors, aussi tranquillement que l'aube rencontre le jour, la séparation vient. Hors de l'habitacle de la chair, le corps intérieur émerge et il est accueilli par ceux déjà partis. C'est la deuxième naissance, tellement similaire à la première, sauf que toutes les connaissances, l'individualité et la spiritualité acquises au cours de notre vie terrestre sont conservées, et nous continuons à vivre dans la plénitude de notre état d'esprit et de notre force, comme avant. La dissolution n'ajoute ni ne soustrait à la somme totale de nos connaissances. Le corps interne dans lequel nous fonctionnions, nous continuerons à y fonctionner de toute éternité. [38]

Rien ne compte plus pour notre bien-être que de savoir que, quand nous mourons, nous allons vers une autre réalité qui est aussi réelle et vivante que celle-ci. La conscience ne meurt pas avec la mort du corps: la conscience est éternelle.

Il y a de cela quelque années, j'eus entre les mains un manuscrit intitulé The *Miracle of Death* que je préfaçai car je sentis qu'il pouvait aider nombre de gens endeuillés à avoir confiance en la survie de leurs êtres chers. L'auteure, Betty J. Kovács, qui a tout d'abord perdu son fils, puis son mari, dans des accidents de voiture à deux ans et demi d'intervalle, décrit comment, suite à une attention méditative soutenue, sont nés en elle non seulement une faculté intuitive accrue, mais aussi un élargissement de sa perception d'une "dimension si vaste que je fus stupéfaite de réaliser l'étroitesse insoutenable de l'espace dans lequel j'étais formatée à vivre et à appeler réalité". Ce dont elle fit l'expérience, alors que sa perception de cette dimension allait en s'élargissant, était l'effondrement du mythe matérialiste qui condamne tant de gens à une vie de "médiocrité, d'addiction, de violence, d'indifférence et de fanatisme". Le message de son livre est un message d'espoir et de confiance qui peut nous ouvrir à l'expérience des mystères du Cosmos et tisser ces mystères dans la trame de notre vie quotidienne, et ce faisant guérir la profonde fragmentation de notre âme. Elle écrit à la dernière page de son livre que "Tandis que nous nous re-lions, ayant bouclé la boucle, aux racines de notre existence dans l'Esprit de l'univers… nous faisons l'expérience de la profonde unité de la naissance et de la mort et de la créativité radicale des deux. Nous comprenons que la 'Mort est aussi Divine que la Vie', car c'est la Vie — car il n'y a rien d'autre que la Vie". [39]

D'autres Livres qui apportent une Perspective Nouvelle sur la Mort et la Transition

L'un des livres des plus complets sur la réincarnation est *Lifecycles and the Web of Life* de Christopher Bache (1994). Les livres sur l'après-vie que je trouve extrêmement informatifs sont *The Afterlife Unveiled* (2011) de Stafford Betty et *Testimony of Light* (1977) d'Helen Greaves. L'impact des deux livres de Raymond Moody *Life after Life* (1975) et Reflections on *Life after Life* (1978) est gravé dans ma mémoire; à l'instar des livres d' Elisabeth Kübler Ross, ils ont sensibilisé tout un public à la possibilité de la vie après la mort. En 1973, Robert Monroe écrit *Journeys Out of the Body*; le Monroe Institute est dédié à la recherche sur les expériences hors du corps et offre tout un éventail de séminaires sur l'après-vie pour se familiariser à l'expérience de transition. En 1980, Kenneth Ring, Professeur de Psychologie à l'Université du Connecticut, publie *Life at Death: A Scientific In-*

vestigation of the Near-Death Experience, et fonde l'International Association for Near-Death Studies, qui est dédiée à l'exploration de ces états et encourage la collaboration internationale. Ses nombreuses publications, parmi lesquelles *Heading Towards Omega: In Search of the Meaning of the Near-Death Experience* (1984) et *Lessons from the Light* (2000), présentent les récits détaillés de cette expérience familière aux cultures shamaniques depuis des temps immémoriaux, mais abordée par la nôtre que très récemment. En 2005, feu le professeur David Fontana publie *Is there an Afterlife?* Le Dr Peter Fenwick, qui a récemment publié avec son épouse *The Art of Dying*, commente ainsi l'ouvrage de David Fontana: "Après lecture et évaluation des éléments de preuve, il ne peut plus y avoir de doute sur l'existence de la vie après la mort". Je souhaite mentionner le livre de Julia Assante, *The Final Frontier* (2012), qui explore en détail les thèmes abordés dans ce chapitre, et distingue brillamment les trois catégories de preuves de survie de la conscience après la mort: les preuves scientifiques, les preuves historiques et l'expérience personnelle. Je le recommande vivement.

Ce n'est pas seulement possible et légitime... mais un devoir absolu de la part des mortels... de maintenir une relation aimante avec les êtres chers partis avant nous.
— W.T. Stead, préface d'*After Death; or Letters from Julia* (1905)

Sites web:
www.victorzammit.com
www.anitamoorjani.com
www.mellen-thomas.com pour sa description de son OBE — voir en appendice
et un site en français: bit.ly/lapresvie

Notes:

1. Jung, C.G. (1963) *Memories, Dreams, Reflections*, p. 278
2. Bache, Christopher (2000) *Dark Night, Early Dawn: Steps to a Deep Ecology of Mind*, Suny Press, Albany, New York, p. 5
3. James, William (1929) *The Varieties of Religious Experience*, Longmans Green & Co., New York, p. 388
4. Sogyal Rinpoche (1992) *The Tibetan Book of Living and Dying*, Harper San Francisco, p.8
5. ibid, p. 8
6. *Letters of Rainer Maria Rilke 1910-1924*, trs. Jane Bannard Green and M.M. Heerter, New York, W.W. Norton & Co., New York, 1947, pp. 373-4)
7. Naydler, Jeremy (1996) *Temple of the Cosmos*, Inner Traditions, Vermont, pp. 207-210

8. Laszlo, Ervin (2006) *Science and the Reenchantment of the Cosmos*, Inner Traditions, Vermont, pp. 65-66
9. voir Reeves, Minou (2013) *Europe's debt to Persia from ancient to modern times*, Ithaca Press, UK, Chapitre 6
10. Kübler-Ross, Elisabeth (1975) *On Death and Dying*, Spectrum, US
11. Kübler-Ross (1991) *On Life After Death*, Celestial Arts, Berkeley, CA
12. ibid, p. 47
13. ibid, p. 30
14. ibid, p. 10
15. ibid, p. 11
16. *The Tibetan Book of the Dead*, cité dans un commentaire de ce livre, *The Times*, October 15th, 2005
17. Kübler-Ross, *On Life After Death*, p. 55
18. ibid, p. 67
19. ibid, p. 68
20. van Lommel, Dr. Pim (2010) *Consciousness Beyond Life: The Science of the Near-Death Experience*, HarperCollins New York, p. 158
21. ibid, p. 193
22. ibid, p. 261. Sir John Eccles *Evolution of the Brain: Creation of the Self* (Routledge 1989), p. 241
23. ibid, p. 346
24. ibid, p. 347
25. ibid, p. 348
26. Moorjani, Anita (2012) Dying to be Me, Hay House, Inc, New York, p. 70
27. conversation avec Joy Parker
28. von Franz, Marie-Louise (1986) *On Dreams and Death*, Shambhala Publications Inc, Boston, Mass., pp. 156 et 146
29. ibid, pp. 147-8
30. ibid, pp. 147-8
31. Collins, Cecil (2004) *Angels*, edité par Stella Astor, Fool's Press, London, p. 43
32. Randall, Edward C. (2010) *Frontiers of the Afterlife*, White Crow Books, UK, p. 66
33. Betty, Stafford (2011) *The Afterlife Unveiled*, O Books, UK, p. 94
34. Mead, G.R.S. (1919) *The Doctrine of the Subtle Body in Western Tradition*, John M. Watkins, London. Troisième édition Solos Press, Dorset, UK, 1995
35. ibid, p. 1
36. ibid, p. 1
37. Mead, G.R.S. (1906) *Fragments of a Faith Forgotten*, John M. Watkins, London, pp. 406-414. Il existe une très belle traduction et un commentaire éclairé de John Davidson dans *The Robe of Glory, An Ancient Parable of the Soul*, Element Books, UK, 1992
38. Randall, p. 11
39. Kovács, Betty J. (2003) *The Miracle of Death*, The Kamlak Center, California

L'Oracle
Cecil Collins 1940

Chapitre Vingt

Lumière et Amour comme Pulsation du Cosmos

La flûte de l'Infini joue sans cesse et son timbre est amour.
— Kabir

L'amour est le Soi intérieur, le Soi universel, le Soi cosmique.
— Swami Muktananda

Le cœur n'est rien d'autre qu'océan de lumière… le lieu de la vision de Dieu.
— Rumi, *the Mathnavi*

Qui voit que le Seigneur de tout est toujours le même en tout ce qui est, immortel dans le champ du mortel — voit la vérité. Et quand un homme voit que le Dieu en lui-même est le même Dieu en tout ce qui est, il ne se nuit pas en nuisant à autrui: en vérité il marche alors sur le Chemin supérieur.
— *Bhagavad Gita*, XIII 27–28

Un jour, quand nous aurons maîtrisé les vents, les vagues, les marées et la pesanteur, nous exploiterons l'énergie de l'amour. Alors, pour la seconde fois dans l'histoire du monde, l'homme aura découvert le feu.
— Pierre Teilhard de Chardin, *Toward the Future*

Ce livre est écrit avec amour: amour de la vie, amour de la beauté, du merveilleux et de la sacralité de la Terre et de toutes ses incroyables espèces, amour de l'humanité et des expressions sublimes de son esprit créatif et de son courage invincible, amour de ma famille et de mes amis proches et amour du mystère du Cosmos, visible et invisible, dont je sers la vie. Au cours de sa rédaction et au fils de mes rêves, j'ai pu répondre à la question 'Qui suis-je?' posée il y a si longtemps par Sri Ramana Maharshi, et j'ai pu dans une petite mesure découvrir la nature de l'Âme dont je ne pouvais, quand j'ai entamé mon périple il y soixante-dix ans, concevoir l'immense envergure jusque dans les dimensions invisibles. Ma quête a été guidée par l'archétype du Féminin qui n'a tenu aucune place d'honneur dans la civilisation occidentale, que ce soit en tant que Nature, Âme ou Matière. Mes mentors ont été les grands mystiques de toutes les traditions ainsi que Jung car, plus que quiconque au cours du siècle dernier, il a recouvré pour nous la dimension négligée de l'âme. Je me suis aussi efforcée, autant que j'en suis capable, d'honorer les découvertes des grands scientifiques qui transforment notre regard sur l'univers, notre planète et nous-mêmes.

Bien que l'amour et un puissant désir d'appréhender la raison de notre présence sur la planète et les causes de notre souffrance façonnent tous mes écrits, je n'ai fait dans ma vie qu'une seule expérience que je pourrais décrire comme une expérience d'amour cosmique. J'avais alors soixante ans et cette expérience m'est très précieuse car il est rare qu'au cours d'une vie un aperçu de l'éternité perce la brume de notre conscience terre-à-terre. Cela me fit l'effet de l'apparition du soleil après un hiver de brume: un sentiment chaleureux et englobant d'amour intense et inconditionnel s'écoulait à travers moi comme une rivière d'or et entourait dans son étreinte chaque personne que je rencontrais. Cela dura une dizaine de jours. C'était comme si un barrage dans mon cœur avait cédé et que l'eau d'amour se répandait dans le monde; je n'étais que le véhicule de cet amour. Je me demandai comment cette expérience extatique, qui vint et repartit sans prévenir, pourrait changer ma compréhension de la vie et mes relations avec les gens. Comment pourrais-je m'harmoniser avec cette puissance incandescente qui nous habite tous et peut transformer la façon dont nous voyons et nous nous comportons avec les autres et la Terre, notre maison planétaire?

Nous sommes les héritiers d'une tradition spirituelle immensément riche — de l'Occident chrétien, de l'Inde, de la Perse, du Moyen-Orient et d'ailleurs — qui parle de l'amour en tant que pulsation du Cosmos et pulsation secrète de notre propre être. La poésie sublime de cette tradition — qui comprend la *Divine Comédie*, les *Upanishads*, les poèmes de Rûmî et de Kabir, et le Cantique des Cantiques – parle du désir au cœur de l'homme de se relier à sa Source et aussi du désir de la Source de communier avec l'homme. Un *hadith* du Coran dit: 'Je suis un trésor aspirant à être connu, c'est pourquoi j'ai créé le monde'.

La vie intérieure du Cosmos ne peut communiquer que grâce à ces individus qui, au cours des millénaires de notre expérience humaine sur notre planète, sont devenus réceptifs à sa présence. Nous ne connaissons l'existence et la nature de ce substrat cosmique de l'être que grâce aux hommes et aux femmes qui ont parlé de l'expérience qu'ils en ont: certains, à l'instar du Christ, le décrivent comme Père, d'autres comme Mère, tels les taoïstes et le sage indien Ramakrishna. Certains le décrivent comme Amour Cosmique, d'autres comme Intelligence Créatrice ou Intelligence Sacrée. Les mystiques le connaissent comme Substrat Divin de l'Être. Les personnes qui ont fait l'expérience d'une mort transitoire le décrivent comme à la fois Lumière et Amour Inconditionnel.

Les écrits des plus grands mystiques et des plus grands enseignants spirituels, de même que les témoignages de ces personnes affirment que lumière et amour sont les principes fondamentaux de l'univers: l'univers que nous voyons et qui suscite notre émerveillement est né de la lumière et de l'amour qui le maintiennent. Nous voguons dans le fragile esquif de notre conscience à la surface de cet océan insondable de lumière et d'amour, ignorant qu'en essence nous sommes ce que nous recherchons. Un maître tibétain de la voie tantrique dit que 'l'esprit éveillé est tout le temps présent, il nous faut juste le reconnaître'. La secrète intention de la vie qui nous anime – le Rêve secret du Cosmos – est de nous amener à découvrir que nous appartenons à ce substrat divin, que nous sommes cela, même si nous n'en avons aucune conscience. Le temple de notre corps est créé et maintenu par ce substrat. Quand le corps meurt, notre conscience découvre son identité avec ce substrat éternel. Comme nous le dit le Bhagavad-Gîtâ, 'Ta propre conscience, lumineuse, vide et inséparable du Grand Corps de Lumière, n'a ni naissance ni mort, et est Lumière immuable'.[1]

Toutes les traditions, Blake le comprenait, disent que les portes de notre perceptions doivent être nettoyées afin que nous puissions voir et faire l'expérience de l'entière luminosité du substrat. Un passage du *Zohar* dit que lorsqu'un homme a été longtemps enfermé dans l'obscurité, il faut d'abord faire une toute petite ouverture, puis l'agrandir progressivement jusqu'à ce qu'il puisse supporter la pleine force de la Lumière. Alors l'œil du cœur et l'œil du mental peuvent s'ouvrir à la révélation que nous sommes, dans notre être essentiel, éternellement un avec cette lumière et cet amour.

Les textes indiens des Védas, qui pourraient être les vestiges de la tradition orale d'une civilisation disparue dans les eaux du Déluge, nous font entendre les réponses à des questions s'élevant du cœur d'un peuple bien antérieur à nous:

> Il n'y avait alors ni ce qui est ni ce qui n'est pas. Il n'y avait pas de ciel, et pas de paradis par-delà le ciel. Quelle puissance existait? Où? Qui était cette puissance? Existait-il un abysse d'eaux insondables? Il n'y avait alors ni mort ni immortalité. Aucun signe de nuit ni de jour. L'UN respirait par sa propre volonté, dans la paix infinie. Seul l'UN était: il n'y avait rien au-delà.… Et dans l'UN l'amour s'est levé: l'amour, première semence de l'âme. Les sages ont trouvé en leur cœur la vérité de cela: cherchant en leur cœur avec sagesse, les sages ont trouvé ce lien d'union entre l'Être et le non-être.… [2]

Plus tard dans les *Upanishad*, Brahmā — réalité suprême nommée *Purusha* dans les *Védas* — est décrit comme Vérité et Amour: Esprit Éternel à la fois transcendant et immanent, séjournant au-delà de tout et en tout ce que nous pouvons connaître ou appréhender. Dans certaines parties des *Brihadaranyaka Upanishad* (cinquième *Brahmana*), le miel est une métaphore pour décrire comment toutes les choses, tous les éléments de la création, sont contenus dans le substrat divin qui les sustente: 'Ce Soi est le miel de tous les êtres, et tous les êtres sont le miel de ce Soi'.[3]

À propos des *Upanishads*, j'aimerais relater l'histoire d'un grand mystique soufi, le Prince Dara Shikuh (1615–1659), méconnu en Occident. Poète, érudit et mystique qui étudia pendant de nombreuses années auprès de deux grands sages soufis, il est le fils aîné de l'empereur Shah Jehan et de son épouse adorée Mumtaz Mahal (pour qui il érigea l'incomparable Taj Mahal). Alors qu'il se trouve au Cashmire en 1640, il découvre les *Upanishads* et les fait traduire en persan, ainsi que d'autres textes sanscrits dont le Bhagavad-Gîtâ.

Désireux de montrer la relation d'intimité entre l'islam et ces grands textes védiques, le prince Dara commet un traité profond et très beau intitulé *Majma'Ul-Bahraïn — La Confluence des Deux Mers* ou encore *La rencontre des Deux Océans*. Avec cet ouvrage, remarquable contribution au champ de la religion comparée, il s'efforce de démontrer que l'hindouisme et l'islam sont d'une même essence et transmettent le même enseignement. Il écrit:

> Tout ce que vous voyez comme autre que Dieu est un avec Dieu en essence, bien que séparé en nom. Lorsque vous transcendez la conscience ordinaire, vous réalisez que tout est Dieu et il découle inévitablement que vous vous connaitrez vous-mêmes comme vous êtes vraiment. Vous ne serez plus contraints dans les limites de la conscience 'je-et-vous'. C'est ici que vous trouverez la vérité de l'unité.

En 1646 il écrit un traité soufi des plus profonds intitulé *Risala-yi haqq-numa* (*La Boussole de la Vérité*), guide détaillé des dimensions transcendantes de l'âme. Mais en 1658, suite à une action violente fomentée par son plus jeune frère Aurangzeb avec l'appui des mollahs orthodoxes qui désapprouvent ses écrits et l'accusent d'apostasie, le prince Dara est capturé et décapité; sa tête est envoyée à son père emprisonné et accablé de chagrin. Du fait de ce tragique coup du destin, il ne put jamais devenir le dirigeant légitime de l'empire moghol. Il aurait pu être un souverain-philosophe, à l'exemple de son grand-père Akbar qui avait unifié les hindous et les musulmans sous la bannière de la 'paix universelle'. Il aurait peut-être pu maintenir ensemble les suiveurs des deux grandes religions qui sont à présent éclatées en deux nations se défiant avec leurs armes nucléaires. C'est depuis mon voyage en Inde que je connais l'histoire de ce prince remarquable et je m'étais immédiatement sentie attirée par lui; pour cette raison, je tenais à lui rendre hommage ici.[4]

Prince Dara aurait compris le profond message du *Bhagavad-Gîtâ* ainsi que le lien d'amour entre le Substrat Divin et l'âme humaine que sa poésie sans égale exalte. Krishna dit à Arjuna que 'c'est seulement grâce à un amour constant que je puis être connu et vu comme je suis vraiment, et être pénétré'(5), et à la fin, réitérant son conseil de suivre la voie de l'amour, il dit: 'Fixe ton esprit sur Moi, donne-Moi l'amour de ton cœur, consacre toutes tes actions à Mon service, tiens ta propre personnalité pour rien devant Moi. À Moi tu viendras; en vérité Je t'en fais la promesse car tu M'es cher'.[6]

Dans les textes bouddhiques plus tardifs, le Bouddha enseigne comment libérer le mental de tout ce qui assombrit la luminosité de la Claire Lumière de la Vacuité afin que nous puissions devenir les véhicules de la compassion qui irradie comme un soleil depuis la source de vie.

Dans la tradition chrétienne, nous entendons la voix du Christ nous dire que 'Dieu est amour, et qui demeure dans l'amour demeure en Dieu, et Dieu en lui' (1 Jean 4:16). La veille de sa Passion il commande à ses disciples 'Aimez-vous les uns les autres. Comme je vous ai aimés, vous aussi devez vous aimer les uns les autres' (Jean 13:34-35 et 15:12).

Dans l'Évangile gnostique d'Ève, nous entendons les très belles paroles qui pourraient être celles de l'Esprit Sain, ou de la Shekinah:

> Je suis toi et tu es Moi et partout où tu es, Je me trouve;
> et je suis semée (éparpillée) en toutes choses, et quel que soit le lieu d'où tu m'appelles, tu Me rassembles, mais en Me rassemblant tu te rassembles Toi-même.[7]

Les mystiques de toutes les traditions parlent de leur rencontre avec l'amour cosmique du substrat divin et aucun mieux que Julian de Norwich (1342-1416/19): 'J'ai ainsi appris qu'amour veut dire Notre Seigneur. Et j'ai vu de façon certaine qu'en cela et en tout, Dieu nous a aimés avant de nous créer. Et que cet amour n'a jamais été retiré et ne sera jamais retiré. Et en cet amour notre vie est éternelle. Avec notre création nous avons un commencement: mais l'amour avec lequel il nous a façonnés est sans commencement…. Et sans fin nous verrons tout ceci en Dieu'.[8]

Les diverses traditions auxquelles je me réfère, de même que les témoignages contemporains de l'existence d'un substrat de la conscience et les nombreux récits d'expériences de mort transitoire, disent tous que l'amour et la lumière en tant que pulsation du cosmos coulent en nous à la création et à l'avènement de notre propre vie, maintenant notre monde dans l'étreinte de l'éternel. Les paroles du grand mystique flamand, Jean de Ruysbroeck (1273-1381), traduisent l'essence de cette étreinte:

> Quand l'amour nous a transporté au-dessus de tout, nous recevons en paix la Lumière incompréhensible qui nous embrasse et nous pénètre. Quelle est cette Lumière sinon la contemplation de l'Infini, et une intuition de l'Éternité? Nous remarquons ce que nous sommes et nous sommes ce que nous remarquons, parce que notre être, sans rien perdre de sa propre personnalité, est uni avec la Vérité Divine.[9]

Vraiment toutes ces traditions, chacune d'elles nous reliant à la lumière et à l'amour du substrat divin, nous offrent une agape. Qui a pu préparé cette agape si ce n'est l'Intelligence Cosmique, ou l'Esprit Saint, ou l'Intelligence Divine œuvrant au cours des siècles et des millénaires au cœur des âmes d'innombrables individus afin d'éveiller notre conscience somnolente à la connaissance de son substrat radieux et de notre profonde connexion des uns avec les autres.

'Une vérité', écrit Teilhard de Chardin à la fin de sa vie, 'dès lors qu'elle a été vue une fois, fût-ce par un seul esprit, finit toujours par s'imposer à la totalité de la conscience humaine et par embraser le monde '. [10]

Nous avons peut-être atteint le point de notre évolution où une nouvelle vérité, une nouvelle révélation de la totalité de la vie comme unité divine pourrait naître dans nos cœurs — la réalisation que nous faisons partie de la divinité que nous vénérons depuis des millénaires comme une chose séparée de nous et de la vie de ce monde. Il n'existe aucune distinction essentielle entre l'esprit transcendant et l'esprit immanent. De tous temps, les mystiques nous disent que la distinction et la dualité résident dans notre perception incomplète du réel: le divin est ce que nous sommes, nous sommes dans le divin pour l'éternité. Les alchimistes le savaient — ils détenaient une vision du réel qu'ils nommaient conscience stellaire et qui reflétait leur *expérience* stupéfiante du sentiment perdu de l'unité et de la divinité de toute vie.

⚶

Comment pourrions-nous définir ce sentiment d'amour? De par mon expérience, je l'associe à un sentiment de félicité, à une joie extatique, au jaillissement d'un sentiment qui existe avant même de concevoir ce à quoi il se rapporte. Il peut surgir soudainement alors que nous émergeons doucement du sommeil et que, encore allongés au lit, nous baignons dans ce sentiment en sortant de la communion avec le substrat profond pour nous focaliser sur notre quotidien. Il peut s'exprimer comme une union émotionnelle et sexuelle extatique avec un partenaire aimé. Il peut être vécu comme l'amour d'un parent pour un nouveau-né ou comme l'enchantement des grands-parents qui regardent un petit-enfant croître en force jusqu'à l'âge adulte. Quiconque créé avec un cœur empli d'amour et de patience connaît ce sentiment. Un scientifique ou un médecin qui découvre ou invente une chose de grande valeur pour l'humanité, tel le vaccin de Salk contre la polio, peut en faire l'expérience. Les athlètes qui, après des années consacrées à leur entraînement, obtiennent une médaille aux jeux olympiques, connaissent ce sentiment tandis que des larmes de fierté et de joie emplissent leurs yeux. Un verset des *Upanishads* dit: 'Et alors il vit que Brahmā est joie: car de la joie tous les êtres viennent, par la joie ils vivent tous, et en la joie ils retournent tous'. [11]

Comment cette aptitude pour la joie, l'amour et l'extase s'éveille-t-elle en nous? En premier lieu, elle s'élève grâce à l'expérience de félicité créée par la relation entre l'enfant et sa mère. Voyez le visage d'un nouveau-né mis au monde avec tout le soin, l'attention et l'amour dispensés par l'approche délicate de la naissance de ces deux médecins remarquables, Frederick Leboyer et Michel Odent. Voyez comme il répond instinctivement au contact, au sentiment, à l'odeur et au regard aimant de sa mère. Alors que l'enfant grandit, le sentiment de confiance peut être l'un des fruits de cet amour et de ces soins premiers: la confiance mutuelle entre l'enfant et ses parents qui le conduit à avoir confiance en la vie, en autrui et en lui-même.

Plus tard, nous la connaissons grâce à notre propre expérience d'un sentiment qui surgit spontanément en nous quand nous éprouvons un amour intense pour une personne proche, sans doute accompagné d'angoisse au moment de la mort. Ou bien nous pouvons éprouver une attirance intense pour un lieu ou le souvenir d'un lieu. Au cours de notre vie, la joie peut se manifester par toutes sortes d'activités qui nous attirent et suscitent notre intérêt passionné, qui nous conduisent à développer un talent, une aptitude, qui nous permettent d'exprimer notre nature profonde — en fait notre passion à créer, à aimer. La joie se manifeste dans nos relations, dans notre capacité à faire confiance aux autres, à leur donner de l'amour et à en recevoir d'eux, même dans les circonstances les plus difficiles. Elle peut venir de la découverte de notre capacité à aider les autres et du plaisir d'aider des personnes que nous ne rencontrerons peut-être jamais; nous pouvons aider à soulager la souffrance du monde de façon tangible. L'amour intense se découvre dans le lien entre des guerriers face à la mort sur le champ de bataille, dans les soins prodigués à un enfant par ses parents ou grand-parents. Il se découvre dans le sentiment que notre cœur déborde de l'envie d'aider les personnes qui souffrent suite à un tsunami, un séisme, une sécheresse catastrophique, une éruption volcanique, ou qu'il se brise de chagrin pour ceux qui subissent de terribles persécutions, tortures, mort imminente — nous voulons soulager leurs souffrances de façon tangible.

L'amour peut naître dans notre cœur quand nous regardons une chose clairement pour la première fois avec un regard frais, comme lorsque nous avons vu notre planète depuis la profondeur de l'espace, comme l'astronaute Edgar Mitchell en fit l'expérience quand il écrivit ces lignes lors de son voyage de retour de la lune: 'A regarder à travers 400.000 kilomètres d'espace vers les étoiles et la planète d'où je viens, j'eus soudainement la perception de l'Univers comme un être intelligent, aimant et harmonieux. La présence de la divinité devint presque palpable, et je sus que la vie dans l'univers n'est pas juste un accident fabriqué par des processus aléatoires'.

Méditer et intégrer tous ces aspects de l'amour demande du temps, le temps de devenir conscient de la puissance et de l'intelligence de l'énergie qui vit par nous et en nous, le temps d'ouvrir l'œil du cœur à la perception de son amour inconditionnel. Ceci me rappelle le récit du Nouveau Testament à propos de Marthe et Marie: Marthe happée par les préoccupations du quotidien, Marie assise immobile, à l'écoute de la symphonie d'une réalité plus profonde.

Si nous faisons confiance à la parole des mystiques et de ceux qui, franchissant les limites de notre conscience, ont atteint le substrat divin, l'amour est la suprême puissance unificatrice et coordinatrice de l'univers. Il nous est très difficile de réaliser que notre vie est une expression de cet amour, que tout ce que nous sommes et faisons découle de cet amour: toutes nos relations, nos entreprises créatives, nos espoirs, nos désirs, nos peurs et nos échecs — même les blessures causées par notre cruauté et notre haine — existent au sein d'un vaste océan d'amour.

Teilhard de Chardin peut venir ici à notre aide avec ces mots extraits de son *Hymne de l'Univers*:

> L'Humanité dormait — elle dort encore — assoupie dans les joies étroites de ses petits amours fermés. Une immense puissance spirituelle sommeille au fond de notre multitude, qui n'apparaîtra que lorsque nous saurons forcer les cloisons de nos égoïsmes et nous élever par une refonte fondamentale de nos perspectives, à la vue habituelle et pratique des réalités universelles. [12]

Et aussi avec ces mots qu'il écrit en 1931 dans son essai *L'Esprit de la terre*: 'L'Amour est la plus universelle, la plus formidable et la plus mystérieuse des énergies cosmiques. Est-il vraiment possible à l'Humanité de continuer à vivre et à grandir sans s'interroger franchement sur ce qu'elle laisse perdre de vérité et de force dans son incroyable puissance d'aimer?' [13]

Quid de notre propension au mal, à la haine et à la cruauté? Je pense qu'ils naissent de la peur et de la haine de soi, de notre conviction que nous ne sommes ni aimés ni aimables, que nous avons été abandonnés sur cette planète, que nos vies sont dépourvues de sens, de valeur et d'intention, que la mort qui nous attend annihilera tout souvenir de ce que nous avons été, tout ce que nous avons aimé. Ils naissent des terribles blessures infligées dans l'enfance par le manque, l'abandon, l'atroce cruauté et l'expérience d'une souffrance ou d'une perte insupportable, la dévastation d'un cœur d'enfant plein de confiance et d'amour. Ils naissent du rejet de soi, de l'ignorance de qui et de ce que nous sommes et d'une distorsion de notre nature provoquée par des croyances anciennes et actuelles qui vivent dans les profondeurs de notre inconscient — méconnues et inchangées. Les enfants rescapés de souffrances inimaginables infligées par la cruauté, l'horreur et la négligence peuvent cicatriser grâce à l'attention aimante d'un adulte. Le moine vietnamien Thich Nhat Hanh dit, à propos de l'amour et de la capacité à contenir la colère et le désir de vengeance suite au 11 septembre 2001: 'Si j'avais l'occasion de me trouver face à face avec Oussama Ben Laden, je commencerais par écouter. Je m'efforcerais de comprendre toute la souffrance qui l'a conduit à cette violence... car un tel acte de violence est un appel désespéré à l'aide et à l'attention'. [14]

L'amour qui s'écoule du Cosmos vers nous peut agir en nous de la façon la plus effective quand notre capacité à ressentir de l'empathie pour la souffrance d'autrui s'accroît. Thich Nhat Hanh est dans sa vie et par ses enseignements un exemple de

cette compréhension empathique qui pourrait être le remède au niveau international si nous étions capables de la mettre en œuvre dans nos relations avec les autres.
Paul Hawken décrit dans son livre *Blessed Unrest* l'envie de soigner et d'aider qui
s'élève chez des millions de gens impliqués dans d'innombrables initiatives pour
assister autrui et la planète.

De nombreuses méthodes de soins, anciennes et nouvelles, sont redécouvertes
et appliquées. En rapport avec ma propre profession de psychothérapeute, je chéris
ces paroles d'un conseiller nommé Brian Thorne:

> Il existe des moments dans mon travail de psychothérapeute où je me sens hors
> du temps et de l'espace et je ne peux croire que le paradis lui-même puisse être
> plus désirable. Ces moments sont caractérisés pour mes clients et pour moi-même
> par un sentiment d'acceptation radicale, inconditionnelle et spontanée et par une
> force intérieure qui nous permet, même brièvement, d'aimer la totalité de l'ordre
> créé. En résumé, nous-mêmes avons été transportés dans la relation divine....
> Pendant un instant, même très bref, nous sommes intègres et sacrés, pleinement
> humains et donc l'incarnation du divin.
>
> Je crois que nous autres thérapeutes avons l'opportunité… d'influencer le cours de
> l'histoire humaine si nous saisissons le bon moment. Nous sommes les gardiens de
> connaissances qui nous sont données par d'innombrables individus en souffrance
> qui réclament notre aide.... Ce n'est pas original de nos jours de considérer les
> conseillers et les thérapeutes comme les principaux récipiendaires de la douleur
> collective et des attentes de notre âge. C'est un trésor inestimable; mais sa valeur
> se trouve dans sa capacité, si elle est pleinement exprimée et articulée, à donner
> du sens à la détresse présente et à procurer espoir et guidance pour l'avenir. [15]

Panser le cœur blessé de l'humanité signifie chérir en tous sens: chérir notre propre
vie comme ayant une valeur et un sens infinis, chérir le temps qui nous est imparti
pour découvrir notre vraie direction dans la vie et découvrir qui nous sommes réellement, chérir le corps qui a été trop longtemps sacrifié à notre image distordue de
la spiritualité, chérir les vies des êtres qui sont confiés à nos soins, chérir la vie de
la planète qui est le plus grand théâtre de tous nos efforts. L'amour nous appelle à
l'attention, à la sollicitude, à l'intuition, à la douceur et à la compréhension mais
aussi à la force, à l'énergie et à l'intelligence mises au service de l'humanité et de
toutes les espèces de la planète. Il nous appelle à rendre conscient et à maîtriser
les désirs de puissance, de contrôle et de domination qui sont enracinés dans le
contraire de l'amour — dans la peur.

Veronica Goodchild écrit, dans son très inspirant livre, *Songlines of the Soul:
Pathways to a New Vision for a New Century*:

> Par l'effondrement de la réalité ordinaire telle que nous la connaissons, une autre
> sorte de gnose se présente partout à nous. Au tournant de l'Æon, elle nous apporte

un autre type de connaissance — révélée plutôt que rationnelle — qui souhaite se manifester. Cette divulgation suggère l'union de l'âme et de la vie dans la révélation de l'amour: notre amour humain, et l'amour du cosmos pour nous. Dans cette perspective élargie nous arrivons à savoir non seulement ce que les Anciens, les Mystiques, les Gnostiques et les Alchimistes savaient, mais aussi ce que nous savons aujourd'hui grâce à nos rêves, à nos visions, à nos expériences anomales, que nous avons sans doute tenus secrètes trop longtemps et qui maintenant nous implorent d'ajouter notre voix au chœur qui chante la mélodie de l'âme. [16]

L'Image de la Lumière

Tout ce que j'ai écrit dans ce livre semble converger vers l'image de la lumière, une lumière différente de la lumière du soleil et qui vient d'une source céleste, une lumière qui est le substrat créatif invisible de notre conscience et du monde de la réalité physique. Dans ce dernier chapitre j'aimerais donc réunir les images de la lumière à partir de trois sources différentes: la lumière du vide quantique découverte par la science, la lumière ineffable décrite dans l'expérience mystique par ceux qui ont dépassé notre façon de voir ordinaire, et pour finir, la description d'une rencontre avec la lumière lors d'une expérience hors du corps sidérante.

Les découvertes de la physique quantique nous informent que nous baignons littéralement dans un océan cosmique de lumière, invisible à nous, qui pourtant imprègne et soutient chaque cellule de notre être, chaque atome de matière. Au niveau quantique, tous les aspects du vivant apparemment séparés sont connectés dans une totalité invisible et indivisible. Tout le vivant, à son très profond niveau, est essentiellement Un. Des mots mêmes de l'astrophysicien Bernard Haisch, le lien profond entre la physique et la métaphysique

> se situe dans le fait que le vide quantique électromagnétique est une forme de lumière. C'est un océan d'énergie sous-jacent… qui imprègne le moindre volume d'espace, depuis le vacuum intergalactique le plus vide jusqu'aux profondeurs de la Terre, du Soleil et de notre propre corps. En ce sens, notre monde de matière est comme l'écume visible posée sur un très profond océan de lumière.[17]

Les Descriptions Métaphysiques de la Lumière

Il existe de nombreuses descriptions métaphysiques de la lumière cosmique rencontrée lors d'une expérience de mort transitoire. La plus ancienne se trouve dans les *Upanishads* où Brahmā est décrit comme 'la lumière radieuse de toutes les lumières dont la radiance illumine toute la création'. [18]

Dans la tradition chrétienne, nous trouvons une description remarquablement consistante dans les trois premiers Évangiles de la Transfiguration de Jésus, constatée par les trois disciples, Pierre, Jacques et Jean (Mat. 17:2-9, Marc 9:2-9, Luc 9:28-36). Jésus est décrit dans l'Évangile de Matthieu avec un visage rayonnant comme le soleil et ses vêtements aussi blancs que la lumière.

Il existe une autre description moins connue de la Transfiguration, consignée dans un manuscrit gnostique intitulé *Pistis Sophia*, daté — bien que cela soit contesté – de la première moitié du IIIè siècle EC. Ce manuscrit, traduit par G.R.S. Mead, est publié pour la première fois en 1896, dans une édition révisée en 1921 puis réédité en 1947. Dans cet extrait du manuscrit, Jésus et ses disciples — qui ne sont pas nommés — sont assemblés sur une montagne, à la pleine lune, peu après le point du jour.

> *C'est ainsi que...là derrière lui se manifesta une grande énergie de lumière rayonnant le plus prodigieusement, et il n'y avait aucune mesure à la lumière adjointe. Car elle venait de la Lumière des lumières.... Et cette énergie de lumière descendit sur Jésus et l'entoura entièrement alors qu'il était assis à l'écart de ses disciples, et il rayonnait extraordinairement, et il n'y avait aucune mesure à la lumière qui était sur lui. Et les disciples n'avaient pas vu Jésus à cause de la grande lumière dans laquelle il se trouvait, ou qui était autour de lui; car leurs yeux étaient aveuglés par la grande lumière dans laquelle il se trouvait. Mais ils voyaient seulement la lumière qui jetait de nombreux rayons de lumière. Et les rayons de lumière n'étaient pas identiques, mais la lumière était de diverses sortes, et de divers types, rayonnant du bas vers le haut, un rayon toujours plus excellent que l'autre... en une grande et incommensurable apothéose de lumière. Elle s'étendait depuis sous la terre jusqu'au ciel. Et quand les disciples virent cette lumière, ils tombèrent dans une grande peur et une grande agitation. Et c'est ainsi, quand l'énergie de lumière était descendue sur Jésus, elle l'avait progressivement entièrement enveloppé. Alors Jésus s'éleva vers les cieux, rayonnant le plus brillamment dans une lumière incommensurable. Et les disciples le regardaient et aucun ne parlait jusqu'à ce qu'il ait atteint le Ciel; et ils demeurèrent tous dans un silence profond.* [19]

À notre propre époque, Gopi Krishna fait en 1937 l'expérience de la montée soudaine et bouleversante de la Kundalini dont il témoigne dans son livre *Kundalini*, publié en 1967 et accompagné d'un commentaire de l'analyste jungien James Hillman. Lors d'un entretien retranscrit dans un livre récent intitulé *Kundalini Rising* (2010), il dit que tout se met en place pour un mouvement du monde extérieur vers le monde intérieur de la conscience et qu'un potentiel non réalisé de la conscience humaine — un canal cognitif super sensoriel — est stimulé et se manifestera dans notre espèce le moment venu. Il est convaincu que nous serons en mesure de répondre à la question 'Comment la Conscience Éternelle vint-elle à s'incarner et à s'élever, pas à pas sur des æons de temps, jusqu'à la réalisation de sa propre souveraineté?' et aussi à la question de savoir comment ce processus s'articule avec l'évolution organique du cerveau. Témoignant du fait que ce canal cognitif super sensoriel s'est ouvert en lui, il écrit qu'il vit à chaque instant de sa vie dans deux mondes:

> L'un est le monde sensoriel que nous partageons tous.... Mes réactions à ce monde sont les mêmes que tout un chacun. L'autre est un étonnant monde super sensoriel.... Je suis conscient en permanence d'un halo lumineux, pas seulement à l'intérieur de moi mais présent dans tout mon champ de vision pendant mes heures de veille. Je vis littéralement dans un monde de lumière. C'est comme si une lumière brillait en moi, m'emplissant d'un éclat si beau et si ravissant que mon attention est encore et encore attirée par lui.... Je ne prétends pas voir Dieu, mais je suis conscient d'une Vive Radiance en moi et hors de moi. En d'autres mots, j'ai acquis un pouvoir de perception qui n'était pas là auparavant. La luminosité ne s'arrête pas à mes heures de veille. Elle perdure même dans mes rêves.... La lumière enchanteresse que je perçois à l'intérieur et à l'extérieur est vivante. Elle pulse de vie et d'intelligence. Elle est semblable à un Océan infini de Conscience qui imprègne mon petit bassin de conscience à l'intérieur, et à l'extérieur la totalité de l'univers que je perçois avec mes sens.... Pour moi l'univers est vivant: une Intelligence prodigieuse que je peux sentir mais non concevoir se profile derrière chaque objet et chaque évènement de l'univers, silencieuse, tranquille, sereine et immuable comme une montagne. C'est un spectacle stupéfiant. [20]

Troisièmement, nous avons le témoignage émouvant de Christopher Bache, auteur de *Dark Night, Early Dawn*, que j'ai déjà cité: 'On me fit rencontrer un champ unifié d'énergie qui sous-tend toute l'existence physique. J'étais face à un immense champ d'énergie aveuglément vive, incroyablement intense.... Cette énergie était l'unique énergie qui englobe tout ce qui existe'. [21] Il continue:

> Le champ unifié sous-tendant l'existence physique effaça complètement toutes limites. Tandis que je m'enfonçais toujours plus, toutes les frontières disparaissaient, toutes les apparences de division étaient finalement illusoires. Aucune démarcation entre les incarnations, entre les êtres humains, entre les espèces, même entre la matière et l'esprit. Le monde de l'existence individualisée ne s'effondrait pas en une masse amorphe, comme on pourrait le croire, mais se révélait être une manifestation de la diversité exquise d'une entité singulière.

> Bien que ces expériences fussent en elles-mêmes extraordinaires, l'aspect le plus poignant ne fut pas la découverte des dimensions même de l'univers mais ce que ma vue et ma compréhension de ces dimensions signifiaient pour la Conscience avec laquelle j'étais. Elle semblait tellement contente d'avoir quelqu'un à qui montrer Son œuvre. Je sentis qu'elle attendait depuis des milliards d'années que la conscience incarnée évolue au point où nous pourrions enfin commencer à voir, à comprendre et à apprécier ce qui avait été accompli.

Je ressentis la solitude de cette Intelligence qui avait créé un tel chef d'œuvre et n'avait personne qui puisse apprécier Son œuvre, et je me mis à pleurer. Je pleurai sur Son isolement et j'étais subjugué par l'amour profond qui avait accepté cet isolement comme partie du plus vaste dessein. Derrière la création se tient l'Amour dans des proportions extraordinaires, et la totalité de l'existence est une expression de cet amour. L'intelligence du dessein de l'univers est égalée par la profondeur de l'amour qui l'a inspiré. [22]

Les milliers de personnes qui ont l'expérience d'une NDE ou de sorties hors du corps témoignent de la lumière toute englobante qu'ils voient et de l'amour inconditionnel qu'ils ressentent. Un des témoignages d'une telle expérience m'a profondément émue et impressionnée. Il s'agit de l'expérience de sortie hors du corps d'un homme nommé Mellen-Thomas Benedict, qui décrit ce qui lui arrive pendant un certain nombre d'heures après avoir été cliniquement mort des suites d'un cancer, avant de revenir à la vie. Il décrit le trajet vers la Lumière et comment cette Lumière répond à ses questions et l'emporte toujours plus profondément en Elle-même. La description de son expérience est tellement remarquable, si clairement exprimée et tellement inspirante, que je l'inclus avec sa permission en appendice de ce livre avec l'espoir qu'elle offrira intérêt, inspiration et assistance à d'autres. Son expérience qui apporte un message d'espoir à l'humanité est présentée avec une joie et une clarté étonnantes et authentiques.

Épilogue

Au fil des vingt années consacrées à l'écriture de ce livre sur l'Âme, ma propre conscience a été transformée par le processus d'écriture et par les faits et les idées que je découvrais au cours de mes recherches. Alors que je vivais ce changement, un changement identique se produisait dans la conscience collective de l'humanité. Non seulement les institutions de longue date, politiques, économiques, financières et religieuses sont en désarroi, mais tout le principe de puissance et de domination qui a régenté la civilisation occidentale depuis quelque 4000 ans vacille devant les graves problèmes auxquels nous sommes confrontés, dont beaucoup ont été générés par ce même principe et ne pourront se résoudre en reproduisant les mêmes vieilles réponses. Ce qui naît de l'effondrement et de la dissolution des vieilles mythologies — les anciens systèmes de croyances qui ont divisé au lieu d'unir l'humanité — est la reconnaissance du fait que nous ne vivons pas dans un univers mort et dépourvu de sens mais au sein d'un Ordre Cosmique Sacré et que nous avons la responsabilité de nous adapter au service de cet Ordre au mieux de nos possibilités.

Nous avons le choix entre reproduire les schémas du passé qui peuvent mener à notre extinction ou commencer à vivre et à agir depuis cette compréhension de la vie et de nous-mêmes radicalement autre. L'immensité de la tâche qui nous attend est intimidante. Cependant le courage et la créativité invincibles de notre espèce peuvent s'y mesurer, défiant la corruption, l'avidité et la malignité qui caractérisent les pires aspects de l'ordre ancien. Puisque nous sommes tous connectés au niveau quantique, quand un millier d'entre nous change de conscience nous affectons des millions.

Nous pourrions dire que l'Incarnation ne finit pas avec la vie du Christ: au contraire, nous pouvons la comprendre comme un processus qui se déroule sur des millénaires dans la vie de milliers, et même de millions d'individus, dont un bon nombre n'est affilié à aucune tradition religieuse. Les remarquables images du mythe chrétien, telle l'Annonciation, sont des réalités archétypales qui reviennent à la vie à notre époque car une naissance difficile se déroule dans l'âme collective de l'humanité.

Nous nous éveillons à ce que je nomme le Rêve du Cosmos — le rêve d'une humanité éveillée jouant un nouveau rôle sur la planète: un rôle en harmonie avec l'intention évolutionnaire du Cosmos et non plus avide de pouvoir, de conquête, de contrôle et d'appropriation des ressources de la Terre au profit de quelques uns. En commençant à nous aligner consciemment sur ce substrat lumineux du réel, notre mental se mettra au service de la très profonde attente de notre cœur, de la très profonde sagesse de notre âme. Nous saurons qui nous sommes et pourquoi nous sommes ici.

L'attente passionnée du cœur de l'homme a toujours été de dépasser les limites du connu, de dépasser les limites de notre compréhension, d'élargir l'horizon de notre perception. C'est peut-être notre liberté la plus fondamentale et la plus essentielle. Maintenant, plus que jamais, nous devons honorer cette attente et accueillir ces pionniers qui dévoilent les nouveaux horizons, les nouvelles possibilités de comprendre notre nature, notre potentiel et notre destinée. Nous devons, selon les mots de T.S. Eliot dans son poème *Ash-Wednesday*, 'Rédimer le temps. Rédimer la vision non lue du rêve supérieur'.

Notes:

1. Prem, Krishna (1958) *The Yoga of the Bhagavad Gita*, Watkins, London, p. xiii.
2. *The Upanishad* (1965) traduction et introduction par Juan Mascaró, Penguin Books Ltd., London, Rig Veda x. 129, pp. 9-10
3. van Over, Raymond (éditeur) (1977) *Eastern Mysticism,* Tome Un: The Near East and Asia, New American Library Inc., New York, p. 125.
4. Je m'appuie sur des matériaux extraits de la traduction par Juan Mascaró des Upanishads, p. 8 et sur l'article relatif au Prince Dara Shikuh, publié in Elixir Magazine, n° 1 Interspirituality, Automne 2005..
5. *Bhagavad Gita* 11:54.
6. *Bhagavad Gita* 18:65, traduction Krishna Prem, p. 186. voir aussi The Bhagavad Gita, par Juan Mascaró, Penguin, London
7. Mead, G.R.S. (1939) *Fragments of a Faith Forgotten*, John M. Watkins, London, p. 439.
8. Julian(a) of Norwich (1977) *Revelations of Divine Love*, M. L. Del Mastro, Doubleday, New York.
9. van Ruysbroeck, Jan (1916) *The Adornment of the Spiritual Marriage, The Book of Truth, The Sparkling Stone*, Dutton & Co. New York.
10. Teilhard de Chardin, Pierre, dernier Essai non publié, *Le Christique*.
11. *The Upanishad*, traduit par Juan Mascaró. Taittiriya Upanishad, p. 111.
12. Teilhard De Chardin (1977) *Hymn of the Universe*, William Collins, Fount Paperbacks, London, p. 120.
13. Teilhard de Chardin (1931) *The Spirit of the Earth*.
14. Thich Nhat Hanh (newspaper report 2001).
15. Thorne, Brian (1998) *Person-Centred Counselling and Christian Spirituality*, Whurr Publishers, London. Voir aussi *The Mystical Power of Person-Centred Therapy: Hope Beyond Despair*, Whurr Publishers, London, 2002.
16. Goodchild, Veronica (2012) *Songlines of the Soul: Pathways to a New Vision for a New Century*, Nicolas-Hays Inc., Fort Worth, Florida.
17. Haisch, Bernard (2007) son chapitre in *Mind Before Matter: Visions of a New Science of Consciousness*, O Books, Ropley, UK.
18. *Mundaka Upanishad*, traduction Juan Mascaró, pp. 78-9.
19. Mead, G.R.S. (1947) *Pistis Sophia*, John M. Watkins, London, pp. 3 & 4.
20. Entretien avec Gopi Krishna publié in *Kundalini Rising*, (2009) Sounds True Inc., Boulder, CO., p. 295.
21. Bache, Christopher (2000) *Dark Night, Early Dawn*, p. 67.
22. ibid, p. 70.

Annexe 1

LAMENT FOR THE TRAGEDY OF WAR
©Anne Baring

Although written in 1999, this poem is dedicated to all those who are suffering in the ongoing conflicts that are disturbing the life of the planet: to the refugees fleeing their devastated homes and living in camps; to the 3,000 Yazidi women who have endured the agony of rape and slavery; to the thousands of young men whose precious lives are being cut short; to the children who are suffering the trauma of witnessing the atrocities of war.

EASTER 1999

Listen to the Good News, they said...

Then, over the mountain pass,
deep in snow, we watched those who had lost all
except life stumble towards hope;
carrying infants, dragging children,
old people wrapped in plastic like loaves of bread,
so they could be pulled more easily
over the icy surface.
A woman tall and cragged as an oak
leads a line of survivors.
Some can walk no further
in the heavy snow and die where they fall.
A young girl holds her mother in her arms
as life ebbs from her body.

This time we saw the face of barbarism.
This time we saw them: people like us,
in clothes like ours, arriving in shock,
avoiding the mined land, trudging the last miles
along the rail track to the frontier;
faces contorted with grief.
Women, men, children weeping uncontrollably,
having lost everything save each other.

Day after day we saw a human flood
pouring across frontiers:
lines of wagons, carts, tractors, trailers,
a horse, a donkey; the old in wheelbarrows,

and people walking, walking, soaked in icy rain
through days and nights of anguish,
carrying the old and young so dear to them.

We saw bewildered people forced onto trains
trying to hold families together;
women giving birth alone,
driven trembling with their new-born
into the maw of that suffocating mass.

Helplessly we wept with them,
seared by their suffering, longing to help,
to put our arms around them, comfort, warm them;
but we could only send money, food, love
and hope that they would reach shelter
from that relentless rain.

There was no time to gather children
gone to play with friends, no time to warn others,
no time to feed the animals, milk the cows,
or say goodbye to the dear land, home for centuries.
There was no time to gather provisions for the journey:
milk for babies, food for toddlers,
shoes, nappies, warm clothing.
Women made knife-sharp choices
- what to carry, what to leave -
choices to make the difference between
life and death for those too young
to know what was happening.

Women who had seen husbands, sons, fathers
shot before their eyes,
kneeling, hands clasped behind heads,
knowing they had only seconds
to remember everything they loved,
to treasure the precious blood
that would soon, so soon seep into the ground.

Listen to the Good News, they said...
Can this be happening still?

This time we saw the face of barbarism.
Men obeying orders.
They took the young girls away
out of the cars, out of the trailers.

Everyone knew what would happen.
Girls too young to imagine
the coming thrusts tearing their soft skin,
the rank smell of masked men
crazed with blood lust,
and hatred for the innocent girl,
mother of tomorrow's enemy.
Some they shot, some returned to the convoy
hours or days after the rape.
How could they hope to find their families,
comfort for soul and body
in that mêlée of desperate humanity?

What solace could they find among people
for whom rape is defilement,
a shame to be hidden?
How could this further pain be endured
by those who had already known annihilation?

If I had seen my daughter taken,
her still fragile body shrinking with fear,
her eyes pleading for help I could not give,
my heart flayed by feeling,
my scream would sound through centuries.
Even now I hear it torn from my gut
for those young lives blighted
by the encounter with beasts.

Century after century men have tracked each other
through greening forests blessed with birdsong,
Intent on killing.
Could they see or hear the marvel?
Could they stop in wonder at the sound?

How does a man become a predator,
able to kill, rape, mutilate?
Surely it is time to ask.
Surely it is time to enquire.
Surely it is time to search for answers.
All this has happened so many times before
and will happen again.
Is it the old herd instinct
that binds together the men of a tribe?
Is it the territorial instinct
that attacks the stranger?

Is it the memory of the primordial clan
bonded together in the hunt?

Is it the warrior ethos passed from father to son?
Or the secret vengeance of mothers
who have lost their sons?
Is it the brutality endured by children
who grow up to brutalise others,
avenging impotence with omnipotence?
Or is it the hatred nurtured by priests who,
century by century, have called in God's
name for the extermination
of those they demonized, anathematized,
banished from the circle of God's love?

'Malignant Aggression' Fromm called it.
Malignant is a strong word, an appropriate word
for the kind of barbarism we have seen and heard.
Men are trained to obey orders reflexively,
without thinking.
Obedience to tribal leaders, military leaders,
religious leaders, has conditioned them
to obey the call to kill, fearing shame, rejection;
numbed to the pain of the other.

'To be a man I have to kill.
To be a patriot I have to kill.
I wear a mask to inspire terror
I wear a mask to hide from myself.
I do not know that I am mad.
My orders are to kill, rape, destroy:
My orders are to kill because
the others are a different race.
My orders are to kill because
the others profess a different belief.
My orders are to kill because the others
are the ancient enemy.
Killing is easy:
as easy as saying 'Good Morning'.'

What does it feel like to be this man?
Does he ever ask the question:
'What am I doing as I raise my gun
to murder my brother?
'What am I doing as I mutilate his body?

'What am I doing as I force my body
into the violently trembling body
of his wife or his daughter?
'What am I doing as I kick
the head of a decapitated man
around the yard of his home
while his children vomit?
'What am I doing as I shoot the young child
at his grandfather's knee?
'What am I doing as I slowly sever
the ear of my brother
and throw it to a dog to eat?
'What am I doing as I destroy his home?
'What am I doing as I rob him of all he has left?
'What am I doing as I tear him from all he holds dear?
'What am I doing as I allow hatred
to corrode my soul?'

'I cannot escape the guilt of what I have done.
I have obeyed orders: I have lost my soul.'

And what of the men who shrink from barbarity
yet must kill or be killed
for that is the law of the tribe?
And what of the conscripts,
who cannot endure the killing?
Deserters on trial for their lives,
they cannot forget the eyes
of those they murdered, pleading for life;
the rigid bodies of girls taken away to be raped;
homes burnt to bone, orphaned children
screaming for fathers, mothers;
the eyes of the dying, the eyes of those
who, like themselves, knew fear for the first time.

And what of the mothers who see the life
they have loved and nourished and
cherished through hours, days,
years of growth destroyed in a second
by a bullet, a knife, a bomb? For nothing.

Can this be happening still?

And in the camps thousands crowd together
in the mud, the faecal stench, struggling for

a patch of earth, a tent, water,
blankets to survive the freezing night.
Mothers searching, searching for a child
lost on the journey who sobs somewhere, alone.

Some children cannot speak
of what they have witnessed.
They draw pictures to tell the story of what
they have learned from us
who, despite saviours, religions,
belief in redemption, higher standards of living,
endlessly re-enact the habits of the past.
We have taught them hatred, cruelty, terror.

A father asks his son
what he will do when he meets the enemy.
The boy, loving his father, hesitates, uncertain...
He cannot imagine the answer expected.
"You will kill him."
That is the legacy of father to son
in a warrior culture:
the soul's innocence and trust
raped by indoctrination.

All this has happened so many times before.
Why is it happening still?

And the bombs rained down
night after night upon the 'enemy':
the 'intelligent' missiles
aimed to destroy the infrastructure
of the military machine, hurled from planes
painted with images of scythe-wielding death
and the word 'Apocalypse'.
How appropriate that word.
Missiles tipped with depleted uranium,
radioactive ceramic
designed to bring slow death years later;
Missiles targeting oil refineries
bridges, communications.
"You cannot have war without casualties."
Immaculate; objective; words
remote from the experience
of being in the path of a missile:
a lion leaping upon you, no time to prepare
for extinction.

We cannot yet see our shadow.
We cannot yet see that the continued invention
of ever more terrible weapons perpetuates war.
We cannot yet see
that the proliferation of demonic
agents of death ultimately invites
our own destruction.

The people of the world ache for deliverance
from belligerent, psychopathic leaders,
from servitude to the ancient belief
that there are only two alternatives:
power or powerlessness, victory, defeat.

And what of the dead?
Prisoners between dimensions
the dead ache for release
from the cycle of vengeance
so they do not have to return
to ancestral soil to repeat
the bloody pattern of sacrifice,
the hatred between peoples who,
could have been reconciled centuries ago,
but for their leaders, but for their priests,
but for their inability to renounce the evil
of killing the other who is also the brother.

Listen to the Good News, they said...

How foolish we are to believe
that we are redeemed.
Surely we must accomplish
our own redemption by renouncing the illusion
that some of us are closer to God than others.
Surely we must redeem Christ
from the crucifixion continually re-enacted
in the rape of our sister, the murder of our brother
before we speak of Redemption,
before we speak of the Good News,
before we, the dead, can hope for Resurrection.

Annexe 2

Mellen–Thomas Benedict

Son Expérience de ses Propres Mots

www.mellen-thomas.com
(avec son aimable permission)

Voyage dans la Lumière et Retour

Mellen-Thomas 'meurt' en 1982 d'une maladie en phase terminale et pendant une heure et demie il ne présente, sous contrôle d'un appareil de monitoring, aucun signe de vie. Miraculeusement, il revient dans son corps avec une rémission complète de la maladie.

Alors qu'il se trouve de 'l'autre côté', Mellen traverse de multiples dimensions de conscience au-delà de la 'lumière au bout du tunnel'. On lui donne à voir, en détails holographiques, le passé de la Terre et une vision magnifique du futur de l'humanité pour les 400 ans à venir. Il fait l'expérience des lois qui gouvernent la connexion de notre âme avec la terre mère (Gaïa), de notre rôle dans l'Univers, et il lui est donné d'accéder à l'Intelligence Universelle.

Depuis son expérience de mort transitoire, Mellen-Thomas conserve son accès direct à l'Intelligence Universelle, et à son gré il retourne à la lumière, ce qui fait de lui un pont entre la science et l'esprit. Il a participé à des programmes de recherche et a développé de nouvelles technologies pour la santé et le bien-être. Avec humilité, sagesse et profondeur de sentiments, il partage son expérience et ses connaissances.

Il rapporte avec lui un message d'espoir et d'inspiration pour l'humanité qu'il transmet avec une joie et une intelligence stimulantes. La profondeur de ses sentiments et de sa passion pour la vie est un cadeau à partager.

L'Esperienza dalle sue stesse parole

Je suis mort en 1982 d'un cancer au stade terminal. J'étais inopérable et toutes sortes de chimiothérapies que l'on pouvait me dispenser me transformaient toujours plus en légume. On me donnait six à huit mois à vivre. J'avais été boulimique d'informations dans les années 70, et la crise nucléaire, la crise écologique et ainsi de suite, m'avaient terriblement abattu. Et comme je n'avais aucune assise spirituelle, je commençais à croire que la nature avait commis une erreur et que nous étions sans doute un organisme cancéreux sur la planète. Je ne voyais aucun moyen de nous sortir de tous ces problèmes que nous avions créés pour nous-mêmes et la planète. Je percevais tous les humains comme un cancer, et c'est ce que j'ai écopé. C'est ce qui m'a tué. Faites attention à ce qu'est votre vision du monde. Elle peut se retourner contre vous, surtout si c'est une vision du monde négative. La mienne était sérieusement négative. C'est ce qui m'a conduit à la mort. J'avais bien essayé toutes sortes de traitements alternatifs, mais rien ne marchait.

Alors je décidai que ceci était vraiment juste une affaire entre moi et Dieu. Je n'avais jamais vraiment fait face à Dieu auparavant, ni même eu affaire à lui. Je ne m'intéressais pas à la spiritualité à cette époque mais j'entamai un cheminement de découverte de la spiritualité et des médecines alternatives. Je me mis à lire tout ce que je pouvais pour potasser le sujet car je ne voulais aucune surprise une fois de l'autre côté. Alors j'ai commencé à lire sur les diverses religions et philosophies. Elles étaient toutes très intéressantes et m'ont donné l'espoir qu'il y avait quelque chose de l'autre côté.

En même temps, comme artiste verrier auto-entrepreneur, je n'avais aucune assurance médicale d'aucune sorte. Mes économies ont fondu en une nuit pour des tests. Je dus affronter la profession médicale sans aucune sorte d'assurance. Je ne voulais pas que ma famille soit financièrement affectée et je décidai donc de gérer seul le problème. Je n'étais pas dans des douleurs constantes mais j'avais des évanouissements. À tel point que je n'osais pas conduire et finalement j'aboutis en soins palliatifs. J'avais mon aide-soignante personnelle. Cet ange fut une bénédiction qui traversa avec moi la dernière partie de l'épreuve. Je perdurai à peu près dix-huit mois. Je ne voulais pas prendre trop de médicaments car je voulais rester aussi conscient que possible. Et puis je me mis à souffrir tellement que ma conscience n'était plus que douleurs, heureusement par périodes de quelques jours seulement.

La Lumière de Dieu

Je me souviens m'être réveillé un matin à la maison vers 4h30 et je sus que ça y était. C'était le jour où j'allais mourir. J'ai appelé quelques amis pour leur dire au revoir. J'ai réveillé mon aide-soignante pour lui en faire part. Nous étions convenus qu'elle devait laisser mon corps tranquille pendant six heures car j'avais lu que toutes sortes de choses intéressantes arrivent quand on meurt. Et je me rendormis. Je me souviens alors du commencement d'une expérience typique de mort imminente. Soudainement je fus complètement réveillé et debout, mais mon corps était au lit. Une obscurité m'entourait. Être hors de mon corps était une sensation encore plus vive que l'expérience ordinaire. C'était si intense que je pouvais voir chacune des pièces de la maison, je pouvais voir le dessus de la maison, je pouvais voir autour de la maison, je pouvais voir sous la maison.

Une lumière brillait. Je me tournai vers elle. Cette lumière était très semblable à ce que beaucoup d'autres ont décrit dans leur expérience de mort imminente. Elle était tellement magnifique. Elle est vraiment tangible; vous pouvez la ressentir. Elle est attrayante; vous voulez aller vers elle comme vous voudriez aller dans les bras de votre mère ou père idéal. Alors que je commençais à me diriger vers la lumière, je sus intuitivement que si j'allais dans la lumière, je mourrais. Alors que j'allais vers la lumière, je dis: 'S'il te plaît, attends une minute, juste une petite seconde. Je veux réfléchir à tout ça, je voudrais te parler avant de partir'.

À ma surprise, l'expérience entière se figea à ce moment. Vous avez réellement le contrôle de votre expérience de mort imminente. Vous n'êtes pas dans un train fou. Donc ma demande fut acceptée et j'entamai une discussion avec la lumière. La lumière se métamorphosait en divers personnages — Jésus, Bouddha, Krishna, des mandalas, des images et des signes archétypaux. Je demandai à la lumière: 'Il se passe quoi? S'il te plaît, Lumière, explique-moi. Je veux vraiment connaître la réalité de cette situation'.

Je ne peux pas reproduire ces mots exacts car c'était une sorte de télépathie. La lumière répondit. L'information qui me fut transférée disait que nos croyances façonnent le retour que nous obtenons face à la lumière. Si vous êtes un bouddhiste, un catholique ou un fondamentaliste, vous obtenez une boucle de rétroaction de votre propre apport. Il vous est donné l'opportunité de la regarder et de l'examiner mais la plupart des gens ne le font pas.

Tandis que la lumière se révélait à moi, je devins conscient que ce que je voyais vraiment était la matrice de notre Soi Supérieur. La seule chose que je puisse vous dire c'est qu'elle muta en une matrice, mandala d'âmes humaines, et je vis que ce que nous appelons notre Soi Supérieur en chacun de nous est une matrice. C'est aussi un canal vers la Source. Nous possédons tous un Soi Supérieur, ou une partie sur-âme de notre être. Elle s'est révélée à moi sous sa forme énergie la plus authentique. La seule façon de la décrire vraiment est de dire que l'être du Soi Supérieur est plus comme un canal. Ça ne ressemblait pas à ça mais c'est une connexion directe avec la Source que chacun d'entre nous possède. Nous sommes directement connectés à la Source.

Donc la lumière me montrait la matrice du Soi Supérieur. Et il me devint très clair que tous les Soi Supérieurs sont reliés en tant qu'un seul être, tous les humains sont reliés en tant qu'un seul être, nous sommes en fait le même être, divers aspects du même être. Ce n'était associé à aucune religion en particulier. C'est ce qui me fut renvoyé. Et je vis ce mandala d'âmes humaines. C'était la chose la plus belle qu'il me fût jamais donné de voir. Je pénétrai en lui et ce fut bouleversant. C'était comme tout l'amour que vous avez toujours désiré et c'était un amour qui soigne, qui guérit et qui régénère.

En demandant à la lumière de continuer à expliquer, je compris ce qu'est la matrice du Soi Supérieur. Il y a un réseau autour de la planète où tous les Soi Supérieurs sont reliés. C'est comme une grande entreprise, le prochain niveau subtil d'énergie autour de nous, on pourrait dire le niveau spirituel. Après quelques minutes, je demandai une clarification supplémentaire. Je voulais vraiment savoir ce qu'est l'univers, et j'étais alors tout à fait préparé à partir.

Je dis: 'Je suis prêt, prends-moi'. Alors la lumière muta en la plus belle chose que j'aie jamais vue: un mandala d'âmes humaines sur notre planète. Souvenez-vous que j'étais arrivé là avec mes idées négatives sur ce qui se passait sur notre planète. En demandant à la lumière de continuer à m'expliquer, je vis dans ce magnifique mandala la beauté que nous sommes en essence, en notre cœur. Nous sommes la plus belle des créations. L'âme humaine, la matrice humaine que nous formons tous ensemble est absolument fantastique, noble, exotique, tout. Je ne peux exprimer à quel point mon opinion des êtres humains fut transformée à cet instant. Je dis: 'Oh mon Dieu, je ne savais pas à quel point nous étions beaux'. Quel que soit votre niveau, haut ou bas, quelle que soit votre forme, vous êtes la plus belle création, vraiment. Je fus stupéfait de voir qu'il n'y a aucun mal en aucune âme. Je demandai: 'Comment se fait-il?'

La réponse fut qu'aucune âme n'est mauvaise de façon inhérente. Les choses horribles que les gens subissent peuvent les amener à commettre des actions mauvaises, mais leur âme n'est pas mauvaise. La lumière me dit que ce que les gens recherchent, ce qui les nourrit, c'est l'amour. Ce qui dévoie les gens, c'est le manque d'amour.

Les révélations émanant de la lumière semblaient ne pas s'arrêter, et je lui demandai:'Est-ce à dire que l'humanité sera sauvée?'

Alors, telle le retentissement d'une trompette accompagné d'une pluie de lumières en spirale, la Lumière Superbe parla et dit:' Souviens-toi de ceci et ne l'oublie jamais; vous vous sauvez, vous vous rachetez et vous vous guérissez vous-mêmes. Depuis toujours et pour toujours. Vous avez été créés avec ce pouvoir depuis le commencement du monde'.

En cet instant je réalisai encore beaucoup plus. Je réalisai que NOUS SOMMES DÉJÀ SAUVÉS, et que nous nous sommes sauvés car nous étions façonnés pour nous auto-corriger, tout comme le reste de l'univers de Dieu. C'est cela le second avènement.

Je remerciai de tout mon cœur la lumière de Dieu. Le mieux que je pus produire furent ces simples mots d'appréciation totale: 'Oh cher Dieu, cher Univers, cher Soi Superbe, j'aime ma vie'.

La lumière de Dieu sembla m'inspirer encore plus profondément. Il me semblait que la lumière m'absorbait complètement. La lumière amour est encore, à ce jour, indescriptible. Je pénétrai dans une autre dimension, plus profonde que la dernière, et devint conscient d'une chose de plus, de beaucoup plus. C'était un énorme flot de lumière, vaste et dense, profond au cœur de la vie. Je demandai ce que c'était. La lumière répondit: 'Ceci est la RIVIÈRE DE VIE. Bois à cœur joie de cette manne'. Ce que je fis. Je pris une grande gorgée puis une autre. Je buvais la vie Elle-même! J'étais en extase. Alors la lumière dit: ' Tu as un désir'. La lumière savait tout de moi, tout du passé, du présent et du futur. 'Oui!' chuchoté-je.

Je demandai à voir le reste de l'univers; par-delà le système solaire, par-delà toute l'illusion humaine. La lumière me dit alors que je pouvais aller avec le Courant. C'est ce que je fis et on me fit traverser la lumière au bout du tunnel. Je ressentis et j'entendis une série de booms soniques très doux. Quel ruée!

Tout d'un coup il me sembla que je me propulsais loin de la planète sur ce courant de vie. Je vis la terre s'éloigner. Le système solaire, dans toute sa splendeur, filait à toute vitesse et disparut. Plus vite que la vitesse de la lumière, je volais à travers le centre de la galaxie, absorbant toujours plus de connaissance. J'appris que cette galaxie, et la totalité de l'univers, regorgent de nombre de variétés différentes de VIES. Je vis nombre de mondes. La bonne nouvelle c'est que nous ne sommes pas seuls dans cet univers!

Alors que j'enfourchais ce courant de conscience à travers le centre de la galaxie, le courant se dilatait en de prodigieuses vagues fractales d'énergie. Les super clusters de galaxies avec toute leur ancienne sagesse me croisèrent. Je crus tout d'abord que j'allais quelque part, que je voyageais en vrai. Mais c'est alors que je réalisai que tandis que le courant se dilatait, ma propre conscience se dilatait aussi pour accueillir chaque objet dans l'univers! Toute la création me croisa. C'était une inimaginable merveille! J'étais vraiment un enfant prodige, un bébé au Pays des Merveilles!

Il me sembla que toute les créations de l'univers s'élevaient devant moi et disparaissaient en une poussière de lumière. Et presque immédiatement, une deuxième lumière apparaissait. Elle arrivait de tous bords, et était tellement différente; une lumière faite de plus que toutes les fréquences de l'univers. Je sentis et entendis à nouveau plusieurs booms soniques veloutés. Ma conscience, ou être, se dilatait pour être une interface avec l'univers holographique entier et plus. En passant dans la deuxième lumière, la perception me vint que j'avais juste transcendé la vérité. Je n'ai pas de meilleurs mots pour le dire, mais je vais tenter de l'expliquer. En passant dans la deuxième lumière, je me dilatai au-delà de la première lumière. Je me retrouvai dans une immobilité profonde, au-delà du silence. Je pouvais voir ou percevoir ÉTERNELLEMENT, au-delà de l'infini. Je me trouvais dans la vacuité. J'étais dans la pré-création, avant le Big Bang. J'avais franchi le commencement du temps — le premier verbe — la première vibration. J'étais dans l'œil de la création. Je me sentis comme si je touchais le visage de Dieu. Ce n'était pas un sentiment religieux. J'étais tout simplement à l'unisson avec vie et conscience absolues.

Quand je dis que je pouvais voir ou percevoir éternellement, je veux dire par là que je faisais l'expérience de toute la création se générant elle-même. C'était sans commencement et sans fin. C'est une pensée stimulante pour l'intellect, n'est-ce pas? Les scientifiques perçoivent le Big Bang comme un évènement unique qui a créé l'univers. Je vis que le Big Bang n'est qu'un parmi un nombre infini de Big Bangs créateurs d'univers de façon infinie et simultanée. Les seules images qui s'en rapprocheraient en terme humain seraient celles créées par les superordinateurs qui utilisent des équations de géométrie fractale.

Les anciens savaient cela. Ils disaient que la Divinité créait périodiquement de nouveaux univers à l'expire, et dé-créait d'autres univers à l'inspire. Ces périodes s'appelaient des yugas. La science contemporaine l'appelle le Big Bang. J'étais dans la conscience pure absolue. Je pouvais voir ou percevoir tous les Big Bangs ou yugas se créant et se dé-créant. Instantanément je pénétrais en tous simultanément. Je vis que chaque petite pièce de la création avait le pouvoir de créer. C'est très difficile à expliquer. Je suis encore sans mots à ce propos.

Pouvoir annexer ne serait-ce que quelques mots à l'expérience de la vacuité me demanda des années après mon retour. Je peux à présent vous dire ceci, la vacuité est moins que rien, et pourtant plus que tout ce qui est ! La vacuité est le zéro absolu, le chaos formant tous les possibles. C'est la conscience absolue, beaucoup plus même que l'intelligence universelle.

Où est la vacuité? Je sais. La vacuité est en tout et hors de tout. Vous, en ce moment même alors que vous vivez, êtes toujours simultanément en et hors de la vacuité. Vous n'avez pas à vous rendre quelque part ou à mourir pour y être. La vacuité est le vide ou la non chose entre toutes manifestations physiques, l'ESPACE entre les atomes et leurs composants. La science moderne a commencé à étudier cet espace entre toutes choses. Ils l'appellent le point zéro. Quand ils essayent de le mesurer, leurs instruments déraillent, ou se tournent vers l'infini, façon de parler. Ils n'ont aucun moyen, encore, de mesurer l'infini avec précision. Il y a plus d'espace zéro qu'autre chose dans votre propre corps et dans l'univers!

Ce que les mystiques appellent la vacuité n'est pas le vide. C'est tellement plein d'énergie, un type d'énergie différent qui a créé tout ce que nous sommes. Tout depuis le Big Bang est vibration, depuis le premier verbe, qui est la première vibration.

Le 'Je suis' biblique a un point d'interrogation: 'Je suis? Que suis-je?' Ainsi la création est Dieu explorant le Soi de Dieu de toutes les façons imaginables, en une exploration continue et infinie par l'intermédiaire de chacun d'entre nous. Par chaque cheveu de notre tête, par chaque feuille de chaque arbre, par chaque atome, Dieu explore le Soi de Dieu, le magistral 'Je suis'. Je commençais à voir que tout ce qui est, est le Soi, littéralement, votre Soi, mon Soi. Tout est le magistral Soi. C'est pourquoi Dieu sait même quand une feuille tombe. C'est possible car où que vous soyez, là se trouve le centre de l'univers. Là où se trouve n'importe quel atome, c'est le centre de l'univers. Il y a Dieu en cela, et Dieu dans la vacuité.

En explorant la vacuité et tous les yugas ou créations, j'étais complètement hors du temps et de l'espace tels que nous les connaissons. Dans cet état élargi, je découvrais que la création concerne la pure conscience absolue, ou Dieu, pénétrant l'expérience de la vie telle que nous la connaissons. La vacuité elle-même est vide d'expériences. C'est une pré-vie, avant la première vibration. La divinité concerne plus que la vie et la mort. Il y a donc plus que juste la vie et la mort à explorer dans l'univers!

J'étais dans la vacuité et j'étais conscient de tout ce qui avait été créé. C'était comme si je regardais avec les yeux de Dieu. J'étais devenu Dieu. Brusquement je n'étais plus moi. C'est tout ce que je peux dire, je regardais avec les yeux de Dieu. Et tout d'un coup je sus pourquoi chaque atome est, et je pouvais tout voir.

La chose intéressante c'est que j'ai été dans la vacuité et j'en suis revenu avec cette compréhension que Dieu ne se trouve pas là. Dieu est ici. C'est de cela dont ils'agit. Cette recherche constante de l'espèce humaine pour trouver Dieu....Dieu nous a tout donné, tout est ici — voilà où c'est. Et nous sommes maintenant arrivés au point où Dieu explore Dieu à travers nous. Les gens sont tellement occupés à tenter de devenir Dieu qu'ils devraient réaliser que nous sommes déjà Dieu et que Dieu devient nous. Voilà de quoi il retourne.

Une fois réalisé cela, je pus en finir avec la vacuité, et je voulus revenir à cette création-ci, ou yuga. Ça semblait la chose évidente à faire.

Alors je retraversai soudainement la seconde lumière, ou Big Bang, entendant plusieurs booms veloutés. Je chevauchai à rebours le courant de conscience à travers toute la création, et quelle chevauchée ce fut ! Les super clusters de galaxies me pénétraient avec encore plus de compréhension. Je passai à travers le centre de notre galaxie, qui est un trou noir. Les trous noirs sont de grands processeurs ou recycleurs de l'univers. Savez-vous ce qui se trouve de l'autre côté d'un trou noir? Nous, notre galaxie, qui a été recyclée depuis un autre univers.

Dans sa configuration énergétique totale, la galaxie ressemble à une fantastique ville lumière. Toute l'énergie de ce côté-ci du Big Bang est lumière. Chaque sous-atome, atome, étoile, planète, la conscience elle-même est faite de lumière et possède une fréquence et/ou particule. La lumière est une chose vivante. Tout est composé de lumière, même les pierres. Donc tout est vivant. Tout est fait de la lumière de Dieu, tout est très intelligent.

La Lumière de l'Amour

En chevauchant le courant toujours plus en avant, je pus enfin voir poindre une énorme lumière. Je sus que c'était la première lumière, la matrice de lumière du Soi Supérieur de notre système solaire. Alors la totalité du système solaire est apparue dans la lumière, accompagnée d'un de ces booms veloutés.

Je vis que le système solaire dans lequel nous vivons est le corps local le plus important. C'est notre corps local et nous sommes beaucoup plus vastes que ce que nous imaginons. J'ai vu que le système solaire est notre corps. J'en fais partie, et la terre est ce magistral être créé que nous sommes, et nous en sommes la partie qui sait qu'elle l'est. Mais nous n'en sommes que cette partie. Nous ne sommes pas tout, mais nous sommes cette partie qui sait qu'elle l'est.

Je pouvais voir toute l'énergie que ce système solaire génère, et c'est un prodigieux spectacle de lumières ! Je pouvais entendre la musique des sphères. Notre système solaire, de même que tous les corps célestes, génère une unique matrice de lumière, de sons et d'énergies vibratoires. Les civilisations avancées des autres systèmes stellaires peuvent repérer la vie dans l'univers, telle que nous la connaissons, grâce à l'empreinte matricielle vibratoire ou énergétique. C'est un jeu d'enfant. Les enfants prodiges de la terre (les humains) produisent une grande quantité de sons actuellement, comme des enfants jouant dans l'arrière-cour de l'univers.

J'ai chevauché le courant jusque dans le cœur de la lumière. Je me suis senti englobé par la lumière alors qu'elle me reprenait avec sa respiration, et qu'un autre boom sonique doux s'ensuivait. J'étais dans cette magnifique lumière d'amour avec le courant de vie coulant en moi. Je dois le répéter, c'est une lumière des plus aimantes, des plus exemptes de jugement. C'est le parent idéal pour cet enfant prodige.

'Et maintenant, quoi?' me demandai-je.

La lumière m'expliqua que la mort n'existe pas, que nous sommes des êtres immortels. Nous sommes déjà en vie depuis toujours! Je réalisai que nous faisons partie d'un système vivant naturel qui se recycle sans fin. On ne m'a jamais dit que je devais revenir. Je sus juste que je reviendrais. C'était naturel, étant donné ce que j'avais vu.

Je ne sais pas combien de temps je suis resté avec la lumière, en temps humain. Mais vint un moment où je réalisai que toutes mes questions avaient trouvé réponse et que mon retour approchait. Par 'toutes mes questions avaient trouvé réponse' je veux dire exactement ça. Toutes mes questions avaient trouvé réponse. Chaque humain a une vie différente et un lot de questions différentes à explorer. Certaines de nos questions sont universelles, mais chacun de nous explore cette chose que nous nommons vie à notre façon unique. Chaque autre forme du vivant fait de même, depuis les montagnes jusqu'à chacune des feuilles d'un arbre.

Ceci est très important pour nous tous dans cet univers. Car tout ceci contribue à la Grande Tapisserie, à la richesse de la vie. Nous sommes littéralement Dieu explorant le Soi de Dieu dans la Danse infinie de la Vie. Votre singularité enrichit toute la vie.

Mon Retour à la Terre

En entamant mon retour vers le cycle de vie, il ne me vint jamais à l'esprit, et il ne me fut jamais dit non plus que je reviendrais dans le même corps. Ça n'avait tout simplement aucune importance. J'avais une confiance totale en la lumière et dans le processus de vie. Alors que le courant se fondait dans la grande lumière, je demandai à ne jamais oublier les révélations et les sentiments que j'avais appris de l'autre côté. Un 'Oui' retentit qui fut comme un baiser à mon âme.

Alors je fus ramené à travers la lumière au domaine vibratoire. Tout le processus s'inversa, et encore plus d'informations me furent données. Je rentrai chez moi, et on me dispensa des leçons sur les mécanismes de la réincarnation. On me donna des réponses à toutes mes petites questions :

'Comment marche ceci? Et comment marche cela?' Je savais que je me réincarnerais.

La terre est un grand processeur d'énergie et la conscience individuelle qui en est issue évolue en chacun de nous. Je me pensais en temps qu'humain pour la première fois, et j'étais heureux d'en être un. Du fait de ce que j'avais vu, je serais heureux d'être un atome dans l'univers. Un atome. Être la part humaine de Dieu… c'est une bénédiction des plus fantastiques. C'est une bénédiction qui dépasse nos estimations les plus folles de ce qu'une bénédiction peut être. Pour chacun d'entre nous, être la part humaine de cette expérience est fabuleux et grandiose. Chacun d'entre nous, où que nous soyons, déprimés ou non, nous sommes une bénédiction pour la planète, au point où nous nous trouvons.

Je traversais donc le processus de réincarnation, m'attendant à être un bébé quelque part. Mais j'avais reçu une leçon sur la façon dont la conscience et l'identité individuelles évoluent. Et ainsi je me réincarnai à nouveau dans ce corps.

Je fus tellement surpris en rouvrant les yeux. Je ne sais pas pourquoi, puisque je le comprenais, mais c'était néanmoins une telle surprise de revenir dans ce corps, dans ma chambre, avec une personne qui me veillait en pleurant toutes les larmes de son corps. C'était mon aide-soignante. Elle avait baissé les bras une heure et demie après m'avoir trouvé mort. Elle était persuadée que j'étais mort; tous les signes de la mort étaient présents — je devenais rigide. Nous ne savons pas combien de temps je suis mort, mais nous savons qu'il s'était écoulé une heure et demie depuis que l'on m'avait trouvé. Elle avait respecté mon souhait de ne pas toucher mon corps, autant que possible pendant quelques heures. Nous avions un stéthoscope amplifié et de nombreux moyens de vérifier les fonctions vitales du corps pour savoir ce qui se passait. Elle pouvait s'assurer que j'étais vraiment mort. Ce n'était pas une expérience de mort imminente. J'ai fait l'expérience de la mort elle-même pendant au moins une heure et demie. Je me suis alors réveillé et j'ai vu la lumière au dehors. J'ai essayé de me lever pour aller vers elle et je suis tombé du lit. Elle a entendu un gros bruit, est accourue et m'a trouvé au sol.

Une fois rétabli, je fus très surpris et vraiment très émerveillé de ce qui m'était arrivé. Au début toute la mémoire du périple que j'ai à présent n'était pas disponible. Je glissais en permanence hors de ce monde et demandais tout le temps: 'Suis-je en vie?' Ce monde-ci tenait plus du rêve que ce monde-là.

En l'espace de trois jours, je me sentis à nouveau normal, plus lucide, cependant plus différent qu'à aucun moment de ma vie. Le souvenir de mon périple revint plus tard. Je ne pouvais rien trouver de mal en aucun être humain. Avant cela j'étais toujours prompt à juger. Je pensais que beaucoup de gens étaient vraiment déglingués, en fait je pensais que tout le monde était déglingué, sauf moi. Mais je suis libéré de tout ça.

À peu près trois mois plus tard, un ami me recommanda de faire des tests, ce que je fis, scanner etc. Je me sentais vraiment en pleine forme et j'avais donc peur d'avoir de mauvaises nouvelles. Je me souviens du médecin à la clinique, il regardait les scanners avant et après, et il dit:'Bien, il n'y a rien maintenant'.

Je dis: 'Vraiment, c'est de l'ordre du miracle?'

Il dit: 'Non, ces choses arrivent, on les appelle des rémissions spontanées'. Il la jouait pas impressionné. Mais c'était un miracle, et j'étais impressionné, même si j'étais bien le seul.

Les Leçons Apprises

Le mystère de la vie n'a pas grand-chose à voir avec l'intelligence. L'univers n'est pas un processus intellectuel du tout. L'intellect aide, il est brillant, mais actuellement c'est avec lui que nous traitons tout au lieu d'avec notre cœur et l'aspect plus éclairé de nous-mêmes.

Le centre de la terre est le grand transformateur d'énergie, tel que vous le voyez dans les films montrant le champ magnétique de la terre. C'est notre cycle, faisant passer à nouveau les âmes réincarnées en lui. Un signe qui informe que vous approchez du niveau humain est quand vous commencez à développer une conscience individuelle. Les animaux ont une âme de groupe, et ils se réincarnent en âmes de groupe. Un cerf restera à peu près pour toujours un cerf. Mais naître humain, que vous soyez handicapé ou génial, montre que vous êtes en voie de développer une conscience individuelle. Elle est une partie de la conscience de groupe nommée humanité.

J'ai pu voir que les races sont des regroupements de traits de caractère. Les nations, telles la France, l'Allemagne, la Chine, ont leur propre personnalité. Les villes ont des personnalités qui attirent certaines personnes. Les familles ont une âme de groupe. L'identité individuelle évolue comme des branches de fractales, l'âme de groupe explore notre individualité. Les diverses questions que chacun d'entre nous se pose sont très, très importantes. Voila comment la Divinité explore le Soi Divin — par votre intermédiaire. Donc posez vos questions, faites vos recherches. Vous trouverez votre Soi et vous trouverez Dieu dans ce Soi, car il n'est que le Soi.

Qui plus est, je commençais à voir que chacun de nous, humains, sommes des âmes-sœurs. Nous appartenons à la même âme qui se '*fractalise*' en plusieurs directions créatives, mais reste la même. Maintenant je regarde chaque être humain jamais rencontré et je vois une âme-sœur, mon âme-sœur, celle que j'ai de tous temps recherchée. De plus, votre meilleure âme-sœur c'est vous même. Chacun de nous est à la fois mâle et femelle. Nous en faisons l'expérience dans l'utérus et à nouveau dans les états de réincarnation. Si vous recherchez l'âme-sœur suprême hors de vous, il se pourrait que vous ne la trouviez jamais; elle n'est pas là. De même que Dieu n'est pas 'là'. Dieu est ici. Ne cherchez pas Dieu 'dehors'. Cherchez Dieu ici. Cherchez en vous-mêmes. Entamez la plus grande histoire d'amour que vous n'ayez jamais eu… avec votre Soi. Dès lors vous aimerez toute chose.

Je suis descendu dans ce que vous pourriez appeler l'enfer, et c'était très surprenant. Je n'y ai rencontré ni Satan ni le mal. Ma descente en enfer fut une descente dans les humaines misère, ignorance et obscurité du non-savoir, taillées sur mesure pour chaque personne. Mais chacune des millions d'âmes qui m'entouraient avait toujours à sa disposition une petite étoile de lumière. Et aucune ne semblait y faire attention, tellement elles étaient absorbées par leurs propres chagrins, traumatismes et malheurs. Mais, après ce qui sembla une éternité, j'appelai cette lumière, comme un enfant appelle à l'aide un parent. Alors la lumière s'ouvrit et forma un tunnel qui s'avança jusqu'à moi et m'isola de toute ces peurs et souffrances. Voilà ce qu'est réellement l'enfer.

Donc ce que nous faisons, c'est apprendre à nous tenir la main, à nous rapprocher. Les portes de l'enfer sont maintenant ouvertes. Nous allons nous relier, nous tenir les mains, et sortir de l'enfer ensemble.

La lumière vint à moi et se transforma en un magistral ange doré. Je dis: 'Êtes-vous l'ange de la mort?'

Il me fit comprendre qu'il était ma sur-âme, la matrice de mon Soi Supérieur, une partie super ancienne de nous-mêmes. Alors je fus amené à la lumière.

Sous peu, notre science pourra quantifier l'esprit. N'est-ce pas magnifique? Nous créons à présent des instruments qui sont sensibles à l'énergie subtile ou à l'énergie spirituelle. Les physiciens se servent d'un collisionneur de particules pour créer des collisions d'atomes et savoir de quoi ils sont faits. Ils en sont rendus au quarks et aux charmes. Eh bien, un jour ils en viendront à la petite chose qui maintient tout ça ensemble, et il faudra bien qu'ils l'appellent.… Dieu. Avec le collisionneur atomique ils ne voient pas seulement ce qui existe ici, mais ils créent des particules. Dieu merci, la plupart ont une courte durée de vie, quelques millisecondes et nanosecondes. Nous commençons tout juste à comprendre que nous créons aussi, en avançant.

Comme je pouvais voir à l'infini, j'arrivai dans un domaine où se trouve un point où nous échangeons toutes les connaissances et commençons à créer la prochaine fractale, le prochain niveau. Nous avons cette faculté de créer en explorant. Et c'est Dieu qui s'accroît à travers nous.

Depuis mon retour j'ai l'expérience de la lumière de façon spontanée, et j'ai appris à me rendre dans cet espace presque à chacune de mes méditations. Chacun de vous peut le faire. Vous n'avez pas à mourir pour le faire. C'est dans votre boîte à outil, vous êtes déjà câblés.

Le corps est l'être de lumière le plus magnifique qui soit. Le corps est un univers d'incroyable lumière. L'esprit ne nous encourage pas à dissoudre ce corps. Ça ne se passe pas comme ça. Arrêtez d'essayer de devenir Dieu; Dieu devient vous. Ici…

Je demandai à Dieu: 'Quelle est la meilleure religion sur notre planète? Laquelle a raison?'

Et la Divinité répondit avec beaucoup d'amour: 'Je ne m'en soucie pas'. Ce fut une incroyable grâce. Cela voulait dire que nous sommes les êtres qui nous en soucions ici.

La Divinité Ultime de toutes les étoiles nous dit: 'La religion à laquelle vous appartenez n'a pas d'importance'. Elles vont et viennent, elles changent. Le bouddhisme n'est pas ici depuis toujours, le catholicisme n'est pas ici depuis toujours, et elles s'apprêtent toutes à devenir plus éclairées. Plus de lumière pénètre tous les systèmes à présent. Une réforme de la spiritualité se prépare qui sera aussi conséquente que la réforme protestante. Nombre de gens se combattront, une religion contre l'autre, convaincus qu'ils sont seuls à avoir raison.

Chacune, les religions et les philosophies, pense qu'elle possède Dieu, tout particulièrement les religions car elles forment de grandes organisations autour de leur philosophie. Quand la Divinité a dit 'Je ne m'en soucie pas', j'ai immédiatement compris que c'est à nous de nous en soucier. C'est important car nous sommes des êtres attentionnés. Cela nous importe et voilà en quoi c'est important. Nous avons l'équivalence énergie dans la spiritualité. La Déité Ultime se moque que vous soyez protestant, bouddhiste, ou qu'importe. Tout ça n'est qu'une facette de la totalité. Je souhaiterais que toutes les religions s'en rendent compte et laissent les autres tranquilles. Ce n'est pas la fin de chaque religion, mais nous parlons du même Dieu. Vivre et laisser vivre. Chacune a une optique différente. Et tout s'additionne pour former la Vue d'Ensemble; tout est important.

J'étais allé de l'autre côté empli de peurs à propos des déchets toxiques, des missiles nucléaires, de l'explosion démographique, des forêts tropicales. Je suis revenu en aimant chacun de ces problèmes. J'aime les déchets toxiques. J'aime le champignon nucléaire; c'est le mandala le plus sacré que nous ayons manifesté à ce jour en tant qu'archétype. Lui, plus que n'importe quelle religion ou philosophie sur terre, nous a tout à coup rassemblés à un niveau de conscience inédit. Savoir que nous pouvons faire sauter la planète cinquante fois, ou 500 fois, nous réalisons finalement que peut-être nous sommes sur le même bateau. Et nous avons commencé à dire: 'Nous n'avons plus besoin de ça'.

Nous sommes à présent dans un monde plus sécure que jamais, et il va le devenir encore plus.

La déforestation va ralentir, et dans cinquante ans il y aura plus d'arbres sur la planète que depuis longtemps. Si vous aimez l'écologie, foncez; vous faites partie de ce système qui devient conscient. Foncez avec toute votre énergie, mais ne déprimez pas. Ça fait partie d'un schéma plus grand.

La terre est dans un processus de domestication d'elle-même. Ce ne sera jamais plus un endroit aussi sauvage que ce qu'il a pu être. Il existera des endroits sauvages, des réserves où la nature s'épanouira. Jardinage et réserves sont les choses du futur. L'augmentation de la population se rapproche de la plage d'énergie optimale pour provoquer un changement de conscience. Ce changement de conscience transformera la politique, l'argent, l'énergie.

Qu'arrive-t-il quand nous rêvons? Nous sommes des êtres multi-dimensionnels. Nous pouvons accéder à cela par le rêve lucide. En fait, cet univers est le rêve de Dieu. Une des choses que j'ai vue est que les humains sont un petit point sur une planète qui est un petit point dans la galaxie qui est un petit point. Les systèmes là-bas sont gigantesques, et nous sommes un système moyen. Mais les être humains sont réputés dans tout le cosmos de conscience. Le petit bout d'être humain de la Terre/Gaïa est l'objet de légende. Nous sommes légendaires pour notre activité onirique. Nous sommes des rêveurs légendaires. En fait, tout le cosmos cherche le sens de la vie, le sens de tout ça. Et c'est le petit rêveur qui a contribué la meilleure des réponses de tous les temps. Nous l'avons rêvée. Donc les rêves sont importants.

Après être mort et être revenu, je respecte profondément la vie et la mort. Avec nos expériences sur l'ADN, il se pourrait que nous ayons descellé un grand secret. Bientôt nous pourrons vivre dans ce corps aussi longtemps que nous voulons. Au bout de 150 ans, un sentiment intuitif de l'âme vous informera que vous voulez changer de canal. Vivre pour toujours dans le même corps n'est pas aussi créatif que la réincarnation, que le transfert d'énergie à ce fantastique vortex d'énergie dans lequel nous sommes. Nous allons en fait saisir la sagesse de la vie et de la mort, et nous allons l'aimer.

Dès à présent, nous sommes déjà en vie depuis toujours. Ce corps que vous habitez est en vie depuis toujours. Il vient d'un courant infini de vie, remontant au Big Bang et au-delà. Ce corps donne vie à la prochaine vie, dans l'énergie subtile et dans l'énergie dense. Ce corps est déjà en vie depuis toujours.

Bibliographie

Abram, David (1996) *The Spell of the Sensuous*, Vintage Books, New York.

Adler, Gerhard (1979) *Dynamics of the Self*, Coventure, Londra.

Ali, Ayaan Hirsi (2010) *Nomad, From Islam to America: A Personal Journey through the Clash of Civilizations*, Simon and Schuster Ltd., London.

Anderson, William (1985) *The Rise of the Gothic*, Huchinson Ltd., London.

Anderson, William and Clive Hicks (1990) *Green Man, The Archetype of our Oneness with the Earth*, HarperCollins, London and San Francisco.

Annan, Kofi (2012) *Interventions: A Life in War and Peace*, Allen Lane, London.

Apuleius (1950) *The Golden Ass*, Penguin Books, London.

Armstrong, Karen (1993) *The End of Silence, Women and the Priesthood*, Fourth Estate, London.

Aurobindo, Sri (1990) The Life Divine, Lotus Light Publications, Wilmot, WI.

Bache, Christopher (2000) *Dark Night, Early Dawn*, State University of New York Press.

Baker, Ian A. (2000) *The Dalai Lama's Secret Temple*, Thames and Hudson, London.

Barfield, Owen (1988) *Saving the Appearances, A Study in Idolatry*, seconda edizione, the Wesleyan University Press, Middletown, Conn. USA.

Baring, Anne & Cashford, Jules (1993) *The Myth of the Goddess: Evolution of an Image*, Penguin Arkana, London.

Bayley, Harold (1912) *The Lost Language of Symbolism*, Vol.1, Williams and Norgate, London.

Berry, Thomas (1988) *The Dream of the Earth*, Sierra Club Books, San Francisco and (2006) *Evening Thoughts*, Sierra Club Books, San Francisco.

Bertell, Rosalie (2000) *Planet Earth, the Latest Weapon of War*, The Women's Press, London.

Betty, Stafford Ph.D. (2011) *The Afterlife Unveiled*, O Books, Ropley, UK.

Bettenson, Henry Bettenson ed. & trs. (1970), *The Later Christian Fathers*, OUP.

Bird, Kai and Sherwin, Martin J. (2005) *American Prometheus, The Triumph and Tragedy of J. Robert Oppenheimer*, Alfred Knopf, New York.

Blake, William, letter to Thomas Butts, 22 November, 1802, *Complete Poetry and Prose*, ed. Geoffrey Keynes.

Boethius (1969) *The Consolation of Philosophy*, trs. E.V. Watts, Penguin Books Ltd., London.

Bohm, David (1980) *Wholeness and the Implicate Order*, Routledge & Kegan Paul Ltd., London.

Bolte Taylor, Jill PH.D (2008) *My Stroke of Insight*, Hodder and Stoughton Ltd., London.

Bourgeault, Cynthia (2003) *The Wisdom Way of Knowing*, John Wiley & Sons, San Francisco. (2010) *The Meaning of Mary Magdalene*, Shambhala Publications Inc., Boston.

Bucke, Maurice Richard (1923) *Cosmic Consciousness*, Dutton & Co., New York.

Budge, E.A. Wallis (1969) *The Gods of the Egyptians*, Dover Publications, New York.

Campbell, Joseph (1958–68) *The Masks of God*, Vol. I–IV, Secker & Warburg, London. (1968) *The Hero with a Thousand Faces*, Princeton University Press. (1984) *The Way of the Animal Powers*, Times Books, London. (1986) *The Inner Reaches of Outer Space*, Alfred van der Marck Editions, New York. (1988) *The Power of Myth*, Doubleday, New York.

Carson, Rachel (1950) *The Sea Around Us*, OUP. (1963) *Silent Spring*, Hamish Hamilton, Londra.

Cashford, Jules (2003) *The Moon: Myth and Image*, Cassell Illustrated, London.

Chauvet Cave, (1996) Thames and Hudson Ltd., London.

Cohn, Carol (1987) *Sex and Death in the Rational World of Defense Intellectuals, Signs, Journal of Women in Culture and Society*, University of Chicago Press.

Collins, Cecil (2004) *Angels*, edited by Stella Astor, Fool's Press, London.

Cook, Francis H. (1977) *Hua–yen Buddhism: The Jewel Net of Indra*, Pennsylvania State University.

Cooper, Rabbi David (1997) *God is a Verb*, Riverhead Books, New York.

Corbin, Henri, (1969) *Creative Imagination in the Sufism of Ibn Arabi*, Bollingen Series XCI, Princeton University Press.

Crick, Francis (1994) *The Astonishing Hypothesis*, Simon and Schuster, London.

Davidson, John (1992) *The Robe of Glory, An Ancient Parable of the Soul*, Element Books, UK.

Devereux, Paul (2010) *Sacred Geography: Deciphering Hidden Codes in the Landscape*, Octopus Publishing Group, London.

Diköter, Frank (2011) *Mao's Great Famine*, Bloomsbury Books Ltd., London.

Douglas–Klotz, Neil (1990) *Prayers of the Cosmos: Meditations on the Aramaic Words of Jesus*, HarperSanFrancisco.

Dunne, Claire (2000) *Carl Jung, Wounded Healer of the Soul*, Parabola Books, New York.

Edinger, Edward (1984) *The Creation of Consciousness: Jung's Myth for Modern Man*, Inner City Books, Toronto.

Einstein, Albert (2000) *The Expanded Quotable Einstein*, collected and edited by Alice Calaprice, The Hebrew University of Jerusalem and Princeton University Press, Princeton, New Jersey

Einstein, Albert (1954) *Ideas and Opinions*, Crown Publishers, New York.

Eisler, Riane (1988) *The Chalice and the Blade*, Harper & Row, San Francisco.

ElBaradei, Mohamed (2011) *The Age of Deception*, Bloomsbury Books Ltd., London.

Eliade, Mircea (1959) *The Sacred and the Profane*, Harcourt, Brace & World, Inc.

         (1964) *Shamanism; Archaic Techniques in Ecstasy*, Bollingen Foundation, Princeton.

Eliot, T.S. (1969) *The Complete Poems and Plays of T.S. Eliot*, Faber & Faber Ltd., London.

Eriugena, Johannes Scotus (1976) Uhlfelder, Myra, and Potter Jean A. *Periphyseon: On the Division of Nature*, Book III 678c. Bobbs–Merrill, Indianapolis, republished 2011 by Wipf & Stock Publishers, Eugene, Oregon.

Feinstein, Andrew (2011) *The Shadow World: Inside the Global Arms Trade*, Hamish Hamilton, London.

Ferguson, Niall (2006) *The War of the World*, Allen Lane, London.

Fox, Matthew (1983) *Original Blessing*, Bear & Co. Santa Fe.

Frankl, Viktor E. (2003) *Man's Search for Meaning*, Rider, London.

Freeman, Charles (2003) *The Closing of the Western Mind*, Pimlico, London.

         (2008) *AD 381: Heretics, Pagans and the Christian State*, Pimlico, London.

Freeman, Mara (2001) *Kindling the Celtic Spirit*, HarperSan Francisco.

French, Marilyn (2002) *From Eve to Dawn: A History of Women*, McArthur & Co., Toronto.

Fromm, Erich (1977) *The Anatomy of Human Destructiveness*, Penguin Books Ltd., London.

Gerhardt, Sue (2004) *Why Love Matters: How Affection Shapes a Baby's Brain*, Brunner–Routledge, London.

Gerzon, Mark (2006) *Leading Through Conflict*, Harvard Business School Press.

Gilbert, G.M. (1961) *Nuremberg Diary*, New York, Signet.

Gimbutas, Marija (1974 & 1982) *The Goddesses and Gods of Old Europe*, Thames & Hudson, London.

         (1989) *The Language of the Goddess*, Harper & Row, San Francisco.

Gollancz, Victor (1956) *The Devil's Repertoire*.

Goodchild, Veronica (2012) *Songlines of the Soul, Pathways to a New Vision for a New Century*, Nicolas–Hays Inc., Fort Worth, Florida.

Goswami, Amit (1995) *The Self–aware Universe: How Consciousness Creates the Material World*, Tarcher/Putnam, New York. (2000) *The Visionary Window*, Quest Books, Wheaton, Ill.

Gray, Colin (2005) *Another Bloody Century*, Weidenfeld & Nicolson Ltd., London.

Gray, John (2007) *Black Mass: Apocalyptic Religion and the Death of Utopia*, Penguin Books Ltd., London

Gray, William G. (1968) *The Ladder of Lights*, Helios Book Service Ltd., Cheltenham.

Griffiths, Dom Bede (1976) *Return to the Centre*, Collins, St. James's Place, London and
      (1977) Templegate, Springfield, Ill.
      (1992) *A New Vision of Reality*, HarperCollins, London.
Grof, Stanislav (1985) *Beyond the Brain*, State University of New York Press. (con Hal Z. Bennett)
      (1993) *The Holotropic Mind: Three levels of Human Consciousness and How They
             Shape Our Lives*, HarperCollins, New York.
      (1998) *The Cosmic Game*, State University of New York Press.
      (2001) *LSD Psychotherapy*, published by the Multidisciplinary Association for
             Psychedelic Studies, Sarasota, Florida, USA.
Gurmukh Kaur Khalsa (2009) *Kundalini Rising, Exploring the Energy of Awakening,*
    Sounds True Publications, Boulder, Colorado
Haisch, Bernard (2006) *The God Theory*, Weiser Books, San Francisco.
Halevi, Z'ev ben Shimon (1986) *The Work of the Kabbalist*, Samuel Weiser Inc., Maine.
Happold, F.C. (1963) *Mysticism, A Study and an Anthology*, Penguin Books Ltd., Harmondsworth.
Harvey, Andrew (1983) *A Journey in Ladakh*, Jonathan Cape Ltd., London
      (1991) *Hidden Journey*, Bloomsbury Publishing Co., Ltd., London.
Hastings, Max (2011) *All Hell Let Loose: The World at War 1939–1945*, HarperPress, London.
Hillman, James (1972) *The Myth of Analysis*, Three Essays in Archetypal Psychology, Part Three: On
    Psychological Femininity, Northwestern University Press.
Hochschild, Adam (2009) *Bury the Chains*, Macmillan, London.
Hoffman, David E. (2009) *The Dead Hand, Reagan, Gorbachov and the Untold Story of the Cold War
    Arms Race*, Doubleday, New York and Icon Books, London, 2011.
Hoffman, Edward (1981) *The Way of Splendor: Jewish Mysticism and Modern Psychology*,
    Shambala, Boulder, Colorado.
Holland, Jack (2006) *Misogyny, The World's Oldest Prejudice*, Constable and Robinson Ltd., Londra.
Howell, Alice O. (1988) *The Dove in the Stone*, Quest Books, Wheaton, Ohio.
    (1998) *La colomba nella roccia*, Piemme ed., Milano.
Hubbard, Barbara Marx (2012) *Birth 2012: Humanity's Great Shift to the Age of Conscious Evolution*,
             (2012) *Emergence: The Shift from Ego to Essence*, Shift Books, US.
Jaffé, Aniela (1989) *From the Life and Work of C. G. Jung*, tradotto da R.F.C. Hull and Murray Stein,
    Daimon Verlag, Einsiedeln, Switzerland.
James, William (1929) *The Varieties of Religious Experience*, Longmans, Green and Co. London and
    New York.
Jefferies, Richard (1947) *The Story of My Heart*, Constable & Co. Ltd., London.
Johnson, Chalmers (2004) *The Sorrows of Empire: Militarism, Secrecy and the End of the Republic*,
    Henry Holt & Company LLC, New York.
Juliana of Norwich (1977) *Revelations of Divine Love*, trad.. M. L. Del Mastro, Doubleday, New York.
Jung, C.G. (1963) *Memories, Dreams, Reflections*, Collins and Routledge & Kegan Paul Ltd., London.
Jung, C.G. *Collected Works*, trad. R.F.C. Hull, Routledge & Kegan Paul Ltd., London.
      (1931) *The Secret of the Golden Flower*, translated and explained by Richard Wilhelm, with
    introduction and commentary by C.G. Jung. trad. Cary F. Baynes.
      (1933) *Modern Man in Search of a Soul*, trad. W.S. Dell & Cary F. Baynes.
      (1973 & 1976) *Letters*, Volumes 1 & 2, Routledge and Kegan Paul Ltd. London.
      (1964) *Conversations with Carl Jung* (based on four filmed interviews), Richard Evans, Van
    Nostrand, Princeton.
      (1964) *Man and His Symbols*, Aldus Books, London.
      (2009) *The Red Book, Liber Novus*, edited and introduced by Sonu Shamdasani,
    W.W. Norton & Co., New York & Londra.
Keen, Sam (1986) *Faces of the Enemy*, Harper & Row, San Francisco.
      (1992) *Fire in the Belly: On Being A Man*, Bantam.

King, Ursula (1989) *The Spirit of One Earth: Reflections on Teilhard de Chardin and Global Spirituality*, Paragon House, New York.

Kingsley, Peter (1999) *In the Dark Places of Wisdom*, Golden Sufi Press, California.

Korten, David (2009) *Mind Before Matter, Visions of a New Science of Consciousness*, ed. John Mack and Trish Pfeiffer, O Books, Winchester, Hampshire.

Kovács, Betty J. (2003) *The Miracle of Death*, The Kamlak Center, California.

Kübler–Ross, Elisabeth (1975) *On Death and Dying*, Spectrum, US.
        (1991) *On Life After Death*, Celestial Arts, Berkeley, CA.

Lamy, Lucy (1981) *Egyptian Mysteries*, Thames and Hudson, London.

Laszlo, Ervin (2006) *Science and the Re-enchantment of the Cosmos*, Inner Traditions, Vermont.

Laszlo, Ervin and Currivan, Jude (2008) *CosMos: A Co–creator's Guide to the Whole–World*, Hay House, Inc., USA, UK.

Lawrence, D.H. *Last Poems, The Complete Poems of D.H. Lawrence*, Vol 1, p. 17.

Lawrence, D.H. (1931) *Apocalypse and Other Writings*, Cambridge University Press.

Lawrence, D.H. (1993) *The Letters of vol. VII.* eds. Keith Sagar and James T. Boulton, CUP.

Leboyer, Frederick 1995) *Birth Without Violence*, trs. Yvonne Fitzgerald, Mandarin Paperbacks, London.

Levi, Primo (1988) *The Damned and the Saved*, Abacus Books, London.

Levy, Gertrude (1968) *The Gate of Horn*, Faber & Faber Ltd., London.

Louth, Andrew, (1989) *Denys the Areopagite*, Morehouse–Barlow, London.

Lovelock, James (1991) *Healing Gaia*, Harmony Books, New York.

McGilchrist, Iain (2009) *The Master and His Emissary, The Divided Brain and the Making of the Western World*, Yale University Press.

McGilchrist, (2010) from his chapter in *A New Renaissance; Transforming Science, Spirit and Society*, ed. David Lorimer and Oliver Robinson, Floris Books Ltd., Edinburgh.

MacLean, Paul (1990) *The Triune Brain in Evolution*, Plenum Press, New York.

Marshack, Alexander (1972) *The Roots of Civilization*, Weidenfeld & Nicolson, London.

Mascaró, Juan (1962) trans. and introduction to the *Bhagavad Gita*, Penguin Books, London.
        (1965) *The Upanishads*, trans. and introduction, Penguin Books, London.

Matt, Daniel (1995) *The Essential Kabbalah, The Heart of Jewish Mysticism*, Harper-SanFrancisco.

Mead, G.R.S.   (1906 & 1931) *Fragments of a Faith Forgotten*, John M. Watkins, London.
        (1947) *Pistis Sophia*, John M. Watkins, London.
        (1919) *The Doctrine of the Subtle Body in Western Tradition*, John M. Watkins, London
        (1995) Solos Press, Dorset, UK.

Mehta, Vijay (2012) *The Economics of Killing: How the West fuels War and Poverty in the Developing World*, Pluto Press, London.

Michell, John (1972) *City of Revelation: on the Proportions and Symbolic Numbers of the Cosmic Temple*, Garnstone Press, London.

Miller, Alice (1985) *Thou Shalt Not Be Aware, Society's Betrayal of the Child*, Pluto Press, London.

Miller, Arthur I. (2009) *137: Jung, Pauli, and the Pursuit of a Scientific Obsession*, W.W. Norton & Co., New York.

Milne, Joseph (2008) *Metaphysics and the Cosmic Order*, Temenos Academy, London.

Mitchell, Dr. Edgar (1996) *The Way of the Explorer*, Putnam, New York.

Moorjani, Anita (2012) *Dying to be Me*, Hay House, Inc., New York.

Nag Hammadi Library (1977) ed. James M. Robinson, E.J. Brill, Leiden.

Narby, Jeremy (1998) *The Cosmic Serpent; DNA and the Origins of Knowledge*, Victor Gollancz, London.

Naydler, Jeremy (2009) *The Future of the Ancient world: Essays on the History of Consciousness*,
        (1996) *Temple of the Cosmos: Ancient Egyptian Experience of the Sacred*, Inner Traditions, Rochester, Vermont.

Neumann, Erich (1955) *The Great Mother, An Analysis of the Archetype*, Pantheon Books Inc., New York.

Nilsson, Lennart and Hamberger, Lars (1994 & 2010) *A Child is Born*, Doubleday, London.

Odent, Michel (1990) *Water and Sexuality*, Arkana, London.

Owen, David (2007and 2012) *The Hubris Syndrome*, Methuen Publishing Ltd., London.

Pagels, Elaine (1980) *The Gnostic Gospels*, Weidenfeld and Nicolson Ltd., London.

Pearce, Joseph Chilton (1992) *Evolution's End*, HarperCollins, San Francisco.
  (2011) *The Death of Religion and the Rebirth of Spirit: A Return to the Intelligence of the Heart*, Inner Traditions, Vermont.

Perera, Sylvia Brinton (1981) *Descent to the Goddess*, Inner City Books, Toronto.

Pert, Candace (1998) *Molecules of Emotion*, Simon and Schuster Ltd., London.

Petit, Ann (2006) *Walking to Greenham*, Honno UK.

Pfeiffer, Trish and Mack, John E. MD, editors, (2007) *Mind Before Matter, Visions of a New Science of Consciousness*, O Books, Ropley, Hampshire, UK.

Pizan, Christine de (1999) *The Book of the City of Ladies*, Penguin Books Ltd., London.

Politkovskaya, Anna (2003) *A Small Corner of Hell, Dispatches from Chechnya*, University of Chicago Press.

Prem, Krishna (1958) *The Yoga of the Bhagavat Gita*, John M. Watkins, London.

Randall, Edward C. (2010) *Frontiers of the Afterlife*, White Crow Books, UK.

Ranke–Heinemann, Uta (1990) *Eunuchs for Heaven*, English trad. André Deutsch Ltd., London.

Ravindra, Ravi (2002) *Science and the Sacred: Eternal Wisdom in a Changing World*, Quest Books, Wheaton, Illinois.

Rees, Sir Martin (1967) *Before the Beginning*, Simon & Schuster
  (1999) *Just Six Numbers, The Deep Forces that Shape the Universe*, Basic Books, London.
  (2003) (Lord Rees) *Our Final Century*, William Heinemann, London.

Rilke, Rainer Maria (1947) *Letters 1910–1924*, trs. Jane Bannard Green and M.M. Heerter, W.W. Norton & Co., New York.

Rinpoche, Sogyal (1992) *The Tibetan Book of Living and Dying*, HarperSanFrancisco.

Roberts, Alison (1995 & 2000) *Hathor Rising, The Serpent Power of Ancient Egypt*, and *My Heart, My Mother*, Northgate Press, Devon.

Robertson, Seonaid (1963) *Rose Garden and Labyrinth – a Study in Art Education*, Routledge and Kegan Paul Ltd., London.

Roy, Arundhati (2002) *The Algebra of Infinite Justice*, HarperCollins (Flamingo) London.

Rudgley, Richard (1998) *Lost Civilisations of the Stone Age*, Arrow Books, London.

Russell, Bertrand (1903) *The Free Man's Worship*.

Sagar, Keith (2005) *Literature and the Crime Against Nature, from Homer to Hughes*, Chaucer Press, London.

Sahtouris, Elisabet (2000) *EarthDance: Living Systems in Evolution*, iUniversity Press, Lincoln Nebraska.

Saul, John Ralston (1995 & 1998) *The Unconscious Civilization*, House of Anansi Press, Canada, and Penguin Books Ltd., London.

Saint Augustine (1958) *The City of God*, Image Books.

Sandars N. K. (1960) *The Epic of Gilgamesh*, Penguin Books Ltd. London.

Schaup, Susanne (1997) *Sophia, Aspects of the Divine Feminine*, Nicolas–Hays Inc. Maine.

Schell, Jonathan (1982) *The Fate of the Earth*, Pan books Ltd., London.

Scholem, Gershom (1954 & 1961) *Major Trends in Jewish Mysticism*, Schocken Books Inc., New York.

Sebag Montefiore, Simon (2011) *Jerusalem*, Simon and Schuster, New York & London.

Servan–Shreiber, David (2004) *Healing Without Freud or Prozac*, Pan Macmillan Ltd., London.

Sheldrake, Rupert (2012) *The Science Delusion*, Coronet, London.

Sherrard, Philip (1987) *The Rape of Man and Nature*, Golgonooza Press, Ipswich, Suffolk.

Shlain, Leonard (1998) *The Alphabet Versus the Goddess*, Viking, New York.

Skafte, Dianne (1997) *When Oracles Speak*, Thorsons, London.

Sorokin, Pitirim (1992) *The Crisis of Our Age*, Oneworld Publications Ltd., Oxford. UK

Stern, Karl (1985) *The Flight from Woman*, Paragon House Publishers, St. Paul, Minnesota.

Strachan, Gordon (2003) *Chartres: Sacred Geometry, Sacred Space*, Floris Books Ltd., Edinburgh.

Swimme, Brian (1996) *The Hidden Heart of the Cosmos*, Orbis Books, New York.

Tarnas, Richard (1991) *The Passion of the Western Mind*, Ballantine Books, New York.
        (2006) *Cosmos and Psyche, Intimations of a New World View*, Viking, New York.
Teilhard de Chardin, Pierre (1959) *The Phenomenon of Man*, William Collins & Co., Ltd., London.
        (1959) The Future of Man, William Collins & Co., Ltd., Londra.
        (1977) Hymn of the Universe, William Collins Ltd., Fount Paperbacks, London.
        (1931) The Spirit of the Earth.
Thorne, Brian (1998) *Person–Centred Counselling and Christian Spirituality*, Whurr Publishers Ltd., London.
Tick, Edward (2005) *War and the Soul, Healing Our Nation's Veterans from Post–Traumatic Disorder*, Quest Books, Wheaton, Ill.
Todorov, Tzvetan (2003) *Hope and Memory, Reflections on the Twentieth Century*, Princeton University Press.
Torjesen, Karen Jo (1995) *When Women Were Priests*, HarperSanFrancisco.
Trish Pfeiffer and John E. Mack MD, editors (2007) *Mind Before Matter, Visions of a New Science of Consciousness*, O Books, Ropley, Hampshire, United Kingdom.
Turner, Frederick (1983 & 1992), *Beyond Geography, The Western Spirit Against the Wilderness*, Rutgers University Press.
Van Lommel, Dr. Pim (2010) *Consciousness Beyond Life; The Science of the Near–Death Experience*, HarperCollins New York.
Van Over, Raymond (editor) (1977) *Eastern Mysticism, Volume One: The Near–East and Asia*, New American Library Inc., New York.
Van Ruysbroeck, Jan (1916) *The Adornment of the Spiritual Marriage, The Book of Truth, The Sparkling Stone*, Dutton & Co. New York.
Vaughan–Lee, Llewellyn (2010) *The Return of the Feminine and the World Soul*, The Golden Sufi Press, California.
Von Franz, Marie–Louise ed. (1966) *Aurora Consurgens*, Routledge & Kegan Paul, Ltd., London.
        (1986) *On Dreams and Death*, Routledge and Kegan Paul Ltd., London.
Waddell, Helen (1927 & 1949) *The Wandering Scholars*, Constable & Co., London.
Waite, A.E. (1953) *The Hermetic Museum*, London.
Wilkins, Eithne (1969) *The Rose Garden Game*, Gollancz, London.
Woolger, Roger (2004) *Healing Your Past Lives: Exploring the Many Lives of the Soul*, Sounds True, Inc., Boulder Colorado.
Zabkar, Louis V. (1989) *Hymns to Isis in Her Temple at Philae*, published for Brandeis University Press by University Press of New England.
Zilboorg, Gregory (1941 & 1967) *A History of Medical Psychology*, W.W. Norton & Company, New York.

"Penso continuamente a coloro che sono stati veramente grandi" da NEW COLLECTED POEMS di Stephen Spender © 2004, Faber & Faber Ltd., Londra. Ristam-pato per gentile concessione della Proprietà di Stephen Spender.

Un ringraziamento riconoscente all'Istituto di Heartmath, Boulder Creek, California, per il permesso di usare il materiale sul cuore e il diagramma del campo elettromagnetico del cuore nel Capitolo Sedici.

Artemide di Efeso, fotografia per gentile concessione di Barnaby Rogerson

N

www.ingramcontent.com/pod-product-compliance
Lightning Source LLC
Chambersburg PA
CBHW080407270326
41929CB00018B/2933